志気

人生・社会に向かう思索の読書を辿る

曽我 文宣 著

丸善プラネット株式会社

まえがき

先頃、坂本多加雄氏の本『知識人 大正・昭和精神史断章』を読んで、自分の精神史を書いてみようという気になった。自分は自然科学を専攻したのであるが、その間に、社会科学に対する興味、文学、芸術に対する興味もあった。その時々に読んだ種々雑多な本の中で思い起こして印象的であった本を再読し、それぞれに対する折々の自分の考察や対応を思い出す。また読んでいるうちに新たに読みたくなった本などで補いつつ、あらためて認識を深め、自分の考えをまとめてゆきたいと考えた。それは、単なる自然科学の一専門家としての自分から、生活をしてきた一人の人間としての全体像を回復する試みである。ただし、古今東西の古典といったものは対象から除き、少なくとも自分と時代的にほんのわずかでも共通の時を生きた人々の著作に限ることとした。それによって、その人達の生きた現実的意味合いを自らの感覚で捉え、現代に生きる時代性の特質を考察してみるということが、正に現在生きているということになるのではないかと思ったからである。

吉田兼好の『徒然草』、勝小吉の『夢酔独言』、河上肇の『自叙伝』、マキアヴェッリの『君主論』、ゲーテの『詩と真実抄』、ルソーの『懺悔録』は、その時代に生きた彼等の生活観であり、トマス・モーアの『ユートピア』は正に時代の子としてのモーアであって、彼の著作がその時代を反映しているからこそ、価値があると思う。自分の生きた時代に何を感じ、何を思いつつ生きたかの記録は、例え比較にならない、取るにたらない存在である我が身のものであっても、何がしかの意味があることを信じたいのである。

しかし、これらの非常にささやかな経験を自分本位にまとめて本にすることには非常に危うい側面がある。というのは私が長年主戦場としてきた物理学のような自然科学と違って、文系の著作者たちは、その生涯に一人一人が何十冊、全集にまとめると十数巻になるという人たちがざらに存在するという世界であるから、その中でわずか一、二冊を読んだからといって、その作者、作品の理解にとっては甚だ不十分である、という批判もあるだろう。（一方自然科学では、一つの数式をわかるのに数日かかるということはしょっちゅうだし、一冊読むのに一年くらいかけるのは珍しくないのだが）だからその道の専門でない人の読後感など、専門家の立場からは全く意味がないという考えも成り立つかもしれない。あるいは傍観者としての政治論など殆ど意味がない。「その時のお前自身の立場はどうなんだ」というようにその人間の実存を問われれば一言もない、という論理も成り立つかもしれない。一般に学者、研究者の生活は表面上は極めて地味で、波乱もなければ激変もなく見えるだろう。しかし、ただ専門家として単調な生活を送ってばかりいたわけではない。

だから私の目指すところは、論理的主張といったものではなく、世の中の移り変わりに応じ、社会の変化に対応して、一般人としてどう過ごし考えてきたか、今考え直すと何を感ずるかを、いわば評論随筆風にまとめてみようか、ということである。自然科学を職業としてきた者が社会科学を論じたり、文学の感想を述べたり、宗教的感懐をまとめて曲りなりにも一冊の本にするというのは、あまり例がない。しかし、そもそも人間が生きていくのに、ある本を読んだというのはそれがたとえいい加減の思索過程であったにせよ、何かを求め、なんらかの「とりあえず」の感覚で読後感を処理しながら、自己の心の支えとしたり、知らず知らずのうちに精神的養分として内容を吸収しながら生きてきたことを意味する。

いろいろ読んでいくと、一般に政治とか、評論の世界では、議論は果てしがない。ああ言えばこう言う。こう言えばああ言う。どんなことにも反論が出てくる。そして決断をし、実行されていくこと、あるいは事実の集積たる歴史は結果的に一通りしかないのである。基本的には絶対真理は存在せず、あるのは過去における人間の恣意による行動の絶対事実であり、特に集団社会の動きについての未来予測は、どんなに精緻な考えに基づいても、人間の多様な行動の任意性から不正確にならざるを得ない。例えば科学あるいは技術的発展というケースではジュール・ヴェルヌの予測というのはほんとに素晴らしい。彼の『月世界へ行く』や『海底二万海里』は彼が二〇世紀初頭に亡くなって半世紀後、アポロ計画や海洋潜水艦によってことごとく実現した。しかし一方、経済学におけるマルクスの分析は非常に鋭いが、彼の政治体制の発展に対する未来予測は今見れば全く当たっていなかった。

しかし、実はそこが人間世界のむずかしいところであり、また非常に面白いところなのであろう。誰かが予測したとおりに物事が進んでしまうのでは、将来の人達の生きがいが無くなってしまうというものでもあるし、それでは未来の人間にとって不自由この上なく不幸をもたらしかねないだろうということにもなる。

とまれあまり始める前から、迷っていてもしょうがない。若い時からやたらに物事に貪欲に向かったあの頃を振り返りながら、ともかくこの無軌道な試みに挑戦してみようと思った次第である。

目次

まえがき　i
一　バートランド・ラッセル　『宗教は必要か』大竹勝訳　一
二　丸山眞男　『現代政治の思想と行動（上・下）』　二一
三　湯川秀樹　『現代科学と人間』
湯川秀樹・梅棹忠夫　『人間にとって科学とはなにか』　四九
四　ジョン・ガルブレイス　『新しい産業国家』　都留重人監訳　六五
五　高橋和巳　『自立の思想』　九三
六　糸川英夫　『逆転の発想』、『続・逆転の発想』、『続続・逆転の発想』　一〇三
七　江藤　淳　『アメリカと私』　一三五
八　エドウィン・ライシャワー　『ザ・ジャパニーズ』　国弘正雄訳　一五三

九　城山三郎　『落日燃ゆ』　一七七
十　桑原武夫編　『「フランス革命の指導者』　一九一
十一　遠藤周作　『ぐうたら』随筆　二一五
十二　アルビン・トフラー　『第三の波』　徳山二郎監修　二三七
十三　勝部真長　『日本人の思想体験』　二六九
一四　飯田経夫　『「豊かさ」とは何か』、『「ゆとり」とは何か』、『「豊かさ」のあとに』　三〇七
一五　牧野　昇　『五大技術革命が日本を変える』、『「強い日本」の読み方』　三三三
一六　山崎正和　『柔らかい個人主義の誕生』　三五七
一七　藤井康男　『文科的理科の時代』　三七七
一八　堺屋太一　『知価革命』、『危機を活かす』　三九九

一九　永井路子『変革期の人間像』　四三三
二〇　綱淵謙錠『人物列伝幕末維新史』　四五五
二一　村上陽一郎『科学者とは何か』、『科学の現在を問う』　四八七
二二　坂本多加雄『知識人　大正・昭和精神史断章』　五一七
二三　日下公人『どんどん変わる日本』、『すぐに未来予測ができるようになる六二の法則』　五五五
出版年および出版社　五八三
参考書籍　五八六
あとがき　五九九

バートランド・ラッセル　『宗教は必要か』　大竹勝訳

はじめに

私はこの本を高校二年の終わりごろ読んだ。いくつかの動機を思い出す。私の高校時代、もっとも尊敬していたのは校長の山本光先生であった。先生は禅の大家で、書かれた本『森林禅』によると一高時代に人生に煩悶され学校にもいかず、三島の龍沢寺にこもって結局俗にいう表裏六年の在学で卒業され、東大の農学部に進学されたという経歴の方であった。龍沢寺は臨済宗の有名な修行道場でありそこで先生は近世の聖僧といわれた山本玄峰老師について修行され、人生に開眼されたようであった。

一方、一学年二クラス、計一〇〇人弱の男子校である東京教育大学（現筑波大学）付属駒場中学と、農業科約五〇人が加わった高等学校は私達が八期という戦後にできた新しい学校であったが、私の在学中に一時期自殺者が続出した。最初が私の大の親友の天才肌の友達で、中学三年の時である。（この時の凄まじいショックは私にとって忘れがたい）、続いて高校一年でまた一人、そして父上が **PTA** の会長であった上級生も自殺した。そして挙句の果てはなんと私達のクラス担任であった数学の先生が私達が高校一年の秋に、全く生徒の死とは関係なく自殺された。

ここに至り山本先生は全校生徒一同を運動場に集め、命を大切にと、懇々と説諭された。それとともに放課後、禅の講義を、興味を持った生徒にたいして一週に一度くらいの頻度で行うことを企画された。題材は先生自らが作成されたガリ版刷りのテキストで無門慧開禅師の返り点つきの漢文『無門関』であった。全四八則の公案と呼ばれるいわゆる禅問答集である。二、三年生は受験勉強で忙しかったのであろう、生徒は我々一年生一五人くらいだったが、私は他の授業とは関係のない、わけがわからない内容ながらも先生の話に引き込まれ、ついには高校二年の春休み、先生に紹介してもらい弟と友人二人の計四人で龍沢寺に一週間ほど修行にでかけたことがある。（実質は修行などというものでなく単なる見物におわったが、一応毎日早朝から座禅を組み、般若心経を読んで、お粥に天井が写るといわれる天井粥の食事の日々を送った。)

もう一つの経験は、二年頃に友人の紹介で英会話クラブができ、一〇人弱が集まって参加したのだが、アメリカ人の講師でバプテスト派の女性宣教師バーサ・ジェーン・マーシャルさんの魅力に捉われたことである。彼女は当時二〇代の半ば、「リーダーズダイジェスト」が教材であったが、だんだん知るうちに、英語はともかく、彼女のこの魅力、深く感じられる精神性はどこからきているのだろうかと思い、キリスト教を知りたいと一度彼女の家に一人で訪れたことがある。もっともその時は私の英会話力が貧弱で、全く質問も幼稚なことしか聞けず、どうにもならなかったのであるが。(彼女は私が二〇年後、三年間居ることになったインディアナ大学の卒業生で、在学時代、学友会の副委員長をつとめた才媛であることをその時知った。)この頃、モーゼを主人公とする映画「十戒」(チャールトン・ヘストン主演)が封切られ、私も一度見たが、マーシャルさんは、何回も見たといっていた。

一方、大学受験生は少なくとも英語の副読本は授業とは別に個人として三冊読まなければ一流大学入学はおぼつかないという俗説があった。私は二冊しか読まなかったがジョン・スチュアート・ミルの『Autobiography』(「自叙伝」)と、ラッセルの『CONQUEST OF HAPPINESS』(「幸福論」)を選んで、数ヶ月をかけた。(共に全文ではなく抜粋だったと思う)ここで、解説に紹介されたラッセルの凄さに圧倒され、宗教的なそれまでの関心もあったので、彼の別の著書である表題の本を読んだのである。

いうまでもなく、ラッセルはこの頃は平和運動で有名であって、一九五五年のラッセル・アインシュタイン声明に始まり、一九五七年のカナダのパグウォッシュでは、氏が召集し日本を含むそこに集まった十カ国の科学者による国際科学者会議によって発表された戦争廃絶を謳う声明の中心的存在であった。私はこの本を読んだ後も、なにか心の支えになるものを求めていたと見えて『現代に生きる信条』(注1)とか、『私は信じる』(注2)といういずれも他の欧米の著名人多数によるオムニバス形式の評論集を読んだ。この両書においてともに先頭にラッセルの文が載っていた。

若き頃のラッセル

（１８９４年）

『宗教は必要か』には一九〇三年から一九三六年（彼の三〇歳代から五〇歳代）に亘るラッセルの九つの論文が載っている。この日本語翻訳版は一九五九年出版で、彼が八七歳の時の出版ということになる。彼は九七歳の長命で一九七〇年に亡くなった。

「なぜ私はキリスト教信者でないか」

最初の論文は「Why I am not a Christian」（なぜ私はキリスト教信者でないか）である。彼が五五歳の時の講演であって聴衆にたいする口述そのものが書かれている。最初にそもそも「キリスト教徒とはなにか」という、彼のキリスト教徒という言葉に対する考えが語られる。彼は二つのことがあると述べる。一つは教義的なもの、神と不滅を信じていること、二つにはキリストは神でなかったとしても、人間のうちで、少なくとも最善であり、最も聡明な人であったという信仰を持っているということだと。そして「私がなぜキリスト教徒でないか」と言う時、この両者に対する考えを述べなければならない、と彼は言うのである。

神の存在に関して、彼はその存在を証明する論証のうちの代表的なものを五つ上げていてそれぞれに対する彼の考えを述べる。最も単純で理解しやすいものとして「第一原因による証明法」がある。これは、世の中の全ての事象には原因というものがあり、それをたどっていけば第一の原因にたどりつかねばならず、それに神という名を与えるというものである。ラッセルも素朴にそれを長らく信じていたのだが、一八歳のときミルの『自叙伝』を読んだらその中で「私の父は「誰がわたしを造ったか」という問題は、答えられないということを私に教えた。なぜならばその問題は、ただちどころに、「誰が神を造ったのか」という、さらにもう一つの問題を暗示するからである」という文章を発見し、第一原因による証明法の誤謬をわたしに開示したのであります、と体験を語っている。もし、あらゆるものが原因を持たねばならないとするならば、そのときは神にも原因がなければならない。ものごとに初めがなければならないという考えは我々の想像力の貧困によるものだと、彼は言う。

神の存在を証明する論証の二つ目は、自然の法則による証明法である。一八世紀全体を通じて行き渡っていた考えだが、遊星が重力の法則に従って太陽のまわりを運行するのを、神がこれらの遊星に特定の様式で運行する命令を与えてそうなっていると考えた。このようなことは、ニュートンの宇宙論の中にすでに見出されている。しかし、いまやその考えは間違いであり、自然の法則は、ものごとの行動の記述であって、それは単なる記述に過ぎないのでそれにそうさせることを命じた誰かが居なければならないとは論じられません。なぜなら、それは「なぜ神は、丁度それだけの法則を出して、その他の法則を出さなかったのだろうか」という疑問に直面するからです、と述べる。神学者が言うように、最善の法則だからというのだったら、神自身もまた法則に従わなければならない。神を仲介者にしても、実際には法則は神の命令の外にあり、前にあるのであって、神は役にたたないと述べる。

三つ目は神の意向による証明法である。二つ目の延長ともいえるが、これは世の中のあらゆることは、我々がちょうど良く住めるように神によって作られたというのである。これに対してダーウィン以来、環境が生物に適するように作られたのではなくて、生物が環境に適応するようになったのだ、という学問の進歩をあげ、神の意向の証拠は全く存在しないと述べる。

四つ目は神のための道徳的証明法と呼ばれるものである。これはカントが発明したと書かれている。それにはありとあらゆる形式がある。一つの型は、神が存在しなかったら、善も悪もあるまいという。ここで、ラッセルはもし、善と悪にちがいがあると確信するならば、そのちがいは神の命令によるのかどうか、もしそうであれば、神自身にとって善と悪とのあいだにはちがいはなく神が善であるということは、もはや意義のある所説とはならない。神学者たちがいうように、神が善であるということを主張するならば、それは、神の命令とは別個に善悪はある意味を持つと言わねばなりません、と述べる。なぜならば、神の命令は善であって悪でないのですから、それらは本質的には、論理的にいって、神以前にあると言わねばならないと。なんだか、頭がこんがらがるが、実際にはグノーシス派（注3）のある人々によっては、われわれの知っている世界は神が見ていなかったひまに、悪魔によって造られたという説もあるらしく、ラッセルはこれに反駁しようとは思っていません、と書いている。

五つ目は不公平の償いとしての証明法というものらしい。神の存在はこの世に正義をもたらすために必要であるというのですと。この世では大きな不公平があり、しばしば善人は苦しみ、悪人は栄えていて、宇宙全体が公平を持つというならば、この世における人生の差額を償うための未来の生活を考えなければならず、そこに神が居なければならないと。彼はこれは奇妙な証明法であるという。この証明法の話の最後に彼は、私が話したような知的な証明法のたぐいが、実際、人々を感動させるものではないことを承知していますと述べている。そして実際神を信じるように人々を動かすのは、どんな知的な証明法でもありません。たいていの人々が神を信じるのは、子供のころから信じるように教わっているからであってそれが主な理由なのです。そこで最も強力な理由は、安全を求める希望でありまして、これは面倒を見てくれる兄が居るといったような感じです、と述べている。

次に第二のキリストを信じるかという問題、キリストをどう見るかという問題を論じる。ラッセルはキリストの立派な点は十分認めるとし、キリストの言う「悪しき者にさからうことなかれ。人もし汝の右の頬を打たんとすれば、他の頬をも向けよ」、とか「裁くことなかれ、そは裁かるべければなり。」とか、「汝に乞う者に与え、汝に借るものを避けることなかれ」などの言葉に対し、これはなかなか立派な原理であり、格言でもあるという。しかし、彼はこれらはなかなか実行されてはいないと、軽いユーモアを交えて述べている。最初の言葉には、現在のイギリスのボールドウィン首相は極めて誠実なキリスト教徒ですが、私は皆さんのうち誰も彼の頬をなぐることはおすすめ致しません、とか、二番目の言葉にたいしては、真面目なキリスト教徒の裁判官はたくさんいるが、自分の行動がキリスト教の原理に反しているとは誰も考えていません、とか言うのである。会場はきっと笑いに包まれたことだろう。これらの格言の立派さを認めた上で、福音書に描かれているキリストには最高の聡明さも、最高の善も認めることができるとは信じられないとして、幾つかの点について述べる。ここではキリストが歴史的に存在したかどうかについては甚だ疑問であるとしつつも、それには触れないで、福音書に書かれたことで話を進めると断っている。

一つは彼の聡明さについてで、キリストは当時生きていた人びとの生涯中に彼の再来が起こることを彼自身が信じていた。これは彼の道徳的教えの中の大きな基礎部分であった。再来は切迫しているという信仰を初期のキリスト教徒は信じていたという意味で、キリストの聡明さにラッセルは疑問を持つという。次にキリストの道徳的性格について論じ、キリストには重大な欠陥があったとする。それは彼が地獄を信じていたことで、彼の説教に耳を傾けようとしない人々に対する憤激の言葉が繰り返し現れる。「汝ら蛇どもよ、さそりのともがらよ、いかにして地獄ののろいをのがるべけんや。」とか、「精霊にさからいて語るものは、この世においても、来世においても許されざるべし」という発言である。このような言葉は福音書の中で何回も繰り返されている。これは説教者には珍しくない態度であるが、至高の立派さからは、多少落ちるのでありますと言う。たとえばそのような態度はソクラテスには見られません。ソクラテスは、そのような人に対しても極めて愛想がよく、思いやりがあるのがわかり、私は、キリストの憤激の態度より、ソクラテスが死に臨んだときに言った言葉や態度のほうが、聖人にははるかに適わしいと思うと言うのである。キリストの教義は残酷さの教義と考えざるを得ないと。他にもガダラの豚の話とか、無花果の話なども述べ、ラッセルは聡明さの点でも、徳の点でも、歴史に知られている他の人ほどキリストが高かったとは思えず、それらの点で、仏陀とソクラテスをキリストの上におくべきだと考えますと話している。この点は私も全く同感である。仏陀が激昂した場面など、いろいろの教義でも見たことがないし、人から悪口、批判されても、淡々と応えたソクラテスの悠揚せまらない態度、ソクラテスがその死を従容として受け入れた態度などは、聖人の名にはるかに相応しいと思う。（プラトンの『ソクラテスの弁明・クリトン』を高校一年で読んだのが、私の哲学というものへの最初の接触だった。その中で「魂の探求なき生活は人間にとり生甲斐なきものである。」というような語録を読んで粛然とした気持ちになったのを覚えている。詳しいことを知りたくなって、田中美知太郎氏の『ソクラテス』（岩波新書）という解説書を直後に読んだことを思い出す。）

ここでラッセルは、なぜ人びとが宗教を肯定するかという本当の理由は、先述のような議論をすることとは何の関係もない。要は、人びとは感情的な理由によって宗教を肯定するのですと明言する。キリスト教徒にならなければ我々は

皆悪人になるというのだけれど、キリスト教徒のほうが、大部分悪かったように見える。いかなる時代でも宗教が強烈であればあるほど、また独断的な信仰が深ければ深いほど、それだけ残酷さは甚だしく、事態は悪化していた。いわゆる信仰の時代に、拷問をともなった宗教裁判があり、魔女として焼き殺された無数の不幸な女性があった。世界中を見渡すならば、皆さんは、人間感情のあらゆる小さな進歩も、刑法のあらゆる改正も、戦争縮小へのあらゆる歩みも、有色人種の待遇改善へのあらゆる歩みも、奴隷制度の緩和も、世界におけるあらゆる道徳的進歩も、世界の組織化された教会によって、徹頭徹尾反対されてきたことを発見なさるでありましょう。わたしは敢えて申しますが、諸教会として組織されたキリスト教徒の宗教は、世界の道徳的な進歩の主たる敵であったし、今なおそうであります、ときわめて明確に断言する。その一例として、梅毒性の男と結婚した若い女性に対してカソリック教会は「これは解消できない誓約であるから一生一緒に暮らさなければならない」という話をあげる。氏は、それは私にとって悪魔的残酷さのように思えると述べる。他にも教会が不当で不必要な苦痛を人々になめさせていることがたくさんある。これは人間の進歩と改善の敵である。なぜならば、それは人間の幸福とは何の関係もない、行為についてのある狭い規則一式を道徳と銘うつことを選んだからである。人が人間の幸福のためになるなら、と言う時、教会はその問題とは何の関係もないとして「人間の幸福と道徳と何の関係があろうか。道徳の目的は人々を幸福にすることではない」と考えるのである、と教会の態度を激しく非難するのである。

彼は、宗教は本来、主として恐怖に基づいているという。恐怖―神秘的なものに対する恐怖、敗北の恐怖、死の恐怖―が全体の基礎なのである。恐怖は残酷の親である。それ故残酷さと宗教が手に手を取っていったとしても不思議ではない。今や我々は、古い教会の教えに反対して、進歩してきた科学の助けによって、ものごとを少しは支配することができるようになった。科学はかくも長い間人類が住んできた恐怖の、克服を助けることができる。想像的な拠り所をさがしまわることなく、教会がこの何十世紀の間、なしてきたような天上というような類の場所にではなく、この世を住む《ヽ》に適しい場所にするために、我々自身の努力に目を向けるために、科学は我々を導くことができる、と宗教に替わるものとして科学の進歩を挙げるのである。

講演の最後に、氏は我々は両足でしっかり立って、世の中をまともに―その善い事実、悪い事実、その美も醜も見たいものです。あるがままに世界を見て、それを恐れないでいたいものです。知性によって世界を征服し、それから起こる恐怖によって奴隷的に圧倒されてはなりません。神という概念のすべてが、古代東洋の専制主義から出た概念です。それはまったく自由人には適しくない概念です。立派な世界には知識、親切、勇気が必要です。過去に愚人たちによって遠い昔発言された言葉で自由な知性を束縛する必要はありません。それはものを恐れぬ見解と自由なる知性を必要とします。それは死んだ過去のほうを振り返ってばかりいない、将来への希望を必要とします、という力強い言葉を述べている。

以上、最初の二六ページの論文をやや丹念に辿ったのは、当時どうも私はこの文だけを読んで満足し、あとは読んだ形跡がないからである。あらためてこの最初の文を読んで、この後、八つの論文が続いているのを、今度はザッとは流し読んだのであるが、彼の考えの主旋律はこの最初の講演に尽くされているとの思いがする。ただ一応、簡潔を旨として以下の論文を要約だけはしておこう。

「宗教は文明に有益な貢献をなしたか」

社会、歴史的見地からは、もっとも重要なのは、キリストではなくて、組織としての教会である。一度明らかにされた不変の真理を説くというのがその特権を持ち勢力を獲得した彼らの仕事なので、必然的にあらゆる知的、道徳的進歩の敵となる。彼はキリスト教で一番いけない特徴は性に対する態度であるという。修道士は女性は不純な情欲をあおるものとして、本来誘惑者であると常にみなしてきた。また青年に強要する作為的な性の無知が、道徳的に健康的に極めて危険であり、性とは本来猥雑な、ばかばかしいものであるという態度をとらせる。知識が決して望ましくないという意見には弁明の余地はない。これに対する好奇心に罪の意識を与えるというのはおろかである、と。

キリスト教が社会倫理よりも個人を強調したのは大きな影響を与えた。賄賂をもらった政治家よりも姦通者はもっと悪いといった考え方である。また有徳の人間、聖者はこの世から隠遁した人で、教会は社会において財政や法律を改善した人を決して聖者とはみなさない。霊魂を強調することによって、キリスト教の倫理は完全に個人主義的なものになってしまった。霊魂と肉体とを形而上学的に分離したことは哲学において恐るべき影響を与えてきた。また福音書の文言で、キリストよりも父母を愛するものはキリストに対して価しないものである、というような家庭の愛情に対する反対の議論にもラッセルは批判を向けている。

キリスト教の偏狭さは、正義についてのユダヤ人の信仰と、ユダヤ人の神の排他的事実によるものである、として解説されている。なぜかは彼も知らないが、ユダヤ人、とりわけ予言者たちは、個人的正義感を強調し、一つ以外のどんな宗教を許すことも、悪いことであるという考えを作りだしたのであると。これは西洋史にただならぬ悪影響を及ぼしたとある。また、神の行為として想定されることに対して、彼は面白い例えで反論する。我々が、蟻の巣を研究して、どの蟻が、蟻としての義務を遂行したかを発見しようとし、怠慢な蟻を選り抜いて焚火の中になげこむとは考えようとしないだろうというのである。そしてこの論文の最後に、ラッセルは、宗教は古い峻烈な罪と罰の教義のかわりに科学的協力の倫理を我々が教えられないようにしている。人類は黄金時代の入り口にいるとも言えよう。しかし、もしそうだとするならば、まず第一にその扉を守っている龍を殺す必要がある。この龍の名は宗教である、とはっきりと宗教の存在そのものを否定している。

「何を信ずるか」

四五ページが五節にわかれている。「一、自然と人間」人間は自然という物理的世界の一部である。神と不滅は科学の支持を受けていない。しかし、西欧において人々はこれらの信仰を持ち続けるであろう。なぜならば、我々は道徳的であり、敵が悪いと考えるのが楽しいように、それらの信仰は楽しいからであるとシニカルに書いている。しかし、彼は精神生活は肉体生活が終わる時に終わると考えている。我々が死を恐れなければ不滅の観念など決して起こらなかったと信じていると述べる。ここでも彼は恐怖が宗教の教義のもとであるからこそ、こういう概念が生まれたという。一方、我々は自然の一部に過ぎないし、自然に従属しているが、価値を創造するのは我々であり、価値を与えるのは我々の欲望であり、この王国においては、我々は王であり、善い生活を決定するのは我々であって自然ではないと述べる。

「二、善い生活」　ここでラッセルは「善い生活とは愛に力づけられ、知識によって導かれた生活のことである」と書いている。そして私の意見が正しいと証明することはできない、できることは見解を述べることであって、なるべく沢山の人に同意していただきたいと思うばかりであると述べている。（ここに彼の非常に論理的な思索がよく表れている。価値を考えるのは、ある種の宗教のように強制するものではない、ということであろう。）ここでの知識というのは倫理的知識ではなくて科学的知識と個々の事実についての知識であると、注意している。いろいろ書いているが、この現世のあらゆる種類の善い生活のうちでは、動物的活力と動物的本能のある種の基盤があると考えるべきで、これなくしては、生活はおとなしくて面白くなくなるものだ、文明はこれに加えられるもので、その代用にはなってはならない。人間の欲望以外に道徳の標準はない。この意味で禁欲的な聖者や孤立した聖人は完全な人間になりそこなっていて、少数の聖者は共同社会を豊かにするであろうが、彼等だけで構成された世界は倦怠のために死滅するであろうと、述べる。

「三、道徳律」では、迷信の道徳律におよぼしている悪影響について述べている。特に前の論文にもあった性の問題をとりあげている。道徳律は本能的な幸福を不可能にするようなものであるべきでない。そして合理的産児制限の必要性を述べ、牧師は必然的に道徳の教師として不適格であると述べる。また神学的「罪」の概念に悩んでいる問題の一つとして犯罪者の取り扱いについて書かれている。しかし、罪と罰、憤りによる報復、などこれは社会でのバランスの難しい問題であって、読んでも彼の意見も判然としないと感じた。

「四、救済―個人的なものと社会的なもの」　因襲的宗教の欠陥の一つはその個人主義であるという。現代では、個人的な概念よりも、社会的な概念を必要としている。最初の三世紀間、キリスト教では、教徒達は自分たちが住んでいる社会的、政治的社会を変えるようなことは不可能であった。だから彼等は個人的完成を目指す信仰に解決を求めた。これはギリシャにおけるプラトンの「共和国」と比較したとき、明らかに方向が異なっていたと言うべきである。善い生活は多くの社会的条件を必要とする。またそれには科学的知識、民主的政治などの体制が不可欠である。可能である徐々な改善とそれが成就され得る方法は将来の科学のためのものであるとラッセルはいう。彼の思索が宗教の枠を越え、如何に生きるべきか、という観点に立脚しているのがよく解る。「五、科学と幸福」ここの文は一二ページに亘り長いのだが、論旨も複雑かつ不鮮明で、彼には珍しく駄文であると思う。ただ幸福を増加させるには恐怖や嫉妬、羨望よりも科学に基づいた合理的な勇気が必要だと言っている。

「死後も生存するか」

これは最も短い六ページであるが、「生と死の神秘」と題する著作の一部と注に出ている。死後にも霊魂だけは残るというようなことは、起こりっこないと証明できる者はいない。しかしどうもありそうなこととは思われないと述べる。来世の命という信仰は、合理的な議論でなくて感情である。一つは死にたいする恐怖から、もう一つは人間への礼賛の気持ちから来る。しかし、戦争における大量殺戮をはじめ人間は歴史上多くの悪をなしたのであって、そんな人類が聡明な創造者の証拠とはみなせないだろう、と彼は言うのである。

「自由人の信仰」

このエッセイは他の論文が全て五〇―六〇歳代のものであるのに比較して、とび抜けて若い三一歳の時の作品である。(一九〇三年) いかにも若さが横溢し、論理的、分析的でありながら気迫のこもった張り切った文章である。最初にファウストのメフィストフェレスに世界の創生について語らせたゲーテの言葉がでてくる。神の意志で、この世に人間という善も悪も兼ね備えた存在が作られたというのである。しかし、ラッセルは、科学が明らかにした世界は遥かに目的のない、もっと無意味なものであると述べる。最後には太陽系の膨大な死と共に滅亡しなければならない宿命をもった人間、これらの確固たる真実の枠内においてのみ、心のよりどころはうち立てられねばならない。人間はその短い生涯の間に、検討し、批評し、知り、想像力によって創作することが可能であり、彼のみがこの自由を持っている。

未開人は自分自身の中に「神の力」以上に尊敬するものを持たなかったから、神々の前にひざまずいた。そして宗教が生まれた。そして権力者たる神々をなだめようとして残酷さと拷問、堕落と犠牲の長い歴史も続いた。しかし、我々は「力の神」の専制から我々を解放しなければならない。個人的な幸福のための努力を放棄し、一時的な欲望に対する熱意のすべてを追放し、永遠なものに対する情熱に燃えること―これが解放であり、これが自由人の信仰である、と述べる。言葉は抽象的で詩的でさえあり、修辞的あるいは装飾に満ちた気負った文章が続き、彼もやはり若いなあとの感を免れ得ないが、この時分から彼の考え方の方向性は明確であったことが判る。付記によると、このエッセイは大学の教科書にまで集録されたものだったそうである。

「トマス・ペインの宿命」

私は、トーマス・ペインというと、その著作『コモン・センス（常識）』によって、アメリカ独立戦争の時、大衆、兵士を鼓舞したということしか知らなかった。ラッセルは、一七三九年にイギリスで生まれ一八〇九年にアメリカで没したペインの数奇な一生を綴っている。ラッセルの記述では彼はイギリスのピッツ、フランスのロベスピエールにその生命を狙われ、アメリカのワシントンに彼の生命を救うための手段を注意深く避けさせたのである、と書いている。この文章でペインが三国を股にかけて活躍したことが分かるのだが、彼は一七七四年アメリカに渡って新聞編集者になり、まずイギリスに対する痛烈な批判を書き、『コモン・センス』は当時のアメリカ人の五人に一人は読んだと言われる。そして次に彼は一七八八年にフランスで革命を目のあたりにしている。そしてアメリカ、フランスに続き第三の革命をイギリスに起こすべく『人権』を著作した。ラッセルは、ペインの民主主義者としての名声は主としてこの本に基づいたものであるという。当時イギリス政府は過酷な寡頭政治であって極貧階級の生活手段を低下させる手段として議会を利用していた。ペインはこれに対する政治的改革を主張し、それに対する弾圧から彼はイギリスの官憲の検束を間一髪で逃れイギリスからフランスに走る。既に名誉フランス市長に選ばれていたペインは大歓迎をうける。しかし、やがてロベスピエールは彼が国王の死刑執行と、恐怖時代に反対した為、彼を嫌い投獄する。ようやくアメリカ公使の計らいで彼はロベスピエールの死後、数ヶ月たって釈放される。帰国したアメリカでは、一七九六年ワシントンがジェファーソンとアダムズの大統領選挙戦でアダムズを応援し、イギリスと組んでフランスに対抗し、共和政治や民主主義の普及を阻止することに全力を挙げていたという。

あらゆる種類の専制主義、君主政治、貴族政治、奴隷制度に反対し、投獄されることを予想してペインは『理性の時代』の第一部を検束の六時間前に脱稿したとある。いずれにしろ、彼は死ぬ日まで徹頭徹尾、自分の政党と反対党を問わず、あらゆる形式の残酷さに抗議した。晩年は孤独と貧困のうちに暮らしたとある。客観的記述に終始しながらも、ラッセルがその政治的信条、行動の規範としてペインを深く尊敬していたのが、よく解る。

「上品なひとびと」および「新しい世代」については読んでもさほど書くこともないので割愛する。但し、前者では、彼一流の警句とユーモアの発露が見られる。

「われわれの性道徳」

人間生活の他のどの要素にもまして、性はいまなお、多くの、いや、おそらく大部分の人びとによって、不合理的な方法で見られている、という文章で始まる短文であるが、彼が何事においてもものごとを直截的に見ようとしている態度が鮮明に表れている。結婚の埒外に成功が殆ど無いような社会をつくりだすことは、不可能であるとはいえまいが、これに必要な条件は、殆ど獲得できないものである。性道徳の困難は、嫉妬の衝動と一夫一婦主義の衝動とのあいだの葛藤から生ずるという。何だか、本来非常に情緒的な問題であるこのような主題に、こんな分析的な思索を進めると、身も蓋もないとの想いがするが、彼は性をめぐる教育の問題とか、タブーとか、いくつかの問題について論じている。

彼には既にこれに先立つ七年前、一九二九年に『結婚と道徳』という著作がある。これはある解説書によると、女性の真の解放をめざし、人生における性の価値、性の倫理の再発見をめざしたもので、現在の結婚制度は迷信と因襲の遺産であるとし、性を罪悪視し、堕落させたのがキリスト教倫理であると批判した。これは当時ごうごうたる非難を浴び、この為、彼はニューヨーク大学の哲学教授のポストの約束を取り消されたという。しかしラッセルは一九五〇年にこの著作でノーベル文学賞を得ている。『ラッセル自叙伝』によると、これは彼にとっていささか驚いたことだった、と述べている。)

私にとってのラッセル

それにしても、小学校のとき近所の教会を一時期覗いて、牧師の説教を聞いたり、讃美歌の美しさに打たれたり、青年時代にバッハの音楽を聴いてその崇高さに惹かれたりして、わからないながらもキリスト教に対する感覚的な憧憬があった。しかし、西洋人でありながらラッセルのような偉い人でもキリスト教徒でないと宣言する人がいる、ということでなにか心の中の平衡が保たれたという意味で私にとってこの本を読んだ意味は大きかった。この本を見返すと、あちらこちらに鉛筆で重要だとおもった文章に傍線が付されているのを見ると、その時はわからないながらも真剣に考えたに違いない、ということが認められる。後年、アメリカ、特にヨーロッパで無数にといってよいほどあちらこちらに建っているキリスト教の荘厳なる寺院や大聖堂、たまたま入ったときに聖歌隊が歌っているのを聴いたときの人々が寄せる敬虔な態度、美しい音楽などに、西洋の伝統の凄さを何度となく感じたが、このような歴史と伝統に生まれた時から囲まれながら、それに抗して世間の流れと離れて「キリスト教徒」でないと言う為には、日本人とは比較にならない、内心の格闘があったに違いない。彼は、二番目の論文で「わたしは、どんなたぐいの神も信ずる理由を持たない」と断言している。今や多くの科学者にとっては、無宗教や無神論はごく自然だろうと思うけれど、西欧の文化の中では、ローマ法王の存在をはじめとして、依然としてさまざまな意味で、キリスト教の影響は巨大であり決定的でもある。

今になってみると、考えようによっては日本人である自分にとっては随分余計なことに時間と関心を使ったものだ、との思いもするが、一時期、新約聖書を眺めたり、内村鑑三の『余は如何にして基督信徒となりし乎』とか、シュバイツァーの『我が生活と思想より』、『シュバイツァー著作集』なども読んで世にいう偉大なキリスト教徒になんとなく魅力を感じたのだろう。何にもわからなかった当時の私として、キリスト教にはそれ相応の対処をしたことになる。

山本 光先生

バーサ・ジェーン・マーシャルさん

ラッセルのこの本はキリスト教だけでなく、宗教一般に関する考察も含んでいる。私は今やカトリック、プロテスタント間などの党派別の血なまぐさい歴史を経たキリスト教(一六世紀の聖バルテルミーの虐殺やユグノー戦争はその代表例であり、一七世紀前半の両派による三〇年戦争はハプスブルグ家を中心としてヨーロッパ全体を巻き込んだ。)、そしてイスラム教も含む一神教の世界よりも、仏教の方にはるかに親近感を持っているのだが、結局のところ、今は既成の宗教といったものには、棹をさそうという気は起こらない。信仰をもてる人はそれでよいのだろうし、それで立派な人は数多く存在する。特に宗教人というのは、どこかで自分を他の偉大な存在の前に投げだしているからだろうか、何ともすがすがしい感じを醸し出している人が多いような気がする。しかし、どうも自分は理屈っぽくて、我執に捉われ、山本先生やマーシャルさんのような宗教家にはとてもなれない体質だと、今では思い定めている毎日である。

『ラッセル自叙伝』は彼が八五歳過ぎてから出版された。この本は彼の赤裸々な述懐に溢れている大部の書である。彼の祖父のジョン・ラッセルはイギリスの首相であった。彼はエルバ島に、ナポレオンを訪問している。父のアムバーレイ卿はジョン・スチュアート・ミルの門弟であり国会議員でもあった。当時から師譲りの産児制限と婦人参政権論者であったという。

ラッセルは生まれながらの貴族、伯爵の家系であって、幼年時代は女中、執事に囲まれ、複数の家庭教師による教育を受けた。一八歳でケンブリッジ大学に入り、若い頃には数理論理学を専攻した。特に記号論理学を研究し、集合論における「ラッセルのパラドックス」（注4）は有名である。また数理哲学で大学時代の師であるアルフレッド・ホワイトヘッドとの共著である『プリンキピア・マテマティカ（数学原理）』を書いている。そして中年におよんで哲学の歴史に没頭し、『西洋哲学史』（一九四五年出版）という大著をものにした。彼は第一次大戦中、徹底的な非戦論で良心的兵役拒否者を助ける「徴兵反対協会」の活動からケンブリッジの教授職を追われ六ヶ月間投獄されている。しかし、第二次世界大戦の際は、ナチズムに対する徹底した抗戦を主張した。晩年率先して他の科学者に呼びかけ平和運動に邁進した。彼は一九六一年、八九歳のときイギリスの核政策に反対し大衆の不服従運動の組織化で、もう一度短期間であるが、獄中生活を経験した。

この本には、彼が直接つきあった有名人、コンラッド、エリオット、ローレンス、マンスフィールド、ショー、ウェルズなどの文学者、ウィルソン、マクドナルドなどの政治家、ウェッブ、ケインズ、ラスキなどの社会、経済学者、カントール、ウィーナー、アインシュタインなどの科学者、ホワイトヘッド、ヴィトゲンシュタインなどの哲学者との交流が幾多の手紙をも通して載っていて、その実に幅広い活動が示されている。第二次世界大戦の前に既に彼は、ロシア、中国にも招請旅行をしていて、アメリカに居るうちに大戦が始まり四四年まで約五年半の間大学を移りながらアメリカに滞在した。またこの本で初めて詳しく知ったのであるが、彼の家庭生活が、随分波乱に富んでいた。彼はクェーカー教徒であった五歳年上の女性と二二歳の時に結婚したのを最初として、その後、四九歳、五三歳、八〇歳の時と四回も結婚している。また正式離婚までにはそれぞれ時間がかかっているのだが、冷え切った結婚のうちに友人の妻と愛人関係を五年間続けたり、将来を約束した女性が発狂に至ったり、第一次世界大戦の時は夫のある女優と恋に陥り数ヶ月間、性的関係を持った、というように女性関係も随分変転、多様である。常に心を許せる女性を身近に求めたように見えるが、相手の夫婦との友人関係には何事も起こっていないのが、イギリス風の情事なのか、自叙伝で事実の記述を抑制しているからか、不思議な感じもする。ドライブしていて自動車が農場トラックと衝突して粉々に壊れたとか、ノルウェーで水上飛行機が墜落して禁煙席の部屋の乗客全員が死亡したが、彼は喫煙のほうの部屋で、海に飛び込んでボートに救われたという経験もしている。自叙伝には各々の時代の精神的悩み、場合によって自殺もしたくなるほどの気持ちも書かれていて、いわゆる偉人という言葉で単純に想像するのとは程遠い、生身の人間がいやおうなく浮かび上がってくる。

ラッセルは知の巨人として日本でも「ラッセル研究会」とか「ラッセルを読む会」などという組織があるようだ。彼は自分の生涯を顧みて「私はもっとも頭がよく働くときに数学をやり、少し悪くなったときに哲学をやり、もっと悪くなって哲学もできなくなったので、歴史と社会問題に手を出した。」と語っている。

私が大学に進む時に、文科にしようか、理科に進もうか、迷っていたのだが、両方やるにはと考え、それには若いとき理科に進んで現代科学を理解しなければ、と決心したきっかけが彼の生涯の有り様であった。この本を眺めると、自分の能力はあまり考えもせず、意欲だけはこのような巨人ラッセルに憧れた、身の程知らずの若いあの頃の、息苦しいような緊張感が鮮烈に思い出される。

1　ラッセルの題は「疑問を抱く哲学者―開幕か、終幕か?」である。彼以外はJ・B・S・ホールディン、オールダス・ハックスレイ、ガブリエル・マルセル、カール・ヤスパース、ロバート・オッペンハイマー、フランク・ロイド・ライト、ラインホルト・ニーバー、アルベルト・シュバイツァー、サルヴェパリ・ラダクリシュナン。全編を通して村松仙太郎・山川学而訳。

2　これは表題なしで欧米諸名家の人生観という風になっている。彼以外はH・G・ウェルズ、ハロルド・J・ラスキ、ハヴロック・エリス、ジュリアン・ハックスレイ、ランスロット・ホグベン、アルベルト・アインシュタイン、E・M・フォースター、パール・バック、トォマス・マン、ジュール・ロマンである。喜多村浩、中野好夫、中村誠太郎、中島健蔵など異なる諸氏が翻訳にあたっている。

3　グノーシスというのはギリシャ語では「認識」という意味である。グノーシス派は一世紀に生まれ、三～四世紀に地中海で勢力を持った。キリスト教内部の異端派とされていて、この宇宙は「悪の宇宙」であって地上の悲惨さはこの故であると考えたという。

4　自分自身を要素として含まない集合（無限集合）の全体をXとした時、X自身はXに含まれるか、含まれないかという命題で、Xが含まれるとしても、含まれないとしても矛盾が生ずる。こういう話が苦手な読者のために本来的には意味が異なるのだが似ている別の例でいうと、ある村でただ一人の理髪師がいて、自分でヒゲをそらない村人全員のヒゲだけをそるとする。さてこの理髪師は自分のヒゲをそるだろうか、という話で、これは「理髪師のパラドックス」といわれる。もしそるとすれば、彼自身はそらなければならない対象から除外されるのでそる必要はない。もしそらないのならその対象に含まれるのでそらなければならないということになる。

丸山眞男　『現代政治の思想と行動（上・下）』

はじめに

一九六〇年に大学へ入学した私は、入学早々から折りしもの、反安保闘争という未曾有の社会的激動の動きの中に囲まれていた。東大駒場の教養学部構内は連日の学生のデモ、授業の最中も窓の外からはインターナショナルの歌などを歌いながら練り歩く隊列が見え、学生の決起集会とか、教官層をも巻き込んだ集会も頻繁に学内で開かれた。受験勉強を終え理科一類に進んだばかりの私は、そもそも安保条約を読んだこともなく、革命を怒号したり社会変革の主体に自らが参加することなど、まだまだ思いもよらなかったから、比較的平静を保っていた。しかし、彼らがいう主張の源はどんなものか、マルクス・エンゲルスの『共産党宣言』は入学早々に読んだ本の一冊であった。

安保反対運動は日本全体を巻き込み、四月から国会議事堂周辺はいろいろの組織による請願デモが連日のように行われ、全学連もだんだん激しい冒険主義的行動をとるようになっていった。四月二六日の安保阻止全国統一行動のときは、私も一度はどんな様子か見にいってやろうという気で、駒場からの学生スクラムに加わって議事堂前まで行ってみた。機動隊などの鋼鉄のバリケードが両側歩道に数十メートル並びその後ろにはびっしりと隊員が配置され、坂の正面にはこれ以上議事堂には近寄らせないというかのごとき装甲車がいかめしく構えている。その坂道の途中装甲車の目前、バリケードに挟まれた車道に到着し学生デモ隊は座り込む、リーダーは次から次へと演説をぶちシュプレッヒコールを繰り返すということになった。二、三時間そんなことをしているのを見るのに飽きて（私は反対でもなんでもないので、怒鳴ることもしなかったが）隊列を離れてあちらこちらをぶらついたが、どの坂道も全国から次ぎつぎに集まった大学のデモ隊が旗をたてていた。その日は遅く十数人の活動家が逮捕され百名あまりの学生が重軽傷を負ったということを翌日知った。

五月二十日未明の衆議院における警官隊導入による自民党単独の強行採決から政治は一挙に緊迫感を増した。このときも既に国会周辺は安保改定阻止国民会議の数万のデモ隊が取り囲んでいた。六月四日には、同会議の統一行動として総評、中立系労組を中心とする時限スト、職場集会に五百六十万人が参加した、と新聞にある。六月十二日、平河町の都市センターホールで著名な学者による講演会が開かれるというので、私も聞きに行った。大内兵衛氏を代表とする憲法問題研究会による「民主政治を守る講演会」というものであった。ここで私は世に有名な法、経済学者に聴衆の一人として初めて遠くから会ったのであるが、この時、ひときわ颯爽とした印象に残ったのが若い丸山眞男氏であった。氏がその場で唱えた「復初の説」（注1）と言うのが私には新鮮な言葉であったためかもしれない。今、当日の新聞の縮刷版を見ると大内兵衛、鵜飼信成、竹内好、南原繁、丸山眞男、宮沢敏義、我妻栄の諸氏が講演をしている。この時の

議事堂の周囲を埋め尽くしたデモ隊

主張は大内氏によって読み上げられ、「強行採決は暴挙であり、多くの国民の抗議は日毎に増大している。即刻、衆議院を解散し、安保改定と強行採決に対する民意を問うべきである。」というものであった。その後、六月十五日の国会南通用門での全学連主流派一万七千有余の集結、一五〇〇人の構内への突入と東大生樺美智子さんの死、アイゼンハウアー大統領の訪日中止、右派社会党河上丈太郎氏の右翼による負傷事件などが発生し、騒然とした状況が続いた。国会周辺も数日おきに十数万人のデモで囲まれていた。

安保は六月十八日に自然成立となり、その後も統一行動は続いたが岸首相の退陣とともに安保闘争は急速に衰えていった。そして日本における労働者中心の国会外の大衆動員方式の政治運動というものは、その限界をはっきり示し、これ以後、二度と同様なものは起こらず、労働運動自体も次第に賃金闘争などの温和なものに変化していった。しかし米ソの冷戦構造は続き、資本主義か、社会主義かの問題はずっと続いていた。私はその後、共産主義関係の書籍では河上肇の『自叙伝』とか、エンゲルス『空想より科学へ』、レーニン『帝国主義』、毛沢東『実践論・矛盾論』、エドワード・カー『ボルシェヴィキ革命』などを、専攻した自然科学の研究の合間にポツポツと読んでいったのだが、そんな内にも特定のイデオロギー志向とは全く違った姿勢の丸山眞男氏の『現代政治の思想と行動』に実に感心した憶えがあったので、再読してみた。その後、氏の『日本の思想』は、新書版の小冊子ということもあって大ヒットした。

『現代政治の思想と行動』は一九五六年末に発行され、戦後からそれまでの丸山氏の十八の論考がほぼ年代順にまとめられている。それらはジャンル別に第一部「現代日本政治の精神状況」、第二部「イデオロギーの政治学」、第三部「政治的なるものとその限界」に分けられている。第一部での最初の三論文は「一　超国家主義の論理と心理」「二　日本ファシズムの思想と運動」「三　軍国支配者の精神形態」で、戦前から一九四五年の日本の敗戦に至るまでの国家体制指導者の精神状態、（極東裁判における応答も含めて）それに追随せざるを得なかった日本全体の社会状況を分析している。最初の論文が昭和二一年三月に執筆し五月に掲載されたという時期の早さにやや吃驚したが、氏が東京大学入学早々、特高警察によって逮捕、拘留された経験を持ち、昭和十一年の二・二六事件の時法学部の学生であり、日本軍国主義の進展のただ中に、政治学の学徒として研鑽を積んだ蓄積が、敗戦と共に一挙にほとばしり出たということであろう。（なお、氏は一九四四年七月に陸軍に教育召集され平壌に滞在しているが脚気で九月に内地送還され、翌年三月に再び応召、広島の陸軍司令部に派遣され原爆投下に遭遇し被爆している。）

第一部「現代日本政治の精神状況」

日本に政治学という分野が確立していない時に、他の多くの分野と同様に、氏の考察は、欧米の様々の学問的主張や洞察、比較考察をベースにして、日本の国家体制の基盤となったいくつかの思想構造及びその心理基盤を研究している。

論文一では日本のファシズムというものが、ドイツやイタリーと全く異なる歴史的条件、天皇制という古来からの制度、正確には開国、維新後の体制で明治憲法に具現された万世一系の精神的君主制が国民全体に及ぼした精神状況をいろいろな角度から記述している。

国家が倫理性と権力の統一体として機能し、その究極の源を天皇の存在においた為に、政府、高級将校、官吏などの国事を指導するべき人達が、自己の主体的判断、決断における自己責任の感覚を欠き、集団的無責任体制になってしまった、と述べている。

論文二は講演を母体とした文章であるが、日本ファシズムの歴史、第一次世界大戦の数年後、大正時代の中頃からの左翼運動の浸透に対する危機感からの民間右翼運動による台頭準備期から、第二次大戦終結の八・一五までの展開の研究である。その間の種々の政治的運動とそれに伴う社会の動きを、詳細に記述している。文章にして六十ページ近いが、氏の実に広汎なかつ緻密な資料の観察、該博な知識に敬服させられる。

「ファシズムが物質主義に対して高唱する「理想主義」「精神主義」こそは大衆の眼を社会機構の根本的矛盾からそ

らし、現実の機構的変革の代りに、人間の考え方の変革で間に合わそうという意味をもっている」という記述など、氏のプラグマティックな考え方が如実に出ている。氏は日本のファシズムの他国と異なる特徴として、一には家族主義、二には農本主義思想があったとみている。前者は結局は国民全体が天皇を囲む一つの家族共同体であるという「国体」の考えに凝縮し、後者は、日本軍隊の精鋭部隊をなす農村出身者への精神鼓舞にむすびついた。一方で、軍需品生産の為の工業発展がますます必要になった結果、農村の労働力がなくなり、更に農村の疲弊に結びついたという悲劇が、都市労働者重視のドイツのナチ党との比較において述べられている。三番目の特質は東亜開放というアジアの先進国としての主張を指摘しているのだが、これは将来の論点として深入りしていない。

次にその運動形態の特質において、血盟団から二・二六事件に至る急進ファシズムの主唱者は、少数者の「志士」意識が濃密であり、また破壊に至る詳細な計画は立てていてもその後の建設過程にたいするヴィジョンは殆ど考えられていなかったとの指摘が彼らの陳述に基づいてなされている。日本ファシズムの担い手は、工場主、店主、小地主、一般の下級官吏といった、実世界で指導的立場を占めている中間層であり、いわゆる都市のサラリーマン階級、自由知識職業者や学生の上質部分といったインテリゲンチャは、ファシズム運動に対し消極的であり嫌悪の情をもっていやいやながら適応するか追随をした、と書かれている。実はこの部分において彼が自分自身またその周囲の類似の人たちの思考、行動を実に的確に捉えていると思う。現在においても情報は雲泥の相違だが、人種の本質はそう変わっていないと感じさせられる。この原因として、日本のインテリは教養においてヨーロッパ育ちであり、ヨーロッパ的教養は頭から来た知識で生活感情まで根をおろしていない。そこで、こういう人達はファシズムに対して、敢然として内面的個性を守り抜くといった知性の勇気には欠けている。しかし、この教養のためファシズム運動の文化性の低さには到底同調できない。こういうことで本来のインテリが持つ分散性、孤立性とあいまって日本のインテリを無力な存在に追いやった、と指摘している。これに比し地方的小集団の長は実社会で多くの人間と直接接触しており、本来の大衆の考え、性格を統制している。「実際に社会を動かす世論は正にここであって、決して新聞の社説や雑誌論文にあるのではないのです。ジャーナリズムの論調がともすれば国民から遊離するのは、それがもっぱらいわゆるインテリ中間層によって編纂され、その動向を過大視するからであります」と氏は言い切っている。もっともこの点については、氏は補注で、戦後はインテリも著しく変化し、大新聞はこぞってアメリカのように大衆社会におけるバランスに意をもちいたマスコミに著しく接近したし、二つの層の文化的断層もかなり連続してきている、と述べている。しかし現在も選挙のときの大勢を決めているのは、この第一の土着的中間層ではないか、世界の先進国でも稀な、ほぼ戦後六十年にわたる自民党政権の継続は、それなしには私のような都会人で知識職業生活者には理解しにくい。

最後に日本ファシズムの進展の特異性として、ドイツ、イタリーと違って、大衆組織を持ったファシズムが国家機構を占拠したのではなく、軍部、官僚、政党等が国家機構の内部から漸次ファッショ体制を成熟させていった。その際、民間右翼や急進青年将校などの激しい動きは、上からのファッショ化をその度に助長、促進させる働きをなした。そして最後になぜ日本では民間からのファシズムがヘゲモニーをとることなくドイツ、イタリーのごときファシズム革命がなかったか、について、氏はそれ以前に日本では民主主義的力の成長がはなはだ不十分であった。ドイツ、イタリーのように第一次大戦後、ブルジョア民主主義が確立し、強大なプロレタリアートの組織が形成され、それに対抗ということで、ファッショ体制が成立したのと異なり、日本では、一九三一年の満州事変時点で、零細農家、家内工業が底辺をなしプロレタリアートといえるような労働者の比率が中小業者およびサラリーマン層に比べて少なく、ブルジョア民主主義といったものは脆弱であったということが結果的にその後のファシズムの性格をも規定した、という。ついで、多くの右翼分子の体質の前近代性、革新将校でさえ幕末志士きどりの振る舞いが見られたなどの記述があり、決定的には既成政党にもこれと等しい性格があり、ファッショ勢力と戦う気力も意思もなかった、と述べている。

論文三で書かれた極東裁判における速記録の引用を読むと、世にいう学歴上の秀才で占められた政府要人、軍人達がいかに人間的に貧弱な小心者で占められていたかが良くわかる。彼らの指導性、権力の由縁は、主張の合理性ではなく、絶対的価値体（天皇）により近い存在であるということに過ぎなかった。確かに軍隊においても関東軍をはじめとして、行政府の批判的意見に対して、明治憲法下では政府と独立した天皇直属の軍隊が「統帥権の干犯」といった言葉で、それを抑圧する姿勢が常に存在していたようだ。皇軍という精神指導がついに国民総動員、総力戦として全国民を巻き込む事態になった。

我々の世代は、軍国日本の実態を直接感得しえないし、戦前の日本を知るのは出版物を通してだけである。（例えば、中島健蔵著『昭和時代』、私が他に読んだまとまった単行本といえば、城山三郎著『男子の本懐』、『落日燃ゆ』、阿川弘之著の『米内光政』、『山本五十六』、『井上成美』の海軍三部作等、の小説群くらいになってしまう。それ以外は新聞、雑誌の解説や主張、テレビ、映画などの映像ということになる。）丸山氏の諸論文は、主要なる人々の実際の言辞、行動を通して、そこに流れている精神構造をその内面にまで突っ込んでえぐりだしていて、その分析の鋭さに感心する。これらの論考を通じて感ずることは、氏はこのような歴史を繰り返すことのなきよう、何にもまして、国民の各層が民

丸山眞男氏

主主義的思考、近代的個人の責任ある判断をもととした、政治体制に向けて努力することを願っていることが、見てとれる。

論文四「ある自由主義者への手紙」は、一九五〇年五月の皇居前広場の労働者と占領軍の衝突、六月のデモ禁止令、共産党中央委員二四名の追放、朝鮮戦争の勃発、警察予備隊の発足、七月の大規模なレッド・パージの開始など、ただならぬ情勢の中で九月に発表された。そして政治学を勉強していながら、現実の政治や社会の問題に考えを述べなかったことに対する自分の態度を説明するといった体裁で書かれている。最初に「君や僕のようなリベラルな知識人は」とか「性格的にはむしろコチコチの個人主義者が、」というような自己規定の言葉が出てきている。またファッショに対してと同様、左の全体主義たる共産主義にたいしても、思想の自由を否定する暴力にたいしては積極的に戦わなければならない、という意見に対して、大学教師である立場としてのいわば弁明的見解を書き述べているとみてよい。やや後ろで「無党派知識人の立場からの現実政治にたいする根本態度の決定とそれに基づく戦略戦術を自覚しなければならない段階が来ている」と、問題設定がなされている。ただ読んでいくと、その答えを即座に述べるということにはならないので、最初はちょっといらいらする。まずはいろいろの外国産のイデオロギーに対して図式的な理解をすることが我々の日常生活様式と乖離していることを指摘している。日本人の生活はイデオロギーとは殆ど無媒介に併存しているに留まっている、というのだ。アメリカ的民主主義とソ連的共産主義の闘争というような図式で当時の日本を割り切ろうとするのは、現実遊離であるという。(この点、むしろ二一世紀の脱イデオロギーといわれて久しい現在にとって非常に的確な指摘であり、予言的でもあるようにも考えられる。)

別の言葉では、日本では不幸にして(インテリの)主観的なイデオロギーと客観的な行動原理とのギャップは実に深刻である。その例として彼は西欧的民主主義の基本原理としての自由討議による決定ということをとりあげている。これが暴力より優れているのは明白である。しかし実際に日本における多くの社会関係を見れば、純粋の説得による決定ということが殆ど絶望的なまでに乏しい、という。日本中到る所で行われている会議において、構成員に上下関係がある場合、さまざまの論理外的強制の作用によって自由討議はたちまち戯画化する。（ここら辺の彼の用語のセンスには感心することが多い）何が実質的に正当かという判断を各人の内面的良心に委ねているからこそ、自由討議による決定が意味を持ち得るのに、上級者が実質的決定者として、「法の支配」をも空虚化する。つまり彼はメンバーに対して「権限」でなく「権威」を持って臨むというわけである。（文章が非常に巧みである。）そしてこのような図式は多くの場合、社会の現状維持という保守的方向に奉仕することが多い、と述べている。

また日本では、家族主義に基づく「和」の精神が平等者間の「友愛」でなく、どこまでも縦の権威関係を不動の前提とした「和」であり、これは「恩」の精神とも分かちがたくつながり、大は国家から小は家族に至るまであらゆる集団にちりばめられている、とも指摘している。支配層は常に「和」の精神の権化であり、紛争は常に「恩知らず」ということで下位の挑戦者は迫害されるとある。現在から見ると、鋭い指摘ではあるがちょっと極端ではないかという気もするが、これも当時の社会情勢の成り行きに対する彼の憤激が思わず出てきたという感じである。なにせ政治的集会禁止の指令が出たというような状況だったのだ。（これを更に敷衍した短文「回想―恐怖の時代」が、このすぐ後に附論として置かれている。上も下もことごとく多くの人がそれぞれ恐怖に駆られて政治に対峙している、という状況を、氏独自の研ぎ澄まされた感性で記述している。）

次の彼の文章が彼の本当の姿勢を示しているように思う。「僕は少くも政治的判断の世界においては高度のプラグマティストでありたい。だからいかなる政治イデオロギーにせよ、政治的、社会的諸勢力にせよ、内在的先天的に絶対真理を容認せず、その具体的な政治的状況における具体的な役割によって是非の判断を下すのだ。僕はいかなるイデオロギーにせよそのドグマ化の傾向に対しては、ほとんど体質的にプロテストする。僕が左右いかなる狂熱主義にも本能的に反発するのは君もよく知っている通りだ。」と。

この論考は優れて彼の基本的態度を如実に示して余すところがない。これを読むだけで、彼の諸々の論文はすべてこの基本的体質から発しているということがよく解る。この発表にたいしては、直後からすぐ反響があり、林健太郎、松村一人、高桑純夫氏といった人達から批判が出されたという。それに対する丸山氏の見解も補注に詳説されている。丸山氏が日本の大衆での人間的確立にとって、左翼集団の運動がポジティブに働いているという観点から、共産党の存在を、日本の民主勢力の伸張にとって必要な勢力として許容しているというのが一つの論点であったようだ。

論文五「日本におけるナショナリズム」では日本人の愛国心に関する考察が興味深い。数年前に読んだウォルフレンの『なぜ日本人は日本を愛せないのか』という本との対比を考えさせられた。氏はまず隣国と常に接触してきた西欧諸国が国際社会の中で、常に主権国家というものに深い考察を余儀なくされ、それが国際法をはじめとする種々の政治的制度の発達をとげたのに対して、アジアの中で日本のたどってきた歴史的特異性を論じる。幕末の欧米列強の外圧から開国にいたり、とにかくもその中で圧力を跳ね返し、急速に国情すべてにわたり近代化をなしとげた唯一の国として、他のアジア諸国のナショナリズムとの相違から説き起こす。勿論、富国強兵から列強にまでのしあがった挙句の大東亜戦争の敗戦がもっとも大きな国民の心理にもたらしている経験である。この過程でナショナリズムは下からわきあがってくる愛国心といったものでなく、もっぱら上部から強制された教育（天皇への忠君愛国といった言葉）であったために、底辺では伝統的意識が残存するという構造的不均衡が存在した。従って、敗戦というショックによって国民のもともと希薄であった国家意識（郷土愛はあったとしても）、ナショナリズムの意識は上部構造の崩壊によって、一挙に表面から消えうせた、というのである。これが日本人の愛国心の消失、あるいは誇りを失ったかにみえる現象をかなりな程度説明するように思われる。（この論文が実質的に書かれたのは一九五〇年、日本人が完全な自信喪失からわずかに立ち上がる契機となったといわれる湯川博士のノーベル賞、水泳の古橋選手等のロスアンゼルス大会の活躍は共に一九四九年）氏の考察では、単に日本の指導者群の欠陥を指摘するのではなく、明治政府では、民衆の自発的な国民的連帯意識の成長に依存しえず、一方彼らの不断の対外的危機感から、急速な愛国心の喚起にせまられて、国家教育によってそれを上から作り出さねばならなかった、という。この部分など、氏の優れた均衡感覚による考察に感心させられる。それが一方では近代的公民のかわりに、万事を「お上」にあずけて、ひたすら権威の決断にすがる忠実だが卑屈な重僕を大量的に生産することになった、と厳しくも書かれてもいる。

中国の中華意識と異なる点は中国のそれは文化的優越を理念としているのに対し、日本の場合の「皇道宣布」とか「八紘一宇」というのは武力的優越を不可欠の契機としていた点である。それが全体的使命感であっただけにその崩壊のもたらす精神的真空は大きい、と分析されている。敗戦後国民意識は分散し、人々は、生活のためもあってナショナリズムなどというどころではない。はたして今後、日本のナショナリズムはどう展開していくであろうか、といういくばくかの予想をもって、本稿はおわっている。(ただしこの点では後のさまざまの討論、対談などでの氏の発言を引用して補注で大幅に補足されている。)

論文六は「講和問題に寄せて」という日米講和条約調印式の直前に書かれた短文である。氏の学問上の師である南原繁氏を頂点とする平和問題談話会が唱えた全面講和論に対して時の吉田茂首相が曲学阿世(きょくがくあせい)の徒と非難したという話しは有名であるが、この頃、丸山氏は肺結核で国立中野療養所に入院して肺手術を受けており、事態が進展していくのを如何とも出来ないでいる焦燥感の中での、種々の杞憂が多面的に書かれている。この時の単独講和が日米安保条約と抱き合わせで、その後の日本の国際政治における立場を根源的に規定してきた。その是非は日本の経済的発展にとって決定的基盤をなしたと共に、今でも領土問題、基地問題などの未解決の問題が存在するが、既にこのような可能性が指摘されている。

論文七「現実主義の陥穽」は再軍備をめぐる議論である。一九四五年の八月十五日の僅か数日後にはアメリカ、イギリスの政治家がソ連による全体主義の脅威に対する警告演説をしている、とか一九四六年三月にはチャーチルによって

「ソ連の鉄のカーテン」という演説がなされ、冷戦は終戦直後間髪をいれずして開始されている、というような時局にたいする、氏の注意深い凝視が描出されている。氏の再軍備反対の立場から、容認派から主張される「現実的であれ」、ということが、既成事実の承認ということになり勝ちだ、という指摘には大戦の国内世論が常に事実の追認の積み重ねであった、という苦い反省がこめられている。しかし、実際の日本は、アメリカの共産圏に対する封じ込め政策に支配され、再軍備が進められ、現在自衛隊の海外派兵、集団的防衛論の是非が問題になり、憲法九条の改正の議論がなされるところまで、状況は変わってきている。

第二部 「イデオロギーの政治学」

ここから下巻に入る。論文一「西欧文化と共産主義の対決」が一九四七年に、論文二の「ラスキのロシア革命感とその推移」はその三年後に発表されている。共にイギリスの著名な政治学者ハロルド・ラスキに関するものであり、特に論文一は副題が「ラスキ『信仰・理性及び文明』について」とある。私は高校一年の世界史の読書課題で、レオ・ヒューバーマンの『資本主義経済の歩み（上・下）』を選んで以来、やがて社会主義社会が来るというのは歴史の必然であるらしいと理解して、その後大学四年間の間にも、これに近い幾つかの本を読んだ。西欧の著者のものではラスキのこの本もその中の一冊であり、ポール・スウィージーの『社会主義』『歴史としての現代』とかエドワード・カーの『新しい社会』などもその中に入る。しかし、基礎もない専門外のことゆえ理解は多分はなはだ不十分であったに違いない。

丸山氏は当然ながらラスキのこの本を翻訳以前の原著の英語版（一九四四年発行）で読んでいる。当時ロンドン大学政治学教授でイギリス労働党の理論的指導者であったラスキが、古くローマ時代に人々を救済するべく現れたキリスト教との類推になぞらえて、ソヴィエト原理が新しい信仰として誕生している、と主張し、ボルシェヴィキの運動、なかんずくその中にあるエトスの正しさを、例え多くの残虐性、反革命に対する仮借ない弾圧の事実は知りつつも、高く評価した。その熱烈なエッセイを要約している丸山氏の書きぶりをみると、氏がラスキを政治学者の模範としてその体質の多くをひきついでいるように思われる。かって何者にも吸収されざる内面的人格性と自主的な判断こそ人間が死を賭しても守り通すべきものと述べたあの根深い「個人主義」はこの書においても依然保持されている、と氏が書くとき、また西欧の最も良心的な知識人のコミュニズムに対する接近の仕方という文章のうちに、氏がかっての多元的国家論をかかげたラスキの軸足の移動にとまどいつつも、その内的動機の一貫性を高く評価しているのである。

論文二もラスキの『現代の革命に関する考察』の要約と共に、氏のラスキの考えの変化と、それへの氏の考察が述べられている。ロシア革命が暴力革命であり巨大な犠牲を伴ったこと、また共産党独裁をどう考えるか、ということに対するラスキの種々の考えを述べている。これらは好悪ということでなく、そうなった政治経済的条件、周囲からの外圧など、いろいろな考察が含まれるが、（レーニン時代とスターリン時代の評価は異なるが）ラスキはボルシェヴィキの組織と行動を出来るだけ内部から理解しようとする。結果的にイギリス社会主義、西欧民主主義の申し子であるラスキが自らマルクス主義者であると名乗るに至らしめた経過を略述している。

その立場の推移について丸山氏の論文の最後部では、思想家が立場を変化させるとき、いかなる内的必然性をもって行われたかが問題なのであって、変化を規定しているある不変なものが見出される筈だ、このような見方で、ラスキの思想を見ると、それは人格的自我の実現を最高の価値とする立場である、と述べている。「私が国家を判断するには、・・・それがどんな方法で私に最高の自我を実現する権利の実質を確保してくれるかということで定める」というかっての彼の現実政治批判の基準は生きている、その意味においてラスキの政治に対する立場はすぐれてプラグマティックであるということができよう、と氏は書いている。先の「個人主義」という立場といい、ここの表現など、これは第一部の論文四「ある自由主義者への手紙」で氏が自らのありたい姿勢を述べた言葉そのものである。

論文三「ファシズムの諸問題」と論文四「ナショナリズム・軍国主義・ファシズム」は共に氏のファシズムに対する

極めてアカデミックな研究論文である。現在、少なくとも日本でファシズムが再び起こることは殆ど考えられない状況であるが、この時期氏が再三再四ファシズムに関する論考を重ねているのはよほど氏の実体験が鮮烈であったことと二度とあのような状態をおこしてはならぬ、という強い意志があった為であろう。事実、この論文が書かれたときアメリカでは、赤狩りのマッカーシズムが席捲していたのである。論文三の序文が印象的である。南北戦争直後に発刊し、一九四〇年の七五周年号「ネーション」によせたルーズヴェルト大統領のメッセージが引用されている。折りしもナチがマジノ線を突破する目前、日本と中国は既に二年半の死闘を繰り広げていた。大統領は常に断乎として少数意見を代表してきた「ネーション」に敬意を捧げ、(事実「ネーション」は日独伊の国際ファシズム勢力を痛烈に弾劾するとともに国内では「ニューディール」の骨抜きに躍起となっていた大実業家および反動勢力に対して論陣をはっていたという)「私はあなたのいうことに賛成はしないが、あなたがそれをいう権利は死んでも擁護しよう」というヴォルテールの言葉をもって祝福したという。それに対し、「ネーション」主筆のカーチウェイは「われわれが少数意見・・・・の表明をかくも衷心から支持する人を大統領として持つことは幸福である」と応えた。氏はこれを読んだとき、背筋に電流のように熱い感覚が走った、とその感激を述べている。

本論はそれこそ、鋭利な直観力、分析力、そして事物の表裏を見落とさない非凡なバランス感覚にあふれている。「悲壮感や感傷主義の露呈を抑制してウェーバーのいわゆる「醒めた」魂を見失わないように心がけるつもりだ」と、氏が他所の文章で述べた実践そのものである。決して議論が安易に一方的にならないし緻密に且つ多角的に論理が展開するので、読んでいても気が抜けない。内容は多岐に渉るが、最も重要な問題はどうして国民がファシズムの権力簒奪(さんだつ)を受け入れてしまうのか、という心理分析である。小市民的大衆は「本来堪え難いものを、ただヨリ悪いものの到来を恐怖するあまりに受け入れること」というラウシュニングの言葉を引用しているが、想像上の恐怖にとりつかれた人間は弱くなる。ナチは反共産主義を実に巧みに利用した。またその動因の先兵となるのは、社会的な上昇ルートを閉ざされ、失意と焦燥にさいなまれた孤独感と社会に対する漠然とした憎悪と恐怖にとりつかれているような人たちである、と氏は述べている。現代でいえば、アメリカにおけるＫＫＫなどの黒人排斥グループなどプアーホワイトといわれる集団である。ファシズムの芽は依然として民主国家にも存在するのである。

ヴォルテール

（１６９４−１７７８）

論文四は当時「政治学辞典」が編纂されそれに書いたものを補足したいというのが氏の動機と書かれている。表題の政治的イデオロギー用語三つを個別に分けて解説している。まずイデオロギーというものの構造、それに係わる人間の上からの指導、下からの情動などの運動、人々の意識や行動様式、その非合理性などと、記述はかなり抽象的であるが、説得力ある文章となっている。現実の歴史の進展は国々、地域によって多様であり、その拠ってきたる条件がみな違うので、結局のところ共通に浮かび上がってくる概念の部分は僅少な特性しか残らないことが解るので、定義づけはあまり意味がないと感ずる。もっとも最初に氏はスコラ学的な議論は百害あって一利なしと断っていて、むしろそれぞれの政治上のダイナミックスの記述に終始しているともいってよい。これからはアジアのナショナリズムの進展が重要なモーメントであろうと予測している。

論文五「「スターリン批判」における政治の論理」。スターリンが一九五三年三月に死んで三年後の一九五六年二月、第二〇回共産党大会でフルシチョフによって初めてスターリン批判が行われ、この論文はその直後に書かれ、十一月に雑誌「世界」に掲載された。個人崇拝を生み出した原因を、ソ連の社会主義建設が行われた客観的な歴史的条件とスターリンの個人的資質という二点から報告した内容に対する氏の考察で、警戒心、猜疑心から大量の粛清を繰り返したスターリン体制をどこまでより一般的に限界状況におかれた人間の行動として捉えられるか、という観点から書かれている。この批判後に表明された各国共産党の自己批判、イタリーのトリアッティや中国共産党、アメリカ、イギリス共産党の反応まで、言及されている。氏はこのような発言に関する議論にとどまらず、マルクス主義者の思考方法の特質、また逆にそれに対する反対側からの批判における思考形態についての分析を、行っている。その冷静な記述は、主義主張よりその内における人間心理のダイナミズムを対象化していて非常に的確であると感ずる。

氏はこの論文で、スターリン批判を材料として、共産主義体制をめぐって対峙する議論の思考形式についての検討をおこなっているともいえるのだが、共産主義体制が事実として今後どうなるかをめぐる議論は、むしろ直後の追記で、具体的に書かれている。スターリン批判の後、十月末にハンガリー動乱がおこり、それがソ連軍によって鎮圧された。フルシチョフ演説の前からすでに始まっていた「雪どけ」も、共産圏を守るというソ連主導のワルシャワ条約体制は変わらなかった、という時点である。(論文を集めたこの本の出版の初版は同年十二月)。本当の体制変革は一九八五年に始まるゴルバチョフ等によるペレストロイカによるソ連崩壊まで、実に約三〇年後であった。

第三部　「政治的なるものとその限界」

第三部「「政治的なるもの」とその限界」は第一部、第二部と織り成して発表されており、一九四七年から一九五三年まで、六つの論文が載せられている。第三部は第一、二部が時代に対する論考であったのに対し、政治学というもの、またその研究をする研究者という立場をつきつめて、その意味を考察するという内容になっていて、各論文は学問としての政治学を論究している。

論文一「科学としての政治学」は、抑圧体制の中から立ち上がったばかりの当時、日本の政治学研究が他の法律学や経済学に比べても著しく遅れている現状の嘆きからはじまる。政治が社会、経済、文化等のわれわれの全生活領域に影響を及ぼすだけに、自然と人々はそれに常に関心を持ち、知識層はこの「政治」を対象とする学問にも視線を向ける。歴史的に政治学の発展を支えたのはやはり政治的自由であった。（アテネにおけるプラトン、フィレンツェのマキアヴェッリ（注2）の如く）従って終戦の昭和二〇年八月一五日以前の日本ではその存在基盤がなかった、氏は戦前、幾人かの政治学者が政治的現実に入っていったが、結局、政治家や軍人との私的関係を通じて政治を自己の希望する方向に動かそうと苦闘したのを見て、この国の政治学の悲劇的運命を思ったと述べている。

その桎梏（しっこく）から開放された今、「政治学は全力をあげて眼前の膨大な生きた素材と立ち向かわなければならない、日本の現実政治のもろもろの運動法則を読み取り、かくして得られた命題や範疇をたえず現実によって検証しつつ発展させていかねばならぬ、そうした研究が究極には、われわれの国、政治をどうするかという問題につながって来ないならば、結局閑人の道楽とえらぶところがないであろう」、と氏にしては珍しく、そのほとばしる内面の情熱を生のまま表現している。

しかし、そこで氏はすぐ学問研究としての立場を注意深く示すのである。即ち学者が現実の政治的現象やイデオロギーを考察の対象にする場合にも彼を内面的に導くものは常に真理価値でなければならない、彼の一切の政治的意欲、希望、好悪を、ひたすら認識の要求に従属させねばならない、政治学が科学として現実的たろうとするに急なあまり、その科学たる所をふみこえて現実の政党勢力の奴婢となることは厳に警戒すべきである、と。ただ、政治的な思惟においてむしろそうした価値づけから無色な認識というものはありえない。ここに政治的思惟の特質、政治における理論と実践という問題が存在する。例えばある問題設定をするということ、どういう範疇を用いて政治的認識に立ち向かうかはそこに既にある価値判断を含んでいる。氏が一切の政治的思惟の存在拘束性を述べ、一方ウェーバーの価値判断排除論（理論的な価値付けと実践的価値判断の分離）に触れながら、彼が、実は学者がその世界観乃至政治的立場をハッキリ表明することを市民の義務として要請している、ということを注で付言しているのは、この間の微妙な緊張関係を鋭く意識して研究を進めなければならないと考えていることを示している。（私もウェーバーの『職業としての学問』および『職業としての政治』を昔読んだことはあるのだが、専攻した自然科学では研究主体と客観事象は明確に分離しているので、このような問題を深く考える必要はなかった。）理念としての客観性と事実としての存在拘束性との二元のたたかいを不断に克服せねばならぬ、政治的奔流に身を委ねるのでもなく、抽象的な書斎政治学に堕するのでもない、と氏が言うとき、政治学研究の難しさを感じつつも、私自身は「人間存在が先か、学問が先か」というような気分にも襲われる。この論文が書かれた翌一九四八年に、実際「日本政治学会」が設立された。

論文二は「人間と政治」と題されている。政治を真正面から問題にしてきた思想家は古来必ず人間論をとりあげた。氏はその例として幾多の有名な学者の名をあげると共に（全て西欧人であることにこの分野の発展の歴史と、氏の研究基盤が窺われる。（注3））続いて政治の本質的な契機は人間の人間に対する統制を組織化することである、という文章から始まる。政治は現実を動かすという至上目的を達成するために、人間性のいかなる面も動員する。政治家が問われるのは動機の善悪という倫理性ではなく、徹頭徹尾その結果責任である、と強調されている。シュミットの「真の政治理論は必ず性悪説をとる」という言葉が引用され、マキアヴェッリやホッブスのような近代政治学の建設者はすべて悲観的人間論者であった。ビスマルクも「政治は人間を堕落させる」と述べたという。もっともこの性悪というのは正確にいえば「人間が問題的存在だ」ということで、人間というのは状況に応じ善い方向にも悪い方向にも転ぶ、天使にも悪魔にもなる、ということだ、と冷静に説明している。特に政治の集団性のもたらす効果は、絶対権力への渇望と無政府主義のはざまで上下する。近代国家の理念は、法とか政治はもっぱら外部的なものにかかわり宗教とか思想は内部的なものにかかわるというのが古典的な本来の建て前であるが、近来、報道通信機関やマスコミの圧倒的情報で、個人の外部的物質的な生活だけでなく、内面的精神的領域、学問、芸術、宗教にまで、政治が入り込んできている。政治はいかにメディアをうまく利用するかにかかっているし、取捨選択されたメディアの報道にはすでにある判断が介在しているわけだから、個人がその自由な判断を保持することは難しい。かっての宗教に変わって国家が、イデオロギーが、政治的宣伝が個人の内面性を侵蝕してくると読めるのである。

論文三の「肉体文学から肉体政治まで」は二人の雑談的対話形式になっている。これは中江兆民の名著『三酔人経綸問答』と同じ形式である。終戦数年後の肉体文学の流行にたいする文学の方法論としてのリアリズムとフィクションの問題から議論は政治におけるそれに移る。感性的自然からの精神的独立あるいは分離は近代精神の一要素で、社会契約説を典型とする社会関係を目的意識から構築する精神は、古来の東洋の政治思想には殆どみられない。そこでは、支配者の人格の問題か、統治の手管に関する議論で組織論、機構論というものは殆どない。近代化というのは人間相互の直接的感性的関係が、組織やルールによって、媒介された関係になる過程である、それが作られると今度はそのフィクションが凝固して習俗化し、本来の人為的フィクションの精神が希薄になっていく。その絶対化への傾向を絶えずチェックしていくこと、目的と手段の間の不断の媒介が組織体の運動としての政治には重要だ、ということを氏は言いたいようだ。一方組織化が進むと、それ自体が実体化し、縦割りの弊害となって現れる。ワイマール共和国からナチの跳梁を許した歴史も、国民が社会的分化の機能的統合をめざす間接的制度である民主性のフィクションを否定し、直接の情緒的感情に訴えてドイツ精神の体現者となしたヒットラーを喝采したところにある。日本も、感性的自然からの脱却が非常に困難な精神風土があり、これが個別的利益を強調したり、特殊な人間関係によって引っ張られる政治の傾向を示している、と指摘している。一見、書生談義ふうな作品の中に、政治における近代精神の特性を、上手に盛り込んでいる。

論文四「権力と道徳」は絶対的な国家主権と奪うべからざる個人の基本的人権との緊張関係を西欧の歴史に即して記述している。またしても氏の凄い勉強ぶりと該博な知識、峻厳な思考に圧倒される。古代の神性政治体制における権力と道徳の原始的統一から始まって、法体系の整備（ローマ法の形式支配）によってこの統一が破れていく。やがてキリスト教という国家と独立した内面的規範の世界が長らく西欧を支配した。後者においてもやがてこの基本的対立関係は法皇権にたいする批判という形で宗教改革がおきた、というように、氏の歴史的理解は常に人間の思考過程を構造的に捉える。近世の国家権力の生成はアメリカ、イギリス、フランス、ドイツにおいてそれぞれ全く異なる歴史をたどる。氏はその経緯を、ロック、ロジャー・ウィリアムス、ロイド・ジョージ、フィヒテ、ヘーゲル、ビスマルク、トライチュケ、マックス・ウェーバー、ニーチェ、マイネッケ、ニーバーなどの言や理解を引用しつつ、この権力と道徳の相克、宿命的な二律背反を説明するのである。

論文五「支配と服従」はわずか十ページの短文であるが、考えさせる内容になっている。氏が教師・生徒の関係と、奴隷制度とを、前者が目的意識の同一方向性を持ち、後者はその点で対立関係にあるという例を両極端にして、現実の支配服従関係はその中間にさまざまな形態が存在すると説明する。奴隷労働ほど非能率なものはない、奴隷の主人に対する服従においては、服従の自発性は殆ど零であるから奴隷のサボタージュへの欲望は強制力に反比例して増加する。政治的世界における治者と被治者の関係も同じで、抑圧のための権力が増大するに応じて、被治者の服従は自発性を失い、体制自体が著しく脆弱になり特に対外的に危険性を増す。これを避けるために支配する側は、最小限度のデモクラシーなしには、存続しえない。しかもこれが、場合により「人民」に支配の主体を移譲することによって、少数の多数に対する支配というあらゆる支配に共通する、本質を隠蔽するやり方になる。これをより健全な方向に、隠蔽でなく表現という意味にするにはどのような条件が必要か、社会が同質的な階級的基盤にたつこと、精神的にある程度の共有性が存在すること、なのであろうか。最後にホッブスの「リヴァイアサン」における言葉「自分で統治するより他人に統治されたいと思うほどのおろかな者はきわめてすくない」が引用され、このような問題が人間の精神の本質に根ざしていることを明示している。共産主義、全体的国家計画経済体制がもろくも崩れてしまった現在を考えると、私はその失敗の最大の原因は人間の自発性が社会の活力を最も成長させる原動力である、という重要性を軽視したことにあった、と思う。

最後の論文六は「政治権力の諸問題」である。これは一九五三年発表であり同年の「政治学辞典」で氏が担当した「政治権力」の項をより詳しく発展させたと追記で説明されている。従って項目も「社会権力と物理法則」、「権力の実体概念と機能概念」、「権力状況の与件」、「政治権力の構成と諸手段」、「政治権力の発展方向」と分かれ、文章も抽象的で学問的しかつめらしさに溢れている。ここで、それを要約はしないが、権力一つをとっても学問となるとこんなに硬質に体系化されるものか、という感じである。最後に人口に膾炙されている有名なアクトン卿の「あらゆる権力は腐敗の傾向をもつ。絶対的権力は絶対的に腐敗する」という言葉に対する氏の見解が述べられている。近代社会の必然である集中権力を、いかに大衆の福祉と自発的参与に結合させ、官僚化による社会的パイプの閉塞を防止するかが今後の問題である、という。公正なる政治の為には不断の実践的努力が要請されるということであろう。

総計約五〇〇ページになる丸山氏の力作の論文集を通読すると、いろいろな感慨に襲われる。総じて、大雑把な言い方をすれば、この本は第二次世界大戦の終結の直後における枢軸国のファシズムへの考察と、社会主義（ソ連の共産主義体制を含む）に対する期待と問題点、批判を氏のリベラリズムの立場から政治学として論じたものと言える。大戦後からソ連の体制の変化が現れた一九五六年までの約十年間の論文集である。氏にすれば、三十代の研究発表内容である。氏の幅広い研究は、主に西欧において発展した政治学の流れ、マキアヴェッリから始まってホッブス、ミル、ロック、ウェーバー、ヘーゲル、ニーチェ、ヒューム、マイネッケ、勿論マルクス等の歴史に現れたさまざまの考えを、人間の内面的意識構造まで深く洞察し、人間集団の動きを分析している。それは当時の現役のラスキ、ニーバーなどの思想にも及ぶ。そこでの氏の幾多の論文に立ち昇る峻厳な批判的態度、突き刺すような鋭利な直観力は確かに素晴らしい。

氏はすでに戦前から彼の父幹治氏（一九一二年「丁稚制度の研究」の著書があるジャーナリスト、大阪毎日新聞論説委員）が「タイムス」や「ネーション」をとっていたというような開明的知的環境の家庭に育ち、府立一中、旧制一高、東京帝国大学法学部といういわば日本の政治機構の直近部分で教育を受け研究を続け、最後まで、政治学者としてアカデミシャンで通した。その生き方は、ある種の高度なインテリゲンチャの典型であろうが、同じ大学教授の立場であっても、社会党左派の理論的支柱であったと言われる向坂逸郎氏や、ジャーナリストを経て内灘闘争以来、積極的に党派に呼びかけ、社会の奔流に身を投げた清水幾太郎氏などとは全く異なった道程であった。（個人の個性もあるし、評価はまたさまざまな立場によって違うし、議論を生むところではある。）

ただ、私がこの大部の本を読んだ後に感ずることは、政治というものに対する氏の真剣なる考察、事実にたいする鋭利な洞察力は、高く評価すべきで素晴らしいと思うが、それは起こった過去の歴史に対するものである。そこに描かれた人間の思考様式、意識構造の分析をある意味での普遍性として将来の社会変動にあたっても生かすということが、政治学の実際的意義ではないかと思うのであるが、（それは当然丸山氏も十二分に理解し、希望したであろう）、現実を主として動かしているのは学者ではなく、また現実は常に過去とは違った新局面が発生していく。例えば、この時期、やがてソヴィエト体制が崩壊すること、ソヴィエト型社会主義体制が多くの先進国で見向きもされなくなってきたこと、共産主義体制とかプロレタリアート独裁というような試みは二十世紀の巨大な失敗であった、と解釈するのが大方の認識となったというようなことは、氏にとっても想像外のことであったことを考えると、政治学に全精力をかけて挑んだ丸山氏の試みは歴史の解釈であって、そこに多大な英知が発現していることは十二分に認めるとしても、時の現実に対しては何かむなしかったのではないか、というはなはだ失礼な感懐をも持たざるをえない。

彼が政治における人間行動をその明晰なる感性で縦横に裁断し、歴史に現れた政治的動きを、その心性から理解することに喜びを見出したであろう、という次元で価値判断を収めるとか、学者というのは元来それが本分であるという考えもあるが、氏の書きぶりから見て、それで満足したとは到底思えない。

例えば氏の『日本の思想』の中の「「である」ことと「する」こと」という講演会での記録では、「現代のような「政治化」の時代においては、深く内に蓄えられたものへの確信に支えられてこそ、文化の立場からする政治への発言と行動が本当に生きてくるのではないでしょうか」と述べている。時局にたいしてよく「警世の句」を発するというような表現があるが、政治家でない者のそれは、たとえ最高度の思索を重ねたものでも所詮、現実には多くの場合無力なのであろうか。例えば、六十年安保騒動時の大内氏を始めとする憲法問題研究会の声明、湯川秀樹氏とか、茅誠司東大総長、またいろいろな大学から多分百近くの声明が出されたが、結局すべて無視された結果になった。その後日本の国会の強行採決は年中行事だし、乱闘国会も頻発している。（私にとって一番古いこの種の記憶は私が中学一年のとき一九五四年警職法改正の時に堤議長が警官隊を導入して乱闘国会騒ぎになった時の新聞の写真である。六〇年安保の後も一九六九年沖縄復帰特別法の際、一九九五年改正宗教法人法の参考人招致の際、最近では一九九九年通信傍受法案、二〇〇四

年年金法案の取り扱いをめぐって乱闘が行われた。）多数決原理による議会制民主主義の下で、野党は負けは承知で場合により徹底抗戦を態度で示す必要があり、与党の立場では野党が物理的に抵抗すれば、押し切るしかないというのであろう。

また政治家である議員からすれば、立法府の成員以外からの声に対しては、例え偉いとされる学者先生でも、所詮政治の素人の意見などに対して聞く耳にも限度があるということなのであろう。国民はもう慣れっこになり、政治はあんなものだ、という軽蔑とも諦観ともつかぬ思いになっている。だからといって政治に関心を失っているわけではないのだが、ムキになるのが阿呆らしいのだ。政治学者も安保のような国運をかけるような非常時でもないと、いちいち声明を発するような情熱は失っているのだと思う。一時期よく新聞などで取り上げられた世界平和七人委員会とか、賢人会議というようなところで学者、文化人が声明を出しても、良心の灯の存在として、辛うじて記事にはなっても、現実には殆ど意味がない。強行採決、乱闘国会に至るような状態を政治学者に言わせれば、一言でいって日本の民主的政治の未成熟といった総括をするのが結論なのであろうか。もっとも安保以降の乱闘国会の原因を見ると、世界における日本の存在を左右するようなことではなく、いずれも国内の制度の変化を巡ることでどっちに転んでも大事に至るようなことではない。あれはマスコミや一般国民向けのジェスチャーで、単なる馬鹿げたお芝居だと見るのが多分正しい。多数決を民主主義の基本原理の一つとする以上、結論はその前に決まっているのだ。それにしてもたしかにイギリス、アメリカ、フランス、ドイツなどで、乱闘国会があったというような話はついぞ聞かない。そうなると、そんな現実政治に中途半端に付き合うより、学者は過去の政治の研究分析をしたり歴史に残るかもしれぬ論文を書く方が生産的で、時間の使い方としても意味がある、と考えるのも無理はないという気もしてくる。

第三部論文一で彼が学者はあくまでも真理価値を求めることに内面的情熱を持つべきだ、と述べる一方、政治における理論と実践の狭間で現実にどう行動すべきかは、その緊張関係の内に微妙なプラグマティックな判断を要求される、ということを述べている。往々、丸山氏の悲劇という表現（例えば、高橋和巳『自立の思想』内）が、氏の真摯さを壕も疑わず尊敬している人達からも発せられるのを知ると、何ともいえない気持ちになる。事実、氏はその後半生のかなりを、時局への発言をせず、現代を直接対象とするより、歴史における「古層」のような歴史的存在の研究に籠ってしまったような側面もあるからである。もっとも大学紛争のあと、六九年頃から肝炎のため入退院をくりかえし、結局一九七一年、五七歳で法学部を辞職し、自宅療養に入ったという健康上の理由が大きかったのであろうとも思う。七九年以後は若い時からの肺結核の影響か気管支炎で国立療養所中野病院に九一年までに毎回一月間余り、八回もの入退院を繰り返したあと、九六年、八二歳で肝臓癌で逝去された。

氏の日本政治思想史における巨大な足跡は、多くの人によって語られている。特に二〇〇六年は没後一〇年ということもあり、丸山眞男研究といった本が何冊もでている。氏の業績、氏に対する批判の書も単行本で十指に余る。氏に対する評価は国内に留まらず諸外国に及び、多くの政治学者が讃嘆を惜しまない。（例えば本『丸山真男の世界』では外国の十五人の人々が追悼の辞を寄せている。）多くの人によって議論され、氏に関する論文となるともういくつあるか解らないくらいになっているようだ。政治学にしても、ファシズム研究にしても、その後いろいろに発展していて、今や、ここにあげた本などは、ほんの過去の一里塚に過ぎないのかもしれない。このような専門家にいわせると、この『現代政治の思想と行動』と『日本の思想』の二冊はまずは氏を論ずるにあたっての初歩的な入門書と言えるものだという。ある人の書では、丸山眞男氏の全貌を把握するには今後半世紀はかかるだろうという表現もある。（樋口辰雄『近代への責任思考のパトスー福沢・丸山・ヴェーバー・トクヴィル』）それは専門の政治学者が今後とも丹念に研究していくのだろうし、彼等に任せるしかない。入門書だけでは何ほどのことでもない、という言い方もあるかもしれない。しかし、私はこの傑出した政治学者の本を、今再び読み終えても実に爽快な知的興奮を覚えたし、僅か二冊であっても氏の本を若き日に読む気になったことは、物の考え方や態度を学ぶ上で、実に運がよかったという思いがするのである。

補記

丸山氏の姿勢を考えて、ああ、これはノーバート・ウィーナーと同じだなと思ったので、付言する。ウィーナーは『サイバネティックス』などの著作で有名な数学者であり、物理学者であり、神経、頭脳におけるネットワークの研究者でもあった天才的なユダヤ系研究者であった。十四歳でハーバード大学大学院に入学し、十八歳で哲学博士となったというような経歴であるが、彼の『科学と社会』の冒頭に次のような文章がある。

「私は全知を僭称しはしない。とりわけ、人間や社会の一般的目的は何か、という問題にかんしてはそうである。そのような全知を求めたいという気持を引き起こさせる誘惑は、とくに自分自身を哲学者とよぶ人たちに固有の職業的な誘惑である。この誘惑のなかには、まず最初に一つの閉じた思想体系をつくり、ついで自分の思考のその後の展開を、それが当初の思想体系のかなり独断的に設定された諸基準に合うか否かで判断する、という行き方への誘惑がふくまれている。前もって言っておくが、私は、どんな固定された教義にも魅惑を感じない。アタナシウスとか、聖トマス・アクイナスとか、または今日もっと流行している近代の閉じた思想体系の建設者たちのだれの名を冠する教義であろうと。」

丸山氏が「僕はいかなるイデオロギーにせよそのドグマ化の傾向に対しては、ほとんど体質的にプロテストする。」と述べたのは正に、優れた学者たるものの必須の資質であろうと私は感じた。

1　宋学の言葉で、初心に復する意。丸山氏はここでは民主主義の原点に返る必要があるという意味で使ったと思われる。

2　マキアヴェッリは実際フィレンツェのメディチ家の没落時に政治の要職を占め、イタリーの他の都市国家との争い、フランスの容喙（ようかい）の中で外交の担当者として東奔西走の毎日であり、やがて政争によって失職した時に『君主論』を書いた。ここでいう政治的自由というのは、上からの思想的抑圧はなかったという意味であろう。

3　氏の戦前の初期の研究の一つは赤穂浪士の処分の決定においてその政治的根拠を主張した荻生徂徠であり、二十歳代半ばにこれに関する論文がある。戦後、これらを含む『日本政治思想史研究』は本書に先立つ一九五二年に出版されている。その中で近世儒教の成立、特に朱子学、その思惟方法の分解過程（素行、仁斎、益軒）、徂徠の考えと宣長の国学との関連などの考察が書かれている。また、氏の勉強ぶりは日本、中国など、実に広く亘っている。ここの意味は他の多くの科学と同様に、氏の政治学においてもその学問の方法論および思考形成の展開の根幹は西欧の伝統に根ざしているという意味である。

湯川秀樹　『現代科学と人間』
湯川秀樹・梅棹忠夫　『人間にとって科学とはなにか』

はじめに

大学で理科を専攻したので、やはりその意義付けとか特質とかいろいろ模索して随分いろいろの本を読んだ。例えばアインシュタイン・インフェルトの『物理学はいかに創られたか』、朝永振一郎『宇宙線の話』、サートン『科学史と新ヒューマニズム』など。他にもいろいろあるのだが、ここでは表題の二冊を取り上げたい。日本の自然科学者といえば私達の世代にとって最もインパクトのあったのは、やはり日本初のノーベル物理学賞を受賞した湯川秀樹博士であった。朝日新聞に連載された氏の自伝である『旅人』なども大学入学後あらためて単行本の形で真っ先に読んだものの一つであった。（氏の受賞は一九四九年で私が小学校二年の時でやがて教科書に氏の笑っている似顔絵が出ていたのを思い出す。実際に氏が中間子の存在を予言する論文を発表したのは戦前の一九三五年で受賞に先立つこと十四年前である。）ここにあげた二つの小冊子は氏の科学に対する考えが出ていてなつかしい。

『現代科学と人間』

『現代科学と人間』は昭和三六年（一九六一年）に出版されていてそれ以前の数年間に氏が書いた随筆、講演録、短文が収録されている。最初に科学の発達に伴って我々は大変な時代に生きることになった、という氏の感慨がはしがきに書いてある。全体は二部に分かれ一部が「科学と人間」二部は「基礎科学の振興」とまとめられている。

再読してみると、非常に幅広いテーマに亘っているが、内容は六つくらいになるかと思う。以下本の並べられた順番とは全く異なるが私がまとめた形にしてみよう。

湯川秀樹氏

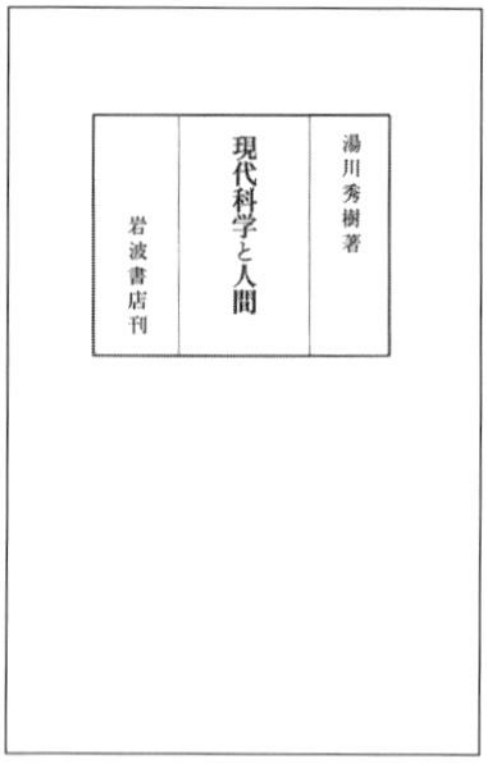

湯川秀樹著
現代科学と人間
岩波書店刊

一つ目は基礎物理学とりわけ素粒子物理学の現状に対する氏の理解および当時の壁を打開するべく苦闘している氏及び専門研究者の姿である。「素粒子の謎」とか「素粒子の謎を解く鍵」、「素粒子と統一場」（昭和三三年—三六年）では、一般向け解説の内容も含むが、当時いろいろの加速器で次から次へと発見された新しい素粒子（当時三十種類余り）を前にしてこれらをどう整理するべきか、あらたな理論構築に苦労している理論物理学者の姿が進行形で書かれている。武谷・片山のイプシロン・チャージとかハイゼンベルグのウルマテリー導入とかいう中で、後のクオーク・モデルの考えの源となった坂田昌一氏の複合模型も解説されている。（現在素粒子の標準模型に発展確立したとされているクォークモデルの最初の理論をマレー・ゲルマンとジョージ・ツヴァイクがそれぞれ独立に発表したのは、昭和三十九年である。）氏自身は非局所場理論を一生懸命考えている、と書いている。

二つ目は巨大な加速器を持つに到った高エネルギー物理学の当時の三極（アメリカ、ロシア及びヨーロッパ）に対して、小国かつこれらと地理的に遠く離れている日本の研究の不利な状況を憂えている氏の心持ちの吐露である。氏があちこち外国で開かれている国際会議に出席する度に、彼我の研究の格差に悩むのは、我々でも後年再三感じたことではあるが、氏のようにかって世界で冠たる業績をあげた人にとっては時の流れに対する焦りや淋しさはひとしおだったに違いない。氏の憂国の至情を強く感ずる。

三つ目は、科学および技術の急速な進展がもたらした日常生活の忙しさにたいする嘆きと、それに如何に対処すべきかと、悩む氏の日常である。氏の若きころの戦前と比べると、新聞、ラジオ、テレビ、映画といろいろな刺激が多面的に入ってくる。「この場合、問題なのは多すぎるくらいの刺激に対してどのように反応するか、それ等をどう消化し、整理するかということである。お互いに忙しい忙しい、時間がないといいながら、おたがいに人の時間をつぶしあっている時代でなかろうか、誰も彼も、多かれ少なかれもっと自分の時間が欲しいと思っているに違いない。私達にとり、これからますます大切になってくることは、一人の思考能力をもった人間として、どういう問題についても落ち着いて考えてみる能力、習慣を育てるよう意識的に努力してゆかねばならない」、と書かれている。氏は別の箇所で、自分は中くらいの国、人口も少ない北欧の国が落ち着いた生活ができているようで、住みたい国であると述べている。しかるにひるがえって現在の日本はどうであろうか。その刺激の量たるや、当時の一九六十年代と現在の二十一世紀ではこれまた比較にならないほどの差があり、今や世界中の事件が鮮烈な映像と共に、次から次へと報道される。政治、経済、戦争、犯罪、スポーツ、芸術、各地の行事等の文化的活動からさまざまなレジャー案内まで、世の中のあらゆる現象がいやおうなしに飛び込んでくる。それを取捨選択し、自分の精神の独立を如何に確保するかは現代人の知的活動、内面充実にとっても最重要課題ではないかと私も思う。

四つ目は、科学者の社会的責任に関する活動、ラッセル・アインシュタイン声明に続く一九五七年のパグウォッシュ会議声明、あるいは後半部で日本学術会議への期待の動きを伝えている。ラッセル卿の呼びかけでカナダのパグウォッシュに集まった約十カ国、二十人余りの科学者は、「戦争は廃絶しなければならない」という題で、共同声明を採択した。これにはイギリスのロートブラット、アメリカのワイスコップ、ソビエトのスコベルツィンなどが含まれているが、日本からは小川岩雄、湯川秀樹、朝永振一郎の三物理学者が名をつらねている。この声明文（第一―第三委員会の報告を含む）の全文が載録されている。氏はこの声明の前に「科学の伝統」「科学と道徳」「科学者の責任」の三つの短文を連ねている。もともと科学の存立のためには、科学者はあることが真実であるか否かの判断をできるだけ他の価値判断から分離して明確な結論を出すために努力を集中することが必要であった。特にいろいろな宗教や主義によって変わりうる道徳的基準あるいは道徳的判断による擾乱を排除することが必要かつ有効であった。氏自身が「私は自分が科学者であり物理学者であるという気持ちをはっきり決めていたので、一生懸命勉強していた。その点では今の若い人々よりもはっきりしていたかも知れない。その反面、自分の生きている人間社会がどんな社会であるか、その中で自分がどういう役割を果すべきかというようなことについては、余りよく考えていなかったように思う」、「私のような理論物理学者は、真実か否かの判断以外につけ加えるものがありとすれば、それは純粋数学者の場合と同じ様な美的判断であると思っていた。」と述べている。それが科学の発展、特に原子力の分野で人々の生活と密接に関与し、「人類の存続」とも関連してきた。真理のために真理を探究することだけに、自分の全精力を集中し得たならば、どんなに幸福であろうか、とも書く氏も、科学が人類の幸福のためにのみ奉仕するように、いささかなりとも貢献したいと考えるようになった、という。ここには、かって自然の園に浸りきることの出来た時代に育った氏が、科学の発展とともにその社会的関連を受動的ではあってもいやおうなしに考えざるを得なくなったという過渡的世代を生きた氏の時代性を感ずる。

五つ目は、自然科学の中で境界領域の発展の予想とともに、人文科学と自然科学の総合こそ必要とするという氏の希望である。専門への細分化がもたらす不可避性の一方、境界領域の開拓は重要で、例として理学の放電及びプラズマ研究と工学の核融合がむすびつき、二十世紀後半には生物科学が躍進するであろうし、物理、化学、生物、医学の協力が盛んになりだし、数学と工学者の協力は計算機の発展を生み、情報理論の展開を見ている、というような氏の観測が比較的簡単に書かれている。最後の「科学の分化と総合」の章で氏は「今後、何年間かに亘って、理工科系の研究者、技術者の不足が切実な問題として続くでありましょうが、もっと長い目で学問全体を見れば、結局、自然科学と人文科学との新らしい形での総合という意味での、人文科学の発展ということが、一番大きな課題となるのではないでしょうか。」と述べている。

六つ目は「人間の幸福とは何であるか」と深く考える氏の姿勢である。科学とは人間の前に開かれている未知の世界を開拓していく努力のあらわれである。しかし、科学が果たして人間を幸福にするものかどうか。人間の幸福とは一体なんであるか、これに直接こたえるような学問が、はたしてありうるかどうか。それはいつまでたっても直接、学問の対象とはなりえないものではないか。人間の喜怒哀楽は、心の奥深くから、人間の意識、反省をのりこえた、どうすることも出来ないところから発する場合が多いのである。人間の幸福というようなものは、そういう割り切れないところのものと、密接にむすびついている。しかし、意識の底深くひそんでいるいろいろのものを、意識の面まで浮かびあがらせるか、あるいは我々の理性が、理性自身を深めて、人間の広い領域を合理的な思考の圏内に入れてゆくことが、出来るのであり、そのような努力によって、今後の世界における人間性の喪失とか、分裂とかいう危険を救うという方向に人間は進んでゆかなければならないだろうと思う、と書いている。

以上がだいたいの内容であるが、議論の本筋ではないのだが、私が感銘を受けた箇所がある。それは「具象以前」という短文である。やや長くなるのを承知で書いてみたい。「人生の最も大きな喜びの一つは、年来の希望が実現した時、長年の努力が実を結んだ時に得られる。・・・しかし、そういう瞬間は、私たちの長い研究生活の間に、ごくまれにしか訪れない。私たちの人生のほとんど全部は、同じようなことのくりかえし、同じ平面の上でのゆきつもどりつのために費やされてしまう。・・・そんなら人生の大半は、小さくいえばその人の個人としての進歩・飛躍、大きく言えば人類の進歩、飛躍とは無関係な、エネルギーの消費に終始しているのであろうか。決してそうではないように思われる。

むしろムダに終わってしまったように見える努力の繰り返しのほうがたまにしか訪れない決定的瞬間より、ずっと深い大きな意味を持つ場合があるのではないか。若いころの私は「百日の労苦は一日の成功のためにある」という考えに傾いていた。近年の私の考え方は、年とともにそれとは反対の方向に傾いてきた。それに伴なって、真理の探究の道を歩いた多くの科学者に対する私の評価も、昔と今とでは大分違ってきた。・・・一言にしていえば、科学者をその業績によって評価する。それは確かに公正な態度である。どんなにその学者が苦心さんたんしたにせよ、そこから独創的な業績がうまれなかったら、多くの場合、私たちはその人の価値を認める正当な理由を持ち得ないであろう。しかし同時にそれは、外から見たときの、やや離れて見た時の評価である。・・・私は近来、外から見て、離れて見て、ある人の評価をするだけではいけないということを、ますます強く感じるようになってきた。ある人が何のために努力しているか、何を苦労しているかという面を、もっと重要視しなければならないと思うようになってきた。・・・どんな風に苦心したかが重要であったかも知れない。」と。これは弱者への慰めの言葉に見えるかもしれないが、ある意味で学者として最高の栄誉に輝いたといってよい湯川氏が真面目に書いたものである。人の人生の価値とは何だろうか、深く考えさせられる文章だと思う。

もう一つ、私が気がついたことは、氏が専門の枠をこえる発言のときに、常に躊躇の言葉が現れることである。例えば、「こういう問題は、私のような物理学者が論ずべきことではなく、心理学の専門家によって論ぜられるべき問題であろうと思うが」（四ページ）、「私は、ご承知のように自然科学を研究しているものでございまして、人間に関するいろいろな問題、特に宗教などにつきまして、何も口はばたいことを申し上げる資格はありません」（八ページ）、「私は生物学の方は確かでありませんので、間違ったことを申すといけません。ここではこれ以上、この問題に立ち入らないことにしましょう」（二十ページ）、「今度のパグウォッシュの科学者の会合ほど、私にとって苦手の会議はなかった。自分の専門でもないことについて、声を大きくして論争する勇気は、残念ながら持ちあわしていなかった」（百四ページ)、「わたくしはまだ、人間の歴史の中に、法則を見出すという面に大きな興味を持つに至っていない。それは、わたしのようなしろうとから見ると、ずいぶんむつかしいことのように思われるからである」(百四十三ページ)等。これは学者として謙虚な姿勢を保とうとする氏のいかにも上品な一貫性であって、物足りなさもあるのだが、そこにある種の気品を感ずる。

『人間にとって科学とはなにか』

二冊目の本『人間にとって科学とはなにか』は前書よりやや遅く一九六七年に出版されていて、実際私は大学院に在学中に読んだ。出版年には湯川氏はほぼ六十歳、対談の相手の梅棹氏は湯川氏より十三歳若く当時京都大学人文科学研究所助教授で、フィールドワークによる生態学及び民族学の研究者である。氏は、持ち前の行動力でモンゴル、中央アジア、東アフリカ、ヨーロッパ等諸外国に探索の手を伸ばし、後年初代の国立民族博物館長を務めたりした。彼がそのポストに就任したときにまとめた彼の『研究経営論』を読んだことがある。私にとっても、魅力的に見えた人だったので、相当あとになるが二〇〇〇年、経団連ホールで行われた原子力研究所主催「報告と講演の会」での氏の特別講演「日本とはなにか」を聞きに行ったことがある。

この小冊子は湯川氏が梅棹氏という若手の気鋭の異分野の才人を相手にして、思い切り自由暢達(ちょうたつ)な対話を相互に展開している内容豊かな本である。ここにはあの謹厳なイメージの湯川先生から離れた、のびのびとした楽しさがあふれている。全体は五つの章によって構成されている。

「一、現代科学の性格と状況」では、まず物理学は基本的には物質とエネルギーを考える学問であった、ということからその発展として現在「情報」をも扱う科学に変貌しつつあるという会話が最初に出てくる。確率、統計などと関連して古くはエントロピーという概念が物理にはあったが、現在発展しつつある生物物理などでは、遺伝情報が関係してくる。昔から物心二元論があったが、「もの」と「こころ」の間にこの「情報」という概念がはしわたしの役目をできるのではないか、という。梅棹氏は情報のもつ重要な性質にジェネレーティブ（生み出す力）なことがある。エネルギー不滅、一定という物理学は何か自然界は有限であるというような把握の仕方が根底にあるように思うが、生物学では生殖というリプロダクションがあり、情報も自己増殖する機能を持っている。（梅棹氏は理学部動物学科の出身）物理学は非生命的自然界を理解するのに一応の成功を見ているが、人間を世界からはずすままでいる自然科学では困る、と応じる。湯川氏は同感で若い人たちに生物物理学をやれ、と多いにけしかけていると語っている。

梅棹忠夫氏

「二、科学における認識と方法」では、最初が「非法則的認識」についてである。湯川氏が「物理学とりわけ素粒子物理学のような世界は人間離れした世界である。プランクは量子という概念に到達した頃、「人間からの離脱」という言葉を好んで使ったらしい。それでもそこには、繰り返しの中での確率を通じて法則的理解というしっかりした方法論があった。しかし非常に少数例であったり、ユニークなものだったら、仮に法則をつくってもあまり意味がないことになる」、と問題を提起する。梅棹氏は「実際にはその場合のほうが非常に多い。だから非法則的認識というものが大変重要になってくる。そういうものにどう接近してゆくのか、そういう理解の仕方が科学の中にとりこめるだろうか」、

と疑問を出す。湯川氏は「もっとも典型的なのは歴史である。歴史的に重要なことは、すべて繰り返しのきかんことです。これはどうしたらよいのでしょうね」という。我々の歴史の理解は、数ではない言葉の集積である言語による納得という形である。このように議論が展開されると、読んでいる方も止めることができなくなる。科学はいろいろな情報を一つのシステムの中に取り込ませて理解するというかなりうまい方法である。しかし、科学ではとりこめない広大な領域があるということである。続いて「納得の構造」、「科学の人類学的基礎」と題して両者の専門分野の方法論の比較などが論じられているが、最後に「イメージによる思考」と題して、湯川氏が「我々物理学をやっているものが、一番頼りにしているものが数学です。人文科学、社会科学などでは図式的思考があるでしょう。これはどのように考えたらいいのかな」と聞くと、梅棹氏は「私どもは文化というのは一応言語の体系として押えることができると考えています。それに加えるにイメージによる思考がある。これは優れてジェネレーティブなものです。」、というと、湯川氏は「我々が研究しているときでも、頭の中でごちゃごちゃと考えているときは、何らかのイメージ思考を頼りにしていることが多い。発表する時は、それを数学的に整理するので表面には現れないことが多いけれど舞台裏では誰でもイメージ思考はやっている」と応じる。

「三、科学と価値体系」では科学はもともと没価値の立場から研究するのが、本来のたてまえである。それが科学の原動力である。科学は特定の価値観から離れてできるだけ客観的な知識を組み立ててきた。一方、人間の生殖作用はどうか、これにも目的があるとは思われない。それでは人間の価値とか目的論というのはどうか、といえば大多数の人間は教えてもらうことによって目的とか価値をつくる。例えば、仏教とか儒教というのも体系化されるには時間がかかる。価値体系というものは、生物の進化の中で、非常に複雑なプロセスをぐくって現われるものですね、と会話が進む。梅棹氏の言によれば、生物学の歴史をみると、とくに近代に入って、相当激しい勢いで目的論を駆逐していった。目的論的な考えは人間の考えのなかにはしょっちゅう出てくるのだが、そういうことを全部はずしたところにつくられたのが、現代の生物学だという。しかし、生命体である人間の活動の結果である科学は本当に目的論的内容は必要ないのか、文中いろいろ模索しているのだが、私は二人とも慎重であって良く解らないというのが、会話の内容だと理解した。梅棹氏はまた「知的活動の中で、科学と他のものと区別できる点は科学は実証性を伴うものだけれど、それを通して選択方式が一応ちゃんとしている。他方、科学で説明できないことが非常に多い。例えば宗教というのは神の恩寵、仏の慈悲でなんでも全部説明できる。したがって完結している。ところが科学は説明できないことからスタートしているし、常に未完結の体系である。」という。湯川氏も「科学はまた他の分野との比較とか、相互関連を問題にしなければ科学とはならないので、ある種の相対感があるのに比べて、宗教は全部がいっぺんに、その中にはいってしまう」と。私はここのところは宗教の本質をついていて非常に面白く感じた。

「四、科学とヒューマニズム」、最初に「先生は小説をお書きになったことがありますか」との梅棹氏の問いに「小説を書くというのは、結局九十パーセント勇気の問題やね。一種の捨身ですわね。そうしなければ、おもしろいものができない。科学というのは、あまり勇気と関係ない。・・・なにか、科学というのは、よそごとにするわけでしょう」。梅棹氏が「科学というものは、自分自身を自分自身でなくする作用みたいなものがありますね」というと、湯川氏が「科学というものはそういう態度でなければいかん。ものの考え方を自己規制する。例えば論理が厳密でなければ、とか実証がしっかりしてなければという強い規制がある。そのかわり自分に関係ないことに話をもってゆくから気が楽やというわけです。」という極めて正直なというか、腹蔵のない話が交わされている。確かに一般に学者というのは自分に対しては慎ましやかであり地味好みであり、政治家にみる権力欲とか芸能人における自己顕示欲というのは、少ない。勿論例外はあるにしても、各々は客観的真理の追究の使徒であって、主人公は自分でない第三者である。これを梅棹氏は「科学は自分をなくしてしまう作業、自己拡散の原理」といっている。

また「もし「人間にとって科学とはなにか」という問いかけが、科学の直接の応用とか、どういう効果をもたらすのかということを問題にしているのだとすれば、科学というものは本質的に無意味なものだという答をださざるを得ないことになりかねないと思う」と。一方湯川氏が「しかし原子力というような問題が出てくると、人間のための科学ということを改めて強く打ち出さねばならなくなる。そこがむつかしいところで、そこにヒューマニズムを入れられるし、入れるべきだと私は思う。けれどもあらかじめ入れるということになると、どう入れるべきか、むつかしいところです。・・・医学は昔からヒューマニズムが入っていたし、物理学は考えなくてよかった。数学は今でも考えなくてもよさそうに見える。しかし研究の結果が社会に大きくはねかえってくるようになると、多くの科学がそういう問題をかかえているというべきです。」と答える。科学をすすめる力は一種の知的衝動なのであるが、湯川氏は「学者に勇気が必要でないといったけれども勇気が必要なときもある。人の学説や定説となっていることを勇気をもってくだかなければならないこともあり、自分が間違っていたら、すぱっと壊さなければならん。そういう意味で科学の世界は安住できないというところがある。」という。

梅棹氏も「科学は人間の作り上げてきた文化の中では、大変不安に満ちた文化の一つだと思う。全体としての科学的世界観はかなり安定していますが、それによって自分自身の安心立命は得られない。絶えず一種の自己否定を繰り返してゆかねばならない。」と応える。湯川氏が更に「自己でないようにしなければ科学にならんけれども、しかしやっぱり自己はあるんでかなわん」という。梅棹氏は「ヒューマニズムを人間中心主義と考えると、やはり科学には、ヒューマニズムと相容れないものがあると思うんです。」、「例えばヒューマニズムから無限というような考えは出てこない。人間中心主義というのは自分と関係を結ぶ対象を限定する原理だと思うんです。科学はそうじゃなくて、それの外とも関係してしまう」、「科学はそういう点では、人間主義を裏切っているところがある」。こんな風に会話は次から次へと展開する。いずれも科学と人間存在の本質をついていることばかりで、読んでいるものはついついひきずりこまれるのである。この章は最後に老荘思想が好奇心を具合の悪いものであると諌めて、「そういうものは捨てなさい」と教えているというところまで話が発展している。

「五、　科学の未来」、湯川氏がまず「最近、科学の客観化、相対化という傾向がいちじるしくなってきているように思えるのです。科学が絶対的なものではないという意識が強くなった」、梅棹氏は「私は最近比較宗教論をやりかけているのですが、宗教も相対化して考えようということである。たくさんの宗教が多元的共存をみとめざるを得なくなっている。しかし、宗教は、思想としてみた場合には、いつでも絶対主義思想ですね。科学は常にわからんことを前提にして成り立っている。わからんことがいつでもたくさんある。ところが宗教は原則としてわからんことがないんです。宗教には、初めに説明があると思うのです。宗教こそなんでも説明する。その説明が宗教への確信を支えている。科学は、なにか確信的でない。科学というのはつねに疑惑にみちた思想の体系なんですね。しかし、そのことが科学のある種の健康さを支えている」、湯川氏が「科学というのは、いつも未解決とか、未知のものを含んでいる。近頃未来学が盛んですが、宗教では、末世観とか、終末観とか、だいたい未来がきまってしまっている。科学は未来が不確定である、という中で考える」。かって古代から中世にかけて、宗教は生活上において人々に大きな影響を及ぼした。かって科学者は少数派だったが、今は教育、情報の普及によって科学者の数は非常に増えている。

果たして科学は宗教にとってかわれるかどうか、という問題も二人によって議論されている。湯川氏が「科学者が非常に多くなっている、と共に科学が普通の職業になり、ルーティン化していくという傾向も見られる」と指摘している。梅棹氏は「ルーティン化していくと、その科学者を奮起させるのは、科学以外の動機によって揺り動かされるということが出てくる。一方作業化されつつあるということで、クリエイティブなもの、アドベンチャラスなものでなくなってくるということになる。別の動機という意味ではヒューマニズム化ともいえる。」湯川氏が「なにか社会的存在と化したというような感じが強いわけでしょう。野生をならしつつある段階かもしれない。過去の例でいうと、いろいろな宗教がたどった道筋と多少似ている。また科学が全体として非常に大きな組織となって、科学者が組織化されてきた。大学がどんどん増えてきたのはいいことだし、科学の社会化もさしあたっていいことやろうと思うな」と述べている。また氏は「私は近ごろ開放的世界観ということをいっている。これは外へ向いても内へ向いても未知なものがある。そういう世界に人間は生きているという考え方なんです。ところが開放的というだけではいっこうに安心立命しないと思う人が多い。実際その通りで、その裏で、いつも完結させたいという要求が働いている。いますぐ完結させようと思うのであれば、宗教かなんかでないといけない。そこのところを人間はどこまで辛抱強く耐えていけるものやろうか」と。

梅棹氏が大衆化した科学の時代、人類史上初めての「科学社会」へ接近しつつある。もしこれが爛熟期であればこの後はどうなるか、」というのに対し湯川氏も「私も科学が万能だとは決して思ってないが、科学万能に近い世の中になりつつある、と思います。」このあと氏は科学万能の形の一つとして人々の精神の安定をもとめるものとして宗教の代わりにくすりが使われるようになるのではないか、という話を経て、「人間の生き方の問題は主観か客観か、人間は社会的存在ですから、主観だけですむかどうか知りませんよ。しかし、私は最後は主観が勝つのじゃないかと思う。心理的なものの方が強いのじゃないかと思う」と私にとって意外なことを話されている。最後に氏は「人間にとって科学とはなにか」ということで話し合ってきたが、ここで改めて考えざるを得ないのは科学の立場からいって「人間とはなにか」である。」という。この後はちょっと会話が散漫になって結論らしきものはない。しかし、物事をとことん考えるといろいろな観点が出てくるなあ、と思わされる。

この本は、日頃、科学の研究者が考えること、感じることをいろいろな角度から論じて余すところがない。対談形式のよさが存分に出ていて、私も湯川先生に対する畏敬感から開放され、かつ真摯な自然科学者の姿を親しみを持って改めて感じさせられた。それを引き出し楽しい会話とした梅棹氏も素晴らしい人だと思った。

湯川氏が京都大学教授で地理学者である小川琢治氏の三男として生まれ、兄二人が冶金学者の小川芳樹、東洋史学者の貝塚茂樹、弟が中国文学者の小川環樹氏と全く絵にかいたような学者一族に生まれ育った。その結果であろう、なんとも真面目な貴族的雰囲気の人であった。私自身は、直接には日本物理学会の特別講演で、一度だけ非常に遠くから湯川氏の話を聴いただけで、その時は随分声の小さな人だな、という印象しかない。同じ素粒子物理学でノーベル物理学賞を受賞した朝永振一郎氏が同じように京都大学の哲学教授であった三十郎氏を父に持ちながら、落語の好きな洒脱な方で、かつお酒も煙草も好きな楽しい逸話もたくさんある先生であったのと対照的であった。(朝永先生が東京教育大学の学長であった時、私は附属駒場高校生だったので、早くから講演などでその謦咳にふれ、また一九七七年の原子核構造国際会議で大会長を務められたので、事務局に居た私は比較的近くで何回もお声もお姿も拝見した。)また学術会議の会長などを務め、教育的な著作も多々ある朝永氏と違って、一生現役の研究者であろうとした湯川氏は古典的というか、純粋な学者を最後まで通した美的イメージが残る。両者とも偉大と感ずるがそれぞれの良し悪しというよりそれが個性というべきであろう。

昔の教育者一家に良くあるごとく、小さい時から漢籍の素読で鍛えられた氏の教養は老子、荘子のような系統が好きであったようである。かなり神経質で机と畳の仕切りがぴったり平行でないと落ち着かなかったなどという話は湯川氏自身が書いているし、毎日、夜遅くまで研究をしていた時は、スミ夫人が生まれてまもない子供の泣き声が聞こえないようにと、暗い外へ出て赤ん坊をあやしたなどという夫人自身の苦労話も読んだ記憶がある。いずれにしろ理論物理などという研究はピリピリした神経が必要なのかな、という感じがした。氏は二十歳代後半に中間子の理論的予言という大ヒットを飛ばした。氏は後半年かなり長い間、非局所場理論に精力を打ち込んだけれども、そこに新しい発展が開かれなかったといわれている。研究というのはそういうものであろう。

京大で基礎物理学研究所を作ったり、研究分野では多くの人材を育てることになった。学者の世界だけでなく世人に神様のように神格化されていたような立場だったし、我々のような若輩から見ても湯川氏ともう少し接触のあった世代の物理の諸先生の発言からは「湯川先生は神聖にして侵すべからず」という雰囲気を感じていた。先生の振る舞いから見てもそれが全く無理のない自然にも見えたのであるが、本当はご本人は有名になられて以後はどんなにか不自由な気分だったのではないかとも、想像する。自ら、非常に謙虚な姿勢を崩さない一人の物理学者であったけれども社会がそれ以上を期待した。社会の動きに対しては、平和七人委員会などで、ときどき声明を出したけれど、どうにもならなかったし、それ以外にも社会的発言をするときは何か痛々しい感じをうけたものである。私が若いころは氏がその機能を期待した日本学術会議というと、政府に対しいろいろの勧告を出しそれが次々と実現され存在感があった。私の勤めていた原子核研究所もその勧告によって設立された全国共同利用研究所であった。しかし、現在は政府は予算計画その他の決定においても別の組織を作り、勧告機関にすぎない学術会議は非常に影の薄い存在になってしまっている。

ノーベル賞をとるとマスコミは何か特別の人間として取り扱うし、我々も全てにわたって最高度の見識を備えた人でないかと注目する。最近は日本も受賞者が少しづつ増えてきたのでそれを受け取る側もだんだん変わってきた。その制度の功罪を論じる本も多数でている。湯川氏の業績は傑出していたし、その後の原子核、素粒子物理学にとって決定的影響を与えた。敗戦後うちのめされた当時の日本人に大きな自信と誇りを与えた。今にして考えると氏の存在というのは、専門家としてというより、日本の社会に対する歴史的存在としての貢献のほうが大きかったのではないかと思うほどである。

ここにあげた本を読むと、氏の日本の科学を育てようという真摯な姿勢は痛いほど感じる。この時から既に五十年、いろいろなことがあったが、日本の高エネルギー物理学はそれなりに世界に伍するような存在になっている。また一方氏の危惧していた忙しさはいや増している。幸い三つ目の原爆は落とされていないが、当時の科学者の希望にもかかわらず軍縮は進まず、世界は平和とは程遠い緊張状態が続いている。現実政治の厳しさの中で学者、研究者はいったいどう行動すべきなのであろうか。

ジョン・ガルブレイス　『新しい産業国家』　都留重人監訳

はじめに

一九六〇年の安保騒動で岸首相が退陣し、それに変わって吉田茂元首相が押した池田勇人首相は、標語「寛容と忍耐」の言葉と共に、世の中の政治の目標を変えていわゆる「国民所得倍増計画」を打ち出した。「六一年から十年間で国民の所得を二倍にします」、や「私は嘘を申しません」という有名な言葉とともに、世の中の関心を政治から経済へとたくみに誘導した。実際、この目標の年平均九パーセントの成長率は程なく実現し、その後も日本は驚異的な高度経済成長を遂げたのである。一九六四年東京オリンピック閉会式で挨拶をした翌日、池田氏は癌のため首相を退任、佐藤栄作氏が後を継いだ。佐藤氏はこの成長によってもたらされたひずみの是正と共に、長期政権の中で沖縄返還を実現するべく努力した。（実際、返還は六九年末に発表され、正式の沖縄返還は七二年五月であった。）

この頃、私はガルブレイスの『新しい産業国家』を読んだ。彼は一九〇八年生まれで、原著は六七年に出ているので出版の時、彼はハーバード大学教授で、学者としては正に円熟期であった。彼はその後も時代に応じて次々に問題作を世に出し、八三年には『不確実性の時代』というヒット作も書いて生涯で七十冊以上の本を出している。九五歳で二〇〇五年に亡くなった経営学者ピーター・ドラッカー氏と共に、アメリカでは、経済関係の二大長老学者として重きをなしたと言われている。（ガルブレイス氏は一歳年上、私が本稿を書いて数ケ月後、二〇〇六年春に亡くなった。）

この本は、かつてハーバード大学で同僚であった都留重人氏監修の日本語訳で四六〇ページの大著であり、全三十五章、最後に付論がついている。私はそれまで経済といえば一般書として結構売れた小冊子、長洲一二氏の『日本経済入門』や、近代経済学の本といえば、題名につられて買ったヨーゼフ・シュンペーターの『資本主義、社会主義、民主主義』を読んだくらいであった。今残っている記憶といえば、この本は非常に難しく経済学の基礎知識のなさを思い知らされ、わざわざ買った以上全部読まないと、という意地で字面だけでもと頑張ったのだが、読み進むのが非常に苦痛であったという感覚的な思い出がある。（大学一年の教養課程の一年間の近代経済学の講義だけでは当然はなはだ不十分だった。担当の内田忠夫助教授が推薦した本で、ジョン・ヒックス『価値と資本』を重苦しい雰囲気の本郷の総合図書館で少しは勉強したのを思い出すが、読み通す余裕は時間的にも精神的にもとてもなかった。今では経済学用語として収穫逓減の法則、一般均衡理論、所得の限界効用などという言葉があったなと思い出すくらいで、中身は何も残っていない。）それに比べると、ガルブレイスのこの本は分厚いのだが、理解の程度はともかく何となく読みやすかった。文章はかなり冗長の感があるが、それだけに丁寧に書かれているので、門外漢には読みやすかったのだろう。安保改定を巡る狂熱的政治の世界に対し、この本を読んだとき、なんと経済学の世界は冷静なのだろうという落差を実感したのを覚えている。

今では約四〇年前になった経済の本を読み直すというのも、あまり意味のない気もしたのだが読んだ時の意気込みを思い出して再読してみた。世界の政治状況、経済情勢は変動するものだから、このような本を読むときは、それが書かれたときの周囲の環境を把握することが欠かせない。この時アメリカの資本主義体制は非常に順調な成長を遂げつつあった。著者によれば第二次大戦後の二〇年間には深刻な不況は一度も生じていない。一九四七年から現に筆をとっている一九六六年までの間に、米国の実質国民所得が前年にくらべ増大しなかったことは、僅かに一度あっただけである、と書かれている。政治ではケネディが六三年に殺されてジョンソンが大統領になっていて、もちろん対共産圏との冷戦の真っ最中であり、ベトナム戦争は継続中で六五年に北爆が始まっているが、未だアメリカにとって泥沼化するというところまではいっていなかった。

技術の進歩と計画化

ガルブレイスは経済社会の型を決定するのは、イデオロギー上の諸概念ではなく、技術進歩や組織化に随伴して生ずる要請なのだとし、従来の、市場が世の経済を自然に最適化する、消費者の行動が支配的であるという伝統的な経済の見方から、今や何が生産されるかを決定するのは、自分が奉仕するはずの市場を逆に統制し、さらに顧客を自分の必要に従わせようと努める大規模な生産組織である、とする。そしてこのような組織をテクノストラクチュアと名付け、彼らがその目的を達成するための計画化というのが、現在の経済の主要部分を支配しているということを、多面的に解説するのである。彼自身この考えは残念ながら広く合意を得ている考え方ではない、と最初に認めている。

彼は世の中の経済上の変化の複雑な動きの内で、もっとも先導的な役割を果たしその起動力となるものとして「技術の進歩」をあげる。その例としてフォード社の変遷を記述する。フォードは一九〇三年設立、百二十五人で出発、資本は十五万ドル、売却できる台数だけを生産する方式だった。一九六三年、平均雇用数は三十一万七千人、資産六十億ドルに達した。今や製品が完成されるまでに作業の小工程への分割などによる時間の増大、投資額の増大、専門的技術者の必要性、そしてその専門家を組織化する機構、製品の修理、改変に対する迅速な対応など、これらに大企業が総合的に取り組む為には綿密なる計画化が必要になり、かつ実行されている。

ここで彼は、普通いわゆる「計画化」というと、まずは共産主義諸国の経済のそれを考える。だから自由主義の世界では、経済の計画化は個人の行動の統制までも不可避にする、として忌み嫌われてきた感があると述べている。ソヴィエト型経済の国では、価格は国によって管理されている。生産は市場の需要に応じて行われず、全般的な計画によって決定される。西欧諸国の経済では、市場は大企業によって支配されている。従って市場の敵は、計画化によって生ずる時間と資本の固定である。これらが、不可欠になるとき、市場はうまく機能しないのである、と。彼は現代の大法人企業と現代の社会主義的計画機構とは、同じ必要に応ずるための種類を異にした仕組みであると言ってよい、と断言している。この計画化が嫌ならば、これらを生産するなと、いうべきだ、と皮肉をこめて付言している。

ジョン・ガルブレイス氏

彼はこの計画化に伴いこれに必要な資本の供給、それと関係する貯蓄の問題、例えば一九六五年で、個人貯蓄は二百五十億ドルであったが、法人企業による貯蓄額は八百三十億ドルに達しているというように、要所要所で、統計的数字を示しながら、話しを進める。社会における貯蓄の供給の四分の三は個人によって決定されるのではなく、主として数百社の法人企業の経営者によって決定される。経済成長のための主要な資力はかかる貯蓄から生じているのであると。

市場依存の経済学

経済学では古くから生産の諸要素、すなわち土地、労働力、資本ならびにその使用を管理する企業家的人材の関係が綿密に探求されてきた。ガルブレイスは「要素組み合わせにからむ神秘な問題を図を使って説明することは、経済学教課における基礎的しきたりの一つとして続いてきている」、と書いている。彼はその文の注で「技術の変化は、生産要素の所与の供給から得られるものを前進的に、かつ急激に変えるものであることが認められている。しかし、かかる知識は詳細に展開されようがない。そこで経済学の教育では次に重要でない問題を論議するのだ。例えばサミュエルソンは最も有名な教科書の中で「生産要素ストックから得られるような産出高は技術の水準に依存する」と述べ、すぐ要素配分の問題に移る。これが彼の論議の主題にほかならない。経済学教課のかなりの部分が、主題の適切さというより、知的にこころを捉える理論の存在に依存している。」と経済学者に対する批判を書いている。彼が既存の経済学、本流とされている経済学をも十分に咀嚼しており、かつそれに鋭い批判をしていることが分かる。その是非は無論私のような門外漢が判断できないが、彼の指摘は学者が往々落ち込みやすい陥穽（かんせい）であることは容易に想像し得る。

また経済社会の支配力について、アダム・スミスに始まる古典的経済学では、企業は市場にたいして小さなもので価格は市場において競争的に決定されるとし、企業の管理者は価格、費用、賃金ないし利子に影響を及ぼす力をもっておらず、市場にたいして支配力を持っていなかった、とする。ところが、マルクスは違っていた。彼は生産は資本を統制し供給する人々、大資本家によって彼らの利益に即して決められる、支配力は明白に、かつ全面的に資本に属するとした。しかし、古典派の伝統においても競争市場という概念は後退した。今日では、企業が寡占に基づいた支配力や経済上の権力ばかりか、政治的・社会的権力をも握っているというのは一般的合意になっている、という。また大企業の内部において、支配力はその所有者から管理者に移行し、株主の支配力はますます弱まっている。もっと長期間で物事をみると、支配力はまず土地の所有者、そして資本家になり、いまや企業の所有者でなくそれは組織の中のテクノストラクチュアに移っている、というのである。

元来、アメリカは個人というものが集団よりもはるかに高い評価をうける。彼によれば個人は魂をもっているが、法人企業はいみじくも魂のない存在である。個人は経済学者たちのたたえる唯一の英雄たり得るが、（アメリカン・ドリームの意であろう）大企業組織となるとこれに似た感嘆を呼びおこさない。しかし経済社会はその目的達成のためには組織を通じて集団的個性を合成する努力として理解するほかはない。これは、現代産業が非常に多くの情報に依存して重要な決定をなさざるを得ないことによるし、それは委員会のような階層組織でなされる。天才の必要はなくなり、多くの専門家の合議を経て集団として決定される。しかも集団によって決定されたことは、同種の他の集団によって影響されない限り、絶対的な力を持ちがちなのだ、と述べる。これにはガルブレイス自身の経験が反映している。というのは、彼は第二次世界大戦の初期に物価局にいて価格統制の任にあたっていた。当時諸物価を決定するには、広汎にわたる集団決定の方式によって決められた後、その結果が彼のもとに送られてきた、という。その集団にはいろいろな専門家がすべて参加していた。「私一人ではかかる決定を変更するにはほとんど無力であった。集団による決定に対して個人の力がいかに小さいかを発見して心が引き締まる思いがしたものである。」と書いている。

テクノストラクチュア

アメリカにおける法人大企業の規模とか、資産、雇用数、研究開発費、そしてこれが全体の中で占める割合がいかに大きいかなどの値が具体的数字で細かく書かれている。またジェネラル・モーターズ、スタンダード・オイル、フォードがその代表として引用されている。いまや株主は企業の事業にたいする投票権を保持してはいるが、かって一九二〇年代、スタンダード・オイル・オブ・インディアナでロックフェラー一族が投票権のある株式のうち一四・九パーセントを保有していて、取締役会の全面的支持を受けていた当時の会長を追い出すことに成功した、というような可能性は殆どなくなり、投票は価値がなくなっている。テクノストラクチュアの自治にとっては会社が収益をあげえない場合のみに資本家および株主が目をさましてざわめく。しかし、一般に、株主総会は法人企業の儀式であり、重要な株主は誰も出席しない。いかなる決定も行なわれない。このようなアメリカの大法人企業の年次総会は、おそらくは我々にとっても最も手の込んだ大衆的幻想の儀式であると言ってよかろうと書かれている。総会屋が跋扈したり、三〇分でしゃんしゃんと終わることもあるといわれる日本の株主総会も滑稽なものだが、アメリカも装いは異なるようだが、形骸化しているのは同じなんだな、との思いがする。

技術が単純な場合は企業家がその存在意義を保ち続ける。ロックフェラー、モルガン、デュポン、ヒルトンなどは資本の支配を元に企業における権力を保持した。これらの先駆者のあとに同じような著名人は現れない。ヘンリー・フォードは晩年、組織化が進む会社に不快の念を持ち、自らの部下を次から次へと放逐したという。まるで源頼朝である。やがて会社は左前になり、フォード会社は彼が死亡してようやくテクノストラクチュアが再建され失地を回復したという。これは企業家時代から現在への過渡期の現象である。テクノストラクチュアに要求されるのは、他人に対する尊重、鋭い感受性、組織に対する適応性、競争的でなく親密、かつ継続的協力などであって、これらは集団的行動にとって、第一義の要件なのであるという。このような資質を持ち会社の役員になっている人の身分は非常に安定している。人々は組織を支え、組織に支えられている。そして多くの場合、彼が引退、死亡など組織から離れても組織は殆ど影響を受けない。個人は組織より名声を得やすいから、組織の業績はいつも個人の業績とされる。しかし、本当の業績は、組織そのものであることが多い。ここのところは、他にも会社の人事の動きを詳しく調べた例が出ているが、冷徹な観察者であるガルブレイスの非常な鋭さを感じて、大変面白かった。

社会主義革命に対する考察

第九章で、やや本論と離れて「社会主義論」に関する記述がある。そこで彼はイギリスやソヴィエトの話をしている。第二次大戦後、英国は議会主義のもとでの制限的社会主義にふみ切った。私が思い出しても労働党が政権を握りアトリーあるいはウィルソン内閣が電力、ガス、鉄道、鉄鋼業など次々と主要産業を国有化していった。「揺りかごから墓場まで」という標語があった。国民保険や貧困者対象の国民扶助法などの福祉もあった。しかしこの本が書かれた六十年代には英国は国際競争力を徐々に失い、いわゆる老人大国、イギリス病といわれる状態に進みつつあったのである。この間、保守党、労働党と政権は何回か交代したが、この衰退は七九年の保守党サッチャー政権の登場で漸く流れが変わり回復への道程を辿ったのだった。ガルブレイスは社会主義体制でも実際上専門化した情報を保持するテクノストラクチュアが力を持ち、資本主義国では社会主義者の古くからの攻撃目標である資本家自身が、現在では企業から排除される憂き目にあっているのだが、社会主義者は伝統的信念に固執してこれを知らないか、あるいは認めようとしない、という。自主性を認められない公企業のもたらす弊害はいろいろな面で顕在化され、民主的社会主義は今や力のないスローガンになったと断言している。ソヴィエトではもっと組織は単純であって国家が計画化の殆どを担っているが、党がさまざま干渉してくるのに対し、ここでも能率の向上のためには企業への分権化とか自主性の尊重が問題になりつつあり、両者は計画化という側面からみると、類似の収斂をしめしているというのだ。

他方、彼は本書のずっと後半第二五章で、社会主義革命の可能性は全くなくなったと次のように述べている。社会的革新はもはや革命の響きをもっておらず、学界も知識階層一般ももはや革命に関する不穏な会話をすることがなくなった。これはここで解明しつつある複雑な変革の結果でもある。マルクスによって描写されたように、革命は労働者階級のたえざる窮乏化を前提としていた。ところが、予期された貧窮ではなしに、増大する豊かさが事実となって現れてきた。革命は資本主義的危機によって媒介されるはずだった。ところが大企業体制は、それに内在する全体的要請によって、一方で計画化を許しながら、不況を防止したり和らげたりすることを保証する総需要の調整手段をもっている。かくして、啓示的な恐慌の危機は遠ざかったといってよい。労働組合は、戦闘的に労働者の力を誇示しながら、革命の尖兵となるべきところであった。しかし大企業体制は労働組合を懐柔し、吸収しさえした。たぶん、中でも重要なことは、革命がいくつかの国ですでに起こったということである。そしてそこでの工業化の様相はもはや、半世紀まえの恐怖や希望にみられたその様相に反して、結果がそれほどには違ったものではないことが分かった。革命が依拠していたかにみえたすべてのこと、そして革命それ自身でさえ、溶けて流れてしまったのだ、と。これが六十年代の半ばに既に淡々とアメリカで書かれている時、日本ではまだ多くの進歩的知識人と称される人々が社会主義革命への憧れ醒めやらなかったことを思い出すと、なんともいえない思いがする。

テクノストラクチュアの刺激誘因

企業人である以上テクノストラクチュアの目標は当然企業の収益を増大する利潤極大化にあるはずだ、という考えは、市場が経済行為のすぐれた調整者であるとする信念とともに多くの経済学者が、抜きがたく持っている先入観である、と彼はいう。実は計画化が市場にとって代わるとともに、テクノストラクチュアが本当に追求しているものは違うというのだ。彼は、個人のテクノストラクチュアに対する関係、その行動の刺激誘因に関して論を進める。個人を動かす動機としての金銭的報酬は利潤極大化を支えてはいるが、それが全てではない。個人を組織の目標に引き込むためには強制、金銭的報酬、共鳴（集団の目標が個人の目標より優れていると判断する）、適合（組織の目標を自分の目標により合致させようとする）の四種類があるとする。（注1）そして現在、会社重役の所得水準は高く共鳴と適合を許す余地が十分にあり、ガルブレイスは彼等の関心はむしろここにあるという。歴史的にも、土地所有が支配的なときは強制に、資本のそれでは報酬に、そしてテクノストラクチュアは共鳴と適合に結びついている。こういう議論は反対が強いという。普通の経済学書では量で表しやすい金銭的報酬のみを強調し、数学や記号論理の単純化にたやすく適合させえない共鳴や適応は軽視される。経済学における科学的真理は必ずしも現に存在するものであるとは限らず、一見して科学的とみえる方法によって処理しうるものが真理とされることがしばしばあるのだ、と。こんなところが、彼が主流派経済学からはずれている、という立場なのだろう。

しかし、さまざまの例を多角的にとりあげて展開する彼の話は説得力がある。例えば組織は往々ピラミッド的階層で書かれるが実際は同心円が良いと説明される。一番外に株主がいて、これは金銭的報酬のみが関心事である。その内側は生産労働者で、報酬は明らかに重要だが、組織との接触を通じて共鳴の刺激も受け両者の混合ともいえる。その内側に日常的業務をするホワイトカラー、その内側が専門家、技術者、設計者、販売管理者などテクノストラクチュアを構成する人達、これらを越えた中心に役員層または経営者がいる。そしてその活動動機は内側に近づくにつれて共鳴と適合が重要性を増し、強い刺激誘因となってくる、というわけである。成熟した法人企業の中心では、非営利の政府機関や大学と同様に、社会的貢献というものが、主要な生きがいであるということを言っていると読める。その組織の中での地位の競争はあるけれども、彼らは共通の目標を持ちそれが共鳴の意識を促進している。大組織にまでいっていない企業家的会社は企業家の金銭的利益に厳しく規制されているが、成熟した法人企業では規制がゆるく、それが適合の動機をも大いに強化している。人は自分が影響を与えることのできる範囲を限り小世界を作り、そして次第にそれを拡大してゆくことに喜びを感ずる、組織の中心に近い人々ほどこの適合の動機が支配的になっている。

このように彼は人間の心理面を注意深く観察し、その組織の特質を把握し、それが具体的経済活動にどう反映して、社会の流れとなっていくか、というようなアプローチをするので、説得性もあり読んでいて面白い。やたらに抽象された一見非人間的な専門用語が飛び交う他の経済書籍とは随分違う。

テクノストラクチュア構成員の目標が成熟した法人企業の目標に共鳴、適合するとすれば組織の目標は何か、また社会の目標は何か。一般的に社会において、生活水準を上昇させるための生産の増大は立派な目標であるという信念は殆ど絶対的である。また技術的な変化には高い社会的価値が認められる。テクノストラクチュアは当然、財の生産、そしてその財に対する需要を管理し開発することが関心事であり、しかもその意思決定の自主性を維持することが彼らの生存の第一の要件であるという。その為には最低限の収益をあげること、計画通りの成果をあげることは望ましい。しかし、テクノストラクチュアにとっては利潤を上げることよりも利潤によって守られている彼らの自主性が最も重要なのである、と彼は強調する。社会の目標が国民総生産のような指標で示される経済成長に無条件の価値を与えているとすれば、企業の成長はこの目標に共鳴するし、構成員は自分の企業が社会的目標に沿っていると安心して、組織を守りつつ利益をも追求するのである。技術的優秀性と場合による国家の援助を求め、そしてこれに地域社会の建設、教育の改善、厚生福祉への取り組みなどへの活動が加わる。殆どの経済学者はこれらを企業の的外れの体裁作りとして片付けるがこれは誤りであって、企業の社員の刺激誘因の論理的表現なのだ、と主張する。そして過去の企業家として十九世紀後半の国民的英雄であったロックフェラー一世などと違い、現代の特徴としてこれほどの栄誉を享受している金持は一人もいず、尊敬が個人に結びつくこともなく、個人は集団の中に沈んで、尊敬は企業に対して与えられているのである、という。これらは正に現在の日本で言えば、トヨタ自動車であり、三菱東京UFJ銀行であり、他の多くの大企業であるな、と彼の観察眼の素晴らしさに感嘆する。

価格および需要の管理

伝統的経済学では、市場での供給と需要の相互作用によって価格が決まる。大企業が寡占している状況では事情は異なる。価格設定については独占と競争の制約の双方を持つ。ここでも通常の経済学では、寡占は販売量と生産量を小さくし、労働と資本は十分に利用されず、非能率なものとされている。ガルブレイスは注で、「寡占企業は高すぎる価格を維持し、資本と労働を過小に使用している、というのが通常の寡占反対論であるが、この反対論は別として、寡占企業は大企業であるがゆえに資本、組織および技術を有効に使用しており、またそれは大企業であるがゆえに寡占企業なのである」と述べている。世の通常の考え方に捉われず、事態を冷静に見て、公正であろうとする彼のセンスは際立っている。実際には独占を促進するおそれのある企業合併を禁止したり、反トラスト法が成立しているが、法律的には独占を罪としながら、事実上は寡占というやや不完全な形においてそれを容認しているわけである。公然たる共謀による価格の設定に対しては法律はとても厳しい。合併は厳重に審査される。この点でもガルブレイスは、法律は市場支配力を既に持っているものを免除し、それを持とうと試みる者に対して非難を集中するのだ、と皮肉たっぷりに述べている。

価格理論からは経済の非能率性が非難され、結果からみてその能率のよさが賞賛されるという矛盾は、テクノストラクチュアの目標とその計画化による価格管理を考えると解消するという。即ち彼らは損失の危険を極小化し、その自主性を保ちつつ成長するために価格競争による危険を回避しながら価格管理を行う。ある意味では大企業の管理価格を、その計画化の必要性から容認している、とも読める。また一方、個別的な総需要の管理というのも重要で、企業の安定化に資するように広告その他販売の戦略が立てられる。統制された価格で、販売される数量についても需要との関係で周到な計画化が行われているというわけである。特に生活の上で必須の財貨、肉体上の感覚にのみ関連する必要物、飢え、寒さ、雨風、痛みをしのぐ為の財貨は全ての生産のうちでのウェイトが次第に減少し、精神的充足を求める社会に進むに従って、人々の欲望はますます企業の広告宣伝による需要の喚起に依存していく。ここでもガルブレイスはその注で、「この二つの異なる欲望の区別は所得の限界効用が逓減するということと共に、読者にとって極めて常識的であろうが、経済学者によっては広汎に受け入れられていない、情けないことに、それは科学というより職業的自己保存の本能による。経済学の長らくの中心課題は資源の配分であるが、これが所得の増大に伴ってますます重要度を減じていくのであればそれを取り扱っている経済学者の重要度も減じていくのである。」と辛辣に同業者を批判している。二つの欲望の相対比重の変化、人々の関心の変化、これらの言葉は、本書がアメリカの六〇年代既に高度に豊かな国の経済を論じている限りでは事実であり、私も、現在、日本の状況も含めていくつかの先進国の、その安定した状態の時は類似であろうと思う。

国家の助成

大企業がその安全と成長という目標のために消費者の欲望に基づく需要をいかに管理しようとするのか。消費者の購買力が減ると生産量を減らさざるをえない、そしてそれは雇用量もへらす、それは更に購買力を減らし、その結果投資も減少し、さらに生産量も、という螺旋的な景気下降を生み出すおそれがある。逆に貯蓄も、それによって可能な、かつ貯蓄を相殺する投資も高水準で、消費者の購買力も高水準というのが景気にとってもっとも良い状況で、それをいかに維持するかが企業にとって重要である。一九三〇年代はケインズ主唱の公共政策が、失業救済策としても景気浮揚策としても政府に採用され成功を見た。その為には税収の増加が不可避で、景気浮揚がもたらす税収増加が正のフィードバックをもたらす。あらゆる財貨、サービスに対する連邦予算支出は一九二九年国民総生産の一・七パーセントだったのが、一九六五年には八・四パーセントになっていると書かれている。これはテクノストラクチュアのとくに先進的技術への助成に対する支持を反映している。とりわけ政府の軍事への支出は突出していて、六〇年代前半の国防支出は行政予算の五五ないし六〇パーセントになっている、という。注でこれはベトナム戦争の影響がはっきり現れてくる以前の数字で、この後はさらに増加している、と書かれている。国防上の必要性は純粋に国家的利益で決まり、大企業体制を支持するかどうかとは独立したことである、という大企業体制にとっては都合の良い公式があり、すべての国防支出は、国民の安全、人類の生存の為と、正当化されると、一見、国家と大企業とは截然と分かれている、と見えても、国家の機能とりわけ軍事に関する政策が大企業体制の必要に広汎に適応している、と述べている。彼はここでも多くの経済学者が需要規制における軍事支出の役割を別扱いとして軽視しがちで、(経済制度のまずい宣伝となりマルクス経済学者の主張を喜ばせるだけなのでと付言して)学術的議論や教科書の議論は租税政策などもっと都合のよい問題について詳細な議論を展開することに重点を置く、と批判している。

大企業と冷戦

この大企業と軍事産業の問題を彼は本書のかなり後ろの場所においてであるが、「大企業体制と冷戦」という題でとりあげている。そこで、ガルブレイスはアメリカの冷戦イメージを次のように書く。冷戦とは、ソヴィエト同盟に指導された世界共産主義運動との、無慈悲な、和解の余地のない、永久的な、それでいて究極的には統御可能な闘争である。自由を信ずる人であれば誰も、半ば奴隷的で半ば自由な状態が永久に続くような世界を受け入れることはできない。軍事的競争が招来され兵器および関連防衛力の開発競争となっている。この競争は、双方とも合理的であるので、最後的対決は避けられる。軍縮は、相互的破壊のための均衡状態にとっては重大な脅威であるとみなされる。そこで競争のほうが安全であるとされ、したがって軍縮についての議論はされるが、この種の問題に関係のある人はほとんど誰も、真剣にその可能性を考えていない。この競争の特徴のすべてが、体制の必要と緊密に合致している。平和の到来は、それ以上の支出の根拠を唐突にとり去ってしまう。ところが、闘うことのない戦争は、闘いが止むという危険を見事にとり除いてしまうのである。競争を休止させようなどという公式の協定は、競争それ自体より危険であるという考えから、問題とならない。自由こそはどのような脅威に直面しても妥協することを許さぬ最高の価値である。

以上のようなイメージが社会的信念として一九五〇年代ダレス国務長官の時代にその力が最高潮となっていった。こうした環境は兵器競争にとって非常に好ましいものとなり、一部分は大企業体制に由来して生まれてきたものであり、これらは体制と有機的に結びついた。政治家もこれに気付いていた。アイゼンハウアー大統領は退任時直前に「国家を産軍協同体による不当な影響から守る必要がある」と述べていたという。大企業体制は、自らの必要を正当化するような和解不可能な対立というイメージについて一般の信心が得られるよう努力した面もあったようだ。

それにしても我々の周囲にも少なからず存在した、アメリカ帝国主義とそれと癒着した日本の資本主義を粉砕し革命を起こすことを夢見たというような当時の日本のある種の進歩的知識人とは何たるイメージの違いだったのであろうか、との思いが走る。ところが、ガルブレイスはこのような冷戦イメージは極めて非現実的である、と述べる。むしろアメリカとソヴィエトが今や巨大な産業国家となり、両体制とも工業化が必然であり、計画化が重要であり経済面からは収斂する傾向を持ち、和解不可能な抗争などはありえないと。一方軍備競争が統御可能というのも大した根拠はなく、偶発事故による大戦の勃発の可能性は常に存在する。協定による軍縮の方が持続的で解決せぬままの兵器競争の危険よりも大きいということも未証明なことだ。最近は冷戦ムードのイメージに対しては懐疑的な人々が多くなってきたと。それにしてもガルブレイスが大企業が冷戦をいかに功利的に捉えていたかを客観的立場でみごとに観察していたことが窺われて感心させられる。

労働者との力関係

大企業の内部では、機械化とオートメーションの導入を介してブルーカラーの労働者のウェイトは減少し、技術者、販売員、経営管理者など、多くは、教育上の課程を経験し専門的能力をもった人達が重視される。この時点ではこのような人達はまだまだ足りず空席が見出される、と書かれている。労働者の失業の問題は、今や単にその総数はたいして意味を持たず、その構成の詳細を見ないといけない。ガルブレイスは、大企業から拒否された無能力者に環境の不利から生ずる黒人およびその他のマイノリティーグループがいることを一応あげているが、深くは立ち入っていない。このような事情は必然的に労働組合の衰退をもたらしている。組合加入員は減少し、かっての対立の利害はきわめて調和的になっていると。二〇年近く遅れて、バブル経済の破綻のあとの長い不況を経験したここ十数年の日本の状態が正にこれだ、と実感される。いまや労働組合の貢献として重要なことは、異なった産業会社間の労務費を標準化し、賃金の変化がほぼ同時に起こるように、保証する。またその活動により賃金水準を国家から目の届くところに置くことであるという。しかし、労働組合が産業構造の変革の主体になりえなくなった時、彼はこの役割を教育者、科学者に期待している。テクノストラクチュアを育てまた現在も協力、少なくとも影響を与えうる立場にいる集団である。テクノストラクチュアにとっては人材の供給源と連携を保ち、科学技術的革新をめざしその研究を企業に取り入れる可能性をもっている集団との協力は望ましい。教育者、科学者も自分自身の興味と現実社会への適応は魅力的である。勿論分野によって全く関連がない純学問分野は多数存在するが。彼はいろいろ両者の対立点なども記述しながら、教育者・科学者階層は、強く創造的な政治的手腕を持ちさえすれば、政治権力の決定的な手段になりうることも否定できない、とまで言っている。

私はこの箇所を読んだ時、なるほどと思った。ハーバード大学の政治学教授から文理学部長、カレッジ学長であったマクジョージ・バンディが国家安全保障担当大統領特別補佐官（六六年辞任）になり、退任後フォード財団の理事長、ニューヨーク大学教授へとか、フォード社長であったロバート・マクナマラが国防長官（六一―六八年）になって活躍した。これらの場合、彼らは国家的要請で動いたと見るべきであろうが、ある種のテクノストラクチュアの期待を背負っていたに違いないし、多分産軍学の協力関係が国家の安全にとって必須であったからこそ、国防の役職についたのであろうと、想像したからである。ガリブレイスは終章近くの第三三、三四章で再び教育者・科学者が変革の主体者となるようにという期待を詳しく述べている。

需要水準が高くなり、雇用しがたい失業者まで雇用されると大企業体制は不安定になる。失業者が少ないと労働組合の立場は強くなる。ストライキも辞さなくなり賃金と物価は相互に押し上げあい継続的な循環的上昇（インフレーション）を示す。これを彼は賃金物価の悪循環とし、こうなると公共当局の強制的な賃金物価規制が必要になる。実際この点で成熟した法人企業の独立性は制約されていて国家に深く依存せざるをえない、と結論づけている。

大企業体制と国家

これに関してガルブレイスは「大企業体制と国家」と題して二章を割いている。「大企業体制は国家と不可分に結びついている。いくつかの注目する点で、成熟した法人企業は国家の一翼をなしている。そして、いくつかの重要な事項にかんし、国家は大企業の道具である」、とまで表現している。企業家的な会社の国家にたいする関係は、金銭的なものであった。経済活動が強く金銭的刺激誘因によって動かされている社会では、国家は課税や関税を通じて、企業はその利益を代弁する議員を議会に送り込むことなどで、関係を持つ。しかし、テクノストラクチュアはその集団的性格上、直接的な政治行動への刺激誘引をもたないし、企業家よりはるかに制約をうけている。彼らが国家に依存し、国家が彼らに寄与しているのはもっと構造的なものである。すなわち「総需要の統御」「賃金物価の悪循環の統御」とか「巨大科学技術研究開発への援助」「訓練された高度人材の供給」とかいったものである。特にこの章では、軍需品購入のやや詳しい記述がみられる。この目的の為に、毎年六百億ドルの支出がなされることによって、大企業体制を支えている。ここでは、価格の変動する危険がなく、テクノストラクチュアの計画化にとって最高の確信と保護を与えている。またその政策決定への過程に深く関与し、参加企業（事実上殆ど選択の余地がない）にも無類の安定をもたらしているというのは、刺激誘因の共鳴と適合そのものとなっている。

ガルブレイスは、以上が産業国家の実態である、と要約し、そこでアメリカは多くの貧困者が残されている。彼らが本書の主題でないのは、彼らの存在を無視しているとか、彼らの運命について無関心であるということの証拠にすべきではない。むしろ貧困者というのは、大企業体制の外にあるものと言わざるをえない、と述べている。そしてこの本は現在の実態を解明するのが関心の主体であるが、さて今後はどうなるであろうか、と最後の数章をこれにあてている。

大企業体制の問題点

一、軍事産業との関連

大企業体制の問題点として、まず残忍で破壊性を持った軍事産業と特殊な関係でつながっているということがある。現在、一時期全米中を席捲した冷戦ムードはだんだん懐疑的にはなっている。兵器競争の危険がわかる科学者が先頭にたって部分的核実験禁止（大気圏内での禁止で六三年に成立）の措置を確立した。また共産主義世界の多元性が増大している。いまやとるべき政策は闘争のそれではなく忍耐のそれであると。それでは大企業の、特に産軍複合体の経済成長と安定を支えた軍事産業へのエネルギーを部分的にも吸収する道はなんであろうか。この点彼は宇宙競争は全く理想的なものである、と述べている。それは高度な技術に対する巨額の支出を必要とし、高度に発達した計画化を必然的に伴う。（彼は序文で、「私は本書を一九六六年に書いているが今後五年以内に人間が月に上陸できることはほぼ確かである」、と書いている。実際、アポロ計画でアームストロング等がこれを実現したのは六九年であった）。大企業体制の心象は強くこの宇宙競争を支持する。なぜアメリカが最初にそれを実現しなければならないのか、という問いに合理的な答えは存在しない。大企業は好んで兵器競争に共鳴したのではない。兵器競争が、最小の詮索で最大の予算額を計画化支持のために確保しうるような分野であったからである、と。

二、計画化の空隙

次に、大企業体制が目標としてきた社会的価値、生産および消費を拡大するための持続的経済成長といったことを疑問視する動きが起きつつあり、特に若者の間ではそれに対する疎外感が現れていると観察している。（これは、六〇年代後半にアメリカで発生した自然に帰れというヒッピーの動きなどを意味していたのであろう。）財貨・サービスの供給、それに対する需要が人為的に仕組まれるにせよ、その先には大企業体制が及ばない、「審美的経験の世界」があり、これは大企業的センスと往々対立する。産業の成長は自然の環境保全と対立し、元来テクノストラクチュアの集団組織による業績は、芸術のように個人的孤独な創造をこととする仕事とは、本質的に相反するものである。そして後者に対する保護は法律によってあるいは金銭的援助によって国家のみがこれを行うことができる。それは単に防御的であるだけでなく、そもそも芸術の発展のために必要な秩序の維持、即ち社会の安定は国家によって提供される。しかし、このような仕事を議員の選挙の際の業績にして再選を期すということは困難で、それが問題ではある。また大企業体制がカバーできず、そもそも企業的なものにそぐわない分野がある。都市交通、住宅、医療、教育、景観保護、森林管理、などがそれである。彼はこれを「計画化の空隙」と称しているがこれらはいずれも国家的取り組み、公共政策を必要とする。

三、大学の教育、体制からの解放

大企業体制の成員は、組織の目標に自らの精力をつぎ込み、そこでは強い自己抑制が要求される。集団の中で生きがいをもとめる長い習慣の結果、彼が定年になって退職を余儀なくされた途端、一挙に孤独と対面することになる。そのような状態はあまり楽しいものとは言えないのではないか。人類の夜明け以来、この人達よりも生きがいのない生活をした人は無数だが、所得水準が高い割にそうだという点ではこの人達が最低であろうとまで言っている。私は、人によっていろいろ対応する工夫はあるので、これは極端な表現だとも思うが、日本でも最近は、特に直近の団塊世代の大量退職をめぐって、多くの議論が新聞を賑わしてはいる。問題は、当時のアメリカでも、このような組織人の実態を見て若い人の大企業への志向が必ずしも強くなくなっているということだ、という。実際、彼の居たハーバード大学では経営学部は、その志願者の深刻な質の低下がみられ、優秀な学生は実業界は規律がやかましく、個性を損なう性格を持ち、給与は高くても単調きわまると考えるようになっているようだと書かれている。

ガルブレイスは、大企業体制がもたらす個人の従属という側面を、そこから解放することが必要だと考えていて、それには教育の戦略が重要だという。現代の高等教育は大企業体制の必要に広く適応している。経営管理を教える学校も、純粋科学、応用科学もテクノストラクチュアの必要を反映したものである。他方、芸術や人文科学に対するより少ない特権や援助は、これらの役割が劣っていることの反映である。しかし一応、大企業体制の必要に完全に順応してしまうような態度は、少なくとも円熟し自信を持つ教育社会からは反発されている。経営学部や工学部は、確実に役に立つということで評価され、数学を含む科学者もそれに結びつくことによって評価されるが、大学が個人の審美的、文化的、知的な楽しみに奉仕すべきであるという点も依然として強調される。ここでもガルブレイスは皮肉な表現で大学の首長たる学長などの演説を次ぎのように述べている。新しい学長の就任式、いろいろな記念日の時、一般教養のための一般教養教育が依然重要であることに言及しない者はまずないのである。部分的には、このことは、英知をもって鳴るが具体的な情報にはまったく疎い人達にとっては、非論争的な話題がいかに少ないかを示すものであろう。たとえ空疎でもそれが演説に出てくることが、そこに問題があることを示唆している、と。このような指摘は、私も同じような職場に居たものとして言われてみれば良く分かり、彼の観察の鋭さにうならされる。

ではどうするべきか。現在、特定の目的ないし分野のための研究や奨学金が直接大企業から与えられている。こうした資金は、産業が必要とする分野を表している。しかし、教育者は、その力を大企業体制のためではなくて、全人的個性のために用いなければならない。実際的には、教育機関が予算に対する支配力を取り戻すことであると彼はいう。大学がその資源配分についての支配力を再び獲得し、人間的で知的な活動、芸術や学術的努力、一般的啓蒙を支援することとは、必要とされる多元主義を力付けるものである。このような立場は、教育政策によってのみ直接に開拓される。大企業体制に合致したような教育は、興味、説得力、重要性といった点で自然の魅力を持っていない。その多くは退屈なものである。教職者ないし知識人として自らを真剣に考えている人だったら誰もこのような状態に同意するわけにはいかない、と。ここには、彼が人間活動のどの部分に最高の価値を感じているか、あるいは少なくとも彼の興味は本来どこにあるかが鮮明に表れているように感ずる。しかし、一方彼は冷静で、これらの変化は重要なものであるが、アメリカの教育界では容易に実現しないであろう。多くの教育者は、本書を読んで、これも一つのお説教にすぎないと、とりあえずは無視してかかるのではないかと思うと述べている。

教育者・科学者への期待

彼が再び明言することには、大企業体制のみでなくいろいろな組織が存続していくための技術開発を保証するための安全な基盤を社会が持つことは必要である。また大企業体制が世話しないような公共的サービスの拡充、生活の審美的次元の強調、所得とレジャーの選択の幅の拡大、教育の解放等、社会的目的についての大企業体制の独占が破られることを必要とする、と。すなわちこの本でガルブレイスは現在のアメリカを支配している大企業体制を詳細に分析した上で、この体制を変革しなければならない、と主張し、かつその主体を教育者・科学者階層に期待している。一般公衆や政界にひろがった核抗争の危険性についての認識や、ソヴィエトとの緊張緩和が望ましいこと、軍縮についての技術可能性などの認識は科学界に負うところ大であるという。しかし、その教育者・科学者階層のもつ困難性にも、並々ならぬものがあると厳しい。まず、それは自信を持っていない。これは目標についての自信のなさを含む。軍拡競争に対する懐疑、大企業にたいする懐疑、その他前述のような変革の必要性に関して支持を得ることはそれ程困難ではない。しかし、この種の事柄の重要性を広く全国的規模で説得するとか、これは自らも責任がある等ということになると、意見はバラバラになり、一戦交える前に、大企業体制の目的の前に降伏してしまう傾向が強いと。

また彼らは知識人社会と共に、その役割が職業上受身のものである。すなわち、感じかつ考えることはするが、行動はしないという信条を持ちがちだ。この態度は、廉潔さを根拠とすると同時に、便宜主義の表れでもある。政治は知識人や芸術家の仕事でない。教育者のものでもなければ、科学者のものでもない。彼らの仕事は精神と心のより純粋な領域に属し、実際的な事柄に関心を持つことは、それが汚されるだけだという、等々。ここのあたりは読んでいて私自身もそのような意識で長い職業生活を送ってきただけに、身に沁みて感じさせられてしまう。また教育者・科学者階層はまた、知識人の社会一般がそうであるように、政治的行動の代用物によってみずから注意をそらされてしまう傾向がある。著述や講義、単なる会話がそれであり、彼らは既に説得されてしまった人を説得するか、学問的論議では大事にされても政治的効果という点では有害でしかないような微細な精妙な論点に関する不一致を尖鋭化するかのいずれかである。この記述も学者・研究者の心理・行動を実に鋭く突いていて間断ない。しかし、ガルブレイスは現に求められていることは何らかの形の政治的行動を必要とする。現に重要である諸目標にとって、彼らをおいて他に期待をかけうるものはいないのである、と強調している。

将来への展望

最後の章は「大企業体制の将来」と題されている。ここはそれまで四百ページ以上に亘って延々と述べてきたことのサマリーである。一九世紀の後半と二十世紀の前半、資本主義の将来ほど議論の対象になった問題はなかった。彼は資本主義国での大企業体制の支配、社会主義国での国家支配とも計画化という側面から収斂化傾向があることを再び多面的に説明する。主体は異なるが価格統制も共に行われている。これは明らかに方法の違いであって目的の違いではない。大企業の組織の自主性というのも、一方社会主義国で目下進みつつある改革の要点である。彼は、自由企業と共産主義との和解しがたい深淵という考え方も、いずれ事実を前にして長くは維持できないだろう、と言っている。一方、大企業体制は既に殆ど完成されたもので、これの将来は全く論議されたことがないが、これ自体最近六十年間に、いろいろな変動の結果生み出されたもので、これが終局であるというのはありえない。今や大企業体制はそれと国家の両者を包含するような大きな複合体の一部と見たほうがよいということがより明確になるであろうという。軍需調達や宇宙開発や原子力の分野で、公共的組織と私的組織の境界線は不鮮明である。陸海軍の将軍や政府の高官達は退職すると、関連する産業にほぼ自動的に再就職する。産出物の大部分を政府に売る企業、ボーイング、ジェネラル・ダイナミックス、ロッキードなどもそうである。そしてそのうち両者の境界線は消滅するだろうと書かれている。

もう一つ取り上げている論点は、そうなると個人の自由がどうなるかという問題である。経済力と公共的権力との結合に危険を感ずる本能は健全であるとは言える。昔の企業家は国家が企業家の活力を奪い、つぶすのではないかと恐れた。しかしその後継者は次第に結びつきを強め、しかもその結果に満足している。むしろ熱意をもって自分自身の自由を縮小することによって安定を得ている。ここで、ガルブレイスは面白い話をしている。それは、自由についてもっとも多く語る人が実は自分の持つ自由をもっとも少なくしか使わない、これは一般原則だというのだ。例えば、個人の自由を主張する企業の上級役員は自分の演説の草稿となると、論争的な字句や表現や考えを点検して削除してもらうために慎重に調べてもらう措置をとるとか、部下や世界に向かって我こそ自由のための戦いの最前線にあると語る将軍は、常にすべての軍事規律に喜んで従ってきたような人物であるとか、自由世界の価値といえば、感情を込めて言及する政府高官も、自身の思想に関しては異常なまでにその正統派的順応性を自讃するのである、と。彼のこのような皮肉な表現は、あちらこちらに見出され、私は多分にその修飾語に問題があるなとも思うのであるが、彼の一種の癖であって、文章に生彩を与えている。我々が大企業の目標とする点に同意すればその目的に束縛されることになるし、それを拒否するならば、審美的目標がその上の価値としてより重要なものとなる。いうまでもなくガルブレイスは後者の立場をとり、実現主体として教育者・科学者層に期待するのである。

しかし、ガルブレイスはその後、この見解は楽観的すぎたとして、七〇年代の終わりにはこの意見を撤回している。多分、その後に起こった大学紛争とか、産業と大学の関係の変化が彼の見方を変えたのであろう。そうなると、それに変わるものは有り得るのか、ということがオープン・プロブレムとなる。今になっても大企業支配の構造は変わっていないのかもしれない。

おわりに「経済学的方法と社会的議論の性格についての付論」の章がある。ここでは、彼がなぜこの本のような包括的なスタイルをとったかという説明が彼流に長々と書いてある。経済学の特定の分科から詳述するということでは現在の変化、それの多方面との関係を理解できない、ということで、他の同業者の批判にあらかじめ答えるということになっている。本当に真剣に社会的目標を拡大することに関心を示すことは、現在のような職業的地位を持つ経済学にとって非常に迷惑な効果を及ぼすことになるのである。しかし、職業的便宜さと既得権益とをもって社会的思考における最も安全な道案内ということはできない。経済学の領域外の問題—美しさ、尊厳さ、喜びと人間生活の永続性—は不便であるかもしれぬが重要なことである、と書いてある。

この本はアメリカの重工業全盛の時代に書かれている。言うまでもなく当時のアメリカが表題のごとく「新しい産業国家」になりつつあるというのが、本書の主題である。その把握は大要で当たっていたのかもしれない。彼の記述は見事で説得力もあり、新しい見方を提起した。しかし、一方、再読して読み終わると、これはあまりにアメリカの中だけに閉じた議論でないか、と気になってくる。

現実に今の時点で、アメリカでどれだけの産業、金融分野がここに書かれているような法人大企業の寡占状態になっているのか。大企業の名前は誰でも多数あげられるが、きちんとした統計としてシェアがどれだけかという数字は調べないとよく分からないが、実際は大企業であればあるほど、輸出入などでの国外との関連は重要である。例えば現在、彼がよく例にした自動車産業では、アメリカ国内でジェネラル・モータース、フォード、クライスラーというビッグスリーと日本のトヨタ、ホンダ、ニッサンのシェア争いは大きな問題になっている。二〇〇五年末の新聞記事では、アメリカは三社とも販売を落とし、日本はトータルで三五パーセントで各社それぞれ伸びている。これらはアメリカ人の好み、選択が日本車の性能の優秀性とかサービス、燃費を勘案した適正価格を志向しているわけで、ガルブレイスが言うように消費者は市場コントロールの力を失いつつあるというのとは程遠く市場原理は脈脈と生きて経済の基盤たるを失っていない。

またアメリカでは黒人、中南米などからの異民族の流入とともに貧富の格差拡大が問題でもあり、この本に書かれたような高級生活を楽しむ、少なくとも精神的欲望を満たすことに主眼が移っている階級への生産に関する記述だけでは、世の中の経済の動きの非常に限られた範囲を述べているに過ぎない、という印象も持たざるを得ない。また、彼のテクノストラクチュアの目標とか、その成員の活動の動機づけなどの心理的分析は非常に鋭く感じたし、現実に彼らがアメリカで不動ともいってよい支配力を各々の分野で占めているのは事実であろう。一方でそこばかり強調されると、今でも本当のブレークスルーは小規模の起業家から興るというアメリカの健康な体質をどう考えているのか、と問いたくもなる。実際現在はマイクロソフト社のビル・ゲイツのような情報産業における新しいタイプの新しい起業家が世界的な花形になっている時代である。

いずれにしても、経済などというのは社会のあらゆる種類の組織の活動が多面的に展開される結果、動いていくものである。この本はその中で彼が考えて社会で支配的と思われる大法人企業のある構造をとりあげてその構造の特質、そこで組織をきりまわしている人達の意識、経済上の機能などを詳細に調べ緻密に分析して書いた、というのが、私の読後感である。産業国家という一つの面を詳細に解剖してみせた、ということだろう。ただ、彼の叙述はそこだけにとどまらず、それを変革していくことにも、かなりのウェイトが占められているが、その後の展開をみると未来の予測はやはり難しいものだという気がする。

この本を書く気になったのは十年ほど前からだと書かれているのだから、相当の力作である。実際はこの本の前後に書かれた『ゆたかな社会』（一九五八年）と『経済学と公共目的』（一九七三年）を合わせて「三部作」と言われているようだ。この本の下書きをほぼ書いたあと彼はケネディ大統領によってインド大使に任命され数年後に帰国した。その経験もあって以前の原稿を殆ど書き直したとまえがきに書いてある。

ガルブレイスの本が素人にとって読みやすい一つの理由は、全体が記述的であり、経済学特有の専門用語はあまり使われず、豊富な数字に裏打ちされた例と共に一つ一つ丹念に言葉で説明していくために、注意深く読んでいくうちに何となくその中身が説得性があるように感じられていく点にあると思われる。もっとも、その記述は雄弁ではあるのだが、丁寧すぎる繰り返しが多くいささかうんざりするような冗長さで、いわば作者の精神的な粘血体質が表れているのであろうが、これは日本人には有り得ないとも感じた。日本人だったら全体の長さは自然と少なくとも三分の二にはなっていただろう。この本は経済を取り扱ってはいるが、社会科学の中ではもっとも体系化が進み、学問的に整備されているといわれる理論経済学に沿う記述とは随分違う。他の経済学の教科書を瞥見するともっとふんだんに専門用語が使われ、グラフや数式があちらこちらに現れる。むしろ本書は経済をめぐる人間の心理、各層の意識や、行動の動機を分析し、経済社会のダイナミズムを描写したジャーナリスティックな本というのが、より適当なのではないかと思う。

戦後から一九七〇年代まで、経済学の流れの中では、経済学徒がこぞって学んだ教科書『経済学』の著者ポール・サミュエルソンを代表とする新古典派といわれる人達が主流であり、彼はケインズに始まるマクロ経済学（国民所得とその変動）とミクロ経済学（生産物の価格、資源配分の分析）を総合したなどと、称されている。ガルブレイスはそれらの流れとは独自のあるいは異端者的学者として位置づけられているようである。サミュエルソン自身もやがて七十年代のスタグフレーション（インフレと失業）に有効な対策を提示できず批判をあび、また新しい経済学者が台頭してきたというのだから、正に経済は生き物であり時代と共に、学問自身もどんどん変化していくのだろう。

日本の経済学はどうなのであろう。古くはウェーバーとマルクスを研究し独自の史観を確立したといわれる大塚久雄氏、宇野学派を形成するに至った宇野弘蔵氏などが日本では有名だが、私が学生の頃はマルクス主義経済学が日本でも盛んで、東大経済学部でも教授達の大半が、大内力氏を典型とするようなマルクス経済学者だった。共産主義体制が崩壊し、社会主義の体制が夢をなくし、またはその利点が実質的に自由主義体制の中に多くとりこまれてきた現在、世界的にも当時の言葉でいう近代経済学が完全に主流となった。アメリカが自由主義陣営で資本主義の発展がもっとも進み、世界的な経済の規模での学問が栄え、著名な経済学者がアメリカばかりで輩出するのは当然で、それ以外の国では、例えば先進的な学問的業績はなかなか出ようがないのではないか、という程の気がする。二十世紀前半は、ワルラス、ロビンス、ケインズやシュンペーター等のヨーロッパ人が有名であるが、後半は例えばノーベル賞受賞者（一九六九年より）を見ると、私でも僅かではあるが仕事の一端を知っている著名な経済学者というとイギリス人のヒックス、ハイエク、スウェーデンのミュルダールなどヨーロッパの学者も何人かは居るが、新古典派総合のサミュエルソン、産業連関表で有名なレオンチェフ、マネタリズムのフリードマン、他にサイモン、アロー、ベッカー、ルーカスをはじめとして経済学賞受賞者の六割がアメリカ人である。アメリカが政治でも、経済でも世界を支配して一極強大な国となった現在、今後ともしばらくはこの趨勢は変わらないだろうと思う。

例えばアメリカに大きく政治的経済的に依存している日本では、評論や解説をする経済学者は山ほどいて、日本経済の行方についてもいろいろ新聞や総合雑誌に意見が書かれ、時局的本は絶え間なく出されている。しかし学問的に新たな世界的貢献をするような国内での経済学研究というのは、環境、立場的に無理であってまずは望み薄なのではないかと思う。一方、経済というのは、プラグマティズムの世界であってそれで良いのだという考えもしてくる。絶えず動いている経済の世界では、興味は刻々の情勢にあるので、人々は常にそこに引きつけられる。例えば、日銀の量的緩和政策が解除されると、市場金利が上昇し、一般には預金金利が連動するか、株価を冷やす懸念があるとか、為替相場では円高が急進するかもしれず輸出業者にマイナスに働くとかいう種類の、短期的な当面の景気動向の議論である。しかし、落ち着いて非常に長期的観点から数十年後の社会的変化、将来を見通す試みの話も欲しいという気もするのだが。

経済学者の実社会への活躍はどうであろうか。実際に日本における高度成長時代の政策を理論的に支えたのは戦前からの旧大蔵省出身のエコノミスト、下村治氏といわれる。当時、一ツ橋大学の都留重人氏がインフレを招くとし、また日銀の吉野俊彦氏が安定政策をと、下村氏との間で論争があったというのはぼんやりと覚えている。都留氏の『経済学入門』は私も後年読んだ。結果的に六十年代は下村氏の方針が的中し、日本は高度成長を遂げたのだが、七十年代にはドル・ショックそしてオイル・ショックもあり彼はこれ以上の成長の条件はなくなりつつあるということで、持ち前の財政均衡論から成長減速論そしてゼロ成長論を唱えた。しかし実際は彼の主張とは異なって一九七五年から政府は赤字国債の発行（注2）をもって景気浮揚策をとり、輸出拡大が進み貿易摩擦を巻き起こしつつバブルといわれる程に経済は再び拡張したのである。その後、九十年代のバブル崩壊を経て日本経済は長期低迷期に入るが、赤字国債発行は恒常的となりその累積は現在莫大なものとなり、景気は最近ようやく上昇機運といわれるが、国の財政状態は破綻寸前でこれ以上次世代にツケは許されないとか、消費税をいつ上げるかというような政局がらみの難題となって現在に至っている。

下村　治氏

都留重人氏

吉野俊彦氏

それとは別だが前に例を引いたように大学や企業にいた人がある期間政府の枢要な地位で活躍し、終わるとまた別の世界であるいは大学に戻る、というようなアメリカの政治世界の柔軟性は素晴らしいと思う。ガルブレイスはルーズベルト民主党政府の時代は国防諮問委員会の経済顧問になったり、ケネディ時代にインド大使を務めた。日本では職業の縄張りが強くて市場の弾力性もなく、学者は終生学者のままとか、評論家として外からあれこれ批判を言うばかりで、本当に自らの責任で国家の命運を託されるような立場になることはなく、たまさか政治に引っ張り出されても短期間で実践的でなかったり、所詮お飾り程度で終わってきたことが多かったと思う。もっとも最近はもともとの政治家や役人上がりの大臣ばかりでなく、経済においても竹中平蔵氏のような元来学者であった人が経済担当大臣として実質的に活躍しだしたということは、具体的には種々の個人批判もあるようだが、それはさておいて、行政における人材の適用が、徐々に日本においても柔軟な方向に変わってきたのかなという思いもする。

1　翻訳された「共鳴」の原語はアイデンティフィケーションで、ガルブレイスはその注であまり満足な用語とは言えない、と述べている。訳語もアイデンティフィケーションは普通共鳴とは考えにくいが、訳者は原著者の意を体して意訳したと思われる。この点、私の買った訳書が初版のものなので「共鳴」なのであるが、後日の版では、「一体感」と換えられている。

2　財政法に基づく建設国債（主として公共事業費に充てるもの）は一九六六年から発行されていたが、七五年からは「国債を建設国債に限る」という原則が放棄され、経常的支出に充てるための特別立法がなされ、特例公債または赤字国債と呼ばれるものが、大量に発行されるようになった。

高橋和巳　『自立の思想』

はじめに

一九六八年から六九年にかけて、大学紛争が日本中の多数の大学を覆った。六八年一月末に東大医学部で端を発した（登録医制やインターン制など医学部研究教育の改革問題）大学紛争は、燎原の火のごとくに広がり、やがて全国の大学に及んだ。東大では六月に医学部教授会の処分に抗議して安田講堂を占拠した医学部学生を機動隊が排除したのをきっかけに大部分の学部が無期限ストに突入、学生は大河内一男総長との大衆団交を要求、総長会見という形の中でも突き上げに疲労困憊した総長の途中停止など、いろいろなことが起こり、七月には占拠した講堂内で全学共闘会議が結成され、私と同学年の物理学科の山本義隆氏が代表となった。彼とは大学院の講義で教室で隣り合わせだったこともある。十月には全共闘側が全学無期限ストを宣言、十一月、大学の執行部が学部長を含めほぼ全員辞任、法学部の加藤一郎総長が就任した。その後文学部長林健太郎氏の団交後の一週間監禁、全共闘と民青学生の衝突事件、東大・日大闘争勝利全国学生総決起大会が講堂前で開催されるなど、大学構内は他大学生を含む所属も様々な学生によって占拠される状態が続いた。彼らはほぼ全員がそのファッションとしてのヘルメットを被りバリケードを築くといったスタイルで、学生蜂起をしたわけである。

私は大学院博士課程三年に在学中であったが、私達の研究室が本郷理学部一号館とそこから数百メートル離れた弥生町キャンパスの両方にあり、私自身は殆ど実験施設のある弥生町の方にいて博士論文の為の研究に全精力を傾注していたのであるが、一号館の方は社会主義青年同盟なのか社会主義学生同盟かの連中によって占拠されてしまった。最後は六九年一月に大学側が機動隊八千五百人を構内に導入し、上空には報道陣の取材ヘリコプターが旋回するなかで、封鎖中であった各校舎を次々に解除し、最後講堂に立て籠もった約五百人の学生を催涙弾や放水での攻防戦の中で大部分逮捕、講堂は大学に戻った、という経緯を辿った。

「大学解体」をスローガンにするまでに発展した全共闘の過激な行動は、その後、大学に対しては潮の如く引いて、後はもっぱら分派同士のゲバ棒による戦いとか、リンチ、殺傷を含む凄惨な内部抗争が続き、大学は改革とは程遠い以前と殆ど変わらない状態に復帰した。

ゲバ棒とヘルメット姿の全共闘

東大安田講堂攻防戦といわれた
学生と警官隊の戦い

自立の思想

『自立の思想』は一九七一年に出版され、その出版直前に、僅か三九歳で死去した、中国文学者で作家の高橋和巳の書である。四部に分かれていて第一部が「自殺の形而上学」と「文学者の生きかたと死にかた」、第二部が『真空地帯』の背景」と「情況と文学の展開」、及び「愛と死と文学」、ついで第三部は「自立化への志向」と「言論の自由について」、第四部が「直接行動の論理」と「「新左翼」の退廃と知識人」とで構成されている。それぞれの題を順番に要約すると、第一部は一九七〇年、衝撃的死を遂げた作家三島由紀夫の自決に関しての氏の感懐、次がその衝撃と共に、日本人の死生観に話題を展開した野間宏、秋山駿、高橋和巳の諸氏による座談会、第二部は、野間宏『真空地帯』に関する氏の評論、左翼文学に対する氏と小田切秀雄氏との対談、東洋人の生き方の特徴について考えた氏と梅原猛氏との対談である。以上それぞれ再読してみるとそれぞれ含蓄に富む諸論であるが、今ここでは取り上げない。ただし小田切氏との対談中での氏の言は後で触れる。私が集中したいと思うのは第三部、第四部である。

第三部「自立化への志向」(九ページの短文)で高橋氏は現在、いわゆる学園紛争に発端をうけた青年達によって新たなる思考と行動の連関が問われていると問題を提起している。まず、思想とは「問題を克服する人間の営為から生み出され、それゆえに深く人々の生活に根ざしつつ、時として現出する非日常的状況においても、何らかのささえや指針としての機能を失わない観念と態度の体系を言う」として、生活に根ざす必要性と持続性がその要件であることを強調する。ことは私たち自身の生き方の問題であり、新左翼の運動がなぜ登場したのか、そして戦後民主主義の形成に相当の役割を果たしてきた進歩的文化人こそがなぜより厳しく糾弾されねばならなかったのか、と論調は一挙に急進する。生活の中から思想は形成されるべきであるが、それも他の諸知識とともに、まずは書物を通じて学ばれるのが普通であり、それが生活との角逐段階で摩擦が起こり場合により変容がなされる。従来は、自らの思念と生活との落差から結局思念を切り捨てるか、(学生時代の高邁な主張と、サラリーマンになった後のマイホーム主義の例がしめされているが)教師、文筆家、職業的政治家となって、辛うじて思念の一貫性を保つか、二律背反のまま言説と行為を分離するかのどれかでしかなかった。即ち、思想放棄型、ある特権の枠内での進歩性保持型、思想と生活の二者分離型のインテリの存在である。その存在のありように対する懐疑と否定が青年達の間で漸く身についてきている、というのが、氏の現状認識である。戦前にもいわゆる転向問題で、多くの社会運動家、文学者が非常な苦悶の中で、懊悩した。ただしそれは権力者からの弾圧という外からの条件下であったが、今回は内部矛盾の剔抉ということで旧来のインテリ層を代表する教授層がその思想および生き方を、教え子たるべき学生から真っ向微塵に問われることになった。更に氏は今回の学園紛争で明らかに問われたこと、日本における生活次元の未萌芽な思想と、生産性なきカッコつき外来思想との絶えざる分断者は誰なのか、大学においてはそれは教授層ではないか、と指摘している。これは氏自身が京都大学の助教授であり教授会メンバーの一員である中で、自己批判も含めて、いわば捨て身の討論を提起するのである。

高橋和巳氏

第四部の「直接行動の論理」（六九年六月、大学内での氏の基調講演と学生との討論の記録）では、資本制社会の三本柱の指摘から始まる。それは一、労働者の労働力を買い、剰余価値を蓄積し、自己を肥大化させてゆく資本家、経営者などの、現経済体制を支える制度、二、軍隊、警察などを備えた国家機関の権力を行使する権力者達、及びその付帯者たる膨大な官僚機構、三、現在の位階制を理念的に権威づけている者、宗教家とか、殆どの大多数の大学教授達とその

の意識を指す。今回の大学紛争ではこの内第三の部分を引っこ抜くことが、そしてそれを契機に体制全体を変革できるかどうかが焦点となっていると氏は言うのである。現在学問の自由という大義名分的なるもの、そのものが腐敗していること、大学制度そのものが腐敗していることを述べている。その実例として民主性の原則たる公開性と相互批判性を喪失した京都大学文学部の教授層の動き、また具体的困難に直面したとき、日頃の学問研究と人間行動がぜんぜん結びついていない彼等の狼狽ぶりに、氏は落胆し批判する。

また特に丸山真男氏が吉本隆明氏の批判に対して、何も答えず象牙の塔に逃げ込んで逃げ続けたことを痛烈に非難している。（実際にどういう論点だったのかを私自身調べたわけでないので是非を判断できないが、（注1）この点は前記、小田切氏との討論でも氏の発言は以下のようである。「丸山真男さんの立場というのは、非常に悲劇的で胸が痛みますが、丸山さん個人のことではなくて、どの大学でも共通して、リベラリストや進歩派の教授の悲劇があらわれました。それ見よがしな傍観者の批評は、・・・地位においても趣味においても一種の貴族性みたいなものをもっていることが、露呈したという形だったと思いますが、・・・・問題はそうした方法の非学問的営為それ自体の中に、これまで気づかれなかった矛盾が内在的にはらまれていたのじゃないか、ということなんですね。・・・そういう場合、その人々の性格や地位よりも、その学問のあり方に照明があてられねばならないと思います。」「丸山さんは戦後のリベラル進歩派の象徴的存在といってもいい人ですから、たまたま名を出したまでですが、・・・」というような言辞となっている。

そして氏の基調講演の最後に、氏の学生時代の学生運動は、変革を主張する党派は共産党だけで、その周辺にシンパ、左翼日和見、近代主義者がいるという図式だったが、現在は多くの党派が分立し、抗争をくりかえしている。氏はこの乱戦状態こそ体制変革のための不可避的過程であるとし、合法性の観点ではなく全人間的な倫理性によって「直接行動の是認」を強調するのである。（ただし、デモ、スト、ハンスト、焼身自殺、テロ、封鎖などの中で非暴力直接行動を是認すると述べている）なぜならば、労働者が数年に一度の国政に対する投票はあっても、日常の職場では殆どの決定権は経営者にある。価値を作っていながら企業体の運命を決定する会議に参加できない人々には「直接行動をとる権利」があるとする。ただし現実に学生が大学紛争において学生部封鎖ということがその中で許される論理として存在するのか、氏自身が迷っているというような述懐と、氏が今や教授会でも全く孤立無援であること、それでも戦わなければと苦しんでいることの告白で講演は終わっている。（その後に続く学生との討論は今は省く。）最後の言葉が文学者らしく感傷的になっていて印象的である。「それでもし、あいつ弓折れ矢つきおったと聞かれましたら、一粒の涙ぐらいは分かってください。終わります。」と。氏が結腸がんで死んだのはその僅か二年後であった。

「『新左翼』の退廃と知識人」は全共闘が既に解体し、いくつかの内ゲバの殺人事件が起こっている時点で、その事にどう思うかという討論を氏と同年代のジャーナリスト高知聡氏とが行なった記録で早稲田大学新聞に出されたものである。高橋氏の文学者としてのあまりに良心的なといってよい考え方にあふれているものであるが、現時点で見ると、その後、中核派と革マル派間を主とする凄惨な内ゲバが多発しついには赤軍の内部惨劇というところまで行ってしまったので、今丹念に読む気になれなかった。

この本を再読してみると、大学紛争の提起した問題は優れて精神的であったと感ずる。ただそれになだれ込んだ学生達には実にさまざまの要素があった。一方で大学改革を願う、あまりに純真な多くの幼い学生がいる一方、職業的に社会改革運動家として各派に分かれて活動するプロ、あくまでも日本共産党の指導のもとに動く民青の学生、来るべき七〇年に一応の期限を迎える日米安保条約への反対運動の前哨戦と位置付ける集団、ともかくエネルギーの発散場所として腕力を振るい、思う存分戦闘気分を満喫したかったという分子も少なからず存在した。また日本の左翼系知識人には、まだまだマルクス流共産主義革命への期待が根強くあり、全共闘運動もそれへの一環として利用できないか、という観点もあった。私は実際には教授会メンバーが全てだらしなかったとは到底思っていない。教授にも硬骨の士は居たし、日頃体制批判をこととしている研究者が、大学自治能力がないことを露呈し、暴力の排除に国家権力の助けを借りることに多大の負い目を感じつつ、結局そうせざるを得なかった、という面があったけれども、大学自治と言ったって、条件つきなのであったに過ぎない。大学も国家から管理されているというより、ある種の危険からは守られている存在に過ぎない（市民と同じように）ことの確認であったという単純な構図だったのに、と思う。それと権力批判も辞さないという態度を誇りとする学問の自由とは全く別問題である。

高橋氏は、京都大学中国文学科卒業で『憂鬱なる党派』とか『邪宗門』などの文学作品があるが、埴谷雄高氏に私淑し、六〇年安保のときに都立大教授を辞任した中国文学者、竹内好氏に関する『竹内好論』等の著作もある。氏は大学紛争での、そもそもは制度問題から発生した改革運動に含まれる精神的部分を、その思考においてどんどん純化させていって苦しんだ人であった。氏の大学での、また最初に立命館大学での職場での先輩でもあった梅原猛氏は『高橋和巳短編集』の序文で「高橋君の小説は高貴な魂がその高貴さゆえに現実と対立し、没落していくというストーリーであるが、・・・没落する人間の像を書いたところに高橋文学の新しさがあり、しょせん没落する運命をもつ運動にすぎなかった全共闘運動に多少でもコミットした人たちが高橋の小説を読み耽った理由がある。・・・まさに彼はその小説の主人公のごとく死んだのである。・・・彼は青年を乗り越えて大人にはなれなかった。・・・彼の純粋さが成熟して、もっと人生を広く見ることができるようになり、スケールの大きな思想小説を書いてほしかったと私は思う」とその早逝を惜しんでいる。高橋氏はひたすら作家になることを志し、生前、坂口安吾のようにかなり精神的に無頼な、酒に逃げ場を求めるような生活をし、また憂鬱と自らの解体を求めることが彼にとって作家になるための必須であるかの如き様相であったようだが、（京都大学の仏文科卒で後年同じく作家となった夫人たか子氏の『高橋和巳の思い出』に、無名の時代、アルバイトで生活を支え氏の原稿をいつも清書したという夫人の献身をはじめ、和巳氏が作家として名をなす希望にむかってただひたすらに努力した夫婦の生活が書かれている。しかし、私生活での氏は公の場の振る舞いからは想像もできない程、妻に対し身勝手であり、私はそれでもついていったたか子夫人の方がよっぽど可哀想に感じた。）この紛争時の苦しみに苦しんだそのストレスがその死を早めたことは疑いのないところであったと思う。

全共闘の取り組みについて

私は、運動としての大学紛争はいろいろな側面をもっているので、簡単に是認も否定もできない。例えば発端の医学部の問題は、最近ようやく制度が整備改善されて、かってアルバイトにあけくれていた大学内の若い研修医の状態がよくなったという記事が新聞にでていた。二〇〇四年に導入された卒後臨床研修などにより、研修医の待遇、収入が改善され、アンケートでは研修医の約半数が満足としているとのことである。あの当時から既に三五年たっている。大学内で特に封建的かつ権威主義的という医学部またその出身者が支配する医学社会、大学だけでなく研修医を受け入れる一般病院の問題、文部省と厚生省にまたがる問題であることもあって、大変な年月と労力がかかったのであろう。私は紛争当時全共闘幹部で東大医学部闘争を引っ張っていた今井澄氏（私より二学年年上）をその後の生き方を含めて運動者の中でもっとも尊敬している。投獄経験を乗り越え、十二年かかって卒業し医者となり、やがて今井氏は長野県の地域医療に尽力し諏訪中央病院院長を務め、一九九二年社会党から参議院議員にもなったが、二〇〇二年に六二歳で胃がんで亡くなられた。一方、全共闘のような冒険主義的行動は、真面目な動機があったにせよ、これまた当時の日本において平和な甘やかされた豊かな世代の擬似戦争ゴッコの感を禁じえない。世界大戦で本当に命を賭けざるを得ず散っていった幾多の若者の運命と何たる違いであろうか。

ただ私にとって、一点この運動で珠玉のように光ってみえるものは、教授会で象徴される大学の既得権階層の実存とでもいうものに対する学生が提起した批判精神である。日頃の教説と、いざという時の実際の行動の乖離、また権威に守られ既得権にあぐらをかいた精神の弛緩、これはそのような面で、知識人として社会から尊敬され若者を指導する立場であるだけに、本来あるべき姿とは程遠い。しかし一方、学問の本質から、大学が、ある種の特定の範疇内に過ぎないのであるが優れた人達の楽しい遊びの空間である側面もある。人間朝から晩まで、生真面目に緊張しっぱなしというわけにもいかない。いろいろな体質の人がいるし、同一人物でもその時その時で変化もし、その行動も幅があるのだ。退廃した大学支配層などという単純な雑駁なスローガンではどうにもなるものでもない。

この『自立の思想』のような観点というのは、いつもこれを頭に抱えて生きていくには重過ぎる。しかし、頭の隅にとっておいて、なにかのときは自己の点検、反省、そして行動への指針とすべき精神の一つなのかもしれないと思う。

1　吉本隆明『丸山真男論』はいち早く丸山批判を行った本として著名らしい。しかしその評価に関して現在ではこれまた賛否両論の論考がいろいろ出されているようである。事実としては丸山氏の数年後の定年を待たずの東大教授辞任の後にも、吉本氏に対する明確な反論は出されていないとのこと。高橋氏はそれをもって、権威化された大学にこもっていれば安全であるという丸山氏の態度を非難しているが、後日、例えば共産党の丸山批判に対して氏が黙殺したのは、内容からいって当然という気もするので、私はその論点次第であり、歴史上不毛であった論戦というのはいくつかあり、丸山氏がその点どう考えていたのかによるので、現象だけでは判断できないと思う。

糸川英夫　『逆転の発想』、『続・逆転の発想』、『続続・逆転の発想』

はじめに

糸川氏はいうまでもなく戦後日本のロケット工学の発展の父というべき人で、我々が子供の頃、ペンシルロケットという小さなロケットの発射実験を始めて、青少年の宇宙への夢をはぐくみ、技術の進歩がその後、日本での通信、気象宇宙衛星、エックス線天文衛星などの国産ロケットによる打ち上げに発展して、現在の宇宙への道程の基礎を作った日本の航空工学の権威であった。戦前に、東大航空学科を卒業後、中島飛行機（株）に就職し「隼」、「鍾馗」などの優れた飛行機を設計されたそうである。彼が東大生産技術研究所教授であった約半世紀前の一九五五年二月、全長僅か二三センチの超小型ロケットを水平に飛ばし射程は一五メートルであったというから、最初の基礎実験が如何に小さな規模であったか、そしてそれらの積み重ねが如何に壮大なものにつながったのか、ひときわ感慨に打たれる。同年八月に秋田県道川海岸で、高度六〇〇メートルに達し、五八年、カッパーロケットで、高度六〇キロメートルに到達した。この頃私達の学校に講演に来られ、ロケットの話をされた。人工衛星が実現するにはどの程度の速度が必要かという話を遠心力と重力のつりあいから解りやすく黒板で計算され、我々高校生は無邪気に意外に簡単なことなんだと大喜びになり、喝采したのを憶えている。

その後、氏は単に航空工学にとどまらず、五五歳で大学をやめ、その工学的研究開発経験をもとに組織工学研究所を設立しそこを主宰し、ユニークな発想のもとに社会全般を対象として思索するという風に活躍の場を広げた。七四年にはそこでの活動の一環として『逆転の発想』を刊行し、このシリーズはその後七六年『続・逆転の発想』七八年『続続・逆転の発想』と続きこれらはベスト・セラーとなった。氏の六〇歳代の中頃である。私がこれらの書を読んだのは八〇年代になってからだが、世の中には思いも及ばない凄い人がいるものなんだ、と思わざるを得なかった。チェロを演奏したり、晩年になってからは、タイツ姿でバレーダンスの練習姿の写真が、大衆誌に載ったりしてその尽きない馬力に世を驚かせもしたものだった。

『逆転の発想』は副題が「社会・企業・商品はどう変わる?」となっている。「続・」の方は「これからの社会・変わる価値観・伸びる商品」で、『続々・』が「変化に対応する新しい価値観」となっていていずれも組織工学研究所の研究会での内容のうち、特に氏の発表したものを本としてまとめたものという。中身を読み返してみると、最初から「アイデア社長の時代は終わった」、「反企業時代の経営戦略」、「人間性とは何か」、「情緒過剰時代の生きがい」などと、いかにも読み手の興味をそそる題がならんでいる。糸川氏の工学出身者としてはたぐい稀な豊かな表現能力が示されている。

糸川英夫氏

正、続、続続の三冊が全部をたすと七三四ページにもなるが、三四節の文章で成っている。内容は多岐に亘っていて順序はバラバラだが、大雑把に分類してみると、次のようになると思う。一、日本の経済状態を論じたもの、二、これから狙うべき企業の開発戦略、三、社会の流れの分析、四、教育及び学習の問題、五、人間論、でいずれも今後に向けての積極的な提言、アイデアに満ちている。これらは、各節が截然と分かれているのではなく、時代を眺め、それを氏

独特の目で分析しつつ議論が進められていて、相互に混ざり関係しあっているところも多い。私が再読した限りで、自ら調べた知識で状況を補いつつ、印象に残った事柄を書きとめてゆきたい。

一　日本の経済状態に関する議論

七〇年代の日本のおかれた状況はどうであったかというと、六〇年代の国民所得倍増の勢いは七〇年にはピークとなり大阪万国博覧会が開かれ、この時国内総生産額が七三兆円で、アメリカに次ぐ経済大国になった。しかし、七一年ニクソンショックで金ドル交換性の停止とそれに続く円高不況、七二年田中内閣による列島改造論の失敗とそれに伴うインフレ、七三年に為替変動相場制への移行、第四次中東戦争（エジプト・シリアを中心としたアラブ連合軍とイスラエルによる十八日間の戦争）と産油国の禁輸措置による第一次石油ショックと狂乱物価、七四年に日本は戦後初めてのマイナス成長になった。糸川氏の続続編では七七年一一月、日経連の桜田会長が「今年初めに一ドル＝二九二円五〇銭だったドル為替レートが、二ヶ月ごとに一〇円刻みで上がり先月ついに二五〇円台に入った。これは昭和の金解禁に劣らないデフレ効果をもたらし、一九三〇年代の恐慌のパターンに似ている」と新聞紙上で語ったと書かれてあり、糸川氏もパニックへの恐れを述べている。だいたいにおいて氏のこの連作は、この戦後初めての不景気状態に陥った時期に書かれていると見てよい。

もっとも一部で危惧されたゼロ成長に陥ることはなく日本経済は七六年以降も穏やかな成長軌道をとりもどすことができた。名目国内総生産で七四年一三四兆円だったのが、結局八〇年には二四三兆円、八五年三二六兆円と伸びていった。（平成一五年度年次経済財政報告・長期経済統計、内閣府編による）

氏から見たら、経済学というのは二つしかない、と明快である。いろいろな経済学者が出ているが、世の中全体を動かしている経済学はマルクスとケインズのものの二つである。マルクスの考え方は全体のお金の額は一定であって、それがどちらに集まるかということを議論している。ケインズのほうは政府の機能を認めているので、日本の官僚エコノミストは殆どケインズ学派であると。だからそこから脱却しない限り、政府自体がどんどん大きくなっていく。この時期、環境庁、物価局、土地政策課など新しい部署が次から次へと設置されていった。こうしていく間は慢性インフレは避けがたいし、これは一種の精神安定剤であるとみなしている。ケインズの良いところは、搾取はよくないとしている点であるとして、氏はこれまでの高度成長の分析を試みている。話を進める中にブレジンスキーの著作『ひよわな花・日本』とかアメリカの「エコノミック・インパクト」という経済雑誌などいろいろの文献を読んでいる内容が書かれている。彼がいろいろな本を読み日本の成長率がトップである原因について経済学者や未来学者の説を集めると三〇項目になるとしてその一つ一つをザッと説明している。豊富で勤勉な労働力から始まって、高率な貯蓄性向、僅少な国防費、円安だったこと、朝鮮特需やベトナム特需、無宗教の強みなど多岐に亘っている。整理すると、労働力に関連したもの八、国際環境がラッキーだったもの一二、マーケットの安定が五、日本独特のシステムが五となった。この頃の国民の意識は八〇パーセントが中流意識をもっていた。アメリカを始め世界ではインフレが進行しつつあった。氏はインフレ抑止というために流体力学モデルなどを提起したりしている。

氏の文章を読むと、経済予測は天気予報に似たところがあり、昨日の予想が全くあたらなくても明日の予報を言うときは過去には一言もふれないで、シャアシャアと明日を語る、と辛口である。これが自然科学だったら、「前年度の発表はこうだったがその後の研究によって間違いが分かって、こういう結果になった」と言わなければ、研究者として抹殺される。このときもそれ以前に回復のＶ字成長論を述べていた論者もいた。ゼロ成長あるいはマイナス成長の当った人は、下村治、高橋亀吉、石井久氏などで数は少なかったという。この違いは石油問題の取り扱いに差があったということなのだが、最近の経済予測がなぜ当たらなくなってきたか、ケインズ的政府のコントロールがきかなくなったことの分析などが述べられている。詳細は省くが、今は需要と供給という二次元空間ではなく、資源、環境、需要、供給の四次元空間での解が求められているとする。いろいろ物理学的発想の適応が述べられ、私は職業から同類なので面白かったが、量子力学のトンネル効果や不確定性原理などを経済に適応させるような箇所の説明は、ちょっとひどい論だなと思わざるを得なかった。

経済をどう見るか、という見方として景気循環論がある。これは需要と供給の時差遅れで、需要を見つけて後、供給がやや遅れて進み、こんどは作りすぎて価格が落ちて生産が抑制され、また需要が増えて、というようなサイクルを繰り返すという見方である。片や、世の中は変革していくとし、ダニエル・ベルの『脱工業化社会の到来』(一九七三年)アルビン・トフラーの『未来の衝撃』(一九七〇年)という本の主張のように、根本的変化が進行しているという見方がある。氏は現実は複雑化して循環も変革も混在しているだろう、しかしどちらかといえば「変革説」をとると述べる。ブレジンスキーの『ひよわな花・日本』の予言はよく当たって日本の高度成長は止まり不景気になった。彼の日本の成長の要因とその継続の可能性を問うた因果律的考察が今の状況で再び適用可能であろうか。この問題に対して氏は疑問を呈する。それはブレジンスキーが取り扱った時代は日本は集団的に行動していた、が今は個人の主張、自由、権利が著しく拡大しているからだという。経済学では人間は理性的行動をとると仮定する。しかし、現実は人間の行動はもっと情動的であり、それが社会的ムードを構成するまでに高まると、需給の法則などは破綻することもあると。

日本が純資産が黒字になっている状況で、氏は日本がドルをあまりに貯めるのはまずいとも言っている。一九七五年に大蔵省が日本の純資産は七〇億ドルと発表した。氏はこれには石油のメジャーの受け取り代金が入っていてこれは日本の支出になるのでその額五〇億ドルを差し引くべきだとして、純資産は二〇億ドルと考えるべきだと述べているが、そうなるとアメリカの純資産の五〇分の一ではあるがともかく黒字である。そして氏は一度黒字になって先進国入りすると、もはや二度と昔の借金国に戻ることはない。資金は利息を生み、金は集まったところへどんどん集まるものだからだという。まずいのは日本だけがドルをためると、世界経済が悪くなることと、国内に過剰流動性が生じて投機に向かうことだと指摘している。だからやらねばならないことは輸出した分だけ輸入せよということで、輸入会社がこれからはスターになる時代だという。こんなところが、逆転の発想の逆転らしいところかな、との思いがする。

しかし、実態はそう進まず、自動車を代表としてオートバイ、ラジオ、テレビ、事務機械、工作機械など、集中豪雨的輸出が行われ経常収支の黒字は進み、一方、貿易摩擦が激化した。輸出ドライブはとどまるところを知らなかったし、今も続いている。（実際、二〇〇五年で一八〇兆円を越える対外純資産額となり、日本は絶対額で世界有数の純資産国になっている。）　彼はなかなか輸入が進まないのを承知で、大学卒業生を東南アジアの指導者、管理者として大量に送り込むことを提案している。八五％の大学進学率だから、一五〇〇万人くらいを移住させたらどうか、家族も含めれば五〇〇〇万人の民族大移動というわけである。そうすれば日本の土地問題、住居環境も大幅に余裕がでてくると。まあ、これが糸川先生の大小数あるアイデアの中で、もっとも破天荒なものと言えよう。これは日本人の心理を無視した暴論であって全くの机上の空論ではあった。

たまったドルを有効に使う他の方法は国内経済への結びつきであって、景気を上昇させる手は従来から二つあって、第一が公定歩合を引き下げ金融を緩和する。しかしこの手はその金は郵便局に行ってしまうから今は通用しないと言っている。第二が公共投資であるが、これも特定の企業にだけ金が行くというのでは政財界癒着ということで批判を浴びる。全部に行き渡るというのは減税であるが日本ではやらないと書いてある。結局景気を良くする為には、個人の家計消費をふやさなければならない。しかし、家中は満タンだから外出型消費に視点を変えるべきだ。これが後述のリゾートダイメンションの発想になるのである。

また現在の不景気の最大原因は家計の消費意欲の減退に極まるが、一方のアメリカの旺盛な購買意欲との差は何に起因するか。これに対してあるアメリカ人が氏に語った面白い話が紹介されている。「アメリカの消費者は自分の稼いだお金を自分で使うのに、日本のサラリーマンは稼いだお金を家に持って帰って「家内」という人に渡すからでこれが問題だ」というのだ。「家内」と言う人は、自分でもうけたお金ではないお金を管理する係だから、会社でいえば経理とか出納係にあたり、防衛本能が働くからどうしてもケチになる。だからこの悪習をやめるべきだと言われたそうだ。氏も何となく解る感じがしたので、山本七平氏に日本でのこの習慣はいつ頃からなのかと聞いたら実に四〇〇年前からだと、答えられ、その伝統をこの本一冊ぐらいで覆すのは非常に困難である。まず自分の家からはじめようかと考えたが、今日言おう、明日言おうと思うばかりでなかなか言い出せない、とユーモラスに書いている。この家内という人の貯蓄性向の原因を調べてみると、住宅、教育、老後の三つの原因があると解った。これに対してどうしたらよいのか、という問題だが、氏の解答も歯切れが悪くここで書くほどのことにはなっていない。むしろ消費を増やすには主婦が自ら外で働き、自分で稼いでその金を自ら使うという方向に行くしかないであろうという。実際七七年アメリカでの従業員のうち女性は四一％、日本も今チャンスがあれば外で働きたいと言う爆発寸前の膨大な女性群が居ると書いている。実際二〇〇六年、主婦ではパートが圧倒的に多いとはいえ、日本でも外で働く女性は、未婚、既婚を問わずごくごく普通になった。

エネルギー問題に関しては、石油危機において日本の政治家がひたすら中東との交渉でなんとかしのごうとしたり、消費者がトイレットペーパーや不足物資を買いあさったが、場あたり主義でない対応が必要だとし、太陽エネルギー、風力などの開発を書いている。石や泥の主成分である珪素も炭素と同じ4価だから、珪素を中心とするチェーンを作れば、合繊やプラスチックには石油がいらなくなる筈でこれは地球の地殻の半分は珪素だから、日本も資源が乏しいということにならなくなる、生物の太陽エネルギーによる葉緑体の製造などのメカニズムを利用する研究によって、エネルギーがとりだせないか、というようなアイデア的視点も述べている。しかし、サンシャイン計画に対する過大評価は危険であり、サミュエルソンと同様に現在の石油の値段を下回る代替エネルギーは当分望み薄であり、またアラブ諸国の石油の埋蔵量はそう簡単になくならないだろうから、近い将来、石油と価格的に競争力を持った新エネルギーの出現はかなりむずかしいと思うと述べている。

アポロ計画が残した新技術は数千あるといわれているが、地上生活で応用できるのは二七くらいで、なかでも本命は天然ガス中心の燃料電池であるという。天然ガスから水素と炭酸ガスをつくり、水素ガスだけを使う。水素ガス商品化が進んで日本でも一九八五年にはかなり普及していて分散型のエネルギー源になっているだろうとか、九〇年代には太陽エネルギーを中心とした水素製造が普及する家庭水素化の時代が来るであろうという予測もしている。

現在の円高はどこまで続くかという議論もある。一ドル二二〇円を切るのも時間の問題と言う時期である。石油は当分供給過剰だろうし、日本人の過剰バイタリティーがあるかぎり、当分円高は続くと述べている。パニックも目前とも書かれている。先述した桜田武氏の恐慌への危惧に氏も同感であるとし、これを避けるには日本はアメリカの五一番目の州になってドルを国内通貨にしてしまえば、円高の問題はなくなるし、そのほうが良いかもしれないとまで言っている。そうならないように、新しい企業、新しい商品開発を組織工学研究所で一生懸命考えてもいて有望なアイデアもあるが、これは砂漠のオアシス程度かもしれないと随分悲観的議論を展開しているところもある。（この頃郵便局に貯まっている預金が四〇兆円で消費に回ってゆかないと出ている）

しかし、これも三〇年後の現在一ドル一一五円前後でその当時の二倍近くの為替レートになっていてそれなりの平衡状態にあるのを考えると、私などの門外漢は、その間にさまざまなる対策、絶え間ない努力が政府、企業にあったに違いないが、経済で一喜一憂するのも当事者は大変だが、歴史を巨視的に眺める立場からすると、あまり生産的でないのではないか。世の中の弾力性というものはしたたかなものがあるのではないか、と考えたくもなるのだが。

まあ、氏はいろいろなことをいっているが、実際はこの後バブル景気による、土地投機とか、海外資産の購入とかいろいろあり、その後バブルがはじけて九〇年代に始まるトンネルの一〇年間があり、ようやく最近デフレ脱却かという変遷をへる。一方、国民は老後に備えて預金、保険、年金準備金、株式、債券を積み上げてその額はなんと一四〇〇兆円の多きに達している。そして政府はバブル崩壊後の大量の赤字国債発行で今や八〇〇兆円の国民に対する借金を背負いながら運営されているというわけである。今、糸川氏が生きておられたら、どのように思われるであろうか。

二　これからの企業戦略

この主題は、いかにも、工学部を出た氏の感覚が横溢している。ロケット工学という総合的なマネージメントの経験から、物事を如何に企画し、それを発展させるか、いろいろな性格の人間集団をいかに融合させ、所期の目的を達成するかという種々の考察が記されている。特に、組織工学研究所の一つの目的は、中小企業の立場の人達への、アイデア、新しい視点の提供にあるとされているので、研究所の活動ともっとも直結している部分である。

氏は「俺に黙ってついて来い」式の古い経営方式のアイデア社長は失敗する、という。今は参加の時代で、指導者という言葉さえ嫌われる。ロケット開発の時、彼はアイデアを皆で検討してもらい、細かい計算は若い人に頼み常にグループでのディスカッションから結論を出して進めていった。こういうやり方をとらなければ、大きなプロジェクトを遂行することはできないと。エジソンがアイデアというのは全体の仕事の二パーセントのインスピレーションと九八パーセントのパースピレーションだと言ったというが、九八パーセントはリーダーやマネージャー以外の人の流す汗だというわけである。もっとも氏は別の節で、国産の人工衛星を回すには約一〇万点の部品を必要としたので、それを国内の企業で作らねばいけなかったから最初の二年間は青森から鹿児島まで、会社行脚をして歩いたそうだ。リーダーも汗を流したわけである。

七〇年代は新三種の神器としてカラーテレビ、カー、クーラーが急速に普及した時期でもあったが、高度成長を経た企業がもたらした公害、自然破壊に対する運動、社会的批判が高まった時代でもあった。（七一年、イタイイタイ病、七三年水俣病に患者側全面勝訴の判決が下された。）このような時代に企業はどうすべきか、という問題に、氏は自らのマイナスイメージに対する調査を的確に行い、対策をたてておくことが重要であるという。回りの人達の同意を得るということが如何に困難か、これも氏のロケット打ち上げを通して身に沁みて知ったことだという。氏は、周囲の人たちは三つのゾーンに分かれる。いつも同意してくれる人と、ことごとく反対する人と、全く無関心な人で、何かを進めるときにはこの第二の人達をどうやって第一のグループに引き込むかが成否をわける。この人達が何を言うかを十分な感度を備えておいて対策をたてろ、というのである。

日本の目下の需要停滞は、住宅の狭隘による、家中の満タン事情によるので、これからはすき間商品を考えるのが狙い目だというようなアイデアを出している。薄型洗濯機とか壁かけステレオなどを考えたらどうか、というのである。このものズバリは今もって存在しないが、二〇〇六年の現在、ブラウン管に変わる薄型の液晶またはプラズマテレビの販売に大手電気メーカーがしのぎをけずって競争しているのをみると、正しく氏の言っていたとおりだな、と感心する。不要になった商品は政府が買い上げ、第三世界に経済援助として回せばよい。日本が戦後アメリカからララ物資として幾多の援助を受けたのを、今度は日本がする番だと。また消費需要を喚起するために、家庭空間でなく職場空間でもない第三の空間、リゾートダイメンションを開発する必要があるという。すなわち外出型の家計消費である。たまたま氏がテレビで人びとはどこにくつろぎを求めているか、という特集を見た。大衆酒場でサラリーマンは言う。「誰も居ないのじゃつまらないし、人とおしゃべりするのもしんどいし、周りがガヤガヤ飲み騒いでいる隅で一人で酒を飲んでいるのがいちばんくつろぐ。家に帰っても女房がきついから」と、一方、奥様方は「主人ととりとめもない話をしているとくつろぎますね」と。この落差に氏はややびっくりしたと述べている。精神的くつろぎは人によってさまざまである。この七五年頃、アメリカのある雑誌の記事にクオリティー・オブ・ライフという言葉が出てきたという。生活の質という言葉である。ひと頃日本では「生き甲斐論」という言葉がはやったと書かれているが、ドイツでもレーベンツ・クオリテートという言葉がはやりだったらしい。(実際私なども加藤秀俊著『生きがいの周辺』などを当時読んだことがある。）実は私のここ十数年のがん治療の普及活動に、治療後の患者のクオリティー・オブ・ライフ（QOL）という言葉はしょっちゅう使っているが、それが三〇年も前に使われ始めた言葉だったとは今回この本を再読して初めて知った。

七六年一年間に宝塚の「ベルサイユのばら」で一〇〇億円が動いたそうで、このような劇場空間、海外旅行、ボーリング場、これからつぶれるであろうと予測しているゴルフ場などを使う計画を立てるのも一案だと。氏が言うには現在の日本人のくつろぎの場は代表として四つあり、テレビ、麻雀、パチンコ、週刊誌であると。週刊誌のマーケットは一四〇〇億円、パチンコが一兆円産業だという話もよく言われる。消費需要を喚起するためにはテレビの前から人を外へ引っ張り出すことが必要だということになるという。氏の経験した世相の分析では、遊技スポーツ場というのは絶対、経営上は長続きしない。氏が学生時代はやったビリヤード、バッティングセンター、スケート場、ボーリング場、テニス場、ゴルフ場と。要するにスポーツ場の経営者はタイミングが勝負で、これを失すると危ないという。もっともこの頃湯治場もダウンしていたらしいが（氏はその原因を、不景気で企業が招待をやらなくなったことと、電化に伴う主婦の生活での腰痛の減少によると書いてある）、二一世紀の今は若い女性や中高年を中心に全然違った意味での温泉ブームだから、なかなか予想は難しい。歳時マーケットという言葉もあるらしい。すなわち女学生の卒業式での和服ブームとか、初詣マーケット、その他の祭り、バレンタインデー、クリスマスなどの歳時マーケットを見直すのも必要だと述べている。住宅と職場にないもの、いわば数学でいう補集合を探せというのが商品開発の一つのヒントになるのではないかと言っている。

世界が急変するとき、大組織は変化に対応できない。いまのような混乱期のリーダーたるべき存在は中小企業であるというのだ。これは氏の中小企業に対する期待と、激励の言葉なのである。そこでの新しい価値観、アイデアを追求しなければならないと。ここで、氏はいくつかの視点を述べる。世の中が不景気になっているので、閑をもてあます人が増えDIY（Do It Yourself）が今後流行するのは必至と思われると。アメリカで流行したものは商品から風俗、ことごとく日本に何年遅れかでやってくるのだからDIYの新商品を考えろ、とか、セルフサービスのスーパー経営、バイキング料理とか、人の手間を省き客自らの動きに転化する方式。また後述の都市ゲリラ多発に対する防衛施設商品というのも考える狙い目であり、それは絶対宣伝してはいけない、すべて極秘で進めなさいとまで忠告している。

脱工業化時代の新商品・新ビジネスと称して、いろいろの期待される商品群をリストアップしているが、その中でエクスペリアンス・メーカー（経験を売る産業）について説明している。この言葉はトフラーがその著『未来の衝撃』で言い出した言葉だそうだが、これは人々に平生はできない経験を売るという商売である。模擬的経験、ターザンの経験をしたい人にフィールド・アスレチックスをやらせたり、生の経験ということで、チベットへ行って砂漠を歩くといったプランが入るという。特に氏は遠藤周作氏の「樹座」の素人劇団の企画は素晴しいとほめていて、喜劇となって場内爆笑につぐ爆笑となった「カルメン」の上演を見た経験を述べている。（この時の状況は北杜夫氏の『マンボウ交友録』の佐藤愛子氏のところで詳しく書かれている。ホセ役が北、カルメン役が佐藤。演技中に北氏がセリフを忘れ、佐藤氏が怒って関西弁で怒鳴る、そのうち佐藤氏も扇子に台詞を書いた紙が落ちてしまったので、セリフもアドリブの連続になってしまった。ホセがカルメンを殺そうとするが、カルメンは逃げ回ってなかなか刺せない。ナイフを扇子でハッシハッシと受けて立つ。北氏も追っかけている内に転んでしまう。辛うじて短刀を突き立てて死ぬことになった。佐藤氏も大立ち回りで、疲れて倒れこんできた。慌ててカルメンを抱きかかえた時、佐藤氏が重いので二人ともひっくり返ってしまった、という舞台であったという。）

物離れでサービス産業中心となっていくと、そのサービスで時間を倹約することになる。ベルの『脱工業化社会の到来』で書かれているのだが、時間を金で買うということになる。結局、脱工業化社会は時間との戦い、時間が最大の経済要素になるだろうというのだ。氏はだからこれからは時間節約型の商品が有望であると。睡眠薬で短時間の熟睡をもたらすとか、自動焦点カメラ等である。またこれもトフラーからの引用だがモジュラー人間の増加を予測する。これはセグメンテッド・パーソナリティーということで、一人の人間の活動が多様になりいくつかのセグメントに分かれる。氏自らの例でいえば組織工学研究所長であり、バレエ団の踊り手でもあり、チェロも弾く。第一勧業（現みずほ）銀行員である小椋桂氏が作詞、作曲をして歌手活動までしている。彼の場合、作品を作るとそれを使ってくれる人、プレスするレコード会社、宣伝をして販売をする人達と、社会基盤が揃っているので、世の中がそう動いてくれるというわけだ。こういうことで、アメリカで現れている現象を書いている。それはパートタイマーの増加で、当時でシアーズローバックの従業員の五〇%、マクドナルドの九〇%がパートタイマーであると。七七年の統計では総労働人口の一八%がパートでそのうち二五%がティーンエイジャーの学生、七五%が家庭の主婦だという。また大学では成人の学生（二五歳以上）が急増していることも書いてある。この時期アメリカで既に三〇%を占めていたようだ。これらの学生は人生経験もあり問題意識も高いし、ストをやるわけでもないので、大学は歓迎でいろいろなコースが設定されていると。これらの学生が払う月謝の総額は六億ドルにも達しているので、社会経済上も意味が少なくないという。これらの現象全てにわたりアメリカが今の日本の状態（社会人教育や生涯教育を大学でも開始するところが出始めた）の十数年先を行っていたということがよくわかる。

ついでに氏はこれから有望だとするものに日本の伝統芸能の海外での展開を挙げている。佐渡のおんでこ座（鬼太鼓座）は既に成功していたようだが、今後、角兵衛獅子、筑前琵琶、尺八など日本人が忘れていた芸道が大もてになる可能性はかなり大きいと予想している。

氏は、八〇年代の新商品開発の際のチェック・ポイントとして八つを挙げている。一　マスクド・ニード（潜在需要）の発見　二　クリエーティブ・ニード（メーカーが宣伝でマーケットを開発する）　三　社内での説得のスケジュール化。社内で賛成が四〇%になったらスタート、もし六〇%だったらもう手遅れで、新製品は賛成派が少数である時にスタートせよ。四　使用者や消費者の言葉を徹底的に理解すること　五　社会環境の予測　六　ブラック・ボックス・アレルギーを除去する説明　七　メーカー・イメージと商品イメージの分離（例　西武とパルコ）　八　テレビからFMラジオへ、としてそれぞれ少しづつ説明している。商品弾性率（所得増加率と購買欲求率の比）による五種類の商品の分類についても書かれている。その分類は、生活必需品、テレビ・ステレオ等の比較的贅沢品、マーガリン・人絹糸などの代替品、レジャー・ファッションなどの純贅沢品、酒・マリファナなどの情緒安定化製品、そして最近の第六分類として整形・美容のような生体加工業というのである。第四以下は殆ど情緒系のものであり、他と違って格差感が大きく出てくる。一、二、三は弾性率も上昇してもカーブはやがて寝てくるのだが、これはどんどん上がっていく。贅沢にはきりがないということだろう。ただ私が商業的感覚が全く欠如しているせいか、非常に軽快なフットワークであるが、読んでいてなんとなく軽くて、しっくり来ない感じのところも多い。

三　社会の流れ

彼は、世代は三〇年が一区切りという持論で、戦前の三〇年が国家支配の時代、戦後から三〇年は敗戦からの復興のモーレツ社員の時代、それが一九七五年で高度成長を支えた世代がそろそろ引退し、豊かな時代に育った戦後ッ子にバトンタッチされる。この世代は気力も体力も独創力もなく、社会の高度成長は完全に止まり、冷えた社会になると、随分過激なことを言っている。二〇〇〇年でこの世代が五〇歳ではやばやと引退し、次の世代になるがこの世代は水不足、紙不足のように生まれついたときから不足社会で育った人達で、逆境の中で育っているから、再び気力、創造力のある世代で期待できるという。どうもこういう大雑把な議論になると、「糸川先生、ちょっと考えが短兵急すぎませんか」と、言いたくなる。こんな箇所があちこちに見られる。

現代の指導者に関しては、会田雄次氏の著『日本人材論』に大いに賛同するといい、そこでの文章を丁寧に引用しつつ考察を進めている。会田氏は「近代は権威を喪失し、リーダーはおしなべて矮小化した」と述べる。この権威の喪失の原因を糸川氏は五つ挙げている。一が戦争直後の占領軍の方針、日本を二度と独裁主義国家にするな、天皇を利用したディクテーターシップを許すな、から出発した天皇制の無力化、そして教育における先生の言うことなどを聞いてはだめだ、何でも考えてみましょう、という教科書の姿勢（氏はこれに大変批判的であるが）二が人々の「嫉妬の構造」で、リーダーを羨むことと、その偶像化を拒否する姿勢で再度後述するが研究所でもつっこんで考察したことのようである。三が高学歴化で、自分より低位の学校を出たリーダーをバカにする。四が世界的にも個人のほうに価値観が移っていることから、組織のリーダーの価値が下がっている。五は、科学技術の発達で集団安全保障がだんだん無力化していく。闘う必要性がなくなるとリーダーも要らなくなるからと。（これは私にはちょっと理解し難いが）それであってもリーダーは必要であるが、どういうリーダーかについて再び会田氏の文章が引用されている。「日本人は一人で責任をとらされると駄目だが、三、四人集まって組織を作り責任の所在が定かでなくなると、各人が急に有能になる。チームワークを重視することが、最も日本人に適している」と、これは多くの人がさまざまな形で指摘し同意する意見であるが、こういう集団で立ち向かわないとダメな限りにおいてまとめ役のリーダーは必要だというわけだ。

当時の大統領カーターに関する感想も述べられているが、彼はその前のニクソンと違って、女性的要素を多分に含み、大衆支持を基盤とした、独裁的要素の少ないリーダーだという評価である。

少数派の時代が到来した。七四年に田中首相を権力の座から引き下ろした直接の原因は発行部数月間七〇万部そこそこの「文芸春秋」だった。日刊一八〇〇万部の大新聞はこの尻馬にのったにすぎない。次の三木首相も少数派である。ここでアメリカの少数派企業KMS社の核融合実験の成功が書かれていて、五年以内に重水素を利用した工業化が実現するという公表に氏は多いに期待した文がでてくる。日本列島は海に囲まれているから、世界有数の資源国になる。問題はいつこの技術が完成するかで、予想は二・三〇年先だろうから日本はそこまでをなんとか乗り切ることであろう、と書かれている。現実はKMS社のその後はどうなったか知らないが、この話は三〇年後の今日もニュースになっていない。

最近の技術進歩の特質として組織的技術系と個人的技術系の内、後者が急速に進歩していることを説明している。オーケストラは組織的技術系だが、エレクトーンはたった一人で数十の楽器の音をだす。シンセサイザーの出現で、一人でオーケストラ並みの音楽をつくることも可能になっている。

兵器でも一〇年前までは、レーダーとかミサイルという組織的技術が大幅に進歩したが、最近は少数派ゲリラが瞬時に世界的震撼を起こす事件が多発していると書かれている。テルアビブの大量殺害（七二年日本赤軍）やビルに爆弾をしかけるのもせいぜい二、三人ぐらいである。都市ゲリラの絶え間ない技術革新は恐ろしい時代になっている、と。七四年の三菱重工ビル爆破事件（死者八人、重軽傷者三八〇人）が起った頃である。国内ではその後四回の爆破事件が起こった。（いずれも東アジア反日武装戦線による）アメリカでは一九七三年に起きた都市ゲリラ事件は丁度一九七三件であった、年号と同じで覚えやすいが、ウソのような本当の話である、と書かれている。この時ですらそんなに、と吃驚させられた。いうまでもなく、現在、二〇〇一年九月一一日の国連ビル爆破は我々にあまりに生々しい。そしてそれから守る体制にかかる費用は莫大なものになって困難を窮めている。現代は世界的に混乱の状態にあり、何か新しい秩序を求めて動き始めているが、世の中が変わるときは常に「少数派」が先頭を切るものであり、多数派が動くのはいつも最後である。多数派から一気に変わることはあり得ないと氏は主張する。

動物行動学のコンラッド・ローレンツは「人間が外的条件を克服し、これらの危険がもはや人間を淘汰する重要な要因とならなくなると、種の淘汰は次に向かい、敵対する隣り合わせの人間同士がする戦争ということになった」と述べているという。これが人間の持って生まれた攻撃性のはけ口になっているというのだ。別に氏が数人でヨットに乗って世界一周した人から聞いた話として、大洋に乗り出してから後のヨットの中は地獄の世界だった、四六時中、仲間喧嘩が絶えなかったという。これが閉鎖系に入れられた人間の宿命であると記されている記述もある。人間の場合の闘争性はスポーツ、勝負事などそのルールを決めて争うことで、儀式化されているが、国家間の争いは国際法、国連、条約の締結などで、ある程度ルール化されていても、先鋭な利害対立があったときに交渉が決裂すれば、それが争いの元になって容易に戦争に突入する。氏は中東戦争のようにローカルで一時的戦争が起こるだけで、死ぬ人間が少なくなってきているのは進歩といえるかもしれないと述べているが、都市ゲリラ騒動の頻発で、攻撃対象が無差別となってきたことなど複雑化してきたともいえると指摘している。

人間社会での闘争の「儀式化」ではどんな方策が考えられるだろうか。彼は参考にと「フォーチュン」でのマックス・ウェイズとダニエル・ベルのアメリカの社会批判の二つの論文の要旨に触れている。これも読んで興味深いがここでは割愛して、糸川氏の主張は以下の如くである。彼はここ数年、情緒産業および情緒商品化が高度成長をすることを予測していたが、一方これと裏腹にこれらが社会システムを不安定にすること、そのための「情緒安定システム」の必要性を強調してきたという。産業技術は最初、手と足の機能の延長として、ミシン、自動車、航空機などを生み出した。次には、目、口、耳といった感覚系機能の延長としてテレビ、ラジオ、ステレオなどが登場し、知的系統の延長線上で、コンピューターが作られると、最後の聖域である情緒系に移った。ここで、ファッション、レジャー、教育マーケット、インテリア、ボーリング、ゴルフといった情緒拡大刺激的商品の氾濫となり、人間の情緒の非持続性という弱点に社会が落ち込んでいき、システムの崩壊の危機に立ち至ったのであると言う。情緒だけは長続きしない。同じファッションは続かない。ミニスカートはロングスカートになり、今日のヒット曲は明日の「なつメロ」となる。逆に人間の行動的特性として、情緒系以外では欲望に限界があるのに、情緒系だけは非持続性であるためにその瞬間には限界値がないという点がある。一度エキサイトされた情動のレベルをある限界に保つシステムとはどういうものが考えられるだろうか。こういう考え方はなかなか面白いなと思った。氏は一つの方策として「非人格システムの人格化」という考えを述べている。税金、保険など、何に使われるかわからないがともかく収める、というように社会のシステムは人格と人格の出会いのないプロセスばかりである。これを改めて「人格を再生産するシステム」を考えようというのだが、ちょっと具体的には不分明な話で終わっている。

別の箇所で、都市における個人と個人との交流断絶を衝いてマスコミが支配的になり社会的ムードというものが醸成される。都市社会の個人情報の交換システムの欠如を救う可能性の一つとして、電話などの両方向通行可能な情報交換を可能にするものとして、氏はレーザーによる大量情報媒体の発達をあげている。ケタ違いの情報量は、テレビの前の拍手も、つぶやきも瞬時にスタジオに届き、新聞を読んでいる人のひとりごとも瞬時に編集デスクに伝わるということが可能になる、と将来を想像している。人々は相互に情報交換をすることによって、マスコミも取り上げなかった問題を知るだろう、こういう技術は社会を変えると書いてあるので、氏はこういう方向を考えていると知れる。実際、技術的には異なるが、現在のインターネット通信、ブログの流行などから、従来のマスコミ以外での人々の個人間の情報、意見交換が進んできているのは、氏の予測感覚の的確さを示していると感心させられる。

一方、氏は最近、人々の行動に抑制が効かなくなっていると言ってエール大学のコーマー教授の論文「怒りの時代」についてやや詳しく解説している。人びとが些細なことで人を殺す。クラクション一つで簡単に人を殺す事件が日本で既に二、三回起きているがこれが先進国全体でも起きていると。これの原因としては都市の過密化、個と個のコミュニケーションの欠如によるフラストレーションの増加、家庭や教育の場でのしつけの喪失、テレビでの殺人劇の氾濫（日本でドラマで人を殺す人数は平均して一日一〇〇人近くであり、これにマンガその他を加えると、一晩に死ぬ人の数は第二次世界大戦の戦死者と等しくなるという）つまりテレビは衝動を抑制するよりも衝動を刺激している。本当は怒りというのはノーマルなものなので、カッとしないのは健康に悪いのだが、動機があまりにありすぎる。

マスコミではリーダーの悪を暴き立てるということが、世界的なトレンドになっている。時の権力者のマイナスを極度に暴き立てるのが人々の一種のアグレッシビリティーを作り出すと。これは、物質的欲望が一応みんな充実してくると、次に支配欲が台頭してくる。大勢の人に影響を与えたいという欲求が大衆の最終の欲求であると思われると述べられている。社会のリーダーは自分が座りたい椅子にすわっている存在だから嫉妬の対象になる。いうまでもなく俗流週刊誌は購買数の獲得の為に著名人のスキャンダル記事等で埋まっているのは日常の風景であるが、氏はおりしも出版された細川隆元氏の『戦後日本をダメにした学者、文化人』の中に、氏自身が光栄にも入っていると記し、この本は世の中の安定を保つ上でかなり貢献したと書く。すなわち人々の情緒を安定させるので、これはマリファナを吸うのと同じ効果をもたらすと極めて冷静である。『日本人の心をダメにした名僧悪僧愚僧』という本もあったらしい。これもベストセラーになったというからこのような路線は人々の日頃の欲求不満を払拭し、溜飲を下げるのに多いに貢献するのだろう。コーマーは怒りの更なる原因として、若年層が自己制御の未成熟の内に刺激が入ってくるので、フランスなどは一五歳が殺人事件の中心であるとか、大学をでても就職できないという事実が遠因となっているというような事柄を挙げているという。そしてそれに対しての対応策も書かれているそうだ。

現在までに生活に浸透した技術革新は人口を二つの集合体に振り分けつつある。技術のままに動かされる集合体。例えばバカチョンカメラを使用する連中。技術の奴隷になり下がった人間。もう一つが、同じバカチョンカメラを使うにしても、ひとひねり自分の個性を表現しようとする人達であるという。この比率はだいたい四対一で、奴隷化したほうが多くなる。完全オートメ化は駅の切符自動販売機、銀行の自動引出機などで、社会福祉化がすすめば、ほんのひとにぎりの人が、夜寝る間もないほど働き、大部分の人はノホホンと怠けるということになると予測する。

「つくる・持つ」時代から「用いる」時代に変わると、いろいろ新手の商売が出てくる。貸し衣装、レンタカー、喫茶店、クラブ、劇場などの催し物の一ヶ月の予定がぎっしり載っている雑誌、ベッドや寝具のリース。持つことより使うことに価値が変わりつつあるともいう。原宿、表参道を歩いていると、底抜けに明るい屈託のない若者や子供を抱いた若い夫婦の姿にうたれるが、一方ではこの時期不景気で記録的な倒産係数であるとも述べられている。二〇〇六年の現在も、幸福そのものの平和な社会の表情と、一方倒産などによる自殺者の増加（毎年三万人）格差の拡大社会といわれ、何か「歴史は繰り返す」の感がしないでもない。

物離れという社会がどうなるかについて氏は政府、個人、社会についてそれぞれイメージを働かせてみている。政府は元来公共サービスというサービス業であるとし、社会がサービス産業へ向かうとすればサービスは政府の手を離れて国民の手に移るであろうから政府の機能は小さくなるべきである、と述べる。また低成長と政府関係者は言うが、会社だったらそういう時期、間接管理部門は真っ先に整理の対象になるのが普通であるのに、政府は全く縮小、整理を行なっていないと批判する。外交、国防、治安などは民間に移譲できないが、国鉄、電話などの輸送通信サービスは移せというのである。いうまでもなく人員整理に対する強固な反対が官公労にあったのだが、国鉄がJRになって分割民営化されたのは中曽根内閣の一九八七年、郵政民営化は小泉内閣で二〇〇四年に方針決定で（郵政公社の民営化は三年後）結局それぞれ糸川氏のこの本から一〇年後、三〇年後にようやく実現ということになった。

個人のセクターでは物の用い方と言う点では個人が主体になるから、当然個性化する。氏は余暇を使うという考え方はおかしいので、「生きている時間」「ピープル時間」と言うべきだと主張したという。これはシステムを破壊しないから無限の自由があるという。物をつくる腕力を必要としないから、新しい主役として、子供、女性、高年齢者が登場してくると。これも現在のテレビなどで、女性や高齢者向けの番組が増え、彼らが旅行、食事、スポーツなどで伸び伸びと生活を楽しんでいる場面が頻繁に出てくるのを見ると、当たっているなと思う。最後の会社はどうか。これには、キャラクター商品で超高度成長しているサンリオとか、オーディオ・マニア対象のケン・ソニック、名古屋のチェーン店「寿がきや」の成功をあげているにとどまるが、主役が客観から主観に変わったための価値変化を示しているという。しかし、氏はこれらを用いる時代も永久には続かず、また「つくる」時代となり、レーザー、太陽光利用鏡、バイオニックスなどが既に準備期に入っていると書いている。

全く意外なことに氏は日本の将来の研究開発については、楽観的でない。むしろ過大な期待は持てないと以下のように述べている。戦後の日本の経済成長を支えたものは、基本的に第二次世界大戦中にできたものの延長にすぎない。その技術というのは、レーダー、コンピューター、原子爆弾の三つである。レーダーは非常に短い波長の電波技術を生み、マイクロウェーブ回線になり、電話ができ、情報社会、カラーテレビ時代になった。これは戦争中に電波で飛行機がつかまえられるかもしれないと言い出したティザートというイギリスの科学者が、母国で相手にされず、アメリカに行きルーズベルト大統領の懐に飛び込み一〇〇人の科学者の検討の結果、賛意を得て戦争に勝つために二年間で完成してしまった技術だったという。二つ目は飛行機を打ち落とすための自動射撃照準装置の開発での技術がコンピューターのはしりとなった。そしてこれが当初オートメーションにつながり、今の情報社会を支えている。第三が原子力だが、氏は核分裂は平和利用できないと思っているという。平和利用すると「むつ」のような問題が起こるだけで、やればやるほどデメリットが出てくるので限界があると。このように、戦争のような限界状況にならないと、画期的な技術は出てこない。もっと贅沢をしたい、とかお金を儲けたいといった欲望は、生存を賭けた欲望に比べると比較にならぬぐらい小さく、ドライブがかからない。これが「日本に新しい技術革新の芽が生まれる可能性は少ない」という根拠であるという。さらに、氏は日本にはアメリカやヨーロッパと違って科学に対する宗教界の反発とか疑惑といった強固な抵抗がない。抵抗がないところに本当の科学が生まれ育つだろうか、と疑問を持ち続けているという。宗教でなくてもよい。哲学でも、文学でも、芸術でも、文化というものでもよい。科学と同じ強さか、それより強いアンチテーゼがないかぎり、天敵のない生物と同じく、自ら、自らの命脈を絶ってしまうのではないかと不安になると言っている。ここは感覚の問題なので全く私には不可解であったが。

氏が国産ロケットを開発したのは、その頃の日本が外貨の借金国だったからである。外債の義務があるのに、アメリカからドルで技術を買うのは科学者としての使命に反するから、国産技術の開発に踏み切った。さらにロケットを輸出して、借金を減らそうと考え、一〇年間国産ロケットの開発に頑張ったのだという。今、純資産において黒字国になった日本で国際社会の連帯性を考えると、日本はあまり得手でない研究開発（R&D：Research and Development）に過大な期待をかけるより、アメリカからその芽を買って、つまり輸入してこれを育て、世界に提供する道を選んだほうがよいのではないかと思う、と述べている。別の節でも、「日本では、画期的な技術を独力で生み出すことはあまり期待できない。外国から技術の芽を買ってきて、花を咲かせ実を結ばせるほうが効率的だ」というのが私の持論である、と繰り返されている。国産技術開発の先駆者ともいうべき糸川氏がこんなことを言うのは全く意外であったが、この考えはさまざまな議論を生むであろうという気がする。氏もこういう意見をいうと、必ず大方の日本人は不愉快そのものの顔をして、どうしてもアメリカなみの研究開発をやってほしいと、一種独特のナショナリズムを発散するけれど、私はこれは一種の島国根性ではないかと思うと書かれている。断っておくが、として「過大な期待」といっているので、R&Dを全面的にギブアップせよなどとは露ほども考えていないのであると最後をしめくくっている。

四　教育及び学習論

氏は、中学生の頃（一九二七年）、リンドバーグが大西洋横断飛行に成功して、大人になったら飛行機に乗ろうという夢をもった。そして、事実、夢は実現され、飛行機の設計までした。それに比べると今の子供たちには夢がなくなっていると心配する。塾にかよって一流大学、一流会社に入り、退職までに家を建てたい、子供は二人までにしておこう、などが大部分の彼らの夢であると。そして彼らは三つのタイプに分かれる。アキラメ型（シラケ）、エリート志向型、破壊型（暴走族を含む）。この第三番目が問題で、豊かな整備された環境で、社会に適応できない疎外感をもった彼らは「俺たちにやれることはこれを破壊することだ」とばかり、暴走する。情動系といわれる本能や衝動、喜怒哀楽、セックス等、社会においてこれらはことごとく抑圧されざるをえない。これをどう吐き出すか、どうコントロールするかが問われている。

学習塾の過熱と言う問題に対する見解が書かれている。氏はある機会に小学校から大学までの数学、国語、理科、社会の教科書を全部通読した。その結果、今の教え方はおかしいというのである。特に小学校の教科書はなるべく教えないようにしてなんでもかんでも「考えましょう」と書いてある。中学校になると、これが少なくなり、高校へ行くと「なんでもかんでも教科書どおりに覚えろ」となる。大学では「徹底的に先生のいったことを覚えろ」ということになる。これはアメリカと逆であり、そこでは小学校で徹底的に覚えさせ、徐々に考える癖をつけ、大学をでたら自分の独創力を発揮しろというシステムとなっていて教育はそうすべきであると主張する。子供に独創力をといっても無理な話で、日本の教育は構造的な欠陥を持っているので、変えるべきだという。別に氏はしつけにおける基本は三、四歳の時が重要でこの時に、できる、できないの場合の対処の仕方をきちっと教え、体験させることがポイントだと述べている。この時にわがまま一杯にさせると克己心のない子供になり勉学でもうまくいかないと直ぐ放り出す勉強嫌いになると。また好きな学科になるか嫌いな学科になるかは担当の教師に対する好き嫌いで決まることが多いとし、学校の先生は生徒の方から選べないから氏は学習塾は必要だという。子供が好きになる先生を塾で見つけられれば、その子にとってもう一生は楽であるとまで言っている。私も小学校、中学校の先生は子供にとって決定的で非常に重要だと思う。いい先生に会った子供は幸福だし、会わなかった子供は可哀想だ。私はこのような氏の子供教育観は妥当だと思う一方、現場での教育者は、子供の能力、個性はもっとずっと多様で、そんなに一律簡単にいくのだったら苦労はしないと言うのではないだろうかという気もする。

現在の試験地獄という言葉に氏は反駁する。戦前、旧制高校の時代は一浪はできても二浪はできず軍隊へ行かされた時代に比べれば天国であると。地獄は必ずどこかにあり、日本は大学に入れば終身雇用制だから卒業後は天国、アメリカは大学には入りやすいが卒業後は大変な競争社会、氏は若い時は地獄の苦しみでも年をとるに従って天国というほうがよいとして、入学試験をやめることには絶対反対であると表明している。入学試験反対意見のもう一つ、試験は運に左右されるという点に対しては、世の中一発勝負は多々あり、入学試験は敗者復活戦があるのだから、まだ良いほうだという。氏の経験上も、大学で勉強したことなど、技術の発達によって殆ど役にたたなかったが、入学の試験勉強は本当に身についた。特に勝負の前後の精神的葛藤の経験は貴重であったことが述べられている。また中学の非行が高校で少なくなる傾向は、中学までは義務教育であって退学させられないからであるからだとし、高校の義務教育には反対で、むしろ飛び級とか同年繰り返しなどを認めれば子供は自分に早くから責任をもつようになるとして、もっと小、中学校の制度の自由化を主張している。大学がもっと聴講生のシステムを拡張するべきだということも述べている。

氏は日本人は天性、卓抜な学習能力を持っている民族であるという。氏のあげる例え話が面白い。駅のプラットホームの立ち食いそば屋。汽車が止まっている短い時間に注文から、料理、集金まであっという間に終えてしまう。あんな商売は世界どこを探しても日本以外に存在しない。どんな片田舎でもこういう手先の器用な人をさがすのに不自由はない。日本人の勤勉さと手の器用さは有数である。パチンコは戦後はじまったのだが、いまだに隆盛を続けて衰えをしらない。なぜそうなのか。氏は実はパチンコは学習のゲームなのだという。人々はみな卓抜な学習力を持っており、どこかで発散したいと思っている。その学習力を発散できる機械を持ってくると、必ずその前に行列ができる。ちなみに外国へパチンコを輸出しても絶対にはやらない。スロットマシーンやルーレットは機械が回すだけで、統計的に当たった数字が出てくるというものである。パチンコをやっている人達は、実に卓抜な学習能力を持っている労働者であると。その原因は歴史的に島国で実は日本人は近親結婚を繰り返してきた結果、民族が一様に学習能力の優秀さを備えるようになったという。つまりねずみ算的に計算すると一二代前になると我々の親はみな共通になるそうである。即ち、日本人はすべて一二親等より近い親戚なのであると書いてある。私は深く考えてはいないのだが、こんな氏の発想はともかくユニークである。問題は「考える能力」で、学習すると同じような時間を考えることに当てているかというと、そうではない。これからはいや応なくそうしなければならない方向に世界が動いていると。

氏は自らが得手でなかったことに対しては、専門家を訪ねて積極的に学ぶ。氏にとって経済方面の知識に関しての先生は邱永漢氏であると書いている。解らないことは何でも彼に聞くと、答えてくれる。氏の書き方は一種独特で、これはアタマをよくする有力な方法である。自分よりできる人間を探し、その人の考えをいただく、いわばカンニングをするのだと述べている。その意味でカンニングは学校では無理だが、実社会では大いに奨励されるべきであると。今から大学に行って経済学を習うのはもう遅いし、その代わりに経済予測でいちばん当たった人を探し、その人と友達になってその受け売りをすればよいと考えた、と半分はユーモアであろうが率直である。その相手の探し方がまた氏独特である。ある年の一月三日の日本経済新聞の景気予測を一年間保存し、一二月二五日にその的中率を調べてみた。このとき年間成長率を殆どの人が四％くらいとしたのに対し唯一人一〇％くらいと実績に近い値を予測したのが、邱永漢氏であったというのだ。その頃糸川氏は邱永漢氏の名は知っていたが面識はなかった。その後邱永漢氏に友達になってもらったという。その後邱さんのお蔭を多々蒙っていて大変ありがたい存在になっていると述べている。私も異領域の勉強をし、異分野の親友を持っている。彼等と議論したりするというのは、彼らの頭の、自らと全く異なる働き方を知ることにもなり、頭脳の働きを柔軟にする最もよい方法であると思う。それ以上に知識がぐっと広がるのが実に楽しい。

氏は日本人のこれからの価値観はどこに求められるのであろうかと論を進める。戦後の三〇年、日本人は復興と生活の充実のためにガムシャラに頑張った。そこでは元来が軍隊用語であった「突貫」をそのままの「突貫工事」がその象徴である。(考えてみると歴史上も秀吉の墨俣城工事という伝統がある)、しかし国内での資本蓄積が進むにつれ、投機筋の動きも活発化している。糸川氏はこれらの虚業が跋扈してくるとガルブレイスも言っていたそうだが、社会が不安定になるのではないか、と恐れを感じている。勤勉さと学習能力に秀でたこの民族の価値観に変化が生じてくるのではないかというのである。アメリカでも同様であるが、アメリカにはそういう流れにたいする歯止めとしての宗教がある。

大半の日本人は内心の支えとしての宗教は存在せず基本的に無宗教である。ここで、氏はその時日本人の支えは一種の「美意識」ではないか、という。毎年年末に一日平均一・五回演奏されるベートーベンの第九交響曲、富田勲氏のシンセサイザーによる作曲、勅使河原蒼風氏の草月流生け花、はたまた池田理代子氏の「ベルサイユのバラ」や「ピンク・レディー」が百億円を動かした、と氏のとりあげる対象はいつも非常に大衆的であるが、これらが工業技術の上に乗って輸出されていくのであれば日本は立ち直れるのではないか、と述べている。

五　人間論

面白いことに氏は数学があまり好きでない、と言っている。実際、現在までの仕事で数学を使ったという経験は殆どないとまで言っている。飛行機屋だったから設計をする際は使ったろうといわれるが、飛行機の設計はパイロットに好まれるか否かがポイントであって、数学などをこねくりまわしていても立派な飛行機はできないのであって、何であんなに何千時間も数学を勉強しなくてはならないのか、ずっと疑問だったという。数学をやると頭がよくなるという説もあるが、自分の経験からも彼はそうは思わないと言う。

最近ようやく彼が納得し始めたのは、数学は階段を登るための練習だということだと。この階段自体に意味はないが、階段があれば登ってみよう、できたとなればまたその上に、という性格の人間を作るのが目的であると。他の国語や社会は点数をつけるときにどうしても主観が入ってくるが数学は違うと。私は工学部で力学の講義を航空学科の先生から受けた。演習問題も飛行機の揚力の問題があった。航空学科では数学がよく使われるので、まさか糸川氏がこんな文章を書くことなど想像もしてなく、航空学科は数学ができないと話しにならない、と思っていたのでちょっとびっくりした。

彼がさる知り合いの家で、立派なピアノがあったので、何気なくバイエルを弾いたら、後で電話がかかってきて、そこの小学生の娘さんが、「あのおじさん、とてもピアノなんか弾く顔してないのに、あんな難しい曲をすらすらと弾いてしまった。ピアノの天才だ」と言い、それを聞いた母親が「あのおじさんはとても頭のいい人で、頭のいい人は何をやってもうまいのよ」と答えたという。それで氏は本当にびっくりしてしまって、「ピアノは頭で弾くものではない。何回練習したかで上手下手がきまるもので私は娘さんの年頃、うまく弾けなくて人の二倍も三倍も練習してやっとあのくらい弾けるようになったんです、というように答えてください」と言ったという。彼は階段を登らせるのが教育であって、初めからジャンプして飛躍できる人など居ないと思うと述べている。

天才というのは、ただ階段を隠すだけだ。人目を忍んで練習をしている。子供のときから知っている人は、あいつは天才だなんて言わない。努力家だと言ってくれる。努力するのが能力ということであると。つまり、階段を見せたか見せないかで、世間的な評価は大きく違ってくると。努力したにすぎないのに、天才といわれたりする、と自ら言っているところが面白い。確かに本の広告でもそうだが、後年の氏の著作「日本はこうなる！」での著者紹介にも、あらゆるジャンルの数多くの外国人とも本音で交際できる多能型天才人である、と書かれている。ご本人は全くそう思っていないということだ。

昭和五〇年「ロミオとジュリエット」のバレエの舞台に出演した。貝谷八合子バレエ教室に入門したのは二年前の春というから氏が六二歳の時である。最初は以前から懇意であった貝谷さんに「糸川さんもバレエやったら」と誘われたという。石油ショック発生の六ヶ月くらい前にこの誘いにスッと乗った心理が述べられている。アメリカからピーターソン特使が来日し、石油が不足しそうだ、石油に備えたほうがよい、と述べたのに日本側はその話に批判的で誰も注意を払わなかった。氏は彼特有の勘で、その話を聞いて、日本の経済は当分良くならないだろう、経済がダメならば、研究所の仕事も減る。そんな時にバレエ教室で若い娘さん達の真剣そのもののレッスン風景をみて新鮮な別世界の感動をおぼえた、そして「こういうときは優雅にバレエでもやっていましょ」というのが本心だったと。AからEまでクラスがあって彼はその下Fクラスともいうべき生徒一人の特殊クラスからスタートした。貝谷さんに「立つまでに二年かかりますけれど、いいですね」と言われ、「年ですので、一八〇度のところは、一四五度ぐらいでまけてください」と申し入れたら「バレエに年はないの！」と一喝され、この先生は並の人でない、と実感したというような面白い話が書かれている。三〇分の汗の滴り落ちるレッスンを終えて貝谷さんと話す楽しい雑談の中で、氏が感じたことが述べられる。

戦後、貝谷さんが劇場に出演したとき観客席のGI（アメリカ軍人）の客から「ヤオチャン」と声をかけられ、一瞬茫然と立ちつくし、あとの踊りの順序がアタマからすっとんで、空っぽになったそうだ。「じゃあ、こんどは僕が「ヤオチャン」とやろうかな」と氏が言ったら「やってよ。ハリキルは」と答えたという。舞台に声をかけるアメリカ人と、ただただ黙々と勉強しているような日本人の観客、これは氏がシカゴ大学で講義したときの学生の反応と、帰国して東大で講義したときの学生の反応と全く同じだった。一人でも声をかける個性の主張のある世界と、拍手は全員でという没個性、集団同調主義の日本の差を改めて感じさせられたという。また舞台に立ってから自分が変わったと思うのは対人恐怖症、ないし対人警戒症がなくなった。人に対する扉がぐっと広げられたのは全く貝谷女史のお蔭であると感謝の意を述べてもいる。勿論、足腰を動かすことによって健康増進にも役立ち、バレエをやることによっていろいろ実りの多い人生となっているという。

糸川氏自身のことで私が一番びっくりしたことは、戦争直後それまで飛行機作りの専門家であった氏が医学対応の研究をしたという事実であった。何の為かというとなんとムチ打ち症の診断器械の開発である。そんな時からムチ打ち症を想定したというのがそもそも驚きなのだが、糸川氏の発想は以下のようだったと書かれている。敗戦で飛行機が作れなくなり飛行機会社にいた友達の多くが自動車会社に移っていった。それを見て、自動車というのは大量生産をしなければ成り立たないから大量の自動車が町に出てくる。そうなると問題は道路でこちらが自動車に追いつかず、あちらこちらで追突事故が起こるだろう。そうすると多くのムチ打ち症患者が続出するだろうと発想した。東京が焼け野原の時代にである。そしてこれが当たって、日本にあるムチ打ち症の診断器械は全部国産であると述べている。終戦後の七、八年後に完成し、その頃日本の自動車産業はまだはかばかしくなかったがアメリカではモータリゼーションが急速に進み、氏はシカゴ大学に呼ばれて、脳の診断技術の講義に行ったという。その片手間に眠りの深さを測定する研究をやっていた。手術のときの麻酔が深からず浅からず丁度適当な量になるようにする機械の開発をヨーロッパのある研究者と糸川氏がコンビを組んで行なっていたという。

私はここに到って初めてやはり糸川氏はある種の天才の要素を持っていた人だと思った。世の中が全く考えてもいない事を先へ先へと考えてそれを実行するというのは、普通の人には全くない能力である。糸川氏の凄さというのは、もう一つあって自分の過去の専門にとらわれず大ジャンプをする点にある。まず普通の人は、一生同じ分野の研究に閉じこもる。凄いと思わせる人は沢山いる。湯川秀樹氏にしろ朝永振一郎氏にしろ凄いとは思う。丸山眞男氏の方が思索的には深いと思う。しかし糸川氏のような大ジャンプをしたわけではない。彼らは類まれな秀才であると思う。糸川氏もいつもこのような天才ぶりを発揮するわけではない。しかし、この時の発想には全く脱帽である。だからロケットの研究をあっさり止めて、社会、経済の分析を始めるというのも氏の関心の変化として自然な態度であったのであろう。そして糸川先生は工学者らしく気さくな方であった。私は、世の中は天才、秀才と言う言葉を安易に使う。そういう言葉は、自分にない能力の人を崇め奉る素朴な言葉なのであるが、糸川先生は自分の努力の跡を見せない人が結果を出したとき天才呼ばわりされると述べているのだが、ここに至って私は次のように思う。天才というのはその人全体を指す言葉ではなくて、ある人のある局面の対応に対して使うのが正しい。すなわち天才的発想、天才的閃きという風に使うべき言葉であると考える。天才もあちらこちらで間違える判断をする。しかし天才的発想そのものは着実な論理の積み上げと不屈の努力の上に成り立っていることは確かである。何だか天才という言葉が身近な気楽な言葉になったようで、変な気分にもなるのだが。勿論、ガロアとかアーベルのように二〇歳代で偉大な功績を残し、早く世を去った数学者、多方面にわたって巨大な足跡を残したアインシュタインやフェルミなどの物理学者、モーツァルトやチャップリンなどのような芸術創造上の、正に天才としか言いようのない人々に関しては別次元というべきであろうが。

氏が、いろいろな箇所で外国の、特にアメリカの雑誌やレポートを引用し、いつも読んでいるのが良く分かる。タイム、ニューズウィーク、USニュース&ワールド・レポートなど一〇種くらいの週刊誌、月刊誌を読んでいるというから相当なものである。私は逆に日本の週刊誌も電車内の広告を眺めるか、銀行や病院の待ち時間にころがっているものを読む程度で、自らは買ったことも殆どなく、ましてや外国の週刊誌など、人からいわれたトピックをほんのたまに読むくらいであるが、私の友達にも、日本の週刊誌など、外国の数年遅れの後追いだからと、もっぱら外国の雑誌を日常読んでいる友達がいる。

ペンシル・ロケット
を持つ糸川氏

この本で、氏の提起したようなアイデアは、多分あたりもあり、はずれもあって、社会を変革するような結果になったことはそう多くないであろう。本当に社会に大きな効果をもたらすには、単なるアイデアや分析だけではなくその後の柔軟な対応を伴った具体的な長い取り組みが必要だから。しかし、氏の平明で自由闊達な思索、切れ味抜群の小気味よい判断は知的に非常に面白いし、ものの考え方のいろいろなパターン、時には割り切りすぎているなと思わせる程の

俊敏な頭脳の働き、万事にプラクティカルな発想をするいかにも工学者らしい糸川氏の屈託のない人生観といったものを知って、とても刺激的であった。

糸川氏は、一九八五年に『**日本はこうなる**』という本を出版された。この時、氏は七四歳である。わたしもさっそく購入して読んだが、この本でも氏は独特の視点から非常に歯切れのよい、緒論を展開していて、まことに面白い本であった。特にこのときはトヨタ自動車がホンダ、日産に遅れての参入だったのだが、ついにアメリカでの現地生産、販売に踏み切ったばかりの時期で、氏はトヨタ独特のガッチリした巧妙な戦略に対し非常に興味深い注意をはらっている。これが成功するかどうかは氏の組織工学からの視点からも重要と思ったようだ。そして二〇年後の結果は現在トヨタがアメリカ自動車業界を席巻しているわけである。一方、日本人の性格的特徴は戦時中とも少しも変わっていないと、警告もしている。たぶん氏は一般に流布している感覚からは常に自由で、氏自身の直接の体験から率直に物事を見て、自ら考えをまとめていったということがよく解る。またこの本の最後に氏はテクノロジーの発展は無限に続くと考えがちであるが、そろそろ限界に近づいているかもしれず、これからは心のあり方を問うべきではないか、ということを述べているのが印象的で、工学者の権化ともいうべき糸川氏にしても歳をとると心境も変わってくるのかな、との感慨にうたれる。

江藤　淳　『アメリカと私』

はじめに

私は一九七七年、日本での第二回目になる原子核構造国際会議でサイクロトロンを使用した原子核物理の実験研究の発表をした後、アメリカのインディアナ大学サイクロトロン研究施設に客員研究員として翌七八年五月から八一年三月まで約三年間弱滞在した。私自身、出発時に三六歳で、妻と小さな子供三人を連れての初めての外国滞在であった。世界でもっとも高分解能の陽子ビームとなる分離セクター型サイクロトロンが動き始めたというのがそこの研究所を選んだ理由であった。専門の研究に殆どの精力を費やしたけれども、その合間にいくつかの日本の本を気分転換も兼ねて読んだ。驚くことに大学の図書館には沢山の日本語の本があった。アメリカに関する本も幾冊か読んだ。例えば、安岡章太郎『アメリカ感情旅行』、板坂元『ああアメリカ、傷だらけの巨象』、山崎正和『病み上がりのアメリカ』などである。帰国して程なく江崎玲於奈『アメリカと日本』も読んだ。その中で、自分と同じように大学に短期間滞在した体験記という意味で、滞在初期に読んだ江藤淳氏のものが印象に残る。彼は一九六二年九月から二年間奥さんを伴い、一年目はロックフェラー財団研究員として、二年目は大学の講義担当のスタッフとしてプリンストン大学に滞在しその経験を書いた。読み返してみると、もう四半世紀前になるが当時の気持ちがさまざまに甦る。

第一部

この本は第一部「アメリカと私」第二部「アメリカ通信」となっており、第一部が帰国後に書いた日々を追った滞在記で、第二部は滞在中にアメリカから日本の新聞社に送った通信を集めたものとなっている。渡米したとき氏は二八歳であったが、既に慶応大学在学中に「三田文学」に夏目漱石論を連載し、それまでの漱石への見方を覆すという意味で注目を浴びた批評家としてデビューをしており、その立場が作品全体を蔽っている。というのは、日本ではある程度、有名になり新進の評論家として認められてはいるものの、アメリカではまず、大学とは別の財団からの資金によって生活する単なる一介の滞在者にすぎない。そこから始まる彼の気持ち、その矜持と現実の落差との格闘が、最初の数ヶ月を支配している。出発前に小林秀雄氏に励まされ、カナダで加藤周一氏と会い、といってもプリンストンでどのように存在感を示すかというのは、未知の挑戦だからである。到着するまでに、ロスアンゼルスのホテル到着後に細君が腹痛で入院というようなアクシデントもあって、アメリカ社会でのシステムの日本とは違った対応での心細さ、困難さを体験するところから、戦いが始まる。この国では他人の好意を前提にしていたら、話ははじまらない、と書く。また、ロックフェラー財団から支給される滞在費が僅少で、このままでは甚だ不十分とわかり、値上げ交渉をしないといけないと覚悟するという点でも、最初から緊張の息苦しさが伝わる。「私には、米国生活の機会を与えてくれたロックフェラー財団をあえて失敬と呼ぶ気持はない。しかし、夏目漱石の評伝を書いて批評家になった私は、留学中の金の不足が、精神にどんなに悪影響を及ぼすものかをつぶさに知っている。財団の善意に応えるためにも、滞在をより効果的ならしめるような給費の増額を要求するのは、むしろ自然なことと思われた。・・・それに金に守られていない人間の尊厳などは脆いものだ。」と書いている。政府給学でロンドンに留学した漱石が滞在中に転居をくりかえし、留学費の不足もあって神経を病んでしまったのは有名な話である。

プリンストンは典型的なアメリカの大学町で、私の居たブルーミントンも実に美しい大学中心の町だったので、容易に想像できた。ただし、プリンストンというと、私の頭にまず浮かぶのはアインシュタインがいて、多くの有名な数学者や物理学者が訪れたというプリンストン高等学術研究所の名である。(江藤氏のいる頃はオッペンハイマーが所長であった)。事実アメリカで十八世紀の中ごろ五番目にできた東部ニュージャージー州の名門大学である。江藤氏は、そこで日本で一度会ったことのある明治維新の研究家のジャンセン教授の手引きで、一家ともだんだん親しくなり、買い物その他の日常生活とともに、大学でのいろいろな人々とセミナーやパーティを通じての接触の様子がつぶさに記述されていく。

最初の数ヶ月、どう大学のコミュニティーに適応するか、試行錯誤が続く。ここで何をしようかから始まり、一方、自分自身の存在を、自分を育てた日本の歴史と文化遺産の一切とともに、引き受ける必要がある、というような、いかにも繊細な文筆家らしい心象が綴られている。自分は社会的な死を体験した、とも書く。「もし私が批評家という自己の同一性に固執しつづけようとするなら、そうそう受身になりっぱなしでもいられなかった。・・・なしくずしの自己喪失をまぬがれようとするなら、私は自分の批評家という同一性に固執しなければならない。しかし、私の場合、この同一性は、ひとつには言葉の障壁のために、それ以上に二つの文化の異質性のために、米国の社会で何の機能も果たさないのであるから、固執しようとするかぎり私はこの社会で死んでいるわけである。」と。

江藤　淳氏

彼の場合、専門が日本文学であることは決定的で、たぶん日の丸を背負っているというような意識は非常に強かったと思う。自分の土俵で勝負をしなければ、あるいは多少の日本研究者がいるにしても本家本元からやってきてそれが本来ないコミュニティーで自分の存在感を人々に認めさせねばという意識は、それなりの苦しさでなかったかと想像でき

る。それが最初のほうで、周囲のアメリカ人へのはりつめた過剰ともいえる批判態度に表れている。しかし、やがて中古の自動車を購入し、二人とも免許をとり、日常生活が他人の好意への依存から徐々に自主性を持ち始める。周辺との確執は別として、ミシシッピー大学での黒人学生の入学をめぐっての連邦政府と州政府の対立と流血事件、そこに表されたアメリカの人種差別問題、おりしもの「キューバ危機」で示されたアメリカの団結力などに対する感想などが記される。（これらに関しての印象と考察は、日本の新聞社に送った第二部のアメリカ通信に詳しく出ている。）キャンパスで「日本・その将来と期待」という題目の学会が開かれたこと、また、それの前日、彼の『小林秀雄』という本が新潮文学賞を受けたとの報が届いたこと。そしてジャンセン教授が東アジア研究会のコーヒー・アワーで、スピーカーに江藤氏を推挙し、それがまずは成功裡に終わったことなどによって彼が余裕と自信をとりもどしていく過程が描かれている。

財団からの増額も認められ、周囲の人達の今までの親切に義理をかえす必要が出てきたので、十二月に奥さんの誕生パーティを自宅で開いたところは、喜びにあふれている。ここで、「年中机に向かって仕事ばかりしている癇癪持ちの亭主の気まぐれにつきあわされてきた家内にとって、このパーティが楽しみでないわけがなかった」、という文章がでてくる。ここまでにも、私は氏の性格の激しさ、ひりひりした神経質さを読んでいて随所に感じたが、彼自身もある程度、それを自分でわかっていたようである。彼はアメリカでは夫婦でなければ社交のできない厳しい環境であるといっているが、私もそこまでの表現はどうかとも思うが、実際に生活してみて、あらゆる面で妻の果たす役割は日本でいるのに比べてはるかに大きいことは十二分に実感した。

雪に覆われた寒く重苦しい冬から明るい春にかけて、異国での新鮮な自然の美しさに、東京での摩滅しかけた季節感を取り戻し、南部への旅行から帰った時は、最初あれほど入りにくく見えたプリンストンがすでに「自分の町」に変身していた、というのも正直である。広大なアメリカをあちらこちら自動車で旅行した後、ようやく自分の住んでいる町に帰りついた時の安堵感というのは私も何度か経験した。氏はあらためて戦後日本を思い、民主主義を考察し、アメリカの対外政策を考える。「ここでは、友人をつかまえてきがねなく自由に議論ができる、場合によってアメリカの批判をすることも自由であった、」と書く氏が、滞在に心から喜びを感じるようになったのが、よく解る。身近にいる日本研究者の助教授が、親日家であるにもかかわらず、日本人が私を受け入れないと抗議するのに対し、それは日本語が自由に話せるからといって彼が日本人になれるということではないのだ、と冷静に観察する目を持つに至った。「米国の異質な社会の中で、かえって自分が欲するままに、日本人でいられる、自分を取り戻すにつれて、私は逆に米国の社会により深くうけいれられはじめたのである」と書く氏はさらに、英語に馴れていくのと比例してでもあるがとして、「私が主張をすてることによってではなく、主張することによってうけいれられてゆく、というのは、あるいは米国という開放社会の特質かもしれない、これはやはり驚くべき特質と思われた」と述べる。

やがて一年目全くフリーの立場だった江藤氏が、たまたま日本に行くことが決まった日本研究の助教授の代わりに、プリンストン大学のスタッフとして日本文学の講座を担当する。そのようにして二年目をすごすということになった時の彼の喜びと安堵感は素直に書かれている。「考えてみれば、これは、私たち夫婦がとにかく暮らせる給料をもらって、教師をする最初の経験である。口に出してはいわなかったが、家内は、亭主が原稿稼ぎの水商売ではないまともな職業から生活費を得るようになったことを、喜んでいるように見えた。六年前に結婚したとき、私は、実はこれから一年間つづけるような堅気の暮らしかたをしたいと思っていたのである。それが日本でではなくて、かりに一時的にせよ米国で実現することになったのは、皮肉なめぐりあわせであった。」と。(日本帰国後、彼が再びこのような定職を得たのは八年後に東京工業大学助教授になった時という。)ここで彼は、自分の外国人よりも本来的に有利である土俵、すなわち日本文学で、それを学生に教えるという優越性の中で生活するという恵まれた立場を確保したわけである。ただそれは、氏にとって生活上の便宜にすぎないので、氏の関心は依然として当然であるがアメリカの国、そこでのアメリカ人の生態である。彼が一旦東京に公私の雑用の片付けの為に一人で帰国している間に部屋数を求めて引っ越しをしたが、この間にも、アメリカ人との小さないざこざがおこる。彼の場合は、奥さんが彼の帰国中に一時的な滞在先でそこのアメリカの老未亡人と真珠湾攻撃のアメリカ側からの反感の議論となり、喧嘩別れした、というような経緯だったが、私たちも同じ町で二回引越しをし、その際のごたごたは、全く原因は異なるが、もう思い出したくもないといった人間摩擦だった。

学生を教える経験を書いてもいるが、こうなると彼も穏やかになり、以前に比べて淡々とした記述となる。日本文学を教えるのだから、対アメリカ人という意味では余裕綽々ともいっていい。しかし、一方で「頑迷な批評家である私は、知る過程で、国文学界の主流に位する権威者の知識を、そのまま受けいれることはできなかった。それは、批評を書くことによって辛くも生きている自分のアイデンティティの破壊につながるからである。」という。これは氏が常に保持している自らに対する厳しさで、また若々しい挑戦精神であると感心する。これまで、プリンストンは全寮制の男子校であり、この時期ようやく女子学生の聴講が認められ、彼の教室にも女子学生が来た、ということも書かれている。この時代、日本の古典の抄訳はきわめて少なく、教材の選択も容易でなく、英語の講義ノートの準備に毎夜二時くらいまでかかって頑張り、奥さんがそれをタイプした、という。「実際、私は、生まれてそのときまで、これほど集中して学問をしたことはなかった、しばしば、私は、それが学生に講義する目的のものであることを忘れた。・・・わたしは、ほとんど幸福でさえあった」、と書かれている。一方奥さんは生け花を教えたり、大学の中のボランタリー・グループでアメリカ人と活動をともにしたりしてコミュニティに溶け込んでいったようだ。私の妻もUniversity Women's Clubに所属し、子供たちの育児の合間に私とは全く独立に実にバラエティーのある生活をして、友人もたくさんできたようだった。日本でもこういう社会ができるといいのにね、と常々言っていた。

そんな中で、一九六三年の十一月、江藤夫妻はたまたま入った食料品屋で、ケネディ大統領のテキサス州ダラスでの暗殺事件をラジオで聞く。以下、騒然とした周辺の人々の様子。数日後の犯人とされるオズワルドの射殺のニュース。礼拝堂での大統領追悼式への出席などが記述されている。ケネディ大統領が暗殺された事件の一ヶ月半後の音楽会で、彼が感じたことがアメリカ通信に「ケネディ以後」として書かれている。意外と平然とした日常にはやくも戻っているプリンストンの身近の人々の反応などから、彼はまたこれはアメリカ人特有の心理ではないか、反省好きの日本人と違ったうらやむべき国民性であるとかなりシニカルに書いている。「ケネディ氏の理想主義は一種のスタイルにすぎなくて冷徹な権力追求型の政治家であった。ただケネディ氏はその理想主義のためというより、その理想主義的「スタイル」によって、米国人をいつも背伸びしているような気持ちにしておくことには成功した。彼が去って背伸びの時代は終わった。ショックが過ぎ去ってみると、米国人は内心少なからずほっとしたような気持ちで背伸びをやめ、もとの等身大にもどったのである」、と書く氏は、いかにも上手で鋭敏な文章家だなと感ずる。ただ、文学などを研究する人達にありがちなのだが、自らの鋭い感覚に頼って、いかにも一面的にものごとを決め付ける点が、(そのようにして格好よく書かないと読ませる文章にはならないのだろうが) 私から見ると気にはなる。

「六四年の二月ごろになって、学生たちとも親しくなり、ふとある会話で、自分があと五ヶ月で帰国しなければと気づかされて内心愕然とした。今までに経験したさまざまな感情の起伏にもかかわらず、私はこの静かな大学町での自分の生活が、好きになりはじめていたからである。」と書く氏の気持ちは、よく理解できる。最初はとりすましている、とか、自分はこの町のどこに自分を容れる余地があるのかわからなかった、大学は「城」に見えた、というような疎外感も、月日が経つと住めば都で、たとえ外国でもなつかしい気持ちにもなるのである。

また、エール大学やハーバード大学での研究会講演で、漱石の「こころ」論を発表したり、論文を書いたりという忙しい日々も送ったようだ。当時、講義の聴講生である銀行家の奥さんにいわれた「「あなたはまるでアメリカ人みたいに忙しく働いていらっしゃるけれど、少しはお休みにならないと駄目よ。この国は本当に能率一点ばりで、そりゃめちゃくちゃな国なんですから」こういういたわりは嬉しかった。私にも、実は何故自分がこれほどむきになって生きているのか、よくわからなかったからである。」と書いているが、こんな所がやはり日本人の頑張りなんだな、とつくづく身近なものを感じた。

この本は、真面目で利発な若い日本人が、短期間とはいえアメリカで苦闘し、その時の気持ちを率直に書いていて、私も多くの共感した部分があった。懸命に異国を理解し、その中で自分の存在を確立しようとし、日本人である意味を真剣に考察しようと努めた氏の姿勢はみずみずしく、その意味で非常に爽やかなアメリカ体験記となっていると思う。

第二部

彼の「アメリカ通信」には渡米期間中の十七の短い印象記があるのだが、既に触れた文のほかに、私がやや惹かれたものが、二編ある。「私の見たアメリカ」では、図書館の事務長から「あなたの国はカリフォルニアですか」となにげなく聞かれ、この国に潜在する巨大な同化力にギクリとしたという経験から話が展開する。米国人になるということは、英語を話すことを要求する国ということである。実際アングロ・サクソン系の住民は二割しか居ないにも拘らず、その建国の歴史から移民国家を統治する必要性から、そのように現実を支配している。氏はアメリカ人はアメリカに来たすべての外国人がアメリカに適応し、やがてアメリカ人と同じ振る舞いをするのが当然と考えている、というように、自分本位であることに激しい抵抗感を感ずる。その巨大なふところの深さに飲み込まれまい、とする氏の気持ちが、後年の氏の国家観あるいは対米観の原点にもなったと思われる。アメリカ的生活の核は、大都市ではなく質実な生活を営む田園にあるとされる。そして政治的には勤勉な中流階級を代表する共和党である、と書かれているが、私たちがいたインディアナ州もまさにそんな州であり共和党の多数支持州であった。多くの人々が日曜には教会に出かけていた。ただプリンストンと同じようにその中のインディアナ大学のあるブルーミントンの大学人達だけはやや異質であって、私の周囲の教授、研究者連は大部分、民主党支持のようであり、私達が滞在の三年目一九八〇年十一月の選挙でレーガンが大統領に選ばれた時は、みんなが一様に落胆していたのを思い出す。

もう一つが「国家・個人・言葉」である。江藤氏が当初から、渡欧した明治の偉大な文学者たち、政府の派遣留学生であってイギリスで二年半を過ごした漱石、ドイツで四年の鴎外、父の私財で四年半フランスに滞在した荷風を常に意識していたのは文章のあちらこちらで現れる。外国の財団の基金で行ったこと、批評家であること、欧米に渡る時の船と飛行機の差、コミュニケーションの大進歩など、あらゆる状況が彼らとは全く異なっている。しかしながら、彼らが苦闘したように、先進国と考えざるを得ない欧米での滞在で、それと比較しての日本、そして日本人のあり方をいやおうなしに深く考えざるを得ない、というのは外国を経験したものの共通の宿命ともいっていい。

「彼ら、大作家が新知識紹介の目的に、その大半を過ごしたのに比べ、一小批評家の私が仕入れて帰る新知識など何一つありはしない。私は激しい生存競争に立ち向かっていく実直で孤独な米国人達が好きであるが、この好意は決して熱烈なものとはなり得ない。私はこの国と不幸な恋愛をするくらいなら、親しい友人にとどまっていたい。」と。しかし、一方、彼は日本において「平和主義」と「民主主義」が連合国の極東政策によって推し進められた「近代化」であり、それとともに国家意識の稀弱化と軌を一にしていることにかなりのこだわりを見せている。

江藤氏の二年のアメリカで味わった違和感が、その後の彼の考え方を大きく左右したといえる。アメリカというかつて日本を打ち破り、占領し、政治、社会、文化的に戦後の日本にもっとも大きな影響を与え続けた国に対する、彼の強い抵抗感が後年の彼の考える方向を規定した。巨大なアメリカを体験した彼が、日本のアメリカからの開放を願い日本の独自の伝統、固有の歴史的財産とは何かと思考する中で、心情的な右翼的感覚となり、後年、天皇に絶対的に帰依するような政治観となっていった。

海は甦える

私は後年、さる人から面白いと薦められて江藤淳氏の小説『海は甦える』を読んだ。日露戦争当時の海軍大臣山本権兵衛の物語である。江藤氏がこの本を書くにあたっては、氏の祖父が海軍中将であり、四歳のときに結核で失った生母は海軍少将の娘であったというように、一族にも海軍の将官が多かったという背景があった。物語りでは、権兵衛が若き日、遊女として勤めだした女性を愛し、友の助けも借りて船で妓楼から女性を奪取し妻とする経緯は、権兵衛の勇気と果敢な行動力を示すものとして非常に印象に残った。日本の海軍を組織的に構築した偉大な軍人政治家であった山本権兵衛が海軍大臣の時、日露戦争にあたって、舞鶴鎮守府司令長官という閑職で引退直前の東郷平八郎を連合艦隊司令長官に任命し、最後に日本海での会戦での未曽有の大勝利という戦果を得た。このときの話は、多くの小説でくりかえし扱われている。司馬遼太郎の『坂の上の雲』も主人公は秋山好古、真之兄弟であるがその一つである。

江藤氏は批評家出身らしく、驚くほどの多量の参照資料をもとに、事実を正確にという観点が色濃く感じさせられ、この歴史物語を非常に読み応えのある作品とした。この時、私がつくづく江藤氏は愛国者だな、と思ったのは、ロシアのウラジオストック艦隊殲滅に至る黄海会戦と蔚山沖会戦の経過を実況中継の如く記述している箇所であった。その翌年のバルチック艦隊との日本海会戦は殆ど記述されてない。そこは結果としての大勝利の報に日本だけでなく世界中が沸き立った、という書き方である。多分、近代日本の戦争における軍隊のもっとも輝かしい戦果ともいえるこの明治三七年初頭からの一年数ケ月間を彼はとりわけいとおしいと思ったに違いない。彼の『戦後と私』の中に、祖父たちが作った国家、その力の象徴だった海軍、という大きなものが敗戦によって失われたと感じた、というくだりがある。祖父は日露戦争の折、大佐で大本営海軍部高級参謀であった。このような憧憬が彼の作品に色濃く表れたのだろう。作品そのものは、後半陸軍の山県有朋との確執を軸に、第一次山本内閣がシーメンス事件で一年余の短命におわり、政治家としては蹉跌の連続であった、という話までになっている。ストーリーとしても大変面白く、山本権兵衛にも感心したし、なにしろ前半部分の戦勝の物語りの印象が強く、後半の政治の権力争いにまみれる権兵衛の話の方が長いのであるが、快適な読後感であった、という記憶がある。江藤氏の文章は、このようなノンフィクション小説においても鋭利な感性をもって書かれていて、少なくともドキュメンタリー小説家としては一流だなと思う。

政治評論家としての江藤氏

この作品を書いた頃、即ち四十代に入る頃から、氏はその関心を文学だけでなく、日本の国としてのあり方、そして政治的な論議に徐々に傾斜させていった。後年、アメリカに九ヶ月滞在し、ウィルソン研究所の資料などを調べた。帰国後直ぐ「一九四六年憲法—その拘束その他—」を書き、上記の調査に基づき十年後、戦後の日本占領期間におけるアメリカの検閲体制を記述した『閉ざされた言語空間—占領軍の検閲と戦後日本』を出版した。またこの間に『昭和の宰相たち』という長編小説も書いた。この若い時のアメリカ滞在の経験から、日本の誇りとは、その独自性とは何か、を求めたくなる心情は、同じような経験を経た日本人として私も十分に理解する。やがて氏は、憂国の情から多くの政治的発言をなした。彼は、すごく好き嫌いが激しい男だったと思うが、政治評論家としての彼は私からみれば全く同意できないものがある。彼の五〇歳代以降、昭和の末期から平成時代に入って文芸春秋などでの時局評論（『日米戦争は終わっていない』、『日本よ、何処へいくのか』、『日本よ、亡びるのか』、『保守とはなにか』、『国家とはなにか』などにまとめられている。）を瞥見するたびに、私は彼に対してなにか気の毒な人だな、との思いをいつも抱いてきた。

確かに当時の平成の日本の政治を見ていると内閣はくるくる変わるし、それに一喜一憂して、有名だから雑誌に文章を書けばすぐに載る立場であったし、真面目に政局を見れば腹が立ったりあきれはてたりで書き散らしたくなるのも無理はない。一般に彼の時局評論は彼の作品と違って、明らかに隙だらけで、場合によって著しく論理性を欠いている。発言内容は「戦後民主主義の呪い」、というような感覚的主観に過ぎている表現や、政治家個人への批判も「顔が悪い、表情が悪い」といったような彼の直観を持ち出したりする。言葉が言葉を呼び文章が走りまくって甚だしく平衡を欠いた結論「日本はまもなく崩壊する」というような議論になったりして、私としては全く相手にする気がしないことも多かった。彼の家柄が神道であったことも影響しているのかもしれないが、特に彼の皇室、天皇への無条件的尊崇の念は、あれだけ多くの政治批判をした知的な人にしては異様である。一方、現実政治のていたらくの指摘はまともで適切と思うことが多々あった。しかし、彼の意見がどうであれ、本当に本気になるならば、政治家になるか、ブレーンとして政治家を動かすかの立場にでもならない限り現実には無力である。今までのキャリアと年齢からそんな事はできないのだろうし、結局、文章によって不満を発散させるのが精々で、それが気楽な政治評論家稼業というものになってしまっている。彼がそんなところに中途半端にエネルギーを使っているのが、私には解せなかった。

彼は戦後の日本憲法のアメリカによる草案、制定の過程、占領の実態などを調査し、そしてその延長上にある現在、依然として国際問題では全ての政治的決定においてアメリカに追随している日本を問題とした。彼が、国として日露戦争の頃の政府、軍隊、国民が一体になって、他国から独立していた日本を一つの形としての望むべきモデルとして考えていたことは、あちらこちらの文章で明らかである。日本のアイデンティティーとは何か。しかし、彼の問題としたような主題については批評家が個人として雑誌に書いてもジャーナリズムの力などは現在の日本ではしれている。（「諸君」とか、「Voice」という類）しかも自然科学のようなユニバーサルな世界で多数の外国人と長くつきあってきた私から見ると、氏の場合、問題設定においてどうしようもない偏狭さが目についてしまう。ジャーナリズムの宣伝の都合もあって保守反動の思想家などと形容されたりしたが、現代において科学技術の展開を視野に入れないような考えは、およそ包括的思想には成りえないと、私は思っている。また、次にとりあげるライシャワー氏などと比べると、その国際感覚の覆いがたい貧しさを感ずる。最近は、もともと文学研究者であった人で、その旺盛な批判精神から、やがて政治評論家となってマスコミなどで、国士的言論を張る人たちがしばしば目につく。こういう人達の政治論は、勿論皆がということではないが、日本の近代の展開の歴史を相当は勉強していて、文章家であるから雄弁ではあるのだが、その主張の根源を注意深く見ると、伝統回帰の感性的次元から発してそこに固執し、本当はもっと重要な、それによって今後の施策をどう構想するかについての展望を欠いていることが多い。幸い、いわゆる言論・マスコミ界では、ページを埋める話題つくりに一時期とりあげるが、たいがい個人の思い入れ程度の記事で終わっている。

氏の自殺

発見した時は肺がんから既に脳転移している末期がんの状態であった慶子夫人（慶応大学文学部で同期であった）を懸命に看護し、自らも過労による閉尿状態になってしまったほどだった江藤氏が、ついに最愛の伴侶を亡くした経緯が、『妻と私』に書かれている。その妻の死から一人で毎日の生活の寂寥さに耐えて八ヶ月後、氏が六六歳で自ら命を絶ったときは、世間を驚かせた。遺書によれば自身も脳梗塞で倒れ、もう生きる意味を失った、ということのようだ。私が中学生の頃、『太陽の季節』を書き衝撃的デビューを果たした都知事の石原慎太郎氏は湘南中学で一学年上、江藤氏に対する追悼の記を読むと、江藤氏が非常に早熟の人だったことがわかる。二人の文士の長年の交流（平成六年「文学界」に出た両氏の和気藹々の対談「政治の言葉、その煽動と正義」が前掲『日本よ、亡びるのか』に出ている）、共に文学から出発し、行路はまったく異なるが政治に深い関心を持って踏み込んだ二人、行動派の石原氏の、思索家だった江藤氏への尽きせぬ思いを感じさせられた。

文学批評家について

文学の批評家というのは、どうも因果な職業だという気がする。江藤氏の『夏目漱石』の最初に「T・S エリオットによれば批評家の任務は過去の作品を時代の要求に応じて再評価し、新しい秩序の下に再編成することである。」と一応の定義が引用されている。私の若い頃、新聞紙上で、中村光夫氏の「佐藤春夫論」をめぐり両者が何回か激しい論争をしたのを思い出す。作家側では、ふだん批評家の対応を期待し、気にするのだが、他人から手ひどく批判されたりすると、大家の場合には自分で作ってもいない輩に何がわかる、余計なことを言われたくない、という気持ちが走る。中村光夫氏の表現が作家を尊重して常に「です・ます」調で丁寧ではあったが、佐藤氏の発言がかなり最後は感情的になっていたのを思い出す。正宗白鳥、高見順、小林秀雄氏など、その実力から周囲から大変尊敬される存在である一方、その峻烈な批評から恐れられ、作家からは半分嫌がられた人種ではなかったのではないか、とも思う。批評家もそれは百も承知で文学の発展の為にと頑張るし、批評家のほうが、一般に秀才ぞろいであることは文を読むとよく解る。しかし、どちらかといえば日本では人の作品を褒めたのでは商売にならないし、自分を売り出すことも難しい。多くの場合作品の批判的見解を示す事によって生きざるを得ないのではないか。

例えば、小林秀雄氏は一流の批評家でありかつ思索家ということで、私もいくつかの本を読んだが、彼の批評は、人が思いつかない独特の直感、意表をつく表現が生命であるが、もってまわった奇矯な文章で人を驚かすという芝居がかった面が鼻についた。鋭い人だとは思うが、読んでいて、こんなことを言ったところで何になる、という気持ちがしばしば起こった。江藤氏は先輩として尊敬していたに違いないが、私にとってはそのような対象ではなかった。（私が読んで心に残る同時代の文学批評家としては『文章読本』を書いた向井敏氏がいる。）歴史的に文学の作品は独創として残る、これに比し批評は文学上の発展のために必要だが、所詮他人の作品で商売しているわけでその文章はやがて忘れ去られていく、という抗しがたい宿命があるのではないか。だから批評家というのは、時代の流れの中で精緻な考察をすることによって文学の発展にとって必要な存在ではあるが、主体的創造者ではなく、前述の『夏目漱石』で江藤氏が述べているように、「文芸批評家というものの主たる属性は文芸愛好家である」ということであって、個人的な感想を基にした解説者ないし研究者と考えるべきなのだろう。江藤氏が、菊池寛によって大正の末期創設された日本文芸家協会理事長として彼の最後の五年間を勤めたのはもって銘すべしといえよう。

私の場合

私の場合は、彼と全く状況が異なっていた。先方から一年契約で月千ドルの俸給が与えられていたし、家族は五人で、到着後まず子供たちを学校に入れるところから戦いが始まった。上の子供を住まいの近くの小学校に入れたのだが、外国人を受け入れたことのない学校だったためほどなく先生からこのままではどうしようもないということで、別の学校に急遽転校させることになった。幸い、インディアナ大学の付属小学校は、多くの外国人研究者の子供達がクラスにいるというインターナショナルな環境だったので、この問題は数ヶ月ほどでいい方向に向かった。子供の病気の時の対応、イラン・イラクなどの中近東の国の子供の同級生やその両親との交流、アメリカの事務機構のあきれるほどの非能率さなど、このような問題は次から次へといろいろあったが、それを今、述べても仕方がないだろう。

やはり意識の中心は仕事のことであり、私の場合はサイクロトロンを使った原子核物理の実験研究であった。私は最初から自分のそれまで日本でやってきた原子核物理の主題とかなり異なる、ここの装置でなければできないテーマ、日本でも将来、重要になるであろう分野を研究するつもりだったので、新たに物凄く勉強しなければならないと覚悟して行った。しかし、自然科学であるから、研究所では、江藤氏と違って日本人であるということは全く何の意味もない。彼と違って社会的に無名であるから彼のようなプライドにこだわる気持ちは皆無であった。研究者としてのいわば入場券である博士号はとっていたが、出発前に所長でもあった教授から、外国に行くと、その人間個人の日本にいては顕在化されない本当の研究者としての実力が試される、実験研究はグループ研究になるのだが外国人とうまく対応していろいろ吸収し、いい研究成果を上げて大きく伸びる男と、外国にいって外国人チームに参加しそこそこの実験経験をしただけという男とにはっきり分別される、と言われたのが常に脳裏に刻まれていた。いわば、外国の戦場で研究者としての能力試験をされるのだ、という意識であり、それは家族の問題など普段は妻に任せて適当にやっていて欲しい、（実はそれが結構三人の子供ともなると、大変なことであるということは横目でみても分かってはいたのだが）という厳しい緊張感でもあった。

また、行く前はインディアナ大学は日本では殆ど知られていない中西部の田舎大学と思っていたし、事実原子核物理学の実験分野では日本からは私が初めての研究者であったのだが、行って見ると実は日本のどの大学より古い大学で、（インディアナ大学となったのは一八三八年）原子核物理学で、ノーベル物理学賞受賞者も既に出ているという全く予想外の歴史に、アメリカの厚みを感じさせられる思いであった。また、俸給を与えられたということは、あなたには金を支給しただけのことは研究所としてもして欲しいという、アメリカ流の期待に応えなければならないことでもあった。それは、大型装置で大規模予算を獲得しそれを維持するためには、それが生産する研究アウトプットである論文で評価され、それが少なければ翌年の予算が削られるというアメリカ特有の大型実験施設の性質の反映であった。研究所の上司の教授にも「あなたにはサラリーを出しているのだから、研究所のために少しでも研究論文を書いて欲しい」と当初からはっきりいわれたし、短期間であっても具体的な形を要求されるというドライな社会での戦いなのであった。研究者界では有名な格言「Publish or Perish（論文を書け、さもなくば滅びよ）」の世界である。

また新鋭装置ということで全米の共同利用研究所になっていて、ヨーロッパからも実験チームがやってくるという国際的な研究所であった。勿論、日常、個々の研究者はアメリカ人特有の明るさと親切さに満ち溢れていたから、最初から楽しい思いも多々あったが、ポーランドやインドからの若い留学生などと共同実験をしていても、常に自分が一番英語能力が劣っているというつらい体験の連続でもあった。そういう意味でいえば、一応一人前の研究者という年齢でもあったし、特に最初の孤立した外国生活というのは、私の場合、江藤氏とは種類のまったく異なるものであったがやはり精神的な戦闘の場であった。二年目に私の提案でアメリカ人五人とグループを組みリーダーとして実験を遂行する立場になったが、よしんば途中無能力と判定されて契約が切られても、私の場合、既に日本で教育職というポストを得ていて元へ戻れるという保証があったのが、文筆で稼がなければという江藤氏のような職業とは違っていたが、貴重な経験から成果をあげて帰らなければという意識は日本でいるのとは比較にならないほど重かった。アメリカの物理学会でも二回ほど発表した。

私達が居たインディアナ大学のキャンパス

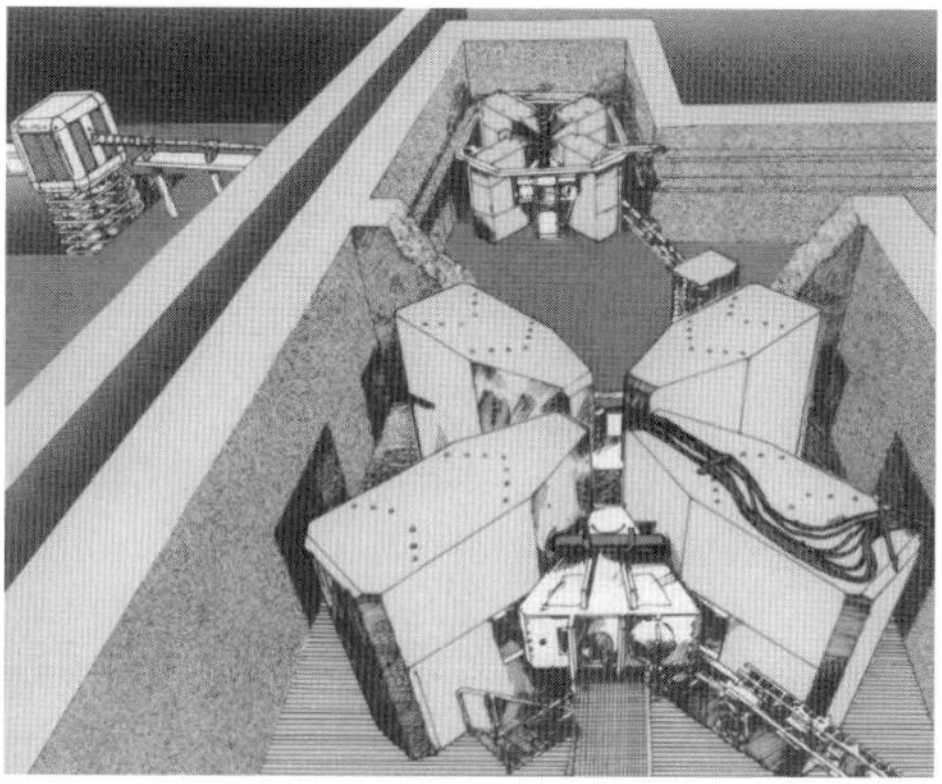

サイクロトロン施設
（3個の加速器を連結して
粒子を加速する）

そんな中でも、多くのアメリカ人が無類の親切心を発揮してくれた数々の思い出もあるし、一方、いろいろな意味で腹立たしい思いをしたことも何度もある。氏のようにわが国は何をもって誇りとすべきか、という感覚もすごく身近に感じたのである。しかし、私は日本が一時は政治的にはアメリカに降伏し、経済的には多大の援助をうけ、現在も国力の差からアメリカの傘の下で生きている日本ではあるが、精神的および文化的には、日本はアメリカにはない固有の優秀な性格があるのであって、対抗するために古き国家体制のようなものに回帰するのは、むしろ精神構造の脆弱さを示しているに他ならないと思う。今後の日本を強く支えるのは、具体的に近代的な科学技術に基づいて、勤勉にものを生産していく力であり、それらのための環境、条件を整えるべき、政治あるいは経済のシステムであり、たとえ雄弁であったとしても江藤氏が事としたような政治論ではないと思う。

我々の場合もアメリカ滞在によって、日本を相対化して診る機会が得られ、日本人の類のない美質も感じ、また慣習の悪い点もいろいろ気付かされた。しかし、日本人とアメリカ人の差というよりも、双方、高潔な人もいれば、品性のない人もいる。各々の性格の個人差、のほうがはるかに大きいと知ったのが、最大の収穫だった。我々にとっての初の外国滞在生活は、楽しくも厳しい経験だったが、人間の普遍性というものに対する洞察をより深める契機となったと考えている。

エドウィン・ライシャワー

『ザ・ジャパニーズ　―日本人―』　国弘正雄訳

はじめに

アメリカ滞在中に読んだ本で、もう一冊をあげるとなると、同時通訳者として有名だった国弘正雄氏訳で、当時出版されたばかりの、ライシャワー氏のこの大著をあげたくなる。宣教師を父に一九一〇年（明治四三年）に東京で生まれ、日本で少年時代を過したライシャワー氏は一六歳でアメリカに渡った。後年ケネディ大統領時代に、それまで東アジア研究者としてハーバード大学教授であった彼はそのポストを投げ打って、再婚した妻松方ハルさんを伴って一九六一年より一九六六年まで駐日大使を務めた。

「日本人」論というと古くは内村鑑三の『代表的日本人』、新渡戸稲造の『武士道』、また戦後の著作といえば笠信太郎の『ものの見方について』、中根千枝の『タテ社会の人間関係』、山本七平『日本人の人生観』、土居健郎の『甘えの構造』など若い日に私が読んだ本はすべて日本人による日本人論だった。カレル・ウォルフレン等多くの日本人論が出版されている最近はともかくとして、私が若い頃に知る限りで、ほぼ同時代に外国人が書いた日本人論といえば、最初が文化人類学者ルース・ベネディクトが第二次世界大戦終戦近くになってアメリカ戦時情報局の委託を受け、日本降伏直後に出された『菊と刀―日本文化の型』（一九四六年）、またシンクタンク・ハドソン研究所の創設者ハーマン・カーンの『超大国日本の挑戦』（一九七〇年）、ハーバード大学東アジア研究所長エズラ・ヴォーゲルの『ジャパン・アズ・ナンバーワン』（一九七九年）などが頭に浮かぶ。しかし、いずれも滞在経験がないか、あったとしても短期間の日本留学程度であって日本を外国の地から研究した本である。（注1）これと全く違って、ライシャワー氏は西欧の伝統の中で育った日本研究者であるが、現実に長く日本に生活し、公私とも日本人と絆を保ち、深く日本を愛していた外国人であった。

原著はハーバード大学出版社から一九七七年に出されているから今からもはや三〇年近く前になる。私はその三年後くらいに翻訳をインディアナ大学滞在中に読んだわけだが、その後ライシャワー氏のような存在は現れていないし、読んだ時に、これはアメリカにいたから余計感じたのかもしれないが、こんなに良く日本を理解している外国人もいるんだ、という感動は忘れがたかったので、もう一度、この五つに区切られた約四三〇ページの大冊に向かった。

エドウィン・ライシャワー氏

第一部

日本語版のまえがきに氏はこれは外国人を主たる対象として書いた。日本と日本人に関するできるだけ包括的かつバランスのとれた叙述にしあげたい。今日本を理解する重要性は緊急であり、日本の今日の実相を読者に伝えたいと述べている。第一部の「舞台」で、国土の地理的状況を述べ、第二部で、「歴史的背景」として古代から戦後までを順次、非常に明快かつ平明なタッチで叙述している。ライシャワー氏によれば、この二つの部分は日本人にとってとりたてて新しいことを含んではいないと断っているが、その知識の緻密なこと、特に重要な特質を的確に簡潔に描写していることに感心する。我々は中から日本を見て、感じているから、個々の事実には多分に思い入れの強いアクセントが付随する。しかし、氏の書きっぷりを読んでいくと、外から見た日本というのは、実はこういうことなんだ、という実に冷静な観察に目を覚めさせられる思いがするのである。

例えば、国土に関して、「日本が小国というが、面積はイギリスの一・五倍、西ヨーロッパの四大国―西ドイツ、イギリス、イタリア、フランスーのどの一国と比べても、ほぼ二倍の人口を擁する」とか、「(民族の構成を考えると) 日本人を特徴づけるのは、単一性と均質性とであり、多様性ではない。今日、日本ほどの大きさをもった人間集団で、これほど均質な存在は皆無に近い。」、とか、日本の気候の各地方の多様な特質を述べたあと、その気象の際立った特色として台風をあげ、さらに火山活動、活断層の存在、大地震と列挙し、「いずれにしろ日本人は、自然の猛威を宿命論的に受け入れるとともに、そのような災禍から立ち直り、新規まきなおしで再出発をはかっていくことにかけては、大変な能力の持ち主であるのだ。」、とか、「日本のように、谷が狭く、水はけ用の平野が小さいところでは、大がかりな治水計画は必要とされなかった。エジプトやメソポタミア、さらには北方中国にみられたような大規模な治水計画が、これらの地域における権威主義的な大型社会の発生を助けたとする論者があるが、日本で必要とされたのは、水資源を小さな集団間でどう分かち合い、そのためにどう力を合わせていくかであった。このような協力が何世紀にもわたって継続されたことが、集団志向や、集団行動に走りがちな性向を強めたとする見方も、あながち根拠のないものではないかもしれない。」と、ある場合は断定的に、他の場合は慎重な表現ながら、なるほどと思わせる。また、「道路の占める面積がニューヨークでは三五パーセントなのに対し東京と大阪はそれぞれ一二と九パーセント、都民一人当たりの公園面積は、ニューヨーク市民の十分の一以下で、ロンドン市民の二十分の一見当、この結果、日本の諸都市やスプロール化した都市周辺部は単に混雑をきわめているだけでなく、見た目にも醜悪な荒地と化していて、大多数の都市の外に向ける顔は信じがたいほど醜く、海や山、それに工業化の及んでいない農村部の自然美とはするどい対照をなしている」と読むと、やっぱりそうか、アメリカ人だったらそう思うだろうな、と納得する。同じことは私も外国から戻り成田空港から電車で東京方面に帰るとき、緑豊かな田園風景がやがて雑多な全く美的要素のない小住宅の集積に変化していく時に常に感ずることではあったのだ。このような問題を、氏はさらに「空間の多寡というのは、ある程度までは人間存在の幸不幸にとっての決定的要因となっている。空間に恵まれないという事実は、日本人が良く口にする「国民総生活水準」では、決してGNPから想像されるほど豊かでなく、むしろかなり低いのだ、という自己評価に説得力を添えている。とまれ、工業生産が巨大で、生命の躍動こそ感じるとはいえ、嘆かわしいほどの混雑にあえぐ日本の都市が、現代工業社会がかかえる栄光と、それとうらはらをなす問題との混然一体ぶりを、おそらくは他のいずこにも増してくっきりと見せてくれていることは疑いない。」、というのである。地理的環境で、もう一つの日本の決定的要素は、その孤立性であるとする。いうまでもなく、大陸から離れた島国と、鎖国による閉鎖性が「他のいかなる同程度の国民―その大きさと高度の発展段階の両方においてーよりも世界と隔絶して生きることを余儀なくされた。換言すれば、日本人に特異な生き方を独自に模索していくことを、他の大多数の国民の場合よりも大幅に可能にした、ともいえる。」しかし、もはやその孤立性がすっかり消え失せてしまった、という事実を氏は強調する。「現に、世界で日本くらい孤絶していない国はない、ということもできる。生存しつづけるというただそのことのために、・・・完全な孤立から、百パーセントのかかわりという変容は、わずか一世紀そこその間に行われた。この変化はいかにも巨大であり」、と。私は実際この点が本書の主題の基本的背景になっていると見てよいと思う。

均質性ということは、本書のあちらこちらで繰り返される。「自己文化中心主義をかたくなに守る日本人は、朝鮮人を自分たちと同じ仲間の一員としてうけいれようとはしない。・・・だが、さしもの朝鮮人問題といえども、さいきん新移民や外国人工業労働者の流入が問題化している北ヨーロッパ諸国と比べれば、ほんのささいな問題にすぎず、ましてやアメリカのかかえる人種・民族の多様性がつくり出す問題と比べれば、それこそ問題にならないほどである。」と。

第二部

第二部で私が感心した文章を列挙すると、「それゆえ、武士気質やその価値観は、近代の日本軍隊の手で何の苦もなく息をふきかえした。強い忠誠心や義務感、自己鍛錬や自制心は、封建時代このかた、いまだすたれずにつづいており、現代日本人のパーソナリティーの原型をなしている。」、「長期にわたる平和と安定とは、また自らの豊かな文化遺産を継承・完成させる上に役立った。・・・のみならず、日本人の集団志向性が従来にも増していっそう強化されたのは、まさにしっかりと組織された封建領土が長期にわたって持続したことが、その原因であった。」

「以上明治維新の素描をこころみた。・・・（この間の）歩みを、日本以外の非欧米諸国のそれと対比させてみると、どれほど希有な体験であったかがあざやかに浮き上がってくる。優勢な欧米の経済力や軍事力の挑戦に対し日本くらい果敢かつ成功裏に対応した例はほかにはない。・・・それも民主主義とか、（後になっては）共産主義というような借りもの新概念を媒介とするのではなく、日本古来の天皇親政という制度を通じてである。固有のイデオロギーを起用することで、身をよじるような苦痛が和らげられ、悪夢の度合いが減じたことはうたがいない。」

「日本がどうやら生き永らえたのは、アメリカからの援助がカンフル注射の役割をはたしたからといってもよいほどの、当時の日本の状況ではあった。・・・だが、戦後の日本の推移を決めたのは、決して占領軍ではなかった。占領軍は単にそれを容易にしたにすぎなかったのである。」

「他国同様、一九六八年に頂点に達した学園紛争も、政治混乱に拍車をかけた。沖縄返還要求も激しさを加え、対米関係への批判には、ナショナリスティックな色どりがくっきりと加えられた。しかし一九六〇年と同様、対外政策面での危機は、またもや消え失せてしまった。・・・日本は、従来にない安定した姿勢で、一九七〇年代へと滑るように歩を進めていったのである。」、「日本人は自国への誇りに陶然とした。絶えて久しい思いであった。・・・一九六四年の東京オリンピック、一九七〇年の大阪万国博は、外国人に日本を誇らしげに見てもらう機会を提供した。」

以上のような素描で以後の準備ともなる（といっても既に内容豊富であるが）一二三ページを終わり第三部「社会」と題した章に移る。

第三部

ここからが本論で、多様性と変化、集団、相対主義、個性、ヒエラルキー、教育、ビジネス、大衆文化、婦人、宗教、心理的諸傾向、の十一節に分かれている。同じように、私が実に的確だと思った文章を、記述の短縮のための多少の変更、脚色を含めて書き上げてみよう。

「このようなステロタイプが日本に関して他愛もなく用いられた一つの理由は、日本が孤立し、日本人自身がその特異性をつよく意識してきた点に求められよう。・・・日本人を美意識の権化（源氏物語、中世の禅味をおびた芸術家、ラフカディオ・ハーンが心を奪われた優雅な人々）とみなす見方、現代日本人も、しょせん、権柄ずくで堅苦しく融通性に欠ける武士道の今日版であるという見方、軍国主義とは異なるが、気違いじみた一点集中主義という意味では同工異曲のエコノミック・アニマル、自分たちの経済的利益のためには、他のすべてを犠牲に供することも厭わない猛烈さは、かっての軍国主義の同一線上にあるという見方、等」。氏はこれらの一方的な見方を排し、「日本人もまた時の経過とともに大きく変わってきたこと、そしてその変わり具合たるや、他の多くの国民を大きく上まわるものであったことは、すでに明白であろう」と述べる。

「日本とはユニークな存在なのだ、という思いは日本人も外国人も共有するところであり、その特異性を解くための一刀両断的な説明を手に入れようとして、みなが競ってきたのも、このあたりに理由がありそうである。」、「中根千枝はタテ社会ヨコ社会という二分法を立てて、日本をタテ社会と規定し、・・・土居健郎は「甘え」の感覚が日本人の対人関係の決定的な要素であるとした。これらの書物はいずれも示唆に富み、日本人にとっては、ある特定の視点から日本社会を解析したものとして、知的刺激たりえよう。誤解を招くおそれもそうひどくない。日本社会が実はもっと錯綜したものであり、これらの研究もそれへの一つの省察にすぎぬことをわきまえているからである。だが事情に暗い外国人にとっては、これらの一面的な解釈は、下手をするとデフォルメされた日本像を結ばせることになりかねない。」

「集団重視主義は、日本人の対人関係全体の態様にも影響している。一匹狼的なスターよりも集団プレーのできる人間の方が、個人の野心よりもチーム精神の方が高い評価を受ける。アメリカ人が個人としての独創性を求める際に、日本人はむしろそれを押さえこもうとする。日本の諺にも「出る杭は打たれる」のである。・・・いちばん尊重される美徳は協調性、物わかりのよさ、他者への思いやりなどで、個人の積極性、押しの太さ、個人としての自己主張ではないのである。日本人にとっての至上の美徳は調和であり、それを彼らは、ほとんど直観といっていいほどの、いわくいいがたい相互理解によって達成する。」

「欧米人にとって日本人は原則面でよわく、欠落しているとすら映じうる。他方、日本人の目に映る欧米人は、その判断があまりに荒々しく、独善的にすぎ、人間的な情感に乏しいかもしれない。」

「長々とお辞儀をしあうのは、欧米人にとって、日本人の礼儀正しさがもっとも目につきやすい、しかも微苦笑を誘うような外的表現である。ちなみにその長さや頭の下げ具合は、お互いの相対的な地位や関係によってあらかじめ入念に規定されている。」

「時と場合に応じた行動様式が詳細にわたって規則化されているために、日本人はとかく自意識過剰の趣を呈する。自分のやっていることは妥当だろうか、他の人に笑われたり批判されたりはしないだろうか、という強迫感がこれである。」

「少なくとも年長の日本人に関するかぎり、彼らがくつろいだようにみえるのは、ふだんから馴れ親しんだ人間関係にあるときだけである。・・・日本人が新しい人間関係に入っていくことをためらいがちなのはこのような理由があるからである。見知らぬ他人同士としてやりすごした方が、知り合いとしての関係の重荷を背負うよりらくだ、ということであろうか。」

「だが、個人の技能や趣味が個人の自意識に占める度合いは、アメリカではおそらくは日本ほど高くないと思われる。・・・いずれにせよ、一つの技能を身につけるという行為は、意志、つまりは自制と克己の営為である面がつよい。・・・外部の筋肉よりも、内なる自我を伸ばすことにあるとみなされている。・・・中世このかた、禅仏教の説く瞑想が広く一般にも行われてきたが、それとても超越的な悟りの境地に達するという当初の意味合いをはなれ、むしろ自己修養を目的としたものへと転じてきた。」

「総じて日本人というのは、堅忍不抜な性格を持ち合わせている。その極端な一例が、戦後三十年以上を南海の孤島で過ごし、単独でアメリカとの抗戦をつづけた小野田元少尉である。」

「指導者としての適格性が判断されるのは、人間味のあるなし、部下に信頼感や敬愛の念をおこさせるかどうかであり、その見解がするどいか、その決定が力強いかどうかなどではない。」

「日本社会でなにが中枢であるといい、日本の成功になにが寄与したといって、教育以上のものはない。・・・学長や学部長は互選だが、その職権は極端に限られている。・・・改革の余地は、したがってほとんどない。その結果、日本の大学は、四分の三世紀も前、今日とは全く異なる条件下でつくられたパターンのままで、いまなお運営されているというしまつなのである。」

「ところが、日本では、宗教はほんの周辺的な地位を占めるにすぎない。」

「日本人が芸術面で独創的であることを疑う余地はないが、思想、哲学などの面での業績はいささか見おとりがする。近代日本の思想家で世界的に注目に値する存在は、言語の障壁が立ちはだかっていることは事実であるとしても、一人もいないのが実情である。基礎科学への貢献も数多くなく、ノーベル賞受賞者に選ばれた科学者は、三人にすぎない。

工業面の日本の勝利も、自前の科学的発見に拠るよりは、むしろ外国の技術の借用もしくは適用に長けている、という点に負うところが多い。政治思想、哲学、それに社会科学の研究といった面でも、海外の研究をやりくりし、集大成するという傾向が強く、独自の創造になるものは少ない。」

「近代以前の日本の教育は道徳に力点をおいた理論的なものであったが、近代以降はもっぱら実用をその目的としてきた。・・・これは賢明な措置だったが、日本の適応のなかには、想像力に富む点で、真の独創性に迫るものも少なくない。理論面での斬新さには乏しくとも、実際面での応用には強いという傾向は、欧州に追いつくことを目指した当時のアメリカにも同様に見られた。科学、学問研究、思想などの分野でアメリカ人が主導的な役割をはたすようになったのは、ごく最近のことなのである。」

「日本人は分析の明晰さよりも微妙な綾や感受性に、理論よりは実用に、偉大な知識概念よりは組織面での力量に傾斜してきた。・・・新聞は別として、文学などでは、きちんとわりきった分析よりは、芸術的な余韻や仮託を重んじてきた。・・・知的創造性の欠如を日本人の知的劣位のあらわれとみなしがちな欧米人であるが、これとても、欧米人の知的偏見にすぎないのかもしれない。理性のはたらきで手にいれた真理の方が、第六感で到達した真理よりも上等であり、また、言葉をあれこれ操作して解決するほうが、人間感情の合意にまかせてつくりだした合意よりすぐれていると断定するなど、だれにもできないはずである。」

「なるほど日本は「近代化」こそしたが、「欧米化」ではなく、しかも日本の近代化の過程は、固有の伝統文化を下敷きにして進行したのである。」

「少なくとも現時点においては、日本をもって近代工業社会の最成功例の一つとみなすことは、決して見当はずれではない。とはいえ、今日の日本についてわれわれの懸念を裏づける側面も皆無ではない。私が考える二つの側面の第一は、対外関係である。日本は諸外国と交易することによってのみ生きていくことができる。日本の生存のためには、世界が平和で、貿易がかなり自由に行われる、というのが必須の条件であり、この条件の依存度は、日本は他のいずれの国より高い。・・・今ひとつの主要な領域は政治である。はたしてその「自己管理能力」がどうなるかについて、疑問を投げる論者もいるくらいである。・・・政治の意志決定のしくみはいかにもスローモーで難渋をきわめており・・・」

このようにして、氏は日本人の諸特性を外国人としては類まれな博識とバランスのとれた記述で進める。以上にピックアップしたものは長大な記述のほんの片鱗をしめしたものに過ぎないし、いわれて見れば大部分が既にどこかで一度は読んだり聞いたり考えたりしたことなのであるが、日本とアメリカで生活し、外からも内からも見た一人の人間が、日本のさまざまの特徴、多くの人の言説を十分理解した上で、総合的に取り込み公正たらんとして書いたということが如実にうかがわれるので、頭の整理にとって大変ありがたいといった気分にさせられる。

第四部

次に氏が前述した、日本の現実の今日的な問題の一つ「政治」が第四部で扱われている。ここは一〇節に分かれていて政治伝統、天皇、国会、その他の政府機関、選挙、政党、意思決定過程、問題点、傾向と趨勢、政治のスタイル、となっている。最初に、「民主主義とのかかわりは、日本人の政治伝統においては、概念としても慣行としても存在しなかった。」という文章から始まる。

「十九世紀の日本人は、伝統の中から少なからぬ遺産を掘りおこし、強力な集権国家の建設に資したばかりか、これらの資質の一部は後にいたり民主制の発展の基礎を形づくることになる。その主たる資質の一つは、政治とは道義に基づかなければならないとする儒教の伝統であり、それに関連して、政治がかなり高い廉直さと効率をもって執行されてきたという事実である。」

「いま一つの政治的な遺産は、個人の指導性よりも、集団としての指導性を尊ぶという長い伝統であった。(権力分散の例として、北条家の将軍、執権、守護職とか、徳川家の大老、老中、それ以下の行政職の大部分も複数名で、代表者は持ち回りというしくみであった、ことが例に挙げられている。）」

「日本の伝統的遺産のうち、もっとも重要な一つは、政治的統一がつよく意識されていたことである。この点も、多くの発展途上国とは際立った対照をなしている。」

「一九四五年の降伏時に、・・・天皇の前にひれ伏し、畏れかしこみながら、他方では彼個人を平然と操作するというこの両刀使いは、現代人、いやすくなくとも日本人以外の外国人にとっては理解に困難を感ずるところである。」

「天皇崇拝を通じ、精神的統合をはかろうというのが、伊藤（博文）の意図であったが、この点においてはそれほどの成果は達成されなかった。・・・過激者は例外として、政府の責務が「聖意」を実行に移すことにあるという点については、議会人を含め、だれひとり異を唱えるものはいなかった。だが、なにが真の「聖意」であるかについては、合意らしいものは存在しなかった。」

「日本政治の表面づらだけをみて、その質と有効性とについて、酷評を下す観察者もいないではない。だがもっと突っ込んだ見方をすれば、それはそれなりに有効で、日本流のやり方に最適であって、大変な活力をもち、特異な魅力を備えていることが浮かび上がってこよう。」

「正常な民主的手続きではなく、お互いに棒をのんだような突っぱりあいの姿勢がかくして生まれ、今日も尾を引いている。」

「ところが、一部の西欧民主主義国とはちがい、マルキシズムの階級理論は、ついに日本の大衆にアピールしなかった。・・・彼らは、階級という形で物をかんがえようとはしない。・・・「プロレタリアート執権」にいたっては、戦前の全体主義のうとましさを思いおこさせるにすぎない。」

「憲法に保障された基本的人権の擁護という面で、野党の達成した成果は、むしろ大きかった。・・・他の多くの社会問題については、左右の別はそれほどはっきりしない。「革新」政党は、政府の政策に批判的ではあっても、はっきりした代替案を示しはしない。大学問題は、その好例である。野党が働きかけるのは、政府の改革案にやみくもに反対の立場をとる分子である。ということは、野党は現状維持の側にまわっていることを意味する。」

「既成の政治制度に対する公然たる反対は、いまや左右を問わず、奇矯かつ過激な少数集団に限られてしまった。とはいえ、体制のやり方に対する不満は広範にわたり、当然のことながら与党の自民党に集中している。」

「戦後の日本で、左右の論争をひきおこした最大かつもっとも明白な政治問題は、外交政策をめぐるもので、それもアメリカとの関係をどうするか、というのが中心であったように思われる。」

「対外政策やアメリカとの安全保障のとりきめは、過去においてこそ、大きな政策上の分岐点であったが、今日では色あせてしまった。・・・ただ在日米軍基地については、その漸減をおだやかに求めていくことになろう。この点については、自民党の政策もたえずそうであった。」

「自民党の低落が、あたかも凶兆であるかのごとく予測されて久しいが、・・・政治の機能が、ささいな点において、手直しを受け（ることはあっても）・・・政治構造や政策の基本が大幅な転換をみせるとは、考えられない。」

「憲法の第一稿が主にアメリカ人によって起草されたという事実も、大したこととは考えられていない。それどころか、若干反米の傾きのある左翼陣営が憲法護持にもっとも熱心なほどである。・・・小規模な手直しがやがて重大な変更に道を開くことを恐れるためである。日本の民主主義がかかえるかもしれぬいま一つの弱点は、個人が総じて自分の所属する集団に隷属しがちだ、という点である。欧米の民主主義は、たえず個人主義のもつ力強さと、表裏一体をなしてきた。・・・これに関連するいま一つの問題は、日本人がとかく調和を望み、正面切った対立を嫌悪する傾向がつよいことである。」

「ここではっきりいえることが一つある。日本が・・・カリスマ性をもった指導者を生み出しはしないだろう、ということである。・・・いずれにせよ、カリスマ的な指導者、ないしはそれを求めるということ自体が、民主社会にあっては、むしろ弱さのあらわれと受けとられるべきではないだろうか。プラスの面についていうなら、内政、外交を問わず、政治的な対立の荒々しさは明らかに減じつつある。」

「このように日本は国内的にみればうまく機能しているようにみえる。・・・いずれにせよ、日本の将来にとり、もっとも不確かで、しかも決定的な要素は、対外関係である。」

ちなみにこの本が書かれた時期は、日本の政界はロッキード事件と金脈問題で田中角栄首相が一九七四年末に辞任、七六年逮捕され裁判中（氏は、九三年死亡で裁判終了）。日本の首相はその後三木武夫、福田赳夫、大平正芳氏（七八年一二月就任―八〇年六月死去）と移っていった。アメリカではニクソンのウォーターゲート事件が七二年に起こり七四年辞職、ベトナム戦争が七五年に終了している。私は全米物理学会で一九七九年に研究発表したとき、ワシントンのホワイトハウス近くでカーター大統領を見たのを覚えている。（カーター大統領七七年就任）

第五部

このように、ライシャワー氏は日本の「政治」の特性、状況を九〇ページに亘って詳しく述べて、最後に第五部「世界の中の日本」と題して、今後に向けての、日本への忠告、期待の言に進むのである。七節で構成され、戦前の記録、中立か同盟か、貿易、相互依存、言語、隔絶感と国際化、日本の未来、となっており、これも九〇ページ強あり、彼の日本への強く深い思いを感じる。

「日本人一億一千五百万人―たとえその半分であろうと同じことである―が狭苦しい国土で生き抜いていくためには、大量の資源が渋滞なく流入し、その支払いを可能にするための製品がたえず外国に流れ出し、しかもこの巨大な財の移動を可能にするような条件、つまりは世界平和と国際貿易環境の整備とが欠かせない。・・・しかるべき世界的環境と、好適な対外関係とは、かくして日本の存立にとって、必須不可欠な前提となる。」

「ところがひとたび独立を回復し、ついで経済力をとり戻すに及び、敵対する二つの陣営に分裂した世界の現状で、自国の安全と、世界平和のために、どのような立場をとるべきかという問題が浮かび上がってきた。いかなる戦争にも関係せず、国際紛争にはかかわらないように努力することの重要性を疑う日本人は一人としていなかった。

「ここ数年間の世論調査は、自衛隊の増強や海外派遣にはきびしく反対しながらも、現行レベルでの存続については、圧倒的に賛成であることを示している。」

「アメリカとの同盟関係が、かってのような政治的熱情をひきおこす時代は終わったのである」

「このように考えていくと、自衛隊がはたしうる明確な軍事的役割などありはしない。国連の平和維持努力への協力なら考えられもするが、それとても、国際的な紛争には一切かかわりたくないという日本人の決意を思えば、いまのところは正面切って考慮の対象にはなっていない。」

「さらに一九六四年には、アメリカの強力な推輓が、ヨーロッパ諸国の不承不承を押さえ、日本はＯＥＣＤへの加盟を果たした。このように日本は一歩一歩、主要な高度工業国家の一員としての地歩を固めていった。一九七〇年代には、主要工業通商国家の首脳会議が開かれたが、米、英、西独、仏と並んで、日本の参加は自明のこととされた。イタリアとカナダが加わったのはそれ以後のことである。」

「そして現在の日本が、将来を遠望して期待を寄せているのは、知識集約度の高い産業である。」

「日本はいまや、先進工業通商国家群の、責任ある一員としての地歩を固め、世界の大半と、相互に取って利益のあるような経済関係をとり結んでいる。日本もやがてその成長率を、世界並みに下げていくことになろうが、それとともに、他国との経済的緊張も徐々に和らぎ、やがては一九六〇年代後期や一九七〇年代の初頭よりも、低い緊張レベルにおちつくものと予想される。」

「このように、日本の交易条件はときの経過と共に日本に不利となるであろう。加えて日本のもつ技術面での優位も、着実にそこなわれ、やがては現在の豊かさを増すこと、現状を維持することすらむずかしくなっていくことが予想される。エネルギーや資源が安価で、技術的な能力が世界的に不足していた戦後のほぼ十年間は、まことに平穏無事な日々であった。この日々が、再来する可能性は、ごく小さいとみるべきであろう。」

「これら、日本にとって基本的に重要な経済関係以外にも、三つほどの問題が存在する。その重要性においてやや劣るとはいえ、よほど真剣かつ想像力に富んだ対応が求められる。その第一は、共産圏諸国との貿易である。第二に、中近東の石油産出国との関係という難問、第三はいわゆる南北問題である。これは長い目でみれば、核バランスの問題を上まわる人類最大の課題であろう。」

「日本防衛の第一線は、決して軍事的次元ではない。国際協力が、はたして維持され、健全に伸びていくかどうかに、むしろそれはかかっている。・・・国際協力こそが、日本のもつ戦略上の第一線だからである。だが、実情はこの観測からほど遠い。日本人は、世界史的なドラマの観客であって、参加者ではないかのごとく、おどろくほど受け身である。だれかが率先して動きはじめないかぎり、じっとしており、他者の動きに反応するだけである。・・・日本人はいまだに自国を、なんとはなしに世界から隔絶した存在とみなしているからである。彼らは、世界が日本に対しなにを用意しているかを探ることには全力投球するが、世界の明日を決める上に、日本が大きな力をもっているとは、ゆめおもわないのである。」

「たとえば、日本人と他の先進工業国との間には、巨大な言語的障壁がそそり立っている。・・・国際会議場裏における日本人は、沈黙していることで名を売り、海外の同僚の事務所を訪れる日本人は、ニコニコするばかりで、何をいいたいのか了解不能という評価を受けている。仲間うちの気安さにみちみちた小さな島国を住みかとする彼らは、他国人の間に伍してくつろぐことはできず、また他国人をくつろがせるすべをしらない。国際関係での手腕力量に自信を欠くあまりに、ますます引っ込み思案になっては、不安と畏怖とに身を委ねることになる。これらの困難も克服不可能ではない。日本人が全世界との経済関係樹立に示した手腕と活力と成果とを思えば、なおさらのことである。」

氏は「言語の問題」についてはこの後二〇余ページに亘って、世界の言語について特に東アジア全体についての詳細な研究に基づいた議論をおこなっている。「日本語くらい、日本人を他者と明確にわかつ文化的特色は、ほかにない。と同時に、日本語こそは他者との関係を厄介なものにしている大問題なのである。」と。この部分は、氏がアメリカ人であってかつ日本語は母国語ともいってよいほど堪能であり、中国語もわかりまた漢文の文献も読むことができるという全く稀有の人であり、日本人の外国人との対応のつらさを身をもって理解できるからこそ、書けることであろう。英語圏の人で、日本人のこのような側面を深く叙述できるような人は他にいないのではなかろうか。書き出せばきりがなく、問題が局所的なのでここでは省きたい。ただ、氏がこの困難を克服するためには、「英語学習を始める時期が、中学一年では遅すぎる。小学一、二年で始める、テレビ番組ならさらに年少の児童を対象にすることができよう、これらの措置がとられるとすれば、十年足らずして日本の言語的障壁は少なくとも次代を担う若い日本人にとっては克服される問題となるであろう、」と言っていることを書き留めたい。

次の「隔絶感と国際化」の節はこれが本書の中で一番長い節で二二ページ余に達する。氏が日本人の持つ外国及び外国人に対する、それも国によって時によって変わる、さまざまの心情を詳細に記述している。また、アメリカ人、中国人、朝鮮人、黒人、駐日外国人、その他相手が同種でもいろいろ変容する複雑な心理や対応を述べていて、よくもまあここまで観察し理解しているな、と驚くのであるが、感心した文章は数が多くて、それらをいちいち取り上げるのも長くなるので、ここでは筋になる文章だけを選ぶことにする。

「私が考えているいま一つの障壁とは、日本人が自分たちのことを、他とは「隔絶」したユニークな存在とみなしている点である。国際的な生き方に大きくかかわっている諸国民の中で、日本人ほど、「われら日本人」と「外国人」との間に、はっきり線を引いている存在はなさそうである。・・・このような心的態度は、おどろくにはあたらない。日本語が他国語とは際立っており、地理的にも孤立の度合いが高く、・・・現代において、非西欧、非白人の唯一の工業先進国として存在していることに思い至れば、これも自然な帰結であろう。」

「彼らは自分たちを国際的この上ないとみなしており、現にそういう面もある。たとえば日本の学校ぐらい、世界中のことを広く教える学校は、他にあまり例をみない。・・・生活のあり方も、他国にひけをとらないほど、国際化された面をいくつかもっている。たとえば新聞であれ、テレビであれ、国際的なニュースはよくカバーされており、・・・国際主義への献身が日本人ほど熱烈で、逆にナショナリズムを日本人ほど目の敵にしている国民は、ほかにいない。・・・今日ですら、国旗が立てられる度合いはどの国より少ない。・・・ただ、彼らの国際性がどれほど皮相なものでしかなく、彼らの疎外感がどれだけ深いものであるかは、一皮むいただけではっきりする。日本人の多くは日本という国や同胞と完全に一体化している。そのために、「愛国心」ということばや、愛国心培養のためのシンボルを必要としないのである。」

「どうやら他国民に比べて、日本人はとかく、自分の民族的出自を片時もわすれにくいばかりか、自分を一個人としてではなく、全日本国民の代表とみなすという気負った姿勢がつよいように思われる。・・・オリンピック（の表彰）などでは、少なくとも西側の民主主義国の選手なら、個人的業績ととらえがちなのに反し、日本の選手は国家的栄誉という重圧を覚えるのが常である。」

「日本在住の外国人に対する日本人の態度をみれば、彼らの連帯意識と排他性とが一目瞭然である。外国人はいつまでたっても外国人、つまりは「よそ者」というのが日本人の思いこみである。この点では、アメリカ人との違いは鮮烈である。というのは・・・外国人はすべてアメリカ市民になることを欲し、現にそうなるだろう、と決めてかかっているのがアメリカ人だからである。」

「海外に赴く日本人はもとより、新しいスポーツを手がけるとか、なにか新しいことに手を染める日本人は、執拗なまでにきちんとしたやり方を身につけようとする。それはゴルフであれテニスであれ、カクテルの正しい飲み方であれ変わらない。人目に映ずる規矩の正しさをたえず気にする彼らのおもわくは、ときには、かえって逆効果をもたらす。外国語の習得などはその好例で、完全主義に陥っては舌が動かなくなるのが当たり前で、それでは外国語の習熟はおぼつかない。」

「近代の日本人がもちつづけてきたいま一つの懸念、欧米からの影響に抗し切れず、日本の自主性が押し流されてしまうのではないかという恐れがそれである。・・・一九七〇年代前半は、これらの問いかけが頂点に達した時期であった。日本人であることの意味や、世界に対する日本独自の役割が何であるかを自問する書物や雑誌記事が、つぎつぎに世に問われ、「日本人論」の名でよばれるようになった。」

「国内で上下関係に重点をおく日本人は、他国に接する場合でも、とかく上下優劣の次元で相手をみなすかたむきがある。これはどの国民にもある程度はあてはまることだが、日本人の場合にはその頻度も意識も高いといってよい」

「全般的に欧米を好むにもかかわらず、振り子が伝統的な日本的価値への回帰に向かうときは、必ずといってよいほど、汎アジア主義的な感情の台頭をともなった。・・・ただ、日本人の汎アジア主義的な感情には、これという実質が欠けていた」

「ソ連は、日本が伝統的に敵意を抱いてきたほとんど唯一の国である。・・・日本人の対アメリカ姿勢には、例の「愛憎併存症候」が歴然としている。日本の知的論争や野党リーダーの発言の根底に、深く根ざした反米感情を見てとることは容易である。だが同時に、つよい親米感情も存在するので、・・・したがって、もし日本人が他国民のどれかと、真の仲間意識をつくり上げたとするなら、それは、まちがいもなく、アメリカ人とである。」

「多くの他国民に映る日本の姿は、他者がつくり出した世界秩序に黙々と参加するだけで、軍事力を回避するという形で消極的な貢献こそはたしているものの、これという積極的な貢献はしていない存在、といったところであろう。」

「国際主義の方向に向かうために、日本が克服しなければならない障害はまことに大きい。・・・近ごろの若者には、あたかも新種を思わせるものがある。彼らは古いステロタイプの多くを無意識のうちに否定し、先人のもつ偏見や恐怖からもかなり自由である。・・・日本が隔絶感をはなれ、真の国際主義に転換していくのは、制度そのものの改良よりは、世代の交代に拠るところが多かろう、と思われるのである。」

最後の節で「日本の未来」という五ページの短文が述べられる。氏は日本の問題領域として、天災、自己管理、環境資源の三つをあげ、いずれも重要であるが、日本人が最初の二つの問題は、なんとか上手く対応していくであろうと、予想している。三つ目は国内に関するかぎりは、問題解決の兆しがみられる。ただ世界規模での問題は日本単独では解決不可能であり、世界各国民の協力への意思と、目標達成のための国際的な手腕に依拠せざるをえない、と。そして、氏が最重要課題としてとりあげるのが、次の記述である。「となると、第四の問題領域が出てくる。国際間協力がこれである。・・・他国であれば、広範な秩序の攪乱や、長期にわたる戦闘行為―むろん核兵器による終末戦は除く―にも耐えうる可能性がある。しかし日本は耐ええない。・・・むろん国際間協力には相手があり、日本人自身の態度いかんでことが決まっていくわけではないが、それにしてもこの次元での日本人の成績はお世辞にもかんばしくはなかった。・・・その根源が、自分たちを他と隔絶した特異な存在とみなす点にあることは、まだ気づいていないかもしれない。」

「彼らは日本をもって、欧米工業国の伍した唯一の「東洋」の国とみなしている。そこで東洋と西洋との仲介者としての役割を自らにみようとする。しかし、・・・単一な「東洋」などありはしない。」

「しかしながら、日本はまことに意義深い役割をはたす能力を潜在的に有しており、しかもそれは日本が強大であるという事実にのみ由来するものでなく、それを超えたユニークな事実に起因する。（すなわち）戦争を放棄し、小規模の自衛隊を保有するにとどまっている、という事実である。」

「たしかに私は、本書で日本の伝統的な孤立と、相も変らぬ違和感に焦点をあててきたし、一部の他国民にくらべれば、

（日本が）最終目標から隔たっているようにみえるのも事実である。だが、一世紀半前の出発点を思いおこすなら、日本人の進歩の方がより大きかった、ともいえそうである。言語面での大きな障害を思い、心中深くしみついた孤立感を考えれば、それは長く、きびしい道のりであった。」

「日本はアメリカ、それにある程度までは西欧との間にも、広範かつ密接な協力関係を作り上げることに成功したが、この関係こそ、いまだに世界を分かつ文化と人種の差を埋め、平等の原則のもとにみごとに構築されたものとして、世界史上さいしょの例である。この関係は、決して完璧でもなければ十全でもない。だが、やがて全世界の人々を包みこまずにはおかない関係の、先鞭をつけるものであることも事実である。」このように、氏は、日本に対する比類のない好意と激励と共に、未来の世界における日本に期待をもって、この長大な本を終えている。

日米首脳会談の際

（１９６１年）

桜田門前の夫妻

（１９７９年）

以上、この本があまりに多くの主題を取り扱っていて、多くの論点を含み、そのことの流れをまず述べるには、私が書く文章より、直接の文の引用のほうが正確で良いと判断してこんな形になった。少なくとも私の感性に響いたところを不十分は承知で書き並べた。感想にも批評にもなっていないのであるが、ともかくいろいろなことを考えさせられる。あれから三〇年、氏の予想も細かく見れば、見事に当たっていることもあれば、違った方向に展開していることもある。例えば、ソ連の崩壊、ヨーロッパ共産圏の変貌、そしてここ数年でイスラム圏の国々の存在感は世界の問題の中で非常に重要な要素となるにいたっている。日本も平和活動に限るとされているが海外への自衛隊の派遣に踏み切った。また、ここのところ、首相の靖国神社参拝の問題で、中国、韓国との関係が悪化ということを除くと、日本の政治に対する、国民の関心はもっぱら年金、医療、経済格差是正など内政に関することばかりとなっている。また、世論調査では指導者に、調整というより理念や指導力を求める気持ちが強くなっている、と出ている。日本人の意識も少しづつ変わっているのかもしれない。しかし、これは、いつも歴史に見るその時々の振り子のゆれ程度のものかもしれない。世界の政治情勢は変化するにせよ、日本人の性格、行動の特徴を、そしてその見方を一方向に偏することなく、実は日本人といってもいろいろな要素、人、集団による多様性を内包していることを、見事に書ききったものとして本書の普遍的価値は本当に素晴らしい。

氏の書いた本にはこれ以外に『日本の過去と現在』、『ライシャワーの日本史』等があり『ライシャワー自伝』（原題MY LIFE BETWEEN JAPAN AND AMERICA）がある。彼の父は新渡戸稲造と共に東京女子大学を創設し、母はライシャワー氏の妹フェリシアが聾者であったため、日本で唯一の聾話学校を発足させた。ライシャワー氏は一度も両親の宣教活動を継ごうとは思わなかったと書いているが一九二三年の関東大震災は軽井沢の別荘で経験したとある。一六歳で日本のアメリカン・スクールの高校を卒業し、在日の両親と離れアメリカに船で渡った後、オハイオ州オーバリン大学で四年、やがてハーバード大学大学院で二年、氏は東アジア研究を志した。その後二年間のパリ遊学で、ヨーロッパの各地を巡り一九三五年シベリア鉄道で日本に戻った。研究生として最初東京帝大で、一年後京都帝大に移り、九世紀半ばに唐に留学した慈覚大師（円仁）の日記の翻訳を主題とした。後年氏はこれで博士号をとることになる。この間、日本は軍国主義の肥大化がどんどん進み、氏は三六年の二・二六事件を見たり、特高の執拗な監視をうけている。三七年同じく日本研究者であった兄が上海に出張中に中国の誤爆で死去するという悲劇にあう。やがて朝鮮に二ヶ月、中国に七ヶ月間滞在し、革命前の悲惨な中国人の生活を目撃している。三八年アメリカに帰国後、ハーバード大学でポストを得て日本および東アジア研究者としてアカデミックな生活を続ける。太平洋戦争時はアメリカ軍部の依頼で暗号解読や日本語教育に従事し、日本理解にも協力し、この時の経験が古い歴史の興味から現実の日米関係についての氏の考察・活動へのきっかけとなった。三人の子供を育てた妻を亡くした氏は、明治時代、蔵相、首相を勤めた松方正義公爵の孫である松方ハルさんと四五歳の時に再婚する。日米安保騒動の余韻さめやらぬ時期にケネディ大統領の要請で約五年半に亘って駐日大使を務めたのであるが、（多分、空前の反米運動を見たアメリカ政府にとって、日本を最重要視した人事だったことは疑いない）これだけ深く日本を理解していた大使は前にも後にもいないであろう。

日米の相互理解を終生の念願とした氏は駐日大使を務めていた一九六四年に、精神異常者の暴漢に襲われて大量の輸血をし一命を取り留めた。当時の池田首相はじめ多くの日本人はこの事件に大いに恥じ入ったが、ライシャワー氏はこの事件が日米関係の傷になることを心配し、入院直後、即座にこの事件が日本に対する彼やアメリカ人の態度をいささかも変えるものではないという趣旨の声明を発表した。また「日本人からたくさんの血をもらったから、これで私は本当の日米の混血児となった気がする」との冗談は一瞬人々を笑わせると共に、また深い感動を与えた。しかし、この時の輸血が原因で血清肝炎となり終生苦しんだとのことである。アメリカのヴェトナム介入に当初から反対の表明をしていた氏の努力も空しく戦局が進みつつあった六六年に周囲の反対を押し切って超多忙な大使の職務を去った。帰国後、ハーバードに戻ったが、有名人になってしまった氏は、大学での教育だけでなく委員会、講演、テレビ出演などの忙しい対応、そして多くの著述の仕事が続いたようだ。日本にも何回も呼ばれて夫人と来訪している。七五年に脳卒中に倒れ話す能力が大幅に減殺された後、『ザ・ジャパニーズ』を書いたという。「私が書いた物の中で最も優れている自信があった」と自伝に述べている。晩年は、以前の東海岸の生活から日本に繋がる太平洋を臨めるカリフォルニアに新居を構え、一九九〇年、その見事な生涯を七九歳で終えた。

この本は、氏が書いた畢生の大作であり、総括的ライフワークといった趣がある。世界の外交官がすべて氏のような人たちであったならば、どれほど相互理解がすすむであろうか。願いがかなうことではないが、氏がずっと何十年でも駐日大使を続けて欲しかったとの思いがする。アメリカの政治における人の起用というのは、ダイナミックで感心するのだが、その後、カーター・レーガン時代に一一年間、駐日大使を務めたマイク・マンスフィールド氏も上院院内総務を一六年もの長きにわたって務めた優れた政治家だった。日本では大使館は政府における国の事務的な出先機関であり大使の地位は軽いし、国民の外務省に対する信頼感も評価も、勿論例外はあるものの一般に非常に低いと思う。私自身もアメリカ滞在中、困ったことが起こりシカゴの日本領事館に相談をしたことがあったのだが、それに対する応答のそっけなさに腹が立ったことがあった。パリの日本大使館も同様であって、彼らは一般の日本の在外者のことなどには、全く関心がない。確かにそのような業務は、役人センスから見て本省に全くアピールしないつまらない仕事ということだろう。大使として、氏が如何なる心で、取り組んだかは自伝の二八節「大使の仕事」に詳しく書かれている。本国への打電で最後に「ご指示を待つ」と部下が書くと、氏は怒りがこみ上げ何度も署名を拒否した、と書いている。「外務官僚の責任回避は自己防衛本能であろう、と理解するものの、我々以上に日本の状況を理解し適切な勧告を行いうるものはどこにも居ないのである」、と言い切れる氏の自信は当然であるという気がする。

日本では、外交官が深く信頼されて長く重要なポストにつくというようなことは絶えてなく、単なる役人のもちまわり人事の域を出ない。外交問題で大使が重要な役割を主体的に果たす権限も殆ど与えられていないのであろう。日頃は本国への単なる情報収集と伝達役であり、パーティの連続による日常接待外交と政治家、役人の会議や視察旅行の世話に追い回されるという話はよく聞くことである。

一方、政治においても外交の専門家では選挙に勝てないということで、その専門で経験もあり見識もある政治家が育たない、ということがある。これは国民が選挙の際に政治家に期待する事項に、外交への見識などが全く存在しない、逆にいえば候補者からみたら外交は票にならないという、いわば政治に対する民度というものが反映しているといえる。日本では大概の政治家が日頃から十二分に考えて相手国と深く交流していないから、なにか外国との問題が起こると一挙に感情的になり、それによる情緒的表出に走るという事態に陥りやすい。マスコミもこれに追随しがちである。国際問題はこれからの日本でもっとも大きな政治的課題であり続けるのだから、このような風土を今後変えていかなければならないと思うが、どのようにしたらよいのであろうか。私はやはり人材の問題であり、当面の外交政治の次元もさることながら、民間の交流も含め、多くの人が国際社会に出て、時間はかかるであろうが、経済交流、文化交流（これは、外交官、企業経営者、貿易関係者に加えて、科学者、技術者、芸術家、非政府組織、マスメディア、スポーツ関係者、旅行者を含む多くの市民）を進め、少しでも自然体で活動ができてゆくことの積み重ねが本質的ではないかと思う。そのような地道な努力が国民の意識を次第に変え、政治にもやがて反映していく、ということを期待するほかないのではないかと思っている。

1．もっとも、ベネディクトの本は、戦中にありながらアメリカ人が日本をよくここまで研究したものだな、といえる社会構造学的労作であり、誤った解釈も多々あるが、鋭い指摘を含み、実証的資料に基づいて科学的な敵国分析を冷静に行っていた事実は、これだけでも当時の彼我の指導者の姿勢、能力の圧倒的な差を痛切に感じさせられる。西洋と日本を「罪の文化」と「恥の文化」で対比させるという側面が強調されがちだが、私はむしろ「修養」の章における日本の宗教観、神道と仏教、儒教などで多く日本人が宗教を自己鍛錬の場と考えるという傾向がある、という指摘に深く共感をおぼえた。

城山三郎　『落日燃ゆ』

はじめに

一九八一年日本に帰って再び旧職に復帰した私は、外国での研究成果をまとめたり、学会での報告や講演でかなり忙しい日々を送った。また日本では今後どういう研究をするべきか、という考察もあり、アメリカでの研究の継続ができるような条件は全く日本の実験施設で直ぐには期待できない、ということもあって、また模索の時期を迎えた。その合間にも日本人であることを取り戻しかったのか、かなり手当たり次第に本を読んだ。いろいろな種類があるのだけれど、その中に一橋大学経済学部出身で初めて経済小説なるものを開拓したといわれる城山三郎氏の小説群がある。『役員室午後三時』、『小説日本銀行』、『真昼のワンマン・オフィス』、『官僚たちの夏』、等がそれである。私はその後も氏の本をここ二五年間ぐらいの間に、少しづつではあるが、コンスタントに読んできた。氏の書いたジャンルというのは、（というより私が読んだ、との但し書きつきであるが）、他に二つある、それは一つが、氏がその生き方に共感も持って書いた個人の評伝、ここにあげた広田弘毅の『落日燃ゆ』、浜口雄幸の『男子の本懐』、をはじめ、渋沢栄一の『雄気堂々』、石田礼助の『粗にして野だが卑ではない』、石坂泰三の『もう君には頼まない』、等である。もう一つは、短文の評伝の集録、またはこれぞと思った人達との対談でいずれも実業界のトップでいた人をその多くの対象としているもので、『静かなタフネス十の人生』、『男の生き方四〇選』、『人間学対談』、『軽やかなヒーローたち』等、といったものである。

氏の作品は一遍に立て続けというより、何年かするとまた読みたくなるといった風で間歇的にそろそろまた読もうかなという気分にさせる性質をもっている。それは常に優れて現代的であるし、また仕事で勝負せざるを得ない男にとって、主人公の気骨のある生き方が自分の背中を押して励ましてくれるという意味で、快い読後感を与えてくれるからである。考えてみると、氏の興味の対象者に私のような学者、研究者といった同業者はいない。それがまた読むときの主人公と私自らとの、程よい距離感ともなっている。もし、同じような職業の主人公であると、もっとはるかにいろいろな意味のこだわりが出てきて、気楽に読めなくなってくるのは目にみえているからである。またふだん付き合いがなく遠い存在の経済界、財界を知る意味で、私の野次馬的興味をある程度満たしてくれてきたからともいえる。いまや私は氏の作品名でいえば、停年退職後五年目、普通名詞になってしまった『毎日が日曜日』の状態に、少なくとも形の上では近い立場である。しかし、そうなると一日が貴重に思われ『今日は再び来たらず』と日々を大切にすごさなければ、との気持ちもひとしおであり、『男たちの好日』とは何かと自問自答する毎日でもあるのだ。

城山氏の多くの作品の中で私にとってもっとも後に残るものといえば、ここに取り上げた作品である。『落日燃ゆ』は第二次世界大戦後の東京裁判でＡ級戦犯に指定された中で死刑となった七人の内で、他の軍人出身者と異なりただ一人の文官であった広田弘毅氏の物語である。小説であるから、氏の解釈を含めたたぶんに主観的なものではあるが、ノンフィクション小説の評伝として、大戦前後の緊迫した時代背景もあって一気に読ませる迫力がある。

城山氏は、巻末にある主要参考資料だけでも五十冊以上の本を読み、それに基づいてこの評伝を書き上げている。一つの作品を仕上げるのに、作家が精魂をかけて事に臨んでいる事実に感心する。全編を通じて広田弘毅伝記刊行会の『広田弘毅』が一番よく引用されている。昔の有名人では、多くの人においてその威徳を偲んでか、関係者によるこのような刊行会による記録がある。

広田弘毅の青年時代

福岡の石屋の息子に生まれた広田氏は、学校での成績がよかったが、それだけでなく、町の禅寺に通い、玄洋社の経営する柔道場へも休まず通い、またそこで漢学や漢詩の講義なども聞いて、国のために有用なる人間になるべき精神を若くから涵養された。中学のとき日清戦争が起き、講和後のロシア、ドイツ、フランスによる三国干渉で、獲得したばかりの遼東半島を清国へ還付しなければならなくなった事実が、それまで軍人志望であった氏を外交官志望に変えた。

(全くの余談であるが、玄洋社は頭山満氏を代表とする、もともと自由民権運動から発した政治結社で、時によると国粋系右翼団体とも言われる。私は中学の頃から、渋谷警察署で、日曜午前に神道夢想流杖道を、警視庁杖術師範であった清水隆次先生について習っていた。神道夢想流は流祖が戦国時代の夢想権之助で、福岡黒田藩の秘術として三〇〇余年伝えられたものであり、警視庁でも採用された。私は大学卒業後まで、約一〇年修行を続けて、年に一度の日比谷公会堂で開かれた日本古武道大会にも何回か出場した。この流派の後援会、全日本杖道連盟会長は頭山満氏の二男の頭山泉氏で、副会長の一人はかって最後の玄洋社社長で中野正剛氏の秘書でもあった、当時衆議院議員、後に福岡市長になった進藤一馬氏であった。玄洋社は終戦直後アメリカの命令で解散となった。広田氏は玄洋社の志士、月成功太郎の娘を妻に迎えたが、生涯、玄洋社のメンバーにはならなかった。勿論、私は思想的に何の影響を受けたわけでもないが、この本を読んで玄洋社と聞くと、杖道連盟にいたあの人達の古い流れだ、と気がつき親しみを感じた。)

氏が早くから親友たちと啓発しあい一高に合格後も五人の仲間と共同生活をして国家への寄与の道を意識し切磋琢磨を志した、という積極性には、立国への精神が横溢していた昔の若者の力強さを感じる。現在のように、体制が大きく確立し社会が巨大な存在となっている状態での青年の精神状態とは大きな相違である。一つには、旧制高校生の人数も少なく、入学してすでに少数の指導階級の一員であるいう選良意識を早くも持っていたのだろう。

東大で一度外交官試験に失敗したが、尊敬する郷里の先輩山座円次郎の世話で外務省嘱託となり、京城に渡って経験を積み翌年、八名の合格者中首席で合格したという。同期にいろいろな意味で終生の盟友でもあり宿縁の友とも言うべき吉田茂氏がいた。その後広田はロンドン在住五年を経て、山座中国公使の意向で中国に赴任しようとした矢先、山座氏の急逝を知る。その二ヶ月後、第一次世界大戦が起こり日本も参戦、膠州湾閉鎖、青島占領、対支二十一ヶ条要求、という風に日本は大陸への拡張政策をとるにいたる。この時、広田は、反対意見であって尾崎行雄法相に、加藤高明外相への説得を頼んだりしたのだが、一課長の身ではどうにもならなかった。吉田も反対意見で、彼は安東県領事だったが中国各地の領事たちに呼びかけて反対運動を起こそうとしたが、中途で漏れて不発に終わった。二人はこの頃からよく相互に話し込む気の合う仲であったという。

城山三郎氏

外交官として

この本では、広田と吉田というそれぞれ後年日本の政治に大きな影響を与えた外交官をあちらこちらで対比させながら記述している。日本の国運を担う強い使命感を持った二人であるが、両者は立場、性格とも大いに異なっていた。係累には特に後ろ盾もなかった広田と異なり、吉田は大久保利通の次男、内大臣牧野伸顕の娘が妻であり、その強みが随所で彼の大胆な決断や上司に対する反抗、独自の行動力を支えた。また、黙々とおのれの職務に徹して励み、自分の利益を求めるような言動は慎み、城山氏の表現でいう「自ら計らわぬ」態度の広田に対し、当時の事務次官幣原喜重郎に疎まれて再び中国のはずれの済南の領事に左遷されても、牧野に頼んでパリでの第一次大戦の講和会議の随行団にもぐりこむなどという積極性を発揮した吉田とは、その政治性において全く違っていた。戦後に活躍の吉田にはるかに先んじて後に外相、首相ともなる運命であった広田ではあるけれど、彼の本質は世に言う政治家とは程遠く、国家への忠勤に徹する地道な行政官僚であったと思う。

華やかな出世街道を進み閨閥関係も抜群な幣原喜重郎や、その秘蔵っ子で元外相の小村寿太郎の女婿で同じように日の当たる要所要所に据えられる広田の東大同期、外務省一年先輩のライバル佐分利貞男などとの対比が描かれる。名門と栄誉と社交に代表されるような外交官の生活は広田には本質的になじめないものであった。中学時代からの無二の親友で大学、外務省と同じ道を歩んでいた平田の死で身代わりにワシントンで一年、帰国して情報部課長、次長など陽の当たらぬ場所で地道に務めその執務ぶりと相手によらずの分け隔てのない態度で記者たちにも人望を培って、皆から「いつか大物になる」という評判ができていた、と書かれている。ポストはその時の政局やタイミングで決まる側面が強い。広田は第二次山本内閣で欧米局長に抜擢されたが、倒閣で一年後、義兄加藤高明首相のもと新外相となった幣原の人事で五〇歳でオランダ公使という魅力のないポストに回される。一方の好敵手佐分利は通商局長、条約局長、支那関税会議の随員と相変わらず目立つポストを歩み続けた、とある。昭和に入った当時は、中国では蒋介石の北伐軍、日本の済南占領、関東軍の暗躍が始まり、張作霖爆破事件などと続き、外務省では中国関係がもっとも重要視されていたようで、佐分利は幣原の命で駐支公使となった。二期先輩の松岡洋右は東大閥主流の外務省に愛想をつかしてやめ、南満州鉄道の理事になった。吉田は天津総領事三年、待命を経てスウェーデン公使あたりを期待したが、また奉天総領事ということになって落胆した。ここら辺は、いわゆる官僚の出世競争の世界で、上司の命令に翻弄されるそれぞれの群像を城山氏は丹念に追っている。命令とあれば、それも一興と淡々とそれを受けしかしその職務に全力を尽くす広田と、奉天赴任の際、加藤首相からの紹介状というお墨付きを要求し、大物総領事という触れ込みで乗り込んだ吉田とは、ここでも大きく異なっていた。社会の組織の中では、どの世界でも類似の、個人間の競争というものは避けえない。会社であろうと、大学であろうと。しかし、官僚の世界というのは、特にポストが権限を決めるし、それと独立に論文や作品がその人の評価として残るわけでもない。大きな実績を残そうとすれば、上のポストに行かなければならない。出世が自己目的になりがちな世界である。それはある程度必然であり、好きになれない世界だなと思うけれども非難はできない。

広田が社交に向かない妻を日本においてオランダ単身赴任の間に、吉田は自ら売り込んで外務次官になった。佐分利は箱根のホテルで謎の死を遂げる。広田にも、離日中の母の死、三年間の任務を終えての帰国途中で、次男が旧制高校受験三回目の失敗直後に自殺したとの報をうけるなどの悲しい知らせがあった。特に息子の精神的動揺の時に家族の身近に居られなかった彼はどんなに痛恨の思いであったか、父としての気の毒な思いに襲われる。昭和五年、広田は駐ソ大使として赴任、下関に向かう東京駅頭で見送りの幣原外相と話している最中に、偶然、浜口雄幸首相の狙撃事件に遭遇する。ロンドン軍縮会議での海軍補助艦艇の保有量をめぐっての軍部の不満、国際協調主義で会議の決裂を避けるべきだとする浜口内閣、軍部は統帥権の干犯としてこれに強硬に反対、極右団体の一員のこの首相襲撃の結果、浜口内閣は倒れた。やがて吉田はイタリア大使に転出させられる。また広田がモスクワ赴任してまもなく昭和六年満州事変が勃発している。この頃から日本の軍国、大陸膨張政策が、行政府の思惑とは独立に、関東軍によってどんどん進められていったのである。

ソビエト大使二年の在勤中、広田は関東軍の進出を背後にしての東支鉄道の管理問題、ソ連との領海問題などの交渉で疲労困憊して、帰国後一度退職引退することを申し出ている。五・一五事件の後の昭和七年で、数えてみると五四歳のときであるから、随分若くしてで、彼が政治的野心など全くなかった人であったことがよく解る。外務省は前例のないことであるからとして、彼を「待命休職」の扱いとした。鵠沼に小さな家を建て、悠々閑居の生活をして、しかし、読書に明け暮れ時局に対する注意を怠らないで御意見番的存在に徹しようとした。

外相、首相、そして外相として

そのような広田が、外務省内の圧倒的な人望のもとに第二次斉藤実内閣の外相に懇望されて着任したのは、昭和八年九月であった。この時もそれに色気を示したのはむしろ吉田であったと書かれている。自らポストを求めるより、この頃から常に求められて同期生の最初に昇進ポストが与えられていく広田の道程を見ていると、秀才の典型で皆に押されて昇っていく能力と人徳のある人だったと思うと同時に、それが品格でもあるけれど、つくづく受身の人生であって、それが後年の悲劇に結びついたのだとも思う。これ以後、広田は岡田内閣でも引き続き外相を勤めたが、外務省の協調外交は常に陸相、海相の軍人閣僚、それを押す軍部の対外強行路線に押され続ける。昭和一一年の二・二六事件の直後、近衛文麿に辞退された元老西園寺公望の奏薦によって、使者吉田にも当初辞退した広田が、西園寺の再三の懇請でついに首相の座についたのが三月であった。吉田の外相をはじめとする閣僚の案を殆ど陸軍に反対され変更せざるをえなかったところから出発したのだが、その後も事毎に陸軍の強硬な反対があり、ついには議会での有名な浜田国松の腹切り問答に窮した寺内陸相の国会解散要求から、一年を経ずして閣内不統一ということで、翌年二月に内閣総辞職ということになる。

一方、広田内閣の組閣の時点ですでに軍部の反抗に嫌気がさし、調整会議も真っ先に欠席した吉田は、広田の好意で、大公使序列トップの駐英大使となり、この間ロンドンで嫌な軍部中枢の顔も見ることなく生活をエンジョイしたと書かれている。既にヒットラーやムッソリーニに全く価値を認めず信頼もしてなかった吉田は、ドイツからきたソ連に対する防共協定の提案に対しての外務省からのイギリスへのとりつぎをも全く無視した。しかし、やがてこれが軍部主導の日独伊の三国同盟に発展していく。ここいら辺もなんとか軍部との妥協の道を探そうと努力する広田と、嫌なものは嫌だと突っぱねる吉田とは、全く対照的である。ある意味で温厚な広田の弱さと、吉田の硬骨漢ぶりが際立つのである。首相を退いた広田は、以後、完全隠退を望み、位階勲等の返上と恩給の返上を申し出た。「恩給まで返上してどうして食っていくのか」の問いに「できることなら田舎の学校の先生をしたい。だめなら習字でも教えて生活する」と答えたとの挿話をよむと、彼のこの上もなくすがすがしい気持ちにこれが一国の首相であった人かと感嘆する。

後継内閣に関する陸軍中央幕僚の専横は進み、宇垣一成大将への奏薦は陸相を出さないという抵抗で流産、わずか数ヶ月の林内閣の総選挙惨敗による総辞職の後、他に人なしということでついに昭和一二年六月、軍部からもお気に入りであった近衛文麿内閣となる。そしてなんと広田はまたも懇請を受けて若き名門宰相の支えとして、外相を引き受けるのである。そしてこの事が極東裁判の広田の運命を決めることになった。発足してすぐの七月、北京郊外、蘆溝橋での日中両軍の衝突事件が勃発する。この後、中国への三ヶ師団の増強を主張し、反対意見にはことある毎に辞職をちらつかせながら迫る杉山元陸相などとの苦心惨憺の攻防が閣内で続くのであるが、広田の停戦、和平へのさまざまの努力もむなしく（城山氏は広田がどのような提案を行い、閣議や諸外国に対しいかなる行動に出たかなどを、非常に丹念に記述している。）華北、華南の戦線は拡大の一途を遂げる。一二月に近衛に辞任を申し出た広田は改造まで待てと言われ、昭和十三年五月の内閣改造でその職をおりた。結局広田が第一次近衛内閣で外相を勤めたのは、わずか一年足らずで、彼は、再び鵠沼の質素な別荘に戻ったとある。

大臣職を離れて大戦まで

改造近衛内閣が六ヶ月、平沼内閣が六ヶ月、阿部内閣が四ヶ月と短命、続いて米内内閣で広田は内閣参議（顧問）となっている。半年でこの内閣が倒れると広田は首相を選ぶ重臣会議のメンバーになり、重臣会議の奏薦によって第二次近衛内閣が成立し、この内閣は昭和一五年七月から翌年七月まで約一年続く。開戦前夜の正に混迷の政局が続いたわけである。かって「英米本位の平和主義を排す」という論文を書いた近衛は、その後国際連盟脱退の主役を演じた松岡洋右を広田の忠告も受け入れず外相に起用したのだが、松岡は外務省の大幅な人事刷新で、穏健派を入れ替え革新派の若手を起用して広田色の一掃をはかった。また日独伊三国同盟を成立させ、日ソ中立条約を結んだ。ここまで積極的な松岡に恐れをなして、近衛は内閣を総辞職、第三次近衛内閣は一六年七月にスタートした。近衛は日米交渉の成立を期していたのだが、時すでに遅くアメリカの中国からの撤兵の要求も軍部の反対で暗礁に乗り上げ、近衛は三ヶ月で政局を投げ出した。最後の切り札が投げ出した政局を、引き継ぐ人はもはやいないに等しかった。結局、特に陸海軍をまとめうる人ということで、木戸内大臣の推薦で東条英機陸相がこの任にあたることになったという。広田はこの時自宅で「東条という人間を自分はよくは知らない。内大臣が話がつけられる人というので、それでいいと思う」と述べたという。

こうして日本は一二月八日の開戦へと突入していったのであった。明治憲法の下で、天皇直属の軍隊が統帥権のもとに独自の判断、方針で、行政府、立法府を無視して独走、絶えずその突出行動に反対しながらも結局それに追随せざるを得なかった国の指導者群、そして開戦直後の到る所での戦勝報道に沸き、その後の苦戦、敗北の連鎖にあっても本当の情報には目隠しされていた国民、最後まで本土決戦を唱えていた軍の強硬派も、広島、長崎の原爆で、完全に息の根をとめられた。城山氏はその後、戦時中の広田の言辞についても克明に記録から拾っているが、もはや時の流れの中では、いかんともしがたい状態だった。

第二次大戦の経過はさまざまの人達によって、多くの本や論説が書かれている。実際に軍隊に居た旧軍人から、親族を戦争で失った一般庶民による悲痛な思い出に至るまで。敗戦六〇年を過ぎた現在では経験者である人の本はさすがに減っているが、大戦の研究者による出版は相変わらず多い。終戦後、学徒出陣した学生の『きけわだつみの声』、戦争末期の「神風特攻隊員」、「沖縄ひめゆり部隊」、の物語等、は何度も映画化された。大戦の軍事的展開を分析、総括したもの。一銭五厘の葉書で召集された多くの国民の手記、今も太平洋戦争研究会といったグループもあり、数多くの出版物が出ている。勿論多くの戦争文学といったものが終戦後からさまざまの立場で書かれた。

私は戦争体験といえば、三歳の時、東京大空襲で杉並の家を焼け出され家族とともに畑の中を逃げ出している最中、焼夷弾が夜空に光っていたのを、ぼんやりと覚えているだけである。だから、戦後の東京での貧しい生活は毎日の事として実感しているが、上部構造の進展、極東裁判の結果などは年とってからの過去の歴史として知るのみであり、東条英機の名は子供の時から聞かされていたものの、広田弘毅などの存在はこの本で初めて知ったくらいであった。

東京裁判（極東国際軍事裁判）

二〇年の終戦、ポツダム宣言受諾による無条件降伏は、日本の指導者を占領軍の前に丸裸の無力な存在にしたと言って過言ではないだろう。以下城山氏は広田の死までの経過について七七ページに渡って克明にその経過を書いている。裁判の事実経過とともに、戦犯とされ巣鴨拘置所に収容された人々の生活、個々の人達の言動が事細かに記述されている。他の多くの軍人と異なり、裁判においても一切の弁明をせず、面会に来た親族にたいしても、教誨師に対しても常に淡々と自分の運命を受け入れる広田の態度は一貫していた。

事実問題として彼が死刑となったのは、戦争遂行の決定に誰か非軍人、文官が関与した筈だという、西欧諸国では当然とされ常識であった観念の犠牲になったのだというのが妥当な解釈であろう。開戦直前の首相であった近衛は既に自殺し、次は当時の外相であった広田、その後の開戦時は軍人首相東条だから、文官一人は責任を、というのであればいかに協和政策に奔走したといっても形式上は彼が何らかの関与をした筈だ、ということのようだ。広田の政治行動を見れば、彼が戦犯になること自体まったく理解できないし、裁判の進行を見ると裁判長の議論の進め方は予断に基づいた不公正そのもので、その理不尽さに強い義憤を覚える。また、戦勝国の一方的裁判として東京裁判そのものが、当時の国際法に即しても全く違法であった、というような議論がある。しかし、それは無条件降伏を受け入れる日米講和条約を結んでその中で東京裁判を認めたので、以降の日本の政治の流れから、久しく問うことのできない問題であった。実際には、その後、同じ講和条約に裁判を行った国の過半数が認めた場合は赦免できるという条項があることから、政府が諸外国に何度も働きかけ、国会も決議をして、A級戦犯は昭和三一年三月までに、B級C級戦犯は昭和三三年五月までに全て赦免、釈放されている。刑死した方の遺族にも恩給が支給されるようになったとのことである。しかし、死刑になった人達の命は還らない。（B級C級戦犯では一〇六七名が死刑に処せられたという。）

「日本は英雄を必要としない。われわれは、天皇の手足となってお手伝いすればよいのだ」と、外相時代、よく部下にいっていたという広田、天皇陛下万歳といって死んでいった多くの戦闘員たちと同様に、天皇という言葉はともかくも、日本という自らの国に対する忠誠を自分の使命として、彼は従容として自分の運命を受け入れた。裁判が進み、判断の足手まといになってはと、先に自死をとげた広田の妻もいたましいが、その報を受けて広田はもういつでも後を追えるという覚悟がいや増したのであろう。その後も家族宛の手紙は常に妻宛てであった、という話に美しい夫婦の心の絆を感ずる。

広田弘毅氏

吉田　茂氏

それに比し、盟友吉田の運命はこれまた対照的である。憲兵隊に拘留されていた彼が戦後処理で担ぎ出された東久迩宮内閣の外相になり、連合軍総司令官マッカーサーと会い、すぐ直後発足した幣原内閣でも引き続き外相となって戦後の困難な日本の政治の実力者として活躍し始めた。幣原のもと新憲法作成の草案が作成された。（憲法の作成については、アメリカの監視下で行われてどこまで自主憲法であるかについてはおびただしい議論がある。）総選挙を経て幣原の天皇への内奏で鳩山一郎氏が自由党総裁として首相にならんとした数時間前、総司令部による公職追放処分となり、昭和二一年五月、吉田に自由党総裁・首相の座が転がり込んできたのである。昭和一一年の広田首相就任から実に一〇年後のことだった。

戦争責任の取り方について、またそれ以上に自らの生死の問題は、考え方によってさまざまである。戦時中では自ら指揮した戦いの失敗で自決した南雲忠一中将や沖縄守備隊司令官牛島満中将、敗戦の玉音放送後においては、元首相近衛文麿、橋田邦彦文相、小泉親彦厚相が自決している。本庄繁関東軍司令官、自ら特攻機に乗った宇垣纏中将、死後夫人も後を追った元陸相杉山元、本土決戦主張だった陸相阿南惟幾、神風特攻隊生みの親大西瀧治郎中将など敗戦となって自決した人は数多い。これらは私が本などでいつのまにか知った上層部の有名人であるが、それ以上に戦時中はサイパン島の万歳クリフの話の如き「生きて虜囚の辱しめを受けず」と自ら命を絶った幾多の例、またオーストラリアのカウラ収容所の五〇〇人以上の実質的集団自決（自決するには銃玉が足りない為、集団脱走による敵の銃殺を選んだ）など、無数の人が自ら死を選んだ。また終戦時、自決した人は日本全体で七〇〇名を越えるともいう。敗戦を聞き皇居前広場でひざまずき悲嘆にくれ泣き叫んでいる無数の人たちの写真を見ると、国民の大部分が「お国のため天皇のため」と一丸になっていたのは事実であろう。如何に醒めた見方の声なき声、あるいは当初からの戦争反対者、開戦直後日本の敗戦を確信していた人が少なからず居たとしても。

これらの人々の自決の動機も一様ではありえなかったであろう。単に命を賭けた戦いの敗北に絶望した為というのもあっただろうし、親子を含む親族の死から立ち直る希望を失った場合もあろう。多くの若い部下を死なせ自ら生き残った責任を、というのもあろう。多くの国民を死に至らしめた体制の指導者であったことに対して死ぬことが責任の取り方の一つではあろうが、広田においてはこの時期、周囲の動きに対して一切「自ら計らわぬ」ことによって、覚悟の死を選び取ったのだ。

成績優秀なだけでなく、温厚篤実な、そしてどの人に対しても変わらぬ誠実な態度で多くの人達の人望を集めた広田弘毅、最初の斉藤内閣に引き続き岡田内閣の外相を勤めた時に、芦田均氏に対する議会の答弁で「私の在任中に戦争は断じてないということを確信しております。」と言い切った彼は、時代の流れの中で、不遇なる死を遂げた。大変な時代であった。国への滅私奉公的な、状況に対するいつも受身な生き方に、ある種の弱さと物足りなさを感じはするのだが、自らの出処進退に対する広田の行動は、その若い時からいかにも東洋的な美しさであり、気高い倫理性に溢れたすがすがしさがあって、深く感銘をうけた。

城山氏自身は終戦の時一七歳。終戦前の数ヶ月、特別幹部練習生として海軍に属した。この時、城山氏も国のために死ぬつもりで海軍に入ったという。そして特攻要員として、米軍本土上陸を迎え撃つ「水中特攻」に配属された。そのまま終戦を迎えたわけだが、この時の気持ちが、その後、多くの戦争を描いた作品として結実して、平成一八年「昭和の戦争文学―全六巻」として刊行されている。勿論その中にこの『落日燃ゆ』も入っている。

桑原武夫編　『フランス革命の指導者』

はじめに

アメリカから帰って日本に約二年間弱居た私は一九八三年にフランスのサクレー研究所からの招聘を受けて、初めてのヨーロッパ行きとなり、パリ郊外のジフ・スル・イヴェットに二年間、妻と四人の子供達（末娘は出発時に生後一年八ヶ月）を伴い、家族六人で住んだ。行く前は、大学院時代に一年間聴いたラジオ講座のフランス語を大急ぎで復習し、入国後はパリのモンパルナス地区ラスパイユ大通りに面したアリアンス・フランセで教科書つきのカセットテープを購入した。半年間は研究所に着くと毎日朝一時間はそれをイヤホーンで聞き会話を練習する日々を送った。子供も折角の機会だからと現地のフランス人学校に入れることにして、娘は中学校であるコレージュ、二人の息子は小学校に入れたので、家庭での教育も当初大変だったが、これは語学好きの妻に殆ど任せっぱなしだった。

研究は原子核から出てくるパイ中間子の研究を主としたが、フランス人の研究者とも、基本的にフランス語で話すということだったので、アメリカに居た時と違ってコミュニケーションに必死で、あまり日本の本を読むような余裕がなかった。それでもフランスの歴史や地理・文化をより知りたくなってフランス関係の本を何冊か読んだ。アレキサンドル・デュマの『三銃士』を読み直したり、艸添要一氏の『日本人とフランス人』、トーマス・ブルフィンチの『ギリシヤ・ローマ神話』を改めて購入したりした。桑原武夫氏の『フランス革命の指導者』は役者揃いであり、パリ見物をするうちにも、民衆が押し寄せたバスチーユ広場とか、マリー・アントワネット、ダントン他二六〇〇人という多くの人が処刑の前日、最後の夜を過ごしたコンシェルジュリー、ギロチンの行われたコンコルド広場、暴動と虐殺のあったシャン・ド・マルス広場、ロベスピエールの住んでいたサン・トノレ通り、というように革命に関係した由緒ある場所が当然ながら至るところにあり、その歴史的意味を知る毎に興味深かった。

本書は京都大学人文科学研究所における共同研究『フランス革命の研究』(一九五九年、岩波書店)に付随した小冊子である。子である。(原著一九五六年、私が読んだのは七八年の再刊本であった。)『フランス革命の研究』を大学の図書館で瞥見すると、本文六八一ページの一大研究報告書であった。関係した研究者一八名、五年の歳月をかけた研究であったこと、研究所としては『ルソーの研究』、『フランス百科全書の研究』に続いて行われた一連のフランス歴史学のグループ研究であった。

なぜ、フランス革命を日本で研究するのか、という問題にたいして、桑原氏はそのまえがきで、明治維新との関係を述べている。徳川幕府から明治政府への一大変革が、佐幕から勤皇体制への単なる政権交代なのか、近代ブルジョア革命の一種なのか、その特質を捉える為には、そのブルジョア革命の代表であるフランス革命とはどういうものであるかの研究を日本人である我々が研究することが必要である、とその動機の依って来たるところを述べている。また、物事の変化は社会の集団的動きと共に、きわめてそこでの指導者の個人的パーソナリティーによって左右されることでもあり、その立場から「フランス革命の指導者」という本を書いた。これは、研究の中の演習問題でもあった、と述べている。桑原氏は、この『フランス革命の研究』出版の後であろうか、一九五九年から六三年まで人文科学研究所の所長を務めている。

革命、革命と我々が若い学生時代は、社会主義への変革が近未来なんらかの形で起こるのではないかと、革命という言葉が、魔術的魅力をもって語られることが多かった。革命というと、イギリスの名誉革命のような無血革命は別として、このフランス革命、ロシアの二月、三月革命、中国の文化大革命など、それまでの権力者の追放による血なまぐさい闘争というイメージがつきまとう。その中で、左翼右翼を問わず、歴史的に後戻りできない成果として歴史家も認めるのがこのフランスのブルジョア革命であろう。近代政治体制の変革として輝かしい光をとどめているこの革命が如何に凄惨なものであったか、少なくともそこで命を張った人々の行動、生態は、この本で十二分に理解できる。

桑原武夫氏が、最初に「フランス革命小史」として全体の時代的変化を解説したあと、この時期、名をとどめている八人の列伝が書かれている。目次の題名を列挙すると、両世界の英雄・ラファイエット、革命の教師・シェース、二つの顔の革命家・パルナーヴ、「秩序」の擁護者・ヴェルニョ、大革命の享楽児・ダントン、人民の友・マラー、革命の殉教者・ロベスピエール、恐怖政治の大天使・サン・ジュスト、となっている。それぞれ前述の共同研究者の内の数人が分担して執筆をしている。

この本を読むと二つの事象に強い印象を憶える。一つはそこで穏健派から過激派へ革命がさまざまな人達の思いを乗せてリレーされていく。これらの人たちの心が短い間にいかに揺れ動き、入り乱れて変化していくものであったか、それにも拘らず、人の性格というものはどうしようもなく変わらないということであり、もう一つは革命の中で、いかに強烈な個性を持った人びとが、激烈な行動をとって、社会を動かしたかということである。多くの人は、人民の解放というようなある理想に向かって邁進したのであろうが、革命の後半部分は、権力をめぐってのすさまじい闘争の場ともなった。とりあげられた八人のうちまともに生を終えたのは、ラファイエットとシェースの二人だけであり、暗殺されたマラー以外はすべてギロチンにより処刑されている。（ギロチンの発明者であるギロチンも、みずからの用具で死を迎えたのは有名な話である。）

執筆当時の桑原武夫氏(１９５２年)

我々のイメージの桑原武夫氏(１９７２年)

ラファイエット

軍人の愚直な行動のパターンということでは、ラファイエットが典型的である。フランス革命の理念の源になったのは、それに先立つ一七七六年のアメリカの独立宣言でもあった。ジェファーソン等が起草した宣言文には、人間の自由と人権に対する力強い高揚が見られる。パトリック・ヘンリーが言い放った「自由しからずんば死」という強い感情である。このアメリカの独立戦争に参加し、戦績をあげ、故国に英雄として帰還したのが、名門貴族出身の将軍ラファイエットであった。僅か二〇歳でアメリカで少将に、一七八二年、二度目の渡米の際には、ヨークタウンの戦闘でワシントンに次ぐ戦功をあげて帰仏した彼はルイ一六世から野戦元帥に抜擢され聖ルイ勲章を授けられる。

一七八七年二月、絶対王政下で財政危機を打開するべく召集された名士会、そしてその場で三部会（貴族、僧侶、第三身分からなる協議会）の召集を要求したのが、ラファイエットであった。窮乏しつつあった封建貴族層（とりわけ高等法院の貴族達）の王政への反抗の力に合流し、三部会への選挙で貴族の身分から辛うじて当選した彼は、王政のあるべき姿を求めてどこまでも立憲君主制を打ち立てることに固執した。これは彼の前半生からの自然の感覚であったろう。しかし、革命の運動はもっと下層勢力からの要求によって大きく盛り上がり、八九年五月のヴェルサイユ宮殿内の三部会、そこでの国民議会への要求、六月二〇日の第三身分の代表中心による「テニスコートの誓い」、そして七月一四日のバスチーユ陥落と、進む。この間、ラファイエットは革命の主導という意味では見るべきこともしていないが、七月一一日の議会で人権宣言案を提出した。国民議会の副議長に選ばれていたこともあり、バスチーユの翌日パリ市民に国王が軍隊の撤退に同意したことを議会の代表団長として伝えた。そしてブルジョア民兵の司令官になった。ブルジョアジーとしては、更に下層階級（サン・キュロット）が彼らの権利を侵すことを防ぐためにも、声望のある彼に期待したのであった。やがてパリの国民衛兵と形を変えた組織は総数三万一千のうち六千人が職業軍人、二万四千人がブルジョア志願兵、士官一千人だったという。ここまでの線でラファイエットは革命が終わることを望んだ。しかし事態はもっと先鋭に進む。
八月の国王一家のヴェルサイユからパリ、チュイルリー宮殿への強制移動にやむを得ず協力した彼の気持ちは人民とは遠く離れたものだったらしい。翌九〇年七月一四日のバスチーユ陥落記念の「連盟祭」をシャン・ド・マルスで行った時、彼は三〇数万人を前にして国王と共に立憲君主制の高らかなる宣言を誓った。この時が生来名誉欲の権化ともいうべき彼の絶頂だったという。八月のナンシー事件で一挙に人民の人気を落とし、（貴族の将校と革命派の兵士の対立で、彼は前者の反乱弾圧に賛意を示した。）九一年六月の国王のヴァレンヌ逃亡事件と国王逮捕、七月退位請願にシャン・ド・マルスに集まった人民に対し、国民衛兵は無警告で発砲し、五〇人の死者を出した。立憲君主制を守ったとした彼は任務を終えたとして辞任したという。本文は彼の最後まで続き、フランスと外国との戦争が始まった時に、また司令官として登用されたり、ジャコバン派に反対してクーデターを敢行したが、失敗。九二年八月の王政廃止、ラファイエットに対する召還命令に彼は身の危険を感じついにオーストリア軍に身を投じるがオーストリア軍は期待に反して革命の首魁として彼を五年間投獄する。ナポレオンのクーデターの後、政界に復帰するが、もはやそこは彼の活躍の場とはならなかった。親しかったミラボーは彼を「第二流の偉人」と言ったそうである。

シエース

もう一人だけ生涯（八八歳）を全うしたシェースは、学者肌の静の人であった。神学校を出て司教を約一〇年間勤めた彼は八七年オルレアン州の地方議会の僧侶代表になった。しかし、この間にその政治哲学を確立していた彼は三部会の選挙の時は、第三身分の代表として出たのである。三部会の召集に先立つこと数ヶ月、彼は「第三身分とは何か」というパンフレットにより、革命思想に火をつけた。第三身分はすべてである、（実際二〇万の貴族と僧侶をのぞく二六〇〇万の国民の代表であるという主張）と言う激烈な思想によって、多くの人を鼓舞し、貴族や僧侶とは全然協力しないで国民議会をつくる、という急戦法を提案し、第三身分はこの指導のもとに一気に八九年六月の「テニスコートの誓い」まで進んだのである。ミラボーは彼を「私の先生」と呼び、そこに集まった人々にとっても正に彼は革命の教師であったと書かれている。

彼は政治家としてより自らを哲学者として任じていた。だから国民議会の成立後はその指導権をミラボーに委ねて舞台裏に退いたという。同年八月に僧侶の立場から、一〇分の一税（教会の収入）無償廃止案に反対したことで、人気が落ちてしまった彼は、三頭派が主導権を握ったその後も立憲君主制の確立の為に努力したが、九一年六月の王の国境逃亡とその失敗の事件の為、その後の革命は彼の想定外の方向に進んでしまった。彼が表舞台に出てきたのは、なんと一〇年後の九九年のナポレオン登場の時になる。一貫してブルジョア政権の確立という目標に基づいて作られた彼の政治プラン、それが実行されそうになると彼はあとは人に任せて舞台裏に退いたという。彼のことを「ミラボーとともに革命を生み、ナポレオンと共に革命を葬った」と評した史家がいるそうだが、彼がブリュメール一八日のクーデターでナポレオンを担ぎだし、彼に処方箋を与えたのだと書かれている。

歴史にはこのような軍略家というのが多く存在するようだ。古くは、項羽における范増、劉備における諸葛孔明、秀吉における竹中半兵衛、黒田官兵衛、近世においては長州の大村益次郎、薩軍における野村忍介、東郷における秋山真之と言うような役回りの人達である。シェースの場合、軍事ではないので、むしろ実践的思想家という面で幕末に暗殺された横井小楠、佐久間象山、安政の大地震で圧死した藤田東湖、といった人達と似ているというべきかもしれない。たぶん西欧でも同じような人たちが居て、シェースはその一人なのであろうが、最後まで生きた。彼の場合適切な見取り図を与えてサッと身を引くところが実にユニークである。自らの資質が実行家に不向きであることを熟知していたのであろう。

パルナーヴ

パリでの三部会召集に先立つこと一年、地方議会で三部会を実現し、全国的動きの嚆矢となったグルノーブルでの活躍から中央に躍り出たパルナーヴは、高等法院（パルルマン）の検事の父、帯剣貴族の血を引く母を持ちモンテスキューの思想に深く帰依していたエリートであった。七月一四日のバスチーユ陥落以後、八月末から開かれた立憲議会では王の拒否権と二院制をめぐっての白熱した論議が二週間あまりに亘って行われた。ここで、二院制は否定するが拒否権はみとめるミラボー、逆に王の拒否権は否定するが二院制を支持するシェース、両方とも賛成のグルノーブルの先輩ムーニエ、両方とも反対のロベスピエールなどの中にあって、二院制は否定し一院制とし、王の拒否権は条件付で認める（王は議会の定めた法律を次の選挙まで一時停止することができ、選挙によって国民が最終的に決定する）と言うパルナーヴ達の中間的主張の意見が通り、それまでの類まれなる雄弁政治家であったミラボー、透徹した戦略家シェースを制して、ここにデュポール、パルナーヴ、ラメット兄弟といういわゆる三頭派が主導権を確立した。僚友はいずれも自由主義貴族であり、パルナーヴも母を通じて貴族に連なるのであるが、彼らは貴族的利害を守るより、その特権を放棄して、ブルジョアジーとの一体化を目指した意味で議会内の進歩派であった。このときパルナーヴは弱冠二七歳である。

八九年末にはジャコバン修道院で「憲法友の会」を結成して三頭派が幹事となり、パルナーヴが綱領を作成した。パルナーヴが翌年五月、王の外国との宣戦と講和の権利をめぐってミラボーと論戦をし、仏領西インド諸島の植民地問題では、後のジロンド派の指導者ブリッソと激しい議論の応酬などをしている。九〇年一〇月には彼は国民議会の議長に選ばれ、この頃が彼の人気の絶頂であったという。この頃三頭派は、もはや革命は基本的に達成されたもので、これからはこれを維持することが重要だとの態度であった。彼らは、新しい憲法は絶対王政を廃止し人民主権は確定し、立憲君主制は成立したのだからこれでよいという認識であった。九一年五月に再び植民地の紛争の議論になったとき、ミラボーは既に亡くなっておりパルナーヴの論敵はロベスピエールであった。パルナーヴは立憲議会の政治的解放の諸法律は植民地には適用されない、というようなブルジョアジーの利益を保護する（ラメットが現地で黒人を支配する白人栽培企業者と関係があり、地主的利益にこだわったらしい）中途半端なものである事をロベスピエールに徹底的に攻撃された。また議員の再選をめぐっても再選によって政局の主導権を握ろうとした三頭派は、原則論のロベスピエールに圧倒され、民衆の支持も圧倒的にロベスピエールに移った。議会で敗北した三頭派はジャコバン・クラブから脱会し、ラファイエットとの接近をはかったという。

九一年六月のルイ一六世一家の国王逃亡事件で議会が国王護送の為三人の派遣委員を任命し、パルナーヴも選ばれた。この時の行動が彼の後の運命を決めたことになった。革命はすでに終わったと考える彼は、国王と議会の相互承認をいかにつけるかという立場をとり、国王逮捕を遺憾に思っていた。帰途につく帰りの二日間の同じ馬車内のルイ一六世、アントワネットとの旅行での会話を通じ、彼の国王一家にたいする同情は深まり、パリに帰った後には、秘密文書がアントワネットとパルナーヴ、ラメットとの間で往復したという。

議会でも国王を擁護する大弁舌をぶち、反対派はほとんど影をひそめて彼は王政を守ることにひとまず成功した。しかし、アントワネットおよび宮廷勢力は、したたかでパルナーヴをひきつけておきながら、諸外国を革命圧殺のための戦争に引き入れる方策をぬかりなく講じていた。一方しかし、民衆の怒りはおさまらず、それを押さえるためのラファイエット率いる国民衛兵のシャン・ド・マルス虐殺事件がこの時おこったのである。彼はさらに憲法の修正を通じて王政との衝突を避ける努力を続けた。副題の「二つの顔の革命家」というのはこのような彼の時間的に複雑な動きをした側面を記述した言葉である。

パルナーヴは九二年一月に郷里のグルノーブルに帰ったが、やがて彼の王への文書が八月に発見され、彼は自宅で逮捕されグルノーブルの牢獄に護送された。彼は牢獄で「フランス革命序説」の執筆などをしていたが、その間の九三年一月に国王は処刑され、モンタニヤール（山岳党）が政権をにぎり、恐怖政治が開始されようとしていた。彼がパリに呼び出され死刑になったのは同年一一月である。

ヴェルニョ

ジャコバンのモンタニャールが権力を握る直前にそれを保持していたジロンダン（ジロンド派の人々）の指導者の一人である。首相になったのはブリッソだったが、国会での論戦の代表者はヴェルニョだった。ジロンド県のブルジョワ商人の家庭に生まれた彼は若い頃から歴史上有名な弁舌家デモステネスやキケロに親しみ、未来の雄弁家としての素質を鍛えていった。たまたま重農主義者として有名なチュルゴーの知遇を得て、パリの高等中学校ついで神学校に進みパリの生活を味わった。その後ボルドーで弁護士となり、持ち前の雄弁で法廷で名声を確立していくとともに更に一層の読書に励んだ。ボルドー市の自由な共和精神というのは、実に一三世紀以来の伝統であったそうだが、バスチーユの陥落のニュースにボルドー市民が沸き立ち、ヴェルニョは国民衛兵隊の隊長に選ばれたという。また、「憲法友の会」という実質ジャコバン・クラブの支部が作られ、彼は書記になった。彼はかって国王の拝謁を好感を持って経験し、彼の当初の理想は国王を民衆運動の先頭にたてた（貴族的特権者に対する）革命といったものだった。

九一年国王のヴァレンヌ逃亡事件は彼の国王に対する信頼を壊し、彼はもし国王に罪があれば廃位すべきだという発言をジャコバン・クラブでおこなった。しかし、その一〇月、立法議会での初演説では、信頼の念を持って憲法の擁護者たる王に呼びかけているという。パリでブリッソと親しくなったヴェルニョは、彼の考えに急速に同調していった。それは外国と手を結ぶ亡命貴族や宮廷派を倒すためには、国王の元に外国と戦争をするべきだ、という戦略であった（国王の意図や暗躍を全く考えなかった、というところが不思議であるが、彼らの国王に対する信頼は強かったのだろう）ヴェルニョの雄弁は議会をも圧倒し、九二年春にオーストリアとの戦争に突入する。この間にジロンド派とロベスピエール派との対立も激しくなっていった。

ブリッソ、ヴェルニョ等はいずれも上層ブルジョアジーというべきコンドルセ一派やロラン一派と結びつき、ジロンド派という大きな集団を形作り始めた。ブリッソは内閣を組織し、ロランは大臣であった。マノンと呼ばれたロラン夫人はサロンの中心であった。しかし、戦争はジロンド派の期待を完全に裏切り敗戦につぐ敗戦となり内閣は辞任を余儀なくされた。パリの民衆が軍隊の無為と、内閣の罷免に抗議して王宮に侵入したのに対し、ヴェルニョはジロンド派にあって、それは秩序を乱すという理由でただ一人武装蜂起（いわゆるパリ・コミューヌ）に反対したという。彼は蜂起という非合法手段を絶対に認めることはできなかった。ジャンソネ、ガデといった僚友と共に、国王に手紙を送り王政を救おうと努力した。

しかるに九二年八月、パリの民衆の暴動、全国から進軍してくる連盟兵達の圧力に、（これはモンタニャール派の秘密の指令下にあった）ついに議会議長のヴェルニョは、国王とアントワネットの出席のもとで、王権の停止を宣言せざるを得なかった。しかし、ジロンド派はなんとか国王の命は救おうとした。しかし、モンターニュ派は攻撃の矛先をジロンド派に向け、ジロンド派はまだ多数であったにもかかわらず、ヴェルニョ派とロラン派は方針をめぐって分裂し、国民公会で翌年一月の国王処刑の決定の頃は、ロベスピエールのジロンド派弾劾演説に発展し、ジロンド派の力はつるべ落としのように衰退してゆく。モンタニャールのコミューヌとの結束はますます強固になっていった。以後は数度の彼の血を吐くような大演説が議会で行われたが、もうその甲斐もなかった。最後まで逃亡を拒否し、六月拘禁され十月、四〇歳で処刑された。また私が調べたところでは、ここに出てきたジロンド派の人々もその殆どがこの時期ロベスピエールの指導による国民公会の決定によって処刑されている。

ダントン

シャンパーニュ地方の子としてのびのびと野生児の如く育ったダントンは八人の中でも異色である。バルザックが小説の主人公として書きたかったそうであるが、多かれ少なかれ英才といった肌合いの他の七人とは随分違って、ならず者風で人間的強さも弱さもあるアクの強い男だったようだ。

丁度私たち一家がフランスに到着しパリの南西部近郊の村、ジフ・スル・イヴェットのアパートに居を定めて二ヶ月後の一九八三年三月、村の小さな映画館で「ダントン」という映画が封切り直後に上映され、妻と二人で出掛けた。監督はポーランドの有名なアンジェイ・ワイダで、（レジスタンスの若者を主人公とした「灰とダイアモンド」が名高い）主演が人気の上り調子であったフランス人俳優ジェラール・デュパルデューであった。まだ着いて間もなくでフランス語の能力も乏しく、細かいところはサッパリであったが、激しい事件が続出するわけで、画面の展開を見ているだけで、ある程度の筋はあてずっぽうで追えたことを覚えている。雨の中を走る馬車が画面大写しのダントンの未来を暗示するかの如きギロチン台の傍を通っていく最初のシーンとか、ダントンを助けるデムーランのけなげな姿などが印象にのこる。一種独特の怪異な顔と骨太ながっしりとした体躯のデュパルデューは確かにダントンには適役だったと感じた。

二二歳でパリに出て法律事務所から高等法院の裁判所勤めで徐々に社会を見ながらやがて弁護士となり、社交的で友達づき合いのよい彼は多くの人達の間で人気者になってゆく。その頃から既に金にはしまりがなく、ミラボーなどと似て買収などの影がつきまとったというが革命仲間の間での地位もあがっていったようだ。九一年七月のシャン・ド・マルスの流血事件の時、王の退位を要求した請願文の作成にあたったのはブリッソとダントンだったという。追及を逃れて一時期イギリスに行ったりしたが、腐敗せるダントンを追及する政敵の声は常に途切れることはなかったというが、一方でダントンの民衆にたいするアジテーターとしての能力は卓越していて、それを利用しようとする革命家にとって有用であった。九二年八月の立法議会での王権の停止宣言にいたるコミューヌの蜂起の立役者として、またその後九月、フランス国境に押し寄せる外国軍隊、なかんずくプロシャ軍の侵入に対してのダントンの救国の大演説は市民への愛国熱を喚起し、また前線でフランスは勝利を収め、祖国防衛の英雄として名声が全国にとどろいたとある。

ダントンは政策的にはジロンド派とも話ができて、外国からの敵に備えるためにはモンタニャールとの一時的和解を求めるヴェルニョとも二度ほど会合したとあるが、ブルジョア紳士の多くのジロンダンにとってダントンの粗暴な振舞い、政治的無節操は嫌悪の対象で、彼の会計操作の不明朗を種に議会で非難声明をするといった風で、ダントンをモンタニャールの方へ追いやることになる。しかし、こちらはこちらで、清廉潔白を旨とするロベスピエールがいるわけで、ダントンはだんだん苦しい立場に追い詰められてゆく。こうしている間にもダントンは自分の自然な欲望のままに行動し、女を愛撫し、酒を飲み、享楽の生活をも続け、革命の中で、個人的エネルギーも発散していたようだ。当初九三年三月は公安委員会の委員にも選ばれ、やがてジロンダンがことごとく処刑され、七月ダントンが落選しロベスピエール、サン・ジュストが選ばれるとダントンは外国との和平のための政略的予算を要求したりしている。しかし、この後、ロベスピエール派は彼らの更に左にいたコミューヌによるエベール派、過激なサン・キュロットの一派と闘う必要があった。ここで、ロベスピエールは今や穏健派となったダントンを最大限利用する。ブルジョアジーにとっても革命の行き過ぎには危惧を覚え、ダントンは一時期彼らにとっての味方となったのである。そして三月二四日エベール派の全てを処刑したあとは、ついに積もり積もった沢山の汚職、陰謀などの証拠をもとにダントン派は全て逮捕され、裁判から四月五日の処刑まで、なんと僅か二週間もかからなかった。

オデオン駅前の
ダントン像

ダヴィッド作
「マラーの死」

筆者はダントンについて次のように総括している。彼には原則を守るというような思想性はなく、ただ、状況を切り抜けるための、リアリストとしての良識がよりどころであった。革命を推進させたのは、ロベスピエールのような美徳や空想的理想だけではない。これらに熱血をそそぎこんでこそ、力となりえたのだ。そのような生命力の代表者がダントンだった。規制の枠外の行動力を発揮したダントンは左右から利用され、最後には忌むべき存在として左右から葬りさられた、と書いている。しかし、パリ市民から愛されたからか、サン・ジェルマン大通り近くの地下鉄オデオン駅の前にはダントンの銅像がある。

マラー

マラーは入浴中に、二五歳の女性シャルロット・コルデにより短刀によって刺殺された不運な革命家として知られている。女の動機や背後関係は、はっきりしていない。古典主義の画家ダヴィッドの「マラーの死」という有名な絵がブリュッセルの王室美術館にある。この絵を見ると彼は浴室で文書を書きかけている最中だったようだ。ナポレオンの宮廷画家であったダヴィッドの他の端正な作品に比べると、題材といい、絵のタッチといい、かなり異色でむしろジェリコーやドラクロアのようなロマン派の絵かなと思うくらいである。

今ではスイスにあるプロシャ領ノイシャテルに生まれ、幼い時から正義への愛と名誉への愛とが強かったマラーは向学心も強く、青年時代は自然科学、医学、哲学、歴史、古典、近代作家の書いた作品などあらゆる種類の読書をしたという。もともと医者を志していたが、ボルドーに出て、その後オランダを旅行し、一〇年間イギリスに住んでいる。この頃すでに「奴隷の鎖」という書物を出版している。ここで、「彼は全ての宗教は専制主義の手助けをする。そして君主制では絶対に人民は幸せにはならない」と書いているという。何と徹底した論理であろう。更に、人民の蜂起が専制支配に対する正当な義務であること、その時の手段、指導者の必要なる性格などについても述べているという。この点で彼が「蜂起についての最初の理論家」と言われているようだ。

パリに戻ったマラーは後のシャルル一〇世の護衛隊付の医師となり、また自然科学（火、光、電気）の論文を書き、政治・社会の論文「刑法草案」も書いた。その凄い幅広さはたいしたものだ。しかし、それを認めてもらうために科学アカデミー、またプロシャ王にも働きかけたが失敗し、そのうえ大病にかかり、死に直面し、遺言書まで書いたのが、革命前年の一九八八年、四五歳のときであった。

彼が三部会召集の報で生気を取り戻し、「祖国にささげる。一名、フランスの第三身分論」と題するパンフレットを書き上げる。八九年八月「人権宣言草案」を出したが、いずれもそれほどのインパクトを与えるほどのことにはならなかったという。それで彼は新聞を発行することにした。これが「人民の友」という名でマラーはその政治的主張を戦闘的に述べ、革命の進行において絶大なる影響を運動にもたらした。その意味でマラーはマス・コミを最大限利用し、多くの人達に人望のあった指導者であった。

「人民の友」が最初に攻撃し批判したのはパリ市の食糧委員会で、その激しさのため、当局からすぐ逮捕状がでるほどであった。一二月に捕えられやがて釈放された。次には大蔵大臣ネッケルを批判し、彼は投機業者と結託してパン価格の引き上げで利益を得て、人民を餓死に陥れる原因となっているとした。再び逮捕状が出され、彼の住む地区は夥しい警官と軍隊に包囲されたのだが、地区民の反抗によって逮捕を免れ、九〇年二月から三ヶ月間イギリスに亡命したという。戻ってきたころにはネッケルは勢力を失っていて、今度はマラーはラファイエットを中心とする宮廷反革命陰謀を暴くことに精力を集中する。

人民の直接行動（暴力）の必要を強く叫び、反革命を阻止するためには、一時的独裁者の必要まで主張した彼の鋭く過激な舌鋒は止まる所を知らなかった。マラーが警告していたように国王の逃亡事件がおき、反戦論者の彼は、外国との開戦に反対し、最初の会戦の敗北を予告する。事態はその通りに進み、ついに、九二年八月コミューヌの蜂起、やがてはダントンの救国の大演説によってフランスは窮地を脱するのである。

九月の反革命容疑者囚人（一一〇〇人以上）の虐殺事件では、マラーもその決定を行った監視委員会の委員としてジロンド派から激しく非難される。九月に国民公会の議員としてパリから選出されたマラーは、ジャーナリストの枠を越え、ダントン、ロベスピエールと共にモンタニャールの三権力者として政治活動を開始し、この後はジロンド派との闘いにあけくれる。各々のその論戦の内容も詳述されているがここでは述べない。ジロンド派はマラーを告発し、九三年四月革命裁判所での闘いになるのだが、パリ市民の支持の下で鍛えに鍛え上げられたマラーの論駁によって彼は完全に勝利し、無罪を勝ち取った。周囲に集まった市民によって彼は花輪とともに担ぎ上げられて議会にむかって行進したという。

やがて同年六月のジロンド派の失脚で彼の年来の闘争が成功裡に終わるのだが、彼への暗殺はその翌月であった。まことにドラマティックな生涯であった。彼は間違いなく本書に書かれた人達の中で最も知性の高いインテリジェントであったことは確かである。彼が生き続けていたら、歴史は違う展開をみせたであろう。ここに歴史における個人の存在のまごうかたなき大きさを思う。

ロベスピエール

ロベスピエールというと何といってもその恐怖政治、ジャコバン党の独裁者というイメージがある。彼はどのような経緯でそのような人間になっていったのか。北仏アルトワ州のアラスに生まれた彼は、四人兄弟妹の長男、五人目の子の時母は難産で母子ともに死亡、男の子、女の子はそれぞれ祖父、叔母たちにあずけられたのが、ロベスピエール六歳の時だった。そして一〇歳で父は放浪の旅にでて、やがて行方不明となった。彼は苦しい境遇の中で最年長者として責任を痛感し、ますます生真面目になっていったらしい。一一歳で奨学生を志願して合格しパリのルイ大王学院に入学した。ここで、苦しい一二年間の生活を送る。他の学生と違って、着物や靴も破れ外出も不可能といった有様で、この屈辱感を償うため、孤独の中でいっそう勉学にうちこんだ。ラテン語最成績優秀者として、新ルイ一六世の前でお祝いの詩を読んだこともあるという。「品行方正、学術優等」で学校を卒業した彼は高等法院から弁護士の免状をもらい、二三歳で故郷に戻り、開業する。ここでの彼の弁護活動、僧侶という特権階級にたいする勝訴などから次第にアラスの上流社会から遠ざかっていく。三〇歳の一七八八年、国王が三部会構成をめぐって全国の有識者に意見を求めた際に、ロベスピールはこれに応募する。「アルトワ州三部会の改革の必要についてアルトワ州民へ」というもので、それまで第三身分の代表であったライバルを権力を独占、濫用している陰謀家、よこしまな横奪者として徹底的に攻撃したものであった。選挙戦では日頃の活動もあり、彼は下層民、農民等の支持でついに当選する。著者はブルジョアである彼が、その政治活動の一歩からブルジョアジーよりも、むしろ職人や農民を支持層とせざるをえなかったことが、以後の彼の活動に大きな影響を及ぼしたと書いている。彼の「ルソーへの献辞」には晩年パリで見かけたルソーへの熱烈な賛美が記されている。彼にならって人類の幸福のために妥協のない孤独な道を歩もうという決意がみてとれるという。

ヴェルサイユでの三部会そして「テニスコートの誓い」からバスチーユ陥落は彼を熱狂させた。以後、彼は第三身分の代表の中で、人民の（サン・キュロットと呼ばれる小ブルジョアジー、職人や農民など）主権を常に主張し人民の運動を弁護する。不当に抑圧されている人民の擁護者、これが彼の自らに課した役割であった。そして常に最左翼の位置における論客として存在感を増していく。彼は人民の人気の中心となったが、声量も乏しい為、議会を支配するところまではいかなかった。それもあって彼は狭いジャコバン・クラブ議場やジャーナリスト相手の活動に精力をつぎこんだ。一七九一年、人権宣言に保証された権利の平等を無視した立憲議会における選挙権制限（一定の財産額を基準とする）に対して彼はブルジョワ相手に猛然と反対運動を行った。これは人民の熱烈な支持を得たものの、結局立憲議会で敗北する。しかし、これを契機として彼は人民を裏切った議会の革命家に対して、（当時はミラボーや三頭派）次々と戦いを挑んでいくことになる。

国王のヴァレンヌ逃亡事件を誘拐されたと主張し、王権を継続させようとするグループ、三頭派とラファイエットが組んだフイヤン・クラブ、ブリッソ、コンドルセの共和主義、やがてはガデ、ジャンソネ、ヴェルニョのジロンダン等、ロベスピエールが反革命の徒とする相手は多様であった。この間に外国との戦争の危機が到来する。九一年一二月より九二年一月、彼は六回にわたり、反戦演説を行う。ジャコバン・クラブで論争に敗れたジロンダンも立法議会では勝利を占め、ブリッソ内閣は王に宣戦を布告させた。祖国の危機に直面し、国内の政治家に絶望した彼は、全国から集まってくる連盟兵に全ての望みを託するようになる。ジャコバンに「連盟兵への訴え」を提案、賛成を得て全国に配布する。これが功を奏して連盟兵とパリのサンキュロットとの協力に発展して、九二年八月のパリコミューヌの蜂起の成功につながった。立法議会にかわる国民公会の招集、そして選挙権制限の撤廃を訴え、選挙ではパリから立候補し、最高点で当選する。マラーを始めパリ選出の議員は大部分彼とコミューヌとサン・キュロットの味方でありモンタニャールを構成する。しかし、地方からの新議員はジロンダンその他のブルジョアジーの代表であり以後この両者の死闘が始まる。

九二年秋には、ジロンダンが王を助けようとしたのを押し切り王の処刑が決定される。九三年一月の死刑執行、それによってガタガタになったジロンダンに対する追放、処罰要求が、パリのサン・キュロットへの蜂起の呼びかけと共に行われたのは同年五月であった。そしてジロンダンへの過酷な処刑が続き、彼の恐怖政治（テルール）が開始される。細かい経緯は彼のその時々の激烈な主張の記述と共に詳述されている。カルノーやサン・ジュストの助けを得て九四年三月エベール派、四月ダントン派の処刑でついにロベスピエールは権力の絶頂に立ち六月に「最高存在の祝祭」をチュイルリー公園で行い、第二会場のシャン・ド・マルスまで行進を行う。このとき歓喜して集まったパリ市民は五〇万人ともいわれたという。しかし、「テルールなくしては徳は力をもちえない。政治の第一の格律は、人民を理性に導き、人民の敵をテルールによって導くことでなければならない」と広言する彼に恐怖を覚えた反ロベスピエール派の国民公会での一致した反抗で（テルミドール八日）、彼はあっけなく逮捕され翌日革命裁判所で死刑の宣告をうける。「最高存在の祝祭」を過ぎてわずか一ヶ月半、彼もまた断頭台の露と消えたのは三六歳のときであった。

人民のために、と猛進した彼は、心情において精錬潔白で、一生独身、ここまでやるかというほどの行動の徹底性では他とは際立った違いであった。手段、方法は別として、その意味で著者が副題に書いた「革命の殉教者」という表現はみごとに彼の特質を言い当てている。

サン・ジュスト

ロベスピエールの片腕として最後はわずか二七歳で彼と共に運命を共にしたサン・ジュスト。革命戦士の中で、もっとも美男子で映画スターにでもなったら凄い人気を博したろうと思われる。しかし、彼のプライドと驕慢な性格は、周囲にとってはやりきれないほどだったに違いない。みずから体験まじりの小説を書いたりして自己顕示欲の権化みたいな青年であったサン・ジュスト。著者の桑原氏はランボーとの類似点を示している。二人とも暗い、不満の準備期間を経ての後、その活躍の期間はきわめて短かった。ただランボーは文学をすててアフリカに去ってから一八年生きたが、最後には結婚したい、男の子を生んで、教育して、彼がきらいだったはずの科学技師にしたい、などという手紙を書かねばならなかったが、サン・ジュストは二六歳でギロチンの露と消え、その後半生を人々の空想にゆだねて去っただけの違いはある。と記述している。

こういう革命的動乱の時は、往々にして激烈な最強攻派の主張が一番通りやすい。穏健派は中途半端といって攻撃され、中庸という判断は迫力不足で説得力を欠く。サン・ジュストが若いにもかかわらずあっというまにロベスピエール派の最高幹部にのしあがったのは、過剰なまでの自信による彼の徹底した論旨が武器になったのであろう。しかし、最後はロベスピエールとも不仲になったようである。著者はその間の事情を、資料が今までの七人に比べてやや不足気味なのか、想像を交えた多分に主観を交えた文学的才筆をもって叙述している。人間的には非常に未熟な彼が一時的にせよ、権力の中枢において活躍できたのも恐怖政治という異常な環境の中でこそであったのがよく解る。時代は大きく異なるが日本の赤軍派内の幹部同士の処刑という、最後は陰惨な結果になった崩壊過程も多少似ていたのではないだろうか。最後は死に場所を求めていたサン・ジュストの文章が残っていて一部紹介されているが、英雄としての自己に酔っていたとしかいいようがない。ある意味でのデカダンスの美学であって、ここまでいったら、その政治的没落の運命は、恐怖に駆られた周囲の結束を待たずとも必然であったと思う。

いずれの記述も第一節はその主人公の革命のプロセスの中での象徴的なシーン、華々しい活躍の場、あるいは運命的な行動の時の描写をし、第二節から主人公の生い立ちや家庭環境、若くからの成長の過程を綴り、やがて革命の中に身を投じる経過を克明に描き出すというスタイルになっている。これは、おのおの五〇〜六〇ページの比較的短文での伝記を書くために編集者が各筆者に依頼するときに統一方針を与えたのではあるまいか。すべてに数々のエピソードが含まれていて読み物として文句なく面白い。当時の中堅の研究者が書いたわけであるが、この本は史実に基づきながらも、まるでノンフィクション小説を読むように物語られ、どの著者も著しく文学的、情緒的、感覚的記述に終始している。あたかも本論『フランス革命の研究』での学問的記述に対する欲求不満を発散しているかのごときである。

八人の登場人物はそれぞれの立場の代表が選ばれて時間的に配列されており、これを読むとフランス革命の複雑な道程が自然に理解されるようになっていて上手な編集だな、と思う。敢えていえば、最後のサン・ジュストはロベスピエールと立場が重なっているので、代わりにその後ナポレオンまでをつなぐ人物がいれば全体把握という意味ではよかったのではないか、という気もする。しかしテルミドール反動（一七九四年七月ロベスピエール派の没落）以後、ブリュメールのクーデター（一七九九年一一月のナポレオンの支配）まではいわゆるテルミドール派がブルジョアの個別的利益のみを追求し、革命、反革命ともに政治的に見るべき大物の象徴的人物がいないので、止むをえなかったのかもしれない。もっとも、ブルジョア革命の記述なのでそれでいいのだが、この時期貧農の子であり既に次の社会、共産主義を夢見たという意味では、バブーフのほうが思想性という意味では時代を抜いていた。普通一七九六年の「バブーフの陰謀」という風に暗く記述されるが、彼の先見性というのはそれなりに評価されるべきだと思う。

フランス革命時の個人評伝として有名なものに、シュテファン・ツヴァイクの『ジョゼフ・フーシェ』という著作がある。ツヴァイクはその他にも『マリー・アントワネット』や『メアリー・スチュアート』という歴史小説を書いているが、このフーシェの伝記は歴史上、徹底的侮蔑の対象となっている政治家をとりあげたユニークな作品である。大革命を巧みに泳ぎきり一八二〇年まで生きた、稀代のマキアヴェリストといわれるフーシェ。権力の周辺で生き延びるためには如何様にも変節を重ねて、ある時は自らリヨンにおける冷酷な大量の殺戮者として、ある時は権力者を転覆させる陰謀家として、ある時は傍観者を決め込んで巧みに舞台をかいくぐり身の安全第一に行動した。またロベスピエールの妹と婚約までしたという若い時から、彼の告発を間一髪で逃れた公安委員会の時代、そしてナポレオンにまで気味悪がられた老獪な策士としての晩年まで、ツヴァイクの筆致は、絢爛豪華で、息もつかせない。（この点、三島由紀夫に似た側面も感じられた）私にとってはあまりに主観による感情的記述が勝っていて作品自体は全く好きにはなれなかったが、ともかくフランス革命という途方もない激動期に生きた人間には、いろいろなタイプがいたものだとの感慨に襲われる。

フランス革命とナポレオン
歴史と人物　別冊
中央公論社（１９８３年）
フランスの劇画の翻訳版

まえがきで桑原氏はフランス革命を研究するのは、革命史を書くことではなかった、と述べている。すなわち外国人

がオラール、マチエ、G・ルフェーブル（調べてみると、それぞれ『フランス革命政治史』、『フランス大革命』、『フランス革命と民衆』及び『一七八九―フランス革命序論』の著者）等々の大著と競争しうるはずもない。ただ、私たちは、それらに学びつつフランス革命における若干の重要問題を何ほどか解明したいと思うにすぎない。しかし、そうした仕事を進める上にも、私たちは革命の中で生きた人間を細かに調べねばならないと思ったと書いている。

この本を読んだ後に、私は、外国の歴史を研究するというのはどういうことか、どういう意味があるのかと少しく考えてしまった。まず、第一には、世界で起きた大事件を詳しく知りたいと思うのは人間として自然の欲望であろう。そして調べてそれを本にするのも一般人としては大変ありがたい。事実はこうだ、というのは深く知れば知るほど興味がわく。日本における世界史の教科書だって、そのような多くの人達の無数の研究の積み重ねによって作られてきた。しかし、そのような研究者、とりわけ第一線の研究者の調べる資料はその大半が外国の文献である。桑原氏が、多くのフランス語の得意な共同研究者とともに作業を進めるとき、事実を知るという喜びとともに、所詮我々の研究が本国フランスの研究者の大著に及ぶべくもないと認識しているというのは、ある種の諦観である。例えば、五年をかけた『フランス革命の研究』の翻訳版が出て本国のフランス人に読まれるという可能性はなかなか想像しにくい。まずは彼等には当面一顧だにされなかったのではなかろうか。あくまでも日本人の読者しか考えられそうもないところに、なにか悲しさもあるような気がするのである。勿論そのうちフランス人の中に奇特な研究者も出て来るかもしれないが、記述の元になる資料の多くがフランス人の著作である。これは私が自然科学、物理学を専攻した為の、ある意味でユニバーサルな分野、日本だけでなく外国の研究者と競争しなければ全く話にならないという世界にとらわれて、それによる思考習慣からの余計な考えなのかもしれないが。

確かに近代の日本は福沢諭吉の唱道したように、進んだ西欧の知識、文化を吸収することに全力を傾けた。その意味でフランス革命の研究を日本人が本格的に研究するというのは、知識の伝達が第一義であるとともに、日本人という立場や感性から考えてみるという点で、ユニークな視点を提供することもあろうという期待なのであろうか。そうでなければ、すなわち単に知識の紹介者として終わるのでは、研究者として一生をかける身としては、結果的に寂しいのではないか、と思うのである。

桑原氏はサン・ジュストの記述の中で次のように書いている。ソ連、中国の革命は、歴史の発展法則についての思想に導びかれて、革命党によっておこなわれた。しかし、フランス革命は明確な革命理論なしに、政党をもたずに開始されたものであり、革命家の多くは歴史の発展の見通しを欠いていたと。

本史というべき『フランス革命の研究』という分厚い本を瞥見するに、もう後には草一本残っていないだろうという気もするが、その後も当時の若手共同研究者であった人、例えば河野健二氏、樋口謹一氏などはフランス革命の著作を書いている。ただ、彼らはロシア革命の研究にも進んでいる。そこに研究者個人としての、独自性があるのであろう。そして、本研究の序文であるように、究極の目的は、明治維新の分析にあると述べているように、日本に戻るのであろう。西洋史を専攻した人が、日本の時局にさまざまな著作をだしているのも、こういうことであろう。例えば、桑原氏と同じく西洋史を専攻した、人文科学研究所の後輩の会田雄次氏などもその典型である。

桑原武夫氏は戦後すぐの昭和二一年に論文「俳句第二芸術論」（文庫本『第二芸術』に収録されている。）を出して、日本の伝統文化に一石を投じたという。私はまだ幼児の時で当時の反響を知るすべもないが、わが青年時代にはともかく博識の人文学者として有名だった。私自身は、岩波新書の氏の編集による『一日一言』（一年を通してその日に関係する著名な三六六人の文章）を折にふれて読み、歴史上の東西の有名人を知り、彼らの行動を知り、彼らのエピソードと雑知識をやたらに蓄積した結果になった。多方面への知的興味の入り口になったわけで、今から思っても大変ありがたい本であった。

遠藤周作　『ぐうたら』随筆

はじめに

遠藤周作氏はカソリックの宗教者であり、彼のシリアスな作品は昭和三〇年、三二歳の時に芥川賞をとった『白い人』をはじめ『海と毒薬』、『沈黙』、『キリストの誕生』、『深い河』、『聖書のなかの女性たち』、『侍』、『ほんとうの私を求めて』、『自分つくり』など、たくさんある。上記のようにキリスト教に関する作品が多い。銀行員であった父の転勤で大連の小学校に入学、父母の離婚により音楽家であった母に連れられて帰国。氏の伯母がカソリックの信者だったことで、一一歳で教会で洗礼を受けた。慶応大学仏文科を卒業、「三田文学」などに作品を発表し始める。二年後の昭和二五年、まだ大使館もない時代に現代カソリック文学の勉学のため船で渡仏しリヨンで二年半の留学生活を送り、パリに移ってから肺結核による数ヶ月の入院生活を送った。入院が人生に関する思考を深め、読書に耽溺する経験もあいまって、その後作家や詩人として名をなした人は数多い。帰国後、吉行淳之介、安岡章太郎氏等と共に第三の新人といわれ文学界で特色ある存在となった。

私にとっては朝日新聞夕刊に連載された『おバカさん』という外人が主人公の小説を高校時代に毎日、半年間近くに亘って読んだのが彼の作品の最初の経験だったかと思う。（実はこの主人公はキリストを寓意したものであったという遠藤氏自身の述懐を知ったのはずっと後年になってからだった。）それはたまたまの出会いで、その後、氏の作品に他にない面白さを見出して読みふけったのは、表題の如き「ぐうたら」作品群で、アメリカ滞在から帰国後の三十歳代後半に入ってからだった。その後かなり経って、彼の真面目な作品も一応は読んでおこうと思い、代表作と言われるものをいくつか読んだが、私自身、クリスチャンとはなりえない体質で、それほど惹きつけられた感じではなかった。しかし彼のキリスト教の小説は独自の世界を構築したと言えるのではないかと思う。それはキリスト者であっても、均しく弱い立場になった人々、精神的に追いつめられた人々の悩みを描いている。すなわち圧制のもとで、転向を余儀なくされる転びバテレンと言われるような人の物語などが主題になっている。彼が、いわゆる純文学の領域でおそろしく深刻な宗教的思索を重ねていったのは事実である。

一方、彼は類まれなるユーモア作家である。ユーモアといっても実にいろいろな種類があるが、一般に文章であらわすのは難しい。日本ではユーモア小説は近代文学の名作といわれるものの中で、殆ど見当たらない。例えば、我が家で四十年近く前に購入した中央公論社『日本の文学』全八十巻を著者の名前だけ追っていっても、第一巻『坪内逍遥・二葉亭四迷・幸田露伴』以来、ユーモア作品は殆ど存在しない。文学は生真面目なもの、深刻に人生を眺めるべきもの、と決め付けているかの如きである。その中でユーモア小説としてもっとも有名なものは漱石の『吾輩は猫である』と『坊ちゃん』であろうか。他には、上質の淡いユーモアを漂わせている井伏鱒二のいくつかの作品がある。近代においてユーモア小説だって他にもたくさん作られていた筈だが、読んでいるときは面白いが一度読めば十分、その時限りという性格がつきまとうので、文学として軽く見られてきたのであろうか。

日本に全くユーモアの伝統がなかったわけではない。書き物としては、私の狭い知識でも、『堤中納言物語』の中の「虫めづる姫君」とか『徒然草』の中の仁和寺の法師の話とか、挿話として愉快な話がある。ここの表題に似たなまけものの主人公の話しとしては、中国地方の民話の「三年寝太郎」とか、『お伽草子』の中の「ものぐさ太郎」などもあるのだが、ストーリーは最後は成功物語にまとまっているので、ユーモアも最初の導入部だけといったところである。長編となると十返舎一九の『東海道中膝栗毛』くらいしか思い浮かばない。例えば狂言や落語、芝居や映画なら表情や身振りで観客が笑いをさそわれ、時により爆笑するのは日常であり、多数の職業的コメディアンが存在するわけで、日本の漫才師なども掛け合いの面白さでもっている。映画なら例えば私の若い頃、サラリーマンへの慰みや鬱憤晴らしも兼ねて、森繁久弥主演の「三等重役」などの社長シリーズとか、植木等主演・クレージー・キャッツ出演の「ニッポン無責任時代」などのお笑いものの愉快な映画が数多く作られ大ヒットした。一方、洋画ではジャック・レモンが活躍する「お暑いのがお好き」というようなドタバタ喜劇映画はその典型だ。そこにはアメリカ人の天性とも思われる底抜けに明るい性格が横溢していて、文句なく楽しい気持ちにさせられる。また喜劇の天才といわれたチャーリー・チャプリンのようにその中に鋭い社会批判を含んだものもある。しかし、人の表情が直に視覚に訴えるこれらの芸能に比べると、文章を読んでいて、微苦笑を誘われるとか、思わず吹き出すというようなことはめったにない。むしろ書き物としては長谷川町子の「サザエさん」のような庶民感覚の漫画が、長期連載で人気を博した。ユーモア文学の難しさであろう。

遠藤周作氏

の二つの顔

遠藤氏は狐狸庵と称して、多くのユーモア随筆を書きつづけ、時としてまたユーモア小説も発表した。これらユーモアものは、ただ読んでひたすら楽しめればよいので、説明したのではかえって艶消しとなるが、その面白さを思い出す意味と、私のものの見方にとって一つの転機となった気がするので、一部をちょっとだけ書いてみたい。殆ど文庫本で読んだその順番に並べたので、原著の出版年とは前後が異なる。

一『ぐうたら生活入門』

遠藤氏の大の親友であり、文壇の後輩である北杜夫氏の「狐狸庵山人」という友情あふれる紹介文一ページがまえがきにある。山人とはいえ、俗塵が大好きで、心根優しく、かつオッチョコチョイのホラ吹き狐狸庵、という巧みな短文描写である。狐狸庵氏は柿生の山里に住んでいると称するが、実際その時代の小田急沿線のあの辺りは未開発で、沿線の新宿寄りで育った私は、一〇代後半の頃、なんとはなく気分転換にフラッと行き先も決めず小田急線に乗って窓の外の景色を眺め、ここいら辺がいいかなとの思いつきで正に柿生駅で降りてぶらぶらと歩いたことがある。その後も気にいって何度か散策した。低い雑木林の岡が近くに見え、つま先上がりに登ったり、緩やかな平地を降りたりしていく途中、雑草に囲まれた農家などが点在する静かな村里だった。

この本には三〇弱のエッセイが載っている。作者は一種の戯作者のスタイルで軽妙洒脱な語り口をもって、生活の微妙な機微に触れている。「語るにたる気の弱い奴」、「照れくささのない人間」、生活していると、なんとも格好のつかぬこと、人にいえないようなみっともないこと、わかっていても直ぐに表現できないこと、見栄が行動の邪魔をすること、そんなことが多々あり、そんなところにこだわり失敗ばかりしている気の弱い君が大好きだ、と狐狸庵氏はのたまう。それがないような奴は、友として語るに足りぬと。

これらの随筆は、人間、力むばかりが能ではないことを教えてくれる。真面目になって向上すること、頑張ることばかりが人生ではない。人間そんなに格好の良いことばかりではないのだ。自分の弱さ、だらしなさを笑ってシャレのめすのも必要なのだ。そうすれば人生は楽になるし、そもそも人生は楽しむものでもあると。

「亭主族の哀しみ」、夫と亭主は違うと狐狸庵氏はいう。妻と女房とが違うように。妻が女房となり、彼女に何らかの形で使われるようになった時は、君はもう夫ではない。亭主である。というわけだ。私も時々ではあるが、若い時こんな風には考えなかった、という亭主の淋しさをフッと感ずる時がある。家庭で村四分（八分まではいかないが）の扱いを受けたりするのだ。妻と子供が連合をくむと、絶対にかなわない。こちらが説明すればするほど、向こうはエスカレートする。

いくつかの文章の途中および最後のフレーズの中で諧謔精神あふれ印象的だったものを列挙する。

「それもいいじゃないか。どうせ人生、どうころんでもおなじだからな。」

「何がイヤだといったって、この世には自分は正しいと思いこんでいる奴ほど鼻持ちならぬものはいないわいな。」

「しかし、たとえウソでもいいじゃないか。君はなんで、そんなに理ヅメに物を考えるのか。こういう話は本当だと信ずる人こそ、イキなのであって、ウソと思う人は心なき人かなと兼好法師も言うている。」

「カントをもちだそうが、ヘーゲルをもってこようが、はたまたコーラン、仏教聖典、新約聖書のことをかんがえようが、波のように迫りくる尿意のくるしさには何の役にもたたんのではあるまいか。」

「いやはや、全く暑いな。しかして退屈であるな。これは余り大声で他人様には言えぬが、風流とは退屈なものだて。」

「モンテーニュかモンテスキューか忘れたが「人間と他の動物を区別するのは、照れくささを知る、知らないにある」と言っておったが、これは至言だな。」

あとがきで、この本を買うような人達のために、私の大好きなトルコのことわざを送ろう、とあって「明日出来ることを、今日するな」でおわっている。こんなことわざがいったいトルコにあるのかどうか、たぶん氏のホラでないかとも思うのだが、秀逸な結びである。本書はぐうたらものの最初で、内容はできからいっても玉石混交で、あまりに馬鹿馬鹿しい話が連続するところもあるのだが、何ともいえず救われた気分になったりもする。

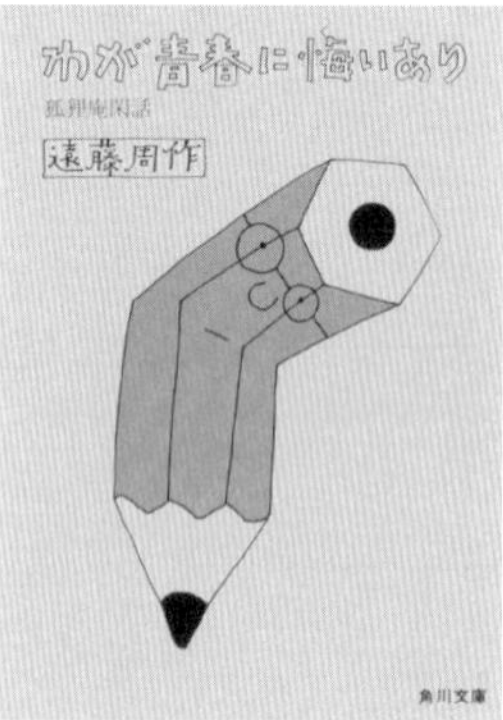

二『わが青春に悔いあり』

この題名は、戦後直ぐの黒澤明監督、原節子主演の「わが青春に悔いなし」という映画から取られているようだ。映画のほうは、戦前の京都大学の滝川事件を下敷きに作られているが、狐狸庵氏はわが青春は恥だらけであった、というのが始まりである。最初のエッセイ群は狐狸庵閑話となっていて「こりゃ・あかんわ」という関西弁との掛け言葉となっている。原著は氏が四二、三歳のときに書かれ、狐狸庵ものの最初である。

この本では、ユーモア口調ではあるが最初に氏の若き日の苦闘が述べられている。三年浪人したのは文士仲間では安岡章太郎しかいない、と書く青春の落莫はさぞつらかっただろう。大戦が開始されてからの三年間で、浪人などは無為徒食、時局をわきまえない手合のように思われて予備校などでも肩身の狭い思いをしたもんだ、という。慶応大学に合格して医学部と勘違いして喜んだ父に、文学部だといってお祝い会が滅茶苦茶になり、父に「出て行け」と怒鳴られ、翌日遠藤氏は家出した。それから友人の親切で、入学金をはじめとする助けがあって大学へ。在学中は、外食券の販売、試験前のノート写し、靴磨きその他さまざまのアルバイトをしたという。「苦学ではないぞ。本当のところ、わしは充分、楽しみながらアルバイトしたのだからな。」という狐狸庵氏ではあるが。「妙な話だが、わしに親切にしてくれた者はな、その後みな出世するんでな。それに対し、このわしの悪口をいうたりした者は、最後はみなみじめで悲惨になるのだ。自分でもその理由や原因がわからんが、みなそうなんです。不思議ですなあ。」と付記する。この楽天さが人生を明るく生きる要諦かな、とも思う。

もっとも、狐狸庵氏は、「始めに断っておくがな、わが「狐狸庵閑話」は正座して読もうが、寝転んで鼻糞ほじくりながら読もうが、これによって人格が高尚になるとか、生死の妙について悟るところあるというものではない。」というのだから、真面目に考えてはいけないのだろう。しかし、・・・・。

氏は前述のように、フランス留学中に肺の病気になったが、三八歳の時に、長期入院を伴う三回の肺の大手術（肺切除）という体験をしている。これによる様々の病院生活における経験、思索を「先生・看護婦・僚友たち」として、これは真面目な実感として一二編載せている。今でも氏が病院に心惹かれるのは、あそこでは人間が普段の仕事や地位、身分などの社会的飾りを棄てて、むきだしに病気と闘わなければならない、そして自分の人生をじっとふりかえる人々が住んでいるからである。と。名医とは仁医とは何か、の考察。麻酔からさめた痛みに泣き叫んだ氏に「二週間前の吉川英治先生は、一言も痛いとかつらいとかおっしゃいませんでした。立派なものでした」と看護婦に言われたとき、「吉川先生がなんだい。俺は俺だア。俺あ俺だア」と叫んだ。とか、実に人間味あふれる氏の様子が何とも好ましく感じられる。氏の全身麻酔の手術による経験から、その時の患者の気持ちの移り変わり、実に奇麗に見える看護婦さん、そして彼女たちとの交流、彼女たちに望みたい対応、見舞いのむずかしさ、ホームドクターの必要性など、ここはひたすら真摯な体験談となっている。

「狐狸庵煙話」としてタバコに関する話もある。勤労動員に明け暮れた学生時代、一月に一回は信濃追分の堀辰雄氏のところに通っていて、堀氏にパイプをもらったが、東京大空襲で燃やしてしまった話。リヨンの隣人のブラジル人が小説家志望であるにも拘らず、酒もタバコもたしなまぬのが気にくわなかったが、私の誘いで、飲むようになり喫うようになり、今では故国で詩人として活躍しているらしい、とある。狐狸庵氏の感覚では、酒とタバコは文学者には不可欠といっているようで、両方とも大好きな私にとっては嬉しかった。狐狸庵氏はフランスで当初よくこんなまずいタバコを喫うなあ、と思ったゴロワーズが、数重ねるうちにうまいというところまでいったというが、それはたいしたもので、私は一箱くらいで他にきりかえた。「狐狸庵無駄話」は若い妻への上手なお説教の数編だが、年とっても聞かせたい話が書いてある。

そうじて、この本は、例によってふざけたお笑いの文もあるのだが、(無銭旅行、女優について等)しみじみとした短文が多い。閑話の中の「老年の心境」という文で「老年という字はわびしい。黄昏のわびしさがそこに漂う。そして私もいつかこの初老をはや過ぎ老年に足をふみ入れた、」という記述があるのだが、この時、遠藤氏はまだ四〇歳代前半の筈で、虚構とはいえ随分さびた心境を先取りしたものだな、と思う。年表によると実際に氏が柿生の二駅先の玉川学園に転居したのが昭和三八年、四〇歳の時で、付近ののんびりとした農村風景に触発されて、柿生の狐狸庵山人という発想を得たのであろう。人情に対する鋭敏な神経のテレでもあったろうが、大病の経験がそう言ってもさほど不自然でなくさせたのかもしれない。

三『ぐうたら愛情学』

これは多くが「婦人公論」とか「マドモアゼル」といった女性雑誌に多年にわたってポツポツと書かれた随想に一部書き下ろしを加えたもので、氏の三〇代半ばから五〇歳に亘るまでの文章が並べてある。氏は少年、青年時代に大きく影響を受けたバイオリニストの母を三一歳の時に亡くし、女性にはことのほか優しい気持ちを持っていたように思う。女性は一般に男よりも真面目な誠実さの中で生きていると思うが、本の特に前半は狐狸庵的ユーモアセンスはあまりなくむしろ氏の女性観察記、および女性にたいする親切な忠告集といった風である。

中で「妻は夫の踏み絵である」の一文に同感した。彼は先輩たちがいう細君のコワさというのを結婚して一〇年してしみじみと知ったという。そのコワさとは何か。それは亭主達にとって良心の呵責だからである。妻は良心そのものだからであると。「俺はいい人間だ。俺は立派な男だ。俺は善い男だ」などと思っている男はこの世にほとんどいない。いればそれはよほどのお目出たか、鈍感な男である。大半の亭主は「俺はわるい男だ」という気持を心のどこかに持っているはずである。だが何にたいして彼は自分のことを「悪い人間だ」と思うのか。それは女房にたいしてである。夫というものは多かれ少なかれ、妻を傷つけずにはいられぬ存在なのである。それを治せといったって治せるものでない。それは少年時代の母親に対する気持ちに似ている。女房という良心にたいしてはなはだ申し訳ない私であるという、後ろめたい感じ、内部の呵責、それがつみ重なってあの恐妻という感情をつくりあげているのだ。例えば、自分だけが飲み屋で酒を飲んでいる時、女房と子供がわびしく晩の食事をしているのを思い出し、何か自分がわるウい人間のような気がして・・・。私も何十年と妻に健康の為に節酒禁煙をと説教されているし、年甲斐もなく無茶をしたり、家庭内での失敗は多い。妻の説教は常に正論であるから理屈ではかなわない。「あなたはどうなってもいいかもしれないけど、子供が独立するまでは親としての義務があります。あなたは家庭にたいする責任感が欠けています。」とも言われ、ここ何年かは「私の言うことなんか、馬鹿にしてどうせ聴かないんでしょ」とむくれられると、何とも答えようがない。

「女性に与う愛の十二講」は伊藤整氏のヒット作『女性に関する十二章』の題名を思い出させるが、その中で思わず吹き出したのは「女と記憶」の篇。女性の過去に対する記憶の好さはあちこちで繰り返されているが、「あなたは、二年前、こう言ったんですよ。」「そ、そんなこと言ったのか」「言いました。チャンと憶えてんだから。その二年前の言葉と今と違うじゃありませんか」「それは、その」「どっちが正しいんです」「君です。すべて君です」女が（食べ物を何度も反芻する）牛であることよ。万歳、と。実際、我が家でも時々起こるのだ。女は常に正義の味方、月光仮面である。

「雑句波乱（ざっくばらん）女性考」も女性にたいする親切な忠告であり、男は自分自身がかなりだらしなくても、女性にいつまでも慎み深さを求めたい男の気持を述べている。それぞれ含蓄がある。

「夫婦の愛情診断」、女は結婚するとすぐ「妻」となり子供ができるとすぐ「母」になる。これに反して男は、結婚しても「夫」となるのには時間がかかり子供ができても直ぐに「父」となるには気持ちが追いつかない。そして家族を持ってもときどき「男」の部分、一人身であった自由な気分に精神がもどりたくなる。その時、狐狸庵氏の言葉によれば、女房の存在は「正月に餅を食べすぎて腹がもたれたような感じ」になるという。（実は柴田錬三郎氏が最初に結婚前の氏に語った表現で「今に君もわかる」といわれたと別の箇所に書いてある。）愛情が希薄なのではない。しかし、何となく家庭の存在が重苦しい。これはいい得て妙であって、男と女の特性をよく表していると思う。家庭にどっぷりつかり献身する又はできる女性に対し、男はそれ以外の精神の自由度を保持したいと本能的に思う。この落差の行動が積み重なると、亭主にとって女房はめんどくさい、鬱陶しいとか、コワいという存在になっていくのだ。遠藤氏はそれを少しでも防ぐ手立てを女性たちに親切に教えたりしている。

若い頃の
遠藤夫妻

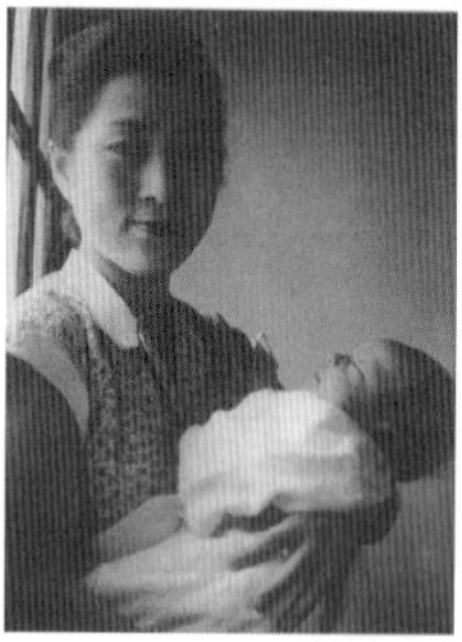

「恐妻武者修行」、ここでは、最初の導入部の話が面白い。遠藤氏が外国に行くというので親しい文士仲間が中華料理屋で歓送会を開いてくれた。老酒を飲み歓談が進む。その内矢代静一氏が「なんで女房というのはあんなにムッチリ

肥るんだろうね」と言い出して、愚痴話がどんどん進み女性は男より体力がありの話になり、ついには「女には精神というものが根本的に欠如しとるんや。生理と本能でしか生きとらんわ」という三浦朱門氏の発言にいたる。才媛の誉れ高い曽野綾子氏を妻に持つ氏の発言だから、「えっ」と皆も愕然とした。三浦君にまで女性は欠陥があるといわれればうちの家内などオケラのオケラではないかと思ったという。それで、たまたまの外国旅行の機会にこの点に関する外国事情を観察にでかけたという筋書きになっている。（たぶん中身は氏の創作だと思ったが、文章の構成法にはいろいろあるなあ、と感じ入った。）

遠藤氏がオケラと書いてはいるものの、新婚早々の時、嫁さんは俺と違って色白の美人だぞ、と友達に嬉しそうに無邪気に自慢していた、というのはどこかで読んだ記憶があり、事実、写真で見ても慶応大学の仏文科の後輩である妻の順子さんは奇麗なふくよかな人である、結婚して夫婦喧嘩で遠藤氏が腕力に訴えようとしたら、合気道を習っていた奥さんに爪で引っ掻かれて、以後は慎んだという話は彼自身が書いている。遠藤氏の死後に書かれた夫人の著作、『夫の宿題』及び『再会』を読むと、結核が一進一退で未だ売れない文学志望の遠藤氏と結婚し（式の直前、氏が芥川賞をとった。）五年後の結核の再発、肺の大手術だけでなく、微熱、血痰などで常に病弱であった氏を支え続けた。四十一年間の結婚生活で、氏は十回入院し八回手術をしているとのことである。特に肝臓の不調、糖尿から腎臓の病による腹膜透析にいたるまでの苛烈な最後の三年半の闘病生活は大変なものであったことが解る。また、遠藤氏が転居し狐狸庵山人となったきっかけは肺の手術をした二年半の入院の後は都会を避けて空気の清浄な田舎に、ということで氏が入院中に夫人が探し出した土地が玉川学園であったということが書いてある。結婚前に「君は文学の話に口を出さないからい い。これからも俺たちの話に口をだすなよ」と言ったとか、「物書きの女房というものは、亭主の書いたものなど読むものでない」と妻に告げたりした遠藤氏は家庭では随分と独裁的であったようである。至るところで示される遠藤氏のわがままをうけいれながら、創作に進む彼を常に真剣に思いやった順子さんの努力に妻としてのあり方を思う。氏が「仮に俺に娘がいたら、文士とは結婚させせん」といっていたそうだから、氏も妻の苦労はよく解っていたに違いない。

「男の苦しみ、女の哀しみ」、この節に集められた「人を愛するとは」、「愛の男女不平等について」、「姦通論」、「結婚の生態」の以上四つの文は、ここで他にとりあげるユーモア随筆とは全く異なる、遠藤氏の男女の愛、結婚に対する彼の本質的理解が生真面目に述べられている。情熱と愛の違いとか、男は船で、女は港であるとの氏の考えは私も正鵠を射ていると思った。

遠藤氏はこの頃、成城大学の講師を三年ほどつとめ、おおくの女子学生と接する機会をもった。随筆ではこれらの女子学生との交流を通しての面白い体験談も数多く語られているのだが、この本は全編に亘って氏の女性に対する優しいおもいやりの気持ちが溢れている。若い女性のみでなく特に中年の女性群には、圧倒的人気があって、それは写真集『年々歳々』で、多くの女性群に囲まれて楽しい時を過ごしている遠藤氏の数々の写真をみると、よく解る。

四『大変だあ』

この作品は氏が四五歳のときサンケイ新聞で連載されたとのことである。私が読んだのはかなり後だった。この作品はなんとも破天荒なユーモア小説である。狐狸庵氏の世代は若い仲間で闇鍋会といって皆が勝手なものを持参し、何を入れたか判らないように部屋を暗闇にしてそれを鍋にぶっこみ煮たった料理を食べる、という剛気なかつ風流な試みがあったらしい。(他の随筆でも書かれている。)それを利用した実にユーモラスな展開のストーリーである。科学には全く不得手であるらしい狐狸庵氏が、放射線の影響などもっともらしい説明をするのも面白い。最近の男の女性化、女の男性化は放射線の為ではないか、というアイデアである。

家父長然としてえばっている会社員である中年の父とそれにかしずいている母と一人娘という家庭、その現代娘と知り合った多少イカれた男の大学生三人。昔の強い男と従順な女と違って、なよなよとした若い男と、生意気な女が増えた世の風潮を嘆いて、最近の若い男は軟弱でいかん、鍛えてやると、封建親父が家での闇鍋会に学生を招待する。たまたま、その中に、研究目的で水爆実験地域にいて移送中に日本で逃げ出した鶏をつかまえた学生が、そうとは知らず鍋に入れた。放射能により性転換の可能性を持つ鶏をみんなが食べたため、男が女に、女が男に、身体つきから、性格まで徐々に変わっていく。親父をはじめとして娘も学生達も本人が気付かずに、次第に振る舞いが異性のそれになっていく描写は、実に滑稽で思わず吹き出してしまう。アンドレ・マルローから開高健、池内淳子その他有名人の名が次々でてきたり、遠藤周作その人が作家としてもっともらしく登場したりする。会話のとぼけた味も秀逸で、実に楽しく読める。

まったくくだらないといってしまえば、それまでだが、奇想天外な着想と男と女の日常の生態が活写され、それが性の転換によって醸し出されるユーモアは、実に痛快の趣もあり、読んでいて何度も笑いがこみ上げてきた。そこで何気なく主張される、亭主としての女房にたいする抗議とか、権利ばかり主張し調子がわるくなると頼る女性の調子よいところとか、全学連からゴーゴーダンスに至るまでの現代若者風俗にたいする批判とかは既に馴染みのものなのだが、狐狸庵氏もよくここまでふざけながらも言いたいところは上手く盛り込んだ作品を書いたと、まさに感服の至りであった。

五『ぐうたら交友録』

これは氏の親しい友達とのさまざまな交流ぶりを書いた本である。大の親友北杜夫氏を先頭に、三浦朱門、瀬戸内晴美氏他の十二人の文壇仲間の話に、学生時代の話と女優さん達との文が加わっている。この交友録はユーモラスな随筆と、真面目な話との双方がある。前者は北杜夫、安岡章太郎、吉行淳之介、村松剛、阿川弘之、近藤啓太郎氏等で、後者は亀井勝一郎や梅崎春生、慶応大学の先輩の柴田錬三郎、原民喜、などである。

この本をよむと、文士というものが、それぞれ実に個性的であることが、よく解る。多分芸術を志すような人々は、自分の欲望、感性を大事にするのだろうし、社会の規範みたいなものから自由であることが、非常に重要なのであろう。そうでなければ、いい作品は生れない。結果的に自分しか頼れない厳しい職業だと思うが、それぞれの才能を発揮した人達の個性は皆独特の輝きがあるところが、他の多くの職業人の平々凡々な人生と異なるところである。

六『ぐうたら漫談集』

ぐうたら随筆のなかでは、かなり後に出版されたこの本は、初期のような初老の狐狸庵山人の韜晦趣味という文章は殆どなく、氏のさまざまの思い出話が淡々と書かれている。現在では全国有数の進学校である灘中での成績が一八八人のうちの一八六番であったという話から、自分の現在の執筆習慣、戦中派の持つ終生の宿題に至るまでじっくりとした味わいである。この中で他の六〇余りの文とは雰囲気が違っていて私が実に素晴らしいと思ったのが、「のどかな、のどかな話」という散文である。これは遠藤周作氏と北杜夫氏が独立にそれぞれ軽井沢の別宅に寓居していたときの話で、遠藤氏は徒歩で散歩、北氏は乗馬に乗って出会う話である。私はこの文章が、私が読んだユーモア随筆の中で、文学的に最高ではないか、と密かに思うくらいなのである。わずか文庫本で二ページ半の短文であるが、その雰囲気を伝えるためにここに敢えて全文を書き出してみたい。

「私のスポーツ」などという題で雑誌にのったグラビアに、北が馬に乗っている姿がうつされていたのを見たことがある。

「いや、乗馬というものは実にいい運動ですな。遠藤さんも是非おやりなさい。ぼくが教えてあげますぞ。ぼくは夏、軽井沢では乗馬をたのしむですが、高原を一鞭、疾駆する気持は、は、はア、なんともこれ言えんですなア」

北は酒場でウイスキーを飲みながら、私に親切にそう奨めてくれた。数年前、大病からようやく恢復して以来、運動らしい運動もしない私を案じて、この心やさしい友は乗馬を教えてくれると言うのである。

私は軽井沢の高原を颯爽、馬にまたがり浅間の噴煙をバックに縦横に駆けまわる北を羨ましいと思った。しかし同時に、かって彼が車を運転していた姿を見たことを思いだして二つのイメージが私の心の中で調和しないことに苦しんだのであった。あれはやはり同じ軽井沢だった。私がある日、ブヨに刺された足をひきずりひきずり「この上もなお憂きことのつもれかし、限りある身の力ためさん」と呟きつつ歩いていると向うから、はアまア、何とも言えん不恰好でチヨロ剥げた車がヨタヨタと走ってくるのが見えた。その車は両側から次々と追いぬいていく若者たちの「カッコいい」スポーツカーの間で、哀しいような憐れなような足どりでこちらに近づいてきたのであった。そして私はその運転台に北の姿を見たのだが北はハンドルに必死にしがみつき、私のわびしい姿も眼に入らぬ始末だった。

親しき中にも礼儀ありで、私はこのことを彼にその時、黙っていた。しかし彼が軽井沢で馬を疾駆させると言うと、私はそのヨタヨタ自動車のことを思い出し、少し、フクザツ―な気持になったのも事実である。

昨年であった。軽井沢の夏もすぎ、あらかた人々も引きあげた、うつろな秋の夕暮れ、私はわびしい気持で「この上もなお憂きことのつもれかし、限りある身の力ためさん」と呟きつつ散歩していると、むこうの道から、ロバに乗ったサンチョのような男の姿が見えてきた。いやそれはサンチョではなく北だった。そしてそれはロバではなく、軽井沢の農家が耕作用に使うヨボヨボの駄馬だった。北は駄馬に乗って道をヒョロヒョロとこちらにむかってやってきた。

私はなつかしさのあまり「北クーン」と叫んだ。北クーンはロバの上から―いや、馬の上から私を見て「やあ！」と答え「トマレッ」と馬に命じた。しかしこの馬はツンボか強情らしく、マンボウ博士の声にかえってトットコトットコ足を早めて反対の方角に歩きだした。

「北クーン」

私はあとを追いかけ、北は、

「トマレッ、トマレッ」

何度も叫ぶのだが、馬は一向、言うことをきかない。向うの方角にどんどん去っていく。

「北クーン」

「トマレッ、トマレッ、トマレッ」

「北クーン」

やがてそのトマレッという声も北の姿も夕暮のススキの影のなかに次第に小さくなり、私は追うのを諦めた。

まことにユーモラスかつ文芸の香り高い名文となっている。また、このリズムといい、間の取り方、カタカナの使い方といい、実に巧みでユーモラスな雰囲気を伝えている。

文中に出てくる和歌に関しては、私には思い出がある。一五年ほど前、私が在職していた放射線医学総合研究所の佐渡敏彦先生が定年になった時に、先生は、所のかわら版ともいうべきコラムに次の要旨の文を書かれた。「この和歌を青年時代に恩師から教えられて以来、この歌を生涯の心の支えの一つとしてきた。これからはこの有名でありながら作者が不明であるこの和歌の作者を探すつもりである。」と。そう言えばこの歌は狐狸庵随筆でも何度か出てきて私も前から知っていたので、そのとき興味を持った。実は遠藤氏は語順を勘ちがいしていて上の句は「憂きことのなおこの上につもれかし」が正しい。もっとも彼はワザととぼけたのかもしれないが。その時調べて先生に知らせてあげたい、とおせっかいにもいろいろの人にも聞いてみた。戦前から、学校教育でも採り上げられたくらいの有名な歌であったようで、だから狐狸庵氏も頭に残っていたのだろう。ところが私の周囲のこのようなことにかけては学識の高い年配の人でも、尋ねてみると歌は知っているが作者は知らない、山中鹿之助かなあ、あるいは平野國臣かなあ、という具合で、それを聞いて私も候補者を調べてみたが、どれもこれも当たっていなかった。本業の研究の合間にではあったのだが、私はついに意を決して名士録で遠藤氏の住所を調べ、丁寧な質問状を送った。しかし、返答はなかった。たぶん多忙でもあったのだろうが、遠藤氏も知らなかったのだろう。当時の岩波新書におさめられた大岡信氏の『折々の詩』全十冊も見たのだが出ていず、編者の大岡信氏に手紙を書いた。大岡氏からは直ぐ返答があり、しかしその結果は、「有名な歌ですが、私も作者は知りません」というものだった。そんな調査結果は佐渡先生にも知らせた。結局、先生が定年になって半年後くらいであったか、先生が研究所に出てきてバッタリお会いした時、「わかりました。わかりましたよ」と実に嬉しそうに教えてくれたのは、作者は熊沢蕃山だったということであった。備前岡山藩の家老に若くしてなった蕃山が周囲の恨みなどをかい、その苦しい時代に作った歌だった。

七　遠藤氏の友達付き合い

このような遠藤氏の随筆は、読んでいてひたすら楽しいものであるが、氏の随筆の中に登場する友達、なかんずく散々そのつきあいを揶揄されたのが「マンボウ氏」こと北杜夫氏である。北氏が『どくとるマンボウ航海記』というそれまでにないみずみずしいユーモア青春小説をだしたのは、私が大学に入りたての昭和三十五年頃だった。それ以来いくつかの「マンボウもの」を出していて私も「航海記」以外にも『マンボウ周遊券』とかいくつかを読んだ。氏は生家、青山脳病院・斉藤茂吉家の生活がモデルといわれる『楡家の人々』という名作を書いている。

マンボウ氏はこんどは逆に『マンボウ交友録』を書いて、狐狸庵氏に反論した。氏の「ケチ合戦」（一内）、「どくとるマンボウの手術」（二内）、「では一杯、では五杯」（五内）などに対してである。これらは似た材料なのだが、それぞれ内容、文章は進化または変化している。チョッと内容を話すと、そもそも北はひどい図々しい奴で、軽井沢の拙者の豪邸にやってきては、すぐ帰ります、すぐ帰りますといいながら、結局、家にある上等のウィスキーをガブガブ飲み、大飯食らいをしてひきあげる、というような随筆なのだが、あれは、とんでもないホラ交じりの文であって、ここに事実を明確に示し、読者に狐狸庵氏の文章は信用しないようにしてもらいたい、という反撃の文章となっている。

北氏との交流を描いた狐狸庵氏の随筆で前述の軽井沢における両氏の徒歩と馬上の出会いも、これが狐狸庵一流の誇張表現かつホラ混じりであるので、マンボウ氏はその「交友録」で事実はこうであった、と強く反論している。もっとも文章そのものは、さすがに、素晴らしいと褒めている。

狐狸庵氏とマンボウ氏、事実はどちらの言い分が正しいのか、それはどうでもいいことで、ともかく両者の和気藹々の交流ぶりは、なんとも楽しそうで、人生こんな友達ができたら素晴らしいな、と本当に思う。語調が全く異なるとはいえ与謝野鉄幹の「友を選ばば書を読みて、六分の侠気四分の熱」とは正にこのことで、良友を持つのが人生の最大の悦楽の一つであることを実感させられる。二人は堅実な社会的にもしっかりした兄貴が居て共に比較的気楽な次男坊であるところが共通している。ユーモア文学好きの人々の間では、ファンクラブのようなものが出来ていて、狐狸庵派とマンボウ派があったそうである。それかあらぬか、『狐狸庵VSマンボウ』という両氏の対談と随筆集の本もある。

ついでに付け加えると、この北杜夫氏とこれもユーモア作家の佐藤愛子氏との交流ぶりも、実に楽しいものがある。佐藤氏は『戦いすんで日が暮れて』で、共に作家志望の夫との結婚生活での経済的苦闘を書いた昭和四四年直木賞作が出世作であるが、中年以降は「イカリの愛子」とも言われ、その独特のユーモアスタイルで、多くの随筆、小説を書いている。北氏とは若くからの同人雑誌仲間で長いつきあいだった。前述の『マンボウ交友録』での二人の文士劇でのホセとカルメン役での顛末は読んで抱腹絶倒の面白さであり、躁鬱病の持ち主らしい北氏と佐藤氏の馬券買いの話など、愉快な話が満載である。私も佐藤氏の随筆は『こんな考え方もある』、『愛子の小さな冒険』、『さて男性諸君』、『女はおんな』、『私のなかの男たち』、『人生って何なんだ』等、他にも何冊も愛読した。二度の離婚などで北氏に「男運の悪い愛ちゃん」と同情される程、若い頃は苦労の多い人生を送ったにも拘らず、何といっても、カラッとした気っぷの良さが読んでいて心地良い。

遠藤、北、佐藤氏、そして田辺聖子氏も含めてこれらの人達の随筆は、それぞれ異なる個性ではあるのだが、無類のユーモアを漂わせていて、読んでいくのが実に楽しく愉快である。一方その中に鋭い人間観察を含んでいて、なるほどと思わせることが多々ある。ともかく人生は、楽しく生きることが肝心だとも、教えてくれる。私にとってユーモア随筆の面白さを最初に導いてくれたのが、遠藤氏の「ぐうたらもの」であった、という意味で単に読むだけでなく、その後の生活、考え方にも大きな影響を受けたのである。他にも「ぐうたら」と名のついたものは、『ぐうたら人間学』、『ぐうたら好奇学』、『ぐうたら社会学』、『ぐうたら会話集』などがある。また遠藤氏はユーモラスな、名言、格言のパロディ集とも言うべき『勇気ある言葉』という愉快な本も書いた。

『ぐうたら漫談集』を読んだ頃、私の息子が通っていた高校でたまたま遠藤氏の招待講演があるというので、妻と共に出掛けて一度だけ彼の直接の話を聞いたことがあった。その時は、かなり期待していったのだが、あまり精彩がなく終わって共にがっかりしたのを思い出す。どうも文章が上手いのと口演の上手さとは別のことなんだなあ、とその時は認識した。もっとも、彼の来る道路が混雑して三十分ほど遅刻したということで、そのお詫びから話が始まったし、あるいは身体の調子が悪かったのかもしれないので、わずか一回では速断は禁物だったかもしれない。

狐狸庵先生に教わったユーモアに対する寸言を書いておく。アンドレ・モーロア氏によると「エスプリとは高みから人間を批評することであり、ユーモアとは自分を劣等者の位置において人間を批評することである。」

もう一つ、河盛好蔵氏によると、「ユーモアとは、自分をバカ、もしくは道化師の位置において、バカや道化師になれぬ人間をひそかに笑う感覚である。もしくは、バカ、道化師の感覚をひそかに味わう楽しみである。」と。

最後に、彼の生き方についての価値論とも言うべき本に触れる。

八『自分づくり—自分をどう愛するか（生き方編）』

これは出版が昭和五九年だから遠藤氏が還暦まもなくの人生の見方を書いたものになる。私は今から一五年くらい前、五〇歳直前に読んだ。一見、生き方のハウ・ツウものといった体裁で、二、三時間で読み終わるものなのだが、中で「生活」と「人生」を分けて考えるという文に、なるほどと、とても感心した憶えがあった。

遠藤氏は先述のように昭和三五年一月ヨーロッパ旅行から帰国後、健康を害し、東大伝研病院に入院し、その後、年末に慶応病院に入院、三回の肺切除の大手術で、結局つごう二年半の入院生活を送っている。三六歳から三九歳にかけてで、このような生死をかけるような経験、そして長い入院生活が彼の人生観を非常に深めたようである。

人は病気で入院した時、年をとって職業を離れて長年の時、極端にはもう余命も長くはないと感じはじめた時などに、つらつら自分の来し方を考えるであろう。その時人間は何を感ずるであろうか。たぶん大半の時間は社会的「生活」の中で過ぎていったのだが、自分の「人生」とは、自分の生きた意味はなんだったのだろうか、という想いのほうがずっと強くなるのではなかろうか。社会における成功、不成功、人の評判などは今やたいしたこととは感じられなくなり、自分が自分のやりたかったことに十分意を尽くしたか、とか、心を許せる本当の人生上の友の存在とか、家族や隣人に対する思いのほうがずっと重要になるのではなかろうか。それは「生活」ではない「人生」を考えるということであると。そんなことの視点をはっきりと文章で与えてくれた遠藤氏はこれまた有り難かった、と今になって思う。

遠藤氏の写真集は前述の如く『年々歳々』に出ているが、この本には彼が晩年になってあちらこちらで述べた文言が散りばめて書かれている。その中で印象深いものを以下に書き出してみたい。

「この年齢になってみると私はかって犯した愚行も、かって私の身に起こった出来事も—私の人生に実に深い意味を持っていたことに気づくのだ。私の人生のすべてのことは、そう、「ひとつだって無駄なものはなかった」と今にして思うことができる。」

「年をとるということは、美しいどころか、妄想にみち、辛く、悲しいものだというのが、私の偽らざる気持です。」

「昔は色々と他を羨んだこともあったが、今では「私は私、これでよし」と自然にそう思うようになってきた。そのかわり与えられた状況や条件を最大限に活用して、それを享受し、あらゆる角度から（文字通り）満喫するのが、「生きる」ことだと思うようになった。」

「家内は昔からの家計簿を保存していて・・・・だから昔の家計簿を見ると、いかに貧乏だったか、手にとるようにわかる。」（この述懐は身につまされる。私の妻は結婚した時は既に親なく一人身で、私が親とは絶縁状態であったこともあり、一切経済的には人には頼れなかった。彼女は貧乏対策で当初から我流の家計簿をつけていて今に到るまでも続けている。）、

「考えてみると自分の人生では主役の我々も他人の人生では傍役になっている。たとえばあなたの細君の人生で、あなたは彼女の重要な傍役である。あなたの友人の人生にとって、あなたは決して主人公ではない。傍をつとめる存在なのだ。」

「良寛の言葉に、「死ぬ時は死ぬがよし」という名言があるが、「老いる時は老いるがよし」という言葉を私は老人に贈りたい。」

遠藤氏の宗教文学と「ぐうたらもの」を並べてみると、レイモンド・チャンドラーの『プレイバック』に出てくる「強くなければ生きてゆけない。優しくなければ生きていく資格がない」という有名なセリフが頭に浮かぶ。まこと、遠藤氏はその双方を努力によって兼ね備えたといえるであろう。個に厳しい人である一方、自分の弱さ、いたらなさを正直に話し、自らをピエロとなし、他人をやさしく包み込み、いつも人を喜ばせることをもって自らの楽しみとする、魅力的な人であった。私は氏から「ぐうたら」的感性とその延長部分を、大切な人生の糧として学んだのだった。

アルビン・トフラー『第三の波』 徳山二郎監修

はじめに

一九八〇年代当初に、西欧世界でベスト・セラーとなって大きな反響を得たといわれる本である。私もその評判につられて当時読んだのだが、今では「ああ、エレクトロニック・コテッジを言った本だったな」という程度しか記憶に残っていなかった。もう四半世紀も前の本で、六三〇ページの大著でありながら、一つの言葉しか覚えていないというのでは、あまりにひどい読書経験である。それでもう一度読み直してみよう、と思ったわけである。

読み直して、非常にびっくりしたのが、今ではワシントンの国防大学の教授であり、米国先端科学協会の理事でもあり、未来学の創出者の一人として確固とした地位にいるように見えるトフラーが、大学卒業後中西部の工場労働者として働いたことがあるという事実であった。それも機械工場で機械工として五年間働いたというのは、他の大学育ちなどのアカデミックな学者とは全く違う異色さである。その後、ワシントン駐在の新聞記者になり自由世界で有数の経済誌といわれる雑誌「フォーチュン」の副編集長になった。そのジャーナリストとしての巾広い情報蒐集がこのような本を書く土台となった。ガルブレイスも「フォーチュン」編集委員を経験している。ガルブレイスが大産業が支配する新しい産業国家が生まれていると書いた本からわずか一三年、産業革命がもたらした「第二の波」の時代が峠を過ぎ、次の新しい波に洗われていると論ずる本書のような本が現れたのは、全くもって興味深い。

それにしてもこのような大部の本がよく書けるものだ。著者のスタミナに驚嘆してしまう。ガルブレイスよりも生活に身近な材料で、経済学というより社会学的なので読みやすいのだが、よくもあれやこれやと長く書けるものだ。日本人のこの手の本だと、どんなに練達の士であってもだいたい三〇〇ページを越える本というのは滅多にない。すなわちこの本の半分以下である。長いから良いというものではないが、ガルブレイスといい、トフラーといい、なにか西洋人のエネルギーの出方は、日本人とはどうも違う。洋食で育った体質からなのか、若い時から発表訓練をさせる教育の差なのか、相手への論理的説得に精力を集中する西欧人と、空間とか余韻を重んずる日本人との伝統的文化の違いによるものか、いろいろな側面が総合的に反映しているのであろう。

序論および「ぶつかり合う波」

序論と第一章「明日への大闘争」において本書の全体のスコープが二五ページに亘って述べられているが、その出だしがまるで著作後四半世紀経った現在（それは当時をはるかに越えた規模と深刻さを増している）を述べているようで印象的である。

テロリストが人質と死のゲームを演じ、各国の通貨が第三次世界大戦の風説のなかで変動を続けている。こうした状況のもとで、我々は毎日の新聞の見出しを、恐怖にかられて見つめている。人びとの不安の反映である金の価格は、前代未聞の高騰を続けている。銀行経営の基盤がゆらいでいる。・・・と。

『第三の波』は文明の総体的な巨大な変化を「波」という言葉で表す。勿論現在の我々がどのような位置にいるのかが主要な興味だが、この為に、極めて大胆なる単純化、一般化、それに要約を行った。すなわち、著者は文明を農業段階の「第一の波」、産業段階の「第二の波」、それに現在始まりつつある「第三の波」という、わずか三段階に分けたのである。

「我々の生活のなかに、これまでになかった文明が出現しようとしている。個人の生活がばらばらに引き裂かれ、これまで確固としていた社会秩序が崩壊する一方で、奇妙に新しい生活様式が澎湃として起こっている、この爆発的変化の時代に」、というような捉え方に、そうかな、と一瞬懐疑的にもなるのだが、とにかくその言い分を聞いてみようと言う気にさせるところが、さすがにジャーナリスト出身の巧さである。彼自身七〇年に『未来の衝撃』という本を書いてそれなりに売り上げでの大ヒットだったのであるが、このような見方で大きな影響を与えた本としては、七〇年代の半ば、ダニエル・ベルの『脱工業（産業）化社会の到来』（七三年、訳書七八年）が最初のようである。このような変化を最初に言い出したのはやはり進歩の最先端をいく産業社会の渦中にいたアメリカの社会学者であった。

その脱工業化、ソフト化、情報化というような文脈をさらに巾広く展開したのが、本書である。その基盤となるのは、多種多様な、再生可能なエネルギー資源であり、大半の流れ作業による工場生産を時代遅れにしてしまう新しい生産方式である。また、核家族とは異なった新しい家族形態、「エレクトロニック住宅」とでも言うべき新しい職住一致の生活、様相を一変する未来の学校や企業などもその基盤となる。

「第三の波」は我々の家族関係を崩壊させ、経済の基盤をゆるがし、政治体制を麻痺させ、価値体系を粉砕して全ての人間に影響を及ぼす。それは全ての権力関係に挑戦する。その多くの部分は、古い伝統的な、産業中心主義が生んだ文明とはそぐわないもので、それは高度の科学技術に支えられていると同時に、反産業主義という性格を持っているのである。

著者はこのような一応の見取り図を与えた上で、次に「第二の波」の特性の説明を約一五〇ページ、「第三の波」については実に三三〇ページに亘って詳述するのである。

アルビン・トフラー氏

第二の波

「社会の特質」　数千年前の人類の定住性をもたらした農業による世界各地の文明の発生を「第一の波」とし、三〇〇年前の産業革命から始まった時代を「第二の波」とするのだが、第二の産業中心の体系を「技術体系」、「社会体系」、「情報体系」、「権力体系」という面から分析する。技術基盤でもっとも重大な点は、エネルギー源を再生不可能な化石燃料に頼り、自然の貯えてきた資本をくいつぶしはじめたことである。社会は、科学技術の大幅な進歩、大量販売方式を生み階層制度を伴う無数の組織の誕生があり（工場組織的発想の延長として管弦楽団の発展を取り上げているのは面白い。）大量生産に必要な資金を集めるための株式会社を典型とする法人が発展する。人々は生産者と消費者に分かれ、市場を中心としての生活が展開する。考え方によっては金銭万能、利益追求型社会の出現でもある。

郵便制度の確立による一律のコミュニケーション手段、電話の普及、二〇世紀半ばからの社内文書の洪水。新聞、ラジオ、テレビによるマスメディア、これらのメディアの特徴は規格化され大量生産された事実が集中化した少数のイメージ工場から何百万という消費者に送り込まれることだ。「第一の波」の文明の特徴であった同じ生産に携わる大家族の生活から変って、働き手は外へ向かい、転勤にも対応する核家族が標準化する。男女の役割の分離、それによる人格と内面生活の分裂―男は客観的、女は主観的であるという決まり文句―。大衆教育においても産業社会に適合する三つの徳目、時間厳守、服従、機械的反復作業に耐える忍耐力が強調される。このようにして、彼は第四章でこれらの産業社会、「第二の波」の文明の特性を六つの言葉で表している。すなわち、規格化、分業化、同時化、集中化、極大化、中央集権化である。

世の中を支配する人は「第一の波」では万人に明白であった。国王、領主、宮殿、僧院など、人々は自分の上に誰がいるか疑う余地はなかった。「第二の波」の産業主義は、社会を無数の相互に関する部品に分解したが、この部品を集めて統合する必要があり、その役割をする人―まとめ役が権力者の位置についた。無数の団体、組織、それらを統合するための「大きな行政府」が必要で、大会社あるいは大生産組織、それを統合する勢力はアダム・スミス学派の好む資本家階級でもなく、マルクスが予言した労働者階級でもない、まとめ役（インテグレーター）が「第二の波」の社会を支配した。各界にはそれに固有の権力構造でのピラミッドができ、スーパー・エリートが生まれ、人が変わっても組織が必要とするので、その構造は一向に変わらなかった。

各国の選挙制度は皆異なる。しかし、選挙は「第一の波」のままの土地によって区割りされた選挙であるのは共通している。機械の力とその有効性を殆ど盲目的といってよいほど信じきっていた「第二の波」の社会の創始者たちが、資本主義社会でも社会主義社会でも、多くの点で初期の工業機械の特徴をそなえた政治制度をつくりあげた。全世界に広がった法律製造工場。この時点でアメリカで選挙によって選ばれた議員の数は五〇万人以上、都市部だけでも二万五八六九の自治体がある、と書かれるとちょっとびっくりする。彼は選挙は確認の儀式である、と割り切って書いている。議員代議制による政府が人間尊重の時代を切り拓く突破口ともなったというわけであるが、工業国を支配しているエリートの権力構造はどこの国でも一向に変わらなかった。管理者であるエリートは議員代表制という形式を整えた管理機関によって、ますます自分たちの権力を安泰なものにする統合手段の鍵を握ってしまったという。選挙は断続的だが、政治活動は連続的で常に情報を交換しながら二四時間体制で政策過程に影響を及ぼしている。ソビエトや東欧諸国の労働組合の委員長なども労働者代表というのは見せかけだけで、権力の行使者以外の何者でもない、と断言もしている。

「国家間の問題」　統一された政治制度と統一された経済、この融合こそが、近代国家を作り上げた。その途上、国家は鉄道建設によってたがを締め、ヨーロッパでは輸送体系が政治境界線を確定した。国家間の闘いは、やがて帝国主義を生み、そのルーツは経済的要因に留まらなかった。戦略上の配慮、宗教的情熱、理想主義、冒険心、これら全てが一役買っていた。白人またはヨーロッパ人が他の人種よりすぐれているということを無言の前提とした人種観も関係していた。

リカードの国際的分業にたいする利益という信念はその後数世代を経る間に不動のドグマになってしまい、今日でも、世間一般に幅広い説得力を持っている。分業にはどうしてもまとめ役が必要になり、「第二の波」に属する少数国家のグループで、これらの国が、あらゆる現実的な目的のために、他の大多数の国々を交代で支配してきた。第二次世界大戦が終わった時、主要な産業国列強のなかで、アメリカだけが、経済的被害を受けていなかった。戦後二つの国がシステムの再構成、再統合をする仕事を引き受けた。アメリカとソビエトである。国際通貨、金融問題を処理するために、一九四四年、国際通貨基金（IMF）と世界銀行が設立された。（一九四八年、アメリカの金保有高は、世界全体の七二パーセントを占めていたという）まもなく貿易自由化をめざし「関税および貿易に関する一般協定」（GATT）が加わり、アメリカの影響力は強化され、七〇年代のはじめまで、アメリカは全てのほかの統合国をさらに統合していた。一方社会主義諸国間では、ソビエトが「経済相互援助会議」（COMECON）を作り、東欧諸国に分業体制をつくり、モスクワが利益をあげ支配していた。

このように、普通は政治や経済のそれぞれの体制の優劣や、イデオロギーの特質、社会の個々の問題点を細かく分析するのが学界やジャーナリズムの通常なのに、荒っぽくも社会構造の基本はどこの世界も共通している、と捉えてみる見方は、大胆かつ魅力的に見える。こういう見方は人間社会のある種の普遍的側面を鮮やかに切り取っているな、と思わせるのである。

「共通なる人間像」　これらの産業主義全盛を築き上げた時代の人間の共通認識について、彼は次のような点を挙げている。「人間は自然と対立し、これを支配する。」イデオロギーの分水嶺に隔てられていたはずの両陣営に、実は、この同じ人間像が存在していた。この人間像は、産業的現実像の主要構成要素であった。そしてそれと共に「人間が長い進化の過程の頂点に立っている」、という考え方を認める。もっとも富裕でかつ権力を保持する者が、正にその事実によって、生存の最適者であり、富と権力に値する人間である、と主張した。「進歩」という概念そのものについては、かれら全員が賛意を表し、誰一人疑義をはさむものはなかったのである。進歩は自然の破壊と低開発文明の征服を正当化した。

「人間は自由かつ自律的個人であった。」要するに、産業的現実像は、原子に酷似する個人、つまり社会の基本的構成要素として、それ以上細分化できない、構成単位としての個人という考え方を生み出した。この新しい因果論は、新しい時間像、空間像、物質像と結びつくことによって、人類の大多数を、古い偶像の圧政から解き放った。それは科学や技術の分野において輝かしい偉業をなしとげることを可能にするとともに、全てをはっきりした概念でとらえ、実践上でも多くの業績を挙げるという、奇跡とも言うべき成果をもたらした。

さまざまな要因が複雑にからみあっている。その主たる要因を選ぶのは難しいが、「第二の波」の文明を形成する力となった諸要因のなかで、生産者と消費者とが分断され、その間の亀裂が広がったこと、資本主義国においても、社会主義国においても、市場と呼ばれる網の目のような流通網が形成されたことが、もっとも影響力のはっきりしている点だと著者は述べている。

産業的社会では個人がまるでちっぽけな存在となってしまった。産業的人間は自分自身を、巨大化した経済、社会、政治体系のからみあいのなかのほんの一部と考えるようになり、それらの諸体系のあまりの複雑さに、そのひろがりを見失ってしまう。この点は、現代の日本の青年像を考えると、全く同感である。例えば、明治維新の頃、有意ある青年は日本の行く末を思い、国家を背負う気概を自然に持って大活躍した。しかし、現代のように体制が巨大なものとなり、青年を囲む環境がダイナミックに動き、日本全体のみならず世界の情報がすさまじい勢いで、毎日我々に押し寄せてくる状態を日常知ることとなる状況だと、一個人としての自分の存在感は全く希薄で、場合によりやりきれない虚無感に襲われる。一部の青年は、その生きがいのために、アフガニスタンやイラクその他の危険な戦地にまで行ってNPO活動に身を捧げるかと思うと、社会での活躍の場を考えあぐねて臆病になってしまうモラトリアム人間というような若者をも生んでいる。

彼は「第二の波」の文明は、我々の父や母の世代の生活条件を向上させるのに大いに貢献した反面、もちろん暗い面のあることも事実であると述べる。その一つは、地球上の生態系をおそらく修復不能なまでめちゃくちゃに破壊してしまったことである。もっとやっかいな問題に、帝国主義の問題がある。これは人種差別を生み、後進国の自給自足の小規模経済を、無理矢理に世界的な貿易体系にまきこんだ。傷口は、いまだに膿を出しており、癒える様子がない、と。

トフラーは現代という時代を、歴史のなかにどう位置づけるかは別として、産業化の時代は終わったのだということを、明確に理解しなくてはならない、と主張する。「第二の波」の体系全体が、危機に瀕している。社会福祉制度の危機があり、価値体系が、崩壊の危機に瀕しているのである。次なる変化が胎動しはじめると、「第二の波」はエネルギーを使い果たし、力を失って消えていく。「第二の波」の文明の崩壊は、人格の危機を蔓延させた。今日、自分の生き方に自信を失ってしまった何百万という人間が存在し、アメリカにおける人格の危機は、のちに触れるように、目を覆うばかりである。と。

第三の波

我々の時代、現在は矛盾に満ちあふれ、散り散りに分裂している。失業問題は深刻の度を加える一方で、何百万という人間が、単に生活に困らなければよいというだけでなく、創造的な、心理的にも充足感があり、社会的にも責任ある仕事を求めている。経済学だけでは、どうにも解らないことが増えるばかりである。政治の世界では、例えばテクノロジーといった、世の中の主要な問題がかってないほど政治色を強めている。多くの政党は、以前からの忠誠心の厚い党員から見放されている。また、地球上の広範囲にわたって、グローバリズムの名のもとに国民国家が攻撃にさらされている時代に、逆にナショナリズムの運動が強まっている。

こうした矛盾に直面して、我々は世の中の動向とその背後にあるものを、どうやって見分けることができるのだろうか。重要なことは、表面的には相互に無関係に見えるさまざまな出来事の間の、隠れた関係を発見していく、ということである。「第二の波」の文明は、我々が問題をその構成要素に分解する能力を、極端なまでに重視してきた。それに対し、ばらばらに分解された部分を再構成する能力の方は、それほど重視しなかったのである。大多数の人間は、文化的には、統合より分析の方に手慣れている。しかし、本書の使命は、スペシャリストとしてではなく、ゼネラリストとして未来を考察していくことにある、とトフラーはその熱意を語っている。

「エネルギー。産業構造」　いわゆる石油ショックでOPECは産油国の歳入を四倍に増大させたばかりではない。「第二の波」の技術体系にくすぶりはじめていた革命の火に、油をそそぐ結果となったのだった。現在、太陽エネルギー、風力、地熱、水力、バイオマス、その他の非化石燃料によるエネルギー開発が世界の諸所で進められている。今のところそれらは僅かのエネルギー生産にとどまっており、量的には従来のエネルギー構造に殆ど変化を与えていない。しかしたとえ、何事が起ころうとも、相対的な石油価格は上昇の一途をたどるであろう、と書いている。なぜなら重大な事実は、エネルギー問題は量の問題だけではなく、エネルギー体系の構造の問題であるということである。一言で言えば、いま初めて、過去三百年間のエネルギー体系から一八〇度転換した原則に立脚する体系が、我々の眼前にその姿を現しはじめたのである。しかし、彼は「第三の波」のエネルギー体系が確立するまでには、厳しい闘いが待っていると述べている。

彼は今後大幅に成長し、「第三の波」の時代のバックボーンになろうとしている産業は、相互に関連を持つ四つのグループに大別できるとしている。それらは、一、コンピューターとエレクトロニクス、二、宇宙産業、三、深海開発、四、遺伝子産業である。彼は、これらをそれぞれ詳述すると共に、それに対するヒューマニスティックな気持ちの表出として、もっと人間味のある仕事を用意し、公害をなくし、環境を保護し、国家とか世界の市場よりも地域や個人の消費を目的とする生産を行うように、「適切なテクノロジー」を発展させなければならない、と述べている。

「メディアの特性」　産業化時代の「第二の波」は、新聞や雑誌、ラジオ、テレビ、広告などを通じて多くのイメージの視覚化を図り、マスメディアは、こうしたイメージを集中的に大衆の心に植えつけることに寄与したが、その結果、産業主義にもとづく生産方式にとっては不可欠である、人びとの行動の規格化が助長された。この勢いは止まることを知らない。テレビなどでは一回五秒、一〇秒というような広告が、毎日無数に繰り返されることによって人びとの消費、購買意欲を刺激することを最大の戦略としているように見える。我々の内部で、イメージが具体的な形をとってあらわれる速度がスピードアップされるわけだが、このことは、イメージが永続性のない一時的なものになっていくことをも意味する。

彼はまた、大衆雑誌は国民生活に対するかっての強大な影響力を失った、という。脱画一化雑誌、つまりミニ雑誌が、急速に大衆誌に取って代わろうとしている。マスメディアが脱画一化すると同時に、我々の精神が細分化されるようになる。より小規模なグループに細分化された人びとが、自分たちでつくり出したおびただしい量のイメージを、相互に交換している。確かに今ではインターネット通信、ブログ等、我々の周囲でもおびただしい相互情報文化に取り囲まれているのは事実である。年輩の人達はこれらの情報のあり方に戸惑っている。かれらが目にし、耳にする情報の扱われ方そのものが、なじみにくいからである。非連続的で瞬時にきらめく、最小単位の情報に、我々は身をさらしている。以上のような記述、このような日常は現在の我々日本では違和感なく受け止められるが、この本の書かれた八〇年代当初に、既にアメリカがそうなりつつあったのであろうか。それともその萌芽に著者は鋭敏に気づいていたからなのであろうか。

「コンピューターとエレクトロニクス」　アメリカで七〇年代に入り、小型のコンピューターがどんどん普及していったようだ。彼はこの時点で予測している。特別な教育を受けた専門家の手を必要としない安くて小型のコンピューターは、やがてタイプライターのように、どこにでも見られる存在になるであろう。コンピューターの家庭環境への普及は、家庭を相互に網の目のように結びつけるだけではなく、我々が知的生活を営む上で、大きな役割を果たすであろうと。私はこの時期、計算機といえば、まだアメリカ・インディアナ大学で、大型計算機でのフォートランによる実験解析プログラムで計算を行なっていただけだから、このような動きには全く盲目であった。少なくとも日本ではパーソナルコンピューターは殆ど普及していなかった。

一方マイクロコンピューターやマイクロプロセッサーは製造工程をはじめ企業のあらゆる面で幅広くつかわれているほか、家庭の器具でも使われると既に述べている。コンピューターは、多数の因果関係を記憶し、それらの相互関係をきちんと位置づけることが可能だから、並たいていの方法ではおよびもつかないほど役に立つ。過去の社会の情報体系は、人間相互の意思伝達の手段を提供するのが常であったが、「第三の波」の情報体系は、こうした人間同士の伝達手段を増やすだけでなく、人類の歴史上はじめて機械相互の情報交換を可能にする強力な設備を生み出した。

このようなエレクトロニクスの発展から見て、彼が想像した将来の労働形態が、最初に言及したエレクトロニック住宅（コテッジ）である。この新しい生産方式は、「第二の波」が工場やオフィスに集中させた、文字どおり何百万という職場を、ふたたび、それ以前の場所へ戻そうとしているのである。つまり、「家庭」が仕事の場になるのだ、という主張である。職場と家庭を繋ぐコンピューターのお蔭で、多くの仕事が家庭で可能になるというわけだ。コンピューターを個人の家に備えれば、人々は出勤して、コンピューターのまわりに群がる必要はない。

こうした設備がほどこされたとして、現在のように一ヶ所に集中して働く仕事場から、電子機器を備えた小住宅、「エレクトロニック・コテッジ」へ最初に移転できるのは、どんな人々であろうか。「第三の波」のなかでは、製造部門と同様、事務部門においても、労働力を一〇〇パーセント職場に集中させる必要はないのである。彼は経営者の立場からの親切な予測までしている。秘書一人の年間収入を一万ドルと仮定して、交通費が全くかからなければ、会社はさらに別の従業員を雇い入れることもできるし、企業や役所の責任者は、家庭に、あるいは家庭と現在の職場の中間地域や、近隣の業務センターに仕事の場所を移転させることによって、いま支払っている莫大な不動産投資を、一挙に軽減できるということに気がつくはずである、と。

エレクトロニック住宅が実現すれば、きわめて重要な結果が相次いで社会の表面に現れてくる。家庭中心の社会になるかもしれないし、地域共同体への影響、環境への影響、経済への影響、心理への影響などをいろいろ斟酌している。差し向かいのつき合いや人間的な感情の交流が家庭内で強まる一方、仕事の上での人間関係は、ほとんどコンピューターを通じて行われる間接的接触ですませるようになれば、社会というものは、いったいどうなるのか、と論を進めるのである。

「新しい家庭像」 最近、「第三の波」で作られた家庭の崩壊が進んでいるという。離婚や別居、その他の家庭的不幸がどんどん拡がりつつある。これを彼は産業主義の危機という一般性の中で捉えようとする。夫が働いて妻が家庭を守り、二人のこどもを育てる家族が核家族だ、と規定すると、驚くべきことにこの時点でアメリカの人口のわずか七パーセントに過ぎないという。まず、家族と離れて一人住まいをする人の数が急激に増加している。女性の単身生活は過渡的生活段階として、女性のライフサイクルのなかに定着しつつある。多くの場合その方がいいというのである。結婚手続きを経ない同棲を志向する人も増え、公営住宅は入居資格を改め、同棲者の入居も認めるようになってきた。子供のいない生活様式を好んで選択する人々の数が急速に増えている。このように家庭形態が実にバラエティに富んできた。しかし、「第三の波」の文明では、ある特定の家族形態だけが、長期間にわたって主流を占めることはなくなるであろう、家族は多様化の時代に入る、と述べている。

労働力や労働の性格の変化が、どのように家庭生活を変化させるのか、つまり、家庭で仕事をすることがあたりまえになってくると、家族の構成が変わるばかりでなく、家族間の関係にも変化が生ずる。共有する時間が長くなると夫婦の対話が復活する。愛の定義が問い直される。エレクトロニック住宅で営まれるようになる家族の生活共同体は実現可能であり、安定した家族形態になりうる。場合によってはエレクトロニック大家族という形も考えられる。この新しい型の拡大家族が次の時代の必然だというわけではない。必要に応じて、一生の間にいくつもの家族形態を経験することさえ、起こりうる可能性があると。

トフラーは実際問題として、現在アメリカで問題となっている若年労働者の失業問題を解決するには、エレクトロニック住宅で若者に仕事の場を与えるより他に解決の道はないように思われる、とまで言っている。特筆すべき重要な変化は、この変化はわれわれが経験したことのないものであり、これからの生活を根底から変えてしまう可能性を秘めていると彼は考えている。

「企業の変貌」 一九七〇年代まで、企業は比較的安定した環境のなかで機能してきた。ガルブレイスが言ったように、先進国での話ではあるが、産業国家というものが成熟しているという意味であろう。ところが現在世界経済は新たな危機に見舞われていて、ひとことで言えば、これは産業文明全体の危機なのであるという。もっとも、新しい意見的文書は常に多かれ少なかれ危機を強調するものではある。しかし、彼の観察は非常に的確である、いやあったと私も思う。以下にそのいくつかを並べてみる。

大企業は一見威風堂々としてゆるぎなく見えるが、組織を動かしている人々を見ると、内では動揺しているように見えるというのである。その第一は不安定な通貨の変動である。無国籍通貨が空前の膨張をとげている。その大部分は、アメリカの手を離れたユーロダラーである。ヨーロッパ諸国は自分たちの手で管理できる新しい機構を作ろうとやっきになっている。ドルは王位を剥奪され、世界経済はあちこちで痙攣をおこしていると、（これはアメリカ人からの立場ではあるが）述べている。実際この時点でヨーロッパ共同体（EC）は九カ国だったが、九〇年代半ばに一五カ国に増え、ヨーロッパ連合（EU）が九三年に発足して二〇〇四年の主として東欧諸国よりなる一〇カ国の加盟で現在加盟国は二五カ国となった。九三年EUで、単一通貨ユーロが発行された、というのがその後の展開である。

また企業のあらゆる部課で決定がスピードアップしている事を指摘している。コンピューターのネットワーク化もあって取引が日毎に、また投機筋などは分刻みで仕事をしているという状況である。商品の寿命が短くなり、消費パターンが長続きしなくなる。絶えず業務手順の変更が余儀なくされ、労働者の転職や補充も頻繁になる。彼は企業が、人間の体に例えれば、高単位の心臓刺激剤を打ったような状態になっている、という表現をしている。

日本、西ドイツ、アメリカ、あるいはソビエトでさえ、電気機器、化学、航空宇宙学、電子工学、特殊車両、通信などの各産業分野において、少量多種生産化の傾向が非常に進んでいる。流通業界でも類似で、今では、一つのデパートのなかに沢山の「専門店」を置くようになった。商品やサービスの種類が多様化したのは、脱画一化していく「第三の波」の社会の需要や価格基準、生活様式の多様化を反映しているのである。

社会の多様性を促進させているもう一つの要素は、労働市場の分化である。特にホワイトカラーとサービス部門で、新しい職種が続々と生まれている。それと共にホワイトカラー労働者の中できびしい分裂が生じ、より責任の重い地位に上昇する人と、下降をつづけ、ついには不要なる人に分かれるだろう、とも述べている。これは現在の日本でも言われる二極化の現象である。

朝九時から夕方五時まで束縛されるような仕事はつまらないし、まったくくだらないと若い人が言い捨てたりする。フレックスタイム、要するに、時間が多様化したのである。さらに著しくなったのがパートタイム労働の増加であり、多くの人々が積極的にパートタイム労働を希望するようになった。時間に関して、「第二の波」のリズムから現代の新しい考え方へと、微妙ではあるが、著しい変化が生じている。かって、イギリスの作家オルダス・ハックスレーやジョージ・オーウェルは、「第二の波」の世界の単純な延長とも言える特徴のない非個性的人間から成る近未来社会を描いてみせた。いま必要なことは、そうした社会を逃れて、さまざまな生活様式と高度に個性化した人々から成る社会へ移行することである。

「第三の波」とともに、まったく新しい企業のあり方を求める要求が起こっている。企業の責任は、今や商品を生産し利益をあげることにとどまらず、同時に、環境、道徳、政治、人種、性別、社会などあらゆる複雑な問題の解決に貢献することにまで及ぶ、と考えられているのである。企業の目的はひとつではない、という考え方を受け入れるようになったのである。この時点で、アメリカの会社数は一三七万で、学校、大学が九万以上、教会が三三万、何千という支部を持つ全国的団体が一万三〇〇〇、その他地域レベルの環境、社会、宗教、体育、政治、人種、文化の諸団体が無数にあって、それぞれが固有の主義主張と財源を持っている、という。このような多数の団体に囲まれている企業は、その決定が子細に監視されることになる。企業の目的が多様化されざるをえなくなっている、というわけだ。

高度テクノロジー体制に支えられたナショナリズムは、一転して地域主義になり、いろいろな人種をひとつのるつぼに溶かし込もうという力に代わって、自分たちの人種だけで固まろうとする新しい動きがでている。今までなかったタイプの市民運動が強くなりつつある。それは企業が日常生活を破壊していると批判する運動である、と。

「自立への志向」　今日、振り子が脱中央集権主義の方向に動いていることがはっきりと認められる。脱中央集権主義を唱える小さなグループの出現は、今日、型にはまった機械的な政治がその機能を失なったこと、また中央政府が、それぞれの地方や住民のかかえる幅広い問題を解決しえなくなったことを示しているのだという。さらに、きわめて重要なことは、企業の内部だけでなく、経済全体が非中央集権化していることであると。これらはここ数年、日本の政治世界でも実にかまびすしく言われている地方分権への流れをいみじくも指摘している。言葉だけだったら日本でも前からあったのかもしれない。日本は歴史的に中央官庁の力が強くて彼らが権限の移譲を嫌がって実態が進まなかったということはよく指摘される。

しかし、こういう記述を読んでいくと、先に書かれた流通業界、労働者の動きも含めて、日本は社会構造的にアメリカでの流れをあらゆる面で一〇年ないし二〇年遅れて追いかけているのだな、と何だかつくづく情けなくも感じてしまう。追いついたというのは、どこまで言えるのであろうか。競争というのは今後とも絶えることなく続くのであろう。

もっとも彼が指摘している、地方へ人口が分散する傾向が強まっている、というのは日本では全くあてはまらない。東京中心の政治、経済の集中化、人の流れ、地方での過疎化は深刻な問題となって、現在も日本の地方政治をなやませている。

「プロシューマーの出現」　一九七〇年代のはじめ、自分で使える妊娠テスト用品が売り出された。聴診器、血圧測定器など、家庭用医療機器の販売が伸びている。これらは医者の手によらずに自らが日常的に検査を行うという動きである。これは目に見えない経済活動で、これを生産しかつ消費するという意味でトフラーはこれをプロシューマーと名づけた。(生産者プロデューサーで且つ消費者コンシューマーの意)　また別の意味だが、カウンセラーに必ずしも相談するのではなくて自らの体験を語り合うという自主的な組織が続々と生まれている。例えば、恐怖症協会、死別者の会、ゲイとレスビアンの親の会など、驚くべきことに現在五〇万を越えるこの種の会がある、と述べている。

七三年から七四年のアラブ諸国の石油輸出禁止措置によりガソリンの値段は急騰、巨大石油資本は莫大な利益を得た。スタンドはセルフサービスの給油を始めるところが多くなった。七七年、全米ではそれはほぼ五〇パーセントに上昇した。銀行はキャッシュカードによる自動支払いを始めた。スーパーのセルフサービスもそうである。

日曜大工など、自分でできることは自分でやろうという人々がどんどん増えている。いわゆるDIY(Do It Yourself)の動きである。余暇とは、つまるところ、自分自身のために商品やサービスを生産する活動、つまり生産＝消費活動である。こういう観点でみると、これまでのような、労働と余暇の区別はできなくなってしまう。仕事第一主義の勤勉な気風が見られなくなったのは、世界的な傾向である。会社ではあまり仕事熱心でない人が家に帰ると案外勤勉だったりすることがよくある。会合に出席したり、菜園をやったり、選挙運動に参加したり、小説を書いたり、部屋を改修したり、仕事を離れたところで頑張っていたりする。

「効率」とは何かということも問いなおしてみなければならない。今日の経済学では、同一の商品やサービスを生産する方法をいくつか比較検討して、どれがより効率的かを決めている。もっとも、大多数の人々が実は日常的にこうした比較検討をしている。現在流通コストの方が生産コストを上回っている商品がかなり沢山ある。流通コストは、伝統的な考え方でみても、既に限界点に近い。市場の発展は限界にきており、近い将来、その発展に終わりを告げることはまちがいない。それと同じように、今日の我々は、市場がもうこれ以上発達の余地がないという事実が、我々の生活をどう変えていくのか、長期的展望のもとに予知することは困難である。

以上のようなトフラーの現状観察、その変化の拠ってきたる人びとの動態、将来への予測の大胆かつ的確な洞察は素晴らしい。その後の情報化社会に囲まれた我々の生活はまさに彼の記述したように進んできている。四半世紀前に日本でこのような予測をした人は殆どいなかったのではないかと思う。

特に多くの家で普及したパソコンはその象徴で、インターネットの利用による情報交換、通信販売、瞬時に外国とも手紙のやりとりができるエレクトロニック・メールなど、世界との距離感が以前と全く異なってきたのは、日常生活上において大変な文明の発展といえるであろう。

第二一章は「知性の混乱」となっているが、人間の歴史が始まって以来、これほど多くの国で大勢の人々が、知性の力に自信を失っている時代はない、と著者は言う。こうした混乱の大部分は、実際のところ激しさを加える文化戦争──新興の「第三の波」の文化と、産業社会の根幹を支えている思想や考え方との文化戦争──の結果である、と。もっとも明瞭に示しているのが、現代人の自然についてのイメージの変化であるとしていろいろな例証が説明されている。しかしこの章は、自然科学そのものの新しい事実の記述はいいのだが、（相対論によってもたらされた時間の概念の変化、二重螺旋の発見や進化の概念の変更、地球生態系に対する環境保護の必要性等々）それによって人々は混乱しているとする著者の現状分析は不適切だと思う。自然科学が専門でないからしょうがないのかもしれないのだが、科学はその固有の論理をもって発展しているのであって、いかに以前と全く異なる様相を呈していても、それで知性が混乱しているわけではない。

例えば以下、「われわれは進歩を一本の木に咲く花のようなものと考えている。自然、進化、進歩といった概念は、もっと基本的な観念―時間、空間、事象、因果律に関する「第二の波」の時代の仮説にもとづいて形成されていたのだ。そして「第三の波」が、これらの基本的観念をゆるがそうとしている。」ここら辺の記述は平明な事実を強引に「第三の波」にこじつけようとしていて明らかに論理上の無理がある。

高度な通信手段が発達した結果、人々の関心や通信のおよぶ範囲は、地球全体から、大気圏外にまで渉るようになる。身近なものと遠隔の地で起こっている事柄への関心が、ひとりの人間のなかで結びついて一体となるのが、「第三の波」の文明のメンタリティなのである、と述べている。

「システムとしての見方」　「第二の波」の文明は、物事を切り離して個別に研究することを強調し、「第三の波」の文明は、文脈や相互関係、全体を強調する。しかし、問題を総合的に見る見方を提唱してきたのはシステム理論の支持者たちだけではない。世界はデカルト的断片に分解することはないと言っても、これは還元論的な科学を放棄することではない。この方法によって、人類は大きな利益を受けてきたのだから。しかし、「大規模で総合的な体系」の研究も、同じように支持すべき時がきたということなのである。一九四〇年代の後半から五〇年代の前半にかけて、情報理論やシステム理論の専門家によって、ネガティブ・フィードバックの意味が明確にされ、研究が深められると、科学者たちは、その実例や類似現象を探し始めた。またポジティブフィードバックの研究も必要があると主張した。二つを合わせて、二つの異なったプロセスが―人間の脳から経済現象まで―複雑な有機的組織体の中で、いかに入り組んだ相互作用を行っているかを理解すると、驚くべき洞察がえられる。なぜ、変化というものがしばしば探知しがたく、推定しがたいか、驚異に満ちているかが、これによって解る。われわれはついに、長い間決定論者と非決定論者をとらえていた二者択一のわな、偶然対必然のわなから脱け出すことができるのだ、と。

彼の文章は、ジャーナリストだけあって、いかにも感激的に推移するが、よく勉強しているな、と感心する。ジャック・モノーやイリヤ・プリゴジンの名前もでてくる。モノーの『偶然と必然』とかプリゴジンの『存在から発展へ』他いくつかの本もザッとは目を通しているのかもしれない。前者はかなり哲学的な本であり、後者に関しては、私もある程度集中的に勉強したのだが、トフラーの文章は大雑把な記述ではあるのだが理解の方向は正しいと感ずる。自然科学の研究者でないとかなり難しい本だと思うが、彼のもともとのエンジニアだった経験が生きているのかな、とも思う。

産業時代の精神構造は崩壊し、新しい技術的、社会的、政治的現実に適応しなくなった。そのことが一方では、人々に時代遅れの解答を安易に求めさせているのである。まがいものの知性が流行し、突如あらわれ、束の間輝いて、たちまちうたかたのように消えてゆく。うんざりするような馬鹿騒ぎと宗教的いかさまに満ちた精神のスーパーマーケットの真っ只中で、積極的な新しい文化、我々の時代と場所にふさわしい文化の種は播かれつつある、と彼は述べる。

「国際情勢と貧しい国への対策」　第二三章では「今日、世界中でナショナリズムの炎が燃えさかっている。分離を志向する人びとの抑え難い勢力が、着々と強まりつつある」として、ヨーロッパの各地域、カナダ、オーストラリア、東南アジアなど、数々の例が示されている。アメリカでさえキッシンジャー補佐官の当時、彼のところに、カリフォルニアとアメリカの南西部が一体となって合衆国から分離し、スペイン語使用圏、あるいは英語とスペイン語の共用圏として、独立する可能性を論じた報告書が提出されたことがあるとも述べている。ソビエト連邦内のアルメリア、グルジアなどの分離主義志向も言及しているが、連邦の崩壊が実現すると考える人はまずいないだろうと、述べている。この時期、一〇年以内に共産主義社会が崩壊することなどは誰も想像してなかったのだ。それはともかく、現在でも分離独立運動は以前にもまして世界各地で盛んである。

一方逆に各国間の経済上の相互依存関係が今日のように緊密になると、政府は一国だけで自国の経済を運営することは実質的に不可能である。多国籍企業の出現、国境を超えた生産の組織化が進んでいる。また国境を越えて相互に連携した運動が興りつつある。ヨーロッパ諸国は、ヨーロッパ経済共同体、欧州議会、ヨーロッパ通貨機構、それに原子力研究に関するヨーロッパ共同機関といった、超国家組織の結成に踏み切らざるをえなかった。ヨーロッパ経済共同体は、国家の権力が超国家機関のそれに屈したもっとも顕著な例だろうという言い方をしているが、このような地方分権と超国家的組織の発展を捉えて、彼は「第二の波」で確立してきた国家体制の危機あるいは崩壊と捉えようとしている。これらをことさら「第三の波」と捉えることは、どうかなとの思いがするが、宇宙衛星、コンピューター、テレタイプ網、双方向の通信が可能な有線放送等、「第三の波」のコミュニケーション・システムによる情報と文化の浸透現象が国際関係にも新しい事態を生んでいることは、確かであろう。

彼は、世界は中央集権的「世界政府」、ピラミッド状をした官僚機構を作る方向ではなく、問題を共有するさまざまな性質の組織を網の目状に整合させるネットやマトリックスを、いくつも作る方向に、世界は動いていると観察していて、整然と閉鎖的に区分けされた組織ではなく、一見したところ雑然としているが、開かれた組織となっていくとする。勿論、他方でアジア、中南米、アフリカなどでの貧しい国々が、「国家意識」の確立をめざして必死に闘っているのも事実で、これからの数十年間、世界各国の間で、国家意識を確立しようとする国と、国家意識を乗り越えた国の利害を公正に代表する、新しい、グローバルな機関の設立をめぐって、きわめて苦しい闘いが続けられることであろうとも述べている。従来の国家がさまざまな面で危険なアナクロニズムと化しているこの地球に、一応の秩序をもたらす、まったく新しい政治形態、政治的「容器」を創り出す必要を痛感させられるのであると。

第二三章では「産業文明が作り上げた世界は、四分の一は比較的豊かだが、四分の三はかなり貧しいというまことに嘆かわしい状態である。」とし、それに対する改良手段を提起している。原因がなにであれ、「第二の波」の例にならって産業化を行うのは、失敗する率が高い。急激な工業化の失敗例としてもっとも顕著なのがイランのパーレビ国王であったとして、古典的な産業化だけが進歩の道であろうか、産業文明自体がいまや死の苦しみを味わっている時に、工業国を模倣することに、いったいなんの意味があるのだろうか、と述べている。われわれが「進んだ科学」と呼んでいるものは、大部分、富める国の科学者が、富める国の問題を解決するために開発したものである。そのなかには、貧しい国々の日常の問題を解決するための研究は、殆どない、と。

彼の主張は「第三の波」の高まりによって、我々の前に一つの新しい展望が開けてきた。「第三の波」は、富める国にも貧しい国にも、全く新しい機会を与えてくれるからとして、インドの生物ガスの研究、バングラデシュやフィジーのガス発電所、中国四川省、韓国のガス発電所、インドの太陽農場、イスラエル・エジプトでのエコロジーサイクル開発の提案、生物テクノロジーの研究（アリゾナ、バーモント、マサチュセッツ、南カリフォルニアなどにおける）などを挙げている。また貧しい国々は、小規模な手工業や、大規模な工業にとらわれず、台頭しつつあるマイクロ・エレクトロニクスに焦点をあわせるべきだと主張している。農業経済から転換しないまま現在に至っているような国では、全人口を移動しないでも、新しいテクノロジーを社会に適合させてやっていけるように思われる。と。もし、これが事実なら、「第三の波」は、貧困との闘いにおける新しい技術戦略を提供してくれるものとなる。エネルギー、農業、テクノロジー、通信などの分野におけるこうした発展は、実はもっと深い意味を持っている。すなわち、過去と現在、「第一の波」と、「第三の波」を融合させたまったく新しい社会の誕生が予想されると。多くの国で、失業者は何百万にものぼっている。しかし、こうした社会で完全就業をめざすのは、はたして現実的なことだろうか。ミュルダールが示唆したように、「失業」という言葉そのものが、「第二の波」の概念ではないだろうか。「問題は失業ではない。むしろ問題となるのは、貧しい人びと、とくに貧農の、無報酬で生産的でない労働である」と。もっといくつかのアイデアを頭脳的に結合させることこそ、数百万の人々の生存のために、探し求められている鍵なのであると述べている。

もっとも彼は別のところで、今日、専門家から市井の一言居士にいたるまで、新しい世界のシステムがどのようになるか、確信をもって予言できる人は一人もいない、と記し、来るべき「第三の波」の文明には、既成の見本はない。この文明は未だ完全に形成されていないのだからと書いている。

「第三の波」の終章、第二四章は「大合流」と題されていてそれまでの記述のまとめとなっている。「第二の波」の諸制度が我々の頭上で瓦解し、犯罪が増加し、核家族がくずれ、かっては信頼するにたりた官僚制度がうまく機能しなくなり、医療制度にひびがはいり、と書かれているのを見ると、正に昨今の日本の状況そのものだが、これを今までの文明の衰退の表れと解釈している。しかし、社会的衰退というものは、新しい文明が生まれるための苗床である、として未来志向をめざすのである。

これからは一つのエネルギー資源だけに依存する文明から、安全を考えて、多くの資源、その多くは再生可能な資源に頼る文明に移行する。技術基盤も今よりはるかに多様なものとなろう。宇宙科学、海洋科学、生物学、遺伝学、電子工学などで、その多くが現在より少量のエネルギーしか消費しないであろう。「第三の波」にとってもっとも豊富な資源、絶対に枯渇しない資源は、情報である。高度に電子化された社会が到来する。それによる労働のあり方も大きく変わる。自分で物事を判断でき、臨機応変な対応ができる労働者が必要になる。現在の教育方法を改めていかざるをえないだろう。その他いろいろ書いているが、ここでトフラーは「私自身の考えは、未来の中心は家庭なのである。」と述べている。しかし、家庭も含めていかなる組織も、過去に教会や工場が果したような中心的な役割を演じることは、まずなさそうであるという。というのは、未来の社会は縦型のヒエラルキーよりは、むしろ、ネットワークによって結ばれる横型の組織となる可能性が高いからである。企業の性格も利潤や市場占有率ばかり考える存在ではなく、もはや、あらゆるものを市場化することに情熱の大半を注ぐことを求める文明ではなくなる。

我々に理解できないのは、「第三の波」への引き金をひいた原因が何かという点だが、それは結局のところ、特定の原因を問いただすこと自体が誤っているので、枚挙にいとまのないさまざまの要因が考えられ、数十、数百の変化の流れが合流して新しい波を形作っているのだと、いう。またそれは、「第三の波」の到来が歴史の必然だということを示すものでもない。このようにトフラーは慎重に独断は避けていて、ジャーナリストとしての冷静な観察者の立場を保持している。

しかし、必要な変化をとげるためには、二つの重要な問題を新鮮な目と、豊かな想像力を持って見つめていかなければならない。それは、我々人類が生き残っていく上できわめて重要な問題であるにもかかわらず、一般の人々は、この点について全く議論をしていない、として、次の最後の一二〇ページに亘る結論と称する記述に移る。

結論

「未来の精神と人間性」　今日の技術革新や社会変革のなかで、友情、愛、献身、共同体、他人への配慮というものは消えてしまうのではないか。人間関係は今よりさらに希薄になり、間接的なものになりはしないだろうか。このような問題設定をみると、トフラー氏がドライなアメリカ人というタイプではなく、優しい感性を持った人なのではないかと、思わせる。

自分たちの周囲を見わたせば、現代が心理的挫折の時代であり、心の問題で悩む人が、実に多いことがよく解る。いずこも、社会事業と精神衛生関連事業が大繁盛だ。精神病の定義そのものが曖昧であったり、統計のとり方に問題がある場合もあるので、こうした大雑把な議論には疑問がないわけではないし、昔の方が精神的に健全であったというのも、真実からは程遠い。にもかかわらず、現代の社会は、どこかひどく病んでいると。

彼は満ち足りた情緒生活と健全な精神的体系を作り出すために、人間は誰でも、三つの基本的必要条件があるということを理解しなければならないと述べる。それは、共同体への帰属意識と、社会の構造的な認識、そして人生の意味の把握という三つの条件である、と述べる。「第二の波」の社会の崩壊から、この三つの土台が侵食されてしまった。孤独による精神的苦痛は、何も目新しいことではない。しかし、孤独に悩む人がこれだけふえてくると、やや逆説的な言い方だが、孤独こそが現代人の共通の体験になり、共通の話題になってくる。一人一人が個性を主張するようになると、同じような興味、価値観、好みも一致する相手や恋人を探すことが、ますます難しくなってくる。問題は、受身で、活力のない人間関係にある。現在のテレビは情報が一方通行であり、視聴者は完全に受け身で、画面にあらわれるイメージとは語り合うわけにはいかないからだ。

「第二の波」の時代には、核家族そのほか社会的に強制される人生のパターン、はっきりした役割分担、上下関係の明瞭な社会的地位、わかりやすい上から下への権威主義的な仕事の流れなど、の要素が十分それなりの人生の構造を構築する役割を果たしていた。今や、それが崩壊し、人々は人生の構造を見失ってしまった。新興宗教がアメリカでおよそ一〇〇〇を数え、信者数が三百万人いるというのも驚きだが、それは共同体を甦えらせ、人生に構造と意味を与える。しかし、その代償はあまりに大きい。それらの組織では自己を完全に犠牲にしなければならないから。いずれにしろ、人生相談の専門家とその助手を務める人間の育成をはじめるべきではないか。実践的な人が必要だと彼は主張している。

両親が凄まじいまでの精神的エネルギーを子供に注いでこられたのは、上昇移動への期待感からであった。(例えば、政経学徒の必読書といわれるウェーバーの『プロテスタンティズムの倫理と資本主義の精神』には、勤勉を徳とする教えの歴史的展開が書かれている。) ところが今は中流階級に属する親の少なからぬ者が、苦悩と幻滅を味わっている。子供たちが両親の時代よりずっと困難の多い社会環境にあって、経済的にも社会的にも、上昇どころかむしろ下降移動をする場合も多い。オーウェルは『一九八四年』や『動物農場』で、画一化された人間像を書いた。現在の脱画一化という事実によって、どのような時代精神が姿をあらわそうとしているかを概括的に述べることは、非常にむずかしくなった。しかし、決められた仕事をこつこつやっていれば出世していく時代と異なって、これからはあらかじめプログラムを決めずに、状況に応じ、てきぱきとやっていける人間を求めている。彼はここで面白い比喩を述べている。これはクラシックの演奏家とジャズの即興演奏家の違いだというのだ。この条件にかなう人々は、複眼的思考力を持ち、個性的で、自分が周囲の人と異なった生き方をしていることを誇りにしていると。

今日では、三分の一から半数の人々が転勤を嫌がっていると言う。今日では家庭や私的な生き方の方に重点が移ってしまった。今日のようにメディアの脱画一化が進んでくると、自分の手本とする生活のモデルやライフスタイルは、目もくらむばかりに多様化してくる。言い換えれば、我々は、自分自身を測る尺度を決めなければならないのである。今日、何百万、何千万という人々が、必死にアイデンティティを求めている背景には、こうした状況がある。いま我々が急速に突入しつつある世界は、人間の過去の経験からあまりにかけはなれたところにある。だから、あれこれ心の中で想像してみても、しょせん、確実なものはなに一つ出てこないと彼は述べる。これから各人が自分の個性的な生き方を探さなければならないと言うのだろう。

「政治体制の未来」　トフラーは現在の政治体制は新しい波に対して完全に時代遅れのものになっていて、変革を迫られていると見ている。今の代表制民主主義の制度は苦悩にあえいでいるという。アメリカでの都市問題、環境問題、家族問題、テクノロジー問題、外交問題にいたるまで、政府、議会の決定は麻痺状態であると。この時期、大統領はカーターだが、現代の指導者の「弱さ」は、その個人の資質の反映というよりも、彼らの権力が依存する体制そのものの崩壊の結果なのである。指導者が身動きできないでいるのは、彼らがその枠のなかで仕事を進めなければならない制度そのものが、時代おくれになっているからである、と断じている。

アメリカではなんと年間四万五〇〇〇頁の新しい規則が作られたという。この時代錯誤な組織構造がもたらすものは、絶えざる権限争いであり、責任逃れであり、逆効果の発生の連続である。こういうわけで、政府がなにか問題を解決しようと試みると、さらに幾つもの新しい問題が発生することになる。場合によってかってのルーズベルト、チャーチル、ドゴール、のような強い指導性を求める声が大きくなるが、多様性と複雑性を増した現代においては彼等とて上手く機能するとは考えられない。

コンセンサスの崩壊。全国規模の大組織は、組織を維持するのに苦労している。分派グループ自体が次から次へと発生し、それらもますます短命になり、決定はスピードアップされている。このような新しい段階を迎えた社会的、政治的多様性に対応するには、現在の政治制度はあまりに画一的なのである。多数派というものが存在しなくなってしまう。総体的な意志などというものが、そもそも存在しえないからなのだと。それでは今のままでは駄目という論旨は一応は受け入れるとしても、それではどうしたらいいのだろうか。

最後の第二八章で「二一世紀の民主主義」と題して彼は述べている。我々は、次にあげる三つの主要な原理に照らして、政治を考え直さなければならない。この三つの原理こそ、明日の政治形態の根幹を成す原理であると。それは、マイノリティーパワーの重視、半直接民主主義、決定権の分散であり、これに関して二三ページに亘って書かれている。中身はいずれも政治の制度上のプラクティカルな提言で、具体性を帯びたもので、ここで一つ一つ詳述する気にはならないが、斬新さを含んでいる。

例をあげると、多くの問題で、多数決の原理というものが常に正当とも言えず、必ずしも人間的でも、民主的でもない。多様化が進んだ時代、投票制とか選挙制度も、少数意見をもっと反映させる新しい工夫が必要である、個別の問題に対する国民の直接投票制度も、民衆の一時的、感情的反応を抑制しにくい欠陥のため、反対されているが、間をおいた二度の投票とか、投票の前の教育講座の実施とか、エレクトロニクス情報による相互の意見交換とか、が考えられている。中央集権化しすぎた「決定の過重負担」を分散化し、地方分権だけでなく、構造的に柔軟な従来にない新たな決定機構も案出する必要がある、という。はたして新しい民主主義の前進が図られうるのだろうか。

「第二の波」の擁護者は、少数勢力を打倒しにかかるのが普通である。かれらは、直接民主主義を「ポピュリズム」

と呼んで嘲笑し、地方分権主義、地域社会の重視、多様性といったことに抵抗を示す。これと対照的に、「第三の波」にくみする人達は、現行の政治の枠組みのなかでは、我々が未来に生きのびていくための重大な意思決定は、殆どなされえないと感じていて、少数勢力を基盤とする民主主義を支持する。この危機をうまく乗り切れるかどうかは、現在のエリート、サブ・エリート、超エリートたちの、柔軟性と英知にかかっているところが多いと書かれている。

未来がなにを良しとするか、「第三の波」の社会において、なにがもっともよく機能するか、誰にもその詳細はわからない。しかし、我々は文明を再構築するという、心躍る事業に参加し、創造者たるべき運命を担っている、という言葉でこの大部の書は終わっている。

なにしろ、大著であるので、自分の感想なり、考えをまとめる前に、何が書かれているかを克明に追うだけでもかなりの努力を強いられたのであるが、基本的に自らの頭の整理の目的のために、以下に若干の感想および意見をまとめてみたい。

まず、「第三の波」の基本構造変化として、最初に述べられたエネルギー生産の変化、非化石燃料への転換は、動きとしてあるものの、依然として石油が主要な存在であり、新しい埋蔵地域の発見や旺盛な開発が世界中で進められており、かっては数十年後には枯渇するといったような予想が何回も繰り返されたが、最近はそのような記事も殆ど見当たらなくなった。一方、一時期の原子力発電からの撤退路線が、地球温暖化に対する環境問題もからんで、今や、やはり必要ということで、アメリカでも新たなる建設に政府が積極的になっている。従ってエネルギー問題は予想とやや異なった展開をしている。

しかるに彼が二五年前に展望した情報化社会の到来と、その日常生活の多大な変貌は、全く的確で、彼が想像した状態の大半が我々を取り囲んでいるのは驚くほどである。官庁、企業、大学、商業施設、個別店舗その他あらゆる職場でコンピューターが導入され、仕事の能率化が図られている。多くの家でパーソナルコンピューターが働き、インターネットによる情報を日常生活において利用している。電子メールによる通信は、世界中での迅速な通信交換を可能にし、航空郵便による緩慢な手紙通信を不要なものとした。写真その他もスキャナーの登場で即座に高品質の画像として送信することが可能になった。記録、再生技術などもコンパクトディスク、メモリースティック、デジタルビデオディスクなど、どんどん大容量化され、その進歩は止まるところを知らない。

彼が提起したエレクトロニック住宅で、職場が家庭に移るというビジョンは、現在の日本では一部に留まり、社会の労働形態を大幅に変えるところまではいっていない。ただ、彼が作ったプロシューマーというような概念や、労働と余暇活動の境界がはっきり区分されないというような状態は、先進国の且つ豊かな層に限られてはいるものの、次第に広まりつつあるのは事実である。そのような考え方が更に拡がって、現在では場合によって職業としているプロフェッショナルと素人のアマチュアの垣根が低くなり、ときには消滅する状況を表して、「アマフェッショナル」という言葉がある。また一方で過密労働で社会で多忙、余裕のない人達が居る一方、別の人達は生活観の異なったところで自由時間の増大という状態が可能になってもいる。労働と余暇の境界があいまいな「ワークリエーション」という生活形態を表す言葉も誕生しているようだ。

私達家族はこの本が書かれた当時のアメリカの大学町に三年間滞在していたが、教会関係にホスピタリティー・クラブというものがあって、老婦人たちが無料奉仕で、古い不要になった衣類、家具、調度類を集め修理して安く売っていた。我々も大いに利用させてもらったが、物、人共になんと豊かな国なのだろうとまぶしく感じたものだった。このようなボランティアというのが、今では日本でも定年後の人達によって普通のことになってきた。

また、パートタイマーの増加は、企業側の要請での人件費削減が主な原因ではあるが、若い人たちの労働感覚の変化をも齎している。日本でも終身雇用で生涯一企業に奉公するのを良しとするよりも、個人の能力を発揮する職場を次から次へと求め、待遇の向上をも目指して転職していくというようなパターンも珍しくはなくなってきた。少量多種生産とか、生活様式の多様化がぐんぐん進んでいるのも、日常で経験していることである。このように、彼が述べた社会上の動きや変化は現在の日本でも、ことごとく実現しつつある。

未来を予測した本を、当たったか当たらなかったというような観点でのみ、判断するのは皮相な見方であると思う。トフラーも何回も繰り返しているように、未来がどのようになるか、その詳細は誰も解らないのである。むしろ、その不可能な推測を展開するにあたっての拠り所になる発想や方法論、考え方の柔軟性を考察の対象として今後に生かしていくことが重要だと思う。そのような観点からこの本を考えると、今、新しい文明が澎湃として起こっている、という最初の問題設定が非常にアンビシャスというべきである。そしてその核を情報化社会の到来に求めたのは、優れた視点と感じさせられる。企業の変貌や、多種多様な出版界の動き、脱画一化、脱中央集権主義、個性を求めて専門化が進む社会の構造を、豊富な観察体験、情報収集に基づいて、実に精力的に記述している。また誰もが当然と疑問を起こさない代表民主制、多数決の原則について、多様化した意見分布、少数意見の尊重をいかに反映するべきか、という観点から、いくつかの提案を行っているところなど、彼の実に柔軟な発想などに学ぶべき点は多い。この「第三の波」は私が後に記す牧野昇氏や堺屋太一氏、また藤井康男氏の本でも短いながらも言及されていて、当代の多くの一流知識人が読んでいることが判る。

大学でも、コミュニケーション学科とか、情報や流通関係を扱う学科では、このトフラーの本あるいはこれに続いた類似の視点が、現在の生活文化を考える材料になっているようだ。正に現代文化の最も特徴的な面を取り出したといえるであろう。

一方、政治状況の行き詰まりや国際状況の錯綜を、産業化社会の限界として「第二の波」と「第三の波」の闘争の表われとする物の見方は、やはりかなり無理があるのではないか、と思う。それはそれでの世界での困難性であり、文明の一般性の変化の内にとりこもうとする理解はなかなかのみこめない。本書のところどころで、経済学でいまや取り扱えない問題が出ていて、経済学者は途方にくれているという記述がなされているが、こんなことには、専門家はどんな感想をもつのだろうか。しかし、世の中で多くの人が精神的迷いや病的な状態に陥っているのが問題だとか、政治上の決定権の分散が必要だ、というような現状の把握は、さすがに世の中を広く見ている有能なジャーナリストであるなと、感心する。単に社会制度の問題だけでなく、そこに生活する人間の精神的側面を重要視しているのも、好もしく感じられ、著者は庶民性の濃い社会派知識人とも言うべき人かな、と思わせる。

総じて、本書は、社会の流れを非常に多角的に把握し、四方八方に様々に発展している事実を、詳細に記述した渾身の力作というべきであろう。

２００６年訪日の
トフラー氏
(朝日新聞紙上より)

氏は一九六九年以来、日本には数十回来訪しているそうだが、二〇〇六年に新著『富の未来』の出版を機に、ワシントンの国防大学の同僚教授でもあった、半世紀以上に亘るパートナーである共著者のハイジ夫人と共に訪日した。新聞記事のインタビューによれば、氏自身、現在のインターネットの普及による社会の変化は、氏の予想以上だったと述べている。そして今は科学技術が悪者にされすぎ、悲観主義が広がっている。これは文化的自殺行為だという。逆に言えば、トフラー氏は科学技術の進歩発展に限りない期待を寄せているということで、氏がこの面で若い頃から常に前向きの姿勢を貫いているということであろう。ここにはかってエンジニアであった氏の志が続いている。私も工学部出身だったので良く解るが、エンジニアは常にそうしたものであると思う。氏は国際戦略研究所や米国先端科学協会のメンバーでもあったりして、一九二八年生まれであるから八〇歳直前であるが、今もコンサルティング業務などで旺盛な活動を継続しているようである。

勝部真長　『日本人の思想体験』

はじめに

私は新宿で生まれ代々木山谷町（現渋谷区代々木一～五丁目に含まれる）で育った。父が早稲田大学の卒業生で野球好きであったため、昭和二〇年代の小学校のときは、明治神宮外苑の東京六大学のリーグ戦に春秋いつも連れていってくれた。その為、各大学の校歌、応援歌は自然にことごとく頭に入った。その中で、早稲田大学校歌「都の西北」は早慶戦などで何回も聞いた。私は相馬御風が作ったその二番の詩が大好きである。「東西古今の文化の潮、一つに渦巻く大東国の、大なる使命を担いて立てる、我等が行手は極まり知らず、やがても久遠の理想の影は、あまねく天下に輝き布（し）かん・・・・」

東海の孤島でありながら、歴史的にも多くの外国の影響を受け、それを克服しながら発展してきた日本そして日本人について、実に多くの考察がなされてきた。ライシャワー氏の著作に関するところでも述べたが、それらに付け加えるに、私が読んだ近・現代の著作に限っても、和辻哲郎『日本精神史研究』、会田雄次『日本人の意識構造』、加藤周一『日本人とはなにか』、司馬遼太郎対談集『日本人を考える』など、枚挙に暇がない。皆それぞれ優れた本ではあるが、それらの中で、今一度再読するに値する、と思ったのが、他ならぬこの勝部真長（かつべみたけ）の『日本人の思想体験』であった。

日本人が「日本人論」を好きなのは、日本が地理的に、孤立した島国であること、先進ヨーロッパ諸国から離れていること、歴史的に近世、外国と交流し始めたのがわずか一五〇年前であること、それにもかかわらず西欧と比肩する唯一の先進国になっていること、というような特殊性をどのように理解すればよいのかと思うからであろう。地理的に離れていることが、自らの世界における相対位置を知りたい、確認したいという意欲になる。例えば、隣国と地続きで歴史的にいさかいを繰り返してきたり、民族の混血がどんどん進んだヨーロッパ、多くの国からの移民国家であるアメリカなどの国々は、自分自身の特性についてそれほど躍起になって探索しようとは思わないであろう。例えば「イギリス人の意識構造」とか、「アメリカ人とはなにか」、「フランス人を考える」などという本が各々その国の西欧人によって書かれるということはなかなか考えにくい。ましてや「オランダ人の思想体験」とか「スウェーデン人の人生観」などという本は絶対に現れないであろう。

勝部真長氏

勝部氏は勝海舟を深く研究した人で、私はそもそも勝海舟の『氷川清話』やその父勝小吉の『夢酔独言』（私は坂口安吾の『青春論』の中にそれに惚れきった文章があって読む気になった。注1）を読んで、これらの文庫本が双方とも勝部氏の編集になっていたことで知った。氏自身は『勝海舟』や『大石内蔵助を見直す』『西郷隆盛（歴史人物シリーズ）』など近世の人物伝を書き、また『山岡鉄舟の武士道（口述）』を編集している。また『日本思想の分水嶺』、『生き生き子育て論』等の著作もある。昭和二五年に「日本倫理学会」が設立され、初代会長が和辻哲郎氏であったのだが、東大文学部倫理学科を出た氏は長らくお茶の水女子大学で教育、研究生活をおくり第四代の会長（昭和五七年―六一年）になっている。和辻哲郎の直弟子であり、『青春の和辻哲郎』を読むと氏が如何に師を尊敬していたかが良く解る。

日本文化の脆さと美しさ

氏はまず序において、文明と文化の区別の議論から始める。福沢諭吉の「文明論之概略」が明治四年、文化のほうは文明開化を縮めて文化としたのであろうか、culture の意味で使われだしたのは大正年間であるという。大正デモクラシーや白樺派のインテリゲンチャに使われ始めたというわけである。二つの言葉の差異をいうならば、文化はその土地の生活様式であり、文明は近代ヨーロッパが作り出した技術的文明のことで、科学技術文明だけは西洋文明の特産物である。そして今やその文明は世界的流れになっている。一方、生活の仕方としての文化は土着的なもので、世界のどこにも存在する。

鹿鳴館以来、日本ほど、大真面目で西洋を崇拝し、西洋を模倣した国もないのではないか。その成果が今日の「全国民洋服化」になって現れている。しかし、日本人は明治以来西洋を模倣しながら、ある一点になると頑として模倣を拒絶してきた。すなわち「住」である。間取りは西洋風であっても家の中に入るときは靴を脱ぐこと、素足になって畳の上に座ることだけは続けてきたのである。伝統文化である茶道、華道、歌舞伎、柔道、日本舞踊とあるが、日本の文化は畳の文化であり、正座の文化である。

日本人の生活感覚の落ち着き、静けさ、姿勢の原点はまさに畳に座るその正座の生活にある。日本の代表的映画監督、小津安二郎の諸作品は外国においても絶賛を博したが、これらの基底には、畳による座の生活を撮るために、低いカメラの位置が常に特色となって、その構図を枠づけているのである。日本人はスケールは小さいがこまやかな心が生み出した美しいものがたくさんある。伝統文化は例外なく形の美がある。

一方、海外での日本人というのは、容易に現地の文化に溶け込んでしまう。アメリカにおいて日本人の生活を続けるのは三世くらいまでで四世以上となると完全にアメリカ人である。この点、中国人はいつまでもどこの国においても中国人街というのが単位を構成し華僑という存在は母国を忘れない。ユダヤ人、朝鮮人も団結心が強い。国家が助け、彼らが相互扶助をする精神が強固である。これに比し日本人は各自バラバラに行動し、日系人社会は長く続かない。例えば歴史的には御朱印船貿易の時代から東南アジアには随分早くから日本人町ができていたのであるが、鎖国とともに本国との往来が絶たれてしまうと、自然消滅してしまう。ここに日本人の自我の弱さ、主体性のなさが暴露される。このように、日本人には崩れやすい脆さが内包する。

以上、氏の鋭い観察の一端を記したが、この本には他の「日本人論」に書かれていない独自の視点が満載で、「目から鱗が落ちた」とは正にこのことだと、思わせる。

日本思想における人間観

一、人間というもの

人間という言葉には「個人」という意味と人びとの間に存在する正に「人間」という意味と両方が使われている。朝起きてから家族と言葉を交わしながら職場にでかける。職場では次々と他人との関係に留意しながら仕事生活を送り、家に帰って食事をする。彼が「個人」として自己省察にふける時間というのは夜遅く寝る前のほんの僅かの時でしかない。

また日本語の構造で注目すべきは、会話にしろ文章にしろしばしば主語が欠落することである。「源氏物語」は主語なしで延々と文章がつづき、読者はそれを推察しながら読む想像力を要求される。このような言語構造は社会構造の反映でもあり、主語がなくてもよいというのは個人が集団や共同体と融合しているという人間関係が土台にあって成り立っているのであろうと、氏は述べている。

日本人の場合、夫婦でも子供ができると、夫婦間でさえ、すぐ「パパ」、「ママ」とお互いに呼び合うことが多く、自分は家族共同体の中での存在になり、個我の意識、立場を打ち出すことはあまりやろうとはしない。また、住宅事情もあるが家族が必ずしも個室をほしがらない。広い田舎の家であっても、皆で集まり共生することに慣れていて、子供も西洋人の教育と違って、孤独に耐えるという習性は身についていないことが多い。要は家族は水入らずということであり、日本では個人主義が根づかない生活習慣が続いている。私も考えてみると、個の確立というのは我々が外から教育されて覚えていったことであるなと思う。すなわち氏の指摘は、日本人の「人間」観は最初に区別した二通りの人間のうち後者の「人々の間に存在する人間」に著しく傾斜しているというのである。

大戦後、占領軍の軍人が日本に来てショックをうけたのは、日本の都市が城壁を持たないことと、日本の民家および日本式旅館が鍵というものを持たないという二つの点であったという。前者は西欧と違って日本が異民族の襲来といった歴史を持たなかったことに由来するのは明らかである。古い城下町であっても、城を囲む濠はあっても町を守る外壁は持たない。同一民族間の戦いも基本的には武士の間の闘いであって、町人、百姓を含んだ町ぐるみの闘いではなかった。博多湾の一部に残る僅かの城壁だけが蒙古襲来の日本が歴史的に迎えた唯一の歴史を物語る。

また、日本では土蔵とか倉庫には鍵があっても、家の各部屋には鍵がない。まして部屋の仕切りというのも、襖や障子といったスライド式で、家族の個々のプライバシーなどは、あるようなないようなものである。盗み聞きというのはできても、それはするべきものではないという倫理観で支えられている。この点は会田雄次氏の後述の著でも触れられているが、なんとも微妙な遮蔽物である。確かに日本の時代劇を見ていても、ふと廊下を通りかかって聞こえた声が、とか障子に映った影から不審な敵が、というようなことで次の場面が展開することがよくある。もっとも戦後は随分状況は変わってはきた。しかし、全体としては、集団と個の調和を喜び、自と他が一体となり没入できることをよしとする考え方はなお根強いものがあると氏は述べている。

二、自然からくる性格形成

日本の位置関係はアジアにあっても独特で、モンスーン気候であることから米食が主体であるのだが、寒気と少量の湿気を必要とする麦もとれるという点はヨーロッパや北米と共通点を持つ。また季節風は、循環的でありながら突発的である。それは暴風や洪水として日常生活を破壊する。和辻哲郎はその書「風土」において、このような条件の下で養われた日本人の性格は、受容的、忍従的と呼んでいる。

日本の四季は他国に比べても極めて均等に分けられているし、それを日本人は更に小刻みに分けて味わってきた。初春、晩春、初夏、初秋、中秋、とかいう具合であるが、立冬、立春とか、初夏のころを麦秋などという言い方もする。氏は日本人が勤勉なのはこの移り変わる季節の刺激によるものかも知れないという。そのかわり、中国人やヨーロッパ人の持つ大陸的落ち着きや悠揚迫らざる落ち着きに欠けている。日本人は活発、敏感であるが、疲れやすく持久性に欠ける。それを休養で癒すよりも、新しい刺激を求め、感情を変化させることで癒そうとするという。こんなところは毎年テレビでゴールデンウィークでの空港で、またお盆で帰省しまた東京駅に戻った乗客のインタビューで「いい旅行ができ気分転換になりました。でも疲れました。明日からまた仕事で頑張ります」というような会話を思い出すと、正にこの通りだな、と笑いを禁じえない。

本居宣長が「敷島の大和心を人問はば、朝日ににほふ山桜花」と詠んだり、「明日ありと思ふ心の仇桜、夜半に嵐の吹かぬものかは」というような性格、気短に辛抱するのだが、突発的に反抗する、すなわち潔さを尊ぶ気質が涵養されてきた。氏はもう一つ「切り結ぶ太刀の下こそ地獄なれ、踏み込みゆけばあとは極楽」という和歌も引用しているが、闘争心のあらわれである剣の術を、禅という心の術に転換して「武」を解釈し闘争の極地は闘争のない状態であるとあきらめるにいたる。ここに日本人の「しめやかな激情、戦闘的な恬淡（てんたん）という国民的性格」があったのであると述べる。この表現は実によく日本人の性格を言い当てていて、私も日本人の行動の美学を記してあますところがないと思う。（後で、昭和四年に発表された和辻哲郎の『風土』を読んで、この表現は彼がそこで使った言葉であることを知った。この他にも勝部氏の所論の幾つかの点が和辻氏の説や指摘を取り入れている。）

三、古代の宗教観と現世主義

日本の神話は八百万（やおよろず）の神々というように多神教である。しかし、ギリシャと違って、カミというのは隠身（かくりみ）の意味で、形は目にみえないが、霊（みたま）があるとする。キリスト教の神は創造の神だとすれば、日本神話の神は生成の神であるという。神が国を作るのではなく、古事記では国を生むという表現をしている。氏は日本人の死生観の特徴を古事記、日本書紀、万葉集で調べると、共通点は「現世主義」であろうという。すなわち現世に重点をおき来世の価値を認めない。キリスト教、ヒンズー教、イスラム教でも来世を大事にし、肉体が死んでも霊魂が天国にいくことが人間の幸福であると教えているが、日本人はあくまでも現世の幸福を願う。この世の貧しさがあれば、こうしてはいられないと遮二無二働き出す。日本人が勤勉なのは、この世ですべて辻褄を合わせようとするからではないか。ウェーバーのいうように、プロテスタントが勤勉なのは、この世の仕事は神の召命であり、神の御心にかなうことだから勤勉なのであるが、日本人は向こう三軒両隣の人に負けまいとしてひたすら働くのであると。来世を信じない日本人はこの世だけで勝負をつけようとするから、どうしてもせっかちになりがちである。

このような現世主義はどこから来たのであろうかと、氏は考察を進める。古代日本人にとっては「あの世」は「ヨミ」であって現世に比べて、暗い穢い国と考えられてきた。神道では現世の神事、つまり祭祀が主たる仕事であって死後のことには関心がなかった。仏教の影響を受けたと思われる中世になっても、神道の代表者、北畠親房の『神道正統記』でも、あるいは本居宣長においても教理としてのあの世には価値をおかなかった。万葉集の歌でも恋の苦しさ、別離の悲しさ、子供の可愛さ、夫婦の情などが強く歌いあげられているが、生活苦はあっても政治権力による迫害とか、圧迫の苦労、反抗などはみられない。従って、他民族による迫害が大きな宗教的契機となった西欧の宗教のように、現世の幸福を断念して来世における救済を願うというほどの切迫感がなかった。日本の古代人は現世を楽しむことに一応満足していたというべきであろうと。

日本人は好奇心が強くて、何でも新しいものに飛びつき、一通り試してみなければ気がすまないという傾向がある。しかし、とびついても、やがて飽きたり、際限なく取り入れるわけでもない。これは明治以降のキリスト教でも、共産・社会思想でもそうであると氏は述べる。仏教の受容もそうで聖徳太子が数ある経典の中から選んだ「法華経」をはじめとする三つの経典にしても在家仏教優先の思想がみられる。現世と来世のどちらかを選ぶというのではなくて、現実の中で理想を実現しようとするのであると。

氏は一七条憲法を制定した聖徳太子がプリンスの地位に生まれながら、人間の下情（かじょう）に通じ、人間の深い自覚に達しているとして太子の人間理解は殆ど奇跡的であると記している。「和をもって貴しとなし、・・・」以下一七条を簡単に解説しているが、いずれも太子の人間理解は、きわめて具体的、現実的であって、抽象的な、観念的な考えはみられない。普通の人々の間における議論そして人間的調和を求めるといった考えは、日本における基本的態度を構成していて、現在の日本の中間層の厚さ、平均水準の高さにつながっているのかもしれない。日本の歴史には外国のような、聖人、英雄、豪傑、天才は少なく、だいたい中庸を得たのが多い、また一方とびきりの悪党というのも存在しない。神話にも悪神というのは出てこない。『古事記』や『万葉集』で見るように現世を享楽し明朗で楽観的気分が強く、感情の端的な表現、直截な心を高く評価した。もともと思弁的哲学的観念的な知的遊戯は日本人本来の好みではなく、現世を穢土（えど）と観じ、彼岸を理想世界として欣求（ごんぐ）する深刻な宗教心も、もともと日本人にはむかないのであった、と述べられている。

四、宮廷文化と宿世観（しゅくせかん）

日本人の自然に対する感情移入は繊細な感覚として、和歌、俳句その他文芸や絵画に伝えられ、大衆の生活や風俗習慣、年中行事にまで浸透している。その細やかな感覚は個々の具体的なものに非常に敏感である一方、全体的に物事を把握し、抽象的、観念的に構想する力に弱く、思索的・哲学的ではない。人間にたいしても心情のおもいやり、いつくしみを注ぎ込む。西欧の神における隣人愛とか、理性的、意志的世界とは異なり、感傷的、心情的な心遣いを重要と考えるというのである。そしてこのような様式は平安時代の宮廷文化で正に花開いたというべきである。それは感覚の洗練さを尊ぶ一種の美的教養の世界であった。

そしてそれは仏教の諸行無常という宿世観と一体となり、日本的美意識、もののあわれという感覚として成立した。それは自由意志を捨て、因縁、因果の法則に従って、自然の成り行きに任せるということ、陰陽道（おんみょうどう）の影響を受けてせめて祈祷とか厄除けとかに縋るという消極的生き方になってしまう。女性遍歴においても光源氏のそれと、西欧のドン・ジュアン、カサノヴァ、サド侯爵の意志的、打算的、計画的な行動とは決定的に異なっていて、後者はキルケゴールの作品によって哲学にまで発展しているという。

日本におけるこのような趣味の洗練と高雅を求める心は庶民の間にも浸透し、桃の節句の内裏雛とか百人一首が喜ばれ、今にいたるまで一般の大衆新聞でも短歌、俳句の投書欄が設けられていて、全国何十万という名もなき詩人たちが存在しているのは、世界で類を見ない。

五、武士道と仏教の興隆

平家、源氏の台頭と共に武家の時代がやってくると強固な統一集団が発生し、御家人の主君への御恩及び奉公という考えが強くなっていった。これは単に武士団のみのモラルに留まらず、日本人社会一般にひろがる。恩というのは相手から受けた好意・厚遇に対して無限に感謝するという意味を持つ。これに比し西欧での契約思想は、契約が相互の意志に基づき条件的であるのに、恩は情的な暗黙の無条件的約束である。氏はこの情によって動く典型例として『古事記』における日本武尊（やまとたけるのみこと）と弟橘姫（おとたちばなひめ）の物語を引いている。（関東平定の際、相模の海上で折からの荒海で船が進まない時に、妃の弟橘姫がかって日本武尊に救われた恩に報いるとして海に飛び込み荒浪を鎮めた話。）この不惜身命（ふしゃくしんみょう）の行為は日本人の死生観の原型をなす。例えば日本人にもっとも人気がある「仮名手本忠臣蔵」がそれである。

武士は名を惜しみ「人は一代、名は末代」といって名誉を重んじた。しかし、領地、恩賞を求めたことも事実であり、氏は人間の私有本能を主張したところに武士の正直さがあったと述べている。この時期、訴訟が盛んになり、裁判制度が発達し、権利思想、利益社会的な面が強くなった。このようなゲゼルシャフト的な社会（利益社会）において、人間はある意味で孤独で個人主義的とならざるを得ない。それとうち続く戦乱は社会不安をもたらし、人々は安心立命を求めて宗教に縋ろうとする。

鎌倉時代の新興仏教はこのような時代背景のもとに勃興する。親鸞、日蓮、その他鎌倉五山を代表として多くの寺が建てられる。氏は特に孤独な人間の存在をつきつめていった親鸞に焦点をあてる。ここで詳細は述べないが「歎異抄」の中で「親鸞は弟子一人もたずさふらふ」というのはその象徴である。そういう絶対者の前の孤独に徹した親鸞なのに、妻帯せずにいられなかったところが極めて日本的であるという。仏教の僧侶は出家であり一般に在家と区別して、妻帯や飲酒を禁じ、菜食を主として独身を通すという時代に、堂々と妻帯に踏み切った親鸞は勇気があった。それ以来浄土真宗は世襲制がとられるようになった。しかし、氏は浄土真宗は先見の明があったという。今日、禅宗、真言宗その他日本の仏教は言うに及ばず、キリスト教でもプロテスタントだけでなくカトリックもだんだんそうなるであろうことは時間の問題であろうという。

六、キリスト教の渡来、信長の仏教弾圧

ザビエルが来たのが一五四九年で、それから日本では一部で熱烈な信者が発生し、多くの殉教者を生んだ。彼らのもたらす情報に興味を持ち宣教師を厚遇した信長は、仏教勢力を悪魔視して、大弾圧を加えた。いうまでもなく一五七〇年から始まる伊勢長島の一向一揆との戦いに続き、翌一五七一年には比叡山延暦寺の焼き討ちで、叡山の僧徒三千人を殺害したのである。これを、宗教の権威に屈服しない近世の合理的精神とみる見方もある。氏は、信長が七九年に法華

宗と浄土宗との理論闘争をやらせたりしているので、宗教そのものに対しては消極的態度ではなかったとし、たぶんキリスト教の神話や教義も信長にとっては荒唐無稽のものに思われたに違いないが、要はその比較をするにあたってキリシタンの宣教師と仏教の坊主の人格を計量することに彼の主たる関心事があったのではないかと推量している。

現世的な政治権力の前に、宗教的権威が屈服したということは、わが国の精神史にとって実に重大な事件であり、現世的・世俗的な精神の優位がこの時に確立したと述べられている。平安時代から鎌倉時代にかけて示した宗教的情熱や豊かな才能は、急速にここで姿を消した。戦国時代の宗教一揆、あるいは寛永年間のキリシタン一揆である島原の乱が最後の火だったのかもしれないと。これ以後、日本人にとって宗教はもはや第一義ではなくなり、宗教は、現世の政治や倫理、秩序との妥協の上にそれらに役立ち奉仕するものとしてわずかにその存在理由を獲得しているに過ぎない。氏は日本人が世界でも珍しい無宗教な世俗的国民ということになった現状の原点は信長の叡山焼き討ちにあったのではないかと思うと述べている。

七、儒教の採用

家康は、秀吉が朝鮮征伐に熱中している間にも、儒教の政治哲学を学んでいた。キリシタンを監視するために仏教寺院を利用し、日本人は一人残らずどこかの寺院に所属する檀家とさせ、行政の補助機関として寺院を保護した。幕府は儒教の中の朱子学を官学とし、湯島に聖堂を設け、精神指導をおこなった。儒教はすでに六世紀に我国に伝わったが、日本はそれを受容するに当たっても、独自の選択をおこなったという。儒教の本命というべきは易姓革命（天子が天命を受けて天下を治めるが、もしその家に不徳者が出れば、別の有徳者が新しい王朝を開くとする）であるが、奈良朝以来、日本はこの思想を除外して、儒教の他の側面、仁義礼知信や忠孝のモラル面を熱心に移植した。また中国における宦官の制度は朝鮮やトルコの宮廷にも採用されたのに、我国は一度も容れようとしなかった。

鎌倉時代に発生した武士道は江戸時代に儒教と結びついて、実践道徳として形成されてくる。町人学者の伊藤仁斎は学問の根本は忠信にあるとし、誠の哲学を完成した。氏は日本の儒教の特色は、仁、礼、敬でなくて、誠に強くひかれるところにあるという。日本人の好きな表現は「誠を尽くす」とか「至誠」というような言葉であって、この傾向は江戸時代後半から幕末にかけて著しかったと指摘している。(吉田松陰や新撰組のことを思い出す)ほかに親しまれた言葉に「天道」という言葉があり、これも徳川の四天王の一人本多正信の話が詳述されているがここでは省きたい。

以上の最後に、氏は結語として、いまやこの閉鎖的な情的人間観を脱皮して、世界に開かれた普遍的な人間観に高めることこそ、現代日本思想の課題といえよう、と述べて終わっている。

この後に次の章として「日本人の死の思想 ―心中と殉死―」の短文があるが、これは極めて特殊な内容で(近松門左衛門は作品二四篇のうち心中ものが一一編にのぼるとか、北条高時が新田義貞に攻められて自刃した時、一族三四人、門葉(もんよう)二八三人悉く自害したとか)、氏の博識を知るものの私は特に考えさせる内容とも思わなかったのでここでは省くことにする。

明治における実務型知識人

ここでは勝部氏は三人の知名人を記述している。

一、西　周(にしあまね)　―十九世紀功利主義・実証主義の移植者―

西周というと私は小学校時代の切手を思い出す。子供時代によくあることだが、私も一生懸命切手を蒐集した。戦後まもなく日本の切手シリーズでは、近世の偉人の切手が発行された。漱石、鴎外、子規、一葉等の文人、福沢諭吉、野口英世、内村鑑三、菱田春草、岡倉天心、新島襄、などである。これらの人達は小学生向きの偉人伝で読んだり、なんとなく知るようになったのだが、全く知らない名前が西周だった。父親に聞いたら教えてくれたけれど、だいたい「あまね」なんて読めることが不思議だった。その当時、彼がいったい何をしたのか、全く知らなかった。

私は五〇代になって、父の新盆で大分に家族で行き、帰りに行ったことのない山陰を旅行し、萩や津和野、松江等を訪れた。津和野は主目的が鴎外であったし、小学校の頃読んだ偉人伝で知った逸話、「森林太郎墓ノ外一字モホルベカラズ」と長年の友人の賀古鶴所に遺言したというその墓を見たかったのであるが、西周の旧居を見るのも別の興味であった。

切手の西周氏

津和野にある
西周家旧宅

勝部氏は西周が正三位勲一等男爵、貴族院議員、元老院議官、東京学士院会長という鴎外に勝るとも劣らない社会的栄誉に浴した生涯の経歴を物語る。この人の生涯のヤマというべきものが三つあって、一つ目が自由に西洋学を専心勉学する為に、安政元年二六歳のときに脱藩したこと、二つ目は三四歳から津田真道らとともに三年間オランダのライデン大学等に留学をした後、幕臣として開成所の教授として勤めているうちに維新の情勢が回天し、徳川慶喜も静岡に移動となった時に、ついてゆくのも気が進まずされぱとて新政府について栄達をめざす気にも成らず、ついには先輩の佐倉にある洋学塾に行こうと決めた矢先、沼津に兵学校が設立され教頭にならないか、と誘われてそこへいったという人生選択の岐路、三つ目は明治三年、四二歳で新政府からその西洋学の知識を請われて上京を促されたこと。以後彼は明治政府の智恵袋として山県有朋に請われて軍隊制度などの立案にあたり、栄達の道をきわめ、一方自らの塾、育英舎で哲学の講義を続け、一時期、諸藩の藩士が集まり書生が五百人近くに及んだという。東京師範学校にも奉職し、亡くなったのは六九歳の時であった。

福沢諭吉の在野の運動にも厳しい批判を加えていたという彼の学風は、ジャーナリスティックであった福沢に比べて、はるかに冷静で論理をつらぬき、その追求の態度において学問的・哲学的であったと述べている。筆者はこの英知と勇断の人の、波乱に富んだ生涯を、その考えにも触れながら淡々と記述している。

この後で、西周全集を調べてみると、実にその巨大な足跡に驚嘆させられた。オランダからの帰国後、師フィセリングの講義を訳した『萬国公法』(坂本竜馬が読んで、海援隊のいろは丸と紀州徳川の船との衝突事件の時、これに基づいて積荷損失の賠償金を得た話を思い出す)、訳書としては他に『心理学』、(原著者ジョセフ・ヘヴン)『利学』(原書者ジョン・スチュアート・ミル)、その他彼の筆になったものは実に凄まじい限りである。明治の教育体制の元となった『文武学校基本並規則書』、明治の軍制の元となった『軍人訓戒』および『軍人勅諭』、『兵家徳行』、『兵賦論』。そして哲学に関する著作は、『生成発蘊』および『致知啓蒙』が代表作であり、他に『百一新論』、『知説』、『教門論』などがある。彼はフィロソフィーに対して哲学という言葉を作った。また今日普通に使われている言葉、論理学、心理学、倫理学、美学などの学名から、理性、科学、技術、芸術、概念、観念、実在、現象、客観、主観、先天、後天、帰納、演繹、総合、分解、感覚などの術語はすべて彼が考案したそうである。随筆としても『非学者職分論』、『愛敵論』、『国民気風論』、『大臣論』、を書いた。また他の人達はその書の序文をこぞって彼に頼んだので、序文の数は十数に及んでいる。私は明治の体制のことごとくを学者の立場から支え作り上げた西周こそ、社会における本当の生きた学者の姿であると思った。実に巨大な存在であった。森鴎外も同じ郷里出身の彼を慕った『西周伝』を書いている。

二、　中江兆民　―ルソーと漢学の調合者―

兆民はいうまでもなく、その民権思想の普及において有名であり、彼の『三酔人経綸問答』は不朽の名作として知られている。まず氏は日本での「告別式」の語源は兆民の発明によるという話から始める。自らの死に臨んで一切の宗教色を廃するという彼の唯物論の意思から、そうしたのであると。勝部氏は兆民五五年の生涯を四期に分けて話を進めている。

第一期は高知に育った一八歳までで、足軽の長男と生まれ、江戸詰めであった父とは離れて殆ど母親の手一つで育った。母の評していわく「温順謹厚にして女児の如く、深く読書を好みて郷党の賞賛する所となりき」という。ただし正義感が強く、喧嘩でいじめられたりする弟あるいは友人のために憤然とすること多く、小刀を抜かないように紐でもってこれを縛っていたという。勝海舟も青年時代、神田桶町の千葉道場の塾頭という剣の達人でありながら自分の刀を抜けないようにコヨリで縛っておいたというのと似ている。

第二期は長崎留学を経て竜馬の亀山社中にも出入りした後、江戸に出てフランス語を本格的に勉強した時期で、この時から兆民は酒を飲み始め、やがては大酒飲みになってゆく。面白いことは、竜馬を「エラキ人」と尊敬しながらも、彼自身はすこしも政治運動に参加しなかったことだという。

また弟子の幸徳秋水が「先生の仏国に在るや、深く民主共和の主義を崇奉し、階級を忌むこと蛇蝎（だかつ）の如く、貴族を悪むこと仇讐（きゅうしゅう）の如く、誓って之を芟除（がいじょ）して以って斯民の権利を保全せんと期せるや論なし」といっているように、自らの思想を確立していく時期である。

第三期は政治的言論活躍の時期、きっかけは西園寺公望がフランス留学から帰国して「東洋自由新聞」を起こし主筆に兆民を迎えたことにあるという。三五歳の兆民はこれまでの学究の生活から切り換えてジャーナリストとして華々しく政治的言論活動を開始する。この間にも幾多の著作をものにする。その中でも『三酔人経綸問答』は最高傑作である。私も政治というのは、今でもその考え方において、この作品の構図の枠内を脱しないと思う。

中江兆民氏

第四期が実業と禁酒の時代となっている。母を失って兆民は一念発起して酒を絶ち、北海道に行きいろいろの起業活動を起こす。しかし、所詮そちらの方の才能はなく次々に失敗する。勝部氏は「ミネルバの梟（ふくろう）は黄昏（たそがれ）に舞う」とは有名なヘーゲルの言葉であるが、哲学や思索は夜が近づくにつれて活発になるのである。兆民は本質的に哲人であり、詩人であり、風雅のひとであった。そして情の人であったと、述べている。

三、　福地桜痴　―知識・政治・文芸の器用人―

勝部氏は戦後「明治思想史」を数年に亘って大学で講義するノートを作成する時に、桜痴の『幕末衰亡論』その他数冊の著作を読んで参考にしたという。桜痴は幕末に長崎で生まれ育ち神童と呼ばれた天才的早熟児だった。一八歳で江戸に出たが、儒医で、漢詩文に長じた父の紹介で江戸の幾多の名士と若くから知り合いになった。安積艮斎、水野筑後守を経て、英学の森山多吉郎の塾に住み込んだ。まもなく外国奉行支配同心という御家人となって通訳となり、幕府時代に二回、明治政府になって二回のいずれも一年以上の洋行を経験したという。船旅でのあるいはホテルでの公私のつきあいを通して日本の政財界の有名人と親しくなり、ナポレオン三世やグラント大統領などとも会っている。これらによって見聞を広め、知己を作った豊かな経験が、彼ののちの言論人としての活躍に大いに資した。

勝部氏は、桜痴は若年の内からこのように上層階級を知り非常に運のよい男だった、と述べている。しかし、それを生かすのも能力あるからで、四回目の洋行から帰ると彼は三四歳（明治七年）で官界を辞して東京日日新聞（後の毎日新聞）に入社し、以後徳富蘇峰をして「明治の大記者福地桜痴居士」と言わしむるに至るジャーナリストとしての華々しい活躍をする。憲法論、外交問題であれ、経済問題、戦争論、銀行論、株式取引所論であれ、いかなる問題についても、彼にわからないことはひとつもなく、快刀乱麻を断つようにこれらを解説し、提言してみせることができたという。

福地桜痴氏

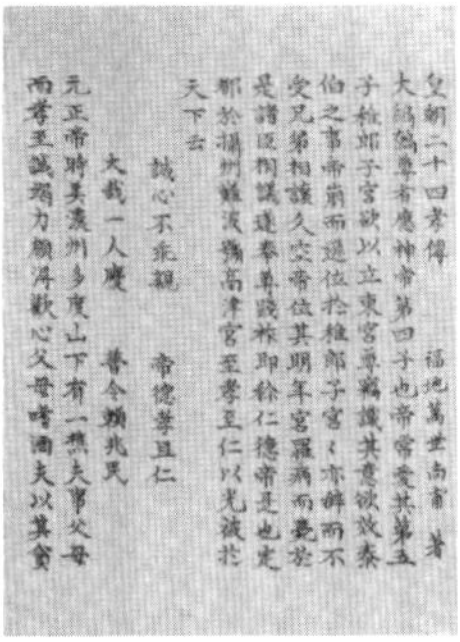

皇朝二十四孝傳　福地萬世甫 著

12歳の時、書いた漢文「皇朝二四孝伝」（彼による和文の漢訳と筆書）

社説欄というのは彼の創意だったそうで、「日日」の売り上げは急速に伸び、三六歳で社長になり、池の端に豪邸を構え、（その後、横山大観が住み、今では大観記念館となっている）夜な夜な吉原など紅灯の巷に出没したという。これらのジャーナリストとしての成功に加えて、明治八年第一回の地方官会議で議長の木戸孝允に、また第二回には伊藤博文に招かれ書記官として、西南の役では、山県有朋の本営にただ一人出入りを許され、明治天皇に戦況報告を御前講演するなどの役を務めた。一一年には東京府議会議員に当選、議長選挙で福地が当選、次点が福沢諭吉だったという。

しかし、桜痴四二歳を境にして、彼の運勢は下り坂になり、種々の不祥事が起こり「日日」の売り上げもガタ落ちして、彼自身も信用をなくし社長を退いた。勝部氏は桜痴の不幸はあまりに多くを知り過ぎたことにあるという。余りに多くを知ることは人の実行力を殺ぐ（そぐ）ものである。行動力は無知から出る。一知半解（いっちはんかい）の徒ほど勇敢である。その反対に「理解する」ということは、「肯定する」ことになり、抵抗、攻撃の力を失わしめるのである。四回の洋行で彼は西欧の長所・美点だけでなくその欠点・暗黒面、裏側にも気がついてしまった。福沢のように西洋のいいところばかり礼賛していれば無難である。板垣、馬場その他多くの自由民権論者のように、各国民の歴史伝統や国民性を見ないで、一般論としての自由と民権を強調しているなら、政府攻撃の底力も湧いてくるし、民衆の共感もえられる。しかし、桜痴は「民権ノ二字ヲシテ不平ヲ容ルルノ巣窟」（「漸進主義」）という面を見落とさなかった。彼は自由民権の国フランスが決して政治的に安定した社会でなく革命が必ずしも幸福をもたらさないこと、「進歩主義」の名のもとに民衆は必要以上にエネルギーを消耗し、社会の摩擦をひきおこし、ムダの多いことをその目で確かめてきていた。だからルソーの一冊を読み、ミルの半冊を読んで、感激してただちに駆け出す、急進的政治書生に対して、漸進主義を諄々と説いたという。（ここらあたりは、私は実は勝部氏の非常に鋭い観察眼を知るとともに、まるで氏自身の意見、感覚を述べているように感じた。学者が実行家になりえない、というのは正にこの点にあるのであろう。）また岩倉、大久保、木戸、伊藤などという体制側の実力者と親しく、彼らの考えが開明的でその指導力は相当のものであり、人間的にも善意があり、献身的であることも充分了解していた。理解することは許すことになり、いきおい彼の行き方は、政府の意図を国民によく説明する立場となった、と書かれている。

その後は小説家に転向し、やがていくつかの歌舞伎劇の創作をなすに至った。一時期団十郎と組んで精力的に活躍したこともあり、四〇歳年下の永井荷風がその門を叩いたり、岡本綺堂は劇作で桜痴の弟子であったというのだから、本格的であった。勝部氏は芝居、歌舞伎にも造詣が深くて、桜痴の作品を観た印象を記している。それによると、桜痴の作品は達者に書けているのに、内容希薄で何も残るものがない、という。自らの著『桜痴放言』によっても、彼の得意としたものは、即智（咄嗟の知恵）といったものでこれこそ彼自身が誇りにしていた、若い時から「江左第一風流才子」

と自ら称していたというが、私も、今でも学者あるいはジャーナリストでマスコミの世界で有名になっている人はそれぞれ能力を発揮しているのだが、彼らの中にはこういうタイプが確かにいるな、とつくづく思う。

戦後三十余年の思想体験

氏は、ここではそれまでと異なり極めて現代的な、他の「日本人」論でも常に扱われる戦後の日本をいかに捉えるかという問題を論じている。この部分が氏の長年の研究とその結果たどり着いた考えのいわば総決算といえる。最初が「**敗戦の体験から学んだもの**」となっている。氏はいろいろな歴史的考察も交えながらも、いずれにせよ今次大戦におけるわが国の敗北は、敗けるべくして敗けたのであり、日清・日露の戦争が意図的であったようには明確な意図・計画を持たず、きわめて非合理的なもの、情念的なものに身をまかせたのであって、これは西南戦争における西郷党のそれに似ていると指摘する。武器弾薬も劣勢で戦略戦術的にも長期の見通しがなくて、ただ緒戦の戦果に酔い、その後はジリ貧に終わるという点で、大東亜戦争は世界的規模での西南戦争であると。豊臣秀吉の朝鮮征伐もそうだが、わが国の指導者には、しばしば、そうしたものにとり憑かれるものがいて、東條英樹をはじめ陸・海軍の連中の心にも、このような漠然たる情念と功名心とが錯綜していたのであろうか、と書いている。

「**和辻哲郎『鎖国』の提起するもの**」が続く。幕末の時代、幕閣の老中として責任者であった阿部伊勢守でも、助言者としての島津斉彬でも、意見書を奉った高島秋帆にしても、外交官の川路聖謨(としあきら)、岩瀬忠震(ただなり)らにしても、合理的思索のできる人であり、決して偏狭な狂信家ではなかった。明治初年の大久保利通でもきわめてそうであった。これは日清・日露を戦い抜いた当時の指導的な政治家や軍人についても言えることで、大山巌などには科学的精神さえ具わっていたといえる。過去の長い歴史のあいだにも、日本人はおおむね合理的であり、相手をみて引くべき時には引き、進むべきときには進み、進退度を失うことはなかった。それなのに今次大戦に限って、非合理的な情念の暴発を防ぎ止められなかったのは何故か、氏は、問題は民族の科学的・技術的な面にあるのではなくて、社会的・人倫的構造にあるのだ、というのが私の戦争体験の反省であると述べている。原因は、科学にはなくて歴史にある、というのである。和辻哲郎は敗戦五年後に出した『鎖国―日本の悲劇』において「太平洋戦争において近代日本の担っていた世界史的地位は壊滅した」と慨嘆したが、それは敗戦直後の感慨としては無理もないが、三〇年たった現在にしてみれば、一面的と言わざるを得ない、と書いている。

わが国が古代以来温存してきたきわめて古風な社会・人倫的構造が持つ自己防衛的規制、一時はそれは鎖国と言う形をとったのであるが、それが破れ、世界に向かって進んだ。昭和初年の世界政治経済の中での孤立化、その孤立化への対応としての大陸進出も、また無謀なる大戦突入も、あまりに特殊すぎる日本の社会構造が、世界歴史の中で身動きがとれず、その特殊性のために適応力を失って、ブレーキのきかぬままに衝突事故を起こしてしまった暴走車のように、崩壊に向かって一路転落していったと見るべきであるという。日本は敗戦後、また驚異的復興をとげ、現在も日本は別の形で、すなわち経済進出の形で、世界に乗り出しているが、この点十分に注意しないといけないと。

次の**「中根千枝「タテ社会の人間関係」が提起するもの」**と**「R.N.ベラーの日本認識の提起するもの」**は一体をなしている。前者はいまや古典的名著であるが、氏は「タテ社会」というより集団帰属主義というほうがより適切かもしれないとし、ソ連、中国と異なる点は「親分―子分」というような家族主義ないしその擬制が特色となっていて、いくつものセクトが並存している社会構造が日本社会の特質をなすという。官僚でも政党でも企業体でも学校でもタテ割りの組織の一体感、上司と部下、先輩と後輩、年功序列など、上下の指揮系統が日本の社会を動かしている。この「ウチ者」と「ヨソ者」は根強いセクト主義として、今日の新左翼の内ゲバ、国鉄一家など、やくざ集団のごとき連帯感を後生大事に守る。こうして個よりも集団が優先し、集団に依存するとき、日本人のエネルギー、バイタリティーは効率的に発揮される。このような構造においては、論理よりも感情が先行するのであると。

ではなぜそのような社会が成立したのか、という歴史的根拠を研究したのが後者で、ハーバード大学のベラーが昭和三九年に発表した論文「日本の文化的自己同一性─和辻哲郎の業績」という論文だそうである。ベラーはこの論文において、以下のように述べているという。日本にみられるような文化・社会・個人の融合の古式タイプは、原始的・古式文化に見られるごく普通の特徴である。紀元五世紀、青銅時代君主国であった日本は、祭儀宗教体系である神道が生き残り、その後シナの刺激もあったが、それは徐々に行われ、血縁や擬血縁を重くみる集団構造が続いた。鎌倉時代にいたりこれが新しいタイプの社会（歴史タイプ）すなわち普遍的な宗教の出現、哲学の輸入、社会的動乱によって揺さぶられた。偉大な仏教思想家、親鸞や道元は、原理的には共同体を解体したのである。だが日本の個別的関係主義（パーティキュラリズム）は仏教の普遍主義より強く、後の真宗の歴史に明らかなように、仏教そのものを徐々に吸収してしまったのである。徳川時代の活発な思想家に代表される儒教も、古式の思想構造に挑戦したのだが、不成功に終わってしまった。

これとは別にベラーは日本の近代化過程における精神的・倫理的エネルギーの元を問い（ちょうどウェーバーの『プロテスタンティズムの倫理と資本主義の精神』のように）それは江戸時代の町人道徳であった石門心学運動（石田梅巌の唱えた心学）にあったとして「徳川の宗教」を書き、アメリカでは学生必読のベストセラーとなったということである。中根氏の本は殆どの他の日本人論でも一度は触れられているが、和辻の関係で勝部氏は知ったのであろうが、ここにも氏の幅広い視野と他の人にない深い洞察力を思い知らされる。

勝部氏は、アジアやヨーロッパでは、早くから異民族同士による征服・被征服が行われて大帝国が何度も作り変えられ、それ以前に存在した小型の共同体国家は解消して、普遍主義が個別関係主義にとって替わったのだが、わが国の場合、五世紀頃にできた天皇制的共同体国家がほとんど温存されて、現代に至ったために、個別関係主義的な役割の行動を好む社会が、社会構造の中核をなしていて、外来の普遍主義的なものと、どう釣合いをとるか、に悩んでいる現状なのであると述べている。ここに「タテ社会の人間関係」の原型が歴史的に証明されている。千六百年に亘って続く、原始的・古式な共同体国家、その国家的表現としての天皇制、一言語、一民族による一国家という「単一社会」の存在はほとんど世界でも稀有な例である。このような特殊な日本がアメリカの社会学者にとってはっきりと見えている。見えていないのが戦後の日本人自身なのであるという。

なぜ見えないかといえば、占領軍支配によって急激な共同体の改革が行われ、アメリカン・デモクラシーが強制され、普遍主義への転向を余儀なくされ、大きな社会不安に日本人は投げだされたからである。一方では、個人的人格の主張、他方で同質的な集団主義への依存傾向は容易に消えず、日本人は両極性的に苦しんでいるからであるという。戦後の思想状況は、要するにこの両者のせめぎあいだというのである。

氏はその一例として日本人の法意識について述べる。日本人はもともと法意識が弱く、憲法だの民法だの法律に訴えるということは、庶民の日常感覚になじまない。法律よりは義理人情といった社会生活の規制、それも論理的ルールよりは感覚的・人間的ルールに従うことをむしろ喜ぶ。弁護士などに対しては明治時代「三百代言」(さんびゃくだいげん)といって、やや見下げたところがあった。もともと、法というものは、ローマ法など、異民族を含む複雑な社会を規制するために、作られた普遍主義的なものであったが、日本は単一民族で民族大移動とか動乱の経験がなく「和をもって貴し」とすることが大切であった社会であった。それでも豪族の対立、跋扈(ばっこ)で苦しんだ奈良時代には大化の改新で中国の唐令に学んで大宝律令が制定された。しかし、この根本精神は法治主義というより徳治主義であり勧善懲悪という教化を目的とした。藤原時代の摂関政治では、摂政、関白、参議など律令にない官職が多く作られ、律令制は空洞化してしまった。それでも大宝律令は明治一八年まで生き続け、千二百年にわたってわが国の公法であった。この年に太政官制度が廃止され、内閣制度が作られやがて西洋法系の明治憲法に移行した。氏はここでは、普遍主義と個別関係主義の調和に苦心の跡が見えると述べている。

この日本の特殊性は和辻哲郎氏も十分気づいていた。彼は昭和三五年になくなったが、その後、日本は驚異的成長をとげ、昭和四五年の大阪万博まで、その目覚しさは世界の奇跡とまでいわれた。しかし、勝部氏は、その経済成長には運がよかった面があることを忘れてはいけないという。いうまでもなく朝鮮戦争、ベトナム特需である。氏は戦後の三〇年を振り返ると、安保騒動までの一五年とその後の石油ショックまでの一五年に分けられ、前者は敗戦からの艱難辛苦、かつ左翼イデオロギーが猛威をふるった時代、後者は一億の国民が食うに困らなくなった時期であるという。資源さえあれば日本人は物を生産できる。しかし、もともと資源のない日本が、資源を求めて大陸に進出し、南アジアにまで手を伸ばしたことが、侵略主義、軍国主義の汚名をこうむることになった。ABCDの包囲網で資源を止められれば、たちまちお手上げになるということは、今後とも起こりうる。資源のない国の悲しさは、永久にこの国につきまとい、資源の故に他国の鼻息をうかがい、屈従的に生きてゆくほかはないということは、続くのではないか、と述べている。

次の**「主潮と抵抗の歴史」**では、昭和二七年のサンフランシスコ講和条約をめぐっての氏の考察が述べられている。この時、全面講和か、片面講和かで激しく争ったが、結果的に見れば、吉田茂の判断は正しかったので、外交の専門家でもない評論家たちがなんであんなに反対したか、不思議なくらいであると氏は述べる。全面講和を主張した東大総長南原繁を吉田茂が「曲学阿世の徒」と呼んだのが印象的であったが、私は南原さんに同情しながらも、実際問題として、学者は世事にうといので、あまり威勢のいい発言をして、勇み足をしない方がよいと思った、と書いている。同じことはベトナムと中国の戦争、ベトナムのカンボジヤ侵略などの事件で、東大の国際関係論の教授が引っ込みがつかなくなった場合にもいえるという。社会主義勢力がかならず平和勢力などと断言しないほうがよいので、民族や国家という要素を考えないでたてまえだけから判断すると、とんでもない誤算をするといういい教訓だと指摘する。

しかし、唯一の被爆国である日本にとって、平和論は真剣な問題であり、論壇の中心テーマであった。ここで、氏は昭和三〇年前後の福田恒存、遠山茂樹、亀井勝一郎氏の論争にも軽くふれているが、反体制の運動としての安保闘争と大学紛争を論じている。戦後、日本人は占領軍に対してきわめておとなしく、進歩的文化人として後に活躍する連中も、占領中は反米闘争をするでもなく、鳴りをひそめていた。彼らが俄然活躍をし出したのは、平和条約が締結され、占領が終わって、もはや占領軍のこわさが消えてしまってからである。このことを思うと、ソ連軍などが日本に上陸進駐しようものなら、この日本列島では、ハンガリー事件やポーランド事件やプラハの春などの抵抗運動は、絶対おこりっこないということは目にみえている。日本が反権力、反体制として敵視するのは、異民族の権力者に対してよりも同じ日本人同士の政府権力者であるという。

独立後初のメーデーにおいて、使用禁止の皇居前に乱入し、警官隊と衝突、血のメーデー事件の起こった昭和二七年以降、日本人同士の近親憎悪にも似た対立抗争が深刻化していった。その頂点が昭和三五年の安保阻止騒動であって、国会突入をはかって東大女子学生が死亡した。この安保闘争の理論的指導者は青野季吉、中島健蔵、松岡洋子、清水幾太郎氏等であったが、一三年経って清水氏だけは、安保闘争の空しかったことに気がついたようであると評している。昭和四三年、全国百一六の大学で学園紛争が発生し、うち六五校が紛争のまま年を越したが、四四年一月東大に警視庁機動隊八五〇〇人が入り封鎖を解除、講堂にたてこもる学生を逮捕した。東大はその年入学試験を中止、これが大学紛争のピークで、やがて退潮してゆく。安保反対にしても大学紛争にしても、それは何であったのか。氏は、結局、戦後新しく手に入れた普遍主義的思想のなかで学習した、西洋の「権力への抵抗」を実験してみたのである、ときわめて客観的である。西欧では、異民族支配に対する人民の反体制、反権力によって自己の人権を守ることを実践していた。その中から人権の思想や抵抗権の思想が育っていったのだが、日本の歴史にはそれがなく、政府権力者にたいする一揆があるだけだった。だから安保闘争にしても大学紛争にしても、百姓一揆と似ていて、突発的に激しく立ち上がるけれど、済んでしまえば台風一過、あとは何事もなかったようにケロリとしていて、持続性や一貫性がないのが特色である。それは思想としても西洋の借り物であって、まだ日本人自身の体験からの反対になっていないからである、と述べる。

こう言われてしまうと、唯一の被爆国として、アメリカのくびきを絶ち、普遍的絶対平和国家を目指そうとした安保闘争とか、既存の権威のもとに安住した支配者である教授層の精神的腐敗をつき改革ののろしをあげた大学紛争といったものの根源的動機を氏は解っているに相違ないのであるが、歴史家というものは、結果的にはこんな風に物事を外延的に見るものなのかな、との思いがして何か傍観者としての氏の態度に割り切れないものを感ずる。私自身、考えてみれば安保は大学入学直後で訳がわからず、大学紛争の時期は学位取得のための徹夜実験の連続の最中で余裕がなく、共に主体的にはなんの行動にも至らなかったので、学友に幾多の運動の同調者を見ながらも結果的には傍観者の立場だったのだが、その中に飛び込んだ人達（私もその為に人生行路を狂わせた何人かを知っている）から見れば、だから学者は何の役にも立たないのだ、生きた歴史には無縁の存在だ、という声が聞こえるような気がする。

ただ、氏の観察眼は歴史的に一半の真実を衝いていることも否めない。日本人自身の体験の反省を正直に告白した清水幾太郎氏（昭和五三年六月号「中央公論」）を勝部氏は評価している。清水氏は進歩的文化人の代表であったのだが、ここで戦後三〇年の進歩思想そのものに疑いを提出しているという。江戸時代、貝原益軒は八四歳で病没するその直前に最後の著述『大疑録』を書き上げてそれまで抱いていた朱子学の思想を疑い、これを批判した。八四にして、八三年の非を悟ったのである。生きている限り思想家は真実を求めて日進月歩するべきで、過去の言質にこだわったり、面子を気にしたりして自己を裏切るよりは、変節といわれようが、転向といわれようが、新しく到達したところの真実を正直に公言するのは立派なことだ、と述べている。また、松田道雄氏の新聞紙上の文章「八月十五日の思想」（昭和五四年東京新聞）の中で松田氏が「薄れゆく進歩感覚」を率直に記し、イデオロギーでなくて経験からものを言っている文章は他に見ないとして長く引用している。勝部氏は、多くの人が逆コースと目くじら立てて攻撃していたけれど、その逆コースが今日の日本の繁栄をもたらし、戦後三四年の安全を守り、結構有効であったところをみると、逆コースがまちがっていなかったのか、騒ぎ立てた世論が先見性をもたなかったのか、わけがわからなくなるところが面白い。評論というものと、実体との間に、なにか距離があるように思われる、と淡々と記している。

敗戦一五年で、わが国もマス・ソサイエティー化の傾向が顕著になり、後半一五年における大衆の読書傾向は歴史ブームとなっている。大衆はNHKの大河ドラマと併行して歴史ものに飛びつく。これは学校で教える型にはまった唯物史観や発展段階説よりも、人間が生き生きと活躍し、その経験から学ぶことのできる生きた歴史に魅力を感ずるからである。氏は、歴史学者が嘘を教えすぎるので、小説家の書く歴史ものが繁昌するという皮肉な現象は当分続くであろうが、要するに日本人はもはやイデオロギーに食傷して、経験を再吟味することの中で教訓を得ようとしているかに見えると書いている。

最後の二つの文章は**「文化価値としての天皇制」**と**「天皇制の効用」**である。日本の歴史に生涯をかけた勝部氏が古来の二千年の伝統を誇る皇統を如何に考えているのか、興味を誘われる。（これより古い皇統はエチオピアの三千年であるが、軍部クーデターによるハイレ・セラシェ皇帝の廃位、そして一九七五年の彼の死でソロモン王およびシバの女王以来のエチオピア帝政は幕を閉じた。）

氏は日本は本当に豊かになった、仁徳天皇の有名な「民の竈（かまど）は賑はひにけり」という和歌を連想せずにはおれないという感懐から話しを始める。明治三二年生まれの川口松太郎氏の自伝的小説『破れかぶれ』の中の文章を引用した要約をすれば『学校は四年間でよい、あとは働いてくれ』と職人の父には言われた。時には食事のおかずもなく醤油をいれて米を炊き握り飯にして食べた。しかし、周りも似たり寄ったりだったからそんな生活を悲しいとも思わなかった。」となる。これが明治四〇年頃の東京浅草界隈の世相であって、現在高校進学率九〇パーセント以上ということがどんなに贅沢なことか、人は現在忘れていると述べる。昭和になっても東京周辺の貧しい地域では御飯に醤油をかけて食べた例が豊田正子の『綴方教室』に出てくると。氏自身は、牛込の市谷小学校を昭和三年に卒業したが、同級生で成績がよいのに卒業したら直ぐ働きに行く子供が何人かいた。そういう友達の悲しそうな顔が今も目に浮かぶという。氏はまた東南アジアを旅しても、多くの物乞いをする人間を見るたびに、あらためて日本の幸運を神に感謝せずにはいられなかったという。これらのかっての被植民地国家は、いつまでたっても貧富の差が埋まらず、中間層が育たない。それにひきかえ日本は特権階級はあっても貴族はいないし、中間層がよく発達している。

一九七五年の昭和天皇の初めての訪米とホワイトハウスにおけるスピーチを勝部氏は六ページに亘って感激の筆致で記している。日本降伏の昭和二〇年九月、天皇がマッカーサー元帥を訪問し、マッカーサーが多大の感銘を受けたというのは有名な話である。「その時天皇が『日本の戦争遂行に伴う全責任をとります』と言われた。私の尊敬の念はますます高まるばかりでした。」とマッカーサーが昭和三〇年にニューヨークに元帥を訪ねた重光外相に語ったという。戦争責任の問題は今もって、さまざまに議論されている。ドイツと異なる終戦処理、その他、韓国、中国、東南アジア諸国との感情摩擦は現在も日本の政治の重要課題で、毎年八月一五日になるたびに新聞でもとりあげられる。それはそれとして、私の家でも、明治四三年生まれの父は、社会党支持であったが、こと天皇に関しては、勝部氏と同じような感覚で、マッカーサーとの会見の話を尊敬の念で私たち子供に話して聞かせたし、家には天皇一家の大判の写真集があり、私も天皇家の姿というと今でもその本の中の皇居内を子供達と散策したり、敗戦の国民を慰問に巡行したり、海辺の生物を研究したりしている写真が頭に浮かぶ。

氏は、かっての連合国の首脳陣、ルーズヴェルト、トルーマン、アイゼンハウアー、スターリン、チャーチル、マッカーサーも、全て既に死んでいる現在、一人健在の天皇ヒロヒトがホワイトハウスにおける歓迎宴において、足元が少し怪しいにもかかわらずリンとした声でメッセージを読み上げたと、いくつかの新聞記事の内容を伝える。アメリカの「ニューヨーク・タイムズ」、イギリスの「ザ・ガーディアン」、日本の「毎日新聞」などであるが、いずれもこの時既に在位五〇年を迎えていた昭和天皇の人格、振る舞いを称揚する内容である。象徴である天皇が「ザ・グレート・サバイバー」であるならば、日本という国も世界歴史の「最後まで生き残る偉大な国」であるのかも知れないし、是非そうありたいものである、と氏が書くとき、天皇家に対する自然の愛着はこの世代に沁みついたものだ、とつくづく思わざるをえない。私などは、個人的にはさほどの気持ちは持たないし、自由のない気の毒な人と思う一方、しかし、歴史的経緯から見ても多くの素朴な国民感情から見ても、当分存続させることが、無難だな、というくらいで、この問題に深く立ち入る気持ちはもたない。侃々諤々（かんかんがくがく）の天皇制の議論はマスコミでの格好の記事となってエンドレスであるが、自分としては天皇制はあと少なくとも五十年くらいは続くであろうし、その前に私は居なくなるので、それを真剣に考えるのは時間の無駄と思い定めている。

しかし、一方で氏は第二次世界大戦における日本のしたことは、アメリカでは水に流してくれても、アジアでは決してそうではない。特に中国、韓国そして東南アジアの人にとって経済復興からさまざまな援助を日本がしても、「武力を経済力に置き換えただけだ」という反発は消えないし、エコノミック・アニマルとかセックス・アニマルといわれるような「旅の恥はかき捨て」という行動様式を変えないと、日本人の評判・信用は落ちるばかりだと危惧している。ワシントン・ポスト紙上で「日本のように、経済的地位と、富とを手に入れながら、日本ほど、軍備拡張と、独自の政治的目標の追求に関心の薄い国は、歴史上、その例を見ない」と書かれ、かって「二一世紀は日本の世紀だ」と予言したハーマン・カーン博士が最近「日本の低姿勢がこれほど長続きするとは思わなかった。・・・一番重要なのは、生産や農業や富ではなく、広義の文化の問題である。・・・日本人はすぐれた適応力で技術をマスターし、立派な経済成長を成し遂げたにもかかわらず、これを誇ろうとせず、卑下ばかりしている。自分に誇りをもたない人間は、精神的に病人である。」と指摘したという。

このような問題提起に対して、氏はこれを守るものとして、すなわち誇りうる日本の精神的支柱となりうるのは、長年の伝統を保つ皇室の存在でないかという。それは五重塔の平衡を保つために中心に一本の柱が通っているように、二千年のあいだ日本民族の平衡感覚を保つ機能を果たしてきた。天皇を失ったとき、日本人はもはや日本人でなくなり、中心を失った民族は、離散し、流動し、雲散霧消してしまうであろう。天皇の存在こそ日本民族の個性として、文化的価値であることを再確認する必要があるのではなかろうか、と述べている。

一九七九年に第五回の主要国首脳会議（通称サミット）が日本で開かれた。こうした世界会議などで各国の賓客が日本にやってくると、いつも皇室の接待が赤坂の迎賓館や皇居の豊明殿で行われる。主権在民はわかっているが、その国民主権を代表するものは誰かとなったとき、日本ではやはり天皇だということになるであろうと、氏はいう。そこでご面倒ながら、天皇にこの大役をいつもお引き受けいただく、というのが天皇制の効用であろう。天皇制は、わが国にとって政治的意味だけでなく文化的価値でもある。もし日本という国から天皇制を除いたら、日本の個性、特色はまことに色あせてみえるのではなかろうか。と書いている。

勝部氏で感心するのは、その学者らしい綿密な考証、博識、冷静、そして非常に地味な存在でありながら、知る人ぞ知るという、まことに淡々とした態度で人生を処したように見えることである。こんな人が人文系の世界ではたくさん居るのであろうか。たぶん彼は人間を、歴史を調べることが本当に好きで、知ることの学者生活に十分満足していた温厚な人であったのではないか、頭のいい人の一つのタイプであるが、専門家の間ではいざしらず世間からはさほど注目されず、社会に打って出るというような気もなく、悠々と人生をおくったのかな、と思ったりする。長い間、何冊かの氏の本を読みながら写真を見たこともないのでどんな風貌の人なのだろうと思いつつ、二〇〇五年、人文学者の香り豊かな氏の九〇歳直前の訃報を新聞で知った。一方では、勝部氏のように大学人でずっと国内で戦前、戦中、戦後を通したいわば恵まれた人生を歩んだ人の限界というものも感ずる。

勝部氏と同じ一九一六年生まれであっても戦争中苦しいビルマ戦線を経て収容所でのイギリス軍の二年間の捕虜体

験を経た会田雄次氏は、勝部氏とは全く異なる感覚をもった。戦後、京都大学人文科学研究所等において同じような人文学者の大学人としてすごしても、たぎるような激しさで雑誌記事などに、戦中の日本の上層部に対する厳しい批判を話している。特にビルマ軍最高司令官であった木村兵太郎がイギリス軍が来ると、首都ラングーンに何万という日本人一般市民、軍隊を残して真っ先に逃げ帰ったという事実（A級戦犯として死刑）とか、そもそも戦争で将官になった人は、敗戦で全員切腹するものと思っていたが、切腹は四、五人で、それどころか、戦後日本人はその人たちをもちあげた。辻参謀というとんでもない破廉恥男を参議院でトップ当選させた。そして戦時中学徒を激励して送った大学の教育者（特に東大教育学部の海後宗臣、宗像誠也氏など）が戦後は急転直下、思想を変えて依然としてボスとしてのさばっている、として激しい憤りなどを述べている。氏は最初、その著『アーロン収容所』で有名になったが、氏の**『日本人の意識構造』**（一九七二年出版）を読むと、性格的な違いと共に、その戦後感へのアプローチ自体が随分異なる。

会田雄次氏

氏の専門はイタリア・ルネッサンスであったが、日本人の西洋崇拝を衝き、戦後の平和主義を欺瞞として鋭く批判し、硬派の批評家として存在した。この本では、西洋人と日本人の考えの違いをいろいろな面で書いている。平和はたえず守り建設するものと考える西欧と平和が与えられるものと考えがちな日本、異性間でも愛するといい続ける西欧と、夫

婦の愛は自然的存在と思う日本、壮大な長期的目標がないと、元気がでないヨーロッパ人と三日間だけ、一年間だけ頑張れというと猛烈に頑張れる日本人、ユーモアとウィットを兼ね備えていてパーティーの主催者としての能力を相応しい結婚相手として売り込まねばならない西洋の女性と、自己PRが欠如していてその必要もない見合い制度の日本。(もっとも最近は変わってきているが)自己主張と表現の西洋と、察することと思いやりを重視する日本、等である。最後の章については後でやや詳しく述べるが、それより前の文章の中で印象深い記述を二つほど述べておく。

会田氏は人間の組織の一員としての能力発揮に三つの型があるとする、第一が若年成功型で、これは人の指導下か、組織の一員として活躍するとき能力を発揮する。第二が中年成功型で、これは自己責任で行動するとき能力を発揮するというタイプで、中規模の長にうってつけである。第三型は晩年成功型で他人を指揮するとき能力が出てくる型である。これの各々の別の面は、第一は上が悪いと伸び悩む。第二は往々にして一匹狼になる。第三は時間がかかり、周りがその人は無能力と勘違いしたりする。特に第三型は王者の道だが、日本では個性的な王者論がない。中国では儒学、老荘、韓非子まですべて王者論である。これに比し日本はほとんど個人修養の道を記していて『葉隠』、『五輪書』など独創的論議は主として第一型の生きる道を論じている。日本では年功序列だから若年成功型がずっと出世街道を進みがち、第二、第三がくさりがちなのが一番深刻な日本の現状でなかろうか、と指摘している。私は多くの社会でこの指摘は正しいと思う。特に公務員試験での成績で以後の人生を決めてしまう官僚制度など最たるものであろう。いわゆる上級職合格者がキャリアーとして出世組と設定され、中級、初級はどんなに頑張ってもポストは頭打ちとなってしまう。一方、民間は競争社会でそうはいかないから実践的能力が重視される。大企業の長などはその全ての局面で能力を発揮した人がなっているのであろう。

また日本の大学では記憶力だけ、博識だけで学者と思うところがある。百科全書的物知りを尊重する気風があり、偉いとされている学者が学問的な仕事は何一つやっていないというのがまあ普通のことである。試験の点がよかった学生だけを残して学者にする習慣が大学の不毛を招く。不必要なことは忘却して創造力を重視すべきであると指摘している。私もこれらはかなり正鵠を射ていると思う。記憶がよいイコール優秀というのが、例えば法学部、官僚の世界、司法の世界であったりするように思う。

この本の最終章は「日本人の精神的原点」として、「日本ロマンティシズムの復興」と「ナショナリズムの歴史的原点」の二節に分けられている。

最初の節では、氏はまず、戦後の日本の経済の復興の目覚しさはさておき、昭和二〇年代の頃、知識人の多くは、二〇年もすれば日本は完全に社会党の政権下、あるいは革命が起こって社会主義陣営の国になっていると考えていたと述べる。しかし、共産主義に対する信仰が、昭和三一年のスターリン批判、ハンガリー暴動でのソ連の弾圧から崩れ、容共左派は混乱し、その勢力拡大に限界を露呈する。

そして問題は未だに復興をたまたまの国際状況（朝鮮戦争）による僥倖（ぎょうこう）としてその予測の誤りを認めない左翼、一方、巨視的な見通しを持たず、理論にも欠けた保守の側もこの変化をどれほどはっきり認識しているであろうか、という。（これは、現在では随分変わったと思うが今から三五年前はこういう議論をしていた、と思い出す）左派勢力の退潮期の最後の輝かしい高揚が昭和三五年の安保反対運動であり、それは左翼に留まらず、実は病的なまでに敏感になった日本人の戦争反対感覚とアメリカへの従属体制に反対するナショナリズムであったと総括している。

氏は戦後の占領軍将校に対する日本人の卑屈な態度を見せられた思い出から、憲法に対して、理性的には多くの共感点をもつものの、その背後にあるアメリカからのいわば押し付けという側面に感覚的に激しい反発を感ずると述べる。そしてこれは同じ復員仲間の間での共通した感情であるという。

このようなことの一方、東京オリンピックでニチボー貝塚の女子バレー優勝に日本中が感極まった素朴な気持ちを大切に考えると、ナショナリズムというような偏狭な言葉でなく、ロマンティシズムの復興というもので、日本人の文化統一体としての共同感覚をとりもどせないか、というのがこの節の文章の趣旨である。

次の節では、よその国の国民感情なり認識を理解することが如何に難しいかを、氏のヨーロッパ研究の経験から解説することから話が始まっている。理解が深まると同時にそれ以上に理解不可能な範囲もどんどん広がっていくという。そこでの彼の表現をそのまま載せると、次のようである。

もちろん女学生向きの「人みな同じ、われらみな人間家族」といったような、いいかげんな相互理解ならば簡単である。「オリンピックで、万国博で、みんな仲よくなった。どうして戦争が・・・」とか「禅、能、茶、おおワンダフル。日本の庭園、自然との融合、おおすばらしい」といった三等通訳的対話で満足しているかぎりは、なるほど「相互理解」は苦もなく達せられるだろう。だが、相手の思想や文化の根底をなしている深層心理の根底までさかのぼり、その思想を共感することは至難のわざである。

このように外国研究者の苦悩、悲哀を書くのである。他のところでも、会田氏はヨーロッパという異質の文化を研究している者の理解不可能という絶望感を述べている。この点は、勝部氏の本でも、氏が訪欧した際、かっての友人で日本の職を投げ打って体当たりでフランスに移住した森有正氏の晩年の嘆きと孤独感、日本への望郷の想いを聞かされたという話が書かれているが、異なる文化の理解というものが容易でないのは本当なのだろう。

民族・文化・言語・自然国境などすべてが一致している日本というような国は他に存在しない。会田氏は、その反対がベルギーでその全てにおいて実に多種多様な構成要素からなっているにもかかわらず、なぜナショナリズムが存在しうるのかということを詳説している。日本に比べれば、他の国はみな人工的構成物で国家意識は教育され鍛えられないと生まれない。だが、それだから国家意識も明確であり確固としている。日本のように鍛えられる必要もなく自然発生のままに放任しておけるところでは、その地盤があっても軟弱である。国家意識が暴走したり空洞化したりする理由がそこにあると述べている。私たちはこの地盤を固める必要があるというわけだ。

戦後日本の民主主義はアメリカの保護軟禁という鉄箱の中で育成された、哺育器内の民主主義であり、虚妄といわれる理由もそこにあると、厳しく規定する。ちょっと英語がしゃべれるだけで世界人となったと信じて力みかえる国際的知識人や芸人も大勢出てきた、科学者でも日本で育って安上がりだから助手の仕事のため頭脳流出したのが多い。客人としてあちらの市民的義務や責任から免れているから自由だと感じるだけである。ある医学者がアメリカの大学で講義した。沢山の学生が聞きに来た。それで正規の教授になったが、だれもその下につかない。就職させてくれる能力を疑われての当然の結果である。法律的にアメリカ人とならぬ限り、単なる国際人としてでは、責任ある地位を要求することはできないのだ、と述べている。これは私の近辺でもあったことで、日本人の教授の研究室は日本人や韓国、中国人の学生ばかりというのはよくあることである。一人前の市民としてそれで家族を養い、子供たちにも一人前の教育を受けさせる程度のことをしてからおれは国際人だといって欲しいと氏は述べる。

こんな調子で会田氏の表現は常に辛口であるが、時にはなにか甚だしい欲求不満が個人的にあるのか、ともいいたくなる。私などは一生懸命努力してつらい状況を乗り越えようとしている在外の人たちを知っているだけに彼らをなぜ温かく見られないのか、人の批判はいつでもできる。氏の周辺にたまたま国際人を鼻にかけた横柄な男がいたのであろう。こんなところは氏の欠点だと思う。

日本は今まですべての国家に対する普遍的な要求をまともに受けることなく過ごしてきた。例えば開放経済という国際体制での後進国援助である。私たちはそれをアメリカの政策の押し付けとして最小限の役を果たすこととして対応してきた。国民はそのための増税を断固として拒否するだろうし、企業は儲けることしか考えていない。(ここにも氏の一面的な思考が見られるが)そこに日本が世界から軽蔑される理由があると。国家は利己主義である。しかし、それだけでなく労力や技術や金銭の支出、はっきりした自己犠牲を伴う具体的な義務が必要だということも強調したいと述べている。非武装中立国家などが大真面目に議論されるが、それを一直線に否定するものではないが、その裏の、軍備にまわす金を自分の生活へという虫のよさに驚くのだ。そんな存在をどこが尊重してくれると考えているのだろうか、と言うのである。時代が七〇年代初頭だから、議論の主題が今とはズレているが、現在氏が生きていれば当然、集団的自衛権とか海外派兵をして応分の国際貢献をするべきだ、というような議論になるであろう。日本人がナショナリズムにおいて何がかけているのか、どうすればあるべきナショナリズムを身につけられるのか、というのが氏の問題意識である。

ここで氏はいったん日本が外的要求を受けず、受けても影響は僅少で長い間、国際世界に乗り出さないで済んだ歴史を振り返る。元の来襲、スペイン、ポルトガルの到着、明治維新の諸外国も辛うじて相手の身体に指がかかった程度で済んだ。バルチック艦隊もインド洋をのろのろ進み、士気を阻喪（そそう）してしまった艦員兵士相手で、艦底に付着した牡蠣のせいか、日本より速力が大幅に遅くなってしまった相手では、まともな武力との対決とは程遠かった。この勝利でまちがった自信を得た日本が今度の大戦にのりだしたのが悲劇だった。今度の大戦でアメリカは日本に全力をあげていない。大局的にいえば、日米戦は戦闘になっていない。アメリカ本土に与えた損害といえば、潜水艦による砲爆撃が一回、風船爆弾が無人地帯に数回爆発しただけである。日本軍将兵の奮戦にも拘らず、敢えていうなら、悲劇ではなく喜劇の戦争を遂行しただけなのであると。彼自身の痛切な経験からも、ビルマではアメリカの援助のもとに、イギリス軍によって屠殺されただけのことであったという。すなわち、これまで日本に及んできた外国の力が、すべて消耗されつくした残りでしかなかったという事実に気がつかなかったのが致命的誤解であったという。

氏は日本のナショナリズムの原点をどの時代におくべきかという議論を最後にしていて、大和朝、江戸時代、明治維新などを俎上にのせ比較計量した上で、日本が出発すべき諸条件を探り出すための原点として戦国時代を挙げている。氏はその理由をこと細かに挙げているが、今ここで、要約をする気にはならない。そもそもこの問題設定がどのような意味を持つのか、私には判然としないからである。

会田氏の論は鋭くその時々の主題に関連する他の人達（家永三郎氏、橋川文三氏、加藤周一氏、磯田光一氏、安井郁氏等）の行動や発言をとらえ、それを比較対照しながら批判と考察を進め、反省も含め自らの心を正直に披瀝して実に真摯である。ただ、正に氏のような姿勢が、一方で「何で日本人は自らを卑下して誇ろうとはしないのか」という外国人の疑問を誘発し、一方、最近の国内保守派が自虐史観はやめよ、という声をあげだした背景にもなっているのだろう。

一方、それが論争において即時的であるだけに、長く経った後で考えると、随分余計なことに精力を使ったものだな、という気持ちも持たざるをえない。論客のエネルギーというものはこのように発散されるのであろうが、どれだけのことが後にも残る意味のある議論なのであろうか。

私はここに勝部真長氏と会田雄次氏という全く対照的な二人の人文学者をとりあげた。とりあげかたは非対称であるが、それは後者の著作が、かなりのところ、経験的感想、感覚的把握にすぎない文章が大部分であり、一冊まるごとでとりあげるほどの気がしなかったからである。共に優れた人でいろいろな考察でその認識が共通である点は多々あるが、それはある程度割愛して、むしろ相違点を意識的にとりあげた。生き方、感覚、性格、体験、日本史と西洋史という専攻の違い、それを育んだ異なる二つの東西の大学の特質、それらがいろいろ影響して、どちらかと言えばおっとりと構えた勝部氏と、絶えず批判精神をむき出しにして自己また日本に対する反省も含めて論を展開した会田氏、あらゆる事に際立った差異がある。論壇で活躍した会田氏は、勝部氏のことは知らなかったか、知っていても相手に考えもしなかったであろう。一方、勝部氏は論壇で激しく論争するようなことは体質的に好きでなかったに違いない。世間一般には会田氏の方が著作も多くはるかに有名であった。社会的影響力としては一時的であったにせよ会田氏のほうがずっと上だろう。しかし、歴史家として見るとき、それは勝部氏のほうが優れた実績を積み上げた学者であったのではないか、という気がする。ただ両者の日本論に共通しているのは、日本および日本人に対する湧き上がる知的興味と、強い探究心、そしていや応もない深い愛着の気持といったものであった。

1　坂口安吾の文をそのまま載せると以下のようである。夢酔の覚悟に比べれば、宮本武蔵は平凡であり、ボンクラだ。武蔵六〇歳の筆になるという『五輪書』と『夢酔独言』の気品の高低を見れば分る。『五輪書』には道学者的な高さがあり、『夢酔独言』には戯作者的な低さがあるが、文章に具わる個性の精神的深さというものは比すべくもない。『夢酔独言』には最上の芸術家の筆をもってようやく達しうる精神の高さ個性の深さがあるのである。

飯田経夫『「豊かさ」とは何か』、『「ゆとり」とは何か』、『「「豊かさ」のあとに」

はじめに

これは一九八〇年代前半に書かれ、当時における日本の社会、経済の状況をわかりやすく詳述し、更に今後の行き着く先の予想を含んだ非常に面白い本であった。三冊は、順に出版年が八〇年、八二年、八四年と二年おきに出ていて著者も一連の三部作を構成していると述べている。ここでは、本の章立てに必ずしも忠実でなく、私の印象に即した分け方で書いてみる。

『「豊かさ」とは何か　―現代社会の視点―』

一、日本の住宅問題

飯田氏はまず身近な日本の住宅問題から論を起こす。最初に七八年のEC（ヨーロッパ共同体、現在はEUヨーロッパ連合に発展）委員会事務局の報告で出て一時期日本でも流行語となった「ウサギ小屋に住む仕事気ちがい」という日本人に対する表現に対する考察から始まる。日本ではこれを受けて劣悪な住宅事情ということで、随分論議を巻き起こしたが、翌年の七九年に東京サミットが開かれ、訪日のフランスのジスカールデスタン大統領は「ウサギ小屋ではないな」と言ったという。報告の表現は、勢いの止まらない日本の輸出攻勢に対する外国人の苛立ちを表したものであるが、氏は実際の日本の住宅事情はかなり違って、東京、大阪、名古屋等の中心部は別としても百万都市あたりをボーダーラインとしてそれより人口の少ない地方においては日本の住宅はずっと余裕があると指摘する。通勤時間も東京のように一時間半が普通というケースは殆どない。

氏は愛知県生まれであり自らも卒業した名古屋大学の教授としてずっと名古屋に住み続けたことから、なんでも東京という感覚を批判している。確かに氏の言うように霞ヶ関界隈で開かれる政府の審議会でも大部分の委員は東京人だし（これは委員会開催のときの旅費の工面の安さも関係しているし、事前事後の打ち合わせも楽だということが大きいとは私も感じた点なのだが）マスコミも著しく東京中心の傾向がある。今や高度成長の結果、地域格差は大幅に改善された。むしろ東京だけは特殊な都市だと考えたほうが適切だと述べる。

外国訪問の経験からも往々に錯覚しがちだが、外国の住宅といっても見聞するのは、大学教授にしろ企業人にしろ欧米の中流階級上層（アッパーミドル）以上の住宅なのである。欧米は日本よりはるかに階層社会であり、どの階層に属するかによってライフ・スタイルも異なり、住んでいる地域さえ全く別になっている。それと違って日本は圧倒的多数が「中流」意識を持つ国である。それを幻想と批判しないと、インテリの間では仲間に入れてもらえないかのような雰囲気が感じられるけれどまことに愚かなことではあるまいか。データによって日本は先進諸国の中で所得分配がもっとも平等主義的であることははっきり確認されていると氏は述べる。この把握が氏の主張の一つの通奏底音をなしていると思う。地域の住み分けがないことが、日本では乱開発を生み、特定の層のコミュニティーも成り立ちにくい。そのかわり、ダウンタウンのスラム化も起こらない。日本の住宅が統一性がなく雑多な形、高さ、色彩の混合体であり、街としての美しさは殆ど皆無というのは、階級社会でないことの象徴であると。（それにしても商店街はやむをえないにしても、私は田園風景や閑静な住宅地にまで進出する広告板は何とかならないかといつも感じてはいるのだが。）

もうひとつ、多くの西欧諸国では、深刻な労働不足のときに外人労働者を導入し、賃金の低い「汚い仕事」を多く任せた。それに引き換え、日本は近年多少の外人の「水商売」が増えてきたといえども、「堅気」の職種に関するかぎり、ほぼ自前でまかなっている、この特殊性は何であろうか、と問いかける。日本社会の持つ抜きがたい閉鎖性か、例えば難民受け入れを拒否することとの関連はどうか、ヒューマニズムだけで解決しない雇用問題にどう対処すべきか、氏はむずかしいと結論を出してはいない。

飯田経夫氏

氏は農地改革による没落地主の家で育った為、住宅が大きすぎることの悩みをしばしば味わったから、その維持、管理が手間、費用ともに大変なのが身に沁みているので、大きな家、ましてやプール付の家などには全く住みたいとは思わないと述べる。氏はもともと日本人は欧米人に比べて物欲が弱く、より簡素なライフ・スタイルを好む傾向があるようだ、高度成長で物質万能主義に走って物欲ばかりが強くなったという見解もあるがそれはうそだと思う、と書いている。私も同感である。簡素を旨とする伝統文化は、日本人の精神の一大特徴であると思う。

二、「ヒラの人」の真面目さと日本の平等主義

次に氏は報告で出たもう一つの言葉「仕事気ちがい」についての考察に移る。どこの国でも上に立つ人は「仕事気ちがい」であること、日本の特徴としては「ヒラ」の人たちの仕事に対する意欲が非常に強いことを挙げる。しかしそれを日本人の特殊性ということでなく、日本は未だ先進国病に感染していないに過ぎない、という目をもつことが重要ではないかという。かっては西欧での労働者も自信に満ちてせっせと働いていた。そういう気風が近年、衰退してきたに過ぎないと。氏の目は常に一方的なものの見方に偏しない。

そうは言っても、資源小国の日本は、社会のレベルが低下しないようなシステムが要所要所に組み込まれている。例えば国鉄のダイヤの正確さや安全さ、郵便局の配達の確実さは、世界に比類がない。日本では、最低のサービスとされるこれらの官公組織も、世界では突出した優良さというわけである。ここでも、日本人の九割以上の人が自分の暮らしを「中」と答え、六割以上の人が「中の中」と答えるという事実は、自分を弱者とは捉えず、自助努力の精神を保持していることを意味している。すなわちこの「中」意識は「ヒラ」の人たちが真面目に働いていることと呼応している。事実、先述のように七六年の **OECD** 事務局が発表した論文で所得分配がもっとも平等な国は日本であると明確に示された。また、国民所得に占める租税の比率である「租税負担率」はほぼ二〇%前後で推移し、他の先進諸国のおよそ四〇%に比べて非常に少なく、防衛費が少ないということを考慮しても、日本は稀に見る「安い政府」なのであると指摘する。日本ほど役人が多く、お役所のムダが大きい国はないと思い込みがちな世間の意識は錯覚だということである。どこの国でも役所は低能率で、凡人は尻に火がつかないかぎり、決して懸命に働こうとはしないのは人間の業であって、役人の数がふえるほど、経済全体の能率は低下する。社会主義計画経済の失敗は正に全国すべてをお役所にしたことから発生したと述べる。（私も、全く知らなかったので現在どうなっているかなと調べてみると、租税負担率は二〇〇六年度で日本二三%、他の国は二〇〇三年の統計だが、イギリス三七%、ドイツ二九%、フランス三六%、スエーデン五〇%である。ただし、アメリカは二三%であった。）

氏はこれらの点は「日本的経営論」でしばしば議論されるように、日本の企業では従業員の忠誠心、帰属意識が強いと思われているが、これはそういう特殊性に依拠するというよりは、むしろ真面目さの有無にあると考えるべきだ、と述べる。企業の「恩情主義」ということもよく言われるが、むしろ幹部であっても「ヒラ」と欧米のように極端な収入差がない、大卒、中卒間の格差も同様、職場での生活でもホワイトカラーとブルーカラーが同じ食堂で飯を食うというような、あたりまえの事をあたりまえに実行しているだけのことではないのか、と主張するのである。さらに一歩突っ込んで、日本の平等主義はむしろ「悪平等」であって平等の行き過ぎであり、やる気のあるものもやる気を失ってしまうという議論にも触れている。この考え方の盲点は、割を食っている人たちの心情に対する共感が、全く欠けていて、如何に平等といっても階層差は随所にあるとし、もしこのような機微を理解せず、軽率に悪平等を止めることになれば、日本のよさはたちまち雲散霧消するに違いないという。「中流幻想論」者の意見に対していつも氏が気になるのは、例えば新聞が「中意識」を嘲笑するとき、いったいその記事を書いた記者自身は自分をどこに位置づけているのか。思うに「中流幻想論」者は体質的に「平等主義」が嫌いなだけのことではないかと鋭い。このように左も右も日本の持つ「よさ」を一向に認めようとしない。事実認識が欠けるために、外に向かっての自己主張の動きが出てこないのは、嘆かわしいというのが、氏の現状の基本的理解である。

以上のような叙述をやや長く書いたのは、私も常々、同じような感じを持っているからである。一般に新聞もそうだし、いわゆる批評家、学者というような人達の論調は、現状に対して殆ど批判的態度に終始する。現状を肯定するのは批判能力の欠如を意味し、インテリとしての失格を意味するという気風に、無意識に毒されているような気がする。例えば日本は素晴らしい、いい国だ、というような表現は殆どマスコミにはでない。一般に現状肯定は、緊張感に欠けふやけた表現になりがちで記事として迫力がない。また出たら即座に、いいきなものだ、とか庶民の苦しみを知らないとか、よってたかって批判が押し寄せるのは目に見えるからである。だから、飯田氏の言葉がむしろ勇気ある新鮮な姿勢に思われる。事実に即した冷静な観察眼はすがすがしい。

それともう一つは平等主義に関しての議論であるがこれは二〇〇六年の現在きわめて今日的である。昨今の政治において、チャレンジ精神、アメリカ的な新しい挑戦、自由な発想による起業精神の唱道を強く推進しようという動きが急である。若い企業家というのがすごく増え、新聞でもとりあげられる。一方、確かに法人税は日本は諸外国に比べて高くこれを低く抑えようとした政府の方針は大企業優先と批判され、中小企業の倒産が続出し、自殺者がここ数年、年間三万人を下らない内、経済問題が有力な原因であるものが約八千人と統計でいわれている。それが貧富の拡大、弱者切り捨てとか、行過ぎた格差と言われ、これの是正をいかに修正するか、というような議論にもなっている。だから、飯田氏がここで述べたような平等主義精神は少なくともある部分で現在明らかに変貌しつつある。（考えようによっては、これはサッチャーイズムともいえる。その原因はイギリスの方がずっと深刻だったのであるが）これが日本人の活力を示しているのかもしれないが、どこらへんが均衡点なのか、なかなか誰も明確に解っていないのではないかという感じがする。

三、ケインズ革命

三章はやや専門的に「ケインズ革命」は何をもたらしたか、という表題である。産業社会の成功と共に先進国では新たな問題が出てきた。それは普通の庶民が失業と飢えから解放されたのは良いのだが不平不満を言い始め安んじてサボるようになってきたという病理、いわゆる先進国病である。氏の学生時代と違って今はマルクスもダメだがケインズもダメだというのが時代精神であろうという。ここでは一旦日本と離れ、歴史的にマルクスとケインズの果たした役割を氏の考えをもとに復習している。マルクスの予言したことは殆ど的中し、資本主義は弱体化し階級闘争が盛んになった。国は被支配者階級をなだめる為に、政府公共部門の比重を高め国家独占資本主義に変化していった。唯一彼の当たらなかったものが、社会主義はうまく機能するだろうという予言であった。社会主義革命の起きたソ連、東欧などはいっこうに経済効率があがらず、市民的自由は著しく束縛された。

一方、一九三〇年代の西欧は失業率二〇~三〇%に達し長期的停滞に悩んでいた。ケインズはそれまでの財政均衡論を乗り越え、この不況時に財政支出を拡大し、かつ減税を行うことが、景気を回復する為に必要だとした。また金本位制の考えから離れ管理通貨制を唱え、通貨供給量の政府による適正なる裁量権を主張した。これらは、確かにケインズ革命というに相応しかった、と氏は述べる。しかし、近年、とくにアメリカを中心として、ケインズ経済学にたいする風当たりはまことにきびしい。その背後には、財政の肥大化、スタグフレーションの慢性化、生産性の停滞、人々の勤労意欲の低下などの、ケインズ主義の「弊害」とおぼしき現象が、先進諸国において、かなり深刻化していると書かれている。ここで氏はシカゴ学派の主張(マネタリズム―貨幣数量説)とかヴァージニア学派の主張をも解説しているが今は省きたい。

四、日本の豊かさは本当だ

そして、次に話は日本に戻り「日本は先進国病を免れうるか」というのが次章の記述である。日本は未だこの病にかかっていない稀有の存在である。日本でヒラの人々が真面目に働いているのには、かねてからの徹底した平等主義があり、エリートだけでなく普通の庶民も組織運営に参加している意識が浸透しているようなソフトウェアが蓄積されていることが大きいと述べる。ここでも氏はもし日本の現実はすばらしいとでも言おうものならば、たちまちインテリの間では不人気になること間違いないが、ここでは敢えて不人気になるリスクをおかしてみよう、として以下の二つの事項を挙げる。それは、地方の教育、文化、医療施設等の充実と、若者の郷土への就職希望の増大である。前者はもう十分すぎるくらいであり、後者は若者の気宇壮大なヴィジョンの喪失とも言えるし、小粒になったとか、少子化で長男の比率が高くなったためという原因もあろうが、氏はこれこそが豊かさだと思うという。そして東京への時代は終わったと指摘する。

それでも日本がまだ貧しい証拠として「フローは高いがストックが低い」とか、「社会資本が貧弱だ」とか、「低福祉」という論もあるが、このような抽象語は聞けばわかったような気がするが、そのような言い方が麻薬的効果を持つようになる時は、その言い方は現実から何歩も遅れていることが多いという。「ストック」は資産のことで土地、家屋などの実物資産と預金、債権などの金融資産に分かれる。前者は統計の不備でよく解らないが後者は一〇年以上前にイギリスを抜き、数年前にドイツと並んだ。社会資本とは道路、鉄道、港湾、上下水道等であるが、著しく遅れているのは下水道だけだろう。福祉については他の西欧諸国との比較が制度が複雑なため誰も解答ができないという。ただし、状況判断から見て日本は頗るいい線をいっている、早い話が「低福祉国家」が世界一の長寿国であることは想像できないであろうと述べる。勿論改善すべき点はまだまだあるが、もし日本の状態が豊かでないというならば、世界中に豊かな国は殆ど無いと言わざるをえないであろうと。

もう一つ日本は物質的には豊かであるとしても、教育の荒廃とか、女性の社会進出の遅れというような面での後進性を指摘する議論がある。これについても氏は反対事実を述べている。「学歴社会」というのも一種の迷信で、例えば東大を出たからといって必ず出世するほど日本の社会は甘くないとか、「銘柄大学」といってもさほどのことではないということは、卒業生ならば一番よく知っている。たまたまその経験をしている親は子供にたいしてどうも教育に気迫がこもらない。これはエリートの交代を促進し、社会階層の移動性を維持する上で非常にいいことである。エリートということで言えば、イギリスのパブリック・スクールからオックスフォードまたはケンブリッジへとか、フランスのグランゼコールからENA（行政大学院）へのほうが日本よりずっと激しいと。ましてや今の大学はレジャーランドに堕しているほど、学生は経済的にも精神的にも豊かであると。

女性の進出というが、日本では伝統的に主婦が家計の「財布」を握っているという点で、日本はもっとも女性解放の進んだ国かもしれない。そして驚くべきことに統計上は日本の女性の労働力率（全女性のうち仕事をもっている人たちの比率）はつい最近スウェーデンに抜かれるまでは世界最高であったという。なかなかそう言われても信じられないが、それはキャリアーウーマンの進出が遅れているためであろうと推測している。以上、氏は日本の豊かな現状を記述し、若者の内向き志向にやや懸念を示しつつも、一般庶民の意識が身近な企業内に留まらず、日本経済の行方、世界情勢の推移に絶えず強い関心を持っているということから、先進国病にかかる可能性は少ないと見る。この状態が破られるとすれば、それは日本と外国との関係が変わることしかないだろうとして、五章の対外関係に関する考察に移る。

五、対外関係

いうまでもなく資源小国の日本は国際関係が円滑でなければどうにもならない。氏はいわゆる貿易摩擦の問題を歴史的経緯に沿って概説する。戦後の日本が発展途上国であった時代、国内の産業保護のため、ある程度経済的に鎖国体制をとらざるを得なかった。それが、徐々に貿易黒字になってきて外国からの圧力で円が切り上げられた七〇年代、それでも貿易黒字がいっこうに減らなかった為、激しい貿易摩擦が起きた。そしてそれが本質的に鎖国体制とか、不公正な関税障壁とかの問題ではなく日本の産業の実力、製品、サービスの優秀さからくるものであることが、いやおうなく認識されてきた最近に至るまでの、主として外国の心理、対応の変化が詳述されている。今や日本は、米と牛肉のような例外を除けば欧米なみの開国状態になっているという。ただこの時期日本の最大友好国であるアメリカの不安定状態を氏は非常に気にしている。

最後の章は「追いつめられた先進諸国」としていわゆる南北問題をとりあげている。この本は七八年のイラン革命、続いてOPECの原油価格の値上げ決定による第二次石油ショック、七九年一一月のイランのアメリカ大使館人質事件(アメリカに亡命したパーレビー元国王の引渡しを求めた学生が大使館へ乱入した人質事件、発生から五二人の人質が解放された八一年一月までアメリカはカーター大統領で、この間私たち家族はずっとアメリカに滞在していた)が起こった頃に書かれたので、それを中心として話が進む。途上国の開発が一向に進まない「南」のいらだちと「北」の援助疲れが表面化してくる。要は、途上国のソフトウェアの欠如がその近代化を阻害している面と、それにつけこんだ先進国の責任の双方がある。二度の石油値上げでも産油国はそれで得た金を有効に使わず、アメリカやフランスからやたらに武器を買ったりしたといわれる。この面で日本の手は汚れていないから今後このような問題で途上国に貢献できれば、すばらしいことだと期待している。

『「ゆとり」とは何か　―成熟社会を生きる―』

二冊目の『「ゆとり」とは何か』は二年後の著作である。まえがきに、今や「日本は豊かである」と言うのに多少の勇気を必要とした前著の時に比べ、違和感なく日本の豊かさを肯定する人が多くなってきた。成熟社会ともいえる現在、我々はその社会をいかに生きるべきか、が本書のテーマであると書かれている。

一、日本の評価をめぐる「だめ派」と「すばらしい派」

戦後三〇年間おしなべて日本のインテリは「保守」「革新」の別を問わず、日本経済の高度成長を正当に評価しようとはしなかった。「ダメだ」「弱い」「おくれている」といわなければ、インテリの仲間に入れてもらえなかった。ところが数年前から、様子が変わりはじめ、この上もなく「すばらしい」と考える日本人がかなり勢力を占めるようになってきた。それは二度の石油ショックも乗り越えた日本経済の力強さに起因するところが大きい。私は「だめ派」が有力なあいだは「日本はそれほどだめでない」と主張していたが、「すばらしい派」が勢いを得てくると私は方針を変えて「それほどすばらしくない」と主張しようと思う、と書かれている。なんだかあまのじゃくのようだが、私はここに氏の冷静たらんとする優れた平衡感覚をみる思いがする。経済学では実態と認識が時間的にずれることを「認知ラッグ」というそうだが、氏の研ぎ澄まされた感覚はそうではない。

「修正だめ派」は日本の経済は十分であるが、政治、社会、文化はまだまだだめであるという。財界人は、政治家、役人、学者は世界最低だという。日本は経済力に見合った防衛力を持つべきだとか、憲法九条が日本を腑抜けにし、戦後一流作家が生まれない原因だといった文芸批評家もいるらしい。自動車などは低次元であり、世界に誇る高次元の文化は生まれていないというような感覚である。氏はこのような意見に対して、日本のよい点も含めてなんとか日本をおとしめようとする気配が感じられ奇妙であるという。すぐれた文学は一人の天才がいればできる。科学も少数の優秀な科学者がいればノーベル賞をとれるかもしれない。しかし良質の工業製品はいかにトップの経営者が優秀でも、ミドルから現場の労働者、部品を供給する下請けの関連企業にいたるまでことごとくの人間がきちんと仕事をすることが必要である。これは一人、二人の傑出した人が出ることに比べても勝るとも劣らないすばらしいことではあるまいか、と述べる。

氏は同じ事実を良くも悪くも捉えるという両派の言い分、あるいはとかく先入観で考えがちなことや既存の常識といった事項に対して再考察を試みる。「すばらしい派」は日本人の優秀、勤勉さを指摘するが、実はこれはつい最近のことで、二〇年前はなんでも舶来品はよしとする時代であった。かっては西欧人もすこぶる優秀、勤勉であったに違いない。今の日本の進出は、先進国病による競争相手の退歩、職人根性をうしなった足腰の部分のエラーでかせいだ部分が以外に多いのではないかと指摘する。

また日本の「終身雇用制」が日本の会社に対する忠誠心を育み、優秀な社員を生んだという常識に対し、数年前までは、日本の「終身雇用制」が日本の企業のダメさを作っているという議論が盛んになされたではないか、という。即ち、社内でさしたる業績がなくても一生安泰というのが、よくないと。しかし彼は、そもそも日本には「終身雇用」はないのではないか、とまで論をすすめる。それは不況で失業者が増大するとき日本では中高年に肩たたきが始まる。欧米では、若者に泣いてもらっても、中高年の雇用は守ると言う形になっている。若いうちは能力に柔軟性もあり、家計の負担も重くないから、転職もそれほど苦にならない、むしろいくつかの仕事を移動するほうが、経験が豊富になり、プラスにもなる。中高年はそういかないから、レイオフはさける。その意味でアメリカのほうがよほど「終身雇用」的であるというのだ。

また日本の「年功序列」というのも、実際は社内の中での競争は結構激烈で、限られたポストをめざしての昇進、とめおきの悲喜劇は、外に出ないけれど、社員にとっては日常のことであると。抜擢や間引きが行われるアメリカより差のつけ方は穏便ではあるが競争社会であることには変わりない。「根回し」が日本的特殊な慣行というのも全く間違いで、これは世界中どこでも行われていることで、それがより頻繁であるというならば、それはより多くの人に判断をしてもらう、より民主的手続きをしているに過ぎない。だから「日本特殊性」論は決して的を得た論ではないという。

二、欧米を抜いている先進性

先進国病にかかっていない日本の強さの原因は、前著でくわしく述べた平等主義である。西欧では例えばフランスの「自由、平等、博愛」は一つのたてまえに過ぎず、実際はフランスは所得分配がもっとも不平等な国であるという。すなわち、平等はエリートの既得権を奪うから彼らの本音は違っている。「日本特殊性」論者は、よく日本ではたてまえと本音の使い分けは日本的というが、むしろ日本のほうがその差は少ない。欧米で生まれた価値を欧米以上に徹底して追及している点で、日本は欧米以上に「欧米的」な国ではないか、というのである。一方で日本の平等主義はもともとの日本の文化なのであろうか、といえばそうではない。戦後のアメリカ占領軍の民主主義教育に端を発している。「日本特殊性」論者の日本礼讃には「戦後民主主義」を否定し、一人よがりの国粋主義に走る危険が感じられると述べる。

日本人の中流意識というのも、ヨーロッパではブルジョアジーとプロレタリアートと分かれた歴史があるが、日本での庶民はそのどちらでもない存在として層を形成している。ここでも日本は欧米が示した前例や一般原則をより徹底した形で追及し、より平等な形で実現した。イギリスやアメリカで福祉のもたらす堕落に対して、ついにサッチャー革命やレーガノミックスがおこっている。低迷からの脱却というのは容易ではない。その解決策は、例えばレスター・サローの『ゼロサム社会』で提案がなされている。それは「公平性の目標の実現」である。日本は西欧諸国に比べて相対的にはより公平性が保たれているということであろう。日本が安い政府であるというのも同様で、日本は本来的にアダム・スミス以来の国民の自発性、自助努力の精神を欧米以上に徹底していることに他ならないと。

トップダウン方式の多いアメリカに対して日本がボトムアップ型決定方式が多いというのも、日本がより民主主義に忠実ということにならないか。アメリカ人が攻撃的であり、日本人は控えめに表現するというのも日本人がはったりが嫌いな国民で、相手に対する想いからに過ぎず、考えていることが控えめであるわけではない。日本も強硬なる主張をすることに変わりはないのだと注意する。

ただ日本人の特殊性と敢えて言えば、日本で諸外国に比べて日本人の特殊性を論じた本が次々と出るというところか、という。数年前は日本は特殊だからだめだという一色だったのが、ここのところ、日本は特殊だからすばらしいと考える。論拠が変わらず実体が変わらないのに、消沈したりはしゃぎたてるのは、日本人は躁鬱病でないかと多少シニカルである。違いがあるのはあたりまえであって、だからといってむやみに違いを強調するのもおかしい。特に注意すべきは、日本人と比較される外国はほとんど欧米であり、世界は今や発展途上国が圧倒的多数を占めていることを忘れてはいけないと。日本はごく普通の「西側先進国」に過ぎない。経済大国の国民たるにふさわしいおおらかなで「ゆとり」のあるものの見方とは正にそういうことではないか、と主張している。

三、繁栄のほころび

次に日本および日本人がもともと優れているのではないとすると、今の日本経済の繁栄はたまたまそうなのにすぎないのではないか。ものごとは必ず変化する、そろそろ衰退に向かうだろうと覚悟しておくほうがよいと、注意する。例えば日本政府の肥大化は徐々に進んでいる。財政再建および行政改革の行方はすこぶる注目されるし、郵便預金の急速な伸びも警戒を要する。年金財政が何年かで破綻必至であることを知る人は多いだろうと。これらの指摘は、約四半世紀後の二〇〇六年の現在、ことごとく国内政治の最も緊要なる案件となっていて氏の的確なる観察眼に感心させられる。

このようなことが民主主義体制下で起こりやすい因果関係を氏は解りやすく説明する。人々はさまざまのことを政府に要求するし、選挙に勝たなければならない政治家は口当たりのよいことを約束しがちで、国民に負担を強いるような増税などは禁句である。大平首相が消費税を唱えて選挙で惨敗したのは正にそれで、国民も要求はしても嫌なことは拒否する。福祉には「たかり」の構造という影の部分もある。ここに中長期的な観点からの施策がなかなかしにくく、目先にだけ捉われがちな衆愚政治の危険が常に存在する。均衡財政が成り立ちにくく赤字財政に陥りやすい。国際的相対比較において日本はまだまだ「ゆとり」のあるほうだが、その余裕がいつまでもつか、と。例えば、将来を託すべき若者の内向き志向とか、情報化社会の到来とはいうものの、それにかこつけた虚業の跋扈とか、文化の時代といい価値観の多様化が進んでいるというものの、贅沢があたりまえになり、荒々しい気性が失われ、人々が守りの姿勢になっているとか、今の日本は「愚者の楽園」化しているのではないか。氏はアジアのあちらこちらに呼ばれて講演旅行をしているが、韓国やタイであった青年達の理想に燃え、夢を追っかけて努力している姿と、日本の享楽に熱中する若者との違いに薄ら寒いものを感じたとも記している。

四、大西洋の時代から太平洋の時代へ

一〇年前には日本人は欧米人にたいして卑屈な反面、途上国にたいしては傲慢だった。現地の日本人のあいだでは、仕事が巧くいかないのに腹を立てつつもその国の将来について熱っぽく論じ合う雰囲気があった。しかし、今は本国での傲慢論にも以前の勢いはなく、また現地での議論にも往年の熱っぽさがないように感じる。「どうせあいつらは駄目なのだから」とでもいいたげな感じがどうも増えていると氏は述べている。途上国というのは言ってみれば国際社会の「ヒラの人」だろう。日本は国際社会において今こそ新興の準エリートだが、つい先日まではちっぽけな「ヒラの人」にすぎなかった。両方の気持ちがわかるのは、特に「ヒラの人」たちの気持ちがわかるのは大きな強味のはずである。他方成り上がり者には、出自を忘れ、スノブになりがちなきらいがある。いまこそ正念場であると。

先進国をみると程度の差こそあれ、その大多数は厄介な病に悩んでいる。太平洋沿いに位置する先進諸国―アメリカ・カナダ・オーストラリア・ニュージーランド・日本が西ヨーロッパ諸国と比べてまだ若く将来に満ちているというのは疑いない。およそ暗い話の多い世界において、唯一の明るさはこの地域にある。多分我々は数百年単位の大転換に立ち会っているのであるという。ルネッサンスおよび宗教改革以来、世界をリードしてきたのは欧米諸国であり、その

意味で「大西洋の時代」であった。それが、今や静かだが着実に経済的活力および文明の中心は太平洋沿いの諸国に向けて移動しているように思われるというのだ。過去百年の間に「パックス・ブリタニカ」から「パックス・アメリカーナ」へ、そしてやがては「パックス・パシフィカ」になるのではないか。氏は、もし日本を有力なメンバーとして含む太平洋諸国間の協力によって、国際社会に平和・安定・繁栄を維持しうるような枠組みを再建することができるとしたら、それはなんとすばらしいことだろうか、と希望を述べている。ただ、過去に一度だけ似たような発想で日本は大失敗をした。言うまでもなく第二次大戦当時の大東亜共栄圏の思想である。その時のやり方ではない方法で理想を追求すべきであるという。

『「豊かさ」のあとに　―幸せとはなにか―』

三部作の最後は一九八四年に出版されている。ヒルティやアランのように『幸福論』を書くという過去はさておき、あつかましく幸せを他人に教えるような偉い人が現れないのが、現代ではないだろうか。幸せというのは人に教えてもらうようなことではないし、個人個人の問題であるからと。しかし、そのテレを乗り越えて敢えて書く、という理由がまえがきに述べられている。物質的に豊かになったことが、幸せに結びつくのかという問題と、福祉とは本来幸福を意味するのだが、いまやその言葉が逸脱して用いられ、福祉国家の弊害という側面が出てきている。その言葉の権威を復活させるためにも「幸せ」を考え直そうというのである。本文中でも、一方ではエコノミストは発言に価値観が混じることを極端に嫌うという職業倫理もあるのだが、敢えて「矩（のり）を越え」てみよう。なぜならエコノミストとしての発言にあまりにこだわると、人間としての発言に過ちを犯しかねないケースが、次第に増えてきているからと述べる。ここに氏の学者に留まってはいられないという実践的態度と良心の片鱗を見る。

一、**経済大国である日本**

アメリカでも八〇年代に入り住宅が小さくなってきた。原因としては高金利、少子化、老人世帯の増加、離婚、独身の増加などがある。大型自動車も減っているようだ。一方、かっての日本に対するウサギ小屋とかエコノミックアニマル、日本株式会社という表現も極端だが、近年の日本にたいする過大評価も行き過ぎが多い。トヨタの「かんばん方式」とかすべてロボットだけが働いている工場とか、一部だけで判断し日本の工場を全てそのようなものに考えるのも、おかしいし、「日本的経営」という言葉が欧米ではやったがそのブームが早く去ったのは良かったのではないか。日本の生産現場の良さ、強さは単に多くの人が真面目に働いていること、日本が経済的に勃興期であるということが基本的事実であるに過ぎないのだからという。

それにしても貿易摩擦は尽きない。十余年前、アメリカにおいては繊維、それから鉄鋼、カラーテレビ、自動車と変化している。時とともに摩擦は深刻の度を加え、対日感情は厳しさを増している。氏はそれにしてはアメリカで、日本人に対するかってのような露骨ないやがらせがほとんど起きていないのは驚くべきことだという。以前より、アメリカ人が成熟し、人種的偏見も減ったということも考えられるが、やはり、日本の国力の上昇が彼らの感情に及ぼす影響が最も大きいだろうと述べる。

近年、借金国が急増している。発展途上国は言うに及ばず、先進国でも、輸出で外貨を稼ぎ、輸入代金を払った後に、なおカネに余裕のある国は減ってきてアメリカ、西ドイツでさえそうでなくなってきて余裕のある国は殆ど日本だけであると。ここで、飯田氏はなぜ貿易収支が赤字になるか、それを資本収支（借金）で埋め合わせすること、その他のメカニズムを家計との類推で解りやすく説明している。日本経済のファンダメンタルズは良好であるといい、政府は財政赤字を出しているけれども、民間部門の貯蓄が巨大であることが事態を救っている。実際、アメリカの高金利に引っ張られて、アメリカに多大な資本が流失し、これがアメリカの双子の赤字、すなわち貿易収支の赤字と財政赤字を支えているのは二一世紀の今日に至るまで、周知の事実である。また直接投資という形で、工場が外国にどんどん進出して現地で生産をすることも多くなっている。これによる現地労働者の雇用、技術移転等、このようなことは国際的に日本の交渉力を強め、将来の日本の孤立を防ぐ意味でも望ましいという。

このように日本は経済大国であり、なおかつ軍事力において小国の立場を貫いていながら政治大国であり得るということを証明しつつある、おそらく史上初の例となるのではないか、あるいは日本は二一世紀のかけての実験国家かもしれないと述べている。そして氏はこのような目覚しい日本の経済の躍進に対して大きな喜びを感じ、この国のこのような時代を生きたことを心から幸せだと思うと記している。

二、モノは既に十分

それではこの幸せはいつまで続くのであろうか。ということで氏の懸念の記述が始まる。まず、豊かすぎるモノ余りの日常生活での批判を列挙する。菓子類に対するあまりに行過ぎた包装、同一商品の種類の氾濫（ビール、ドリンク剤、幻の銘酒、運動別の靴）、結婚式披露宴のデラックス化などがあげられている。今や人は豊かになっているから、買わせようとする企業の方の苦労は大変だと同情もするし、かってのような付和雷同性がなくなってきているのも、販売にとってはつらいだろうと。かってのような三種の神器（白黒テレビ、洗濯機、冷蔵庫）や三C（カラーテレビ、クーラー、カー）には購入に強烈な喜びがあったし、生産者にも誇りがあった。今は生産者にも消費者にもこのような幸福感は薄れているのではないか、それでも会社は競争下におかれている。

本当に欲しいものは既に手に入れてしまった人々にとって、新しい先端技術、例えば超LSI光ケーブルといったものは新しい豊かさをもたらすか、という問いかけをしている。未だ時期的にこの本で答えられる問題ではなかったが、私は現在、この情報化の発展がかなり社会の構造をかえてきているのは疑いないと思う。ただ、どうしても生存に必要という線からの距離はかっての三種の神器よりは明らかに遠く、(現在、仕事上は必需品となっている人は無数にいるのだが)より便利になるとか知的生活を向上させるといったものではある。また氏はコンピューターやロボットの採用により、各人の労働時間が減った場合どうなるか。そうすると人びとは豊富な余暇に恵まれ、自己啓発や、ゆとりある生活、天下国家を論じるというような古代ギリシャの都市国家(勿論、それは奴隷に支えられていた)の市民のような生活になるかもしれないと。これが経済学用語でいう「長期均衡」点、望ましい新しい都市国家の姿であると述べている。当然のことながら、そこに行き着くには中途にさまざまな困難や混乱が発生するだろうが、もしそれらに適切な対応がなされればの話であると断っている。

三、ソフト化・サービス化

第五章「「ソフト化・サービス化」社会と仕事」で、八二年に政府から出た「二〇〇〇年の日本」と題する長期予測に触れる。産業別人口構成で第三次産業が大幅に増え、その内でも「サービス業等」という人口が全体の五二%にも達する。第二次産業の中でも研究者やデザイナー、営業や広告のホワイトカラーの就業者が増え続け、これらの人たちは「ソフト・サービス」的特質を持つ。この原因は、需要側の個人消費の伸びは、モノよりサービスへ、供給、生産者側は自動化、ロボット化へということである。画一的・大量生産から個性的・多様なサービスへというのは人びとのニーズの変化を示している。

氏は果たしてこのソフト化に即して労働者に対する需要、雇用吸収力が十分に存在するだろうか、という問題を考察しているが、技術の発展という不確定さから結論は当然出てない。但し氏の身近な経験から、夥しい中間職種が増えているとの話を語る。講演依頼に対しても広告代理店やセミナー屋といった第三者が主催者との間に入って打ち合わせとなる。テレビに出るといっても氏はわけのわからない人たちとの多数の名刺の交換となる。そういう人たちを「港区民」と呼ぶと教えられたが、その職業は殆どカタカナであって、プロデューサー、ディレクター、コーディネーター、フリーライター、コピーライター、クリエーターといったたぐいであると。要は赤坂、六本木、青山界隈のマンションに住むマスコミ関係者である。

モノに対しては需給の市場メカニズムから、価格が自然に決まっていくが、サービスに対する価格というのは、任意性が大きい。例えば氏の講演料などは同じ内容であっても相手によって一〇倍の開きが出たりする。古い日本的美徳を引きずっている自分としては、相手の金額の提示に任せるままなので、自ら具体的金額を要求するようなアメリカ的なことはできない。第一適正な金額というのが自分でもわからない。その隙間に中間マージンをとっていく多数の職種の人間が実在する余地も生まれる。これを氏はなしくずしのワーク・シェアリングと称している。昔なら一人でしていた仕事を何人もの人達がより専門的に分け合って関わる。このような新しい職種の出現がソフト化の雇用吸収力を増していることでもあるのだが、このようなサービス業務、ニュー・ビジネスにはどうもいかがわしい虚業のにおいがすると述べている。得体のしれないこれらのニュー・ビジネスは時代の旗手としてもてはやされて世にのさばっているが、要するに彼らは隙間に割り込んでピンはねしているだけのことではないか、と生理的ともいえる嫌悪感を書いている箇所もある。しかし、何としても仕事をしたい、という人々の活力の表れでもある、ともいう。

四、あり余った時間

最後の章では「豊かな社会の次にくるもの」として先述したあらまほしき都市国家が実現したときの姿を想像する。一九五〇—六〇年代アメリカが黄金時代に、一部の工場で週休三日制の実験をしたそうである。ところが男性労働者は女房孝行の日となり、口やかましい女房や家庭のわずらわしさにしばられて評判が悪かったという。氏は在宅勤務は巧くいく筈がないといっている。(私はこれはちょっと速断でまだ人々がその生活パターンに慣れてなく、うまく適応できないだけだと思うが)

氏は人間は余暇に耐えられないのであろうかとして、余暇開発センターの松田嘉幸氏の面白い分析を提示している。中年以上の世代は余暇に対して恐怖感を抱いている(アリ)が、二〇代の若い世代はもっと余暇が欲しい(キリギリス)。その中間は意識も中間である(アリギリス)。若い頃に受けた「遊ぶ訓練」の量の違いを反映している。やがてアリは死に絶え、ついでアリギリスも死に絶える。残るのはキリギリスで、その時は無理に仕事を作るなしくずしのワーク・シェアリングも必要ないし、余暇をもてあますフラストレーションもないであろう。これでユートピアとなるのであろうかと。

遊ぶことの上手なキリギリスは、働くことは下手かもしれず、システムが複雑になった世界で各人が責任を果たす必要度、職人根性を必要とする職場の存在はいささかも変わらないはずで、これが巧く機能するであろうか。そこにガタが来たら生活上の不便は多発するであろうと。「職人根性」という言葉には、地道に努力を重ねることと、カンどころはきちんとおさえるというイメージがある。ところがソフト産業で重視されるのは、思いつきであり、才気とひらめきであり、更にいえば一発当てることである。そういう発想からすると、職人根性など、軽蔑の対象でしかない。派手な虚業をもてはやし、地道な実業を軽蔑する昨今の風潮は危険なことこの上ないと、氏は強調している。

最後に、将来を決めていくのが、王様でもなく、現場を知らない一部の知的エリートでもなく、大衆または庶民であるべきだという大衆社会論に氏は与するが、活力とゆとりを求める為には、その大衆が身近の利益だけでなく、もっと大きくて遠い将来のこと、間接的なことも見ながら、全体の発展のためには当面の犠牲をも厭わない(例えば納税負担)紳士になることが必要だ、ということを期待している。

以上ここでは、一、二冊目のあと、以前の書で論じたことの繰り返しの論議も多く三冊目の多少の無理が感じられるところもある。密度も多少薄く感じられ、現状肯定的文章というのは、難しいものだなとも思う。そもそも幸せということを書くとなると、どうしても折々に感ずる世相に対する感想、身近な経験での断章といったことの羅列になるので、やむをえないのだろう。

しかしながら三部作の全般を通じて、飯田氏の話は統計上の事実を基盤とし、着実な現実感覚で経済を把握して、わかりやすく解説してくれる。社会、経済の話を、あまり経済学といった匂いを感じさせないで、柔らかに話をしていく。その裏に実に豊富な知識の裏づけがあるからこそ、素人にも納得のいく解説ができているのだろう。そこには、自らの知識を示すというより、時により自らも判断に迷うとか、将来の展開には多くの不確実さがあると、非常に率直である。こういう話のできる人というのは、私の狭い経験でも、本当は内面的自信も備わった実力のある学者であると思う。そういう人の文章は、自然で変な虚勢がなくまた力みを感じさせないのである。また八〇年代の末に日本では多くの「豊かさ」論が書かれ、一種のブームにもなった。(例えば暉峻淑子著『豊かさとは何か』、宇沢弘文著『「豊かな社会」の貧しさ』、佐和隆光著『豊かさのゆくえ二一世紀の日本』、等)それに先立つこと約一〇年、あまり人々が言い出さない頃に書かれたという意味では氏の先見性が光る。

本書が書かれたのは、貿易黒字、特に対米黒字がさらに拡大の一途を遂げ、ついには、八五年のプラザ合意により強調的なドル高是正が合意される直前である。(この効果はすさまじく同年九月に、一ドル二四〇円台であったのが、翌年九月には一五〇円台にまでなっている。)これを受けて国内では当時の日銀総裁の前川レポートをもとに、内需拡大、市場開放による経常収支の不均衡解消をめざしたのであるが、それが八〇年代後半に始まるバブルにつながった。日本の過剰流動性が企業の不動産投資や外国資産の購入ブームになったりした。そしてやがてバブルがはじけ、日本は長期的不況にあえぐ九〇年代を迎える。その意味で注意しなければいけないが、飯田氏はあくまでも、実業に携わり真面目に働くヒラの人達の努力をかっていて、過剰なる虚業へのいましめを述べている。しかし、その後、一部の経営者の判断、そしてそれに引っ張られた日本経済の実態は、氏の希望の埒外に動いていってしまった。

それにしても本三部作には飯田氏の率直さ、飾りのなさ、常に本音で話をするというさわやかさというものが随所にみられ、学者として実に立派であると思う。氏がこんなことを言っているくだりがある。

「しかし、私自身を含む文科系の人間にも、大いに問題がある。なかでも、私自身を含む法学部・経済学部系統の出身者は、いわば消去法でその専攻を決めたケースが多い。まず、数学が苦手だったり、理科の実験が下手だったりで、理科系をあきらめるが、他方それかといって、食えなくても好きなことをやろうとして、たとえば文学部へ進むほどの気概もない。そういう人間は、理科系のことに対して、たとえば技術革新に対して、心中にコンプレックスがあり、さらにはいささかの反感さえあるかもしれない。そういう人間が中年に達すると、さらに始末が悪い。中年にもなれば、すでに彼のライフスタイルは決まっているから、新しいものがそれを脅かすことを、心中ひそかに恐れている。そこで新しいものに対しては拒否反応を起こしがちである。私自身のばあいにはもうひとつ、自分が実業人つまりプレーヤーではなく、学者という「虚業」人つまり観客にすぎないことが問題だろう。とかく学者は「ネクラ」かつ狭量で、物事のまずい面ばかりをみたがるうえに、とくに他人の業績にはケチをつけたがる。」と。

私は、学者がこれだけ率直に自己をみつめ自分あるいは類似の職業者の弱点をさらけ出して文章にしたものを初めて見たという思いがする。特に最後の部分、同じような職業であった私も周囲および自分を見るのに常々感じ自戒してきたことなので、それをサラっと述べる飯田氏の人間としての大きさに本当に頭が下がる思いがした。

飯田氏はその後も八〇年代後期から九〇年代、日本経済のバブルの前夜、絶頂期、崩壊を通して数々の本を出版したが、**『経済学の終わり―「豊かさ」のあとに来るもの』**を一九九七年に書いた、ここでは、バブル崩壊の反省、そして、続発した政府高官の腐敗、有名企業のスキャンダルが続いた世相、特に総会屋のような存在を放置してきた日本の企業社会のあり方を含めて日本における規律の反省を迫っている。またあらためてスミス、マルクス、ケインズの考え方を復習し、特に哲学者としてのスミスに言及している。現在、マルクス、ケインズを経て再び、小さい政府、市場こそ神々の「見えざる手」が働く最上の場となすスミスの自由放任の原則論が復活しつつあるのを見るとき、経済学二百何十年の歴史はいったい何だったんだろうか、という感慨にふけるという。この本のあとがきで、氏は『経済学の終わり』という「鬼面人を驚かす」タイトルをつけようとした時、友人に即座に反対され「それは飯田経夫という経済学者の終わりという批判が必ず返ってくるから」といわれた。しかし、氏は、現在の人々がとかく既成の概念に災いされ、自らの利害に影響され、なかなか現実を見ようとしない。そこから私は経済学という学問、さらには社会科学という学問の客観性と、その意義について深刻な疑問にとらわれざるをえない、と書いている。

更に氏は亡くなる前年の二〇〇二年に『人間にとって経済とは何か』を出版した。この最後の著作では、前著でも既に指摘している氏の持論が繰り返されている。即ちレーガノミックスが自国の貿易赤字の垂れ流しを解消するべく、日本に「内需拡大」の圧力をかけ「規制緩和」を迫った。八六年の前川レポートがもろにアメリカのこの両方の要求を受けてバイブル視され、日本はその圧力に抗せず、金融緩和をし、お金が有り余って、株式や投機に向かい、株価や土地

が異常に高騰する事態が発生した。その後一九九七年山一証券と北海道拓殖銀行の経営破綻にはじまるバブルの崩壊は瞬く間に金融界を席捲した。バブルの遠因はアメリカの圧力であり、内需拡大をあんなにやらなければ、バブルは起きなかったはずで、この時のアメリカの態度は腹に据えかねるといっている。

しかし、地価や株価の上昇が永遠に続くかに錯覚して、乱痴気騒ぎの贅を尽くした日本の企業および個人のどうしようもない愚かさがいけないし、マスコミや経済学者・エコノミストたちも、それに対して警告を発することなく、むしろそれを煽りさえした点で、罪はまことに重い。私自身も、経済学者・エコノミストの端くれとして、ほんとうに慚愧の念に堪えないと述べている。又バブルの後遺症である不良債権処理について、政府が問題を先送りしたのも問題であったと指摘している。氏は、私は世にいう「反米」でも「嫌米」でもなく、心からの「対米協調」論者のつもりである、しかし、これまでの日本政府がとってきた極端な対米追随、アメリカべったりの政策を続けるかぎり、日本経済に未来はないと確信している、日本は「脱米」を戦略とするべきだ、と述べている。

下村治氏にも『日本は悪くない—悪いのはアメリカだ』(一九八七年)という著作がある。飯田氏はこの本自体はやや論旨が粗っぽいが、としているが、「日本の市場開放を要求するなどスジ違いだ」とアメリカの手前勝手な要求を論難した下村氏を、学ぶべきエコノミストの魂として深く尊敬している。日本ではアメリカ批判を排除する言論界の圧力があって、そういう人は学者としても干されてしまうという。マスコミや新聞でもグローバリゼーションとか、規制緩和というもともとはアメリカ本位の話に、みんなが一挙に流されてしまうということを批判もしている。氏はかつて下村氏のような硬骨のエコノミストが存在したという事実は、私の心をかぎりなく和ませてくれると、しみじみと書くのである。

「日本的なるもの」という章では先述の著書でも語られた「日本ダメ派」(インテリのマゾヒズム)と「日本すばらしい派」の主張が繰り返されている。二〇年経っても飯田氏の視点は全くブレていない。逆にいうと、柔軟にしっかり自分の考えをまとめてきた氏はそれなりに自信を持って社会を見てきたということだろう。「足るを知る」というバランス感覚が重要だとも言っている。

近年はヘッジファンドなどのような投機マネーが暗躍し、アジア通貨危機の混乱をもたらし、国際通貨、世界経済に急激かつ多大な影響力を持ってきたというのは、資本主義の本来持つ凶暴性が体現されていると見るべきであるという。実需とは関係のない巨額のカネが、ひたすら利潤を求めて、全世界を駆け巡っている。一方その身勝手な市場原理主義によって、有り余るほどのマネーを手にし「豊かさ」を手にしたアメリカは、今後どういう未来社会をめざしていくのであろうか。これはアメリカのみならず、日本でも問われてきたことだが、未だ明確な形が提示されてないと述べる。

飯田氏は以前「なぜ経済学をやる気になったのか。」という編集者の質問に「それはこの世の中から貧乏をなくしたかったからです」と即答したという。実にヒューマニスティックな発想である。そして氏が若き日敗戦後の惨憺たる状態であった日本で経済学にかかわってから半世紀、すくなくとも日本ではこの目標に到達して物質的には世界で有数の豊かな国になった。いまや今新たに大学に入るとしたら氏が経済学部を志望することは絶対にない、と断言している。一方日本では貧乏からの脱出という人類の理想が実現されたのに、精神的な豊かさが生まれていない。今の経済学者はもっと人の心を動かし、人生の意義にふれる問題を提起してほしいと思う、とも書いている。しかし、氏自身は、前著のタイトルの如く、私はもはや経済学には絶望しているといい、経済学はやがてなくなるのではないか、と予想している、それはそれでかまわないのではないか、と考えているというのである。このような認識に、晩年到達した氏の気持ちは、ある意味での達成感を伴うのであろうが、何か、悲痛な響きも感じられてなんとも名状しがたい気持ちに襲われる。ただ、世界にはアフリカをはじめとして貧乏であえいでいて何万という人々が毎年餓死しているような国々がある。今後の経済学というより、政治の問題かもしれないが、解決しなければならない問題は無数にあるのも事実であろう。

牧野　昇　『五大技術革命が日本を変える』、『「強い日本」の読み方』

はじめに

これらの本は、日本の産業界をひっぱっていった、また現在もひっぱっている製造業界の、逞しい精神を体現しているという意味で典型的であり、見事な記述であったという思いがあってとりあげたかったので再読した。

いわゆる社会科学系の本は、現実のかかえている問題、それに対する検討、批判から出発するのだが、日本人著者の場合、どうもそれが過剰ぎみで悲観的なことが多く、広く知り深く考えさせてはくれるのだが、読んだ後に将来に向けて猛然と元気が出るということはまずない。多くの利害が錯綜するから万人にとってよろしいという解決策があることはまれである。国内的諸策、国際的事項を問わず、せいぜいバランスをいかに取るかの選択の問題ということも多い。主張が正しい、正しくない、ということでなく基本的に事態がはらむ内在的問題なのであり、それに対する著者の姿勢の問題でもある。

それに比べると、理工系のセンスは、学問研究も、活動の実態も、実際は周囲の状況がどうあれ、至高の目的は単純で、精神も単純である。科学・技術はそれ自体が面白いし、我々は未来の社会への貢献に向けてひたすらその開発に頑張るという一点なのである。相手が物であるから、人間相手の複雑な駆け引きといった事とは無縁である。しかし、最終的には、これなくして人類の発展はない。エンジニアー、テクニシャンの誇りは正にそこにある。勿論、その為には鋭い洞察力、緻密な思考力、競争に勝つための様々の工夫や考察、そして何よりも多年に亘る粘り強い集中的努力が必要である。本質的に「ものづくりの尊さ」というのは、いくら政治や経済や流通システムが変わっても、不動の価値を持っていて、人間活動の根幹をなす。これこそ、生活の改善の、文化の充実の、文明の発展の、すべての基盤なのである。

『五大技術革命が日本を変える』

この出版は一九八二年であるが、東大工学部の先輩であり、組織工学研究所所長である糸川英夫氏が「技術の時代」の好著登場ということで次のような推薦の言葉を寄せている。「いま、「技術革新の嵐」が産業社会に吹き込んでいる。それは我々の生活を大きく変えるであろう。本書は、気鋭の科学者である牧野さんが、ともすれば難解になりがちな「最先端技術の世界」を、専門外の人にもわかるように的確な視点で描いた絶好の入門書である。ビジネスマンはもとより「技術の時代」を生きるすべての現代人にお読みいただきたい」と。

牧野　昇氏

牧野昇氏は、戦中時代に東京大学工学部を卒業し、大学院修士課程を経て三菱製鋼に就職した。若き日の開発経験の成功者でもあって、戦後対米技術輸出の第一号といわれるMTマグネットを発明した。企業の中に長くいて一方母校の非常勤講師を務めながら、日本の工業のあり方について数多くの著作を書いている。いわゆるシンク・タンクのさきがけをなした三菱総合研究所の設立（一九七〇年）に参加して、執筆時は取締役副社長であった。その後会長を経て、現在は特別顧問の立場である。

この本の副題はーこれが衝撃のイノベーションだーである。牧野氏は現在進行しつつある五つの革命、情報革命、機電革命、材料革命、光革命、生物革命の各々について、革新的に進行しつつある技術の発展について詳細に論述している。技術革新というのは、ある時期に開花するが数十年たつと、停滞期に入り、この周期はだいたい五〇年と言われるという。一九四〇年代、テレビ、トランジスター、ロケット、ナイロン、ポリエステル、ペニシリンなどが出現して以来、新しい技術は影を潜めてしまった。その間の時期は、既存の技術を組み合わせて改良を図る方策がとられた。例えばテレビのリモコン化、時計のデジタル化、カメラの小型化という方法である。八〇年代に入り、マイクロエレクトロニクスの飛躍的進歩の他に、光技術、バイオ技術という新種が目を出してきて数年前には夢のようであったものが誕生してきた。

情報革命

いうまでもなくコンピューター社会の産業、日常生活における広範な普及について述べている。工業化社会から情報化社会への移行である。ここで著者は「情報化社会というのは情報が増える社会」というのは大いなる間違いで、これはデディケーテッドな情報が重要になっていく社会という意味だと注意している。これは「個別目的のための特定の情報」ということである。雑誌やテレビも画一的マス情報でなく個々のサークルやグループのための送信テレビなどが中心となっていくだろうと述べる。

IC回路（Integrated Circuit：集積回路）や超LSI回路（Large Scale Integrated Circuit）の発達で、コンピューターのパソコン化が進み、オフィスオートメーションが行き渡り、社会、病院、家庭、あらゆる場所で通信ネットワークが整備されてゆく。すべての通信がアナログ型からデジタル型に次第に変化していく。製造業界では、CAD（Computer Aided Design）やCAM(Computer Aided Manufacturing)が設計行程で使われる。

一方、氏は情報化のマイナスインパクトとして、少なからぬ失業問題が起きるのではないかということと、いわゆる企業城下町の崩壊ということを指摘している。これは労働市場の転換によって解決してゆく問題となる。またコンピューター管理社会化への反発、そして、故障にたいする「イマージェンシー」（緊急事態）への対応の問題をあげている。一旦装置が故障すると、大都市の関係した機能が半日以上止まってしまうということは、今でも時々、起こっていることである。また情報化における「プライバシー」の保護の問題も出てくる。ただ、氏はこのような問題も十分対策をすれば防げる問題であり、警戒を強めて対策を講じておくことは大切だと述べる。

機電革命

これは、機械（メカニカル）と電子（エレクトロニクス）の合成によるメカトロニクス技術を指す。既にとっくに成熟していた機械工学が、エレクトロニクスという新しい技術を得て息を吹き返した。氏は、人間にたとえると、手足や躯体であったものからそれに頭脳がついたということになると云っている。電子レンジ、洗濯機のような家電、ワードプロセッサー、複写機のような事務器械、溶接機、自動仕分搬送システムなどの産業用装置、寸法測定、流体計量、クロマトグラフィーなどの試験・測定装置など、実にさまざまなところでこの技術が使用されている。

一九八一年、EC委員会は「日本の対EC集中輸出の実態分析」という資料を発表した。輸出の伸び率前年比が高いものは、自動車六〇%増、VTR(VideoTape Recorder)一四四%増、電子時計七五%増、三五ミリカメラ三一%増など、この中に欧州の伝統的商品が多く含まれていたので、日本の進出は欧州に大きな動揺を生じた。日本の優位製品は大きく二つに分類される。一つが部品集積製品で、自動車は部品点数三万点、VTRは一万五千点、オートバイは一万点。こういう大量生産型耐久消費財は日本がもっとも得意とする。氏はそれは日本産業の裾野の強さにあるという。ヨーロッパはとても優秀な工場長と水準の低い工員とから成り立っている。工場長がマニュアルを作っていちいち指示する。工場長は超エリートでトイレから食堂まで、工員とは別である。これに比し日本では工場長も工員も知的レベルはそう変わらない。工場長も作業服で現場でウロウロしているし、工員が自らいろいろ知恵を出してよい製品を作っていく。日本の車がなぜ故障しにくいのか。それは三万点の部品を作っている協力工場の中堅企業の水準が高いからであるという。もう一つの優位製品が「メカトロニクス」である。IC 技術において日本はヨーロッパに大きく先行した。特に日本人の組み合わせの巧さ、既知の基本技術にうまい機能を次々と付加していき美しく仕上げるのが日本の特徴である。これを技術者の間では「幕内弁当の美学」というそうだ。

メカトロニクスの三要素はマイコン、センサー、ソフトウェアである。これらの各々の発展が詳しく解説されている。そしてこの応用でもっとも目覚しいのが産業用のロボット技術である。マイコンを組み込んだロボットにより、生産ラインの多くが無人化されてきている。溶接、放電加工、マニピュレーターなど、単純な繰り返し作業は、多くロボットが使われている。溶接や塗装などは、危険で作業環境も悪い苛酷な仕事で、こういう作業がロボットによって行われるメリットは計り知れない。ロボット導入の達成目的は省力化、作業状況の改善、そしてプログラミングによる柔軟な生産システムの実現である。将来は、海中、海底など人間では作業不可能な分野での応用、寝たきり老人の介護機械なども考えられているようだ。視覚と触覚を備えた組み立てロボットの開発研究が始まったと書かれている。

材料革命

材料の開発は常にすべての技術革新の引き金になってきた。氏の専門の一つであるだけに、非常に個別的な種々の開発の模様が詳述されている。この本では、いわゆる新素材（エキゾチックマテリアル）についての動向が書かれている。その特徴を三つ挙げていて、一つが資本集約型大物製品から「知識集約型中小物製品」への流れ、二つ目は、構造材料から「機能材料」へ、三つ目が、おのおの「資源・エネルギー制約への対応」を考慮しつつ開発が進められている点という。政府のナショナルプロジェクトでも、大型コンピューター、飛行機、原子力、宇宙開発のようなものから、最近は技術立国をめざして、材料や素子のような基礎的な技術開発に多くの資金をつぎこむようになってきた。（二一世紀に入っての最近の数年間でも、政府の重点プロジェクトは、情報、環境、ライフ、ナノテクノロジーの四項目であった。）

氏は機能材料の例として、情報革命に関係した計算機素子としての記憶の機能、演算機能、情報処理機能などに軽く触れているが、ここでは主としてそれ以外の、人体適応材料、高効率分離膜材料、エンジンなどでの耐高温、軽量化のためのセラミックとプラスティック開発について詳しく述べている。次には極限的性質の追求として超高純度を狙うもの（純度九九・九九・・・%で九が九つ並ぶようなもの）、圧力、温度を極端に高くして製造するもの、極低温で利用する超伝導材料、二つの材料を組み合わせてその特徴を発揮させるもの、そして最後には非晶質（アモルファス）材料や、共晶合金の開発について書き記している。これらに使われる、金属、非金属など、具体的な名前はきりがないのでここでは挙げないが、実にさまざまの開発が行われているのがわかる。二〇年以上経った現在で、どれだけの物が実用化されたのであろうか、私はよく解らないが、材料開発というのは大学、産業界での絶えることのない大きな地道な研究の流れであろう。

光革命

半導体に数年遅れて発明されたレーザー（注1）は、氏によると長らく悲運のエースであったという。トランジスターが発明後直ぐに真空管に変わって脚光を浴びてやがて今日の大々的なエレクトロニクス時代を開いたのに比べ、レーザーの実用化は大きく遅れた。（注2）それが近年ようやく、未来を切り開く新しい技術として、多様な用途に展開しつつある。レーザーは三つの特徴がある。一つが波長が単一で光通信への利用が可能であり、それも電波に比べて波長が二、三桁も短いから大量通信が可能であること、二つ目は位相がそろっていて増幅しやすいので、高いエネルギー密度を得られること、三つ目は拡散せずどこまでも直進性があるので、遠距離放射が可能で、反射光の測定で極めて高精度の測量が可能になることである。

レーザー発信源には現在は炭酸ガス、ガリウム・アルミニューム・砒素系、イットリウム・アルミニューム・ガリウム、ルビー、ガラス、半導体レーザーなどさまざまの物質が開発されている。また光通信にはその伝送系である光ファイバーの開発がその発展のもう一つの要素をなしている。本書では光通信の諸特性、光情報処理、レーザーによる加工、測定、医療についての解説がなされている。

また、レーザービデオディスクなどの高密度の記録媒体による映像技術、液晶や発光ダイオードの発明や、シリコンによる太陽光電池など、光に関係した多彩な技術、多様な用途が説明されている。これらは、今やわれわれの日常生活で身近に利用しているものばかりと言っても良いくらいである。

生物革命

生物体、あるいは生体機能の一部を工業生産に利用する技術というのはいわゆる「バイオテクノロジー」としていろいろな産業分野で開発が進んでいる。新しい遺伝学上のテクニック、「遺伝子組み換え」「細胞融合」また「遺伝子注入」といった技術はどこまで応用範囲が広がるか、いまだにその限界は判然としないといえるであろう。この節では、三つの段階に分けるのが良いという三菱生命化学研究所の中村桂子氏の説を記している。一が上述のような生物体に必要な情報を付与する技術、二が増殖、増幅、濃縮技術で、三が酵素をたくみに利用する技術だという。

遺伝子組み換えが初めて実験室で行われたのが一九七二年だそうであるが、大腸菌の中で、いろいろの機能をもったタンパク質が作られるようになり、期待は一気に膨らんで、ここではインシュリンとかインターフェロンなどの貴重な医薬品の量産への研究に触れている。また生合成・生分解を微生物に行わせることによって、発酵方式でピルやグルタミン酸ソーダを生産するとか、バイオマスを発酵プロセスによって有機化学品の合成に利用するとか、逆に廃棄物処理に微生物の力を借りて環境汚染の減少をめざすなど、農業、工業の幅広い応用が期待されていると書かれている。この本の出版が八〇年代前半だからこのように書かれているのだが、実際今日まで、そういう方向で多大な努力が国際間の協力を含めて行われているのが現状である。

植物・動物に対するバイオテクノロジーはもっと複雑な対象であるから、実用化にはもっと困難が伴う。植物では細胞融合などでトマトとじゃがいもからポマトを作った例などがのべられているがまだまだ手法が確立していないという。動物の場合は、家畜の品種改良、遺伝病の治療、そしてクローニングなど、いろいろ行われてきたが、特に最後の技術は近年、生命倫理の問題として大きな議論を巻き起こしているのは我々もよく知っている。

本書では次に生物模倣技術への期待として、バイオメカニックスのうち、機電革命でふれたロボットと共に双壁である人工臓器の開発の現状をやや詳しく述べている。二一世紀になると、脳以外ほとんどの臓器は取り換え可能になるのではないかという予想もしている。おわりに、ブームへの警告、遺伝子操作の潜在的危険について述べ慎重な対応が必要だとしている。

以上、彼が記述した五つの技術革命について簡単な要約を試みたが、これらの技術の発展は現在、正に渦中にあり、この本が今となっては二〇年以上前に書かれたにも拘らず、すこしも時代遅れでなく、読んでいて新鮮な感じであるのに、感心した。著者の視点の確かさを示すものであろう。

イノベーターの条件

これは終章として、副題を—技術開発成功例の分析—として氏の技術開発に対する意見が書かれている。ここで氏は日本の生き方として一・五番手での成功を目指せ、ということを述べている。実はこれは次にとりあげた本で詳しく再述されているので、そこで説明することにする。

『「強い日本」の読み方』

はじめに

この本は前著の二年後、一九八四年に出版されている。この本は、前著が技術革命のハードな部分に焦点をあてたのに対し、エンジニア出身の氏が日本の産業、経済のあり方を観察し、どのように今後を進めていくべきかを書いた。はしがきで、氏が日頃、疑問に思っている感覚が率直に書かれている。それは、経済学者が、マネタリストとかケインジアンなどといい、一国の経済が一つの学説の採用でその盛衰がきまるように思っているのをみると、とても不思議である。現実にはマクロの号令でうまくいくのではなく、正確なデータにもとづくミクロな産業戦略の積み重ねが必要なのである。世間の常識がどうであろうと、まず「はてな」と疑うことが大切なのだ。現場での事実をもとにして考えていくことが大切であると思うと。しかし、企業経営をまったく経験のない経営学者が指南し、技術開発の成果をまったく挙げていない人が、技術開発を論じている。それはそれでよいと思うという。外側からみた意見はむしろ読むと面白いと全面的に否定しているわけではない。それでも氏の現場重視の観点はゆるぎなく見える。一方、現場のたたき上げが書いたので、それなりの欠点があることはご容赦を願いたい、と述べている。

副題は―牧野昇の逆発想産業論―となっている。糸川氏といい、牧野氏といい、工学者はこの「逆」という言葉がお好きなようだ。たぶん、世の中の多くの考えは、いわゆる政治、社会、経済などの専門的職業者の言によって記事になり、マスコミで喧伝された流れが世論を形成しがちである。しかし産業の現実は本当はそれとは違うのだ、違った感覚が重要なのだ、ということを主張しているのである。

80歳になっての牧野昇氏（2001年）

Ⅰ　日本産業・「常識的」という非常識

1　キラキラした産業に懸念を感じない危険

氏は戦前から戦後、いろいろな分野の栄枯盛衰があって、産業界は変転していっている（戦前の石炭、繊維、戦後は三白、すなわち砂糖、セメント、肥料、またこのころは住宅建設、自動車も国内需要は飽和に近くなり、氏は危ないとも述べている）ということをまず指摘した後、「何をしたらいいか」というと、答えはたった一つ、それは常にイノベーションを進める、ということであるという。この言葉はシュンペーターが言い出した用語で、経済白書が「技術革新」と訳したので大いなる誤解をもたらしたが、本当の意味は「企業経営における新機軸」ということであると述べる。たとえば、サービス産業のあり方においてもイノベーションが存在する。住宅産業は住宅を建てるばかりでなくその後のメンテナンスや建て増しなどサービスの要素が非常に大きくなっていて、そこに重点をおくことも発想のイノベーションであるというわけである。サービスをいかに企業に取り入れていくかは今後のあり方のポイントであるという。その意味でのソフトウェアの時代であるともいえる。物以外の付加価値をつけていくやり方としてサントリーの面白い話や京セラなどの例が出ている。

サントリーでは古くから五百円の「トリス」、続いて「レッド」、「角」と人気商品が移っていき、今はダルマといわれる三一七〇円の「オールド」である。氏が佐治敬三社長に「十年後は何でしょうか」ときいたら「まあ、「ローヤル」だろうな」（五〇〇〇円以上した）と答えたという。これらを東京都の工業試験所に分析を頼んでみたら全て同じ成分で、アルコール四三%、残りは水であって変わらない。そばにいた研究開発の常務で氏のかつてのクラスメートで化学者が「そんなことをいわれちゃ困るんだ」と言うので「でも本当なんだ。でも少しは違うんだろうな」と言ったら「ｐｐｍ（**part per million**：百万分の一）のオーダーだ」と言ったという。要は儲かっている会社は、物、ではなく、それ以外の価値を売っていることになるというわけだ。

京セラ（京都セラミック）の場合は、瀬戸物でもファイン・セラミックであるが、成分は瀬戸物と同じようなものである。しかし、材料の純度をあげて非常に精度のよい薄板を作るとこれが集積回路のパッケージになって瀬戸物ではトラック一台で五万円にしかならないものが、何億円にも売れることになった。さまざまな研究成果や精密加工技術、ソフトウェアという物以外の価値を入れていくことによって、抜群の利益を出す会社に成長していくというわけである。

「時間の価値、コンビニエンス化」というのも成長産業をつくる。物だけを売っていたら、成熟化社会に耐えることができない。消費者の価値観の変化を鋭敏にとらえなければならない。情報化社会というのは、個別のデディケーテッド情報が増える社会である、というのは前著でも述べられたことだが、運送業における全国でのネットワーク、機械の数値制御、キャッシュ・カードの普及など広範なる変化がおこっている。一方、情報化社会の落とし穴も考えておかなくてはならない。それによる公害、犯罪の発生、最も大きいのは、人間の思考能力への悪影響ではないかとの懸念も述べている。

2　輸出過少国日本の村八分の不可解

日本は輸出が多すぎるから世界から文句が出る、とよく言われるが、氏は事実は違うのだという。これを当時の統計をもとにして議論している。国連統計その他による算定では、日本はGNP対比でも国民一人当たりでも輸出は極めて少ない。ベルギー、オランダ、カナダなどが上位だが、西ドイツ、フランス、イギリス、イタリアよりも低い。だからもっと日本の企業は輸出を増やしてよいのだ、と氏は主張する。資源小国の日本としては輸出入で頑張るのは当然であるが、国内市場が成熟化していく情勢下で、産業・企業に携わる人々にとっての戦略は二つあって、イノベーションで切り開くか、国際化によって切り開くか、道は二つに一つだ、と氏は述べる。なぜ文句を言われるか、と牛場経済担当大臣に聞いたら「集中的に上陸するからいけないのだ」と云われた。かっては鉄鋼や船、今は自動車やメカトロニクスというように特定の製品が集中的に相手国に上がっていく。これは市場戦略の一つなのでこれを抑制せよといっても難しいだろうという。もう一つは日本は輸出のみの片貿易になっている点で、自動車なども輸入が輸出の一%というのは西ドイツなどとの違いだというのだが、これも日本車の優秀さの反映なのだからやむをえないのだろう。氏は白人の人種差別も感ずる、と述べている。

日本産業の強さは裾野の広さと、上下の人間間の隔たりの無さ、個々の技術者の主体的取り組みなどであり、これらが国際的優位を支えている。これらは前著の機電革命のところでも既に述べられた。日本の場合、自動車でもオーディオ機器でも値段のダンピングで売れているのではなく、値段が高くても質の良さで売れているのだから、胸を張るべきであると氏は主張する。国際摩擦が起きると、いわゆる文化人と称する人が、外国人が言うと何でも「そうだ」と追従していく態度は問題だ。パリ大学の吉森賢客員教授が、「EC内部ではこのような摩擦はしょっちゅう起こっている」という言葉に、氏は力づけられたという。もっとも、プロダクト・イノベーションで輸出しているVTRやカメラ、時計などは、日本のみが抜きんでている技術で、全く問題も起こっていない。氏は経済の成熟化した国のたどっていく宿命として日本も海外での直接投資に進まざるを得ない。現地の住民を雇い、労働形態の異なっていた彼らを巧く指導して、生産をあげてゆけるであろうか、と多少危惧している。

またここでは、いわゆる経済指標の数値というのは誤解を招きやすいので、注意すべきだとして、三菱銀行（現三菱東京UFJ銀行）の調査特報（八一年五月）の記事が出されている。詳細は省くが物価上昇指数とか、失業率、貯蓄率などは、日本とアメリカとでは、何をどこまで含んでいるか、どれが含まれていないか、など取り扱う項目に違いがあり、そのままの出された数値を直接比較するのは、誤解のもととなるということが書かれている。

3　エネルギー問題にみる数々の錯覚

まず、石油問題について論じている。これは、物理や地質といった問題でなく経済問題ととらえるべきだとし、石油の値段が上がると経済が不況になるということについて考察をしている。実は世の中が不況になるという理由は二つあって、一つは「需要転移」と呼ばれる現象で、日本では現在、一日に霞ヶ関ビル二杯分（一五〇〇万バレル）の石油を買っている。これを三六五倍して一バレル一〇ドル上がるとして一ドル＝二二〇円とすると、前年分より五兆円増になり、（筆者が簡単な掛け算をしてみたら一二兆円になったが）これは一億の人口として一人あたり五万円が無くなっていくことになり、その分お金が使えなくなる。第二が「お金の回り方」という問題で、人びとが家の増築その他さまざまなものにお金を消費したり、公共投資などをしてお金が回れば世の中の経済状態が活性化する。この点、貯金、特にタンス預金の溜め込みはまったく経済に寄与しない。世界的には石油で稼いだそのお金を産油国が有効に使えばそれでお金がまわり、経済は活性化する。ところが、現在、オイル・ダラーがあまり回っていないのが問題であって、氏はこれからオイル・ダラーは減っていくだろうという。それは、このところ、エネルギー節約が進み OPEC 以外の増産も増えていて、石油の OPEC 依存はどんどん減少しつつある。世界経済の成長率と節約率との差をとると、石油の消費は年率三％で減っていくと予測している。

今後のエネルギー供給を考えていくと、対策は三つになる。第一が石油および原子力、第二が石炭、LNG（Liquid Natural Gas：液化天然ガス）などの代替化石燃料、第三が太陽、風力、バイオマス、地熱などの小型・新エネルギーである。これらに関して氏はそれぞれ個別に検討しているが、これは技術的なことなので、それを詳述することはやめるが、氏はエネルギー利用のコストバランスをしっかり計量することが重要だということを強調している。一方多少の損はあっても緊急事態に備えるセキュリティーの面での評価という観点も必要であると指摘している。

原子力に関しては、現在住民運動で日本では巧くいっていないが、長い目では見込みがあるといっている。石油には内燃機関と化学用原料、石炭は発電と鉄鋼、セメントなどの産業用燃料、原子力は電気としての電燈、モーター、テレビ、天然ガスは家庭用および工業用燃料、太陽と地熱はセキュリティーの為のローカル・エネルギーという風に限定するというような用途別割り当てを考えるべきだという。エネルギー分野のブレークスルーは見渡したところ、核融合と太陽エネルギー利用におけるアモルファス・シリコン及びバイオテクノロジーであろうと述べている。

4　日本の生産性についての考え違い

氏は面白い表現をしている。日本の産業構造は生産性の高いところの反面、極端に低いところがあるということを、新宿駅西口型という。即ち、四十数階のビルの下に赤ちょうちんの縄のれんがあると。自動車や鉄鋼は超高層ビルだが、サービス部門や農業部門は縄のれんだというわけだ。氏は通商白書による労働生産性の各国の水準比較表を見て、低生産性部門のところが多いのはこれからレベルアップし得る可能性を示唆して今後の楽しみはいっぱいあると述べる。なんという前向き思考であろうか。氏は、また自らの考えに基づき産業の分類を、横軸にシーズ(技術)をとり、縦軸にニーズをとる。そしてそこに各業種を位置づける。このように産業構造分類法という、型に捉われない独自の考察を試みたりしている。そしてそのような低生産性部門をリストアップしている。

低生産性部門というのは、タブーに包まれている、別の言い方ではアンタッチャブルな分野である。それは、農業、軍事、環境、医療、福祉などである。こういうところを経済のものさしで議論してはいけないようなのだと述べる。一人当たりの所帯収入からも、農家は勤労世帯を追い越している。しかしそれは言わないほうがよい。だから生産性は上がらない。医療も同様である。医療メーカーが厚生省の審議会で文句をいったら、医師会が「これからその会社の機械は買わない」と通達をだして大騒ぎになった。「もの言えば唇寒し」であると。世に「十、五、三（トウゴウサン）」という言葉があって、サラリーマンは十、中小企業や農業は五、医療関係者は三しかその収入は把握されえない。医療関係は過保護なわけで、どうしても生産性が低いことになる。軍事問題もアンタッチャブルだ。これらは、いずれもタブーの分野で、もっと自由に議論していける雰囲気をつくらねばいけないというのである。

日本の雇用システムの特徴として終身雇用制と年功序列はよく話題に上るが、実際に長期勤続者の割合をヨーロッパ諸国と比較した表を示し、これが半ば誤りであることを示している。大企業のホワイトカラーこそ、フランス、ベルギー、オランダとほぼ同じ二一%ほどの水準だが、中小企業ではほぼその半分程度である。アメリカは勤続一年未満ではよく移動しているが、勤続が長くなると、アメリカと日本は逆転していて、全体で両国の勤続年数はいい勝負だという。また年功序列賃金も特に高年層の賃金の下落はわが国で甚だしく、いままで、資料があまりなかった為の誤解は正されねばならない。日本の賃金の特徴は、企業の中の賃金格差が少なく、ホワイトカラーとブルーカラーの差が少ないという点にあると述べる。

日本の工場生産の高レベルを支えているのは、終身雇用制でも年功序列型賃金でもなく、それは労働者の企業活動にたいする参加意識の高さと、競争原理によるものだと結論づけている。すなわち自己実現に対する達成感を求める彼らの気持ちを高める社内環境、複数の同種の会社間の厳しい競争が存在する社外環境ということである。

II　イノベーション・「現実的」という非現実

1　日本に革新技術がないという非常識

日本人は創造的でないという議論がよく行われる。実際にはマイコンの開発でも遺伝子工学でも核融合でも成果を挙げた人々には日本人が多く入っている。但しその多くが外国の環境で成果をあげているので、氏も国内ではどうも一発ホームランが出にくい状況は否定できないようだと認めている。

ここで、氏は創造性とはいかなるものかということから考察を進める。自動車産業では、素晴らしい性能・品質をもった自動車ができるのは、やはり日本人の創造的能力が結集されているからではないかと。トヨタの豊田章一郎氏から「うちでは末端にいたるまで毎日毎日新しいアイデアを出し、作業者による総力的な創造的改善を付け加えている。こういう小さな創造の力を合計するから、いい自動車ができる」というのを聞き、創造力とは、派手なスター、例えばノーベル賞の数で評価するのか、あるいはそれぞれは小さくても累積した全体の創造性で評価するのか、飯田経夫氏も同じようなことを述べていたが、牧野氏はあくまでも国民全体の積分値で評価していくのが当然であろうと述べる。

一九五三年から七三年までの革新技術五〇〇（アメリカでの調査報告書で、江崎玲於奈氏が講演で発表したものとのこと）の内容を紹介している。それによると、昭和四〇年代（一九六五年以降）には平均するとアメリカが断然トップで約五五％、イギリスが約二〇％、日本は西ドイツ、フランスを抜いて、約一〇％で、世界三位になっている。イギリスは科学者は尊敬されるが、技術者は馬鹿にされる国で、革新技術の工業化という面でみれば、このような外国での評価では日本は第二位といってよいという。

技術貿易の赤字をもって日本の創造性の低さを論ずる向きにたいしては、日銀統計と総理府の統計の取り扱いの違いに言及している。そして技術輸出で往々悪い方の数値がもてはやされるのは、理由があって、科学技術庁や政府がこれを使うのは、予算獲得のためであると指摘する。また技術料受取額については昭和四七年度に一二五％、五一年度一五一％で既に黒字であり、相手国も北米、ヨーロッパと先進地域だけで合計四四％を占めている。このように氏は具体的な数字で先入観にはっきりと反証を述べているのである。現実のデータをよく調べてものを言うべきだという。

民間の研究費をみると、政府負担を差し引くとアメリカが四兆九〇〇〇億円で、日本が二兆五〇〇〇億円、人口が二・二倍違うことから一人当たりの研究費はほぼ同一水準である。政府負担の研究費はアメリカが五兆円、日本が一兆円、しかし、軍事研究費がアメリカ二兆五八〇〇円、日本二四三億円を考えると、政府の出している研究費も国防費を除けばいい勝負であるという。特に、アメリカと違って優秀な科学技術者が軍事研究に引っ張られていないというのは、日本の技術者が非軍事的分野で創造的仕事をしている意味で日本の強さの要因の一つである、と述べている。この点、基礎研究を担うべき大学の先生はもっと頑張らなくては困ると苦言を呈している。大学は無競争社会なのでと書いていて、「乞食と大学の先生は三日やったらやめられない」という有名な言葉もとりあげて、こんな生き方で満足しているようでは、ノーベル賞が少ないのも道理と言えようと述べている。この状況は漸く近年になって評価システムの導入がなされ始めて、少しづつ変わろうとしてはいるのだが、既得権というのはなかなか強くて私も大学の体質が本当に変わるのは数十年先だと思っている。

よく日本は欧米から「自分たちが考え出した商品を逆に売り込んできてけしからん」と非難されるが、彼らはいわば生みっ放しにして放り出しているので、育てるほうがよほど大変だったのだというべきだと主張する。生み出す段階は偶然に左右されるが、発明されたものには、この偶然に頼ることはできない。氏の直接経験したMTマグネットにしても大量生産にもっていく間の育てる段階の方がよっぽど大変であったという。華々しい発明に比べて、これを育てる作業は不当に低く見られがちである。しかし、製品として実際に作り上げるところに力を注ぐことによって産業戦争に勝利を収めることができるのだ。日本でいい会社というのは決まってこの開発段階が上手なところであるとして、ソニー、本田技研、東洋工業、石川島播磨重工などの例が述べられている。また、日本では発明、発見だけが評価され、開発者が顧みられないことを多くの個別の例を挙げて氏は残念がっている。

よそで出ているものをそのまま真似て作るのを二番手というが、アイデアの眼が出ていて放り出されているものを本物に仕上げていくのを、氏は「一・五番手」と称していて、これを日本人向きの戦略として多いに推奨している。二番手はよく馬鹿にされるが、これすらできない国が先進国でさえ多く見られるのであるが、これからの日本では一番手の種はなかなか見つからないので、「一・五番手でやれ」というわけである。日本が「一・五番手」が強い理由は企業の人的構成に由来する。外国はAクラスとCクラスの集合体、日本はAクラスはいないが、おしなべてBクラス一色であって、創造的大発明をするのは得意でないが、種を育て上げて完全に実用化し、世界のマーケットを拓いていくのは得意であるという。以前に『逆転の発想』で糸川英夫氏も類似のことを言っていた。牧野氏は技術風土上、皆が小さな創造性を発揮して総合で高い得点をとれというのである。氏は日本では新しい技術突破が下手だということに加えて、もう一つ重要な障害があるとして、大衆が新奇なものに強く反対するという事実をあげている。例として原子力船「むつ」の漏洩事件、合成タンパク質の主婦連の反対騒ぎなどを挙げていて、日本人は先端的なものについては強く反対する。土地も狭く危険が多いので当然かもしれないとも言っている。だからこのような問題では他国が危険にたいして道筋をつけた後からであれば、住民も警戒心を解くということなので、それから相手を抜く努力をすればよい、というのだ。ホームラン狙いも必要であるが、基本的にはいろいろな手を駆使してともかく細かく点をいれる高校野球を手本にせよとも表現している。

2　技術の新段階を認識しない無感覚

現在、インベンション（発明）は少ないが、イノベーションは大変激しく展開しているという。氏はイノベーション（企業経営における新機軸）を各々の例を挙げながら、次の五つのケースに分ける。一、創造的新技術の開発、例　ソニーのエレクトロニクス製品、二、生産方式の画期的改善、例　鉄鋼のストリップ・ミルによる薄板生産、三、新機軸、新組織の導入、例　ファーストフードレストラン、プレハブ住宅、スーパー、四、新資源の獲得、例　石油における三菱油化、ファイン・セラミックスの京セラ、五、新市場、新販路の開拓。例　文化産業、健康産業、ファッション、警備会社等。氏はその各々に対し丁寧な解説をしている。

また、新しいテクノロジーに関する四つの言葉、アドバンスト・テクノロジー（既存技術の極限追求）、インテレクチュアル・テクノロジー（ソフトウェア、計画手法の開発）、アプロプリエート・テクノロジー（効率のみでなく環境全体的な考察）、テロ・テクノロジー（メインテナンスからスクラップまで製品のライフサイクル全体を考慮する）について説明している。このように技術に対する新しい考え方が進みつつあるというのである。

3　逆説の思考を避ける怠慢

ここでは、世の常識というのは、誤解の上に成り立っていることが多いのだから、絶えずそれに対して、いったんは「はてな?」と考え、「これは逆ではないか」というような問題意識を常に持て、ということを言っている。そして情報はできるだけ現場において把握し、五感の全てを使って体感することを基本とせよという。これは牧野氏の長い工場生活においての開発経験、製造経験からきている。

また全体をシステムとして考えること、大きな枠組みで考えるということ（氏はどんぶり勘定という言葉を使っている。）も重要であるとして、行政改革のことに言及している。昭和五五年の日本生産性本部主催のあるセミナーで大蔵事務次官が「財政危機」の講演をし、それに対し、フロアーから一流会社の専務が「民間はこれほど合理化しているのに、政府はまったくその努力をしていないのはけしからん」との発言があった。その場は「そのとおりでございます」という講演者の言葉で終わったが、その後、牧野氏は「本当かな」と思いデータを調べてみたら、逆であって、労働力の合計就業者数でみると、昭和四四年約五一〇〇万人、五五年五五〇〇万人で約四〇〇万人増えている。公務員関係の教育、医療の三三万人を除くとそれ以外は全部民間で増えている。そして公共部門と民間部門の昭和四五年―四七年に比べての昭和五一年―五三年の平均の生産上昇率は製造業が三四％、続いて公共サービス二三％、民間サービス一〇％であって、民間こそ叱咤激励されねばならない分野であると指摘している。私はこういう統計が事実としても、それをすぐ合理化の有無に結び付けていいものか、多分に疑問には思うのだが、ともかく先の専務の話は一般が知っている常識とされていて大勢はそれに何となく流されてしまうのに、「まてよ」と事実を調べる姿勢は貴重である。

公務員の数は（中央・地方を含む）一九七九年ないし八〇年のデータで人口一〇〇〇人当たり、日本四五人、イギリス一〇九人、フランス八二人、西ドイツ七六人、アメリカ八二人で、日本政府は大変「小さな政府」だということになると。どんぶり勘定で考えると民間と比べてよくやっているし、国際比較でいえばこんな小さな政府はない。氏は行政改革と合理化に反対しているわけではなく、それには私も大賛成であるが、「政府の役人は最悪だが民間企業は最高だ」という今はやりのムードは根拠のないものだと言いたい、と主張している。ここで、氏は、飯田経夫氏も「今、日本の役人が世界最悪であるかのような議論によって、真面目に働いている多くの役人が、いかにひどく傷つけられているか」と述べている、と書いている。

行政改革で、人間の首を切れという意見が強いと書かれているが、実際、その後、国家公務員削減は進んで、私がいたような政府直轄の国立研究所は殆ど非公務員型の独立行政法人となり、国立大学も同様に法人化され公務員の枠をはずれた。二〇〇五年の選挙の攻防で、特定郵便局に対する郵政民営化も決定された。これらは削減の数値目標からスタートした側面があり、実質予算は国の財政から大部分が支出されているわけだから、純然たる民間とは程遠いのであるが、経済的自助努力も要請されているので、十年後くらいには随分実質も様変わりしていくと思われる。

また話は財政改革にも及んでいる。なかでも狙われているのは補助金であり、内訳は、社会福祉、文教および科学振興、公共事業費で七九%を占めているので、ここからどうやって要らないものを削るのか。それぞれ抵抗の言い分はあるので、決断は容易でない。氏は行政改革はあまり狭く考えてはいけない。もっと日本全体をどんぶり勘定で考える必要があると言っている。行政、財政、地方、民間、すべてが協力しなければいけないとしている。民間企業は合理化されたというが、とんでもなくて、政府が特殊法人を作って人を押し込んだと同じように、関係会社に余剰人員を送り込んですませているにすぎない、と辛口である。いまこそ民間の側から補助金も不要、増税も仕方がないという発言が出てこなければいけない、不公平税制もほどほどの水準にするなどの覚悟が必要なのであると主張している。いずれにしろ、このような方針の規準とすべきは、「公正さ」であって不公正を正し、「皆で揃って負担しよう」という気持ちで進むべきだ。これが行政改革賛成論者としての私の言い分だと述べている。

これらの議論の具体的な形は政府の予算案になるのだが、方針は二一世紀初頭の現在も、国内政策の最重要点で、国会の与野党の論戦の焦点である。政界、財界、産業界、教育界、労働、厚生関係者の議論の中心ともなっている。膨大な赤字国債の積み上げをいかにするべきか、年金財政の破綻寸前の問題など、財政の課題は数多い。ただ、氏が民間も政府から「取れるだけ取れ」という姿勢を改めよ、と言ってはいるのだが、一方最近政府は諸外国に比べて高い法人税は、下げる意向を明確にしていて、世界との産業界の競争に理解を示す方向ではある。

氏はいろいろの政府の委員を勤めていて絶えず日本全体の事を考えている。これらの本で出てくる氏の政府関係役職は「郵政審議会」、「文部省学術審議会」、「通産省・次世代基盤技術開発部会」、「国民生活審議会・省エネルギー部会」、「原子力安全委員会・環境安全専門部会」など多岐に亘っている。しかしそれ以上に、強調されるべきは民間人と共にする活動であろう。民間の視察代表団団長としての外国視察等により異国に行く豊富な経験を持っていて、絶えずその広い視野に磨きをかけている。しかもどこに行っても必ず異国の工場を見学している。ここに氏のあくまでも現場を重視する立場があらわれている。氏のように政府、民間の両方に関与し、双方での経験が豊富な人は多くない。氏が民間人として日本全体、日本の運営にたいして非常に広い立場でものを考えていることが解る。

最後に、物事にあたっては、困った時こそ成長の機会だと思い、手詰まりになったら「しめた」と思え、と処世訓をのべている。こういう風に考えると、いろいろ新しい方策が見つかるというのだ。環境悪化を逆手にとれともいっていて実際に生まれているニュービジネスの例もいろいろ述べているのだが、これらを読むと氏の実に逞しい精神力を見る思いがする。

社会科学系は、それなりに視野が広く、多面的な分析力が要求され、それに秀でた人、解説力のある人はジャーナリズムで言論人としてもてはやされる。話題も政治、経済、社会記事など、大衆もとりつきやすいから、宣伝もしやすく、多くの読者を獲得する。一度有名になると、何を書いてもその人が書いたということで、新聞や総合雑誌などのマスコミも取り上げるし、時局に関する多くの本がベストセラーになったりして、いわゆる著名人となっている人は数多い。

一方、理工系の人、特に現場で真剣に物と取り組んでいる人は、そんなジャーナリズムとつきあっている閑はない。黙々と格闘している無名の人ばかりで、マスコミ側もその仕事が局所的で、理解するのも大変難しいことが普通だから、一般人に知らしめるにも限界があり敬遠しがちである。また理科系の人は一般に口が重く、話下手である。NHK でこの間のギャップを見事に橋渡しをして、一時期、凄い人気番組となったのが「プロジェクトX」だった。出てくる人々は皆、地味で、普段世の中に知られていない無名人ばかりであったが、彼らの涙ぐましい血と汗の結晶ともいうべき物語の数々は実に感動的であった。そしてそこに出てきた人は、本当に皆、長年の努力の達成感とともに、何ともいえない誠実な「いい顔」をしていた。また、その仕事が、多くの犠牲や、実らなかった多くの試行錯誤の上に成り立っている事実も見逃せないことであった。プロジェクトの途中で倒れていった人々も沢山存在した。多くの仕事はチームプレーであるから、成功したからといって、個人が有名になるといった性質ではない。しかし、彼らはそんなことは全く眼中にはなく、ひたすら目的の成就にむけて頑張ったのである。

社会科学系、理工系の違いといえるかどうか判らないが、前節で述べた飯田経夫氏は優れた良心的学者であるが、どちらかと言えば悩み多きインテリというタイプである。これに比し、牧野氏にはそんな影は微塵にもない。どんな困難があろうと、それは解決可能であり、知恵とアイデアと努力があれば必ず突破できると、どこまでも強気である。勿論、相手とする対象が異なるので、物事に簡単な比較は禁物であるが、それでも氏の日本を鼓舞する姿勢は、世の科学技術者にとって強力な精神的支えになっているのではないかと思う。言ってみればそれは体育会系の爽やかさ、健康な精神といったものである。他に例えれば文官と武官の違いといえるかもしれない。

この二つの異なる視点、活動は共に社会の発展にとって必要な大切なことだと思うのだが、立場の違いから、両者はなかなか気分的には融合しがたい。たとえば社会科学系の人達にとっては、自らが関与しがたい科学技術の力強い進歩、それがじわりと社会を変えていく影響にある種の畏怖感をもつだろうし、一方それを推進している人々の楽天的な気質、社会の弱い立場や、おおくの矛盾にたいする無関心、鈍感さは耐え難いものと写るだろう。科学技術系の人達にとっては、前者の何の生産的活動もせず理屈をこねまわす議論、妥協による結論などは、合理的思考の欠如に帰すると単純に考えがちになったり、利害や損得を常に考え、自ら汗をかかないで投資で儲ける人々が多くいるというような世界に、ある種のいかがわしさを感じたりするのではなかろうか。

言葉より実行という、理工系分野でその人達の活動を伝える仕事は非常に重要なのだが、そういうことに努力している科学評論家の数はそれほど多くない。私が知っていてそのいくばくかの著作を読んだ人には、古くは丹羽小弥太、岸田純之助、現在は餌取章男、内橋克人、柳田邦男、立花隆等の諸氏がおられる。研究者あがりという意味では、糸川英夫氏、牧野昇氏、石井威望氏といったところであろうか。このような分野は、科学、あるいは技術の世界と一般人を結ぶ重要な役割をなすので、今後、一層の専門家の養成が必要であると思う。このための人々というのは、非常に広い視野をもっている必要があり、それには旺盛な好奇心、エネルギーが要請されるが、日本全体の調和のとれた発展には欠かせない人々といえよう。

1　レーザーは英語で laser　輻射の誘導放出による光増幅の意味である。Light Amplification by Stimulated Emission of Radiation の頭文字をとった。

2　ショックレーがバーディーン、ブラッテンと共に接合型半導体を発明したのが一九四八年、タウンズがマイクロウェーブを利用した理論を発表しメーザーをつくったのが一九五四年、レーザーの基礎理論を発表したのが一九五八年、独立にソ連のバソフ、プロホロフも一九五四年に誘導放出の研究を発表した。メイマンがルビーレーザーの発振に成功したのが一九六〇年である。半導体発明の三人が一九五六年、レーザーに関してはタウンズ、バソフ、プロホロフの三人が一九六四年にそれぞれノーベル賞を受賞している。

山崎正和　『柔らかい個人主義の誕生』

はじめに

この本は一九八四年に出版されて、一躍ベストセラーになり、吉野作造賞を獲得した。氏の五〇歳前後の著作である。私もその評判を知って、程ない時期に購入して読んだ。山崎氏は京都大学哲学科美学美術史専攻である。もともと劇作家であって（『世阿弥』、『実朝出帆』、『オイディプス昇天』、『二十世紀』などの作品）演劇に造詣が深いのだが、文明的観点から多くの社会評論を書いている。私は一般に演劇はほとんど見たこともなくあまり興味をもってこなかったのだが、氏の社会の見方には、文学的センスが感じられ独特の特徴があると思う。この本はあとがきによると、もともと八三年から八四年にかけて中央公論に四回にわたって分載されたものをまとめ、加筆したものとある。全体は三章で構成されている。

山崎正和氏

第一章　おんりい・いえすたでい　'70s　—ある同時代史の試み—

最初に、この試論はわずか数年前にくぎりを迎えた一九七〇年代の一〇年間の特質を論じるものであるが、それはあまりに性急ではないかという問題意識に対する議論から始まっている。時代を捉え歴史として論ずる事例としてまずあげられているのは、マックス・ウェーバーの『プロテスタンティズムの倫理と資本主義の精神』であって、それは当時より二〇〇年を経た後の歴史分析であった。デイヴィッド・リースマンが二〇世紀のアメリカ社会の特質として『淋しい群衆』(邦訳名は「孤独な群衆」)を書いたのは一九五〇年代に入ってからであり、ダニエル・ベルの『脱産業社会の到来』もそうであるが、これらに習うとしたら、同時代史という取り組みにしても五〇年は待つべきかもしれない、と書いている。しかし、現代はその特質として強烈な歴史意識の時代であることを挙げ、一〇年間を区切りとしてものを見渡すということが、さほどの違和感なく習慣化してきた時代であるという。これはどの程度の変化であるかどうかの是非というより、「人間は、学問的な知識欲の満足とは別に、なによりもまず現在を生きるために、自分の人生の位置づけを知らなければならない動物である」と書く氏が、時代の変化を見て、これを文章化する抑えられない情熱を覚えたということであろうし、その鋭敏な感覚のあらわれが本書となったというべきだろう。(氏は以前に「おんりい・いえすたでい60s」という文を書いてもいて、これらは一九三〇年代に、フレデリック・アレンが『オンリー・イエスタデイ』という一九二〇年代のアメリカに関する同時代史の傑作を書いたことに勇気を得たと述べている。)

六〇年代の日本が高度成長時代の真っ盛りであり、「もはや戦後でない」という認識、その象徴としての六四年の東京オリンピック、七〇年の大阪万国博覧会という極めて鮮烈な国家的祭典の開催がおこなわれた一〇年間であったのに対し、その後を受けた七〇年代は明確な特徴に欠けるように見える。「猛烈からビューティフル」へという標語や「不確実性の時代」という表現もあったが、石油危機やドルショックに一時的にせよ、おびやかされたこの時期は、人々は守りに入り、攻撃的な目標を持たなかった一〇年であると述べている。

特にはっきりしたのは、沖縄返還決定後(正式返還は七二年五月)の日本に回復可能な領土はなく当分の間はなはだしい外交的勝利を獲得する可能性はなくなり、国家のイメージは縮小し、むしろ国民の間では「地域の時代」というような内向きの感覚が支配するようになった。これは国家と比べれば明らかに強制力も弱く、人々の一元的帰属意識の希薄化とともに、より身近な多元的関係を求めていき、個人がより個別化する方向への傾向となっていったととれるというのである。（この間の政治経済界の動きというと、田中首相の「列島改造論」と狂乱物価、ドル・ショックとオイル・ショックによる戦後初の不況時代の突入という事態があったが、山崎氏はあまり経済動向についての言及はせず、人々の生活感覚の変化に重点を置いている。また札幌での冬季オリンピックは七二年二月で七〇メートル級純ジャンプのメダル独占は日本中を沸かせたから、国家的熱狂がなかったわけではない。）

人びとの生活上の状態の顕著な変化を示すものとして、職場での労働時間の縮小（週休二日制の普及、祝日が日曜と重なるときは翌日が休日になるという祝日法の改正など）と家庭の主婦労働の軽減、自由時間の増大があげられている。元来、職場も家庭も一つの強力な目的志向集団であった。というのは、職場は業績達成の組織、家庭は子供の成長を軸とする組織であって、そこで刻々に与えられる課題に没頭せざるを得なかったし、ここで見失われがちであったのが、「個人の生涯」という時間であった。この強制力が弱まってきたというのは、時間の使い方のみにあらず、個人の人生にたいする態度も変化せざるを得ない、と。政府の政策の中にもかっての「所得倍増計画」や「列島改造論」のように量的で集合的な豊かさをめざすのとは異なって、七四年には「ライフ・サイクル計画」という個人の生涯を時間軸に沿って眺めるという政策構想が現れた。

また社会の高齢化というものが重要な問題となってくると、これは個人の多様化というものの比重が一層重くなってくることを意味する。人間は高齢になってくると、その活動力の差は個人個人でますます大きくなり、等質性は失われ、多様な生活と多様な感受性の支配が問題となり、社会の気風自体がますます多元化する。高齢の最後となる死というものは、絶対的に個別のものでしか有り得ない。

これに付け加えるに、青春そのものの変貌にも注視の目を向けている。青春を特徴づける基本的欲望、生活の自立への願望と性の欲望、これが六〇年代以降の豊かさの中で、絶対的飢餓がまったくなくなり、欲望の満足が極めて容易に充足されるようになった。青年が成熟していくということが、人間が自己を限定し、それを耐え忍ぶ能力を持つことであったが、現代は自己限定を強制する力を社会が失い始めている。敏感な青年は、社会の軸への自分の位置づけの意味の減少を漠然と感じ取っていて、場合により、モラトリアム（猶予期間）の人間になったりするというわけである。もしかするとそれは一時的なことではなくて、生涯を通じて単一の役割に埋没することを拒否する、一つの人生態度なのかもしれない、なぜならば限定しきれない自己の曖昧さと複雑さを受け容れることが、成熟ともいえるからであるとも付言している。

氏は、より長い時間の中で、人間の不幸の質が大きくかわっていて、かっては普遍的で集合的であったし、その原因も科学的説明が有効で、国家的政策で救済が可能であったのに対し、最近の不幸の原因は偶発的、個別的なものが多くなり、説明も、救済も不可能な孤独の中の苦悩に陥っているものが多いという。疾病と死亡原因の変化が典型で、かっての肺結核のように栄養不良と劣悪な衛生環境という社会で共通なものが原因で、その対策に抗生物質や集団検診などの社会的対応で処しえたものから、現在は流行性とはいえない個別の難病による死亡というものが多くなっている。これはかっての同病相憐れむというような連帯はおろか、たった一人で自己の悲運に直面しなければならないという孤独に襲われている。また交通事故を中心とするおびただしい事故が死亡原因の大きな部分を占めてもいる。これまた偶発的要素が強い。個人の側からみれば、全く不条理な運命ともなることが多い。

労働問題や家庭問題もそうで、かっては国家的失業が脅威で、労働組合などの全体的取り組みがありえたが、今は同一業種間の競争による勝ち組、負け組があり、個別の職場内では「肩たたき」など、個人の中で他人との連帯や団結が救いにならない。家庭もかっての封建的な家族関係による嫁姑問題よりも、家庭内暴力などに苦しめられているケースが頻発している。そして人々はこれらにおいて無意識のうちに、法則的なもの、普遍的なもの、組織的なものの力の限界を感じ取っていると指摘している。(第一章の補注では　これらが単なる感覚上の問題意識ではないことを示すための、所論の内容を裏付けるいろいろなマクロな統計上の数値がでている。)

国家的な目的意識を失った社会が混乱と無気力に陥りつつあるという認識は、アンドルー・ハッカー氏の『アメリカ時代の終わり』に典型的に書かれているそうで、「ミーイズム」と呼ばれる個人主義の退廃現象として表現されているという。日本ではこの対策としてどういう反応が見られるかというと、伝統的な保守主義ともいえる、倫理の回復といった主張が見られているが、以上に述べた変化は、産業時代の爛熟の産物であり、ことごとく産業化の成功が生んだ皮肉な結果とみるべきで、これを推進した勤勉とか忠誠心とか国家や家庭における共同感情にだけ頼っていても、物事は解決しないだろう、即ち個人の個別化を認めた上で、積極的な新しい個人主義の萌芽を探すほかはあるまい、と主張している。

ここで、氏は本書の副題となっている「消費社会の美学」を新しい視点として提起する。産業革命以来、全ての面で社会の分析は「生産」を重視してきた。勿論、消費あっての生産ではあるのだが、社会を組織する原理としてはもっぱら生産の場における人間関係が基軸となってきた。マックス・ウェーバーの分析が示すように、近代人の自我意識の根底を支えたのは、ものを生産する行動だと考えられてきた。いまでも生産の優位は変わっていないが、社会の豊かさの到来とともに、生産によりも消費に密着した商品の必要性が要求され、人々の価値観も微妙に変化している。それは第一に個人の個別的な嗜好による選択であり、第二が物質的な商品より、直接的な個人的サービスを要求しはじめた時代が始まった。前者は、「多種少量生産」(氏は特に出版事情において一点あたりの発行部数が減ったことと、雑誌、専門誌の分化を挙げている。)で既に多くの人が指摘していることだが、後者は、人間の基本的生存を支えるものではなくて文化的サービスとでも言えるものであるところに時代の変化がみてとれる。外食産業におけるファミリー・レストラン、ホテルや旅行、スポーツクラブ、画廊や美術館の併立、小規模の服飾デザイン店の興隆などが例示されている。これらは、個人が内面的自発性を発揮しはじめた現象であると解釈できるという。すなわち人びとの固有の趣味の形成である。

この記述の中で、氏はいかにも演劇作家らしい観察をのべている。すなわちファミリー・レストランの場合、提供されるものは冷凍食品であるが、顧客が店頭で受け取るのは、食卓の雰囲気と給仕人の演技、もてなしの「幻想」だという。服装店においてもそこで人々は、自分一人のためのデザインという「幻想」を求め、自分のために忙しく採寸するデザイナーのしぐさと、その間に交わされるさりげない会話のセリフを買うのであって、自分にたいする人間的気配りが確保されることに満足するということが重要なのであるというのである。ライブの音楽、スポーツクラブでも趣味の会でも人びとはなま身のコーチの指導をうけるだけでなく、自分自身の活動に他人の注目を浴びる場所を見出してきた。たしかにテレビでも昔は素人のど自慢くらいしかなかったのが、視聴者参加番組、歌、クイズ、その他、幼い子供に至るまでの夥しい素人、一般人の芸能などへの登場番組が氾濫している。

氏は、サービスの歴史という意味では次のように論ずる。「前産業化」段階では少数の人間、貴族や富裕な財産家のみが、お雇いの仕立師、調理師、楽師などからの直接サービスを楽しんでいた。「産業化」の時代は、より多数の人間が文化サービスを享受するようになったが、その中身は急速に「複製品」に変わっていき文化は大量生産となり、我々の生活も、ほとんどサービスの複製品、間接のサービスの中で生きている。それが七〇年代に入り、漸く多数の人々が、なま身のサービスを要求し始めた、というのは、大衆文化の成立、民主主義の成立をも上回る大きな変化の始まりかもしれない、と述べている。すなわち多くの人達が、単に豊かで平等な生活を求めるだけでなく、一人一人が異質の個人としての処遇、かけがえのない一人の人格として、具体的に他人の注目と気配りを要求しはじめた、と見ることができるからである、と書かれている。（私はこれは全く、舞台の俳優の心理をなぞっているようだなと思った）これを山崎氏は人々が今まで前産業化時代の「誰でもない人」（ノー・ボディ）という存在から、産業化時代は大多数の人がひとしなみに尊重され、しかしひとしなみにしか扱われない「誰でもよい人」（エニー・ボディ）という時代を経て、今新たに「誰かである人」（サム・ボディ）としての存在、主張への変化であるとし、社会もそれを受容する条件や体制が整ってきたのだという。このあたりの表現は、極端なセリフによってことの象徴を伝える演劇的手法であって、氏の培われた資質の特徴が良く出ていると思う。

そのような人達の活躍の場は必然的に「地域社会」であり、またそこで人々は、意識的な表現が要求されてくる。今までは組織の中にいることで存在が認められ、その役割りを果たすことで済んでいたのだが、新しい人間関係のサービス交換の場所、一種の社交の場においては、積極的な演技なしではその存在を確立することができない。いわば気配りを交わすこと自体を目的とする場所であるから、表現ということが重視される。ここに、産業化時代の個人主義と全く異質な、成熟時代の個人主義、開かれた自己表現の個人主義といったものの可能性を見るのである。かってのシステム、あるいは組織原理に対する不動の「帰依」とか「一貫性」というようなことが存在感であったのとは違った、柔軟で多彩な表現は近代になって「芸術」という特殊領域に封じ込められて、それは日常とはまったく異質な世界という美学思想が確立されてきた。日常においては、美的な趣味よりも、規律への服従とか、仕事への黙々とした労働、「誠実さ」が尊重されてきた。このような生産原理が伝統的な基盤となっていたのである。これが社会の指導原理として唯一の存在でなくなったのが、今日の我々の生きる現状なのである、というのが氏の主張である。

第二章　「顔の見える大衆社会」の予兆

脱産業化社会の知識集約型産業への移り、情報化社会の到来、サービス業の質、量ともの増大、これらを普通は、六〇年代から七〇年代が一貫した時代であると捉える。確かに変化は徐々に起こるのであるが、氏は脱産業化にも両義性があって、それは生産性を飛躍させる技術上の発展と、人間の生活態度の質的変化であるとし、前者は常に進行していて、八〇年代の今も代表的にロボットによる生産などが例にあげられているが、後者は七〇年代はじめに現れた「猛烈からビューティフルへ」の標語の如く、「ゆとり」そのものを生活の原理とするような時代の到来を暗示すると述べる。既に知られた科学、技術の情報はプログラム化される情報であり、その効率的利用が期待されるのに対し、その方向性が判然とせず、プログラムされにくい情報がだんだん優位になっていっているという。

その例として公共サービスの要求の変化が挙げられている。一時期行政サービスに対する要求は、福祉を求めて拡大していったのだが、もはや国民は行政という形式のサービスはむしろ簡素化、縮小を望み、自由な市場で買えるサービスに魅力を感じ始めている。もともと均質的、集合的であることが属性である行政手法には人びとの多様、かつ個別的要求に応えるのに限界がある。「生きがい」や文化的満足といったより高度の内面的な価値への要求の高まり、しかも厄介なことに、これらは当人にとってもあらかじめ内容が明確につかめているわけではない。「生きがい」とは本質的に人が自己探求のかたちで見出すものであって、それを外から与えるということは論理的な撞着だからだ。こうした意味で「文化行政」というようなものも今までと異質な面があって、例えば「学校教育」から「生涯教育」への転換などはその表れとも言える。

氏は、もっとも大きな変化は、豊かな社会の実現が人間の基礎的欲望を満足させるとともに、結果として、消費者自身にも自分が何かを求めながら、正確には何を欲しているか判らない、という心理状態を作りだしたことであろう、と述べている。生活必需品は安く手に入り、それより以上の費用が高度の欲望のために支出される。しかし、この高度の欲望は、精神的快楽と呼ばれる価値をめざすものであって、その内容については、あらかじめ明確な言葉で指し示せない。デザインについてあらかじめ消費者が知っているのは、自分が「何かしら美しいもの」「面白いもの」を欲しているにすぎず、漠然たる願望である。人はある特定のデザインを持つ商品を発見したとき、はじめて自分の願望が具体化され明確になる。これを氏は商品との対話を通じた一種の自己探求行動と表現している。このような商品を作り出す側も試行錯誤、飛躍的創造活動といった非プログラム的活動が要求される。企業でも、市場調査、宣伝、消費者相談、広報など、消費者の秘められた需要を発掘するのに多大の努力が費やされている。これらの活動が、その仕事で伝統的な生産組織と異なる点は、その多くが小規模集団であって時間的合理性と無縁で、組織として時間的な規律となじまない。仕事の内容が目的そのものの探求であるとすれば、これはゴールのない競争のようなものであって、このような活動においてやがては勤勉という美徳の概念、組織に対する忠誠心の質をも変えることになるかもしれない。このように生産に係わる個人と組織の関係が変化の兆しをみせたのは、明らかに七〇年代になってからであると述べている。

ここで、読者は「新しい社交空間」というまことに山崎氏のスタンスらしい節にであう。我々が予兆を見つつある変化は、ひと言でいえば、より柔らかで、小規模な単位からなる組織の台頭であり、言いかえれば、抽象的な組織のシステムよりも、個人の顔の見える人間関係が重視される社会の到来である。産業化時代の三百年を通じて、我々は一方に硬い戦闘的な生産組織を持ち、他方に漠然とした、隣人の顔の見えない大衆社会を持った。人は、前者のなかで安定を楽しみながら不自由をかこつか、あるいは、後者のなかで自由を享受しながら不安を味わうか、のいずれかであった。いまや、両者の中間に立つ組織を育てあげ、いわば、隣人の「顔の見える大衆社会」に生きる時代を予感していると言えるだろう、と述べるのである。消費の世界では、レストラン等サービス産業の顧客として、またスポーツクラブの会員等各種の文化活動への参加を通じて、多くの社交的機会が増加している。こうした社交の場所は、人々が自分の趣味を表現しあう場所であり、自らの欲求の適不適を確認する場ともなる。更に、現代ほど、人間が自らの欲求について自由であるがゆえに不安であり、その方向と限度の適切さに自信を失なっている時代はあるまい。一方では大衆的流行が呼びかける無際限な浪費への誘いがあり、他方からは基礎的な欲求に帰るべきだという古典的道徳の呼び声がある。この二つの声のはざまに立って、長らく、人びとは癒されぬ飢餓と自己嫌悪に悩んできたが、ここで、隣人の「顔の見える大衆社会」がその救済として現れてきたといえるかもしれない、と書かれている。私は、ここは、やや極端に単純化された見方と情緒的表現の流れにまかせて筆が滑りすぎていると思うが、面白いとは思う。

次にこのような意味で「顔の見えない社会」の歴史を振り返る。個人の顔の見える人間関係を否定する思想が社会を覆ったのは、一七世紀の産業革命の時代で、ここで氏は再三今までにも言及しているウェーバーの『プロテスタンティズムの倫理と資本主義の精神』をザッと概説する。カルヴィニストの禁欲主義、神を絶対者として、自らの職業を天職としてひたすら勤勉に働くことをその倫理とした思想、それによって資本の蓄積が進み資本主義の基盤的条件が備わった、というのがこの有名な著作の骨子である。ここで、蓄財そのものは許されるのだが、それを快楽のために消費することは罪悪視され、とりわけ非難されるのは時間の浪費であって、純然たる娯楽や怠惰はいうまでもなく、文学や芸術のために時間を使うことさえ誡められた、この不断の自己抑制と自己点検こそ、人間の個人としての尊厳の根拠であった。彼らの信じるシステムに人間の顔の入り込む余地はなかったと書かれている。その昔、宮廷のサロンが社会の文化の中心であり、教会の華麗な儀式が社交の場であった時代に比べて、ここでは人間関係の思想が革命的に変化した。

氏はさらに、職業と宗教的意識との関係については、これは実は日本での江戸町人の思想に酷似していたと指摘する。日常生活のうえで自分に与えられた職業的身分に固執し、黙々と働くことが、超越者への奉仕の道だと考えられていた。「分」を踏み外さず「道」を究める努力のなかに、自己の存在を確立しようとした意味で、彼らはプロテスタントに劣らぬ「個人主義者」であった。通念に反して、江戸町人は十分な近代的個人だったので、それだからこそ、明治に入って西洋の産業主義を受け入れ、それを一瞬に開花させたことができたのだという。

やがて人々は絶対者である神の存在を前提とはするものの、それは徐々に日常の意識からは離れ、一方合理的生産組織は進み、物質的富の増大を良しとする進歩主義の伝統は逞しく社会を発展させる。氏はこの流れの中で一九世紀の終わりに人々は重大な不安に陥ったとしてデュルケイムの『自殺論』を詳述しているのだが、この本は私は読んでいないので、氏の言っていることもよく解らず、ここでは省くことにする。更にリースマンの『淋しい群衆』で指摘されたようなこと、二〇世紀の前半に人々の陥った不安感の解釈を述べている。社会が豊かで多様化されていくに従い、人々は自分の欲望に関する規範がなくなり他人の動向を気にして嫉妬や羨望に陥る。その他人も同様だから全体として「他人志向」の無限の悪循環が続き社会全体が「淋しい群衆」によって満たされる。皆が世間という顔のない他人であり、流行という没人格的呼びかけに気を遣う。そして生産組織は確固として発展しているのだが、そこでは殆どの人はその任務を果たすことだけを要求され、それ以外は個人の顔が見えない、「誰でもよい人」なのであると。こういう社会では、情報は一方的に与えられるばかりであり、それに対して有効に応答したり、自分から情報を発信することはない。消費は純粋に受身の行動で、巨大社会の流行に操作され、行動の自発性は禁じられているという無力感を生む。日々の欲望は満たしながらも、自己の内面の表現による喜びは味わえないできた。すなわち、このような歴史で一貫して欠けていたのは、「情報を生産する」という観念であった。物質財は生産しても情報は与えられるもので一般の人が作り出すものではないという考え方である。技術はともかく、趣味を商品化して生産することは贅沢と呼ばれ、それを積極的に肯定する思想は根づかなかった。遠き昔の貴族、大ブルジョアが趣味の生産者であったのは、その時代彼らの消費が、重要な創造的仕事の場であったので、彼らの集まりを通じて、趣味が披露され切磋琢磨されたものが、時代の表現ともなった。その例としてフランス宮廷文化のサロンで文学、芸術、衣裳などに洗練された文化が磨かれ「ギャラントリー」(婦人に対して親切な事)や「ダンディズム」(男の洗練された格好よさ)といった美意識が生まれたことが上げられている。

日本での社交集団の歴史はどうかというと、山崎氏によると最盛期は室町時代であったという。しかし、江戸時代以降、日本人は社交の観念にたいして否定的態度をとり、特に近代百年間は近代社会の建設のためにそれを徹底的に抑圧した。江戸時代はそれでも教育の仮面をつけて大半は芸能の修練のかたちで行われたが、「茶の湯」が広く普及し、遊郭では、独特の音楽や美術の鑑賞、特有の美意識、「いき」の文化(九鬼周造著『「いき」の構造』が参照されている。)

が醸成されたりした。琴や三味線、生け花や謡曲、短歌、俳句といった分野はこういった意味で一つの消費集団であって、相互表現や相互批評を通じての小集団の社交の場であって、現在でも一筋の命脈を保ってはいる。しかし、氏はこのような多くの伝統的集団は、すでに老化と退廃の傾向を示し、規律は形骸化し、組織は官僚化して、現代社会の救済に役立つものではなかろうという。

ここで、新しい動きとして、先述の生産現場における目的探求型の集団が優位を増しているという事実に期待を持つのである。生産者集団が消費者集団的行動をとり始めたということ、これは、まじめと遊び、仕事と余暇、実務と文化活動という二分法の観念に変化を引き起こし、「時間を浪費すること」についての三百年の恐怖の呪縛から抜け出すこともできるであろうと、やや大げさに表現されている。また現代の情報化社会の多様化から、社会の画一的情報の力が著しく弱まったとし、テレビのチャンネルの増加、ビデオ、有線放送の普及、それらがあいまって、七〇年代以降、巨大な流行、巨人的スター、爆発的なブーム現象というものが急速に姿を消した。一方的に強制される情報の比重が減り、その分、顔の見える隣人との対話、社交の生み出す情報の重みが増すということを意味しているはずである、と述べる。

大衆が複数の小集団の中で生き、複数の集団に多元的に帰属するということになっていくことは個人の心の安定にとっても大きい。一方の集団で満足されえない誇りを別の集団で回復することもできる。官僚で昇進できなくても、美術集団で特選を重ねるとか俳句の結社で指導的位置を占めるということがよく見られる。人は自分のなしうることを尊しとするものであり、そこで能力を発揮できさえすれば満足するのである、と述べられている。産業化された社会では、物質的富という価値が圧倒的重みを持っていた。価値が一元化された世界でこそ、人々は嫉妬や羨望にさいなまれ、顔の見えない世界で孤独におちいるからこそ、これらが肥大するのであって、顔の見える集団を持つことによって、人々は自分の位置を確認し、周囲に対する自己の評価の具体的事実で、見えない世界への意識への捉われから離れることになる、ということのようだ。

日本人の特性としてよく言われる集団主義についても注意深い観察をしている。日本人が忠実なのは集団一般にではなく、自分の属している自分の「分」が目に見える集団に対してである。日本的経営が成功を収めたのは、指導者が企業内の小集団を活性化し、その責任者である中間管理職に多くの権限を与え、下から上への情報の流れを円滑にしたからであった。本質的に目的志向の戦闘集団でありながら、成員に情報発信者としての自覚と共に目的探求の意欲を起こさせる場所としたことにあるという。

これまでの脱産業化時代の重大な問題は、社会を支配する知的情報があまりに高度になり、指導者層以外には探求不可能になってきた。大衆からは自分が知りえないものによって操作されるということになる。これが指導者層と大衆の情報をめぐる対立をひきおこすかもしれない、と多少の憂慮も述べられている。これを緩和する装置としても、顔の見える社会こそ、個人主義の基盤であり、真の個人が誕生する場所だと強調している。

第三章　消費社会の「自我」形成

「消費社会」というと、なんとなく快楽主義の匂いを感じ、倫理上好ましくないような感覚を持つのだが、そもそも消費とは何かということに、氏はこの章冒頭で二十数ページを費やしている。氏自体が否定的評価をしているボードリヤール氏の所論（「消費社会の神話と構造」）をめぐっての議論なども含めて、氏の主張自体、私から見てどうかなと思うことも多いのだが、ここでは、そのうち少なくとも議論の本筋を見失わないように重要だと私が感じた部分のみを取り上げたい。

常識的には消費とは人間が欲望を満足させるためにものの価値を消耗すること、というところだが、あらゆる生産が消費のために行われる以上、消費と生産は常に密接な関係を有し、この定義は生産にもあてはまる。だからまず、この消費という概念を注意深く考えてみようとする。まず、欲望というのはどういう構造をしているか、と論を進め、欲望は満たされるにつれてその快楽が逓減し、ついには苦痛に変質することさえある、食欲が典型であるが物質的欲望は成就されてない間だけ存在し、完全に成就された瞬間に消滅するという皮肉な構造によって人間を翻弄する、というふうに述べている。物質的消費が行動として、一定の目的を志向しながら、けっしてその実現を求めない、それに至る過程をできるだけ引き伸ばそうとする。その消耗の過程を楽しもうとする、例えば食事の贅沢で、調理に手間をかけ、手のかかった食器、煩雑な作法、食前酒の選択、食事中の会話、食後の音楽に至るまでありとある演劇的儀式の創造に心を労すると述べている。これは人間には物質的欲望のうえにもう一つ精神的欲望といってもよい欲望があるということで、この方は満足の限界がないという。

考えると、人間の消費行動は効率主義の対極にあり、目的の実現よりは実現の過程に関心を持つ行動であるといえる。いわばものの消耗と再生をその仮の目的としながら、じつは充実した時間の消耗こそを真の目的とする行動である。ここにおいて、生産と消費は明確に区別ができることになると述べている。例えば日曜の家庭菜園は、一種の消費行動だといえる。しかし、これを収穫を重視しだすと、生産に近くなる。実際、実態において人間の行動はこの両者の中間にさまざまな混合形態が有り得る。ここの部分の記述は氏の優れた観察眼を示していると思う。

現代の産業が、消費者の需要を自明のものとできず、彼らの需要を探求し時代の気分を考えながらその感情を形象化するというのは芸術の仕事にも似ている。そういう創造的な過程がどういうものであるかは、簡単に答えられるものではなく、一般にいかにして白紙からよいアイディアが生まれてくるか、いかにして人間の思考は飛躍しうるのか、という哲学と心理学の根本問題のひとつだと言えると書かれている。そして多分氏自らの体験に照らしてであろうが、そこでは効率主義とはかけはなれ、作業の過程を楽しむゆとりを持つことが重要で、心のリズムを作り出し向こうからアイディアが生まれてくるのを待つことだろうとある。そしてこれは社交の快い雰囲気の状態に似ているのでこれがもっとも良質の消費行動になる。このように、現代社会は生産と消費の両面において間違いなく消費社会の性格を強めているという。

次に氏は「消費する自我」とはどういうものか、と考察を進める。消費者はそれぞれ自分の個性的な満足を探そうとしていて、そのような分散化によって他人への羨望の機会は減ってはくる。消費で他人に差をつけようとする、あるいは他人に追いつこうとするというのは、一種の自己顕示欲ともいえる。この自己顕示欲というのはきわめて矛盾した構造を持つ行為であると説明する。すなわち他人を圧倒しながら他人の主体的承認を仰がなければならない行為だからというのである。我々は他人の称賛や羨望を求めながらもそれが他人の自由な判断に基づき与えられることを期待する。いいかえると自己顕示の喜びを覚えるとき他人の自由と主体性を認めていることになる。すなわち、自我の成立そのものが他人の存在を必要とするのである。このように氏の心理分析はだんだん深く記述されていく。われわれがなぜ酒宴や園遊や喫茶の会を好み、社交の場でいわばものの消費を好むかといえば、そうすることによって互いに楽しんでいる自分の姿を確認しあうことができ、たがいに調子をあわせることによって、消費行動のリズムを一定に保つ、あるいは不確かな自分の満足を確かめ、個人が具体的な隣人の眼の信頼を得ることができるからであろうと述べる。

氏はもしかすると、二〇世紀の最後の二〇年は人類の精神史のなかでも特筆すべき時代となるかもしれない。脱産業化時代を迎えた諸国の大衆が、ひとりひとり自分を十分に知っていないという事実に気づく可能性を持ち始めた時代であるからと。これはなんとも持って回った表現だが、要は人びとが多様な商品、多様な娯楽、無数の楽しみに関する案内書を前にして、行動の選択に迷っている。またそれを前にして選択しながら生きるべき自由な時間が広がり、拘束時間が減り、労働の中にも自由な選択の余地が出来、長命化による人生の時間も延びている。日本では早くもこの急増する選択に疲れを覚えてそこから逃げると思われる行動も見られるという。それは近年家庭における伝統的行事の復活、冠婚葬祭の儀式の形式的煩雑さの増加に見られ、これらは自由すぎることに対する外的拘束を求め、自分の決断の労を避けているのではないかとも思うと言うのである。自動販売機、コンビニエンス・ストアの繁盛は、今や人々は日常品の購入はできるだけ選択の煩を避け、節約された時間と精力を特定の趣味的な買い物に注いでいると見るべきかもしれない、とも述べている。おびただしい商品の山を前にして絶えず自分の欲望の内容を問いただされ、「何か面白いことはないか」と自問する人間は、既に自分がその「何か」を知らないことを告白している。これが先の氏の持って回った表現となったのだった。

現在、我々は高度産業化社会と脱産業化社会の二重構造の中で生きていて、後者は消費社会とも理解されるというわけで、そこでの自我の観念そして個人主義も二種類あわせて受け入れて生きなければならならず、その点に現代の人生の特有の難しさがあるという。（こういう文章をみると、何と人文哲学の考え方の頭でっかちな気むずかしさだろうと、ある種の滑稽さまで感じてしまうのだが）

もっとも原初的自我は「満足を急ぐ自我」ともいうべき欲望を満足させる行動の主体であった。やがてその満足の先送りとして生産と貯蔵を要求し、欲望を限定すると共に「生産する自我」を確立する。動物的欲望の充足を越え、生産の行為を通じて自分を一定の技術を持ち、自由に使える道具として、自分の支配者となる。ここに自由なる「自我」が生まれ個人の尊厳が存在する、というのが、近代の哲学例えばカントの考えであり、オルテガの「選ばれた少数者」もこのような克己的自我ととれるという。ここには対象をも自己をも理性の力によって支配する剛直な精神による硬い自我があり、それに基づいた自己主張の強いものが従来の個人主義といわれるイメージであった。

氏がここで、現代生まれつつあるという「柔らかい自我の個人主義」という正にこの本の題名とした含意を説明する。満足を先送りするのはより十分な満足を得るための回り道の方法であって、これが生産活動を促し克己的な自我につながったのだが、もう一つ満足を引き伸ばそうとする欲望があり、それが既に見たような意味での消費活動になる。この最大の消費の対象は時間であった。これは能動的に自分の満足を操作し且つ受動的にその満足に陶酔する。すなわち自己の中に第二の自分を眺める目、満足する自分を確認する自我を持つ。満足を先に送る自我は純粋に能動的であるのに対し、それを引き伸ばす自我は能動的でかつ受動的であるところに違いがあるという。(言われてみれば、確かにそんな気もするのであるが、劇作を作るような人の、なんと面倒くさい人間解釈なのであろうとも思う。しかし、表現を生命とする職業に長年携わっていると、こんなセンスでの考え方にもなってくるのであろう。)

こういう自己探求の営みこそ芸術の仕事なのであるから、生産する自我を「技術的人間」と呼び、消費する自我を「芸術的人間」と呼んでもよい。前者は主張する人間だとすれば、後者は表現する人間であるという。そして後者の欲望を引き伸ばす人間は、どこまでいかに引き伸ばすかについてつねに不安であり、それゆえに自分の行動を評価してくれる他人の眼を求める。当然他人に対して柔軟に振る舞い、より控えめな自己主張を持つ自我になる他あるまいと述べる。生産する自我は剛直に信条を守ることが美徳なのに対し、消費する自我にとっては、つねにしなやかさを保つことが美徳なのであると。

氏は最後に、このような思想はかってワイマール国でゲーテやシラーがいたサロンの小さな共同体の中で一度は考えられたことがあるといい、特にシラーの思想を紹介している。彼の考えた自我はカントの禁欲的で克己的な自我に対して、むしろ自己の欲望と巧みに和解し協調する自我であった。人間には「物質本能」があり、他方それに規律を与える「形式本能」があり、通常の倫理的人間は常に後者が前者を抑圧する。しかしシラーはそれとは別に「美的人間」というものがあるのであって、そこではその二つの本能は対等に協調しあい、「遊戯本能」を形作る。この美的自我は自分の硬い信条を主張せず、理性の立場から感情を排除しようとせず、現に満足を味わいながら自己を抑制している自我であり、幸福に酔いながら醒めている自我であって、まさに我々のいう消費する自我にきわめて近いものだと見ることができるという。現在の我々の世界は当時に比べてあまりに変化の激しい時代であり、ある意味でいつにもまして「無常」の時代でこのようなことが再び広がるかどうかわからない。しかし、確かに産業化時代の段階を離れた現実から、これからの可能性として人々が一つ一つのものに深く執着しそれを丹念に味わうというような社会がくるかもしれない。折しも高齢化時代であり、人々が余生の時間を深く味わい、孤独な自己の姿を見つめなおす機会を増やし、それと同時に他人とともに満足を味わう、幸福な自己の姿を確認する機会をも求める時代、それへの希望を伝えて本書は終わっている。

作者の視点は、社会の変動にたいして、個人個人の感性が知らず知らずの間に、それに対応していかなる変貌をとげているか、生活次元での感覚がどのように変わり、人生観自体がどのように静かに変化していっているか、ということであって、非常にユニークな角度からの分析であるといえる。「人間の欲望と充足」についての試論といってよいかもしれない。社会科学というより、人文科学的であり、人間の心理面を中心として文学的感性で人びとの意識、とりわけ無意識に変わっていく心理の変動を記述している。社会の動きもさることながら、結局、我々の日常感覚というものが、もっとも我々を支配し、規定しているのだから、これがより存在にとって重要なのかもしれない。

自らを考えてみると、この本の内容の七〇年代は私の三〇歳代の時で、自らの物理学専攻の専門家としての確立のための必死の努力と、家庭での育児の真っ最中で、氏が述べているような社会的観察の余裕は殆ど無かった。この本を最初に読んだのは出版三年後の八七年であるが、私はこのとき四〇歳代半ば、アメリカ三年、日本二年に続くフランスで二年の客員研究員生活から帰国後であって、やはり専門の研究に追われ、面白い本を読んだ、という程度の受け取り方しかしていなかった。その後また読んでいるのだが、終わってなんとなく雰囲気は覚えているのだが、ガチッと何かが残るかというと、フワッとした印象でなんだか文学作品を読んだあとみたいであった。文章上は一見して表面上難しい内容が書かれているわけでもなくすらすらと読んでしまう。たぶんかって読んだ多くの人に今、読後感を聞いても、「面白い本だった」という以上に、強い印象というのは残っていないのではないか、と思う。しかし、さわやかな読後感であり、作者の鋭敏な感性は覚えているので、また手にとる。そして読んでいる最中、いい気持ちだが、読んでもやはり題名の如く、柔らかい印象というもの以上ではない。しかし、今回あらためて精読しゆっくり注意しながら読んでみて、なかなかの内容だなと実に感心した。氏の此の時指摘した社会のいろいろな傾向、人々の対応のあり方はますます顕著になって二一世紀に持ち越されているように思う。

この本では作者の劇作家としての性格がはっきりあらわれている。舞台は社会の動きおよび人間の動きを抽象して表現するのであろうが、逆に社会は舞台表現の場であるという見方をしているように思う。社会を劇場として眺めていてその生態を注意深く観察している。あとがきには以前に書いた「演技する精神」の美学的考察をうけついでいるという山崎氏自身の述懐が書かれている。

一方、山崎正和氏は、演劇という表現芸術の作家であるから、このように、表現することに異常にこだわってこのような文章を書いたが、一般人はそのような欲望が非常に強いとは思わない。多くの人がそれが満たされないことで大きな不満を持ったり、癒されない孤独感や無力感をかこつというのは、やはりちょっとバランス感覚を欠いていると思う。その意味でこの著書は、彼の職業感覚がもたらしたやや異常な主張という感じがしないわけでもない。

本書はその要約にはかなり難渋した一冊であった。約二〇〇ページの本なのであるが、思考が実に柔軟なのである。すなわち思考が一本道でない。これはこうである、としてそれは別の意味からはこういう側面をも表すとか、受け手からはこういう風に考えられるし、考えようによっては、逆の意味にもとることも可能であるといった風に、さまざまに表現、見方が変化し、事態の複雑さ、多面性が浮き上がってくる。材料は既に、糸川氏、トフラー氏、飯田氏などの著作で書かれた社会、経済の状態、その変化など、共通の事柄がたくさんあって、ここでも繰り返されているな、とか、皆似たような認識をしているな、ということが多いのでどうということはないのだが、山崎氏の場合、人々の受け取る感覚、その心理的影響による行動などに叙述の重心をもっているのが他と異なる。またそれを人々の生活という場での表現、舞台上の演技という観点から見ているのが最大の特徴で、そこに作者の実にしなやかな感性、緻密な思考過程が披瀝されているのである。こういう人の内面に立ち入った分析的文章を書くのもたいしたものだと思ったが、これを短文に縮約してエッセンスだけは取り逃がさないという作業も、その為に結構な努力を要した。

精読すると、ある意味ではなかなか難しい内容でもあり、このような考え方がどこまで意味のあるものかという疑問も感じたが、一方、深い洞察に満ちた含蓄の深い作品であるとも思った。

藤井康男　『文科的理科の時代』

はじめに

一九六七年にイギリス人、チャールズ・スノーによる『二つの文化と科学革命』の訳本が出版され、私は翌年に読んだ。大学院在学の頃であるが、この原著は六三年に出ていて当時世界的にかなりの反響をよんだ。スノーはその直後労働党内閣の政務次官になったりして功績がみとめられたのであろう、六四年にBaron Snowとして爵位を得ている。この本は第一章が一九五九年に行われた講演を元にし、第二、第三章はそれに対する各方面からの論議、非難、賞賛に対する考察となっている。

スノーはもともと物理学を専攻した人でケンブリッジ大学で二〇歳代の半ば一九三〇年に博士号を得ている。訳者の解説によると、その後小説を書き始め特に一九四〇年から大河小説『他人と同胞』(Strangers and Brothers) に着手して、この本を書くまでに既に九巻（冊）を書いていた。(最終的に十一冊で、一九七〇年完成) その内容は第一次世界大戦から六〇年代にまで生きる主人公および周辺の人々を通して、数多くの興味深い人間的問題、社会的問題、政治的事件等をとりあげて、世相に対する彼の考えを小説化したものという。彼のそのように理系、文系にわたる幅広い活動が、それぞれ異なるコミュニティの人達との接触を通して、二つの文化という観点での比較と考察を可能ならしめた。

彼は、西欧社会の知的生活は二つの極端なグループに分かれており、科学者と人文学者をそれぞれ異なる文化に属するものとして、両者の間での相互の無理解と断絶が非常に甚だしい、と指摘した。楽天的で自らの分野の進歩に熱中する科学者は人文関係者からみたら浅薄な人間観察しか行い得ないし、文学的教養に関心もない。一方人文的知識人は科学に対して無理解のまま全く興味を示さず、伝統的文化に固執し進歩に対する消極的態度に終始する。両者は相容れない体質のまま推移していて各々の仲間同士の中でだけ生きているというのだ。この分極は知的な意味に留まらず社会にとって大いなる損失であると。

西欧の中でも、特にイギリスは伝統的な教育制度のために、アカデミックな教養主義がずっと支配してきた。科学者のうちでも、基礎科学の専攻者と応用科学者また技術者との懸隔は甚だしかった。彼はこの本で科学革命という言葉を、それまでとは本質的に異なる進歩の意味として、やがてエレクトロニクス、原子力工業、オートメーションなどに発展する芽となった原子物理学が工業的に利用され始めた一九二〇―三〇年頃からの変革としている。現在進みつつある科学革命に対して、このままではアメリカ、ソヴィエトなどに遅れをとってしまう、それを救う手立てとしてイギリスの若者に対する早くから進みすぎている専門化教育制度を変えなければならないと述べている。また我々は科学革命に則って世界の非工業国、貧しい国々の人々の生活を引き上げねばならないとも主張している。

チャールズ・スノー氏

当時、いろいろ賛否があったようだが、その後の科学技術の進展、諸方面における多大な影響は、社会に対する知識人のスタンスを著しく変えてきたとも見える。そのような時代に、私は題名に惹かれて藤井康男氏の『文科的理科の時代』（一九八六年出版）を手にとった。藤井氏は千葉大学薬学部を出て大阪大学大学院理学部生物化学科を出た理学博士、薬屋の家業を継いで株式会社「龍角散」の社長を二〇余年務めている当時五〇歳半ばの方であった。龍角散は約二

百年前から佐竹藩（現在の秋田県）の藩薬で藤井家はそこの典医であって康男氏はその後裔である。氏は多彩な人で『遊び心のある人ほどいい仕事ができる』、『創造的遊び人間のすすめ』など多くの本を書いている。また音楽の趣味が豊かでピアノはオーケストラと共にコンチェルトを演奏する程の腕前だったそうで、『カラヤンの帝王学』、『右脳天才モーツァルト』などの著作もある。惜しいことに『二一世紀の曖昧論』で複雑系、カオス、フラクタルの一般解説書を出版されたのを最後として九六年、六六歳で亡くなられた。

藤井康男氏

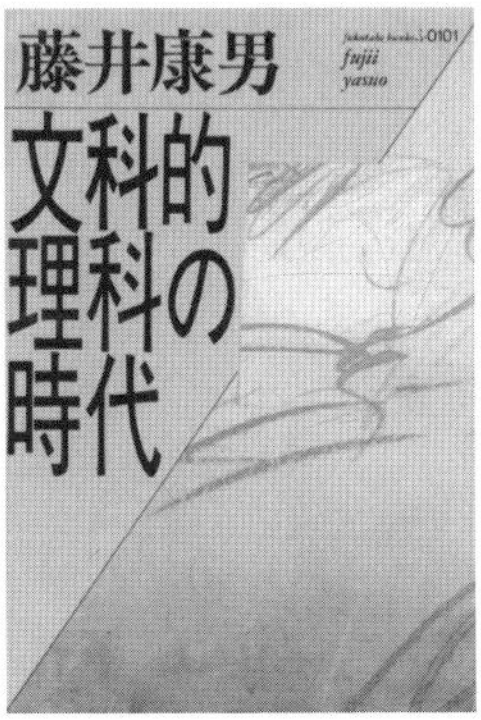

この本は自らの体験および身近の状況を率直に記述していて、私は共感することが多くとてもさわやかな印象をもったし、間をおいて二度ほど読んでいる。もともとは福武書店から八二年にでていたのだが、私は文庫本で読んだ。直ぐ読み終わるという小冊子なのだが、深く考えさせる内容を持っていて中身は非常に濃い。もう一度、読んでみようと思った次第である。全体は四章に分かれていて、一　文科と理科の区別、二　専門ということについて、三　情報システムとしての人間、四　文科的理科の時代、となっている。

一、**「文科、理科の区別」**は氏の経験談から始まる。旧制高校では、文科、理科そして各々外国語専攻別に甲（英語）、乙（ドイツ語）、丙（フランス語）と分かれるのだが、寮に入るとその区別なく数人づつ一緒の部屋になる。氏は理科に入ったのであるが、そこでの文科、理科コースの学生達の生活、気質があまりに違うのに驚く。文科の連中は、大人っぽく、天下を論じ、哲学を語る。理科に進んだ学生は、理屈づくめの勉強が忙しく、世間的には全くの子供で、文科の学生からは相手にもされない。だからバンカラで高歌放吟し青春を謳歌するといった旧制高校生のイメージは大部分文系の連中のことであったと思う、と書かれている。これは私の経験からも全くそうだろうと想像できる。

私の場合大学に入ると、たまたま六〇年安保という未曾有の騒乱にぶつかってキャンパスは荒れたのであるが、一方、理科の授業はそれとは全く無関係の数学、物理、化学などの授業がかなりの密度で静かに行われ、午後は週二、三回は演習や実験で夕方まで教室を離れられない。試験のない期間でもレポートを書かなくてはならず、専攻の必修科目をこなす以外にはなかなか自由時間がない、といった状況であった。理科一類は当時六百人ほどだったと思うが入学時には主に理学部、工学部方向ということだけで三年からの専攻学科は未定である。各学科定員が決まっていて、専攻学科への志望を二年の秋に出すのだがそれまでの成績順で決められる。人数の少ない学科や競争の激しい学科に入ろうとするとそれなりの成績をとっておかないと第二、第三志望に回される、というシステムであった。法学部や経済学部など数百人の枠でとるのであれば気にしないでいいのだが、理学部、工学部の各学科は十数人ないし数十人であって、学科によってガラっと内容が異なる。自分の好きな学科に進みたい学生にとっては、大学に入ってなおかつ成績を競争しなければならないというわけで、のんびりできない。だから当時「灰色の駒場」という言葉もあったくらいである。午後はクラブ活動に熱中したり自分の興味でさまざまなことに時間をさける文科の学生が実に羨ましかった。

革命とか、アメリカ帝国主義を粉砕せよと怒号するデモ隊も大半は文科の学生であったに違いない。理科しか当面興味がないという学生は迷いがなかったのかもしれないが、私はそういうタイプではなかった。教養学部に居る時しか文科系の勉強はできないと思い、その方に専ら集中したのを思い出す。哲学、論理学、法学、経済学などを受講し、授業だけでは物足りなくて、余計な本を随分読んだりしたものだった。

自らの将来を見据えながら世の中の動きを観察する余裕を持つ文科の学生と、科学の勉学の基礎的能力の練磨に明け暮れざるを得ない理科の学生では、気質が全く異なってくるのは当然である。戦時中に旧制高校を経験した私の中学時代の先生が「戦争が起きて私たち文科の学生は騒然とし明けても暮れても政治談義、戦争談義で時を過ごしたのに、理科の連中は妙に醒めていて淡々としていたんだよなあ」と話されたことがある。人によってさまざまではあろうが、一般に自然界の普遍的定理や法則を探求しようとする理科専攻の学生にとっては、国家間の権力覇権争い、戦争でどちらが勝とうが負けようが、主たる関心事では有り得ないということもあったろう。社会の激動への反応、正義感、男女間の恋情なども含めて、感情に駆られた状態では自然科学の勉学は成り立たないところがある。

氏は学問の体系の一つの考え方として、人類の知恵の最先端はギリシャ時代から今日まで数学だという一般的了解があるようだとする。次が数学を使う物理学、次が物理の基礎の上に成り立つ化学、そして化学反応として生命現象をとらえる生物学、そして医学。人間の生理、精神の活動を論理的にとらえるというのが究極の目的とすると、その後に人間の集団である社会を追求する社会科学が続く。その境界にあるのがローレンツの始めた動物社会学、ウィルソンなどの社会生物学といえるという。若い時に直感や先天的ともいえる能力が開く学問と、経験を積んで多くの知識の蓄積をしたあとに成果を発揮する学問があり、この順番は人間の年をとるに従っていい仕事をする順序に並べたともいえると。

社会通念としては、一般に文科系の仕事、理科系の仕事、各々の能力というのがはっきりと分かれている。小説家や弁護士が理科系とか、エンジンの設計者が文科系とは誰も思わない。ところが近年、そのような分類では律しえない活動をする人達が増えてきた、と氏はいくつかの例をあげる。SFの小説家、数学を駆使する理論経済学、アイソトープ年代測定による歴史学、生理的反応を測定する心理学の研究など、理科的道具が使われるようになり、かっての文系そのものの分野の変容があちこちで見られる。特に統計学は今やあらゆる社会科学で非常に有用な分析手段となっている。

勿論、日常生活では科学技術の発達に伴って、家庭のなかで多くの理科的道具の使用、操作が通常のことになって、電機器具、コンピューターなど理科系の学問に縁のなかったご婦人でもそれを使いこなすという時代になっている。その意味では「文科の時代から理科への時代へ」という言い方が成り立つかもしれないと。しかし、それにも拘らず、やはり古典的文科、理科の教育を受けてきた一般の人々はどうしても頭の働きとして文科、理科というふうに分かれやすい。氏はその特徴は何かということを明らかにしようと試みる。

いったい文科と理科の区別は便宜的なものなのか本質的なものなのか、たんなる思い込みなのではないかという疑問をおいてみる。彼の知る友達を分類してみると、物分りのいい人と物分りの悪い人にはっきりと分かれるという。前者は非常に広い興味を持っている。どのような話に対しても一応の常識的知識を持っていて会話がスムーズに進む。後者は驚くほど好奇心が少なく、知識が狭く、こちらの言うことを相手に受け取らせるのに大変手間をとってしまうという人だと。物分りの悪い人間は、理科系と文科系と両方に見つかる。文科系の場合は数学や科学記号にたいするコンプレックスがあり、そういうものから身をさけてしまう。そうすると、現代の話は多少とも科学技術の話が含まれるから、ほとんど通じない。理科系でも、自分のかつて獲得した知識だけが重要で、それ以上に改変の余地もなく、相手の議論を聞く余地もない、といった人がいる。理科系という学問は、既成の知識を破壊し、さらに新しい理論を立てる、という破壊と建設によって真理を追究する学問なのに、頭を固くした人達は文科系の頭にカビの生えた学者にも劣らないと言う。一方で今や理科の最先端で、文科的な領域のみが扱っていた不確定さとかあやふやさとか曖昧さとかいうものを数量化する概念が現れてきている。

そういう現象を整理してみると、つまり、文科、理科の区別よりも、これからは脳の使いかたが正しい、正しくないという言い方がいいのではないか、文科の中にも非常に理科的センスを持った人、理科の中にも文科的センスを持った人がいる。頭の思考方法を分類して物事を考え、学問としても取り組んでいく専門科目の違いを選択する、あるいは社会生活での職責を分けていくことが今後必要になっていく気がする、と氏は述べている。

二、「専門ということについて」　これも藤井氏の体験談から話が始まるのだが、本当の立派な専門家というものは、殆ど例外なく立派な社会常識を備えていて、専門馬鹿（専門気違い）のようなジェスチュアをしたり、ふんぞり返ってえばっているような大学の教授、芸術家でございというような風体をしてる人はたいてい二流であって、見たところ全く平凡に見える田舎の村長さんのような人（東山魁夷、平山郁夫氏が例としてあがっている）に非常な能力のある人がいるという。

それからある専門の話を聞くのに、その専門家の意見を聞くのではなく、その専門を自分の別の専門の必要のために勉強した人に聞くとよく解るということが目立ってきたという。その例として、脳に関する本を氏が何冊か書いた折に、参考とした幾冊かの本がことごとく自分の専門外の学問として脳を勉強された人達の本であった。耳鼻科の医者、嗅覚器官の権威、コンピューター・エレクトロニクスの専門家の具体名があげられている。相互関連が重要になってきた医学などでは自分の局所的専門知識に留まっていては限界があるということであろう。

氏が教えを受けた赤堀四郎、朝永振一郎、西堀栄三郎の諸先生たちは、いかなる場合でも相手が理解できる言葉で話されたという。その意味で専門馬鹿というのは百害あって一利なしであり、世の中の進歩は、専門家にも該博な常識を要求する時代になった。専門家が自分の専門の論文を書く範囲の活動においてであれば弊害はないが、専門が多くのシステムの中に組み入れられて、他の専門家と協力して仕事をする場合などは特にそうである。例として氏はアポロ計画をあげている。また、美しい文章、正確な文章を書ける技術屋でなければ、持っている技術が如何に価値があろうと、社会において殆どその人の有用性はないと断言もしている。

昔のように大学の数も少なく学生も少ない時代は、大学人は超特権階級であった。「学士様なら娘をやろか」という言葉もあるし、「末は博士か大臣か」という言葉もあった。そんなことから世間では学者とか、政治家に点が甘い傾向は今だに残っている。アメリカあたりでは業績のない教授は追い出されるし、学生に人気のない教授は批判されるという厳しい競争の社会であると指摘している。（私もインディアナ大学に居たとき、さる教授に、教授は三つの点において評価されていると聞いた。それは研究、教育、大学行政であり、それによってサラリーが決められると。日本でも最近、評価ということが重要視されるようになり、漸くそういう面も一部取り入れた大学が少しづつ出てきたというところであろう。）医者においても、一般の人達とコミュニケーションの上手な常識豊かな人が、選別されてくる。また、日常生活においても、電気器具、器械装置の種々の導入で、故障を直せるような若者が増えてきて専門家との境界が希薄になったり、サラリーマンで小説を書いたり作詞、作曲をしてヒットするような人達もでてきている。藤井氏は今日こそ第二のルネッサンスと言われている時代であるとまで言っている。人間の本性に立ち返っても専門を規定することを否定する時代が来ていると言い切ってもよいのではないか、ましてや文科、理科だということを頭におくことは時代遅れではないか、と述べている。

ある人が勉強、教育、学問の目的には三つの理由があるといったそうで、一が資格を取ることで、これは取れれば一応の目的が達成される、二が専門家になることでこれは限りがない、三が無目的といったらよいか、必要性とはあまり関係なく、ただ新しいことを目指す、情熱に駆られてある行動を繰り返し努力する。実は今日の豊かな時代になって、その第三の道に多くの人達が進み得る余裕が生まれている。興味の赴くままに勉強したり、趣味を拡張する。それを可能にする条件は今や周囲に満ちあふれているので、あとは本人次第であると。氏が東急ハンズに行ったときの驚きなどが書かれている。私も渋谷の東急ハンズは何度か訪れているが、生活上の趣味ならばやろうと思えば何でもできるような道具や便利品が所狭しと売られている。

ここで氏は、第三の学問、勉強、あるいは趣味の人生というか、それをはっきりと位置づけ、価値づけるというのが、実はこの本の目的でもあり、最初に文科と理科の区別に始まった専門の検討の本当の意味である、勉強のやり方のなかででは、もう間違いなくこの第三番目の目標を設定することが推奨される、と述べている。若い時からそういう癖をつけると言うことが最も大事であろうという。具体的には氏の子供を桐朋音大の付属学校に進ませたときの経緯が、親の立場からの迷いも含めてくわしく書かれている。音楽しかできない音楽家を軽蔑する、といったフルートの神様といわれたマルセル・モイーズの話や当時学長であった多能人間の三善晃氏の話も出てくる。息子には三〇歳までは好き勝手になんでもやれと言ってあると述べている。

一方で専門家に頼らないとあらゆることができない時代だということも事実である。会社でも個人でも揉め事や事件が起こると、素人では往生する。自動車事故など、保険の処理とか弁護士の必要性とか経済であれば計理士、税理士が必要とか、このような人たちの世話になるときの態度、心得とともに、その相手の選択を如何にするべきか、というようなことも書かれている。つまり、専門家を使いこなすということ、アレンジメントの重要性である。有能な例としてアメリカの宇宙計画の責任者、フォン・ブラウンのことが載っている。自分の解らないことを知っている人達を集めて見事にシステム化してアポロ計画を実現した組織工学の体現者であった。この点で製薬会社、龍角散本舗の社長であった氏の研究所におけるアレンジメントを任せるべき人、総合家ともいうべき人の人選の難しさなどの体験談も述べられている。政治家における日本の大臣の人選の杜撰さはいうまでもないが、彼が記憶している立派な大臣は三木内閣の永井道雄文部大臣であったという。この時ほど文部行政が地について、日教組も一般の教師も父兄も納得できる発言を聞けたのは珍しかったと。

氏は新制大学では東京大学に教養学部を設け、その理念の中に、一般的なすべての事柄に高い教養を持った、国の将来を担うにふさわしい人材を養成するとあったのに非常に感心したのだが、そこから優秀な政治家や大臣が出てきていないのに失望している、とか、自由学園の教育は素晴らしい、とか、歴史的私塾の制度の中での、大阪の緒方洪庵の適塾、吉田松陰の松下村塾の話、ジェームス・ヒルトンの『チップス先生さようなら』でのイギリスの師弟の情愛、イギリスでの学校での食事マナーの教育の話、日本のさる首相がイギリスを訪れ接待でゴルフを提案したが時のヒース内閣でゴルフのできる閣僚が一人もいなくて内閣は大往生した、との逸話、ヒースはヨットの趣味があって、国会答弁で、ゴルフでは絶えず政談をしながら競技を進めるので人間がせせこましくなる、ヨットは青い海を眺め空を眺め風に乗って走っている時に、世界の将来、人類の未来を考えるにふさわしいと答えたという話、（氏はこのようなところに政治家の彼我の文化の格差を感じさせられるという。）松下政経塾などが本当に日本の指導者を養成し得るのかなど、話が実にあちらこちらに飛ぶのだが、その該博な知識による幅広い一種の座談といったものは大変楽しい。こういう人とゆっくりお酒でも飲みながら話をしたらいつまでたっても話は尽きないのではないかと、思わせる。

いろいろな思索を経た上で、氏は「素養としての文科、理科」という観点に到達する。人生の豊かさと楽しみという目標を設定するならば、実利的なものでなく素養の上の双方の教養が必要だということである。

三、「情報システムとしての人間」では生命を情報システムとして考えてみる。氏は若き頃は生化学を専攻しているし、その後も絶えず勉強をされたのであろう、その豊富な知識を開陳される。宇宙が生まれ地球が育ち生命が誕生する。最初の細胞は三六億年まえの岩石に見つかっているという。メンデル、ダーウィンの話から、DNAの仕組み、アミノ酸、突然変異、アンコウの巨大な雌と小魚の雄の話、アヒルの刷り込み現象など動物行動学にもふれる。話が哺乳類に移り、サルと人間の違いは何かというと、言葉の有無ということにあると指摘する。言語という革命、これが情報システムの一大飛躍であって、それが一人の人間の一四〇億個の脳細胞で処理しきれないものを仲間や相手の脳をも一時借用できるようになったというのである。サルに比べて人間が恐ろしく巨大な文明、文化を持ったのは実に言語によるコミュニケーションという集団的思考を体得したことにあると。

人間は、このことによって言語、理論を受け持つ左脳と、言葉にならない感情や美意識を受け持つ右脳という分業を行った。人格を形成するために左脳と右脳が一体として働き常に密接な連携をとる必要から、その間に脳梁という二億本の神経細胞の連絡網が発達した。サルにはこの部分が全く存在しないそうだ。人間は何気なく会話をしたり生活をしたりしているときに、この右と左の脳の間でその機能の使い分けと相互の激しい連絡が行われるというまことに高度なる生物に進化したというのである。私も左脳、右脳の話は聞いていたが、このような大脳生理学については知らなかったので大変面白かった。

そして次が文字の発明である。これが違う土地での異なる言語の発展の相互交換を可能にした。いうまでもなく我々がギリシャの哲人、ローマの詩人の脳の働きを追体験できるのは、文字があるからである。氏は、その気になれば、現在まで地球上に存在した全ての人間の思考、思想を利用することができるのであると述べる。人間が過去に存在した数を略算すると約八百億で、現在の人口の約二十倍という。これは意外に少ないが、産業革命以後の爆発的人口増加を考えると納得できる。（もっとも現在の二一世紀初頭で、世界人口は約六五億といわれるから、この比率はもっと下がるが）

氏はその後でこの情報システムを果たして上手に使っているのだろうか、と見直す。自分の遺伝子が将来、明確に解ったら能率のよい人生がおくれるかもしれない。それによってあらかじめ病気を防ぐこともできる。著者は自ら分子生物学、遺伝子工学の専門家としての我々は、と言う言い方をしているのだが、遺伝子工学を利用した糖尿病の治療薬としてのインシュリンについてやや詳しくのべている。糖尿病は、膵臓からのインシュリンの分泌が十分でなく、糖が無駄に尿にでていくというやっかいな病気で、世界で治療を必要とする人は四千万人いるのだそうだが、膵臓のランゲルハンス島の細胞からDNAを取り出し、大腸菌で増殖させ、他人のインシュリン注入でおこるような免疫拒否反応を起こすことなく、治療が可能になった。また成長ホルモンの精製も類似の方法で可能になった。このように分子生物学のDNA情報は生命体の中の大変重要な情報であるというわけである。

コンピューターが発展して記憶が全て機械の中に入れられると、では人間の側にはどんな能力が要求されるか、人間の人間であり続けるゆえんは何であるか、と氏の思索は続く。荒っぽく言えば左脳は理科的、右脳は文科的と考えると、この両方の間の脳梁の伝達効率の非常に良い人が世の中の知的活動が非常に活発な人ということになる。未発達の脳は浅薄な意味での理科的人間であって論理的にはよく整理されているが応用が効かない。だから、氏が旧制高校時代に感じた印象、文科が高級で、理科が低級、文科が大人で、理科は子供と言う言い方は動物進化上も納得できるという。二流の理科的人間は数学、記号に詳しく論理的思考は得意だが、前例のないようなことにたいしては無力であり、二流の文科的人間は全く論理性を欠いていて、自らの主観的感情だけで動く、周囲のことにも無頓着といったケースでないかと思うと述べる。情報の収集、整理はコンピューターに任せ、それをうまく自分の思想や仕事に利用する、これが現在、右脳優勢、右脳革命と言われるゆえんではないか、と言うことも述べている。（もっとも、私は右脳革命というのも、左脳的というべきか論理の持つ強靭さというのは、絶対に重要で、それを越えての判断というのを右脳的に求めるといっても、それが一気に非論理的、感覚的になってしまうのでは話にならないような気がする。）

氏はここで人類の将来に関して種々の考察を試みる。人類は自然を破壊し、自らの存在を危うくするのではないか。文明や技術の進歩によって救えるであろうか。地球の砂漠化は進み、人口増加で食料は不足するかもしれない。環境破壊は人に奇形を導入し、やがて人間も退化していくのではないか。脳の次元に関しても、食品添加物、化粧品、合成繊維などによって途方もない変異現象が起こるかもしれない。脳の大きさはもう限界のようで、女性の骨盤の構造でも変わらないとこれ以上進化しないだろう、という。そのような不安材料ないし、情報の方が多いのではないかと述べている。

一方人間は、他の動物と違って、将来の危機に備えていろいろの思考をする動物である。もし人類が生き残り繁栄するとすれば、将来、科学技術の発展により宇宙空間への進出、海中での生活も考えられるかもしれない。昔から素朴に自然の景色の美しさに感嘆してきた人類が、想像を絶するような世界、太陽が三つある景色とか、細胞分裂のときの

DNAの色模様の幻想的美しさといった全く現在のイマジネーションを越えたドラマチックな美を体験するかもしれない。それによる全く新しい芸術や文学が生まれるかもしれない。そのように想像すると、そこには文科、理科のような古めかしい領域が如何に陳腐なものかがわかってもらえるのではないか、と氏は述べている。（この箇所はちょっと論理のギャップがあって私にはよく理解できなかったが）

四、「文科的理科の時代」では、表題とは違って、むしろ現代、氏が感じているいろいろな考えをのびのびと勝手に書き並べた趣である。コンピューターを過信したアメリカのベトナム戦争の失敗、日米間にあったコンピュータースパイ事件の話、ヒステリックになり自信喪失したアメリカとか、そのような氏の解釈がどこまで正しいのか私には解らない。ポーランド出身のローマ法王の選出、アルゼンチンとイギリス間の戦いであるフォークランド紛争、ソ連が自国のイスラム教徒を気にしてアフガニスタンに対し強硬策を取りえない、などと、私も当時の出来事を思い出したが話があちらこちらに飛ぶ。

情報というものがエネルギーと同じように力を持つ時代となったが、人間の感情というものも一つの内部的情報であってこの情念を如何にコントロールできるかが問われている。そしてその為の各種の薬剤も開発されているが精神医学も加味し、やがて内在的情報の質と量をコントロールして自分自身の意思を反映させていく時代になるのはほぼ確実であろう、情動も大脳の中の化学的物質の動きに他ならない、というような薬屋さんらしい視点が述べられている。しかし、痛みを量的に測るとか、愛情をメーターで測るというようなことは、たぶんできない、すなわち文科的社会の境界は崩れないだろうと面白い表現も見られる。

人類が発生して三百万年、今後どのような運命をたどるのであろうか。彼は地球上の多くの生命が一度は栄え、そして必ず亡びていったという原則から、おそらく人間も逃れられないだろうという。しかし、一方他の生物と違って、人間は内部に精神という領域を持っている。他の生物のような外的要因からではなくて、内的要因から、自らの変化と進化によって亡びるのではないかという説もあるという。精神面をいえば、はてしなく希望のある方向に進むというのと、自らの精神エネルギーの為に滅亡するという二つの考え方があると書かれている。

科学力の発達が、便利さや心地よさのために濫用されて、遂には禍となって返ってくるのではないか、自然保護、漁獲禁止のような安っぽいヒューマニズムだけで左右できる時間はもうあまりない。もっと全ての生命の力関係とか資源と生命の需給のバランスを計算し、環境の中での人間の生存のルールを決めるべき時代に来ているのではないかという。もっとも言う事はできてもそんなことが可能とは私などはとても思えないのだが。彼もとめどなく発展していく人間の自己破壊の危険性と、とめどなく続く未来への欲求をどこで調和させるかという困難な問題が、今の世界におきているのは間違いないと強調している。かっての哲学は科学技術の発展で、その存在を昼間の行燈のようにぼやかしてしまった、と述べている。哲学が存在しないからといってそのまま放っておくわけにもいかない。

ここで彼は、人間の法とか倫理、道徳というものは当分、二一世紀にかけて生物学者の手に委ねるべきだという説を一九七五年に発表したハーバード大学の昆虫生態学者であったエドワード・ウィルソンの「ソシオバイオロジー」についてやや詳しく解説している。これは一時期、大論争となったことらしい。どうも重要なことのようで図書館で少し本を眺めてみた。藤井氏はこの時点で不思議なことに日本ではいまだ翻訳が出ていないと書いているが、八三年に思索社から『社会生物学』全五巻、伊藤嘉昭編で出版されている。藤井氏が原著を読んでいたのなら社長業がてらで凄い。論争を経た後にウィルソンが八三年にラムズデンと共著で書いた『精神の起源について』は八五年に訳本が出版されている。

氏はその前置きとして環境が激変して、前の環境で不利だった遺伝子が新しい環境で有利になった現象の例として、カマ状赤血球、メキシコ・チチカカ湖のカエル、南米のアベコベカエルの話を説明している。今ここで詳述はしないが、私にとって動物の話というのは全く知らなかったので面白かった。鳥や動物に自己犠牲という性質があり、集団の為に自分は犠牲になることを厭わないという。これはダーウィンの昔から知られていたことだが、これをウィルソンは社会性昆虫の中に適応して数学的に計算した。その結果、自己犠牲の遺伝子は、ある意味で個体が生き残るためにも有利に働くという証明をしたそうである。ハチやアリが女王を一匹だけ繁殖の専門家として残し、後のメスは全て妊娠をやめて育児に専念するというのも、それの方が子孫に優秀な性質が出るということらしい。ウィルソンが総反撃をうけて論争になったのは、それを人間に適応して、混血をおこなうのは人類の滅亡につながるとしたこと、階級がなければいけないとしたことにあるという。つまり無階級社会になると、人間の遺伝子は劣化して、自己犠牲の遺伝子もなくなるし生存する遺伝子もなくなってくる。民主主義の世の中は人類の滅亡につながる。また男女差別をして男尊女卑の社会にしておかないと、人間の遺伝子は劣化して駄目になってしまうとしたものだから、これは大問題になったらしい。ハーバード大学の教授がそんなことを言い出したので、当然「人種差別主義者」とか「ファシスト」というようなレッテルが貼られたそうだ。藤井氏はこの論争に判断を下す能力も権限もない、と謙虚でおられるが、記述はここで終わっていて、いずれにしても次世代の哲学はこういう生物学的観点が必要になるだろうと述べている。私がいくつかの解説書も瞥見したところでは、ウィルソンはその後、前述のラムズデンとの共著で「人間は単に遺伝子の指図に従って動くロットではない。人間には精神と自由意志がある。」と述べてその立場を大幅に変えているようで、今では論争は落ち着いているらしい。

以上のようなことを「考えることの重要さ―哲学の時代」として書き、その後に「感じることの大切さ―芸術の時代」ということで、科学技術の発展がもたらすであろう将来の音楽や美術における革命的な変革を予想する。そしてこのような事を「第二のルネッサンス」の到来という人が多くなっているという。このように壮大な未来が展望される時代、そこでは専門家という概念を飛び越した総合家といったような人間が望まれてくる。従来の二つの色に塗り分けるようなことでは到底立ち行かない時代になる。その意味で「文科的理科の時代」という一見変な名前をつけてみたという。

最後に「新・学問のすすめ」として、寿命が八十まで延びた現在、身体は老化していくが、技術や、芸術は成長を続けるとして、一生あくなき前進を続けていくことこそ、人間の生命の営みだと述べてこの好著は終わっている。

ここで私なりの文系、理系に対する考えを、極めて現実的観点からまとめてみたいと思う。理科の対象というのは、感情、人間の心の動きというものが入る余地がない。対象そのものが、客観的自然であるからそこに人間の意志、感情は存在しない。いわば冷たい世界である。だから多くの女性が全く親しみを感じないで、忌避するのは良く解る。源氏物語を初めとして文学には人間の感性そのものがあり、集団の動きを扱う社会科学においてもそこでは人間が躍動する。こちらは人間の血の通う暖かい世界である。一方、理科系の学問、数学にしろ、物理、化学の幾多の法則にしろ、心の動き、人間の行動とはひとまず全く関係のない対象なのだ。主観をはなれた客体を対象にすることにその強固な基礎が築かれている。それだからこそ、そこに絶対的価値があるのだが、生物学になるとその中間で、対象に血があり、女性の専攻者も増える。これは女性を蔑視しているのではない。そもそも子供を出産し育てるという人間を対象とする作業に係わる女性に、人間を当面の対象にしない勉強に興味を持てといってもそれは不自然である。勿論私の言っているのは、多くの一般の人達を言っているので、女性でも優れた数学、物理、化学等の研究者は沢山存在するが比率からいえば男性とは圧倒的に異なる。

そういう意味で文系、理系の勉強というのには厳然とした違いがあり、若き頃文系を専攻したか、理系を専攻したかは、もともとのその人の性格も反映されて、大きな違いとなってそれこそ一生を支配するのは、覆うべくもない事実だと思う。

教育の問題では、学校の勉強がよくないのだが、低次元では文系の科目、国語、外国語、社会などは記憶さえすればよい、繰り返し暗記すればよい成績がとれる。それに比べ数学や理科は問題を解かなくてはならず、ある程度の推理能力が問われ、これはいろいろな応用問題にもあたらないと涵養されないので、勉強にはるかに手間がかかるという根本的な差異があると思う。だから後者はそれがやりがいがあって面白いという子供はよいのだが、それはしんどいというので、丸暗記ですむ科目に多くの受験生が集中するのが、日本の現状であろう。それが理科離れとか、高校でも物理選択は非常に少なくなっていて、記憶作業で済む分の多い生物、地学、化学などが多くなる原因である。これらは学問の本質とは全く縁の遠い話で、文系の分野は暗記だけでは全く学問にならないし、もっと論理的で本質的に柔軟なかつ多面的思考が必要である。理系でも演習問題を解いてばかりいたのでは先に進まない。新しい未知への挑戦が重要である。

イギリスの高名な哲学者バートランド・ラッセルは若いときは数学者、記号論理学者であった。集合論におけるラッセルのパラドックスは有名である。アルフレッド・ホワイトヘッドとの著作『数学原理』を書いている。彼はその後、歴史学に興味を移し大著『西洋哲学史』を著している。理系から文系に移ったとも解釈できる。『幸福論』といったものも書いたし、晩年は国際平和運動に熱心になり、ラッセル・アインシュタイン声明などを発表し、後年ノーベル平和賞を受賞した。非常に特殊な例ではあり、才能豊かな人で常人が真似しようと思ってもそう出来るものではないのだが、理系研究者がやがて文系の仕事に手を染めるケースは珍しくはない。寺田寅彦も物理の研究者で結晶のラウエ斑点の研究で帝国学士院賞を受賞した人であるが、漱石の弟子で多くの優れた随筆を書いた。しかし、逆に若いときから文系でやがて理系に移った人は殆ど存在しない。実際それは殆ど不可能である。

理科というのは、一つ一つを積み重ねないと次に進めない、第一線に出るまでにはピラミッドの如く下から多くの体系的基礎を経なければ上に進まないということで、しんどいから大抵の人が途中で撤退してしまう。理科に必須のツール、数学を訓練することを若い頃やってないというのは精神的にも大きなバリアーとなってしまう。また、実験などをやろうとしたって古い昔は別であるが、科学の進歩した現代では、学校でとか会社でとか組織の中でないと個人的には最新鋭の装置を持ちようもないので文系を通った人には手段がない。勿論、趣味的に道具いじり的な工夫はあるとしても、世界の研究者と競争するのはまず不可能である。すなわち理科の場合、積み木細工を延々と積み上げるような論理的作業、研究をする上での多様なツールの具備が必要で、それを学校で若い時からやってないと、人生の途中、例えば中年になってからというのがこれまた不可能である。豊かな時代になって、全国でカルチャー・スクールとか社会人向きの教育センターの講義などが花ざかりであるが、中の講義題目をみても理科系の講義はまったくと言ってよいほど存在しない。お話を数回聞いたところでどうにもならないということであろう。やっても受講者が少ないから講義も減ってしまっているのであろう。専門の道が厳しいのは文科でも同じなのだが、政治や経済の応用編的講義は日常の生活に直結した話となって興味があるのだろうし、文学の講義などは、解説から、小説、和歌、俳句の作り方のようなハウツー物も含めて、スクールの中心ではないかと思うくらい沢山行われている。この手のスクールは主として中年の家庭女性を対象としているからというのが原因の一つではあるのだが。

私の働いていた放射線医学総合研究所は実に多種の専門研究者がいて、その間の協力も必要なのであるが、そこでの経験では、同じ自然科学の中でも物理から生物はある程度アプローチできるのだが、逆はまず存在しないという問題がある。私は数学は時間をかければ、必ず解るものである、と思っている。推理力は人によるが、結果というものを理解するのは、忍耐力があればなんとかなるという気がする。要はそれにどれだけ時間をかけるかなのだと思うのであるが、それぞれの専門で競争に精一杯の人にとって余計なよその分野に時間をかける人がいないのは当然でもある。生物研究者で物理を解ろうとする人は極端に少ない。

大衆新聞の書評欄は朝日、読売、日経、毎日とどれも毎週日曜日に三ページに亘って出ていて、恒常的な担当者のリストが出ているのは朝日新聞だけであるが、この書評を担当する人たちは、殆ど文系の人達ばかりである。現在の書評担当者はリストを見ると二一人いるのだが、歴史、政治、経済、社会学等の研究者、文芸評論家、作家、文学研究者、詩人、ノンフィクションライター等が大部分を構成し、理系出身と思われるのは、現在たまたまではあるが精神医学家とサイエンスライターの二人だけである。それも各々、もともと精神病理学の人と科学史、進化生物学が専門の人で、記述的要素の強い分野で、文系にきわめて近い。数学、物理、化学などを専攻した人達ではない。たまたま今がそういう人選になっている面もあるのかもしれないし、以前には数学者の森毅氏が入っていたこともあるのだが、それは極めて珍しい例であった。森氏も現役は遠い昔に終っている人だった。理系の研究者の行動パターンは文系とは相当異なるのである。ユニバーサルな分野で絶えず世界の研究者と一日を争う競争状態の理系の専門家では、他人の本を半職業的に読んでまとめるなどという気分にもなれず閑を見つけることも難しい。適当な人がなかなか見つからないのだろうと思う。

前述の他の新聞もひと月に亘って見てみたのだが、理系の本の紹介は殆どない。あっても縦書きの科学の歴史物とか、生物、医学が多く、数学、物理、化学の本というのは殆どない。これでは国民はますます理科離れが進み、あれは専門家がやっていることで、一般国民は関係ないということになってしまう。年に約七万冊以上の単行本が出版される、一日に三百冊の新刊書が出てくるという時代である。どの本を紹介するかは、編集方針に非常に依存するのだが、大新聞であっても、このようなひどいアンバランスを容認しているところに、文系、理系の明確な差が厳然として存在している事実が示されている。

私もかって宇宙物理学の権威であるスティーブン・ホーキングの一般向けの本を読んだことがあるのだが中でホーキングが編集者から「数式を一つ入れると売れ行きが半分に落ちるからなるべく数式は入れないように」と注意されたと彼自身が書いていた。それで彼は $E=mc^2$ という有名なアインシュタインの関係式（注1）一つだけにしたという。それほど一般読者で数式にアレルギーを持っている人が外国でも多いということであろう。

文系の本のような縦書きの本を読むと、理解の程度はさまざまであるのだろうが、一応著者の言わんとすることは解ったような気がする。だから評者が何冊も読むことが可能であり、書評も感覚的に書くことが比較的容易である。小説の紹介などは全く評者の主観を書けばよい。たぶんそれに一ヶ月かかるというようなことはめったにないだろう。ただそれが適切かどうかは評者の力量ではあるとしても。また一般読者も重い努力を要求するものを望まないという、相互作用の結果でこういう状態が続いているのだろう。それに引き換え理屈一点ばりになりがちな理系の本は、何故だろうどうしてだろうと、頭がくたびれひっかかりがちになることも多い。理科系の新聞記事にしても、昔に比べれば大体、一日一ページは割くようになって随分ふえた。しかし、朝刊夕刊を足した総ページからのパーセンテージを言えば、僅かなものである。

現状はそんなところなのであるが、どうしたらよいのだろうか。少しでも前向きに考えたい。私は藤井氏の言う、文科、理科双方に亘る総合的人間をめざすという方向に大賛成だし、実際、理科専攻であった私が、理科方面にも強い文科出身の人と話をするのは実に楽しい。藤井氏が人間の気持ちとしては、門外漢でありながら、自分の専門以外のことに詳しい人間というのは、とくにその専門を持っている人にとっては、たまらなく嬉しいことなのである、と書いているのだが、確かに知識をひけらかすということではなくて、自分のよく知っていることを説明して相手に理解してもらうというのは嬉しいことであって教師の生徒にたいする教育というのも、それが原点でもあろう。また思いもよらない質問を受けて、分野外の人は科学をそんな風に見ているのかと、新しい観点で目を開かせられることもある。そしてそれ以上に楽しいことは、自分が良く解らなくて疑問に思っていたことをどんどん相手に質問して会話がはずむことである。相手は銀行員だったのだから経済の専門家のはずだ、彼は歴史学者のはずだ、彼女は芸術家として生活している、と言って遠慮なく日頃自分が抱いていた疑問や感想をぶつけて答えを引き出す。それによって自分の認識が大きく広がっていくというのがこれまた凄く楽しい。

このように相互に他分野にも好奇心の強い友達というのは人生の最良の友というべきだと思う。ではそういうことをお互いに啓発していくにはどうしたらよいのか、特に文科専攻の人に望みたいのは、よく自然科学を専攻しなかったというコンプレックスがあるというのだけれど、それを専門として進めるためには、確かに猛烈な訓練が必要で、若い頃からの地道な演習問題を何百とこなしていくうちに涵養される推理力、洞察力が要求されるし、それは職業的に要求されるもので、それが経験外であるのはあたりまえである。しかし、自然科学の獲得された結果というものは、意外に直感的に理解をすることはそんなに難しいことではない。だから、現在までの科学の発展、今の最前線がどんな状態かということを知るのは、文科、理科出身というのとあまり関係がない面もある。理科専攻といってもたいていの人は自分の仕事の周辺しか知らないのである。例えば私なども、純粋数学などにはどうしようもないコンプレックスを持っている。しかし、彼らがどんなことをやっているのかを質問し、ははん、そんなけったいな問題を一生懸命やっているのか、と認識することはできるのである。何でも、知らなかったことを知る喜びというのは、こたえられないほどのものである。

理科的人種というのも、普段、業界での競争、世界的な専門分野での競争に追いまくられて、他分野に目を向ける余裕がないのは、私も経験しているので、よく解るのだが、ときどきは、このまま一生、専門馬鹿のままで終わるのは、どうかなと思う必要があるのではないかと思う。

私が仕事に疲れた時によく思い出す言葉がある。それはゲーテが『ファウスト』の中で、世界の中での真理を求めて苦悶するファウストに向かってメフィストフェレスに言わせた言葉であって、

「思案なんぞ一切やめにして、一緒に世間にまっしぐらに飛び出しましょう。敢えていいますがね、瞑想なんかする奴は、枯れた草原のうえを悪魔にとりつかれてぐるぐる引廻される動物みたいなものです。その周りには美しい緑の牧場があるのに」と。このように単に知的文化を追うだけでなく、自然の美しさ、空の青さ、海の豊かさ、音楽の楽しさ、人々のゆたかな情操、友情のありがたさなど、人類の培った文化、文明は実に豊饒であって、それを汲みつくして生きることが、総合的人生を生きることになるのではないかと、思うのである。

1

エネルギーEと質量mが相互に転化することを示した。その比例係数が光速cの二乗になる。

堺屋太一　『知価革命』、『危機を活かす』

はじめに

堺屋太一氏は、いうまでもなく現代におけるもっともアクティブな論客の一人であり、数多くの本を書いている。東大経済学部を出て通商産業省（現経済産業省）の役人であったが、そのときに小説、評論を書き始めた。時局にぴったりのキャッチフレーズ作りの名人であり、石油ショックの時に、後年に到って予測小説のはしりとも評される小説『油断！』を発表し、上手な題を付けたものだなと思ったが、その後、戦後のベビーブームで大量に生まれた世代をめぐって『団塊の世代』を書き、これはすっかり普通名詞となった。また、一九七〇年の大阪万国博覧会の実行委員長として、その豊かな企画力を発揮もした。その後、沖縄海洋博も手がけ大阪での花博（花と緑の博覧会）では総合プロデューサーであった。四〇歳代前半（一九七八年）に約一八年間の役人生活を終え、以後執筆評論活動に専念したが、一九九八年より小渕、森内閣で二年半弱、経済企画庁長官を務めている。

私も彼の本は何冊も読んでいる。『新規の世界・転機の日本』、『危機を活かす』、『日本人への警告』、『世紀末の風景』のような時局物、また一方で歴史物もたくさん書いていて『巨いなる企て』、『豊臣秀長―ある補佐役の生涯』のような作品、また『峠の群像』、『秀吉』のようなテレビの大河ドラマになった原作も書いている。そのような中で読み直した一冊は、今ではもう二〇年余りも経っているのだが、一九八五年に出版された当時、評判となった『知価革命』である。名前の付け方が実に上手でついつい買って読みたくさせる。彼には人をひきつける言語を思いつく才能があり私が読むのは今度が三回目であった。そして更に長期的展望を書いた一冊として、その九年後の一九九四年に出版された『危機を活かす』を選んだ。

『知価革命 ― 工業世界が終わる　知価社会が始まる ―』

「序にかえて」として本書を書く動機と目的が述べられていて、その後本文が五章に分かれている。

「次なる社会」の全体像を求めて ―序にかえて

ここで氏は今までにさまざまの未来について述べた書物があるが（ダニエル・ベルやアルビン・トフラーが例に挙げられている。）社会全般を展望した未来予測の本はなかったとして、可能なかぎり総合的かつ体系的なる未来の社会を予測しようという試論であると述べている。かなり大上段に構えた姿勢で臨んだことがわかる。

堺屋太一氏

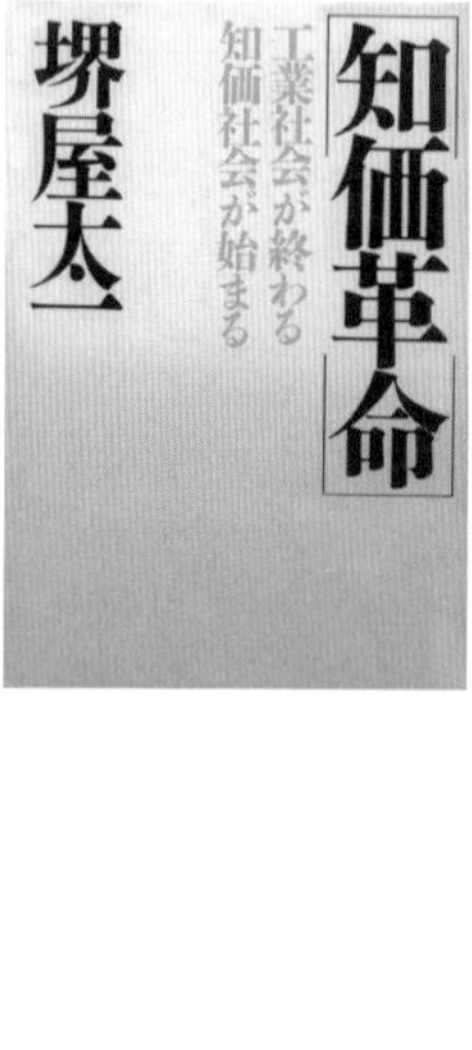

第一章　「新社会」の兆候

一九八〇年代に日本が変革の時を迎えているというのは多くの人が指摘しているが、二つの違った見方があり、一つが「高度技術社会」に発展するだろうというものであり、もう一つは科学技術や産業組織の変化に伴って「新社会」が生まれるだろうというものである。両方とも現状に対するある程度の共通認識があるのだが、後者は工業社会の基本的枠組みや社会規範がやがて崩壊して新しい社会が生まれるという予測をしている点が前者と違っている。本書は「新社会」論の立場から「工業社会の次の社会」を探り出そうという目的で書かれた。そのために過去の数千年の歴史上の変化における人びとの美意識の変化にも思いを致した。

まず戦後から約三〇年、世界経済、特に欧米・日本などの先進国経済は長期にわたる高度成長を成し遂げた。欧米の年平均成長率三、四%というのさえ、過去の長い歴史のなかでなかったことだった。なかんずく日本での高度成長率年平均一〇%というのは人類史上例を見なかった急激なものであり、その原因は何であったかと考える。第二次大戦後が第一次大戦後と決定的に違ったのは、何よりも資源、エネルギー、農産物が豊富かつ低廉であったことであって、それはことごとく中東での新しく発見された大量の安いコストの油田に拠っているというのが氏の指摘である。それはエネルギー源であるだけでなく、合成繊維を生み出し、綿花、羊毛の土地を減らしそこに小麦や大豆を作ることによって農産物も豊富になった。石油による肥料や農薬の大量供給で、土地生産性も大幅に上がった。電力料金も昭和十一年に比べて諸物価平均に対しての相対価格は六分の一に下降し、これがアルミをはじめ電気工業を支え、技術の開発を多いに促進した。自動車や航空機の利用の普及は、いうまでもなくこの豊富低廉な石油資源によっているというわけである。

このような石油の恩恵は、輸出国である発展途上国には薄く、先進国において厚かったが、とりわけ資源小国である日本はもっとも有利だったという。「モノがあり余っている時には誰からでも買えるものが得をする」。国内で石油を産出するアメリカや、イギリスや西ドイツのように石炭があるところは国内産業の保護のため、国内産出価格の高いエネルギー資源をある割合で使わざるを得ない。フランスはその前のアルジェリアとの契約で高価な石油を買わざるを得なかった。日本はそのような負担が一切なくその時々の情況に応じてもっとも安いものを買った。これに対し発展途上国は安価な石油によって作り出される代替品によって輸出品の一次産品の多くが需要減と価格低下を招いた。石油ショックまでの間、世界の物価は一貫して一次産品の相対的下落と、工業製品の上昇という形となり、多くの発展途上国にとっては不利となった。

氏は、このような情況において、人間は環境に順応する「やさしい情知」を持っていて、人々は「豊富なものを沢山使うのは格好がよい」という美意識をもち、「不足なものは節約するのが正しい」と信じる倫理観を持つ、と書く。これが氏のこの本でのいわば仮説であると自ら述べている。なんだか変な表現だなという感じがするが、読み進めていく。例えば、戦前のもの不足の時は、後者の教えは修身の教科書にも出ていてモノの大切さが強調されたのだが、戦後の豊かな生活はモノを沢山使うことが格好よいとなり、実はこういう宗物思想こそは工業社会の基本的精神であるというのだ。

資源・農産物が豊富安価になり、その大量消費を格好よいとする風潮では、全ての人々にそれが可能にすることが正義だと信じられるのは当然である。従ってそれを可能とするべく規格化による大量生産、大型化、高速化、機械による省力化などが推進され、「規模の利益」が追求された。工業社会は産業革命より本格化したのだが、それによってヨーロッパでも中世的な清貧思想は急速に衰えてしまった。現在「経済成長はよいことだ」と信じているが、これは、実際には国民全体または一人当たりの物財の消費可能量を拡大することに他ならない、と。しかし、この価値観は常に前の時代よりモノが豊富になったという特殊な環境の中で醸成され定着したものであって歴史的に普遍なものではないし、現在でも発展途上国やイスラム圏などでは、そうではない宗教的社会的風習を抱えている地域が少なからずあることを忘れてはならないと指摘している。

そして八〇年代に入ってから先進国においてもいくつかの注目すべき変化が見られてきた。一つは資源有限感の定着である。二度の石油ショック、また世界の森林資源の激減や砂漠化の拡大など、地球上の資源が有限であって、我々は将来それに備えなければという意識が徐々にではあるが強くなっている。(最近の日本では特にリサイクル運動が盛んにもなっている。)重厚長大から軽薄短小への傾向は、典型的には自動車であり、エレクトロニクス製品であり、資源集約型産業、素材産業の大幅な衰退に表れている。またアメリカの景気予測などにおいて、工業社会の知識と理論に立つ経済学は政策的提言能力も短期的景気予測の能力も失っていると述べる。そしてエレクトロニクス、ソフトウェア、流通、サービス業、デザイン関連などで新規小企業の盛況があり、石油文明は峠を越えて下り坂に入ったのだと主張している。更に顕著なのは多様化、情報化、省資源化の方向に技術が発展していることである。例としてこの一〇年間にビールの容器の形式は八種類から一三〇種類余りに増加した。型と内装、色彩の多様化はあらゆる面で進み、消費者の欲求、いわば人々の美意識の変化によって多様化の技術が開発されてきたことを反映している。ここまでの認識は既に取り上げたアルビン・トフラーや飯田経夫氏と比べると力点の移動が見られるが、大きくは違わず、特に山崎正和氏とは、ニュアンスや表現はそれぞれ独自ではあるものの、その理解に多くの共通点が存在しているのが解る。

そしてここから次の社会の予測という、著者も容易でないといった上での作業に入ろうとする。その時に「これから豊富になるものは何か」ということが頭に浮かび考えた結果、それは広い意味での「知恵」といったものであろうとした。コンピューターとコミュニケーションの飛躍的進歩によって「知恵」を貯蔵し、加工し、流通させる手段は急激に増加している。これからは「知恵」を沢山使ったライフスタイルが尊敬され、「知恵の値打ち」を多く含んだ商品がよく売れるであろう。すなわち「知価社会」が実現していくのではないかというのである。

教育産業や情報産業は知価産業ではあろうが、これらの経済に占める割合はさほど大きくなく、知価の圧倒的部分は物財やサービスなどに付随する需要であろうという。それはブランドものに付帯するデザインや類をみない機能を付加した商品、特別のサービス方法の採用などで、素材とか製作費用よりはるかに高価になっていて、大量の知価が含まれている商品を指す。工業社会でも、芸術品、流行品、特殊な新技術については、知価の高い製品がある。しかし、彼がいうのは、そのような例外的なものでなく一般的に知価の創造こそが価値生産の主要な形態になっていくということだ。

確かに、我々でも電機製品などの故障の修理は、そのノウハウが無いために結果的にたいしたことではないのが解っていても手間代の費用が高いということで結局新製品を買う、というのは日常経験することで、知識があるということが今や非常に高い価値になっている。また人々の要求に応じて多種少量生産が拡大する。知価というのは他の製品との違いを主張することだから、そうすると続々と新しい技術・組み合わせが登場し、続々と見捨てられるということになる。つまり知価は変化が激しいし、一過性なのである。このような知価を生むプロセスは生産現場においても、産業革命が労働力と生産手段が分離しだした社会を生んだのに対して、逆に両者が合体一致していくという傾向を表す。このように知価革命が始まったと堺屋氏は言うわけである。

本書の主張する論点はある意味で表看板としては以上で殆ど尽きているといってもよい。情報化社会の到来はアルビン・トフラーがいち早く述べたが、その先を堺屋氏が知価社会という言葉で表現したのが、ある意味で実に絶妙であった。考えてみると実態を本当に動かしていったのは、マイクロソフト、グーグルなどを頂点とする国内外の多くのコンピューター推進関係の工学者、技術者であるのだが、その社会的影響を考察し表現する点において氏の感覚の秀逸さはやはり際立っていたといえると思う。

こうなると、未来社会はどうなるのか、人びとの倫理観は今後どうなるかと言うことが興味の対象となるのだが、これは困難な作業で、まず過去における巨大な変革に学ぼうということで、文明の変革の歴史が第二章以下の記述にあてられている。

第二章　文明の「犯人」探し

まず文明の変化は何によってきたのかの考察が歴史的に顧みられているのだが、氏の勉強した豊富な知識が披瀝されている。これを長々と書く気はしないので、ここではエッセンスだけを述べると、農業革命とともにそれまで物財が豊富になり続けた古代にたいする中世への変化、（それは普通の発展史観からいえば「中世の暗黒時代」とも見られるものでもあるのだが）が印象的に記述されている。それはヨーロッパにおけるローマ帝国の崩壊の時期である。奴隷制度に支えられ、帝国の領土拡大で隆々たる巨大帝国がなぜ崩壊に向かったのか。一つに領土拡大が限界に達し、もう資源の豊かな土地、資源が新たに加えられるようなことがなくなり、被支配者による新たな労働力も増加が見込めなくなった。それ以上に深刻だったのはエネルギー危機だった。当時の唯一のエネルギー資源であった森林資源が紀元前一世紀頃から急に枯渇しだしたという。原因は諸説があってよく解らないそうで、氏は牧畜が樹木の再生を妨げたらしいと書いている。

第二は先進文明圏での人口減少である。ある世界人口の推計によると紀元前後の極大期に世界人口は三億人近くになり、それ以後四百年間猛烈な減少を続ける。資源供給の限界を感じ出すと、人々は産児制限を励行したという。（こんなことが書かれているが、本当なのだろうか、技術的に可能になったのはつい最近なのにという疑問は消えないのだが。）子育ての苦労がない男女がウロウロすれば、性道徳が退廃するのは人類の公理らしく、目を覆うばかりの淫乱がはびこった。有名人、賢者という人々も何度となく結婚し離婚し、それでいて子なしの人が多いと書いてある。地域社会と家族的連帯が崩壊し、「パンとサーカス」の時代となり、兵士の士気も衰える。五賢帝（注1）以後、あまりに無能な皇帝が続いたということもある。二世紀以降、科学の進歩は全くなくなった。要するに、土地、エネルギー、道具の制約で社会の生産力が伸びなくなった結果、人々において物財に対する関心が薄れ、モノの豊かさに幸せを感じる美意識も薄れていったと記述されている。ローマ帝国で清貧を尊ぶ未開の異教が流行する。そして、周辺後進地域の人口の先進地域への大量流入、民族大移動が古代文明国家（注2）にとどめを刺すという歴史になっていく。これに似たような変化が古代の中国でも起こっていること、やや複雑で時期もずれるがインドでの変化もある程度記述されている。

以上はかなり強引な解釈を含んでいるとも思えるのだが、氏はこれらの記述の後で文明の変化を招来する要素となる「犯人」を経済学的にとらえたときには、技術の発展、資源の量、人口の三つがあるとしている。その他に周囲の民族環境、組織の発達なども挙げられている。それでは今、これらの要素はどういう状況であろうかと話を現在に戻す。

まずおおきな変化は人口で、全体では歴史になかった未曾有の増加が見込まれている。一九〇〇年に一六・五億人だった人口が一九五〇年に二二・五億人、一九八〇年に四四億人、二〇〇〇年は六一億人、二〇二五年には八二億人になるというのが国際連合の予想である。かつ、この増加は発展途上国の激増が特徴で今先進諸国の増加率は年平均〇・七％に対し発展途上国のそれは二・〇％。先進諸国の増加は老人人口の増加と発展途上地域からの移民流入である。今や先進地域と発展途上地域との間には富と人口の極端な不均衡が生まれつつある。今後、民族大移動が起こる可能性もないとはいえない。これは中国の後漢および帝政ローマ時代に酷似しているという。そこでは、北方蛮族の組織的・軍事的侵入の以前に、既に大量の蛮人が下層の労働者や奴隷、傭兵として文明国に流入していたので、今日のアメリカ、ヨーロッパの状況にまさしく近いという。

次に資源であるが、一九四〇年から五〇年代の中東における石油資源の発見で人類はかってない豊富で安価なエネルギーを獲得し、工業社会の発展に貢献した。しかし、発見が一段落し、この地域の政治的・軍事的不安定が先進諸国でも規制できないことがはっきりし出すと、この豊富安価な時代は急速に終焉しつつある。その後もメキシコ、北海、北極海等で発見は続いているものの、探査費も生産費も十倍以上も高い。このようにエネルギー資源が徐々に不足し高価になるということは、文明の本質をかえるであろう。しかし、それ以上に深刻なのが、土地の砂漠化であり、森林の喪失であると指摘する。もっともエネルギー問題は、石炭の液化や原子力技術の進歩、食糧問題はバイオテクノロジーやたんぱく合成で突破できると言う人もいると述べているが、確かなことは、世界の人々の資源有限感が強まるであろうことで、それは美意識や倫理観を変えていくであろうと。

そして第三の要素、技術は既に一章で述べたような変化、多様化・情報化・省資源化の方向に変化している。これはそれ以前の技術進歩の効果が逓減したことにもあるだろうとし、例として交通機関の発達を挙げている。東京—大阪間の徒歩十二日から東海道線二四時間、そして特急「つばめ」の七時間、それから新幹線約三時間の時間短縮をみれば、便利になったといってもその時間短縮効果は急激に減っている。医療においてもかっての二〇歳代の結核死を救うのに比べ、現在の比較的高齢者のがん患者の救済効果など、技術進歩の社会的影響力は二〇世紀中葉より確かに決定的ではない、と言えるだろうと述べている。

終りに氏の趣味である美術についても若干の記述を加えている。氏は社会の変化にあたって美術は常に先行的動きをするものだと考えているようだ。ポストモダンとか合理的精神への反逆とかいう動きの中に、新しい価値観への鋭敏なる触覚がみられるという。

第三章　次代は「高技術中世」か？

この章の前半は中世における価値観を「反物質文化の誕生と特色」と題して掘り下げた内容となっている。ここでもヨーロッパ、中国、インドなどにおける共通の特徴をいろいろ多方面において記述していてこれ自体なかなか豊かな内容なのだが、中世を詳細に分析するのが本論稿の目的ではないので、著者の述べたいいくつかの興味ある話と、論旨のかいつまんだ結論だけをまとめよう。古代文明は物財の供給を拡大し物質的により豊かな世の中を目指すことであり、科学の進歩、領土拡大、公共事業、政治組織の確立などがその理念とされていた。これに反して中世人的思考は、古代文明が衰亡し、そのような物質文明から離脱し、神の支配する正しい文化が形成されていくことこそ、人々は時代の偉大な進歩と考えていた。美術においても古代のギリシャ・ローマ、秦・漢、ガンダーラではきわめて精巧な写実が見られるのに対し、中世では稚拙なまでの象徴性が表れる。ひどく不均衡な聖母像、南北朝（注3）の様式化された絵画、イスラムの複雑な抽象模様などがそれである。人々は事物の正確な観察より、心の中に浮かぶ想像や架空の話を重視し、物財的客観性よりも社会的主観性を重んじる文化精神が拡がった。

この結果、五世紀から一〇世紀に到るヨーロッパ、唐以前の六世紀末までの南北朝などでは科学は全く停滞した。その原因の一つは宗教の束縛が挙げられる。ヨーロッパにおけるキリスト教、サラセン帝国による広大な地域のイスラム教、ともに唯一神教特有の批判をゆるさない聖典による厳しい戒律を持つ宗教である。パレスチナ被征服民から興ったキリスト教、アラビアの隊商から始まったイスラム教、そもそもは西域から漢に伝えられた仏教、このようにいずれも後進地域の宗教が先進地域にひろまったのは実に不思議とも思えるとし、氏はたぶんそれはフロンティアの喪失とエネルギー危機によって顕在化した物的生産の量的増加に対する絶望感であり、同時に生み出された自由な時間の過剰から発した瞑想的思考であったのではないか、という興味ある見方をしている。

氏は中世という時代の特色を一言で言えば「モノ不足・時間余り」だという。これがより多くの物財を可能にするよりも、より多くの自由時間を得て「心の豊かさ」を追求するほうが、より高貴な生き方だという思想を流行させた。中国では一時期、反物質思想である老荘思想や竹林の七賢のような清談が流行したが、これが仏教に変わった。ヨーロッパでも鳥に語りかけたアッシジの聖フランチェスコのような清貧禁欲の僧が尊敬された。貴婦人セピアは夫が十字軍遠征から帰るまでは決して肌着を脱がないと誓い、そのために肌着は褐色になってしまったのを人々は賞賛した。このような倫理観のうえでは、農耕地も荒れ果て生産力も低下していったのは当然である。働くことを軽視し思弁的模索に彼らのあり余る時間を使った。陶淵明の「田園将に蕪（あ）れなんとす」の帰去来の辞も、その中に生活する喜びを歌ったものだというわけである。

社会的尊敬の基準も現世における活動でなくなり、かくして世襲制身分社会が出来上がっていく。理知主義は影を潜め、清貧、勇気、貞淑、禁欲、超然などの徳目が尊重される。一方で神秘主義が跋扈し、恐るべき残虐さや凶暴な略奪が横行する。このため教会、貴族の館、町全体も城壁で囲まれた防備機構、自給自足の体制が普通になっていく。このような社会では、物の流通は困難をきわめ商業は沈滞する。情報においても、言葉や数値による具体的表現よりも、教会の荘厳さを代表とする雰囲気としての抽象的・感覚的伝達が重んじられた。中世人は社会的主観の共通性を重視したから、異なる各宗教圏はあっても、物財を基盤とし国土と成文法を持つ近代的国家は存在しなかった。

氏はこのような中世が崩壊したのはやはり物財供給の増加であったという。歴史における生産力についての研究によれば一説ではヨーロッパ中世以降には三つの大きな起伏があり、これをロジスティック曲線というそうだが、第一が十字軍の頃の一二世紀がピーク、第二がルネッサンスの一六世紀後半から一八世紀半ばまで、第三がそれ以後二〇世紀中葉に終わる波だそうだ。第三の終りについては堺屋氏も疑問視しているが、それ以前の二つの波については大方の同意が得られている、ただしその原因は気象変化説など、諸説あるという。中国はそれより早く九世紀の唐代末に石炭、鉄などの資源の増加と技術の進歩があり、中世精神は崩壊した。その後の一〇世紀からの宋の時代には「亜近代」とも呼ぶべき興隆（注4）が見られるが、やがてモンゴルによる全土征服によりこの波は終焉となった。

ここまで、氏は実に本書の三分の一以上の一一三ページを、長々と詳細に、古代文明の興隆、衰退から説き起こし、特に産業、経済の進歩とは逆の傾向を示した中世の歴史の解釈に使っている。その目的は、その時代に近代文明の進歩史観と異なる美意識と倫理観が存在したことを明示し、現在の状況とのいささかの相似点を見出し、我々の先入観から一旦自由になることを目指したわけである。

この章の後半は「今、起りつつある変化とは何か」と題されている。まず氏自らの趣味という歴史と建築のうちの後者、広くとっての美術の動きから話が始まる。ルネッサンス期のように物財の興隆期に写実が広まったのに対し、一九世紀末からこれが変わり印象派、抽象派が主流を占めるようになる。文化の先進的な分野である美術ではすでに一世紀前から作家の心理的主観の表現が、事物の即物的ないし合理的表現を凌駕し始めていると指摘する。産業との密着度の高い建築はやや遅れるのだが、それでも快適性や利便性を追求したモダニズムは一九八〇年を境として心証的表現重視に変わり日本では安藤忠雄、磯崎新らの作品がそれを示している。氏は六〇年代のビートルズ、マリー・クァントのミニ・スカートも、伝統的文化に対する反逆ののろしであったと解釈しているようだ。これらが「ポスト・モダン」とよばれたりするのだが、その後に何が来るかの意味を含んでいないところに未だ模索中の状態が示されている。しかし多くの分野で機能と効率から遠ざかる文化傾向が拡大していることは事実であるという。

これらがなぜ起こったのか。やはり、古くはアメリカの西進運動が太平洋に達したような土地の有限感、帝国主義によるフロンティア拡張の限界、特に戦後における公害の拡大を憂慮した七〇年のローマクラブの報告「成長の限界」は一里塚であり、石油ショック、特に七九年の二度目はこの資源有限感の決定打だった。そしてベトナムをはじめとするアジア、アフリカの大規模な難民発生問題が強烈に人口の面からの認識を新たにした。その後もキューバやメキシコからの大量の不法移民のアメリカへの流出、エチオピア、サハラ砂漠周縁の人達の移動は続いていて、これらは国境が意味を失い、民族国家概念の一部の崩壊という事態にもなっている。一方で先進国では物財の飽和感も進み心の豊かさを求める意識も顕著になっていく。そして技術革新の結果が、既に述べられた情報化、多様化の時代になっていく。省力化が進み時間が余っていく世界ともなり、豊富な知恵が経済をも支配する社会、すなわち知価社会になって行く。

労働者数の構成において、氏は従来の第一、二次、三次産業の標準産業分類はもはや、実態を十分に伝えるものではなくなっており、氏がもう一〇年来提唱しているという「産業面貢献分類」について説明している。これは生産する財(価値)の形態によって物財産業、位置産業、時間産業、知識産業の四つに分け、一方、財が生活のどのような場で機能するかによって生活場、生産場、社会場の三つに分ける。この二つの軸でいろいろな産業を分類していく。その表が出ているのだが、この内で、時間産業というのが、消費者の持つ時間を加工するもので、レジャー産業や医療関係、保険業などが入ってくる。このような分類法による労働者数という統計まではとっていないそうで未完成だと述べているが、これができれば知価創造に従事する人達の数の急増の実態も明らかになるだろうという。

第四章　「知価革命」と「知価社会」の本質

知価というものは、従来の経済学では説明不可能な性質のものであるとして、ワルラスの効用価値説のような社会効用曲線による価格決定(注5)は成立しないとか、経済コストよりも意志決定コストが重要な意味を持つというような解説がなされている。そのための広告宣伝に多大の費用があてられる。しかもこの知価は当たったとしても次々と使い捨てされる運命にあり、寿命は短い。

そのような知価社会はどのような社会であろうか、と多少の考察がなされている。一つは、工業社会と違ってその生産過程で生産手段と労働力が一体化する傾向を示すであろうとし、その意味で中小自営業者や自作農のような「中産階級」と知価創造業者は共通する点が多いと指摘する。労働者としての団結や組織化意欲は乏しく、政治に対する積極的意欲も乏しい。何よりも自らの知識、経験、感覚に依存する生産手段を有するので、職場を変えることはあっても職種を買えることは少ないであろう。そのような属人的なものであるだけに、法人組織はなじまない。彼らの労働に要求される感覚は、一種の商人的才覚ではないかという記述がなされている。

氏は一歩踏み込んで、知価社会では一部の製品においては等価交換法則があてはまらなくなるのではないかとも書いている。知価の価格はその生産費用と直接関係がないだけに、場所と状況におうじて、買い手と売り手の置かれた状況によって、大きく変動する。職業の選択でも格好よい職場か否かが賃金の多寡よりも優先することも多くなるだろうと。これにからんでは現在でも国家間の富の再配分において等価交換というものが随分崩れている。それは発展途上国に対する援助、経済協力で、有利子援助が返済されず、実質的喪失になっていくことが多い。無償援助に転化してしまうのである。またアメリカの巨大赤字の垂れ流しが許されて日本やヨーロッパの資金が流れ込んでいるなど国際的に富が流動化している。流動化しているのは富だけでなく既に三章で述べられた難民による大量の流入などが今後定常化すれば国家概念の喪失に立ち至るかもしれない。アメリカだけでなくヨーロッパの先進国、イギリス、ドイツ、フランスなどがいまや多民族国家になりつつある。これらはローマ帝国末期や中国の諸王朝が周辺の蛮族の侵入を防げなかったのを思い起こさせる。多くの面で中世社会にみられた状況と類似であるというのが氏のいいたいことのようだ。

一般にいつの時代でも成長性の乏しい既存の分野は社会的に高い評価を受けているから、政治的には大きな力を発揮する。一方新しい文化や産業は一種うさん臭い猥雑さをもっているので、人々は疑心暗鬼に見てなかなかそれを認めるには時間がかかる。この点を考慮して日本のなすべきことを考えようというのがここでの著者のもくろみである。著者の鋭い観察眼が記されているとともに、ものごとに向かうに実践的でありたい、という執念と現実感覚が見られる。

まず、今の日本は本当にあらゆる面で工業社会の優等生であるということ、そしてそのよって来る原因が列挙されている。平均的に見てではあるがこれだけ住みよい社会は他にないのではないか、というくらいに。何よりもこの四〇年間、戦争にまきこまれなかった幸せは素晴らしい。まず氏はこのような活力に満ち幸せな社会状態に至った日本の成功の原因をその地理的条件や気候から述べる。例えば、大陸の思想や技術の流入がないほど遠くないけれど外来勢力の侵入を一挙に許すほど近くない日本海という存在の幸運さとか、日本人が外来の文化を取り入れるのも技術はとりいれても思想は拒否してきた歴史とか、その実利主義尊重の体質を述べる。絶対的正義感のない実利主義は特定の宗教や思想を拒否し、独特の考え方を発案する賢明な民族でもあった。例えば神仏混合とか、和魂洋才といった歴史上の柔軟性に現れた。徳川時代は幕藩体制の擁護が正しいと信じられたのに、たった数年で尊王攘夷となり、数年で文明開化が正義になる。戦争中は八紘一宇が叫ばれたのに終戦と同時に民主平和が至上の正義になったのもその例である。時代が変われば正義も変わる。それがさしたる抵抗感もなくできるのが日本人の特性であると書かれている。（私はその変化にたいしては常に激烈な闘争が存在したのも事実で、そのために多くの血が流されたのが日本の歴史であると思う。氏もそれは十分に理解していると思うが、文章の構成上、ついつい表現が流されるという弱点は、社会評論に常にありがちなことではある。）

また、日本の場合、単一民族の歴史が続いたから、権力者は住民にとって頼り甲斐のある存在で、これが今もってお上依存型の官民一体思想を構成している。また他から隔たり資源不足の狭隘な国土では、人々は常に勤勉に働く必要があったし、飢饉その他で窮乏する現実から石田梅岩などの「諸業即修業」というような日本的勤勉哲学も生まれた。これは勤勉と節約の両立を図った点が特徴で、今日の日本の産業体制、国民の生活感覚そのものである。さらにこれは資源を使わぬソフトウェアすなわち教育の熱心さにつながる。明治維新の年に既に日本は世界一の教育大国になっていたと数値をあげている。日本では男の四〇%、女の二五%が寺子屋などで基礎教育をうけていたが当時のもっとも進んだ工業国であるイギリスでさえ、教育機関に通うものは男の二五%で女性の入れる学校は一つもなかったと書かれている。これが明治以降の西欧の技術を速やかに消化できた理由であった。このようなお上意識を伴った官民協調体制のもとで、実利主義と勤勉さ、学び上手が爆発したのが、戦後の日本の高度成長であったというわけである。

この今日の優等生が未来の成功者になるか否か、次なる知価社会でも優等生を続けられるか、「二〇歳過ぎればただの人」にならないようにするにはどうすべきか、なのであるが、一方厳しく見ればこの優等生も多くの問題を抱えている。二一世紀の今日も大きな問題として持ち越されているのであるが、財政再建、税制改革、教育改革、高齢者社会の到来、対外経済摩擦などであり、次世代にどうつなげていくかを考えようというのである。

その前に、現在のヨーロッパ、アメリカ、日本のような先進諸国で、知価革命はかっての産業革命と違ってかなり同時性をもって進んでいることを述べている。いうまでもなく情報交換や技術、思想の伝播が急速になったこと、資源一体化と政治的結合が進んだことによる。その中でも推進する活力という点で、アメリカと日本とが強く、西ヨーロッパ諸国はそれより弱い。その主たる原因は人口の増加と移動、とくに新規労働者の量と質にあるという。西欧諸国は人口の高齢化が進んで経済を圧迫している。老齢年金等の社会負担の増加があり、公的負担はGNPの五〇%を上回っていて日本やアメリカよりも一五から二〇%も高い。この社会負担が国民の労働意欲を削ぎ、産業活力を低下させる一因となっている。また職業転換の困難な中高年勤労者の比率が高く、技術革新への抵抗が強い。またこの反作用として若者の就業が妨げられていて若年層の失業が多いと指摘している。(この時日本での六五歳以上の比率は一〇%余り。しかし、二〇年後の今日二〇〇七年の比率は二〇・七％で、実は現在では日本でも大きな問題になっているのだが。）これに比してアメリカは外国からの人と資金の流入が比較にならぬほど大きい。特に外国からのハングリー精神と向上心に富んだ労働者の凄まじい流入が新しい産業への若々しいエネルギーを生んでいる。一方で重工業などの製造業ではより低賃金の外国への工場移転が進み、国内での産業空洞化が起こっている。

日本はアメリカと違い、工業社会を維持しようとする力も甚だ強い。すなわち物財生産が最も重要な活動であり、知価創造はそれに付随する虚業にすぎないという考え方が支配的であると述べている。その理由に二つあり、第一は戦後の日本が工業生産の拡大で成功した体験があらゆる組織に蓄積されていること、現在の工業分野での成功がその絶頂にあることで、第二が日本での政府依存型、官民一体型の体質であるという。もともと政府というものは確立された権威のみを認知する性格があるため、社会認識は保守的であり、未確定なものを率先認定し、それによる政策を実行することはなかなか許されがたい。政府の保護、援助は成長分野より衰退分野に多い。こういう本来的属性を持つ政府が昔からのお上意識が強い国民から信頼され、強い影響力を持っているので、工業社会を維持しようとする政策的圧力と思想傾向が生まれるのも自然であると述べられている。そしてこのやりかたで現在の日本は大いに成功していると堺屋氏も認めているのである。しかし、これが将来ともに巧くいくとは限らないと警告を発しているのだ。

そして氏は最後に日本のとるべき道として、知価革命を積極的に進めるのでもなく、工業社会を執拗に維持しようとするのでもなくて、当面、この両者にあえて政治的・政策的介入をしないというのが適当との主張をしている。これはより積極的介入をせず「小さな政府」を実現することである。これが急務とされる国際経済摩擦と財政難を解消する道だという。工業社会が育ててきた「投票民主主義」でなく人々の需要行動によって社会変化を進める「需要民主主義」を拡大せよということだと述べている。大概の投票が供給側の問題意識から起こされてきたのを徐々に知価社会の主体者となるべき需要者側からの要求によって政策を進めるようにしたいということのようだ。このあたりはとってつけたようで、作者もやや自信無げな論調にみえたが、どうも知価社会に対応するためには国民の政府依存の伝統からの離脱ということが必要であろうといっているように思われた。

以上、本書は筋書きが明確で、論理が一貫しているので、非常に読みやすく、三〇〇余ページであっても一気呵成に読んでしまう。一方、文章がある論理に沿って展開し、それに説得性を持つ材料を集中的に集めてあって著者の該博な知識が披露されているのだが、そんなに歴史の全ての成り行きがすっきりと並べられるのかと言うある種のあまのじゃく的な疑問もおきたりする。

人びとの美意識の変化と共に欲求の多様化によって、生産活動が如何に変化していくか、それを経済の観点から眺めるとどうなるのか、歴史的に人々の価値観はどう変わりうるか、そのようなことを総合的に論じ未来社会を予測した本と言える。インターネットやメールの普及によって情報化社会が凄まじく進展し、双方向の情報の交換も当然になり、確かに知識の交換の状態がかってとは別世界になったのは事実である。この状態は特に彼が予言したのではない。彼の言った知価社会の論旨は正確には別の経済上の意味であったのだが、それでも彼が予言した知価革命が実現していると いう表現が昨今よくされている。これはやはりネーミングの巧みさがそうさせているのだろうと思う。

ただ、知識が発展していけば、未来に人間はそれを様々に利用するに違いなく、商品への付加価値もその知識の内容で豊富になっていき、それが価格にも反映するだろうと思うと、考えようによっては、大部分は当たり前のことを述べたに過ぎないような気もする。著者の当初の意気込みを反映し、力作ではあるが、今後の予想ということになると著者も再三認めているが、甚だ難しく曖昧模糊としたことになり最後はやや竜頭蛇尾の感もして、やはり未来の具体的予測は難しいという感を深くする。

しかし、総じて読後感は心地よく、著者のエネルギッシュなファイトが横溢していて知的刺激的な一冊というべきであろう。国際的にも興味をもたれたと見えてこの本は当時にして既に世界の八カ国で翻訳されているということである。

『危機を活かす』

普通、時局を論じた本と言うと、その時は現実の生々しい題材をとらえ興味津々であり、一時期ベスト・セラーになったりするのだが、その多くは時代が過ぎると陳腐なものになり、後になって見たときには、再び読む気にならないといったものが多い。この本もその危険はあるのだが、ものに対する姿勢という面で印象的であったし、中長期的な観点からの本であって氏の分析能力と著述能力の優秀さがいかんなく発揮されていると思ったので、読み返した。

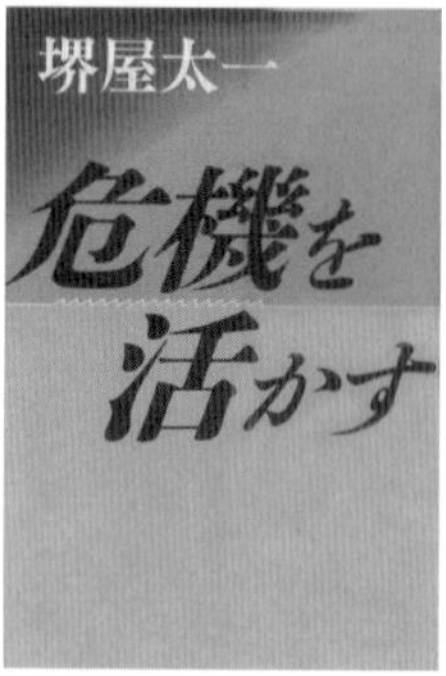

この本が書かれた一九九三年（『知価革命』から九年後になる）は世界では八九年のベルリンの壁の消滅、ソビエト連邦の崩壊により、第二次世界大戦後の長期に亘った東西冷戦構造が終わり、国内的には自民党が九三年の宮沢内閣不信任可決で解散後の総選挙で破れ、非自民の細川内閣が生まれ、経済的にはバブルの崩壊が進んだという時期である。全体は九章及びむすびを含めての実質十章の構成である。

まず一章から四章までは、戦後の政治、経済、経営、家計にわたって、日本がどのようにして発展し、高度成長を遂げたかの分析が書かれていて、各々の特質を三つの熟語であらわしている。そしてそれが、現在そのままでは立ち行かなくなっているという意味で危機ととらえる。三という数字は面白いもので、何事にも三つあげると、それは安定感をもたらし、もっともらしい話になる。物理的にも二点では不安定だが、三点だと物を安定に保つことができる。三種の神器（白黒テレビ、冷蔵庫、洗濯機）とか、三C（カー、クーラー、カラーテレビ）時代というのもそれだが、三人よれば文殊の知恵とか、女が三人寄ると姦しいなど、世に三つになると物事の性格が変わるといった言葉はたくさんある。彼は、熟語を作る達人であるが、ここではその三項目の形式を用いて戦後から現在に到るまでの時代の分析を非常に図式的な構造に分け、しかし能弁にその個々の事象と由来を明確に説明している。それは読み応えのある内容なのだが、その言葉群が非常に秀逸でそれだけで何をいっているか、大要は直ぐ理解可能なのでその詳細は省いて筋書きの必要上に留め、それ以外で特に付記したいことだけ記すことにする。

第一章　政治の危機

戦後の政治の神話として　第一、アメリカは日本を見捨てられないという「日米不可離神話」、第二、自民党以外には政権担当する政党はあり得ないという「自民党永久政権神話」、第三、政治が停滞しても官僚に任せておけば大過ないという「官僚信頼神話」があった。これが長らく日本の政治を支えてきた。それがこの時期、選挙で自民党が過半数を失い、社会党が惨敗したことにより、一九五五年保守合同と左右社会党の合併以来続いたいわゆる「五五年体制」の政治構造が崩壊した。この体制はまた世界冷戦構造のミニ版であったとも言える。それでは上記のような神話が通用しなくなった危機とは何か。

戦後の日本を支えていたものは対米追随と共にもう一つが官僚機構の本来機能ともいうべき供給者保護の政策であった。官庁は殆ど供給者別に組織されている。変化の第一はこうした産業育成・供給者優先の政策が行き詰まりつつあることだ。それは漸く豊かになり、モノが溢れる社会で消費者の欲求が顕著になりだした。供給者別の選挙集票機能が低下し、業界と労組を基盤に競う政党にあきたりない無党派層、浮動票の重みが増している。いまや政治の最大の問題は、そのような行政官僚組織に寄りかかって本来の民主的機能、消費者の意見を集約できない「族議員」化にあり、罷免されることのない権限に安住し、なに一つ変えようとしない強大な官僚機構の鈍感さにある。政治家は国民の意向の変化と強大な官僚機構との板ばさみにあえぐ惨めな存在なのだ、とまで書いている。

次に冷戦構造の終焉と共に、安易な対米追随の継続が不可能になりつつある世界の情勢について述べる。アメリカの「核の傘」が有用性を失い、西側の投票民主主義に変わった多くの発展途上国で新たな自由選挙による政権が誕生した、ところが、その大統領や議会が民衆的熱狂によって独裁化し、旧ユーゴスラビアでは内戦がおこり、その他でも安定政権にならない。自由貿易・多角決済の拡大をねらったガット・ウルグアイ・ラウンドもなかなか決着がつかない。自由貿易の理論的根拠であった「比較生産説」を補強した「生産費逓増理論」も怪しくなってきたという。氏はそのように自由経済に対する信念も揺らぎだしたと見ている。当時のジョージ・ブッシュ大統領が湾岸戦争の勝利を経て「新世界秩序」の形成を目指したものの、ユーゴでの内戦、アフリカでの内戦、大量の難民発生などにより、九二年の選挙では内向き志向の民主党クリントン氏が選ばれた。日本は今後の国際環境における選択において「民族的大国主義」をとるよりも「国際的小国主義」をとるべきであろうと述べている。

日本も冷戦構造を前提としていただけに、政治はその基盤を失った漂流物と化し、各政党も今までの衣を着替え再構築されなければならない。社会党から新生党まで含んだ非自民、非共産の連合政権も新しい方針は打ち出されそうにない。明確な政治理念と将来像を持つ政治集団が存在していないと断じている。その混乱の中で、政権政策の問題から国民の目が離れ、金銭疑惑絡みの政局や人事だけに関心が集まっている。その間に民族的大国主義と供給者保護の官僚と、一部の保護された業界集団と、それに寄生する学者や人気取りの言論人が合作すれば、再び昭和初期と同じ誤りを犯す危険も大きいと。特に言論機関が各官庁別の記者クラブ制度を通じて無意識に官僚に支配されているのに気づいていないのは本当に危ないという。

第二章　経済の危機

戦後の経済の神話として　第一、土地と株は中長期的に必ず値上がりするという「土地・株神話」、第二、消費は年々拡大するという「消費拡大神話」、第三、日本には深刻な失業問題は起こらないという「完全雇用神話」があった。これらが高度成長を支えたのだが、今や平成不況はなかなか立ち直れない。それまでの石油ショックやプラザ合意による海外要因による不況と異なり、バブル崩壊による戦後初めての内発不況であると書く。この中で第三の「完全雇用神話」だけは健在で失業率は二・五％であると書いている。（しかしこの後、中小の企業倒産、経営者などの自殺、新卒の就職難、パート、派遣社員の急増などの傾向が続き、現在デフレから漸く底入れを脱しつつあるのだが）ここでは、前著『知価革命』でも書かれた多品種少量生産はある程度進んだが、多様化、高級化は、バブル経済の消費面での現れだったので、人々はそれに飽きて、実用性の高い低価格品へと方向転換する現象が生まれたという。氏は「コスト＋適正利潤＝適正価格」という今までの発想ではなく、「価格－利潤＝コスト」の発想が必要になっていくと述べている。

第三章　日本式経営の危機

戦後、日本企業無敵の神話を支えた経営の特色として　第一、終身雇用、年功賃金、企業内組合の三つに象徴される「閉鎖的雇用慣行」、第二、労働分配率を低めに抑え、株式配当率を極度に低水準にして企業の内部留保を厚くしそれによって事業の拡大や多角化を進める「先行投資型財務体質」、第三、権限を下部まで分散し、多数の従業員の合意ないし組織全体の雰囲気によって意思決定をしていくという「集団的意思決定方式」の三つがあった。また官僚主導型業界協調体制の環境に守られて育ち、これらが相俟っての相乗効果でいわば、人生を職場第一に考える組織に従順な「会社人間」を作った。八〇年代後半に至るまで、この日本式経営は欧米諸国での支店、工場、現地法人の進出に大いに力あった。しかし、今回の不況によって活力が大幅に低下し、海外での業務縮小あるいは撤退、また国内での中間管理職の肩たたき、新卒者の採用中止、倒産も増えてきた。

現在、国際間の競争、システムのグローバル化への要請が強まっている。量的拡大が利益に繋がると考える無限成長経営の考え方が危機を迎えており、これを具体化した三比主義（前年比、他社比、予算比を重視する）といったものを今後いかに変えていくかが問われているという。

第四章　家計の危機

戦後の家計の基礎となった信仰として　第一、人生に非常事態の中断はありえないという「絶対平和信仰」、第二、定年まで解雇されることなく年功によって所得は増え続けるという「成長終身雇用信仰」、第三、親は子を育てるが、子は親の老後を面倒みる必要がないという「親子間贈与信仰」の三つがあった。第一は第一章の「政治神話」、第二は第二章の「完全雇用神話」、第三は「土地・株神話」のそれぞれ家庭版であり、特に家計においては第二、第三が現在危うくなってきているという。

官僚主導体制による「コスト＋適正利潤＝適正価格」が自由市場経済に反すると同様に労働賃金での「生活費＋適正貯蓄＝適正賃金」というのも市場経済では維持し難い。自由化が進み過当競争になると、経営者は「価格－利潤＝コスト」の発想で経営しなければならなくなり、労働者の賃金水準も合理化がはかられる。つまり高賃金の中高年を低賃金の若者やパートタイマーに置き換える検討が始まるに違いない、と書かれている。実際にレーガン大統領によって大幅な自由化が進められた一九八〇年代のアメリカでは、中流所得者の失業が増え、工場の国外への流失で製造業は大打撃を蒙った。また流通業界でも有名百貨店が次々と倒産しウォルマートのような低価格・低コストの販売流通業が急速に伸びた。そして社会階層の二極化が進んだ。ヨーロッパでは、大学卒のホワイトカラーの失業が増加、情報機器の発達で不必要になった中間管理職が増加、それと共に東欧やアフリカからの低賃金労働者の増加などで工業社会の構造的変化が起こっている。コンピューターの部品製造など一度確立した技術にたいしては熟練労働者も必要でなく、小規模工場でも生産可能で、東アジアや中米などの発展途上国での安い労賃での大量製造が可能である。氏はこのような傾向が九〇年代の日本でもある程度広がっていくだろうと、予想しているが、約一〇年後の現在、これらはことごとくその通りで、自由化、規制緩和の中で格差社会の出現は正に今の日本でもっとも重大な政治テーマになっている。ここでは氏はミドルが危ないと警告を発している。

第三の信仰については読んでみると、危機というより、今後の親子関係のあり方についての提言という記述になっている。少子化、高学歴化に伴い一人の子供にかける教育費は急増しているし、住宅贈与意欲の拡大が顕著であるという。欧米の親子間売買の話とか、嫁姑問題が論じられている。いずれにおいても、人生の目標の設定は「自分の好きな道」に進むということが一番重要だというような主張がなされている。

第五章　平成の創業

ここでは、過去の分析の記述を終えて、堺屋氏の現在の問題意識が述べられている。過去を顧みると新しい社会体制が動き出すまでに十年、それが成功して成果を上げ出すまでには更に二十年かかっている。イギリスの産業革命、アメリカの奴隷解放、日本の明治維新、太平洋戦争敗戦後の戦後システムの説明が述べられている。本書が執筆されたのは平成五年であるが、世界の冷戦の終焉を迎えて現在の日本が果たして十年後にどうであるか。それに三つの課題を提起する。第一「経済大国であり続けるか」、第二「日本はアメリカの同盟国であり続けるか」、第三「議会民主主義の国であり続けるか」である。これらに対する本格的改革論議を創業の精神で行う必要があるというのである。つづいて六章から九章に亘っては、再びこれからの方向として、政治、経済、経営、家計の四つについての個別の議論が展開されている。

第六章　今、創業すべき政治とは

まず、冷戦後の世界の全体像として六つの「四億圏」と見捨てられた「三十億圏」が存在する。六つの四億圏とは、二つの先進四億圏、すなわちEC（現在のEU）を中心とする「欧州」と、アメリカ、カナダなどの「北米」、二つの混乱の四億圏、すなわち「旧ソ連・東欧諸国」と「ラテン・アメリカ」、二つの挑戦の四億圏すなわち「イスラム圏」と「東亜圏」である。そしてその間に、飢餓に苦しむブラック・アフリカ、それぞれ十億人以上の人口を持つ中国内陸部とインド亜大陸、合計三十億人の暗く淀んだ存在があるとする。相変わらず氏のものごとを捉える感覚の広さとネーミングの卓抜さに感嘆する。

これらが相互にどう作用していくかがこれからの世界の重大課題である。東欧諸国はECに加盟しようと焦り、ラテンアメリカは北米に近づこうと北米自由貿易地域に加盟希望が急、先進四億圏の諸国にとっては、混乱圏からの大量移民が脅威で、これらの地域の人口の定着が強く望まれている。このような情勢を見ると日本外交の北方領土返還要求などはほんの小事で欧米諸国は全く興味を示さなくなったという。これに今や社会主義に変わってイスラム原理主義の思想的挑戦、東アジアのNIES四カ国（香港、韓国、台湾、シンガポール）、それにタイ、マレーシア、インドネシアの経済発展、中国沿海部の大発展はいずれも輸出主導型工業によるもので、先進国日本にとって多大な影響を持ちつつある。

以上の状況の中でいずれ日本は東アジアの「成長の四億圏」をとるか、欧米の「先進四億圏」をとるかの選択を迫られるだろうという。一方で氏は現在は欧米諸国、とりわけアメリカと協調できる自由経済と民主主義を強化する方向でなければならないと主張している。それには今までにない強い主導力を持つ民主政治の確立が必要である。それには自由主義と民主主義の両者につきまとう猥雑さを許容することも必要だと言っている。

この後で氏は日本の政治体制をどのように変えるべきか、その前提としての世界構造と国際秩序は何かといえば、一、世界平和、二、自由貿易、三、人口の定住の三点であろうという。日本としては、第一に関しては資金の提供を主に、人的貢献を従にすべきだとし、第二に対しては、日本で全ての産業を揃えるという「ワンセット主義」をやめ特定の産業製品はすべて輸入という国際分業的考え方をとるべきで食料安保論は誤りであり、第三に関しては、難民の発生しそうな国への経済援助を促すと共にある程度の外国人を秩序ある形で受け入れることも必要だと述べている。

続いてこのような政治と行政を新たに創業するための体制はどうすべきか、氏はいくつかの具体的なアイデアを開陳している。まず国民が選んだ政治家が官僚に優先して基本方針を立案出来る政治の復権のために、議会制民主主義の間接的首相選択を選ぶか首相公選制かが議論されている。これは氏は二者の是非を論議した上で前者をとっている。国会審議の抜本改革として以下の項を提案する。最大の問題は政治が官僚による行政機構に従属していることだという。総理大臣官房の強化がよく言われるがそれを官僚が行うのはよくなくて衆議院に国策委員会を作るべきである。現在は予算委員会が行っているが予算成立という時期的なものに縛られて重要問題が予算成立と絡めて与野党の駆け引きに終始してしまうので、それとは別の委員会とする。それから議員立法を促進すること。完全な法案を提出しないと法案の審議が始まらないという現行を改めて審議を二段階に分け、それぞれ第一、第二読会と称するとすると、第一読会は趣旨についてのみの議論、第二読会で具体的法案に対し決議を行うとする。政治家の政策立案能力、法文作成能力を高める為に政党がシンクタンクを持つ必要がある。そして参議院に自主性を持たせる為に衆議院のような各省別委員会ではない、国際問題委員会、福祉国民生活委員会というような問題別横割り委員会を作る。氏は具体的に九つの名前を挙げていてそれに総合調整委員会が必要だろうという。

あと政治の適正費用に関して、また選挙制度に関しての議論もしている。最大の問題として行政機構が悪いと強調し、今はなにか失敗や無為による加害があっても、個人の責任追及がない。行政の規制が多すぎ、行政が恣意的に行われ過剰な介入が多いのを改革するためには「公正行政委員会」そして「行政評価委員会」を作るべきだと提言している。行政官公庁の記者クラブ制度も情報公開の観点から廃止すべきで、自由取材にする必要があるという。

今後の日本経済は世界と共生する為に、地球との調和、国際的均衡、繁栄の共有、ライフ・スタイルの提示を生み出すことが必要だろう。成長志向の建設依存体制から消費者優先の満足化社会への転換であると述べる。この章は珍しく平坦な記述が続くが、中で「平等」についての考察が新鮮であった。「平等」には三種類の概念がある。第一はフランス革命以来の「自由・平等・博愛」、つまり「機会の平等」すなわち「法の下での平等」である。しかし、機会が平等であれば成功、失敗があり「結果の不平等」が生まれる。「結果の平等」にも二つあって「結果の横の平等」を求める経済思想は社会主義であった。しかし、その為にそれを管理する権力の不平等を拡大したために失敗した。もう一つの「縦の平等」は現在同じ立場の者は将来も同じ立場でいれば良いという思想であるという。これは日本の徳川時代の君臣長幼の序を尊ぶ封建体制が典型的で「等しからざるを憂うる」という儒教の教えで身分の固定にむすびついた。氏は現代ではこの思想を体現しているのは何といっても年功序列人事だろうという。この思想の根源をなすのは嫉妬であり、これはサッチャー首相がかって喝破したように人間の最大の劣情であるとし、これを認めるべきではないと主張している。

これからの日本社会に最も重要なことは「楽しさ」の実現であると述べる。政治、経済、文化すべてそれを実現する手段なのだから。その為には一、経済的裏づけ、二、時間的余裕、三、供給の多様性の三つが必要である。一は既にほぼ満たされているし、二は労働時間の短縮が進んでいる。もっとも遅れているのが第三で、一見ものは豊富であるが、実は官僚主導で遮られている事象が沢山あるという。官僚は常に基準主義といった考え方をする。そのために規制をどんどん厳しくしていく。建築基準法、消防法、船舶の安全性、公園の設備管理など、選択の範囲を狭めていく。これからは確率論的思考を採り入れていくことも必要だろうと言っている。供給者保護から供給者間の競争や新陳代謝を促す施策も必要で、その例として教育問題に選択の幅を広げることや医療体制についての種々の改革、金融機関の大量の不良債権問題も論じている。最後にこれからの経済の発展にとって重要な、『知価革命』でも述べられていた時間産業についての氏の持論を述べている。日本のサラリーマンが余暇を楽しむ余裕を得たのは八〇年代で、エレクトロニクスの時代で、カラオケ、ファミコンなどの日本発のレジャーに誇りをもっていい、今後新たなニュー・ジャパニーズ・ライフを確立せよと言っている。

第八章　「日本式」を超える経営

第三章でのべたような閉鎖的雇用慣行は崩れつつある。もともと労働囲い込みの環境が可能であったのは高度成長があったからで、不況が長引いている現在、競争が自由化の中で激しくなると、有能な人の引き抜きや非能率な労働力の整理などで合理化が余儀なくされていく。政府の施策も積極的に労働力の移動を促進すべきであろう。（実際、最近は中途採用というのも徐々に広がっている）ただし、その時生じる失業に関しては失業保険などで保護していくというのが正道であろうと述べる。また「先行投資型財務体質」も経済成長力の低下とともに不可能になってきた。コストと時間のかかる「集団的意思決定方式」も不況によって揺らいでいる。

このような経営に対する改善は何か。三比主義のような数量だけの尺度と世間に流される他律主義を排し、質的向上をめざす「利益質」を導入せよという。これは西欧で研究されてきたもので三つの基準があり、外延性、継続性、世間好感度を問題とする。外延性というのは同じ企業あるいは企業グループ内での競争による利益は割り引くという観点であり、継続性とは一時的利益、変動する土地や株の値上がりに乗ずる利益よりも新規市場の開拓や新製品の販売、技術開発などの継続性を評価する。好感度にも対象は取引相手、従業員、世間とあってこれらを種々考えたうえでの「利益質」を評価し、これらに対する貢献度で社員にたいする評価基準にするといったやり方がチームにとって重要だという。

氏はこれからの企業にとって重要なのは「思想」「理想」「構想」を持つこと、つまり「有想企業」であることだという。言葉の遊びでもあるが、なんとも彼らしい表現である。

第九章　日本人の新しい家計

氏は今日の日本人の家計は圧倒的多数が超健全家計であるという。個人金融資産が一千兆円、平均的サラリーマン家庭で千二百万円近い貯蓄があり、これに対し住宅ローンは約百十三兆円、消費者ローンは二十四兆円程度に過ぎない。持ち家比率は六一パーセント、東京のマスコミは「騒がしい少数派」の声を拡大して伝達するので、住宅が買えない悩みが宣伝されるが、少子化でいずれ親の持ち家を相続する人を考えると八〇パーセント以上が自宅をもっているのではないか。また健康保険や年金積み立ても盛ん、貯蓄優先型の未来志向で運営されている、とまず現在を総括している。

それでは何が危機なのか、というと正にこのような貯蓄優先型未来志向なのであって、これを続けるとマクロ経済とのバランスがとれなくなり、いずれ消費低迷の需要不足、または押し出し輸出の国際的不均衡になってしまうと。これが社会的正義が世界的不正義に変化していることに日本人が気づいていなく、倫理的感覚的に対応できていない点であると述べる。だから日本人は今後消費充実型の現在重視に変わらねばならない、と説く。第一に資産価値より利用価値へ、第二に所得よりも消費へ、第三に自分の好みに忠実な生活へという。日本人は周囲を気にしすぎるし、レジャーでさえ技術向上書ばかりが多く、大学受験時代の有名だった旺文社の参考書の題名をもってきて、これでは「遊びの傾向と対策」であると上手いことを言っている。

特にこれからは高齢期こそ実りの秋だとし、六十歳以降、自分の蓄えてきた財産と人間関係、知識と人格の全てをエンジョイする時期なのだ、と強調している。この時、氏は六十歳直前であるから、自らを鼓舞する気持ちもこめられていたに違いない。これから日本経済の成長率は低下するだろうが、長期的には成長が続き資産は確実に増える。我々が子孫に伝えるべきは生産力であって物財や貯金ではないと考え、もっと今の蓄えを消費にあててエンジョイすべきだという。そして特に人間関係に留意し、職縁とは違った自らの好みでつながった「好縁社会」を拡げまた自らの「好みを実現する社会」を目指すべきだというのである。

むすび　日本の新しい創業のために

日本は新たな創業を必要としている。政治、経済、経営、家計、そして世界との共生を目指して全てにおいて改革が必要である。これを全部一度にするのは不可能と見えるが、歴史的に変革というものは全社会的に起こるもので、個別の改革というものはかえって効果が薄い。個々バラバラに試みられた改革とその成り行きを見て、日本では「どうせ世の中は変わらない」という諦めが定着してしまった。政治に不満といってもデモ一つ盛り上がらない。経済運営は官僚主導の供給者保護が強まるばかり、企業のリストラさえ大部分生産コストを流通コストに付け替える配置転換でおわっているという。しかし、現在、内外の環境は大きく変化してしまったので、やはり日本は変わらなければならないし、変わるだろうと述べる。

なかなか変わらない政治および経済構造を抜本的に変えるものとして、氏は首都機能の移転に期待をかけている。執筆の前年に国会等移転に関する法律ができたからである。「移転などいつのことか」と思う人が多いだろうし、一五年から二〇年を要するだろうが、もし、実現すれば日本の改革の契機として大きいし、全ての改革を加速するだろうと述べる。そのことによる期待を込めていろいろな影響を議論してもいる。(日本としては最近二〇一六年のオリンピック候補地を東京に選定したほどだから、首都移転などははるか夢のかなたへ行ってしまった。)

最後に日本が直面している二つの危機―政治不信と経済不況―をよき警告、よき揺らぎと考え、これを活用して、真の解決すなわち二一世紀の平和で繁栄した国であるための日本人の体質と気質の新しい確立が重要で、そのためには十年の混乱をも覚悟した「新たな創業」が必要であると結んでいる。

堺屋氏の全ての著作に共通して見られる特徴は、ある一定の明確な視点から政治、経済その他を縦横に論ずること、大胆なる抽象化を行うこと、そして何よりも感ずるのは彼の前進的で未来を絶えず見据えていく向日性の気質といったものである。全体を通じて、氏自身が経験してきた官僚機構に対する批判は非常に厳しい。最近は、官僚に見切りをつ

け て 若くして政治家や他の職業に転職する例が多数みられるし、『さらば外務省』の天木直人氏とか『国家の罠』の佐藤優氏など、それぞれの契機は多様だが、官僚の常道をはずれた人達の著作もたくさん出てきた。

一方で多年の歴史の中で育まれてきた日本人の美質、その勤勉性、資源小国でモノを大切に思う心というものが、「これからは消費の時代だ、世界経済の発展のためにも大いに使え、生活を楽しめ。それが世界と調和するために必要だ」と言ったところで、そんな考えが日本人に根付くかは、大いに疑問ではないか、というのが私の今の感覚である。ただ人間は自分の能力に相応しい仕事、本当に情熱をかたむけられる対象をみつけ、それに邁進するのが、もっとも楽しい生活の仕方である、という点では私も彼と同様な考えである。

この本の後、細川政権はあっけなく倒壊、自社さきがけ連立の村山政権、九五年一月の阪神淡路大震災、と続いたのであるが、不況はますます泥沼になって、九七年には三洋証券の会社更生法適用申請をはじめとして、北海道拓殖銀行、山一證券、百貨店そごうの破綻と続き、小渕首相の時期に財政出動が始まり、長期信用銀行と日本債権信用銀行の国有化、不良債権にあえいだ大手金融機関に対する国からの未曾有の多額の融資が行われていった。正にこの時期、氏は一九九八年七月より二〇〇〇年一二月まで経済企画庁長官として難局に直面した。はたして政治に棹さした彼はどうだったか、は興味あるところである。評論家としての堺屋氏は実に一流だと思うが、実際どれだけのことができたのか、日本の政治の現実をどう感じたかである。この時期、大手銀行の合併が進み、第一勧銀、富士、興銀の三銀行がみずほ銀行となり、東京三菱銀行が生まれ、三和、東海、東洋信託がUFJ銀行となった。(そして、今はこれが三菱東京UFJ銀行になっている。)

当時の新聞記事を読んでみる。朝日新聞ではある内閣がおわると、各大臣の新聞社としての簡単な短い採点記事が出る。小渕内閣後では、堺屋氏に対しては「悲観論切り替えプラス成長達成」とあり、国民へのアピール度(説明力)、発想力でもっとも高い評価が与えられている。他には柳沢伯夫金融再生委員長が「破綻行の処理こなして合格点」とある。森内閣後の時点では堺屋氏には「経済運営の「顔」、景気判断も適切」とされ、官僚掌握度、説得力・説明力、先見性・政策能力、人間的魅力の四項目の採点で、いずれも高く、宮沢喜一大蔵大臣と並んで他の大臣に比べて抜きん出ている感がある。金融再生の激動期、それぞれ所管大臣の起用はうまく機能した、というのが朝日新聞での評価といえる。それでは、堺屋氏自身の経験談はどうか。さるインタビューでの述懐で彼は次のように語っている。

「私が閣僚であった小渕内閣のときは、金融改革という大変な改革をした。それまで七〇年間、潰れたところがなかった銀行を長銀、日債銀以下、一八〇機関潰しました。そして大手銀行の合併。最初、私が「日本の金融を大改革しなくてはいけないから、大手銀行といえども悪いところは潰す。大手銀行にも合併してもらい、国際競争力のある銀行をつくる」と申し上げたときには、役人もジャーナリストも、テレビのコメンテーターも、「絶対に不可能だ」とおっしゃった。けれど、断固として命がけでやるということでやったら、できたんです。系列も株の持ち合いもだいぶ変わった。ところが、そこで止まってしまって、私たちのあと、一つの銀行も潰せない。流通であれ、建設であれほとんど潰せない。元の官僚保護に戻ってしまった。」と述べている。そして、「いま、抵抗勢力というのは官僚なんです。内閣のそれぞれの大臣が自分の役所の主張をし始めてはいけない。内閣全体として「この方針でいく」ということが、総理大臣・官房長官以下、各大臣に完全に浸透しなきゃいけないんです。」と付け加えている。

堺屋太一氏の略歴を前述のインタビューに即して書くと、もともとは建築家になりたかった。謙遜であろうがそんなに勉強の出来がよくなかったと述べ大学入試は二度失敗したという。大学は当初建築美学を専攻した。しかし、視力の関係でそれをあきらめ、二年の時に別の興味惹かれる経済を専攻するに至った。卒業、就職するにあたっては何がよいかよく解らなかったし自分の強い志望も定まらなかった。たまたま知り合った一二歳ほど年上のドイツ人の女性に、それならば就職してもその後いろいろ変わり得る職業にしたらと進言されて、将来フレキシビリティーの多い役人の道を選んだという。私は、彼は蹉跌のない人生を歩んだ通産省の一直線のエリートと思っていたので、意外であった。若いときは自信がなくて期末試験、入学試験、就職、明日の会議と心配ばかりしていたと語っている。

通産省入省二年後に、「水平分業論」（従来の先進国と発展途上国との貿易以外に先進国同士の貿易促進を提起したものと言われる）を白書に書いて注目された。翌年、二七歳の時にもともと建築への興味があったからと思うが、万国博を日本に誘致したらという提案をしたのだが、最初は周囲も誰も相手にしてくれなかった。それで説得先を考えていろいろ運動し、三年後に漸く役所が提案するところまでこぎつけた。そして実現したのが更にその五年後ということになる。やはり物事には随分長い間の努力があるものだとの感を深くする。一方、役人生活の間に、彼は文章を書くのが一番自分の好きな道であることを発見したという。『油断！』の原稿を書いたのはオイル・ショックの前だったのだが、ショックが起こり、直ぐ出すのは拙いと判断して、しばらく出版を遅らしたという事情もあったらしい。

彼は物事を注意深く見て、ことごとくそれを前向きに捉える。例えば、現在の高齢者社会への突入も、日本にとってフロンティア領域とみなし、これを上手くこなしていけば、最長寿国として世界にさきがけてその模範となるような輝かしい国になる、といった具合である。

氏はその後も活発な執筆活動を続けている。週刊朝日に毎号、評論を書き一九九六年七月から二〇〇〇年六月までの四年間の分が『明日を読む』（一九九七年末）、『明日を診る』（一九九九年）、『明日を想う』（二〇〇〇年）の三冊にまとめられているし、それ以外にも『あるべき明日』（一九九八年）、『未来への助走』（一九九九年）、『平成三十年』（二〇〇二年）、『救国十二の提言』（二〇〇三年）など旺盛な著作活動がみられる。その視線は常に未来に注がれている。最近は大量の団塊世代の定年を目前にしての著作『団塊の世代黄金の十年が始まる』（二〇〇五年）とか、『団塊世代次の仕事』（二〇〇六年）を出してもいる。彼自身が『明日を診る』のあとがきで大臣になるまでの生活を次のように述べている。「私は二十年間、きわめて気楽に、本当の自由業を満喫できた。毎日、昼ごろに起き、明け方に寝るのを習慣とし、自分なりの時間配分もできた。一日二四時間を四等分、第一の六時間は執筆や講演、テレビ出演や行事プロデュースなどのアウトプット（産出）にあてる。第三の六時間は生活と娯楽と社交。食事も入浴もプロレス観戦も、この中に入る。そして最後の六時間が睡眠である。私は二十年間、この時間割を頑固に守ってきた。私はこの安楽の生活を捨てたくなかった。」特に重要視したのが、インプットの時間であったという。これが、彼のたゆまざる勉強、その結果としての該博な知識に結びついている。だいたい評論家になってからは一年に二冊の本の出版ペースであるというから、その旺盛なエネルギーはたいしたものである。

1　九六年以降から一八〇年までの五人、ネルヴァ、トラヤヌス、ハドリアヌス、アントニウス・ピウス、マルクス・アウレリウス・アントニヌスを指す。

2　これは西ローマ帝国の話で、その滅亡は四七六年である。コンスタンチノーブルを首都とする東ローマ帝国はその後も一〇〇〇年余り続いた。

3　後漢が滅んだ（二二〇年）のち、三国時代、晋、五胡十六国時代と経て北魏が華北を統一（四三九年）した。その後、北魏は東魏と西魏に分裂し、さらにそれぞれ北斉、北周に倒された。この五王朝が一五〇年、支配したのを北朝という。江南は東晋が倒されて、その間、宋、斉、梁、陳の四王朝が興亡し、これを南朝という。これらの南北朝を北朝から出た隋が統一したのは五八九年である。

4　唐代に長安、洛陽などの大都市が発達したが、商業などは一定の地区内という制限があった。宋代にはこれらの制限がくずれ、広州、泉州などの商業都市が発達した。金融業者もふえ同業組合も生まれ紙幣が使われるようになった。また印刷術が発達し、火薬の製法、羅針盤の使用などもヨーロッパに先んじて実用化された。

5　生産量（横軸）と価格（縦軸）の相関を考えると、生産量が多くなると価格は下がってくるので右下がり。一方、供給コストは数量の増加に従って不利な供給者が参入するので右上がりになり、その両者の交点が価格が安定するところ、という説である。知価は新規参入者が入る前に、すでに消滅していることも多く、変動も激しいので価格安定論になじまないであろうという説明がなされている。

永井路子『変革期の人間像』

はじめに

歴史小説、あるいは時代小説というものは、人間にとって実に多面的魅力を持った文学である。私が最初に思い出す時代小説は、小学生の時に朝日新聞の夕刊に連載された村上元三氏の『源義経』であった。金売り吉次という男が舞台回し役で、しょっちゅう登場した。それで弁慶をはじめ佐藤嗣信・忠信兄弟、伊勢三郎、駿河次郎などの義経の家来や、秀衡をはじめとする藤原一族の名前、勿論平家方の数々の武将の名前なども自然に覚えた。またやや後で私の中学校時代に読売新聞に子母沢寛氏の『父子鷹』が連載された。いうまでもなく勝小吉・麟太郎親子の物語である。新聞小説というのはその雰囲気として毎回の挿絵がまず頭に浮かぶ。映画で有名になった原作といえば大仏次郎『鞍馬天狗』、野村胡堂『銭形平次』、高垣眸『怪傑黒頭巾』、中里介山『大菩薩峠』などのような純然たる創作ものであろう。私自身、中学時代から約一〇年間、神道夢想流杖道（注1）という古武道の練磨をしていたからであろうか、剣豪小説をよく読んだ。

時代小説はその書き方においても実に多彩であり、同じ主人公を描いても、取り扱いは作者それぞれである。だから忠臣蔵をめぐる物語などは数限りない作品が存在するし、太閤記であれ、明治維新で活躍した人々を描いた作品も実に多くのバリエーションがある。史実に非常に近いとされるものから、作者の思い入れや想像の色濃いもの、作品の工夫の為に架空の人物を配したものなど、書き方にも様々の種類がある。古くは中国の『十八史略』、『漢楚軍談』、『三国志』、『水滸伝』、『国姓爺合戦』、日本の『平家物語』、『太平記』などいずれも原本ではないのだが私が読んだものは戦記物が多い。純文学と言われる分野での歴史物というと森鴎外の『渋江抽斎』が傑作だという評価もあるし、芥川龍之介の『或日の大石内蔵助』のように鋭い才気走った人間観察もある。僅か三三歳で早世した中島敦の中国物『李陵』、『山月記』も味わい深い。私の物心ついた戦後における大衆時代小説の大家といえば先述の村上元三に加えて吉川英治、海音寺潮五郎あたりであろうか。中年になってからは異常なほど人気の高かった司馬遼太郎や池波正太郎、しみじみした味わいなら山本周五郎、藤沢周平、現役作者なら童門冬二、津本陽、その他の歴史本というと南條範夫、坂本藤良、大和勇三、邦光史郎氏等、私の読んだ日本の歴史関係書もかなりの量にのぼる。

ただ、時代小説は一度は読みたいと思うが何回も読みたいとは思わなかった。その意味でここで取り上げようと思ったのは、小説ではなくていわば人物中心の歴史読本と言うものになった。しかし、著者の永井路子氏は大量の時代小説を書いていて、NHK大河ドラマでは昭和五四年『草燃える』と平成九年『毛利元就』が放送された。

氏は数少ない女性の歴史小説家であるが本格的な歴史研究者でもあり、その足跡は現代で屈指のものであると思う。一九二五年生まれで同年生まれの杉本苑子氏と女性歴史文学者として双璧であって、もう八〇歳を越えているのだが、そのエネルギーは凄い。同じように高齢でありながらも創作意欲を失わなかった女流作家としては、野上弥生子、円地文子、宇野千代の諸氏が直ぐ浮かぶが、永井氏は身体的にも精神的にも強健なのであろうか。しかし、作風は全くことなっている。東京女子大国文科を卒業したのだが、戦時中でもあって、戦後、東京大学経済学部の聴講生となり、日本経済史を学んだという。その後小学館に入社し編集をしていたのだが、歴史小説を書き始め、三〇歳の半ばで、雑誌「マドモアゼル」の副編集長の時に退社した。三年後の昭和三九年に鎌倉時代の主人公四人を連作とした小説『炎環』で直木賞を受賞した。以後たくさんの賞をとっている。

普通は『北条政子』のような鎌倉ものが彼女の真骨頂といわれるが、実際は奈良時代、平安時代、室町時代、戦国時代、と作品でとりあげた主人公は実に幅広い。その多くが歴史上、有名な女性であったり、従来の歴史作品では、主人公の男の脇に存在した女性をとりあげたものが多い。『美貌の女帝』(元正天皇)、『波のかたみ 清盛の妻』(平時子)、『王者の妻』(ねね)、『朱なる十字架』(細川ガラシャ)、『流星 お市の方』、『一豊の妻』といった作品である。そればかりでなく藤原道長、藤原能信が主人公のもの、菅原道真等を含む『悪霊列伝』というような本もあるのだが、やはり女性の生き方に真摯な興味を抱いて作品を書いた人というべきであろう。

永井路子氏

伴侶が歴史学者の黒板伸夫氏（『藤原行成』などの著者で、主として平安時代を研究）であることも、大きいと想像するが、ずっと継続して創作活動に精魂を込めていて、その広範な知識と旺盛な活動に頭が下がる。この本は氏の別々の発表（一九七〇年から八四年まで）の一三の作品を一冊にまとめたものであり、一、古代史の明滅、二、執念と野望の世界、三、中性の栄光と落日、の三章よりなる。なお、文庫本（文春文庫）になった時は『歴史の主役たち』と改題されている。

一　古代史の明滅

伴　善男（とものよしお）―絵巻のなかの話題の人物

有名な国宝『伴大納言絵巻（正式には絵詞）』の主人公についてである。この絵巻は『源氏物語絵巻』、『信貴山縁起絵巻』と並んで三大絵巻とも、『鳥獣人物戯画』を加えて四大絵巻とも呼ばれているが、製作は一二世紀後半で、現在は東京の出光美術館にある。製作者に関しては、諸説があるが、宮廷絵師である常盤源二光長というのが学会での定説だそうである。

この絵巻に描かれた話は、平安時代中期、清和天皇の御代、八六六年三月に平安京大内裏の中にある朝堂院（天皇の即位が行われる大極殿を中に持つ）の入り口である応天門が火災で焼失した。この原因は世上、さまざまな憶測を生んだが、最終的には、八月、放火を企てた首謀者として、時の大納言伴善雄が拘禁され、遠島の判決を受けた。彼は最後まで、否認し続けたようだが、伊豆に流され二年後に失意の身で五八歳でこの世を去ったとある。ストーリーは一三世紀初めの成立といわれる説話集『宇治拾遺物語』にも同じ話が出ているそうである。

この絵巻は上巻、中巻、下巻と分かれていて、それを見ると、上巻部分は皇居の中でおきた大火災の時の様子、集まった大騒ぎの群集たち、濛々たる黒煙と紅蓮の炎等を臨場感豊かに描いているのに続いて、一人ぽつねんと立つ後姿の男、部屋の中でなにやら語り合っている貴族たちとなっている。（詞書は欠）、途中の事件の経緯を詞書と共に表したのが中巻、下巻は詞書と共に、最後に伴大納言が捉えられて馬車に収容されていくという様子までが描かれている。馬車の中より顔は見えないが衣装の一部が見えるのが伴善雄であるという。研究家の興味を引いているのが、前半の謎の後姿の男で、これが伴善男であろうというのが一番有力な解釈だが、諸説あるらしい。

作者はこの男の出自から、出世していった経緯、事件との係わり合いを中心として、当時の天皇の周囲の最上流貴族たちの権力争いをいろいろな角度から想像を交えながら叙述している。彼はもともと奈良時代には高名だった大伴氏の流れである。時代は藤原氏あるいは天皇が自分の親族に源姓を与え臣下となした公卿達（嵯峨天皇の息子達で嵯峨源氏と呼ばれた）がことごとく官位の上位をなしていて、彼は不利な系列であった。しかし努力と機を見るに敏な才覚をもって、参議、大納言と出世を遂げた男であった。そして更にと上位にいる左大臣源信（まこと）の失脚を狙い、犯人は源信であるとして事件を起こしたのではないかというのが一つの筋になっているようだ。

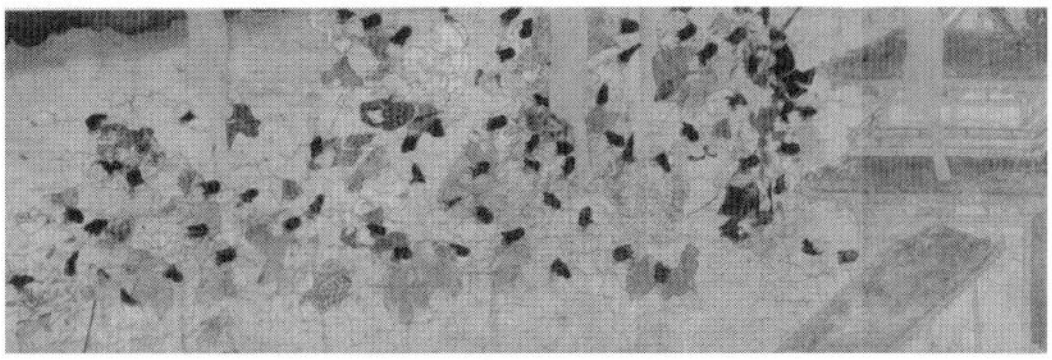

朱雀門内の群集

炎上する応天門

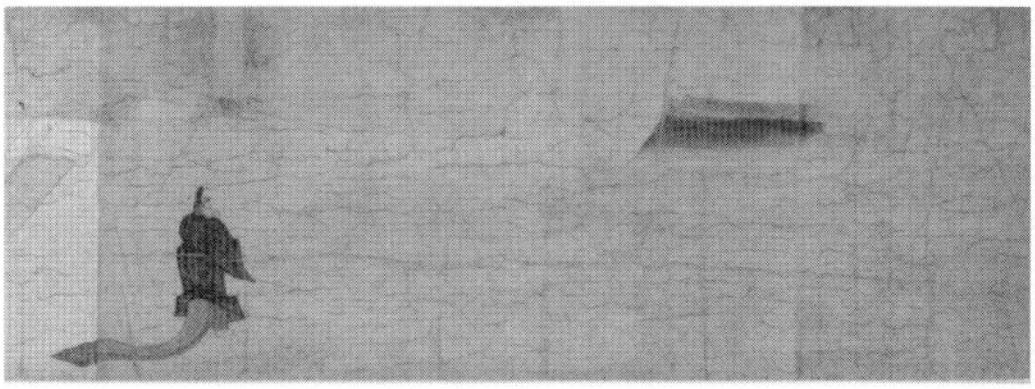

後ろ姿で立つ人物

清涼殿での様子

伴善雄を乗せた馬車

しかし、伴善雄のそのような策略を見抜き彼を断罪したのは、当時、既に引退をほのめかしていたのだが事件後急遽第一線に復帰した最高権力者、太政大臣の藤原良房であった、伴善雄が右大臣藤原良相（よしすけ）に接近していったのを、弟良相に権力を渡すつもりのなかった良房は快く思わなかった。事件は下級役人の喧嘩から派生した放火の目撃証言から、犯人は伴義雄とその一派五人ということが露見したということだが、これも執拗な拷問からのことらしいのである。永井氏は、台頭してきた伴氏と藤原氏の対立というよりも、むしろ事件の本質は藤原氏の内部抗争だといえるのではないか、と述べている。

翌年、心身弱り果てた良相は死に、またその翌年源信は落馬がもとで死んでしまう。これで俄然、有利になったのが、良房の養子の基経で、やがて基経時代が到来し、その後平安朝で栄華を誇るのは彼の子孫達であった。このことから永井氏は、むしろ年老いた良房よりも、この時の怪事件の黒幕は基経だったかもしれないと想像を逞しくしている。

この時期の歴史を書いたものとして『三代実録』（注2）がある。これは清和、陽成、淳和天皇の三大の天皇の時代を書いたもので、この中に当然、この応天門炎上事件、伴善雄のことが詳述されているという。ここにおける記述が歴史上の事実についての一番の拠り所になっているようだ。永井氏も『大鏡』の裏書と『三代実録』から筋書きを構成したと書いている。

私達はこのような文章を読んでいくと、ともかく事実はどうだったか、という興味につられて読み通してしまう。そしていつの時代も変わらない人間の欲望と行動に対する、歴史家の探索、解釈の面白さに、時間の経つのを忘れてしまう。それでいて、有象無象の事実はどうでもよい。人は勝手にいろいろ解釈してはいても政治の世界ではなにが真実だったかは、結局判らないのだから、要は歴史というものはいろいろな事実と解釈があるものだな、ということでよしとして、「ああ、物語を楽しんだ」、で終りとなるのが常である。一方でまた政治における権謀術数は、今の日本でも、ローマから続く西欧世界でも、全く同じようなことなのかもしれない、人間の本質は変わらないのだからとも思うのである。

流れを変えたもののふたち　ー義家・正盛・忠盛・清盛・頼朝

ここでは平安末期から鎌倉幕府の成立までに、公家社会と対峙した武者達の振る舞いの差異を、歴史的背景の変化と共に、氏が感じた主観を元にして、寸評を試みている。

武士が歴史に本格的に登場する基礎を作ったのが源義家であった。彼は前九年の役（安倍貞任を始めとする安倍一族との戦い）、後三年の役（清原一族の内紛と滅亡）での奥州出兵で勇名を馳せた。父頼義が相模守に任じられ土着の武士団を引き連れて参戦したことが、関東の武士団との連帯感を生み、これが後に源氏に東国の武士が帰順する基礎を作った。それと共に、それまでは都で貴族の為の警護役に過ぎなかった武士の意識を変えていった。義家は地方武士からの土地寄進も受け大ボスになっていったと述べる。これが都の貴族の反感を生み、義家への所領の寄進禁止とか、後三年の役は彼の私闘ということで論功行賞もしなかったといういじめが行われた。義家の次の代では巧みに分裂させられて源氏の地位は崩れてしまった。この頃は摂関政治から院政への過渡期で、義家は長く源氏が藤原氏に従属してきたための心理的引け目を乗り越えるところまでいかなかった、氏は、彼を誠実で力はありながら、要領が悪くていい点のとれない努力型であると評している。

これに比し平正盛・忠盛は時期的なこともあるが要領がよかったという。政治は白河院とその側近によって握られていた。皇女に先立たれた失意の白河院が弔いの寺を建てようとした時に直ぐ所領を寄進したのが正盛だった。これで院の心証を良くし若狭の国司となった。源氏の内紛で義家の嫡子義親に対する追討の功で但馬守にもなり、子の忠盛の代になっては西国の海賊を討った功績が高く評価された。しかし氏はこの両方の戦いにもいささかの疑念を呈している。前者についてはその後も義親となのる人物が各地に出没したといわれるし、後者については忠盛は海賊（都から見た呼称で実は小領主である）の棟梁を逮捕しても賄賂をとって逃がし、代わりに小物を捕らえて差し出したとの風評があり、この機会に海賊を自分達の子分として編成した。これが後の「海に強い平家」という基盤となったという。これらの海賊を使っての密貿易にも乗り出して経済的基盤は非常に堅固になっていった。そして忠盛は武士として初めて院の昇殿を許される。永井氏は、白河院が自らの寵姫としていた祇園女御を忠盛に与え、院の胤を宿していた女御が産んだのが清盛であるという話は、どうも清盛が女御の猶子（養子）となったことからできた伝説だと思うといっている。（吉川英治の『新平家物語』の当該部分は、これに更に女御を夜分訪れた不審な男の子かもしれぬというひねりもいれて、両方の可能性に対する自らの出生の疑念で青年清盛が悩みに悩むという筋書きであった。）藤原氏の摂関を乗り越え院と直接結びつき、西海の貿易による巨大な利益を得て財力を蓄えた平家はやがて栄華を極めてゆく。

この路線の完成者が清盛で、保元・平治の乱を経て、貯えた財力・武力を使い、太政大臣にまでのし上がり、娘の徳子を高倉天皇の許へ入内させ、天皇の外祖父の地位を獲得する。この間に、彼は宋との貿易を拡大し、それまで九州にだけしか入港させなかった船の瀬戸内海乗り入れを認め兵庫の築港を行っている。外国との貿易による政策というのは藤原氏には無かった事でこれらが巨万の富をもたらした。一方、永井氏は、平家の政治において古い体質の部分も多かったと述べる。一族に朝廷の官職を独占させたやり方は、藤原氏と同じような方策の踏襲であるが、こういう政治の運営方式自体が行き詰まっている時代であることを清盛たちは気づかなかった。また都の上層部ばかり気にして、彼らの下にいる武士たちへの配慮をおろそかにした。朝廷や後白河院とも対立し、その間の清盛の調停もうまくゆかず時代の変化の途中で彼は死んでいった。

平家が木曾義仲に都を追われ、東国武士団に攻められて壇ノ浦で全滅する戦いを、氏は「源平の戦い」という言い方はあまりしたくないと述べる。この戦いの主役は源頼朝ではない、東国武士団であるというのが氏の年来の主張のようだ。東国武士団に棟梁として担がれた彼は、下部組織を尊重し、進言を取り入れ連帯を深める。それだけに家来たちは恩賞をめざして、懸命に働く。頼朝は鎌倉にいて出陣しないにも拘らず、東国武士団はみごとに組織化されていた。平家はいつも中央ばかり向いていたので、落ち目になると、思いもかけない脆さであった。頼朝は関東御分国を作り守護、地頭を任命する。組織の頂点に立った彼は、平家と違って都の権力者のメンバーに加わろうという思いは持たず、独立東国の主としての立場に重きをおいた。その意味で頼朝は、組織に順応した人間であったという。

以上の四者の寸評に対して、氏はそれぞれの題名を「露払いをつとめた源義家」、「経済人間平正盛・忠盛」、「政策派・清盛」、「組織の人・頼朝」と銘うっている。

末世を見た人びと ―「平家物語」の世界

私は『平家物語』の原文は中学、高校での古文の授業でいくばくかの有名な抜粋を読んだに過ぎないし、あとは現代語訳や解説書で出てきたものを目にした程度である。思い出すのは冒頭の「祇園精舎の鐘の声、諸行無常の響あり」の一節やさまざまの有名な挿話のくだり、例えば屋島での那須与一の活躍、「沖には平家、船ばたをたたいて感じたり、陸には源氏、箙（えびら）をたたいてどよめきけり」など、切れ切れに原文が頭に出てくる。大学入試の国語の内で古文問題の一つが木曾義仲・今井兼平の最後を語る一節だった。それでも『平家物語』の筋と雰囲気はだいたい解っているつもりで、これが大部分の日本人の平均感覚であろう。若いときの国語教育の力というのは大きいなと感ずる。ここでは永井氏が「末法の世」（注3）との観点から『平家物語』で登場する八人を取り上げ、その虚実の如何を含めて感じたことを記述している。

最初が清盛の五男、勇猛な将でもあり東大寺を焼き払い逃げ込んだ千余人の非戦闘員を焼死させた重衡、次が「忠たらんと欲すれば孝ならず、孝たらんと欲すれば忠ならず」と悩みつつ清盛を諫めたと伝えられる嫡男重盛、そして祇王・祇女、文覚、熊谷直実と続き、屋島で戦線を離脱し紀州に逃れやがて入水した重盛の嫡男維盛、「見るべき程の事は見つ」と壇ノ浦で言い残して死んだ清盛の四男知盛、そして重衡の妻、となっている。

重衡が一の谷で捕虜となり、南都の僧侶が彼の断罪を要求した時、彼は俄かにおのれの起こした大罪に気づきおののく。地獄、極楽の存在を信じていたその頃、彼は恐怖に駆られて師たる法然に会い、「わが身はもう絶対に救われないのでしょうか」と尋ねる。法然は「今のあなたの苦悩で既にあなたは救われています」と答えたという。これが事実かどうか、会ったという可能性はないという説もあるそうだ。

重盛が後白河院を幽閉しようとした清盛を諫めた有名な話は、年月の前後も合わず創作だという。（清盛が幽閉の意思を持った時、重盛は既に病死していた）彼は「物語」の中で理想的貴公子かつ人格者として描かれているが、案外清盛と大差ない強引な男と想像できる事実もあるという。ただ「物語」の中で重盛が心ならずも末世を自覚しこの世に絶望していつつ、その末世を受けて自らの極楽への往生を信じていたと述べている。

祇王・祇女は完全に架空の話なのだそうだ。清盛の祇王への寵愛が仏御前の出現で暗転し捨てられる。悲運に会った彼女達（母と姉妹、そしてやがて仏御前まで）に出家の道を選ばせ、動乱の修羅を免れさせた。出家は栄華の裏返しであり、白拍子という庶民出の女の希望を描くと共に、その儚さを描いて最後は念仏の世界へという形をとる。祇王寺は嵯峨野でもっとも人気のある場所の一つである。石母田正氏の『平家物語』によると、この部分は明らかに主要部分（作者は信濃前司行長とされる）とは記述も異なり、後で付け加わった文章であるのが明らかであると書かれている。琵琶法師の弾き語りで伝わった『平家物語』は他の部分にも多くのこのような段落があるという。

文覚（遠藤盛遠）の出家の原因は『源平盛衰記』にある袈裟御前との一件（注3）であるが、『平家物語』にはこの話はないとのこと。実はこの話は他にも原型があり、それがいつのまにか文覚にまつわりついたものと思われると書かれている。『平家物語』にある遠藤盛遠が上西門院の北面の武士であったというのもいささか怪しいそうだ。出家後の文覚の修行は凄まじかった。高雄の神護寺の再建運動に邁進し、周囲の迷惑も顧みず後白河上皇への悪口雑言がたたって伊豆に流される。そこで頼朝とあって源氏の再起をうながした。これはアジテーターとしての革命家にも似ている。この時代、出家にも拘らず、もっとも末世的でない生き方をした珍しい個性であり、彼の不屈の闘志は正に変革期のエネルギーそのものであると述べる。

一の谷合戦での熊谷直実と敦盛の悲話は事実としても、氏はそれの悔恨から直実が出家したという動機づけは疑問であるという。『吾妻鏡』によると彼の出家は一の谷の戦いの八年後であり、一族との所領争いで頼朝を前にした裁判で敗れてやけをおこし、衝動的に侍所で髪を切ってそのまま出奔したという。源氏の東国武士団きっての剛の者といわれ、一番乗りの功名争いに命をかけた彼の直情な性格から、この話の方が真実に近いと氏は述べる。もっとも、世上の直実像はベトナムで殺戮をやった米兵のイメージとか、モーレツ社員が自分の企業の責任によって不治の病にかかった公害病患者を見て、ショックを受け、自らの生き方を問い直すというのに似て、まさしく今日的問題を含んでいるとも指摘している。戦場で彼のような経験をした者は大勢いたに違いない。それでも殆どの武者は出家しなかった。やはり、体制からの脱落の思いが直実の出家の真の原因だろうと氏は推量する。『平家物語』はいつも無常の歌を奏で過ぎていて、つねに没落していく平家一門を強調する。しかもそれは平家からの無常観であって、新たに勃興していく東国武者の野望や人間性を掬いきれていない、と氏はいうのである。

美貌の貴公子だった維盛の戦績は芳しくなく、大将軍で向かった二つの戦い、富士川で水鳥の羽音に驚いて逃走し、倶梨伽羅峠で義仲に大敗と、散々だった。屋島で早くも平家の前途に絶望し、都においた妻恋しで戦線離脱、現代だったら敵前逃亡をした。都へ帰ることもかなわず高野山で滝口入道に会い、出家の志を固め、巡拝の後、入水したことになっているが、これも疑わしく諸説あり、入水したと見せかけて生きながらえたとの話もあり、氏はこの方が真実に近いのではないか、と述べている。しかし、『平家物語』でなぜ彼に入水を選ばせたか、往生という当時で最高の死をさせたかが興味のあるところという。『平家物語』ではとりわけ重盛一族に好意的である。平氏の九州落ちを大宰府で断られて三男の清経が入水自殺を早々と行い、この長男維盛にも入水往生によって極楽行きを保証してやっている。氏はここに極めて不幸に見える末世であっても、永遠の中では救われるという『平家物語』そのものの生死観が見られるのではないかと述べている。

壇ノ浦の平家の副将、知盛の先述の言葉「見るべき程の事は見つ」は永井氏の最も好きな言葉の一つであるという。それは彼女自身の経験に根ざしている。彼女の言によれば、小学校に入った時満州事変が始まり、女学校で日中戦争が始まり、女子大に入った年に対英米開戦の詔勅を聞いた。卒業するとまもなく戦争が終り敗戦後の混乱期を十二分に味わった。その後GNPだの経済大国という言葉を聞いたかと思うと公害がおしよせてきた。そんな経験がなかったら私は歴史小説を書く人間にならなかったかもしれない、という。そのような体験をひっくるめた言葉としては、「見るべき程の事は見つ」になってしまうと述べている。知盛は平家の運命を知る聡明さを持ちながらベストを尽くして戦う。そして死が迫ってくると、総大将の兄、宗盛のような生き恥をさらすことなく、余裕を持って潔く部下と共に入水する。それにも拘らず、『平家物語』の中でさほどの重きを置かれていない。彼には独立した一章は割り当てられていない。それはなぜか。氏は彼が重盛や維盛のように末世から離脱しようとしなかったからではないかという。しかし、末世と向かい合っていない我々にとっては、むしろ知盛のほうが実在感のある男に感じられる。もっとも氏は自分が知盛ほどベストを尽くして生きてこなかったし、戦争中お国の為に戦ったこともなければ反戦運動もしなかったので、彼の言葉を自らの為に引くのも後ろめたい気持ちもある、それでも戦中派の氏にとってつい魅かれてしまう言葉なのであると書いている。

重衡の妻は公卿である藤原邦綱の娘であった。重衡に嫁し、安徳天皇の乳母でもあった時は、未来はバラ色であったに違いない。しかし、ほどなく平家の没落が始まり、一の谷で夫は捕虜になり、鎌倉につれてゆかれた。壇ノ浦まで随いていった妻は、入水寸前に関東武者に抱きすくめられ、都に送られる。やがて日野に隠棲した彼女に、頼朝の最終的決断で奈良で斬られることになった重衡が護持の侍に頼んで最後の対面に来る。やがて夫の死が伝えられ、首のない屍体が届けられ、彼女はねんごろに供養したとある。氏が彼女に心をひかれるのは、女の中で最も凄惨な戦争体験者として描かれているからだ、という。特に夫の腐乱死体を焼く場面は、太平洋戦争で外地で敗戦を経験した人妻たちの姿を連想させると書かれている。重衡の妻はこの後出家して建礼門院徳子が大原の寂光院に入ったのに従ってそこで命を終えるのだが、現代の敗戦を経験した人妻達はどうだったのか。彼女達には出家の道はなかった。残った子供たちを抱えてその日から生活苦に立ち向かわなければならなかったからだ、修羅は一層厳しく、末世とさえ言っていられない酷烈さだった。しかも彼女達のための現代の『平家物語』は生まれてない。このことが永井氏を考えさせてしまう。一つはまず彼女たちのための『平家物語』を編むべきだということ、それより、あの『平家物語』という物語じたい、現代の彼女に比すべき人々を書き落としているのではないか、ということに気づかされる。

「ものがたりの外で」という終りの節で、氏は「誰の末世か」と問題を議論している。『平家物語』は確かに最も親しい古典である。私達はすぐ、無常観に覆われた当時を想像する。しかしそれは平家の滅亡であり、日本全体の滅亡ではなく、東国武士団が中世世界を開いてゆく変革期であった。当時「今は末世ではない」と言い切ったのは道元であった。『正法眼蔵随聞記』には正法は生きていると書かれている。現在でも地球の終末と騒ぐ連中がいるが、それは怪獣映画と大差ない、天災と社会的矛盾は別物で、後者は変革者が登場すれば解決できる。もっとも氏ははたして現代に道元や東国武者はいるのだろうか、という言葉で文章を結んでいる。

二　執念と野望の世界

後醍醐天皇―理念と現実の狭間で

氏は後醍醐天皇のことを、野心と抱負、挫折感と怨念、歴史上これほど激しい浮沈を経験した人はめったにいないし、まして天皇家では稀有の存在といえるであろうと記述する。当時、皇位継承問題は複雑で、後嵯峨天皇（八八代）の後、子供の兄弟、後深草（八九代）の持明院統と亀山（九〇代）の大覚寺統が交互に皇位に就き、在位もほぼ十年という妥協が成立していた。後醍醐は幼少時から亀山上皇に可愛がられて次男であるにも拘らず将来の皇位を期待されたという。いろいろな経緯があったが長男の後二条が急死ということもあり、後醍醐は二一歳で皇太子に選ばれた。普通の決定より随分遅かった。しかしこの為、青年皇太子後醍醐はその後一〇年間みっちり世情を観察、周囲の側近との勉強会、宋学や仏教の勉学も熱心に行い、政治的意欲を涵養する時間をもつことが出来た。当時は一〇代で天皇に即位、政治は父や祖父任せで二〇代そこそこで退位してしまうのが普通であったから、それとは随分違ったのである。

三一歳で即位し、久々の天皇親政が始まり、彼は疲弊した鎌倉北条政権に対する討幕計画に一気に突っ走る。ところがこれが簡単に露見し、日野資朝（すけとも）、俊基（としもと）らが幕府側に捕えられてしまう。次には叡山、南都の寺社勢力と結び、叡山には我が子二人を送り込み、自らも両方を訪れて挙兵のときの協力を要請した。しかし、この時も密告者が出て宮中に武士が乗り込んでくるというので、ついに三種の神器を持って皇居を脱出した。親政が始まって一〇年後（一三三一年の元弘の変）であり、東大寺、笠置寺、と寺社に縋ったが、負け戦の中で、六波羅の御家人に捕まり京都に送られ、彼に応じた楠木正成など諸国の蜂起が一段落した段階で、隠岐に配流となった。この辺の物語は『太平記』に出ているわけだが、永井氏はその研究で権威であった植村清二氏の著作なども参照しながら、諸処の事実の実態を解説している。私は「太平記」の原文はまったく読んでいないのだが、植村氏の解説書『楠木正成』は読んでいて、混乱に満ちた時代、また『太平記』の虚実とりまぜての記述の解釈は面白かった。

以前、討幕を企て同じく隠岐に流された後鳥羽上皇は十八年間、和歌の道にいそしみ、政治的にはあきらめの生活を送った。これにひきかえ後醍醐は出家を拒み、再起の志を棄てない。伯耆の大山寺、出雲の鰐淵寺などの密教系の寺社と連絡をとり、やがて伯耆の名和長年を頼り、島を脱出する。この間に畿内では、楠木正成がゲリラ活動を開始、後醍醐の息子護良親王の吉野での抗戦、そして北条氏の体制内であった足利尊氏の六波羅への攻撃、新田義貞の鎌倉への挙兵があり、ついに北条政権は崩壊した。六波羅陥落の報で、都に上った後醍醐は彼が京を離れた間に即位した持明院統の光厳天皇、皇太子の廃位をはじめ、その間の辞令をことごとく廃止した。氏はそこには彼の復讐の念がぎらぎらと出ていると書いている。

一三三三年に始まった親政は建武中興と呼ばれて、長年に培った彼の政治に対する感覚と情熱の実現に向けて、自らの綸旨（りんじ）による矢継ぎ早の政策を行った。しかし、今までの土地所有を認めず、北条の土地没収、鎌倉からの恩賞の土地は無効、所有権変更は彼の許可を必要とする、というような権力むき出しの手段は、それまでの北条政権で不満を持っていた武士団を新たな敵に回してしまい、幾度もの政策変更は、自負と挫折の連続であり、野望と怨念の中で振りかざした復讐の刃は、やがて自らに迫ってくるのであると書かれている。後醍醐側の公家や寺社にはたっぷりの恩賞を与え、内裏の造営など、彼の理想としたのは平安時代の律令体制であり、武家社会の勃興と逆行したもので、武家政治の動揺をついた反革命の幻想劇であったと述べられている。ただ、彼の頼った寺社の力は、この時代も依然として侮りがたい力であった事が知られる。

以下、護良親王の失脚、足利尊氏の台頭、後醍醐側に立った新田義貞との戦い、それを箱根で破った尊氏の入京、新田義貞・北畠顕家連合軍の追撃で尊氏は西国に落ちてゆく、といった太平記の筋書きが続く。やがて光厳上皇を担ぎ出しその院宣という錦の御旗を掲げて、九州から再起した尊氏の怒涛の進撃、正成の湊川での討死、後醍醐は叡山に再度逃げ込む。ここで氏が再び強調するのは、後醍醐の不屈の闘志で、最悪の事態になれば、いよいよ勇猛心を発する性格は、人生の最悪の状況の中で、いよいよ光り輝く、と印象的な記述をしている。妥協的政略家でもあった尊氏の思いがけない帰京の申し出を受け入れ、神器を引き渡し、尊氏は幕府を開く。後醍醐は都に帰ったが棚上げされ京都の花山院で幽閉同然の日を送ったが二ヶ月後、寺社と連絡をとりつつ吉野へ脱出する。自ら天子と称し尊氏打倒を諸国に呼びかけたという。しかし、その願いもむなしく新田義貞、北畠顕家も戦死し、やがて後醍醐自身が病魔で一三三九年になくなった。遺言は「玉骨（ぎょっこつ）は南山に埋るとも、魂魄（こんぱく）は北闕（ほっけつ）の天を望まん」であって死ぬまで諦めない執念の生涯であった。

永井氏は、後醍醐がいたから南北朝の争乱が起きたという話には同意していない。むしろ、鎌倉体制の矛盾、京都・鎌倉の二重支配の衝突、中流武士団の台頭があって早晩動乱が起きたであろうという。後醍醐政治は保守反動であり、足利幕府で起こる武士同士の相克こそ歴史の主役であって、彼はその序奏部分に登場した旋風でしかないと断じている。

最後に、その彼が明治以後、俄かにクローズアップされた。これは維新後の天皇制国家が、天皇親政の原理を後醍醐に求め、建武政治が理想化されたことによる。これは後世がいかに歴史を自分の都合によって解釈し、自己正当化の武器にするかの見本のようなものであるという。その嵐が過ぎ去って、戦後やっとそれは正常な位置にひきもどされてきつつある。今後後醍醐の虚像を復活させないためにもこの時代をしっかり見つめなおす必要があると述べている。

文観―戦乱の影の主役

戦後、南北朝の歴史はまったく人気がない。これは戦争中にたたきこまれた皇国史観の後遺症であろうという。それだけに氏は逆に注意深くこの時代を凝視したいとし、心にかかる人物として真言宗醍醐寺の座主であった文観をとりあげている。氏によれば後醍醐を躍らせているのは彼に他ならないという。文観も後醍醐と同じく無類の政治好きで、討幕計画に加わったが、最初の計画露見で、後醍醐は笠置山に逃げる。文観は島流しとなり、後醍醐は彼の弟子の道祐とか東大寺の聖尋など寺社を頼るが、結局隠岐に配流。その後建武中興で文観も都に戻り、得意の絶頂を極める。しかし、長続きせず、後醍醐は今度は吉野に落ちる。この時も彼は寺社を頼り、文観も同道した。つまるところ文観の支配する醍醐寺系統の寺を頼みとした。このように考えるとあの内乱は文観が武家社会を向こうにまわし、人と財力を総動員した旧勢力の大ばくちかもしれないとも言っている。

楠木正成―その戦法を推理する

戦後育ちの私にとって楠木正成というと皇居外苑にある勇壮な馬上の像を見て、天皇の為に戦った偉い武将だったと大人に聞いたことから始まる。そのうち河内の千早城で、大量の幕府側の寄せ手を相手に奇謀、奇計の限りを尽くし、相手を撃退したという太平記の話、息子正行との桜井の別れ、それを歌った「青葉茂れる桜井の・・」の詞などが頭に浮かぶ。戦前は大忠臣として祭りあげられたそうだが、今は永井氏によると、憑き物がおちたようにその偶像はしぼんでしまったという。

氏はこの幻のような金剛山の千早城址を訪れた。氏は「太平記」による、大石落とし、大木落とし、藁人形戦法などを語る。そして、実際にこういう戦いが行われたであろうか、というと、はなはだ疑問であると述べる。太平記では、寄せ手は徹底的に戯画化されているし、楠木正成側は極端に美化されている。これはゲリラ戦であったことは事実で、地形としてその地をよく知っていた楠木側が非常に有利に戦いを進めたであろうことは理解できるという。そのゲリラ隊長であった楠木正成の素顔はどういうものであったか。彼は、文観系列の寺社が沢山ある河内の在地武士であり、河内と吉野という寺社勢力の二大拠点を結ぶ地点にあって、黒幕の支援のもとにゲリラ的活動をして保守反動の尖兵になっていたというのが千早城の活躍の実態であろうと述べている。

三　中世の栄光と落日

足利義満―権力の黄金図

尊氏、義詮（よしあきら）の二代に続いた三代目義満は、惨憺たる苦労を重ねた祖父、父と違って特に苦労もせず幸福な生涯を送った。ろくに苦労もしないで幸福な生涯を送った人間の伝記ほど、つまらないものはないが、義満のそれはまさしくこの部類に属する、と書かれている。父が三八歳で病死し、十一歳で征夷大将軍になった彼は細川頼之という有能な補佐役が居たお陰で、順調に成人し、公家社会でも二一歳で権大納言兼右大将になる。その頃、室町に花の御所を作り落成では大宴会を催し、直後内大臣になり、その後二五歳で左大臣になっている。その後、義満が、懸案の南北朝統一までの話は、北朝の後円融天皇、南朝の後亀山天皇、楠木正儀（まさのり）、赤松、山名などの武将の動きとともに、かなり詳しく書かれているが省略しよう。ともかく上手く神璽（しんじ、三種の神器の総称）を取り返して彼は統一に成功する。義満の唯一の戦争体験は山名一族の内乱による明徳の乱だが、これもわずか四、五日で治まった。幕府直属の軍隊が質・量ともに強力になっていたお陰だったという。

南北朝統一の二年後、大将軍をやめ、太政大臣になり、文字通り公家社会の最高位に座る。直後、京都、伊勢、奈良、若狭、丹後と豪勢な旅行に出て、帰郷後出家する。そして北山第、金閣寺の山荘を建てるのである。寝殿作りと禅宗建築を混在させた金閣の手法は、武家の公家社会の制覇の記念碑を意味するだろうという。義満の豪奢な生活を支えたのは国内の経済成長だが、もう一方は対明貿易であった。子の義持は父に批判的であったようで、義満の死後、後小松天皇からの父に対する太上法皇の尊号を辞退し、まもなく新邸を作り、北山第の建物は次第に取り壊され、二、三の建物しか残さなかった。明との交渉も打ち切られた。文化的には、義満は猿楽を愛し、こればかりは民衆のほうを向いていて、彼の寵童だった藤若が後の能の世阿弥元清になった。この遺産の重みを思うと、他の三代目、金槐和歌集を残したのみの源実朝、なにも残さなかった徳川家光に比べれば、案外拾い物の三代目ではなかったかという気もすると述べている。

義政と富子―応仁の木の葉

応仁の乱は一四六七年から前後二十年あまり続いたというから、都は丸焼けになったようだ。またこの戦いには源平時代、戦国時代のような戦乱につきものの英雄が全くいないという意味で、なんともつかみどころがなく、親しみがもてないという。ところが、当時の記録をみると、都の庶民は弁当持ちでこの戦いを見物にでかけたりしている。氏は合点がゆかなかったが、しかし七〇年代の全学連のデモと機動隊の衝突をまじかに見て、納得したという。「俺達の戦いじゃない」と庶民は思ったに違いないと。

しかし不可解なのは時の将軍義政で、御所にも煙が及んできていて侍女達が悲鳴をあげているにも拘らず、酒を飲むのをやめなかった。いまや何の能力もなく、無責任の極みであったという。彼の父の義教は公家や武家をびしびし取り締まり恐怖政治を行ったために臣下の赤松満祐に殺され、息子の義勝が継ぐがすぐ病死し、弟の義政が継いだ。たぶんこのことで彼は過保護児童のごとき養育をされ無気力な男となったのではないかと。

ただこの無能なる将軍にこれと対照的な政治好き、権力好きな妻がいた。それが日野富子であった。後継ぎがなかかなか生まれないので、義政は一旦出家していた弟の義視（よしみ）を還俗させて後継ぎに指名する。ところがその直後、富子は身ごもり男の子を生む。そうこうしているうちに応仁の乱がおき、富子は自分の子を将軍の座につけようと、義視が細川勝元と結託したのに対し、山名宗全を応援し、彼らに金銭を貸し付け、政治に口を出し、巧みに泳ぎまわってついに我が子、義尚（よしひさ）を将軍にすることに成功する。このことから、富子は応仁の乱の張本人のように言われたこともあり、氏自身もそう思っていた時期もあったが、考えが変わってきたと述べる。はてしない分裂や家督争いは当事者の権力欲というようなものではなく、子細に見るならば、それぞれの側についているもう少し下の層が実力をつけてきて、自分達の言い分を通すために上を突き上げるといった性格のものだった、ということがわかってきたからだという。これが変革期というものの一つの性格なのだろうという。鎌倉時代の初期、公家のいうなりだった武士が実力をつけてやがて発言力を持つ。それが治まりかえると、また下の層がむくむくと頭をもたげる。これが南北朝であり、足利時代ができたとおもうと、さらにその下が台頭するのが応仁の乱、そしてその中から追い育っていくのが戦国大名であると。

この激動期においては義政も富子もその中を揺れ動く二枚の木の葉のようなものであった。それにしても一枚の木の葉はすっかり物事を投げ出し、もう一枚は、ありとあらゆることをやってみる。しかもこの対照的な二枚が夫婦であるというところに、人間的面白さがあると述べている。

永井氏の著述を読んで思うことは、この人は本当に歴史の好きな人なんだなあという感慨である。歴史小説を書くような人はすべてそうなのかもしれない。勿論、今から見たとき、昔生きた人間に共感を感じるからこそ、執筆の情熱を覚えるのに違いないが、史実を事細かに調べ、それの起承転結をいろいろ考察するというのは、そのことの作業に無限の喜びを見出すからこそであろう。私などは、その結果を読むのは、常に興味深く楽しいが、そのような古びた歴史の調査研究などを丹念に自らする気は到底おこらない。近代の話ならいざしらず、もう何百年も前の歴史の研究などを、自分の専門にしようとは考えもしなかった。今を理解するにはあまりに遠すぎる。これは正に人それぞれの好奇心、興味の起きる対象がさまざまであるということだろう。そうは言っても、歴史物というのは、多くの人間の生き方を鳥瞰図的に眺めることができ、過去の人たちの生き方、死までの道程を知って、人間のあり方をトータルに考える唯一の方法かもしれないとも思う。

永井氏の作品の幅は広く、軽い読み物としては、歴史上で活躍した有名な女性を書いたものとして**『歴史をさわがせた女たち』（日本編および外国編）**がある。

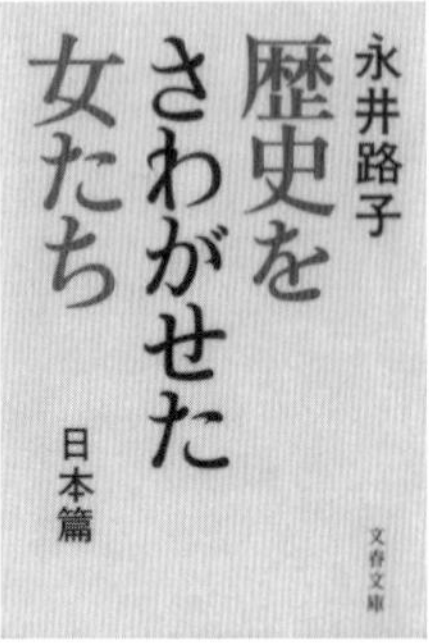

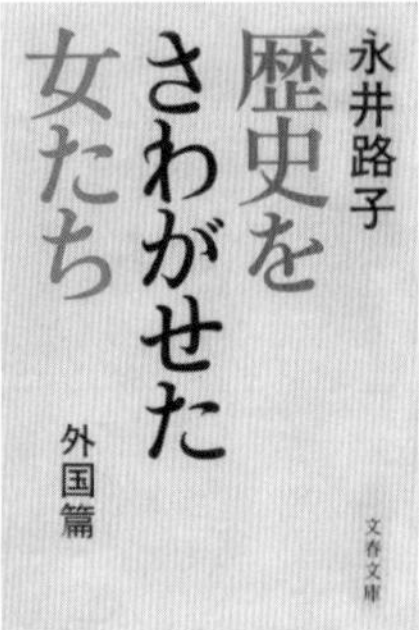

これは、多くの歴史上の女性をとりあげて小説を書いてきた氏が、その途上で知りえた多くの女性達を軽快にパロディー調で書いたもので、日本編は和泉式部から出雲お国まで三三人、外国編がネロの母親アグリッピナからリンカーン夫人まで三六人で、思いがけない話が満載で軽い読み物にしあげてあってなかなか面白い。通説がいかにあてにならないかという多くの指摘が書かれている。日本の場合、運命に翻弄されながらも、たおやかに、ある場合はしたたかに生きた女性が多いという印象だが、外国の場合、まさに猛女といった想像外の凄まじい女性が実にたくさんいたことを知

り、民族性の違いと女性の多様性を十二分に知らされ、日常の感覚から目覚めさせられる。徳川家の流れの熊姫とか亀姫といった全く私なんか聞いたこともない女性もとりあげられている。もの知りのおばさんのおしゃべりというスタイルだが、ここでは永井氏はある意味で女の性格まるだしといった風情で、女性の大好きな男女関係の噂話やうがった観察をいわば逆手にとったような評論を縦横無尽に展開する。副題がそれぞれにあり、日本編だと「王朝のプレイガール」、「書きますわよマダム」とか、「ご立派、ケチケチ・マダム」、外国編だと「新大陸にかけた名ギャンブラー」、「家康なみの我慢と権謀」、「おかみさんトップ・レディー」など、という具合につけられている。現代感覚でいえばこういうことであろうと、随所にユーモラスな類推がなされ、表現が楽しく微笑を誘われる。女の美しさ醜さ、賢さと幼稚性、良し悪しを率直に表現し、コミック調にしあげた本である。文章の上での冒険、想像たくましい推測がもりだくさんであるが、永井氏は、世のごく普通の家庭第一主義の倫理観をもつ奥様の立場に徹していて、自らの健全さを失わないところと、人を見る観点が実に多様であるのに感心する。このシリーズにはもう二冊、「歴史をさわがせた女たち　庶民編」と「新・歴史をさわがせた女たち」が出ている。

1　城山三郎氏の項でも触れたが、神道夢想流の流祖は木曽に生まれた夢想権之助という。元々は剣術を修行し、江戸に出ても一度も負けなかった。たまたま武蔵と会い立合いをしたがこの時彼の十字止めにあって押すことも引くこともできず、初めて相手に兜を脱いだ。それ以来打倒武蔵ということで、種々工夫し、「丸木をもって水月を突け」との神託をうけ、長さ四尺二寸一分、直径八分の樫の棒による杖術、神道夢想流をあみ出したとされる。以後、福岡黒田藩の秘術として伝えられた。吉川英治の小説『宮本武蔵』ではこれに創作がなされ、武蔵との出会いは「導母の杖」の節に出て来る。武蔵と仲良くなり、巌流島の決闘には当日お通などと共に対岸までかけつけたとの筋書きになっている。表、中段、乱合、影、五月雨、奥伝、秘伝、と計六四本の形がある。私は中学二年の時に清水隆次二五代師範について修行を始め、大学学部在学中に五段となり、奥伝一四本を全て終了し奥入証を授与されたのだが、秘伝五本を前にして大学院に入る頃にやめたので、免許皆伝とまではいかなかった。

2　古代日本の律令国家が編纂した『六国史』の最後の六番目で九〇一年完成。撰者は藤原時平、菅原道真等。神代から持統天皇までの日本書紀が最初で以下、続日本紀、日本後紀、続日本後紀、日本文徳天皇実録、三代実録と続く。

3　釈迦が入滅して千年間が正しく仏法の行われる正法の世、次の千年はやや崩れた像法の世、それから仏法は堕落し、闘争殺戮の起こる末法の世が来るという考えで、永井氏によると、古書に一〇五二年が末法に入る、という記述があるとのこと。清盛が太政大臣になったのが一一六七年、二〇数年近くの栄華の後、平家が壇ノ浦で滅亡するのは一一八五年である。

4　遠藤武者盛遠が北面の武士である源渡の妻である袈裟御前に横恋慕した。そして源渡を殺そうとした。夫の危機を察知した彼女は、夫になりすまし寝所に横たわり夫の身代わりとなって殺された。それを知った盛遠は自らの非を悔い出家したという。

綱淵謙錠『人物列伝幕末維新史』

はじめに

我々がなぜこれほどまでに、歴史小説や歴史読本にひかれるのか、と考えてみると、そこには生きた人びとのさまざまなる人生行路における努力、苦悩が描かれ、栄光を獲得した英雄もいれば悲劇的運命に翻弄されるヒロインもいる。そして書かれた中に歴史上の脇役もいれば、主人公は名も無き庶民ともいえる人々もいて、それぞれ一生懸命に生きた人達の姿にうたれるのである。

また一方で、歴史というものは確かな過去の出来事であり、現在の自分達の生き方に直接、利害がからむようなことはまず無いという気楽さも見逃せない。（近代から現代への歴史はまた別）だから、歴史小説を読む時の心持というものを顧みると、ゆっくりと文学作品を鑑賞して昔物語を楽しもうという気分とか、あるいは時代劇の風俗を頭に描きながら血沸き肉躍る歴史展開を期待して、まずは作者の描写する流れにわくわくしながら身を任せてしまう。そこには、知らなかった歴史的な詳細な事実、作者の創作、解釈による実に興味津々としたストーリーが展開するので、読み出したらやめられない、といった風になるのである。どの作品も作者によって解釈、視点は異なるので、常に新鮮な人間が現れ、それだけで十分な満足感を得ることもあれば、自分の中に、新しい人間の見方や新たな勇気を呼び起こす場合もある。いずれにしても、この本を読んでいる時間、純粋に読書を楽しむ、という状態であるのが実に快いのだ。

綱淵謙錠氏は東京大学文学部英文科を卒業後、中央公論社に勤める。T・S・エリオットの研究家としても名をなしているそうだが、一九七二年首切り役人を描いた『斬』によって直木賞を受賞した。その前年、四七歳の時に退社して作家生活に入った。以後沢山の時代小説を書いている。氏は一つの文字による題名が好きだったとみえてそのような題名を列挙すると、『斬』、『叛』、『剣』、『殺』、『乱』、『狄』、『苔』、『涛』、などがあるが、いずれも字をみただけですぐさま時代小説の雰囲気を彷彿とさせる。このような一文字の氏の作品を私は二、三冊しか読んではいないのだが、氏の『殺』のあとがきには氏自ら今まで単行本に収められた一字題の作品は四八編になったと書いている。

綱淵謙錠氏

また多くの歴史読本も書いていて『幕臣列伝』、『徳川家臣伝』、『島津斉彬』、『榎本武揚』、『戊辰落日』その他、徳川、明治時代に関係する史伝が多い。ここでとりあげた『人物列伝幕末維新史』は特に格別の理由はないのだが、幕末、明治維新というのは何といっても激動の時代であり、歴史のなかで躍動した魅力的な人達が多い。他の作家、歴史研究者の人達もさまざまに取り上げているので、興味ある題材と思ったのである。この本は六人の人々をとりあげている。

氏は最後に一一年をかけた七百ページ近くの大作、幕末に日本と深く関わりあったフランス人士官を主人公にした小説『乱』を未完の書のままとして惜しいことに九六年、死去した。

水野忠邦

徳川将軍十五代というと、家康、秀忠、家光の三代、五代の綱吉、八代吉宗、そして一五代慶喜というのが誰でも知っているところであり、その他は何となく影が薄い。一一代家斉のときに六年間の老中首座を辞任（一七九三年）したのが、それまで寛政の改革を推進した松平定信であった。その後家斉の親政となり江戸は文化・文政の爛熟期を迎える。

唐津藩主の子として生まれ十九歳で文化九年（一八一二年）藩主となったのが若き日より「資性穎悟」（しせいえいご）といわれたという水野忠邦であった。庶子であったが正室の子が夭折したため嗣子となったのだが、その為離縁させられた生母との悲しいいきさつをも綱淵氏は丹念に記述している。母への思慕の情をじっとこらえる克己心が忠邦をきわめて意思的な少年にしたのではないかと想像している。唐津藩にあっても寛政の改革の波は及んで祖父忠鼎、父忠光によって実行されてきた藩政改革を目のあたりにして育った忠邦は、譜代大名の名門意識とともに、強烈な改革意識を植え付けられ、「生まれながらの改革者」ともいうべき運命を背負わされたとある。

彼は慢性的窮乏財政の唐津藩の改革のため、経費節減、風俗の刷新など様々の事を行ったが、藩の借金は増えるばかり、前途の暗さに彼はむしろ幕府要職への夢を膨らませる。しかし九州の譜代大名は国防上の見地から老中・若年寄にはなれない、という慣例があった。忠邦は昇進と転封とを成功させるために激しい運動を行い、同族の水野忠成（駿河藩主）が老中に出世したのが幸いして文化一四年遠州浜松に国替えが実現した。同じ六万石だったので、移住による更なる経費を恐れて反対した家中に対し、「譜代に生まれて一度は老中になって天下の政治を動かすのが畢生の念願である。その為に国替えを願い出たのだ」といってこれを退けた、というのだから野心満々であったといえるだろう。

浜松藩は藩主がめまぐるしく交代し、「出世城」と呼ばれたそうだが、それだけに藩主と藩民の結びつきが極めて薄く、それだけ治めにくい領地を意味した。ここでも忠邦は必死の改革を行ったが現実はなかなか進まなかったようだ。しかし七年後に忠邦は大阪城代を命ぜられた。この時点で彼は江戸と浜松の家中に老中昇任の決意を書面で披瀝した、というからその自信の程と臆面の無さにやや吃驚させられる。翌年京都所司代に栄転し、朝廷と接触し良く融和策に勤めたという。この二年間の間に、職務に精勤しながらも昇進運動をなおも続け、江戸からの奉書がいつ来るかと一喜一憂しているさまはいじらしいくらいである、と綱淵氏は書いている。その待ちに待った老中奉書が京都に届いたのが文政十一年、彼が三五歳のときであった。こんな記述を読むと、現代の役人、官僚、あるいは大臣ポストを待望する政治家の気持ちというものも似たり寄ったりなのだろう。それをあながち非難はできない。「ポスト」がその人のできる仕事の質、量を大部分決めてしまうのだから、大いなる抱負を抱けば、どうしてもその実現のために出世願望になるのは自然である。抱負を実行できるかどうかは、その人の実力であるが、それ以前にポストに上がることのみが（名誉欲の充足はともかく、有利な天下り先の為とか、選挙対策への知名度の上昇とか）自己目的化するのでは本当は話にならないのではあるが、多くの場合、人間は生活上の目先の利害に捉われるので、やむをえないともいえる。

水野忠邦

徳川家斉

最初は西の丸老中で、世子家慶付きで　この間にも老中首座の水野忠成に取り入ろうとする運動は続けられ、その接待費がかさむので、浜松にいる勝手方に泣きついたりした文書があるという。天保五年（一八三五年）忠成が病死し、ついに忠邦の本丸老中拝命が実現する。本丸老中となるとその激務はすさまじいものであったらしい。最初の日は登城前に応対しなければならない面会者が大名二七人を始めとして一万石以下一六六人その他で、計一九七人にのぼったという。登城後の政務は多忙の極みで、書類さばき、政務報告、役向への通達、人事の発令および評定所、式日への出席などの公務のほか、会議もひっきりなしであった。その他将軍夫妻や子女の婚姻、葬儀・法要などの御用もみな老中の総管であったという。こんなところは現代の霞ヶ関の官僚上層部や政治家とそっくりである。しかし、明晰な判断力とよどみない事務能力のあった忠邦は当然のことながらその激務を少しも苦にしなかった。

天保八年には家斉は隠居して家慶が十二代将軍となり、このことはかって西の丸老中で家慶系だった忠邦にとって有利ともなったようで、天保十年、四六歳で老中首座に就任となる。しかし、彼の幕政改革の志はすぐに発揮されたわけではない。大御所家斉が西の丸で睨みをきかしている間はそれを敢行する勇気はなかったという。身体強健に恵まれた家斉の治世は天明六年から天保八年までの五一年間と大御所としての四年の計五五年に亘り、徳川一五代のうち最も贅美と繁栄と権勢を誇る将軍であったと書かれている。特に大奥生活は夫人のほか側室四〇人を数え、子女は男子二八人、女子二七人、その半分は夭折し、成人になったのは一八人、その率は三割五分強という驚くべき低さではあった。官位についても家斉は左大臣、家慶は内大臣と父子ともに大臣となったのはこれが初めてで、単独でも在職中に左大臣になったのは三代家光だけだそうである。将軍在職四〇年のときは太政大臣となり、現役の盛りで将軍兼太政大臣というのは、空前絶後だったのだそうだ。

その家斉が天保十二年（一八四一年）六九歳で病没して、百日も経たずして忠邦の「天保の改革」は火蓋を切って開始された。このタイミングは実に権力社会、政治のおぞましさを感じさせる。まず西の丸勢力の家斉側近の三人の罷免追放を緒とし、大老井伊掃部頭直亮まで罷免された。将軍家慶には「吉宗公の享保の改革、家斉公の寛政の改革も（実は松平定信による）第一に驕華を禁ぜられたことは明らかでございます」から始まり、既に文政年間以来の有様は末世の様相と指摘、幕政改革に不退転の決意を示すのである。この時、彼の他、幕閣に居たのは太田備後守、脇坂中務大輔、土井大炊頭の三名だった。太田は忠邦の改革方針に反対だったので、水戸の斉昭に参府を勧めた手紙を送ったが、それが忠邦に漏れ、詰め腹を切らされた。その後任に堀田備中守を起用。脇坂は急死した為忠邦は後任に真田信濃守を起用した。こうして土井、堀田、真田の三名はいずれも忠邦の引き立てで老中になったので、忠邦に頭が上がらなかった。それ以外の若年寄、勘定奉行等も全て彼の意の侭の人事が行われたという。こういう構造は現代でも全く変わらない。

総理大臣にたてついた大臣なんて殆ど聞いたことはない。皆最高権力者にはびくびくしている。総理大臣が良いときはいいが、もし独裁者であったらどうにもならないだろう。幸い日本はそんなことはないが、外国での例はたくさんある。

続いて無数の取締り例が発せられた。倹約令、贅沢禁止、遊芸禁止、物価引下げ令、買占め禁止令、富くじ禁止、絹物着用禁止、贅沢料理の禁止等で、法令の徹底化を厳命したという。南町奉行の矢部駿河守は罷免され、後任に鳥居耀蔵がなり彼は隠密を放って不正を摘発し、ついにはその隠密に隠密をつける有様で、これは江戸市民の不評を買ったという。矢部が痛憤のあまり食を絶って死ぬと矢部を惜しみ忠邦と耀蔵のコンビを非難する声が高まったという。しかし取締りは強化される一方で、出版取締令が出され、柳亭種彦は執筆禁止、為永春水は手鎖（てぐさり）五〇日、両者はこの弾圧にうちのめされてまもなく死んだ。人気役者の七代目市川団十郎も奢侈(しゃし)を理由に江戸十里四方追放によりドサ回りになったという。派手な錦絵、高価な絵草紙の発行・売買を禁止、また摘発のための同心が客を装って、禁制品の販売をしつこく求め、つい店の主人がおされて売るとまもなく主人が奉行所から呼ばれるとか、同心が化けて町会所に現れ御政道批判をし、うっかり合槌を打つとあとで検挙されるというような悪辣な摘発手段が横行するようになったという。同心の点取り稼ぎの為だろうが現代で言う「おとり捜査」のゆきすぎである。一事が万事で、こんなことから江戸市民は幕府を信用しなくなったという。

白河藩の改革で自信を持った定信の「寛政の改革」での考え方は、綱紀粛正、倹約主義、商業資本の勃興を抑える農本主義に基づいていた。しかし、都会の人々にとっては最初は新鮮であったが、市民経済の発達してきた江戸町民にはその窮屈さがやりきれなくなってしまう。だから有名な落首「白河の清き魚もすみかねて元のにごりの田沼恋しき」が出た。綱淵氏は天保の改革も基本的にはこれと類似であるが、大きく違う点は五〇年経って流通経済が成熟し、町人経済は巨大化し、各藩も商業資本の援助なしでは立ち行かなくなっていた。化政期の繁栄は都市の町人経済によってもたらされたものであったのだと述べている。

天保の改革の挫折の直接の原因は忠邦の試みた「上知令（あげちれい）」による。これは江戸・大坂一円の諸大名・旗本の領地を没収し、それに見合う代替地を他の地方で与えるという方策だった。これは財政の強化と将軍の支配権の確認および国土防衛体制の強化を狙いとした。忠邦は同僚の土井、堀田に協力を誓わせ家慶の公許を得て発令した。ところが発令されると各地で「総論賛成・各論反対」の混乱をもたらし、土井および堀田は自らの領地の反対闘争に担ぎ上げられ反対派になり、旗本に担がれた徳川紀州家が反対論を唱えた。そして鳥居耀蔵も水野政権を見放し、ついに将軍家慶の名において上知令は撤回され忠邦は老中首座を罷免されたのである。忠邦の天保の改革はわずか二年半で潰え去った。そしてそれを知った江戸市民数千人が彼の役宅に押し寄せ、投石、番所の破壊など乱暴の限りを尽くし、南町奉行所の鳥居耀蔵自らが鎮定にあたる始末だったという。忠邦はそれから八年後の一八五一年、五八歳で病死した。ペリーが浦賀に来航したのはその二年後であり、さらに一五年後に幕府は瓦解したという歴史となる。

いろいろ他の書などを見ると水野忠邦の方針に反対して、辞職したり切腹したりした人間はおびただしい数にのぼるようだ。それを考えると私は彼を賛美する気には到底なれない。自分の理想に殉じたともいえるが、それが政治の世界となると、やりきれない犠牲を多く生むことになる。それが政治の宿命とも言えるのだが。

栗本鋤雲

私が栗本鋤雲（じょうん）という耳慣れない人の名前を知ったのは、私が放射線医学総合研究所に勤務していた約一〇年前、アメリカの原子力潜水艦の日本入・出港で（年数十回、横須賀、佐世保、沖縄の三港に補給その他の目的で寄港する。）放射能監視という任務で横須賀に出かけたときである。仕事の合間に付近を散歩していたら、とあるところに横須賀製鉄所（造船所）の記念碑があり、彼と小栗上野介忠順（ただまさ）の像が立っていて、その事績が説明されていた。小栗上野介のほうは有名で以前から知っていたし、彼に関する本『小栗上野介の生涯』坂本藤良著）も読んでいたのだが、栗本鋤雲の名はそのとき初めて知った。

彼は徳川十一代将軍家斉の時代一八二三年に医者の三男として神田で生まれた。十七歳の時から安積艮斎（あさかごんさい）の塾に寄宿して儒学を学んだ後に二三歳で昌平黌に合格したが、まもなく退学させられ（今もって原因不明とのこと）、彼の才能を惜しんだ昌平黌の教師佐藤一斎の私塾に入った。二年経って下谷に私塾を開いてしばらく極貧の生活を送ったが、二七歳のとき、奥詰医師の栗本家に養子として入りやがて幕府奥詰医師に昇進した。その後の生涯に、彼は三つの転機があったという。

安政五年（一八五八年）、幕府軍艦観光丸に試乗を願い出て、上司の怒りに触れ、免職、蝦夷地移住を命ぜられた。綱淵氏は家族で箱館（現在の函館）に移ったこの時が彼にとっての第一の転機であった、と書いている。それから六年間、かれは在住諸氏の頭取となって箱館の開発に努力した。（薬園、病院を開き、疎水の掘削、養蚕の開発等、また北蝦夷（樺太）での越年経験もしている）特にこの時期フランス人宣教師メルメ・カションと出会ったことが後年、幕府で彼が枢要な役割をする時に大いに力あった。その後一八六三年末に昌平黌頭取を命ぜられ江戸に還った。

彼の第二の転機は、十四代将軍家茂の直命で目付を仰せ付けられ横浜鎖港談判委員を命ぜられた時であるという。そ

栗本鋤雲

小栗上野介

このフランス大使館で会ったのが公使レオン・ロッシュの通訳官として現れたカッションであった。この交渉は当時、長州藩の下関海峡における外国船通行封鎖、前年フランス艦に対する砲撃をおこなって死傷者がでた事件に対する英仏米蘭の四国連合艦隊の「下関砲撃計画」と日本政府から提案された「横浜鎖港」問題の二つであった。前者は日本政府が、後者は四国公使が絶対に認めなく膠着状態になっていたものである、当時、日本は攘夷か開国かで国内は激しく対立しており、朝廷を抱き込もうとする攘夷派に対して幕府には公武一体の方針しかなく、横浜鎖港問題にたいして池田筑後守を使節団長としてヨーロッパに派遣していた。この間目付として執務していた鋤雲が江戸城内で密かに呼ばれて意見を求められたとき、彼は自分は開国論者であるといい、ただし、公武一和の為、将軍上洛の際、天皇に対し横浜鎖港を約束したのであれば、その線で外国と交渉せざるを得まいと答えたという。ところがその交渉役に彼が選ばれてしまったのである。交渉は再び暗礁に乗り上げ、ヨーロッパ使節団の帰国、結論を待つしかほかに仕方がなかった。ところが日本を発つ時、横浜鎖港を当然としていた池田使節団はパリ生活で強烈なカルチャーショックを受け熱烈な開国論者として帰国した。下関事件の賠償金支払いを認め、通航を許可するなどの「巴里約定」まで調印していた。幕府はおおいに慌て池田筑後守以下を厳罰に処し、「巴里約定」の廃棄を通告した。このとき公使ロッシュは日本政府の窮状をよく理解し、その廃棄に賛成し、フランス政府への執り成しも引き受けてくれた。これが幕府の事後のフランス傾斜を大きくする契機となったそうである。このような時期に本書は栗本鋤雲が苦しい立場でありながらフランスとの交渉で示した幾つかの現実政治家としての言質、ロッシュのそれに対する高い評価が書かれている。

このような日仏接近からやがて幕府の日仏提携に進めた立役者は勘定奉行の小栗上野介忠順であった。彼は鋤雲と同じ神田駿河台に生まれ共に安積艮斎に学んでいたという間柄であった。一八六四年に鋤雲が横浜半年詰を命ぜられた時、江戸城に呼ばれ幕府軍艦翔鶴丸の修理の必要性を請われ、拙劣な日本の技術では費用がかさむのでいっそフランス軍艦の技術者に頼めないかといわれた。鋤雲はフランス公使館と交渉し、修理がなされた。そしてそれを視察に来た小栗忠順はその見事さに感服し、日本にもちゃんとした造船所が必要なことを鋤雲と話し合った。こんないきさつで横須賀製鉄所の建設がなされたという。その後、鋤雲と小栗、カションとロッシュの両コンビの結び付きによって、日仏提携路線は強力に推し進められた。鋤雲は慶応元年（一八六五年）外国奉行に任ぜられ、一時攘夷派に狙われたり尊攘派浪士の讒言（ざんげん）で官を罷めさせられたりしたが、三年に再び外国奉行に任ぜられ、勘定奉行に進み、フランスに亘り、その後駐仏公使になった。慶応三年一一月の大政奉還の報は翌年一月に赴任地パリで聞いた。このとき鋤雲はフランス側から我々が助ければ容易に薩長を討伐することは可能だといわれたが、外国の兵を率いて我が国境を汚さしむるに忍びず、として固く申し出を拒否して帰国したという。帰ってみると盟友小栗忠順は上州（現群馬県）で既に新政府軍に殺されていて幕府内の親仏派は脱走、あるいは官を辞して徳川家に残っているものは殆どいなかった。意を決した鋤雲は江戸小石川大塚に四七歳で隠遁したとある。

その後、明治五年（一八七二年）毎日新聞社に入社した。それが幕臣としての大挫折のあとの第三の転機であったと綱淵氏は書く。翌六年、郵便報知新聞社（報知新聞の前身）に主筆として招かれ、以後一二年間、新聞記者として健筆を揮った。鋤雲は犬養毅、尾崎行雄、島田三郎たち新進の記者を育成したのである。その後首相になり昭和七年五・一五事件で倒れた犬養毅は鋤雲を終生「先生」と敬慕し、自らを「門人」と称していた。犬養は現在の日本人が勤王諸藩の功労だけを記録し、幕府君臣が開国のためにどれほど苦心したかについて忘れられているのを実に嘆かわしいと慨嘆し、わが「先生」もその一人である、として鋤雲の略伝を書いているという。鋤雲の父はすさまじい読書家で、壮年の頃は一日一夜で厚さ一寸（約三センチ）ずつを読んだといい、このような環境で育った鋤雲は、漢詩もよく作ったようである。いくつかの詩が出ているが、若き頃作った「何れの日にか鵬翼（ほうよく）を倩（やと）うて南溟（なんめい、南方にある大海）に一搏（いちはく）を試みん」とか「一たび凌雲千里の翼を折りては、知らず何れの日にか更に雄飛せんことを」というような詩句を見ると、現状を嘆きながらも沸々とした闘志をもって将来に望みをかけていたことが解る。

勝海舟

勝海舟については、彼自身の晩年の述懐である『氷川清話』をはじめ、数多くの本が出ている。勝海舟全集というような彼に関する大部の総括もある。綱淵氏はあまりによく知られたこの人の話のうち、取り扱いで強調されてない事実、あるいは看過されがちな事実からの切り口で他の人物についての文章の半分以下の一六ページの短文を構成している。一つは蘭学修行時の彼の若き日の姿である。

日本で最初の西洋学術書の翻訳がなされたのは安永三年（一七七四年）、杉田玄白・前野良沢・中川淳庵による『解体新書』であった。それから約五〇年後の文政六年（一八二三年）に勝麟太郎は生まれた。その翌年シーボルトが長崎に鳴滝塾を開き、医学志望で蘭学に習熟した門下生五〇数人が参集したとある。麟太郎は一八歳で世界地図をみてびっくりし、世界を周遊するためには西洋の文章を学ぼうと堅く決心した（勝海舟全集による）。二〇歳の秋（一八四二年）頃からオランダ語を学び始めたが、世間ではオランダ語を学んでいるだけで、それは災いのもとと考え、嫌悪されたという。実際一八二八年、麟太郎が六歳のときシーボルト事件で高橋景保が獄死し、シーボルトは国外追放となり、一八三九年「蛮社の獄」で渡辺崋山が自殺し高野長英は捕らえられ（脱獄後ついに自殺）小関三英も自殺した。一八四二年、幕命で洋式訓練を実演した高島秋帆も投獄された。綱淵氏は、この時期にこのような蘭学迫害の中、身の危険を覚悟の上で敢えて志した麟太郎の血の中に、有数の剣客でありながら「あばれ者」の異名の中で貧窮無頼の生涯を生き通した父小吉譲りの鬱屈した血が脈打っていたというべきであろうか、と述べている。

三年の独学を経て、一八四五年永井青崖の門に入り、蕃所翻訳御用の役職につく一八五五年まで一〇年間、アルバイトで稼ぐ貧窮のどん底で彼は蘭学の修得に励んだ。二三歳で妻を迎え、長女、次女をもうけ、二八歳で父小吉が没している。二六歳の時、蘭和辞書を買う金がなく、この辞書の秘蔵者から一ヵ年十両で借り受け、昼夜謄写に従事し、一年かけて二部を作成、一部を売却して生活費にあてた。また新刊の兵書を深夜だけ借覧することを許され、自宅からおよそ一里半（約六キロ）の道を毎晩往復して、半年がかりでそれを写し終えた。その熱意に感動した持ち主は原本を麟太郎に献呈した、という両方共に有名な話（私は勝部真長著『勝海舟伝』で読んだ。）を氏はとりあげている。これと全くよく似た話は福沢諭吉にもある。緒方洪庵の適塾に入門後中津に帰った折、家老の倅の奥平壱岐が長崎から持ち帰った築城書の原本を借り受け、内緒で昼夜根のあらん限りで一ヶ月位で写本した、というのが『福翁自伝』にあった。昔の人の頑張りは凄い。二八歳で麟太郎は西洋兵式の私塾を開き、その頃から蘭書に基づいて小銃や野戦砲の鋳造を試みているという。鋳物師の製作のごまかしを見破り、賄賂を拒否したというような噂が世間に広がり、それが幕府の大久保忠寛（一翁）の耳に入り、面談を希望され出世の端緒になった。

一八五三年にペリー来航に際しての海防意見書を最初として、彼は幕府に対する上書を何回か提出し、幕府首脳部は次第に彼を頼みとするようになった。以後一八五五年一月に蕃所翻訳御用、七月長崎で蒸汽船運用方、十月に長崎海軍伝習所生徒監となってわが国の海軍創設史の第一歩を踏み出したと簡単に書いてある。

勝　海舟

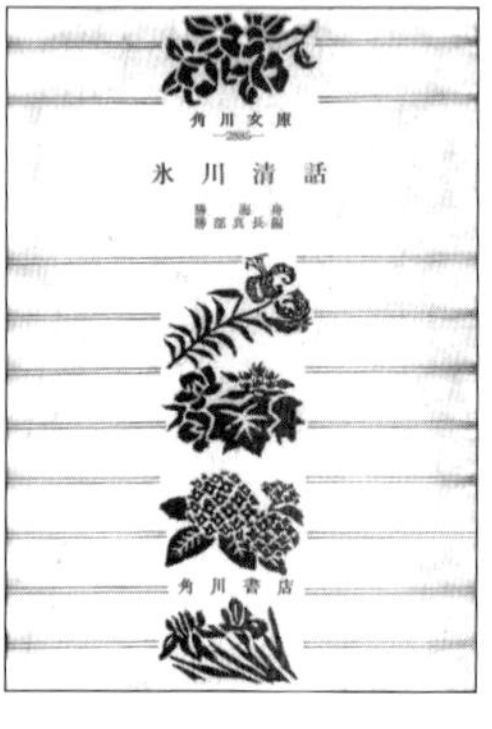

綱淵氏が強調したいもう一つの話はこの麟太郎の長崎滞在時代、安政五年（一八五八年）の島津斉彬（なりあきら）との二度の邂逅である。これを綱淵氏は『島津斉彬言行録』や『勝海舟全集』の記述から拾っている。幕府の伝習艦咸臨丸が山川港に来た三月、薩摩から琉球に巡航する予定であることを聞いて、この英明をもって聞こえた薩摩藩主斉彬はその中止を真剣に要請したという。これは薩摩がその前年から琉球と奄美大島にたいする施政方針を堅めていて、それは西欧諸国および清との積極貿易策をとり、軍艦や商船の購入、兵器の買い入れなども考え、それの貿易場としようと計画していたことによる。これは幕府に秘密のことであり、それを斉彬は初対面の勝麟太郎に率直に打ち明けたようであるという。これは、対アメリカとの交渉でぐずぐずしている幕府の先をゆく斉彬の積極策で、これを麟太郎は受け入れた。氏は、「ここに薩摩藩主と幕府の一微臣との間に、秘密の黙契が成立したのであり、すでに幕藩体制を揚棄して新たな統一国家を作らねば成らぬことを予見していた二人の英雄の、男と男の黙契であった、この瞬間に、勝麟太郎は斉彬とともに、幕藩体制をいかに新生近代国家に切り換えていくかという責任を背負ったのであり、麟太郎は幕府のアウトサイダーの地位に立って、自分を「幕府批判者」という危険な立場に追い込んでゆくことになったのである」、と珍しく主観的で意の勝った表現をしている。二回目の五月に咸臨丸が来たときは、斉彬は一行を磯屋敷に呼び、諸製作場や操練を見せ、勝は弟の久光をも紹介された。ところがその二ヶ月後に斉彬は急逝したのであった。

三番目の話は西郷隆盛とのことである。西郷が初めて海舟に会ったのち、大久保一蔵（利通）に送った手紙でその印象を書いた内容はよく知られているが、氏は一応、原文どおりに載せている。「勝氏へ初めて面会仕り候処、実に驚き入り候人物にて、最初は打叩くつもりにて差し越し候処、頓と頭を下げ申し候。どれ丈ヶか智略のあるやら知れぬ塩梅に見受け申し候。・・・」西郷はこのとき第一次長州征伐の幕府軍の総参謀として海舟に面会し、征長に関しての幕府の手ぬるさを責め、将軍上洛に尽力することを要請するつもりであった。ところが勝から、幕府は腐れきっていて、人材も乏しくその無力であることの事実をしらされて吃驚し、これ以後西郷の幕府離れが始まったという。そう考えると、ここで海舟は完全なる内部告発者の位置に立っていたといえると述べている。当時海舟は将軍直命の神戸の海軍操練所を経営していて、併設された彼の私塾での塾頭は坂本竜馬であった。それからほどなく西郷と竜馬が会い、やがては薩長同盟が成立となり、倒幕へ進んだ。竜馬の敷いた路線で西郷と勝の、江戸城無血入場の実現がなされた。

最後に氏はその後の海舟に一筆触れている。彼は終戦処理に身を挺して命を賭け、幕府が新しい統一国家へと発展的に解消したのちは、徳川家の存続と将軍慶喜の除名に奔走してそれに成功した。特に維新以後、海舟が新政府に仕えて顕官の道を歩んだとき、これを裏切者視して変節漢と呼んだ旧幕臣は多かった。しかし、海舟は黙々とその汚名に耐え、その批判にたいしても「行蔵は我に存す、毀誉は他人の主張、我に与からず我に関せずと存候」と答えて、（これは福沢諭吉の勝についての批判「痩我慢の説」に対する彼の返答である）人目につかぬところで徳川家の存続と旧幕臣の金銭的援助に努力したと述べる。その政治家としての振幅の大きさは、世界的にも第一級の人物といっても過言であるまい、と結んでいる。

この勝海舟論は短文ではあるが、要を得た中身の濃い話で、綱淵氏の鋭い観察眼がよくわかる内容であり、この幕臣随一の人物に対する氏の限りない尊敬の念を強く感じた。

大久保利通

維新の功臣、明治の元勲といわれる人々の中で、大久保利通はもっとも人気のない政治家であろう。彼が好きだという人はなかなかいない。そもそも人間味豊かな逸話というものが殆どない上、何と言っても最後に幼少時からの盟友西郷隆盛の立場に反対し、彼を死地に追いやった事実が、西郷贔屓というように彼に愛着を持つ多くの国民には疎んじられるからである。しかし周囲に迎合しない合理性を通したという点では優れた人であったと思う。ローマで言えばブルータスといったところであろうか。最後は赤坂紀尾井坂で旧加賀藩士六名の刺客に襲われ惨殺されるという悲劇の人だった。

綱淵氏は、最初明治四年の「廃藩置県の詔」の発布に至るいきさつから筆を起こす。これは幕藩体制から新たな国家体制への出発であった。それ以前にあった「版籍奉還」後の体制作りで、大久保は薩摩にいる西郷を引き出すため最初単独で薩摩に行ったが島津久光の反対で挫折、その後岩倉勅使と共に再度彼に会い西郷の同意を取り付けると、彼らと共に山口で木戸と、その後高知で板垣と、という風に奔走している。そして特に新政府の軍隊を整備するための案を協議し、薩摩から約三二〇〇人を筆頭として天皇の御親兵約八〇〇〇が東京に集結したという。最初参議に木戸一人を据える案を西郷が称え、木戸が固辞し、已むを得ず、木戸、西郷の二人となったとか、廃藩置県が話題に上ると、木戸から大久保、板垣、大隈の三人にも参議就任が提案されたとか、それを「折角、二人と決めたばかりなのにそれでは朝令暮改である」と大久保は反対したが、木戸は頑固に主張を曲げなかったので、大久保は自分だけを除いて木戸提案を受け入れたという。結局、西郷、木戸、板垣、大隈の四人が薩長土肥のバランスをとって参議に任命されたと書かれている。このようないきさつを読むと、当時の大久保が常に西郷を立て自分は一歩退いて対処していた原則論者であったという姿が目に浮かぶ。

彼は鹿児島城下の加治屋町で育ち、三歳上の西郷吉之助と同じく城下士の一番下の家格の生まれで若年の頃一蔵と呼ばれ、共に「郷中教育」の中で育った。氏は妹達による彼の活発ないたずら好きの青年時代の挿話をいくつか述べ、他の少年達の間でも吉之助と一蔵の二人は一目置かれていたという。

それから綱淵氏は、大久保数え二〇歳の年に起こったいわゆる薩摩藩の「高崎くずれ」（注1）別名「お由羅騒動」の掘り下げた記述のため、その遠因となった第二五代藩主重豪（しげひで）の施政から幕末の薩摩藩への政治経済的状況の記述に一〇ページを宛てている。重豪は「蘭癖（らんぺき）大名」と呼ばれ、オランダの文物を通じてヨーロッパ文明に傾倒していて、それまでの薩摩藩が採っていた鎖国政策を止め積極的な開化政策を行った。そして藩校造士館、演武館、医学院、薬草園、明時館（天文館）等を次々と建設した。私生活においては松平定信の寛政の改革を平然と無視してオランダ風の豪壮な別邸を作り、贅沢三昧な生活を送ったという。このような積極策は良い面だが、それが藩の経済を圧迫し、財政危機をもたらした。それでその後の藩主斉宣（なりのぶ）は行財政改革を実行して、「近思録くずれ」（注2）が起こっている。これは一八〇八年彼らの支持のもとに斉宣が綱紀粛正・経費削減をめざして断行した急激な改革を、江戸にあって知った重豪が激怒し、近思録派の主だったもの十一名を切腹、他に遠島、改易等、三一名を処罰した。大久保の母方の祖父、皆吉鳳徳はこれに連座して寺入謹慎処分を受け、藩医の職を辞したという事件である。

大久保利通

島津斉彬

斉宣の緊縮財政を拒否した重豪は孫の斉興に自分の路線を歩ませ、斉宣以前の文化四年に一二六万両だった負債が二〇年後の文政一〇年には五〇〇万両（著者は現在に引き写せば五〇〇〇億円で一藩にとっては天文学的数字と言っている）という巨額に達していたという。この時点で重豪は調所（ずしょ）笑左衛門を財政改革の主任に抜擢した。以後、調所は死力を尽くして薩摩藩の「天保の改革」を行い、藩主斉興と組んで財政建て直しに専念した。調所の行った改革の成果はめざましく彼が死ぬまでの二一年間で五〇〇万両の赤字を逆に三〇〇万両の黒字に変えていた。このような基盤をもったことが幕末の薩摩藩の西欧近代化を可能にし、討幕運動の豊富な資金源となって薩摩藩を倒幕運動のリーダーたらしめたという。氏の知識は深く、調所の行った種々の方法をも詳しく述べているが、その中に踏み倒しや密貿易もあったらしい。斉興の諸事倹約質素の様も凄まじく、七七万石の領主でありながら自らは生涯三〇万石しかないと思い定めて行動した。その内に秘めた意志の強さは峻厳、酷薄といってよいほどで調所でさえ鬼神の如く恐れたという。

一方、重豪の開化的・積極進取的側面は、彼の曾孫である斉彬に引き継がれた。彼は江戸で生まれ重豪の寵愛と薫陶の下で育った。重豪の蘭癖が斉彬になると国家的危機意識から幕藩体制を乗り越えた近代的統一国家への志向へと飛翔した。ところが嘉永元年（一八四八年）調所が江戸へ出府中に突如服毒自殺を遂げた。幕府の公儀隠密に密貿易を探知され、老中首座の阿部伊勢守に呼び出され、すべてを自らの責任として藩を救う為であったが、実はこれを幕府に漏らしたのが世子斉彬であったと氏は書いている。なんとも政治の世界の陰湿さである。続いて斉彬は藩内で調所の腹心だった二階堂志津馬を失脚させることにも成功する。その後で斉彬派の斉興引退の画策が発覚したのである。斉興の怒りが爆発し、これが高崎くずれの事件となった。これにより、西郷たち青年グループ「精忠組」の気持ちは完全に斉興側から離れたとある。斉興の粛清の手は斉彬にも及びそうになった。これを幕府にとっての斉彬の開明性に期待していた阿部伊勢守は自ら斉興の退隠を画策して、むりやり隠居にもってゆき嘉永四年、漸く四三歳の藩主斉彬が誕生した。ここまで、言ってみれば薩摩藩内は幕末に政策をめぐって革命戦争とでもいってよい大変な経過を既に経ていたということである。

私は氏の見事な詳細なる記述を読んで、斉彬が実際は江戸育ちであり、なぜ薩摩という辺境なのに開明的英主という風に育ったのか、薩摩藩が維新のリーダーになりえたか、歴史、政治、経済などの広い側面で初めて理解ができた。

斉彬が藩主になって以後、西郷は郡方書役助から中御小姓となり江戸詰め、やがて庭方役となり斉彬の手足となって働くようになる。大久保も謹慎を解かれ、彼の父も赦免され鹿児島に戻る。斉彬は産業の振興、軍備の充実、農民生活の安定など絵に描いたよう名君ぶりを発揮したとある。特に鹿児島東北部、磯の地に一大工業地帯を建設し、集成館と名づけて、西欧最新の科学技術を日本に移植しようとした。私も二〇〇六年訪れたことがあるが、磯庭園とも呼ばれた現在の仙巌園には反射炉跡およびそれで作られた大砲が置いてあり、隣の尚古集成館には製鉄や製造工場としての姿の当時を復元しているとのことだった。幕閣は阿部、堀田と変わりやがて井伊直弼の大老就任となる。井伊は水戸斉昭の子である一橋慶喜を排して紀伊家の慶福（のちの家茂）を一四代将軍とし、安政五年（一八五八年）日米修好条約を無勅許で調印した。これで一橋派はあわてたし、西郷は斉彬に指示を求むべく鹿児島に戻った。そのとき、斉彬は無謀な攘夷論に組せず、条約勅許拒否にしがみ付いている朝廷を開国に目覚めさせ同時に朝廷を擁して武力クーデターによる公武一和の実現をめざしたという。しかし、斉彬はその為の藩兵の猛訓練の最中に急逝する。蘭医の診断はコレラとのことであったが、綱淵氏は、父斉興の密命による毒殺という海音寺潮五郎氏の説（著『西郷隆盛』）を紹介している。いずれにしても斉彬の藩政は七年半の短い期間であった。

斉彬の死後、幕府の探索を逃れた西郷が月照と錦江湾に入水し、西郷だけが助かり奄美大島に潜居を命ぜられる。ここに「精忠組」は大久保をリーダーとして動き始める。ここから氏の記述が漸く大久保の目覚しい活動になるのである。全体三二ページのうちの約三分の二を終わって、二二ページ目からである。精忠組は安政の大獄に悲憤慷慨し、井伊ら幕府首脳部の襲撃を計画し、脱藩者も出るようになった。その一方で大久保はここで藩主久光に接近を試みる。これは斉彬派で固まり久光を憎悪するものの多かった精忠組の仲間からの疑惑をよぶ危険な行動でもあった。しかし、高崎くずれで権力を敵にまわした怖さを肌身で知っていた大久保にとって、それを利用するということも現実的な手段であった。彼は久光が囲碁が好きであることを知り、自ら囲碁を習い、久光が平田篤胤の「古史伝」を読みたがっていると聞くと、それを友から借りて久光に届ける、というようなことから久光に登用されるようになったという。久光に精忠組のことを語り、久光から直接「精忠士面々へ」という諭書などが出たりして彼らの暴発の抑えともし、彼らも藩主直々の言葉に感激もした。このようにして大久保は藩内で評価され、急激に昇進し、三四歳で御側役（今でいう秘書課長）

になる。

以後、生麦事件、薩英戦争、西郷の復帰、禁門の変、薩長同盟の成立、一橋慶喜の将軍職就任、大政奉還と歴史は急速に展開する。更に戊辰戦争、版籍奉還、廃藩置県となって文頭の時点までに到るのである。この間大久保は西郷と常に協力しあう薩摩の双翼であった。廃藩置県の後、明治四年十一月、岩倉を全権大使とした遣米欧使節団の副使として、諸外国を歴訪し、明治六年五月、一年半ぶりに帰国した。同年十月、「明治六年政変」が起きて、留守内閣の首班西郷の下野、つづいて板垣、江藤、後藤、副島の四参議も辞職、辞表を出さなかったのは残る大隈、大木の二名だけだった。留守組と外遊組の不和が西郷の朝鮮使節派遣をめぐって対立し、それが再度の閣議決定で天皇上奏になったとき、これに反対した大久保が参議辞任・位階返上を太政大臣三条実美（さねとみ）に申し出、右大臣岩倉も同調した。板挟みになった三条は高熱を発して人事不省に陥り職務遂行不能になった。それを知った外遊組の伊藤博文は、上奏の際、岩倉に意見を述べさせて、派遣阻止の非常手段を提案した。しかし、大久保は岩倉を太政大臣代理とするという案で薩摩出身の宮内少輔を通じて宮廷工作をして成功。こうして西郷の朝鮮派遣は中止となったという。氏は、西郷が征韓論に敗れて野に下ったという通説は事実に反していること、その他についても、このいきさつの理解に必読の書を挙げている。

（注3）
この政変により、直後に大久保は内務省を設置し、初代内務卿となった。この地位は天皇への直接責任を負うことで他省卿より一段高く位置づけられ、事実上の首相であった。大久保は大隈大蔵卿、伊藤工部卿を両翼として、国家の建設へ邁進した。そして内外に多くの実績をあげ、「佐賀の乱」「神風連の乱」「萩の乱」そして明治一〇年九月「西南の乱」も終わった。盟友西郷の死、長年の彼との交流からくるその重荷から解放され、二〇年の苦労が漸く晴れてこれから頑張ろうとして僅か八ヶ月後に、四九歳で凶刃に倒れたのである。

坂本龍馬

大人気となった司馬遼太郎の『竜馬がゆく』は昭和三八年から四一年に書かれており、そのNHK大河ドラマのテレビ放映は昭和四三年である。綱淵書は昭和五八年であって随分後なのだが、こういう場合、作者はどういう風に書くのか、最初はそのような興味を少し思った。勿論、既に述べたように、司馬氏のような大衆時代小説と、綱淵氏の歴史に対する態度は全く異なるのであるが、素材はおなじような資料からの筈と思ったからである。

竜馬が地元の剣術道場で師の日根野弁治に才能を見出され江戸修行に出るところを、『竜馬がゆく』では、「竜馬が、いよいよあす発つときいて、城下本町筋一丁目の坂本屋敷には、朝からひっきりなしに、祝い客がつづいている。・・・」と情景描写が書かれている。また旅先で土佐家老の妹姫と出会って同宿となったり後年人斬り以蔵とよばれた岡田以蔵に誤解されて斬りかけられたり、と話を面白くするためであろう、さまざまなる創作が行われている。ここには時代小説家の奔放さが躍動しているとみるべきだろう。一方、綱淵書は、「嘉永六年（一八五三年）三月、龍馬は日根野弁治から「小栗流和兵法事目録」一巻を伝授され、同時に剣術修行のため江戸遊学が許された。十九歳である。遊学期間の「国暇」は十五ヶ月、溝渕広之丞と同行することになった。・・・」と記述している。竜馬と龍馬、一事が万事で、小説と歴史書の違いと言ってしまえばそれまでだが、このように比較すると、綱淵氏の記述が事実を最大限、詳細に述べ、正確無比を事として著述に臨んでいる態度が鮮明にわかる。密度高く、実に読み応えがあるとも言える。他の人物と比較して約二倍の七十ページを費やしているのも、一つ龍馬の史実の決定版を書いて見ようという彼の意気込みだったような気がする。

氏の書いていることで、最初に特記しておくべきことは、江戸の京橋桶町の北辰一刀流千葉定吉道場の修業（この間にペリーの黒船来航があった）が終わり高知に帰った時の河田小龍との出会いであろう。河田は藩命によりジョン万次郎の取り調べにあたり、その見聞を聞きとって、「漂巽（ひょうそん）紀略」を著していた。龍馬はそれを知り彼を訪れた。そこで河田は海防の重要性を述べ日本の船では話にならないので、なんとか外国船を購入し、商いをして海運・操船を練習し、海防に当たることが願いであると龍馬に述べたという。それまで水戸藩の影響の強い千葉道場にいて、ペリー来航のおりも攘夷思想で「異国の首を討ち取り」という手紙を郷里に送っていたという龍馬がここで将来の海援隊の活動に結びつく契機を与えられた。河田は後に海援隊に幾多の人材を供給している。

龍馬は再び江戸に出てあしかけ三年の修行の後、北辰一刀流長刀兵法の免許目録を受けた。この免許目録に名を連ねている中に、定吉の娘千葉佐那女の名前もあった。氏はこの佐那女と龍馬とのつきあいにも触れていて、妻お龍の回顧談として「おれは何だか好かぬから取り合わなかった」という話や、佐那女の晩年の消息まで丹念に記述している。また当時、土佐から出てきていて鏡心明智流の桃井春蔵道場の内弟子であった山本琢磨が不祥事を起こしたが、塾頭をしていた武市半平太と謀って、斬罪になるところを逃亡させたということもあった。箱館に逃れた山本は後年、日本で最初のギリシャ正教の司祭となったという。

安政五年(一八五八年)時局は急を告げ、大老井伊直弼による「日米修好通商条約」締結と「将軍家茂」の決定という強攻突破策に国論は割れた。朝廷は、幕府決定反対、関係者の処罰要求の密勅を、直接諸大名に送り、幕府を通さず朝廷が政治的発言をするという前代未聞の事態に幕府が硬化して、これに動いた尊攘派の志士たちを逮捕するといういわゆる「安政の大獄」が始まった。その頃は龍馬はまだ全国の政情にはうとく藩内でも無力な存在のようであったと書かれている。

そして万延元年(一八六〇年)井伊は桜田門外で水戸藩浪士によって殺される。龍馬が国家的危機感を自覚し、変革への情熱を意識したのは文久元年(一八六一年)土佐に帰ってきた武市半平太の「土佐勤王党盟約書」を見て「血盟者名簿」の血判署名一九二名に名を連ねたときであった。署名の八番目までは江戸在住の士、龍馬が土佐在住の筆頭として九番目になっているという。これから彼の果敢な活躍が始まるようで、翌年一月、武市の使者として萩に行き長州の尊攘派リーダーの一人である久坂玄端と会った。幕府は将軍家茂と皇女和宮の結婚による公武一和の政策を進めた。土佐でも幕府の公武合体を藩是として藩主山内容堂の指示を受け藩政改革に努めた参政吉田東洋やそれに反対し薩長との提携を勧告する武市等との間で議論が戦わされたが容易に事態は動かなかった。これにしびれを切らした龍馬は、吉村寅太郎等に続いて、三月に沢村惣之丞と共に土佐を脱藩する。その後四月に吉田が城下で勤王党の三人に暗殺され、土佐では勤王党が藩政をにぎるようになった。氏はその後の薩摩藩の寺田屋事件、土佐藩の勤王党の壊滅、慶応元年（一八六五年）武市の死までのいきさつもそこで登場した人々の名前をことごとく挙げて史実を再現している。

坂本龍馬

霊山護国神社への
坂道にある
「維新の道」石碑

龍馬で有名な話は、『氷川清話』にも出ている勝海舟との最初の出会いである。文久二年（一八六二年）一〇月、松平春嶽の紹介状をもち千葉重太郎と氷川の勝邸を訪れ、説如何では彼を刺そうとの意気込みで臨んだのだが、時の軍艦奉行、勝に日本が諸外国に囲まれた情勢、海防の重要さを弁ぜられ、龍馬は即座に弟子入りを申し出たという話である。氏はこのとき龍馬の頭には、八年の昔河田小龍と話したことが、衝撃的に甦ったと述べている。一方、一二月、長州の高杉、久坂、伊藤、井上らは品川御殿山のイギリス公使館の焼打ちを行っているが、同じ一二月に幕艦順動丸の大坂出張の際、龍馬は勝に随って同行している。氏は同じ尊攘派でも面白い対照をなしていると指摘している。その後龍馬は土佐の同志を誘い続々と勝の門下に入れた。勝は容堂から彼等の脱藩の赦しを得、龍馬は藩命によって航海術修行を仰せ付かった。勝は将軍家茂から神戸海軍操練所設置の直命を勝ち取り、その私塾「神戸海軍塾」の塾頭に龍馬を据えた。勝を知ってからの姉乙女に宛てた龍馬の明るい、得意な心情を表したいくつかの手紙も引用されている。

京都では国事参政の姉小路公知が文久三年五月に暗殺された。以降、七卿落ち、天誅組の壊滅、土佐勤王党への弾圧、池田屋騒動、禁門の変、長州征伐と舞台は展開する。龍馬達も国許からの呼び出しがあったが、勝に守られ、それを拒否し、再び脱藩という立場になったという。長州征伐で総督になったのが西郷隆盛で、そのとき勝に会った西郷の大久保に充てた手紙は本書「勝海舟」のところで既に紹介した。またその数日後、坂本が西郷と会って勝にその感想を述べた話は『氷川清話』に出ている有名な談で氏も引用している。「西郷という奴は、わからぬ奴だ。少しく叩けば少しく響き、大きく叩けば大きく響く。もし馬鹿なら大きな馬鹿で、利口なら大きな利口だろう」と。氏は勝と西郷の出会いが西郷と坂本の出会いを生んだことを思うと変革期における人間の触れ合いという面で、大きな感動にとらえられずにはいられない、と述べている。勝と西郷の江戸城明け渡しの名場面も、龍馬の作った花道によるからであるという。

やがて神戸操練所は幕府から倒幕派の巣窟だと睨まれ、六ヶ月で閉鎖、十月に海舟は江戸に帰還命令を受け御役御免となり、氷川の自宅に閉居となる。身の危険を知った土佐藩の者達は西郷の口利きで薩摩藩邸に潜伏する。長州は三家老の切腹を始めとする降伏案で征長軍に屈服、更に図にのった幕府は第二次長州征伐を言い出したが、今度は西郷は藩論を聞くため薩摩に戻る。このときに龍馬は同行をねだり、薩摩に行き、薩摩の長州再征反対と反幕の方針の決定を見届け、龍馬は下関で、西郷と桂小五郎を会談させようと、薩長連合の成立に動く。一回目は失敗した。その後、同志が作った長崎の亀山社中からの長州に対する兵器斡旋などの話で、長州もだんだん龍馬達への警戒感を解いてゆく。二回目に京都の薩摩屋敷で桂、西郷を中心とした会合が開かれたが、何日たっても肝心の連合の話は両者共に言い出さず、また決裂寸前となった。最後になるかもしれない別宴が開かれたようとしたとき、心配した龍馬が来て状況を知り、怒りを顔に表して桂を責め、西郷を責めた。そして翌日、薩摩から家老の小松帯刀、西郷吉之助、長州から桂小五郎、立会い人として坂本龍馬が出て、慶応二年（一八六六年）一月二一日、遂に薩長同盟が成立した。ここまでのいろいろな薩長の相互の反応、龍馬や勤王党弾圧の際、長州に脱走し難を逃れた中岡慎太郎の活躍など、氏は事細かに書いているが今は省きたい。

その翌日、伏見の寺田屋で長府藩士三吉慎蔵と投宿したその深夜、午前三時ごろ町奉行所の捕吏に襲われた。この時入浴中の内縁の妻お龍が不審に気づき、裸同然で二階に駆け上がって急を告げたのは有名である。二人はピストルと槍で応戦、防ぎきれず家の裏手から逃れでて材木置き場に隠れ、やがて薩摩藩の助けでことなきを得た。この時、龍馬は同心を二名射殺したようであって、これが後の龍馬暗殺の名目になった、と見る向きもあるようであると書かれている。これが縁で西郷が媒酌人となって龍馬とお龍は結婚し、負傷療養を兼ね霧島温泉などに約一ヶ月の旅行に立ち、これがわが国の新婚旅行のはしりといわれる。氏はおそらく龍馬にとって最も平穏な、甘い一ヶ月であったろう、このような日があったことは、われわれをいささか慰めてくれようと述べている。

この後、幕府の第二次長州征伐の敗北、家茂の死、慶喜の将軍継承と続き、慶応三年一月龍馬は土佐藩参政となった後藤象二郎と長崎で会見する。この時、活躍したのが、若き頃共に江戸修行に向かった溝渕広之丞だった。脱藩を経なかった土佐藩士が、初めて長州の桂小五郎と会い、その報告を後藤にし、これがきっかけで両者の会談が実現したとある。そこで海援隊、陸援隊が創設され、坂本龍馬と中岡慎太郎がそれぞれ隊長となった。海援隊で最初に使用したのがいろは丸で、これが讃岐沖で紀州藩の船と衝突し、いろは丸はあえなく沈没、乗員は助かったが積荷はすべて失われた。ここで綱淵氏は、龍馬が公的に激怒したことが二度あるという話を述べている。一つが薩長連合の話し合いで桂と西郷が意地の張り合いで話が少しも進んでいないことを知った時で、もう一つがこのいろは丸沈没での紀州藩への怒りであったという。彼は談判に持ち込み、一ヶ月後、紀州藩の賠償金支払いということで決着した。六月に山内容堂が長崎に居た後藤に上洛を求め、龍馬も同道して兵庫に到る船中で後藤が土佐藩として今後どうしたらよいかと龍馬に語りかけた時、龍馬は初めて彼が長年考えてきた、「武力倒幕」によらない「大政奉還」を提示した。その案の素晴らしさを直ぐ理解した後藤の建白立案の要求に対して京都の宿に入ってから、付きの長岡謙吉に筆記させたのが、有名な「船中八策」である。これが十月の「大政奉還に関する建白書」となり、やがて明治新政府の「五ヶ条の御誓文」につながった。十月慶喜が大政奉還の決意をしたのを伝え聞いた時、龍馬はその決意の心中を思い「よくも断じ給へるものかな」という落涙したという。

大政奉還と共に、龍馬は新政府の計画に没頭し、彼の「新官制議定書」や「新政府綱領八策」が遺されている。この頃の有名な話が、政府構成の人物の陣容を西郷に示した中に、彼自身の名がなかったということで、西郷が「おはんの名は」といった時に「わしはどうも窮屈な役人というのは肌にあわんですきに」といい、「それではどんな仕事をなさるつもりか」との答えに「世界の海援隊でもやりますかな」といって明るく笑ったという逸話である。その後、福井の松平春嶽に会い、京都に戻った十一月に、近江屋の二階で彼は訪ねてきた中岡と共に殺害されたのであった。この時の状況も綱淵氏は調べた限りでの詳細な記述を示している。下手人は見廻組の今井信郎他三人で戸外に更に見張りの三人が居たという。なお、龍馬暗殺および後日談について、司馬遼太郎氏はその小説『竜馬がゆく』の最後のあとがきで、文庫版二八ページに亘って彼の調査にもとづいた詳細な文章を記している。綱淵氏も最後に、現在もなおその真相が完全に解明されたことにはなっていないようである、と述べている。

福沢諭吉

小学校四年のとき、父が私に最初に買ってきてくれた少年少女向き偉人伝は偕成社の「福沢諭吉」であった。続いて「夏目漱石」、「森鴎外」そして四番目が「西郷隆盛」だった。面白いのでやがて自分で買うようになり、小学校時代に日本人、外国人あわせて二〇冊以上を読んだ。だからこれらの人達の生涯はだいたい頭に入り、特に少年時代や青年時代のエピソードなどは未だに思い出す。「吉田松陰」や「伊藤博文」など、私の明治維新前後の知識はこの時期にスタートした。中学校の時、恩師の木村道之助先生（小学校一年の時の担任）に、「文学作品は自然に知るけれど、それ以外に何を読んだらいいか」と尋ねたときに先生が「文宣ならこれを読め」と示したのが内村鑑三の『代表的日本人』と『福翁自伝』の二冊だった。前者は内村鑑三が西欧の人々に日本を知らしむる為に英語で書いたものの訳書であり、西郷隆盛、上杉鷹山、二宮尊徳、中江藤樹、日蓮上人の五人について述べられている。文語体の実に格調の高い名訳で、特に最初の西郷隆盛の章が素晴らしい。人にも勧めようとして岩波文庫を十数年前に探したのだが、古い訳書は絶版で新しい現代語的訳が出ていた。購入して読んだのだが、あまりに印象が違い、私にとっては平板すぎて、訳文というものも実に重要だと改めて認識した。

若き日、26歳の

木村道之助先生

78歳になっての

木村道之助先生

（2003年）

両者とも私の愛読書となり『福翁自伝』は爾来、中学二年から、大学一年まで三回読んでいる。三回というのは他書にもいろいろあるが、三回というとほかには勝海舟の『氷川清話』くらいだから、ある意味で私にとっては精神的血肉となった本とも言える。綱淵氏の本編も殆んど『福翁自伝』の中からの解説なので、私にとっては「そうだ、そうだった」と思い起こすことばかりで、とくに新しい感激はなかった。氏は諭吉の生い立ちと、中津から出たい出たいの一心で、長崎に行き蘭学を志し、やがて大坂（現大阪）にいって緒方洪庵の塾に入った経緯、藩から江戸に呼ばれてまもなく、横浜見物の間に町に英語ばかりの様子を見て、英学発心の気持ちとなった。外国が見たいばかりに、安政元年、咸臨丸の軍艦奉行木村摂津守の従者となり、船将の勝海舟と行をともにした。向こうでの珍しい体験にとまどう姿などが綴られる。

福沢諭吉

次の文久二年の第二回のヨーロッパ各国への旅行で、こんどは赤ゲット物語を卒業して、西欧の政治制度、科学技術はいうに及ばず、法律、経済、文化、人情、その他気候、風土に至るまで、相互に比較し、日本の将来に思いを致した。観察から比較そして選択の段階にまで飛躍することができたのである、と書かれている。ひたすら英書を買い込んできたという。途中のいくたのアジアの寄港地で当地の貧しさを実感もして、この旅行が彼の脱亜入欧の信念を形作った。また欧州では、列強のバランス・オブ・パワーの現実を見て、これが帰国後の『西洋事情初編』三巻の発刊となった。これが幕末の日本のベストセラーになった。その後慶応三年、諭吉は二度目のアメリカ訪問をして、大量の経済学の原書を買い込んできた。これが翌年四月、新銭座に新築され年号にちなんで命名された「慶応義塾」の教科書となった、

ということで文章を終えている。

以上を読み終えると、何といっても綱淵氏の研究、調査に基づいた克明な歴史的史実の記述に圧倒される思いがする。氏の他の小説なども第一に史実の詳細な事実が実に緻密、正確を旨にして記載されていて、それがベースとなっている。こういうのを本格派というか正統的な歴史小説というのかな、との思いに襲われる。その意味では吉川英治、司馬遼太郎、山岡荘八氏などのような、登場人物の気持ちを想像のままに膨らませ、自由奔放な情感にみちた時代小説、歴史文学とは随分異なっている。あくまでも記述が客観的で分析的であってこの点『阿部一族』、『大塩平八郎』等から『渋江抽斎』に至る森鴎外の作風を踏襲していると感ずる。鴎外の場合はそれでも『山椒大夫』、『高瀬舟』のように初期の『舞姫』、『雁』などに表れたロマンの匂いが香るものがあるのであるが、綱淵氏の小説は男性的でより乾いている。この本は小説ではない歴史読本であるので鴎外の硬質な文体と調べられた史実のみの迫力をもって語らせる手法が更に徹底されている感じである。

綱淵氏の『徳川家臣伝』には創業期から幕藩体制の完成期までの徳川家上昇時代がとりあげられている。家康を囲む四天王といわれた榊原康政、酒井忠次、本多忠勝、井伊直政を始めとし、家光時代「知恵伊豆」と言われた松平信綱までの一八人の話が出ている。この本はあとがきによると、当時（昭和五七年出版）大人気であった山岡荘八氏の長編『徳川家康』（執筆は昭和二八年から一七年の歳月を費やしたもの）を中心とした『山岡荘八全集』の編纂にあたり、氏に幕臣の列伝の執筆依頼が来た為と書かれている。読むとそこで示された広汎な古文書の資料の引用は凄まじい。完璧を期すかの如き氏の脈々たるファイトを感ずる。また『続徳川家臣団』はその後の四代家綱から十五代慶喜までの時代中期における柳沢吉保、新井白石、田沼意次、松平定信、水野忠邦、そして幕末に登場する敏腕の老中達、阿部正弘、井伊直弼、安藤信正、それに会津の松平容保、最後に勝海舟を含む一八人がでている。内容は世上有名な話は簡単にしてそれ以外のあまり知られざる話が短文ながらも種々書かれている。例えば井伊直弼の彦根藩時代の名君ぶりとか、松平容保ならば、再三の固辞にも拘らず藩祖保科正之の遺訓まで持ち出されて京都守護職にむりやりさせられた成り行きとか、将軍慶喜が頼りにせざるをえなかった大久保一翁と勝海舟は元来彼が嫌っていた存在であったとかである。いずれも氏の史実あるいは史話に基づいた精緻なる記述が記され、その広範な知識と、感情移入をできるだけ排除した厳正な取り扱いに、驚嘆させられるのである。このあとがきには家康ブームが完全に去ってしまった感慨が述べられていて、それがマスコミというものではあるが、それは家康の価値とは全く関係がない、徳川幕府の歴史的意義を静かに考えてみよう、それがほんとうの「歴史好き」というものであろうと述べられている。

『幕臣列伝』には対ロシアの外交交渉で奮闘し開国への道を開きつつそれぞれ最後は自刃した川路聖謨、堀織部正（おりべのしょう）、対アメリカ交渉の推進役となった岩瀬忠震などの外務官僚、また栗本鋤雲、西周、小栗上野介、などが書かれ、勝海舟と榎本武揚（ここは「痩我慢の説」も引用）、福地桜痴と成島柳北といった対比的な取り扱いも書かれている。人物は同じでも書かれている内容が重複はあるものの別の視点から書かれており、「人物列伝幕末維新史」がこれらの本とは独立して新たに書き下ろされていることが判る。いずれにしても大変な時代で、凄まじい数の人々が立国と大義のために命を張り、命を落とした。

明治維新の場合など、多くの本は薩長を中心とする勝者側、維新の成功者側から描いたものが大部分であるが、綱淵氏の作品の大部分は立場上幕府に忠実に仕え奮戦むなしく敗れ去った不運な旧体制側から描いたものである。これは歴史を一面的に見ることへの警鐘であるとともに、そこに綱淵氏の峻烈な倫理観、激しい正義感、そして敗者に対する限りない愛惜の念、といったものを認めることができる。そして読後つくづく歴史の非情さを思うのである。

よく文学者ではその処女作に後年の作品に通ずる全ての特徴あるいはその萌芽が見られるということが言われるが、綱淵氏の場合も全くそうで、彼の直木賞受賞作長編『斬』を読むと江戸元禄時代から二百年間幕府の首切り役であった山田浅右衛門家（実は形式上は山田流抜刀術の試刀家の副業であった。）代々の凄まじい仕事ぶり、そして維新後の明治一三年、斬罪制度の廃止までの冷徹な運命が刻銘に描かれていて余すところない。とくに比較して述べられた三島由紀夫割腹事件の介錯の首尾の結果描写（検視結果の調査、三太刀かかっていることなど）の記述など、どんなことであろうと事実は直視しなければならないという氏の並々ならぬ硬骨な精神に慄然たる思いがする。だいたい我々は決闘場面は慣れている。場合によれば、それは詩的とも言ってよい描写さえ存在する。それが死刑囚の斬首という凄惨な状況、一年に数百人の首を斬るという立場の浅右衛門の執刀における囚人とその時の自身の行動、心理を何度となく記述する、という題材を選んだ氏の凄まじい精神力に、読んでいても何だか綱淵氏に対して鬼神のような感じまで受けるのである。

たぶん幕末から明治維新の歴史については、膨大な文献、膨大な研究者が今までにもいて、現在も存在しているであろう。日本の近世歴史学の、最も興味を引かれる時代の一つだから。従って、ある特定の人の史観、解釈に没入してしまうことは注意しなければならない。必ず反対の見方もあるものだ。しかし、綱淵氏の記述は、小説は別として、主観をできるだけ排し事実の記述に徹しているので、その点かなり安心できる。それでも歴史の専門研究者からみれば、他にも資料があったりして学会などで詳細な点においてはまだいろいろ議論がおきているのかもしれない。例えば綱淵氏の『乱』でも、普通は外国人殺傷事件など私なども生麦事件は知っていたが、実はこのような攘夷事件はイギリス人にだけではなく、アメリカ人等他にも何件も起こっていて、幕府を悩ませたという事実が書かれている。多分、歴史は調べれば今でも未知の宝庫の山なのだろう。雑誌「歴史読本」（新人物往来社）などでは繰り返しこの時代の特集が出たりする。歴史愛好者にとっては尽きない興味が湧くのであろう。坂本龍馬、福沢諭吉などはいわば人気者だから、他にも数しれない本が出ている。特に福沢諭吉などは、政治学の観点から丸山眞男氏が若い二〇歳代から晩年に到るまで終始取り組んだし、丸山氏没後一〇年ということもあって丸山の福沢解釈ということだけでも、それを論評、批判する本が近年何冊も出ている。

永井路子氏と綱淵謙錠氏の作品を比較すると、両者では体質的にやはり女性と男性の顕著な違いを感ずる。綱淵氏の剛直さというのは比類がなくそのがっちりした歴史にたいする態度は、他の男性作家と比較しても抜きん出ているような気がする。それに比べると、永井氏はずっと柔らかで解釈も優しい。いかにも歴史文学愛好者というたたずまいの感がする。こちらの方がずっと読みやすく一般にも受けるし、小説家として人気がでるのは、当然かなとも思う。両者とも人物評伝中心の歴史を書いたのだが、綱淵氏はより歴史学者であって、永井氏はより歴史文学者なのであろうと思う。結果的に思いがけず、男の生き方を追求した男性作家と女の生き方を追及した女性作家という選択になった。

1　一八四九年世子斉彬が四十歳を過ぎたにも拘らず藩政を譲られないことを不満とする家臣団と、藩主斉興（なりおき）の側室お由羅の子久光を推そうとする家臣団との相続争いと言われるが、むしろ藩主と世子の政権争いといったほうが現実に近いと氏は述べている。斉興の引退を策していた斉彬派の計画が露見し、斉興は、切腹、遠島その他により四〇数名を一挙に処分した。切腹者の一人は高崎五郎右衛門であったのでその名で呼ばれた。大久保家では父が連座して遠島となり、大久保自身も記録所書役助を免職され、謹慎処分を受けた。

2　近思録というのは朱子学の書で改革派が読書会に使っていたという。

3　毛利敏彦著『明治六年政変の研究』（有斐閣）および『明治六年政変』（中公新書）

村上陽一郎『科学者とは何か』、『科学の現在を問う』

はじめに

村上氏の本に最初にふれたのは今から約一〇年前で『科学者とは何か』という著作であった。若い頃は科学論についていろいろの本を読んだ。自分が大学入学で自然科学を専攻して以来、その活動の意義を求めていたのであろう、本書の三番目に採りあげた湯川秀樹氏、湯川秀樹・梅棹忠夫氏の二冊の本もその中にある。また、科学解説者であった丹羽小弥太氏の『科学革命の世紀』、ラルフ・ラップの『発見への道』、カール・ワイツゼッカーの『原子力と原子時代』、あるいは丹羽小弥太・林克也・岸田純之助三氏の編集による『平和のための科学』といった本である。

しかし、より専門に入っていくと、科学全般の問題を鳥瞰的に眺めるというような余裕ある気分にはなかなかなれず、読むとすれば専門の教科書か、その後は殆ど自分の研究の先端の英語の論文ばかりとなった。そこでは科学の評論など、やや離れた立場から論ずることなど、なんの役にもたたない。研究は世界を相手にした一日を争う競争であり戦場である。科学の世界で自分の当面の標的が、金鉱石かただの岩石か、当たりかはずれか、それは能力にも関係するだろうし、運もあるだろう。しかし、現場で戦う研究者にとっては、それを経験しない科学史家や科学評論家の言など、相手にしている閑はない、というのが大方のその立場に立った人の意識ではないかと思う。それも自然なのであるが、たまには気分を変えたくなる。専門の研究活動ばかりでは客観的に見て片手落ちということもあり、専門馬鹿になってしまう。自分の活動とはいったい何なのか。研究という狭い世界での優秀さを競う単なる機械なのではないか。この活動の社会的意義は確かに存在するとしても、それで最終的に自分は満足しうるのかどうか。第一線の研究をフォローしないわけではないが、ややそこから離れて全体をもう一度眺めるには、と思って久しぶりで読んだ科学者論が上記の本で一九九四年に出版された。

著者の村上陽一郎氏は、現代日本における典型的な科学史、科学哲学の専門家である。この方面の専門家になっている人達は、私の見るところ、とりわけ物事に非常に真摯に向き合うタイプの人という感じがする。というのは、一般に自然科学の評論というのは非常に地味であって、政治、経済、社会、芸術の評論家に比べればマスコミではめったに取り上げられない。読者層が非常に限られるからである。人間を相手とする、内政、外交に亘る丁々発止の言論、生活に直結する景気の変動、日常社会の多種多様な動向、流行の芸術作品、スポーツ、ミリオンセラー、というような派手な事柄とはまず無縁である。政治評論家、経済評論家、文芸評論家というのは、無数といっても過言でないほどいるし、いわゆる総合雑誌というのは、大部分それらの人達の論考で毎月号が埋め尽くされている。人間は一般に、活躍する人間の顔が見える話の方が興味をそそられるからである。一方、科学技術の評論をできる人は非常に数が限られる。また対象は、上述のジャンルと比較すれば通常は静かに着実に進行する科学、技術といったものである。科学の研究は時として大ヒットのニュースになることもあるが、その主人公、研究者を目指すのとも違い、その様相をある意味でサイドから見ていくというのは、非常に地道な興味と努力を要求されることであるからだ。一般向けの科学教育者がなかなか育たないというのもそんな事情も関係している。氏は今では日本で唯一つ、ユニークな存在となって残った東京大学教養学部教養学科の出身である。

村上陽一郎氏

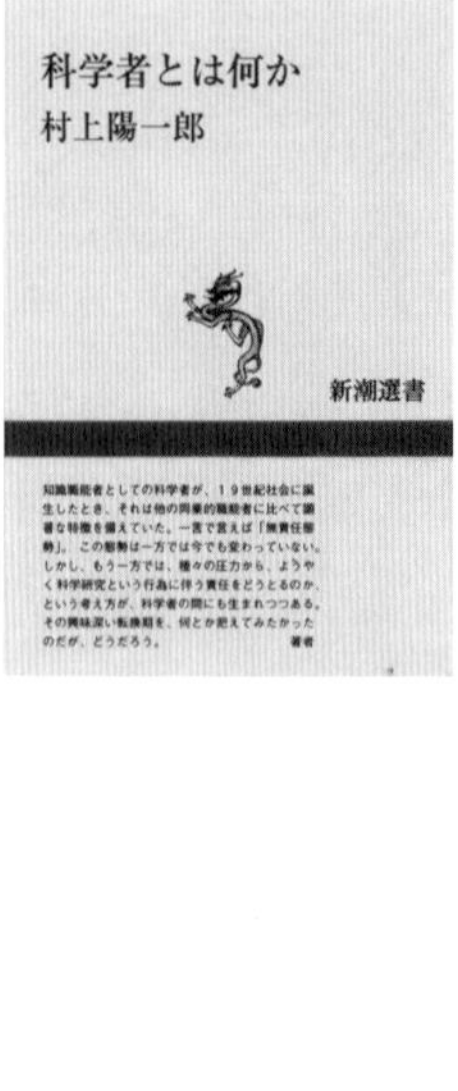

『科学者とは何か』

この本は全体が七章に分かれている。科学者という存在とその行動様式を歴史的展開から説き起こしている。そして昔の科学者像と現代の科学者像が如何に異なってきたのか、現代の科学者に要求されるものは何かという問題意識につなげている。

第一章　唐木順三がいい遺したこと

唐木順三氏は京都大学哲学科卒、西田幾多郎、三木清などの影響を受け、常に反近代的な立場から広く政治、文化、科学を論じた文明批評家である。その彼が亡くなる寸前に書いた絶筆が『科学者の社会的責任』という本であった。それによると、原子核物理学の展開からやがてアインシュタインのアメリカ大統領への勧告によって開始されたマンハッタン計画、それが招来した広島、長崎に投下された原爆による悲惨な災害にたいする科学者の責任論を論じている。そして生化学者シャルガフのような深刻な連帯責任を感じ、自己に対する罪悪感を表明した科学者に比し、湯川秀樹、朝永振一郎、両氏の言動を俎上に載せ、朝永にはそれが認められるが、湯川にはそれがない、と厳しく批判しているという。村上陽一郎氏は唐木氏の結論の是非は別として、彼が論じた問題意識は極めて重大であった、としていわば本書の執筆の全体への序章としている。

もともと十九世紀に誕生した「科学者」と呼ばれる集団は「自由な研究活動および競争」という行動規範しか存在しなかった。技術者においてもかっての職人時代と違って、それを統御する内部の行動規範はなくなっていた。そのような態度はマンハッタン計画に従事し、アラモゴルドの砂漠での原爆実験成功の際に小躍りした科学者の無邪気な歓喜の記述にも見られる。これは自然科学が本来没価値的あるいは価値中立的であると考えられてきた科学者の伝統的センスの延長上にあるという。（村上氏はファインマン著の『ご冗談でしょう、ファインマンさん』の記述を述べている。この時のファインマンは二〇歳代後半で周囲の人達と共に、正に実験成功に有頂天になったらしい。一五年程前に私も読んだこの本を見直してみると、彼は自分達の努力の完成と成功の喜びで一杯で、この瞬間、考えることを忘れていた、考えるという機能がまったく停止してしまったのだ、ただ一人、上司のウィルソンだけが沈痛な面持ちであって考えることをやめなかったのである、と書いている。）

第二章　職能集団の行動規範

一方、技術に関する職能集団においては、歴史的にどこでも閉鎖的な仕組みが作られ、そこでの行動規範としては、そこで得られた技術や知識を、外部の人間に伝えることは厳しく戒められてきた。西欧において、古くはギリシャのピュタゴラス教団（注1）という宗教的集団においてその典型が見られる。この禁制を犯したものに対しては「樽詰めの刑」というものがあったそうだ。また医師として「ヒポクラテスの誓い」（注2）というものもあり、倫理的側面での種々の誓約の上に活動が許容されたという。そしてそれらは人々を助ける為の神との契約「召命」という形をとり、中世のキリスト教と結びついた。このような情況の中で一方大学が生まれ、知的伝統の継承と発展の機関として確立してきて、大学内にも、医学校、神学校、法学校などが併設されるようになった。これらに関係する職業が他の一般の職業と異なって考えられたのは「知的」な職業であるからではなく、それらだけが神の「召命」によると考えられてきたからであったと書かれている。

現在はこのような考え方は放棄され、わずかに聖職者だけにその構造が保持されている。しかし、一九世紀に出現した科学者という職能集団にはこのような神との係わり合いというものは、最初から存在しなかった。対象が人間でなく自然であって、基本的に責任を負わなければならない相手はなかったといってよい。今も研究者は多大の予算を要求するが、その結果がはかばかしくなかったとしても、それに責任をとったという話は国内、国外を問わず聞かないと氏は述べる。

第三章　科学者の共同体の形成

現在、科学者はきわめてありふれた存在であるが、二〇〇年前には全く存在しなかった。例えばニュートンは一七二七年に死んだが、彼の意識は哲学者または愛知者であって、しかもその「知」はキリスト教的神学に基づいていた。彼は聖書の研究家であり三位一体論に強い疑問を持ち、その証明に情熱を傾けたという。彼が天体の運動の不可思議ともいえる整合性に、妙なる神の摂理を感じていたという文章は私も何度か読んだことがある。

英語で科学者を意味するScientistという言葉はニュートンが死んで一〇〇年以上経った一八四〇年頃に、当代きっての知識人であったイギリス人ウィリアム・ヒューエルがScienceにistをつけて作った言葉であった。（彼は「あらゆる失敗は成功への第一歩である」という言葉で有名でもある。）istは狭い意味での専門家を意味し、トマス・ハクスリなどは強い拒否反応を示したという。それよりずっと以前の人達は、実態として科学研究をしていても、自らを職業的科学者とは考えていなかったし、知識を「飯の種」にするような意味の言葉には抵抗があったらしい。しかし、一二世紀頃に発足したヨーロッパの大学でも「科学」を専門的に教育する学部が漸く一九世紀後半から現れてきた。まだ少数である科学者は、まとまる為に「ドイツ自然探求者・医師連合」、「英国科学振興協会」というような組織を作り始め、科学雑誌「ネーチャー」も一八六〇年代に誕生した。

また専門家の集まりである数学会、物理学会というような学会も多く生まれ、ここに学会員とそれ以外との資格による差別や、機関誌の発行、論文による発表形式、個人の業績がそれによる「プライオリティー」の確保にあるという現在も引き続いている支配的価値観が形成された。

この頃の技術の情況はというと、これは全く科学と離れていたが、古くからの閉鎖的なギルド社会から一八世紀後半での産業革命が招いた技術革新により、徐々に国家が人材を養成する組織が生まれつつあった。これは西欧では大学とは全く異なる機関であって、ドイツでは高等工業専門学校（Technische Hochschule）、アメリカでは「土地付き学校」(land-grant college) が生まれ、当初は労働者や農民の子弟が夜間に訓練を受けるという形式が多かったという。（現在のMITはその流れ）　この点で日本だけがユニークで、一九世紀後半の明治時代、西欧文化に追いつくために、国家的教育機関として一八七七年、法学、医学、文学、理学部で発足した東京大学は、同年に工業技術のための訓練学校として生まれた工部大学校を九年後に吸収し帝国大学として出発した。その約十年後、一八九七年に誕生した京都大学は最初から工学部があり（しかも生徒数の四二％が工学部であった）、我国では科学と技術が一体の組織の中に出発した。

一九世紀後半は世界的な規模で産業が勃興し、大企業が続々とうまれていた時代でもあった。アメリカでは、カーネギー、フォード、エディソン、イーストマン、デュポン、ヨーロッパではディーゼル、シーメンス、ベンツ、ダイムラーなどが、自らの発明、工夫に基づいて工業の企業化を進めた。彼らは大学の卒業生でもなく、ギルド社会の出でもない。村上氏は「アントレプレヌール」という耳慣れない言葉を使っているが、組織に属することなく自由競争でのしあがっていった技術者達である。この点でも日本は例外的であって、高級技術者は全て大学出身者であった。この意味で日本は世界に先駆けて技術あるいは工学の研究の制度化を手がけ、研究者の組織化にも熱心であったといえる。これが中級技術者を大量に確保し、日本の特に戦後の高度成長をも支えたという点、未だに教育機関での工学の地位が必ずしも高くないヨーロッパなどとの著しい違いでもあった。一方では、純粋基礎研究にたいする日本の理解の希薄さにもつながっていると述べられている。

第四章　その行動様式

専門学会では研究者の業績というのはひとえに「論文」にたいする評価が問題となる。そして専門誌においてはレフェリー制度が必須である。これらは私にとっては長年経験してきた世界なので常識なのであるが、氏はこれについて丁寧に説明している。論文を投稿すると通常、本人には知らされない二人のレフェリーが論文を審査し、掲載可能か不可かの審査を行う。多くの場合レフェリーは当該分野の専門家であり、論文が新しい知識をその分野に与えるものかどうかが最大の関心であり、今までのその領域の知識との関連が明確になっているか、説明での引用文献は必要十分であるか、英語の記述を含めて論文が適切に書かれているか、というような検討が行われる。これらは「ピア・レビュー」（同僚評価）と呼ばれているが、ともかく研究者にとっては、論文が公表されることが最低の条件でもあり、最大の報酬であり、人生の喜びといってよい。それが人生のキャリアー造りのステップであり、就職、転職の際の、履歴書の最たる項目にもなるわけである。

ここ二〇年位の間には論文の価値を客観的にするための指標として被引用度（citation index）というものも重要視されたりするし、専門誌のランク付けがあり、知名度の高さ、サーキュレーションの良さを表すための、雑誌の被引用度の高さというように数値化されたものも公表されたりしている。citation index の高い専門誌に投稿することが望ましいのだが、そういうところは競争も激しく、掲載までの遅延時間も長いことを覚悟しなければならない。また最近は論文の共著者の数が多数になることが多く、先頭の筆者がもっとも主要なメンバーであることが普通だが、それらに関する様々の研究者内での問題も触れている。私もこれらに関しては、村上氏がここで述べた以外に長年の当事者経験で知っていることがいろいろあるので書き出したらきりがないのであるが、さまざまなる問題があるなかで、現在の制度がまあまあの選択かなと思うのである。（高エネルギー物理実験学では巨大装置で行われる為、共著者が数百人という論文は珍しくないし、個々には業績増加の為の論文数稼ぎの工夫など、いろいろなテクニックも使われる。）

第五章　その倫理問題

最初にアメリカの社会学者、ロバート・マートンの開いた科学社会学について述べている。マックス・ウェーバーが近代資本主義とプロテスタンティズムに関して論じたのに対し、マートンは近代科学とピューリタニズムの関連について仮説的な考えを二〇世紀の中葉に打ち出した。有名なマートンの「科学者のエートス」は以下の四項目からなる。公有性、普遍性、私的利益からの解放、組織化された懐疑主義である。これらは科学者共同体に参加している成員の価値観であり、倫理観である。村上氏はこれらの意識はマートンが分析した当時の科学者がすべてこのような意識で行動していたというより、多分にマートン自身の希望を反映した面もあるが、大要としてはこのような規範で動いていたのではないか。それにひきかえ現在の科学者はこのような牧歌的な科学者像とは随分変質していると述べる。

次に現在の科学者社会の幾つかの問題点を述べている。年会におけるプログラム構成で一部の発表者は制裁の意味を含めて常に聴衆者の少ない早朝の発表に回されるとか（私も若い頃、自分を天才と錯覚しているような、確かに誰が考えてもおかしな発表というのを物理学の理論発表で聞いた経験があるので、やむをえない面もあるのは理解するのだが。）、レフェリー制度で当のレフェリーが閲覧した論文から窃盗行為をするとか、研究におけるデータの捏造行為などである。氏はボルティモアという一九七八年にノーベル生理学賞を得た、研究チームの中のブラジル人の研究者が中心となった一連の論文に捏造データがあった。同じ研究室のメンバーの一人が訴えたが周りの研究者の反応は冷たく、最終的には下院議員が取り上げ、ボルティモア側が疑惑を認めたという形で決着したという事例を述べている。（注3）氏はこの経緯から不正に対する防御機構は科学者共同体の内部では欠けていることが明白であると述べている。

これに関してはここ数年、特に国際的に捏造行為が何件も摘発され、ドイツ人の超伝導研究者、韓国や日本でも先端の分子生物学でかなり高名な学者が権威を失墜した。激しい競争の中で、自分の倫理意識を世俗の名誉欲に溺れさせてしまったのだろう。また研究費の私的不正使用で、大学から解職された教授というのも日本で何件かあった。このような行為をすると、まずは学会では失脚を意味し、社会的にも相応の制裁を受けることになる。これに対する学会内や大学内での自浄努力の機構も事件の発生から近年は少しづつ整備されつつあると思う。しかし本質的には研究者の良心の問題であり、大部分の研究者は信用したいという気持ちでいて、検察官のような気分になれないのは当然である。

もう一つ、DNAの二重らせん構造の発見で著名なワトソンが著書『二重らせん』で描いたノーベル賞獲得の為の赤裸々な戦略的行動に触れている。ライバルの研究者をだしぬく為に自分のグループの研究状態を悪く言ったり、敵の状態を知る為に大学院生をスパイとして送り込んだりという場面が出てきて、心ある研究者の眉をひそめさしたのであった。氏はこれらの行動は当人達にとってはスポーツのゲームを楽しんでいるような健康な感覚があって罪悪感など露ほどもない。むしろ激烈な国際的競争の中ではその位の闘志と積極性がなければノーベル賞選定委員に認めさせることは難しい、という判断も多くの研究者の共有するところとなっていると述べ、こういうところに科学者の倫理観の変質が見られるという。

氏はこういう変質の原因の一つがノーベル賞であることは間違いないと断じ、一九〇〇年に始まったこの賞は長年の間に、極めて高い権威づけが行われるようになり、受賞者の受ける付随利益は莫大なものになった。研究そのものを目的とするより、研究を通じてノーベル賞を獲得することを目的とするような行動形態を促す結果ともなっている。このようなことから、氏はノーベル賞はもはやその役割を終わったとし、害がこれ以上肥大化する前に、少なくとも一旦終止符を打つべきであると信じていると述べている。私も、かなりな程度同感の思いがする。

科学者は常に共同体内部の同業者にのみ目を向け、その評価を求めて、自己完結的な営みを重ねているという点では、他の職業とは異なっている。医師、聖職者、法曹家はいずれも人間、それも苦しんでいる人間を相手にするという意味で、外部集団とつながっているのにたいし、科学者が責任をとるべき相手は同業者だけというのでは、その特殊な事態を「真理の探究」という美しい言葉で粉飾してきたとさえ言えるかもしれないとも述べている。このような情況を変えてゆかなければならない、というのが氏の主張であり、以下に続いていく。

第六章　新しい科学者像への胎動

第一節　核兵器開発と物理学者

このような科学者の行動の流れにたいして、画期的体験となったのが、いうまでもなくマンハッタン計画と原爆投下という第二次世界大戦の悲劇である。氏はドイツのカイザー・ヴィルヘルム研究所のハーンとシュトラスマンの中性子によるウランの核分裂の発見（発見は一九三八年末で直ぐ世界の専門家の知るところとなったが、論文発表は三九年一月）から説き起こし、当時の原子核物理学者たちの動向を丹念に記述している。その中でもっとも注目すべき科学者はハンガリー生まれ、アメリカ移住のレオ・シラードであり、彼は当時四〇歳過ぎのコロンビア大学の一外国人客員研究員に過ぎなかったが、既に連鎖反応の知見を得ており（三九年、同大学のフェルミとの中性子によるウラン分裂実験の共同研究者であり、四二年シカゴ大に移ったフェルミの世界初の原子炉の成功にも参加）、ドイツの爆弾製造を恐れ、同様の知識を持ち得る人としてフランスのジョリオに向けて結果の発表を手控えるよう危険の警告の手紙を送った。しかし、ジョリオはフランスの利益と彼らのパテントの権益のため、敢えて同年四月の「ネーチャー」に発表した。

事態の進行にブレーキをかけるのに失敗したシラードは、ベルギー領コンゴに傑出した良質のウラン鉱があり、ナチスがコンゴからウランを入手できないようにベルギーに依頼する必要があるとの考えから、ベルギーの女王と旧知のアインシュタインを動かせばと思い、同じハンガリー人の物理学者ウィグナーを伴ってアインシュタインを七月に訪れたという。アインシュタインは喜んで協力を約束し、ベルギー女王宛とアメリカ国務省に起草案を送ることになった。

この時、シラードが知り合ったルーズベルト大統領のかっての私設顧問で経済学者のサックスは、その書簡はむしろホワイトハウスに向けて書かれるべきだと主張したという。シラードももっともと思い、急遽アインシュタインに宛先の変更と、書簡内容の変更を依頼した。同時にアメリカが核分裂の研究を積極的に手がけるべきだという提案が暗に含まれていたと考えられると書かれている。これに応じて八月二日、アインシュタインの署名入りの書簡が作成された。この書簡では、連鎖反応の研究を政府として支援するようにという提案に留まっている。やがて独ソ不可侵条約の締結の一週間後、九月一日のドイツのポーランド侵攻でヨーロッパは戦争へ突入。アメリカでは、陸軍、海軍によるウラニウム委員会が結成され、オブザーバーとして、サックス、シラード、フェルミ、ウィグナー、テラーが参加した。事態の進展に焦燥感を募らせたシラードは再度アインシュタインに依頼して大統領宛の第二の書簡（四〇年三月付け）を起草してもらった。ここでもアインシュタインは直接政府が原子爆弾の開発に着手すべきだとは言っていないそうで、この後彼は委員会にも招待を受けたが出席を断っているし、その後も開発には一切かかわってはいないそうである。

六月にヴァーネヴァー・ブッシュを委員長とする「科学者動員を求める組織・国防研究会議」が結成され、ウラニウム委員会もその下部組織となった。一方イギリスではフリッシュやパイエルスによってウラン二三五に速い中性子をぶつける連鎖反応を原子爆弾開発に利用する提案を検討するモード（MAUD）委員会が結成された。ウラン資源を欠くイギリスは実質的進展は望めないので、政府の決心とともに、提案を使節団によってアメリカに伝えた。それに強い刺激を受けたのがサイクロトロンの発明者であるローレンスで、やがて四一年八月にローレンスが助言を仰いだオッペンハイマーを責任者としてマンハッタン計画はスタートしたのであった。四三年にロス・アラモス研究所で実質的な開発研究の開始、四五年七月一六日のアラモゴルドの砂漠での実験成功と続く。

この間にあってもシラードの行動は極めてユニークで、彼は死に物狂いで、対日戦での使用を止めようとあらゆる手段、ルーズベルト大統領への書簡とかトルーマン大統領への直訴まで試みたが、前者は大統領の死によって読んでもらえず、後者は会ってもらえなかったという。その他にも、ロス・アラモス内部の七人の科学者による投下反対声明（フランク・レポート）やクリントン研究施設の六〇人を越える署名入りの嘆願書もあるという。しかし、原爆投下は二度にわたって実行されたのであった。続いて科学者の証言として、リチャード・ファインマン、オットー・ハーン、インドーア・ラビ、朝永振一郎、リーゼ・マイトナーの五人の原子核物理学者のこれに関する語録が四ページに亘って載っている。

私にとっては専門の勉強でなじみのある物理学者ばかりで、彼等がこれだけ社会的に活躍する場があったというのは、科学者として羨ましい一面もあるが、それが戦争のための恐るべき原爆開発であったり、それに対する反対運動というのでは、遭遇しないですんだ我々のほうが遥かに幸運であった、とも思う。

村上氏はこの時のシラードの行動を非常に高く評価しているし、（注4）その他にも、原爆の使用に強く抵抗の意思を表明した人々が少なからずいたことに十分留意すべきだと述べる。一方、戦後、原爆投下の贖罪意識で、精力的に平和運動を展開したアインシュタイン、またパグウォッシュ会議など、国際的な反核・平和運動の組織化もあった。それでも研究の自由の擁護という点では、依然として極めて保守的で研究そのものの規制というところまでの発想はなかった、と述べられている。

第二節　アシロマ会議とバイオテクノロジー

一九五七年のDNA二重らせん構造の発見以来、二〇世紀後半の科学で分子生物学の進歩は正に疾風怒涛の勢いといってよいが、その技術開発、とりわけDNA組み換え技術の進展は、将来の遺伝子欠陥病の治療の可能性を大きく期待させるものであった。制限酵素によるDNAの断片化、その移転、はめ込みというような技術には無限の可能性があるとも考えられた。一方で無際限の技術の開発には、新しい病原微生物の生成、予期せぬ人体への感染の可能性、細菌兵器への利用などの危険が伴うという不安を思う研究者も増えていった。このような研究者、アメリカのバーク、コーエン、ワトソン、ボルティモアら一一名は遂に全米アカデミーに研究のモラトリアム（一時的凍結）を提唱した。更にこれが国際会議へと発展し、七五年のアシロマ（カリフォルニア州）会議での二〇カ国、一五〇人余の集会の開催となった。これは今に続くさまざまの生命倫理問題の検討の嚆矢（こうし）となった会議である。

会議は、研究の自由の阻害に対する反対論も随分強くて紛糾したらしいが、結局、各国の代表はそれぞれ自国でのガイドラインを作る為の取り組みを行うことが要請されることになった。アメリカではNIH（国立衛生研究所）が中心となり、ガイドラインを作り全世界のモデルとして機能することになった。実験材料の安全化と共に、「物理的封じ込め」といわれる対策が考え出された。実験を行う場合、その危険度に応じて防護設備を厳重にするというもので、いわゆるP1からP4までの段階の分類がなされ各施設にはその対策が要求される。もう一つが評価委員会、IRB(Institutional Review Board)の制度の普及である。これは研究者の属する機関に設けられ、研究者の研究の計画段階で、提案書の検討を行いその実験遂行のためにはIRBの認可を必要とするという制度である。そしてこの制度の中で重要なことはそのメンバーの中に専門外の人を入れることが義務づけられていることで、物理、あるいは哲学、場合によれば聖職者といった分子生物学者以外の人が入る場合も想定されると述べられている。これらの事態は日本でも全て国での制度として既に長く実行されていることである。

村上氏は、これはそれまでの同僚評価だけでない、専門以外の人達の評価も対象に入れるということで、科学者の共同体が形成されて以来、初めての外部に開かれた体制となり、また自ら研究の自由に対する束縛を認めることになったと述べている。

第三節　環境問題の衝撃

日本では明治時代から、有名な足尾銅山事件などの公害事件があったのだが、特に一九六〇年代には、高度成長下での企業活動による公害問題が頻発し、大きな問題となった。富山県神通川流域のカドミウム中毒によるイタイイタイ病、熊本県水俣の水銀中毒による水俣病、また工場集中による大気汚染による四日市病などである。これらは特定の企業に責任があるといってよいケースもあるが、排気ガスのように、企業の特定が困難であり、ある意味では被害者である住民も自動車の利用者であったり、トラック輸送の流通機構の発展の利益を蒙ってもいるので、行政・企業＝加害者、住民一般＝被害者という二項的な対立図式だけでは問題の解決にならない側面もあり、ある意味ではエネルギーの大量消費によってはじめて成り立つ文明への反省も絡んでくると述べられている。この点は最近の地球温暖化の議論が正にこのことであろう。

特に最近の環境問題の大きな特質は、未来世代に対する憂慮である。その意味で、ようやく人間は現在の自分達の利益や福祉ばかりでなく、未来の子孫に対する心配もし始めたと言えるという。その意味で氏は六二年に出版されたレーチェル・カーソンの『沈黙の春』の先見性を高く評価している。

環境問題は多くの要素を含み、必ずしもその因果関係が明確に立証しにくい中で、議論されることが多い。限定された専門の中で議論が閉じないので、多くの自然科学の分野が協力しあわなければならない特性をもつ。そして更には、人間の活動に対する批判、検討も必要になるので、人文・社会科学にも目を向けざるを得ない。西欧で対象の限定から発展してきた自然科学、人文・社会科学という分野ごとの展開という長らくの枠組みが、それでは解決不可能である事象が起こってきたことになる。このように環境問題は科学全体の総合化、ないし科学者の活動の融合への契機にもなると考えられると指摘している。

第七章　誰に、どう責任をとるのか

日本政府の傘下に「科学技術政策研究所」というのが設立されている。大学でも科学技術政策論というような名前の講義や講座が増えてきている。これらの状況は、研究を自由に行うわけにはいかない種々の問題が出てきていることを示している。その一つが予算で科学の研究開発に国家が投入できる費用に限度があり、外国では公的予算がイギリスのように飽和現象がみられる。日本はまだその状態ではなくこのところ目覚しい伸びを示しているが、と書かれている。（実際、今に到るまで、日本での科学技術予算は政府の一般的シーリング設定の中で、例外的に毎年前年度より予算は増え続けている。）しかし、一方、重点投資を考えなければならない必要性が強調されて、政府に研究予算を認めさせる為には、かなりの書類準備を伴う説明が要求される。これは科学者共同体のような同僚にではなくて、研究者以外の外部の組織に対してである。（ここいら辺の指摘は、その渦中に長くいた私にとっては、極めて身近の経験である。また、アメリカの巨大加速器計画SSC（注5）が、既に二〇億ドルの支出がされ、トンネルもかなり掘り進んでいたに拘らず、主として資金面の困難から議会の決議を経てクリントン政権下で中止になったのは有名である。）氏はこのような動きに見られるように理科、文科の双方の人達への説得、あるいは一般人へも内容の理解に向けての説明の努力が要請される時代になったと述べている。

次に氏は、ノーベル賞だけでなく、日本では本田賞、日本国際賞、京都賞などいろいろ増えているが、分野も純粋の基礎科学だけに限定されず、また環境関連だと個人にだけでなく団体の活動にも授与されるようになった。これらは褒賞制度の変容であるが、今後の科学技術研究の方向にもある程度の影響を与えていくであろうと言う。

要は、知識人としてどのようなタイプの人間を社会が求めるか、ということだという。タコツボの中での特化した知識の占有者か、専門領域での知識は一応のレベルで、総合的に判断を下せるような人か。「スペシャリストかジェネラリストか」という陳腐な議論にもなってしまうがという。私も社会としては両方必要だというのがいつも結論になると思うが、氏は現在特に古くからの議論に付け加わる要素があるという。それは、前述の自然科学と人文・社会科学の総合化である。科学者が社会全体に責任を負う、地球上における人類の生存、未来の世代に対しても視野を広げて。このことが科学技術自身が生み出したもっとも重要な新しい事態であるかもしれない、と結んでいる。

このような事を述べた本は私の若い時から沢山出ているし、個々の記述は新しい知識を多く含んでいるとしても特に目新しい立場ではない。「科学者の社会的責任」、幾度と無く繰り返されてきた言葉である。しかし、繰り返されてきたということは、いつになっても、結論が出たというようなものではなく、また言葉だけの問題でもなく、科学技術が発展するたびに、新たなる問題にたいして新たなる解決にいたる行動が要求されるということである。

私がこの本を読んだのは、一九九八年、放射線医学総合研究所全体の運営を司る企画室での三年間の猛烈に多忙な勤務を終えて、古巣の医用重粒子物理工学研究部へ戻ってから程なくであった。放射線医学総合研究所では、概念設計から建設まで十年かけ、私もそれに従事してきた重粒子がん治療装置HIMAC (Heavy Ion Medical Accelerator in Chiba)を使ったがん患者にたいする臨床試験が一九九四年六月から開始されて数年経っていた。

この装置はがん治療における画期的なもので、私が三〇歳で東大原子核研究所に入所以来ずっと上司であった平尾泰男先生が放射線医学総合研究所に移られて以来主導されてきた一大プロジェクトだった。加速器からの炭素線ビームを直接、患者の腫瘍部位に照射して腫瘍を殲滅(せんめつ)するという最新鋭の放射線治療法である。以来、この装置をつかった患者数は三千人を越えて、優秀な治療実績を作りつつある。余談ではあるが、私の目下の公的活動は、国民の健康福祉のために、このような治療施設を全国に展開することにある。

『科学の現在を問う』

研究所を定年退職になって三年後の二〇〇五年にこのような観点から、現在科学の問題となっている事象は何があるのだろうか、ということをまとめて書いてありそうな本はないかと探して、軽い気分で買って読んだものが二〇〇〇年出版の『科学の現在を問う』という小冊子であった。この時、村上氏は六〇歳代前半の年齢である。全体は六章に分かれている。

平尾泰男先生

第一章　科学研究の本質

まず、ここでは前著の『科学者とは何か』の要約が書かれている。一九世紀のなかば、科学者という言葉が生まれ、二〇世紀の前半まで大体において科学者集団は自己閉鎖性と自己充足性の中にあった。それが、第二次大戦を一つのインパクトとして彼らに大きな変換が起こる。この本では一九四四年アメリカでのルーズベルト大統領のブッシュ委員会（MIT の初代工学部長で前書でも出てきた）への、軍から民への戦後の政府の科学研究支援は如何にあるべきか、という諮問文書が載っている。連合国側の勝利が明確になりつつあったとはいえ、政府の彼我の情況、態度の違いに愕然ともなるが、ブッシュは「科学―この終りなきフロンティア」という報告書で答えた。これには「科学は国家と社会の進歩・発展に奉仕する」という趣旨が貫かれ、それを契機として五〇年には全米科学基金（NSF 政府の部局であると注意している）がスタートした。ブッシュ主義とも呼ばれているそうだが、実際は当初の目的とは裏腹に国家の威信をかけた科学の取り組みで、長期に渉る冷戦構造の継続により、核兵器やミサイル開発の軍事面に大きな資金が投入されたのであった。しかし、冷戦が終わった今日、日本でも九五年に科学技術基本法が成立し、九六年から科学技術基本計画がスタートして、科学・技術の振興が国家の重要政策になっている。そこには、五年間で一七兆円の予算投入となっており、国家を運営・発展させるための道具として、科学・技術を最大限利用するという考え方は、これは正しくブッシュ主義そのものではないかと述べている。（その後の五年間で、この予算は更に拡大された。）

他方、個別の研究者側では、今もって従来の「論文こそ全て」という感覚の人達も多いが、前述のように、科学が社会に開かれ、大学でも企業との連携、技術移転とか産学共同研究が積極的に図られるようになり、また、予算でもいろいろな競争的資金の導入がなされている。このような情況を氏は「社会化された科学」と呼んでいるが、一方では、一般人が NPO 法などの整備により、組織を通してこのような科学に対する意見表出を行い、科学の流れに影響を与えるチャンネルもできつつあるという。このように昔の情況とは著しく異なってきた科学技術の研究、科学者を取り巻く環境にはまた種々の新しく解決すべき問題が起こっているとして、以下の各章を展開するのである。

第二章　技術と安全

二〇〇七年三月に北陸電力志賀原発で、八年前の九九年の定期点検中に、制御棒の故障で一時臨界状態になっていたことが発表された。この事を同社は国に報告せず長年隠していたことが判明した。それに引き続いて東京電力の福島原発、柏崎刈羽原発、日本原子力発電の敦賀原発など、あちらこちらで未報告の故障事例があり、場合によって検査に対するデータ改竄や隠蔽工作が多数あったことが報告された。これらは、漸く長年の苦節から立ち直って国民の信頼回復に努めプルサーマル計画などの展開を図ろうとしてきた国内の原子力産業界にとってまた大きな負債になりそうである。

勿論これらは本書には入っていないが、一九九九年に安全に関する事故の「三点セット」が起こったという話がされている。それは東海村の核燃料製造会社のJCO臨界事故、JRの新幹線トンネル・コンクリート壁の剥落事故、H2ロケットの発射実験の失敗である。日本の世界的にも評価の高かったそれぞれの分野で立て続けに事故が起こったということである。氏はこのうち特に最初のJCO事故に関して、知る限りのその過程と問題について論じている。私も三名の事故被爆者が、事故直後に私の働いていた放射線医学総合研究所の病院に移送され入院したし、東海村の不安に駆られた住民にたいする質問相談などにも何名もの所員がでかけて対応し、被爆者の受けた放射線線量の評価については研究所で詳細な調査・研究がなされ報告書も出し、さまざまな活動がなされたので、その対応は村上氏以上に知っていることも多いので、そこは読み流したが、氏の事故の解釈のところを書いてみよう。

氏はこの事故で日本の技術者魂が崩壊しているというような記事が見受けられたが、それは間違っていると述べる。むしろ日本の技術者の特徴が現れた出来事だという。いわゆるQC（Quality Control　品質管理）はアメリカで戦時中造られた概念であって、日本でも戦後、製品管理に導入され、QCサークル活動が非常に盛んになった。日本では現場の労働者が次々にラインや装置、手順の改善方法を工夫していき、アメリカ以上に成功をおさめ、日本の労働者の質の高さ（特に志気の高さ）を証明してきた。

氏はJCO事故もこの延長で考えるべきだという。マスメディアでは工程の手動化、裏マニュアルの存在を叩いたが、違法マニュアルには違いないが、一般の製造作業の感覚からいえば、作業マニュアルが作業効率の改善のために変えられることは日常茶飯事のことだからである。バケツとスプーンでの作業が一〇年も続けられたというのはその方が優れていたからであった。ただ次の攪拌槽にビーカーを使って材料を流し込むという課程で事故が起こった。それも普段取り扱っている通常の低レベルのウラン燃料でなく、高速増殖炉の実験炉である「常陽」のための濃縮されたウラン材料であったための臨界事故となったのである。

では今回、通常では賞賛されるQCサークル的活動が一瞬にして事故につながった真の原因は何かというと氏は、いうまでもなく現場技術者の知識の欠如であり教育不徹底であるから、これは全面的に企業経営者の責任であること。また現場の提案を詳細に検討することなく、実行に移すことを許した管理上の手抜かりがあり、これも企業の体制上の重大欠陥であったと指摘する。

これだけでなく各地の原子力施設での事故や、データ改竄、報告隠しなどが次々にマスコミで表面化した結果、現在原子力分野の人気の無さは深刻であると書かれている。これも私は学部では原子力工学科であっただけに官界、学界、産業界などに、友人、知己が沢山存在するので、彼等の悩みはしょっちゅう身近に聞かされていてよく解っているつもりである。新聞のアンケートでも人材投与の必要性で最下位であった。村上氏は、こうした社会の反応は間違っていると思うと書いている。第一にはこの事故は発電機構の末端で起こったことであり、これで業界の全てを推し量ることは無意味であること、第二はたとえ将来、ドイツのように原子力の緩やかな撤退をするとしても、それまでメンテナンス、廃炉、廃棄物の処理などまだまだ研究と開発に力を注ぐべき領域は広がっていて優秀な人材を確保しなければならない。特に国策と直結する業界にたいしては、国の支援は恒常的に必要であると述べる。

この二点目は技術の一般論での重要性、メンテナンスに関する話に結びつく。本四架橋は三本、政治がらみもあって、全て実現したがその後のノウハウなどが後進に受け継がれているかどうか、特に造られたものを安全に機能させるには別の努力（資力と技術力）が必要である。コンクリートの剥落などもこの様な問題である。国の予算も建設期、導入時には与えられても維持、管理、運営費用は一切面倒は見ないのが原則であると書かれている。（この点はかっては確かにそうで、補正予算での場合など顕著であったが、最近は大分改善されてはいる。それでも役人にとっては新しい物に対しては興味が湧き、導入すれば自らの業績になるが、その後の維持は地味で魅力のある仕事には見えないのでやる気がおこらない、というような点は私もいろいろ経験した。）原子力界もそうで、重要さの強調だけでは人は来ない。将来性、やりがいのある希望と意欲、いわば魅力をどう構築し、若者を惹き付けるかである。後継者の人材不足が最も深刻な問題で、大学での教育のつらさは、なかなか大変な問題である。

第三章　医療と現代科学技術

先端医学の世界は現在もっとも進展している分野の一つである。特に生物学、化学の研究の進展の影響をうけ、次々とさまざまの話がでている。まず最初に脳死および臓器移植の問題が取り上げられている。常識的な意味での臓器移植は、腎臓のように二つあるものとか、肝移植のような部分移植などで、提供者の死を前提にしない「生体移植」であるが、誰かの死を待ってようやく可能になる移植にたいして「脳死」という基準が作られた。九九年はその年内にこの脳死—臓器移植が立て続けに四例起こった。氏はこの間の議論などを反省して整理をしている。

一つが脳死そのものの問題で、それは、人工呼吸維持装置に繋がれているという条件が必須であるにせよ、未だ心拍もあり、体温もあり、生体反応もある状態を「死体」と見ることの是非である。これは患者、死者の家族にとって原理的に解決不能なことなので、臓器提供を拒む人々が多くいるのは今後とも変わらないだろうとし、死の基準を二つにして、当事者の選択に任せるとしたのは賢明であったという。しかし、医療機関で臓器の提供を切望している患者と、脳死またはそれに近い患者がいた時、後者の関係者に、周囲より脳死判定を受け入れるよう圧力がかからないであろうかと危惧の念を持つというのである。もう一つが亡くなった人の遺体を臓器ごとに分けてヘリコプターなどで、対応の各地へ運ぶ様子に一種の「浅ましさ」を感じ、臓器移植に反対なわけではないが、人間の身体を利用するだけ利用しようという感覚についてゆけない、と正直な感想を述べている。彼自身はドナーにもレシピエントにもなる気はないと言っている。

次の話は細胞工学によるクローン技術についてである。植物や動物ではクローン技術は以前から大いに使われてきた。クローンというのはもともと「挿し木」という意味から派生したという。これは動物の場合二〇世紀初頭のハンス・ドリーシュによるウニの卵による実験の成功から始まった。卵が分裂を始めた直後に切り離したら、各々の卵は個体を形成した。食肉用のクローン牛の場合人工受精した受精卵を培地に置き、卵割した細胞が四つになったとき切り離し除核する。そこに優れた食肉とされた牡牛の体細胞の細胞質を細胞に注入し、それを四頭の牝牛の子宮に着床させてやるという方法だそうである。ここで、九六年の羊ドリーの成功が脚光を浴びたのは「核移植」と呼ばれる技術であったからである。これは母親の未受精の卵子の核を除去し、そこに別の個体の体細胞の核を中心とした細胞質を注入し、母体に着床させて個体を得た。ドリーは体細胞を提供した個体と全く同じクローンとなったわけである。移植したのは乳腺から採取されたそうだが、体細胞は分化した細胞であるから普通ならば分裂しても乳腺にしかならない。これを個体にまでもってゆくためには乳腺の細胞を「リセット」して全能性をもつような細胞質に変化させなければならない。この為に、乳腺細胞をある期間飢餓状態にして休眠させたという。この技術の革新的なところはこのリセットにあるとのことだ。

これは高等生物で必要な受精ということなしに、個体の産出が可能になったというところに画期性がある。無精子性の夫でも自分達の子供が持てるということにつながる。仮にある女性が自分の体細胞を自分の卵子に移植すれば自分と同じクローン個体を生める。アメリカでは、女性同士の夫婦がついに自分達の子供が生めると色めきたったという話が載っている。

この頃ヒト・クローンは国会で刑法によって処罰を受けるような法案が審議に向けて上程されるという時期で、（実際は平成一二年末に制定で、一三年末より法律が施行された。）氏もヒト・クローンは禁ずるべきだという考えで、このあと、それがなぜかということに関して、倫理的な側面や、自然でないとか、人間の尊厳論、人間の唯一性など種々の議論を解説しているが、それらは必ずしも自明のことではないということを述べている。非倫理性の中で最後に大きいのは、それで生まれた当人の意識の問題だろうとも言っている。

次が「胚性幹細胞（ES 細胞：Embryonic Stem Cell ）」である。アメリカの研究チームが分化以前の全能性の細胞を造り出したというニュースは九八年であった。まずは可能性として一旦事故などで損傷を受け死んでしまった脳細胞に対し、この ES 細胞が移植できれば、脳組織の再生に繋がるかもしれない、同様のことはあらゆる臓器に適用される、場合によれば生物的な人工臓器も可能になるかもしれないというような期待が膨らむ。この件で問題となったのは、その造り方であった。それが人工授精で凍結保存された受精卵からの余剰胚（母体の子宮に戻されなかったもの）から、それがある程度分裂した「胎児」（にもなり得る)であった為、倫理的問題の議論を生むこととなった。人工授精のための卵子は排卵誘発剤で同時に複数個採取したうえ受精卵も五個程度造り、それを子宮に着床させるのだが、日本では婦人科学会の申し合わせで三個（まで）着床させるのだそうだ。そうして未使用の受精卵が残り然るべき期間は保存されることになる。イギリスでは妊娠可能を考えて一〇年保存されているという具合である。この余剰胚の使い道の一つが ES 細胞だったのである。アメリカでこの開発研究に資金を出したのが、ジェロン社というベンチャー会社で、今後とも ES 細胞の一手販売を目指す気配もあって問題となったという。

氏はそれ以前に卵子、精子、受精卵の凍結保存が可能になったことによる問題をまず議論している。アメリカでは、実際スーパー・モデルの卵と、ノーベル賞受賞者の精子を購入して自分の子宮に着床させ子供としたい、というような需要が顕在化しつつあるという。また受精卵の培養期間中にその細胞の遺伝子解析を行い、何も問題がなければ着床させ、重篤な障害が発生する予測がつけば廃棄する、という着床前診断が可能になる。これが日本に導入されようとした時、障害を抱える人々、その父母、その支援団体から一斉に反対と批判がなされた。このような人為的選別はナチスの優性学にも繋がる処置であり、そのような障害を持つ人々に対する侮辱であり否定であるということで、氏もこれには同意している。ただ何が健常で何が異常かの判断は、現在の時代の常識内の判断であって、その時の便宜で決めてよいのかという根源的問題もあるという。それにしても健常な子供を持ちたいという親の素朴な感情も否定できないし、第一子が遺伝性疾患者である場合など、このような技術が存在する以上、それに頼ろうとする人達の気持ちも無視しがたい。ここに簡単に結論のでない人間の苦悩が最も顕わに露呈していると述べる。

日本では科学技術会議の生命倫理委員会で議論され、決定された対応は、基本的に厳しい条件下で研究の為の余剰胚の利用は許可、選別された特定機関でのみ行い、利用する場合、提供者に十分なインフォームド・コンセント、またプライバシーの確保の配慮をする、という条件となったという。ここではES細胞の利用価値が全ての判断に優先した形での解決となった、生殖医療全般に亘る問題点は殆ど無視されたと書かれている。(平成一三年九月、文部科学省から指針が出された。)

現在でも不妊に悩む人々が藁をも掴む思いで産科医を訪れる一方、堕胎を望んで同じ産科医の門を叩く人々があとを絶たない。その双方が産科医にとって経済的な顧客であることも敢えて言わなければならない。そうした中で、胚、胎児というものの意味を、もう一度総合的に問い詰めなければならない、と書く村上氏の、誠実な姿勢にうたれる。

第四章　情報と科学・技術

現在、パーソナル・コンピューター、インターネットの利用、携帯電話の普及は、人々の日常生活を大きく変えた。氏はこのような情報の歴史を簡潔に記した後、情報と権力との関係を議論している。例えば昔の大学教授は海外から取り寄せた洋書を後生大事に抱え込んで、そこに書かれた事柄を小出しにして教室で教えたり、社会に発表したりして自らの知識人としての権威を維持しようとしてきた。弟子が見せてくれと頼んでも断られる、それが飯の種だったからだという。この意味で情報を次のように定義することも可能だという。情報とは受け手の無知の減少を生み出すもので、この過程が生じた時、初めて情報としての働きを獲得する。

このような側面が情報と権力が結びつく要素となる。先の先生も誰も知らない情報を抱え込んで自らの優位を築き、自らの権威を維持、拡大する戦略をとっていることになる。現代の行政、企業なども情報を収集し、それを蓄積することで、その権力の行使の根拠としている、とまことに説得力に富んだ話をしている。また情報の需要は受け手ばかりではない。テレビのスポンサーは高い対価を払って、自分の会社の情報を売っている。この点、昔のナチス・ドイツの宣伝相ゲッペルスはラジオを使って徹底的に自分達の伝えたい情報を国民に流した。そして、それが国民の行動に結びつく。結びつかないと情報は意味をなさない。即ち知識の増大、行動の誘起までを情報は担っていると。

今後の日本の情報化社会が目指すべきことは、権力機構が情報を持つことで権力を維持する発想を転換し、国民に情報を開示、公開する（勿論外交や防衛など例外はあるが）姿勢を明確にし、国民も自ら情報を得る努力をし、得た情報に基づいて自ら判断し行動すること、古くからの「由らしむべし、知らしむべからず」、一方では「お上にお任せ」という姿勢を改めることだと述べている。

このような世界では専門家の意味も変わってくる。第一に、自らの病状にたいして医者以上に真剣に勉強する患者も現れてくる（英語で lay expert ）。第二に専門家は一般にその専門の知識、情報は豊富だが、全体的判断に優れているとは限らず、というよりむしろ苦手であると指摘する。第三に専門家と非専門家の情報格差を埋める努力がなされつつあり、政府の公聴会もかってはセレモニー的色彩が強かったが、少しづつ改善されてはいるし、インターネットで国民から意見を求めるという試みとか、北欧で始まった「コンセンサス会議」（間接民主主義に一部直接性を加える試み）

などが触れられている。

第四章　科学・技術と倫理

ここでは、個別の分野の科学の現状ではなく、科学者、技術者の活動の本源とも言うべき考察をしている。科学という知的活動は基本的に「真理への探求」という強い好奇心がもたらすものが動機であろう。その意味でそれは芸術や文芸に似ている。仕事と自分の喜びを得ることが重なっている、この世で幸福といえるような性格をもち、これは、およそ人文科学であれ社会科学であれ、研究という行為全般について言えることであろうという。

このように自分の喜びを得るような仕事の場合、社会的には報われないのが通例で、その職を国家や社会的制度で保証されることは極めて稀である。自らの喜びを得ることを仕事とした以上、それ以外の社会的成功や資産の形成は、あれば望外の僥倖であるというのが、こうした仕事について回る一種の倫理観であると、まずは述べる。貧窮のうちに生涯を終えた芸術家は無数にいる。一方、国家がこのような文化的活動に対して支援すべきであるという考えもある。日本での文化庁という存在や、国立劇場設立運動などはそれである。

ところが科学の場合は、芸術とは違ってこのような倫理観をもちあわせなかった。氏は科学者は厳しく言えば一種の二重論理（ダブル・スタンダード）を用いてきたという。一九世紀に始まった当初より科学者は科学的知識が社会の役に立つということを宣伝・弘布してきた。その一方で科学の真理探究という内在的価値も主張し続けた。社会もこの二重論理をある程度受け入れてきた。科学は芸術と違って豊富な社会的効用を持っているのだから公的に支援するのは当然であり、一方「知識のため知識」の追求であるから、社会の側からの制約や管理を受けるべきでないという主張も用意したのであると。この両者の立場が混在し、大きな軋轢（あつれき）が明確になったのがマンハッタン計画であった。（前著、シラードとファインマンの話を参照）これが科学者の社会的責任やその倫理に大きな変化をもたらし、ここではそれを明文化したものとして一九八九年全米科学アカデミーが発行した「科学者であること」というパンフレットが約四ページに亘って紹介されている。これは科学研究に身を投じようとする学生に対しての指針という形をとっていて、その活動にたいする規範を述べたもので、特に当時起こった過誤や詐欺的行為に対する注意というのが力点で、科学者共同体の内部の問題にほぼ限定されているというのが、氏の指摘である。

一方、技術者の倫理は、元からまったく異なっていた。彼らは自分たちの専門家集団の外部に必ずクライアント（依頼主、発注主）を抱えているので、早くから倫理規定を明文化してきた歴史がある。氏は日本の土木学会が昭和一三年に定めた例を載せている。それには、土木技術者の三つの信条と、土木技術者の実践要綱十一項目があり、それらには国家、あるいは社会全体に対する責任と義務が明確に謳われている。更に平成八年の日本の情報処理学会の倫理綱領やアメリカの全米専門技術者協会の例も引用されているが、いずれも、何よりも公衆の福利を第一に置いている。

氏はこれを技術者に比べて科学者がひどく利己的であることを強調したいわけではなく、もともとクライアントの有無がこのような相違を生んだことを明らかにしたかっただけであると述べている。ただ科学の成果が社会に大きなインパクトを持つ現在、内部規範だけでは不十分であり、実際「科学者であること」は一九九五年に改訂版が出され、全米工学アカデミーと医学研究所も共同編集に加わってより広い視野からの言及になっているそうである。特に分子生物学の進展によるアシロマ会議（前著参照）は一つの転換点ともなった。技術者が常に綱領の最初に誇らかに掲げている項目、公衆の福利、安全、権利を最優先させるという徳目が科学者にも当てはまるべき事態がいろいろな場面で起こってきたと言えるであろうと述べている。

第五章　科学・技術と教育

二〇〇六年秋から、安部晋三内閣になって、教育の問題が俄かにクローズアップされるようになった。二〇〇七年春にはまず学校教育法等の教育三法の改正がなされようとしている。この本では二〇〇〇年になって小渕内閣は教育改革国民会議を組織した、と書かれているから、ここのところ、教育の問題はずっと耳目を賑わせてきたことになる。学級崩壊、いじめ問題、理科離れ、小中学生の学力の低下、ゆとり教育の是非など、問題は非常に広く悩みは深い。国旗、国歌の問題、愛国をどう表現するか、歴史教科書の記述は、という政治的な話も随分長い間マスコミを賑わしてきたし、論者も立場によってさまざまであった。

ここでは、教育全般の問題ではなく、科学・技術と関連する理工系の教育、特に大学での教育を主題としている。近代の日本の高等教育において、科学と技術がほぼ同時に大学教育の中に取り入れられた歴史は前著でも述べられているが、本書でも別の形で述べられ、それが日本の産業が急速に西欧に追いつき「富国強兵・殖産興業」という国策の遂行に非常に有効な方策であった。戦後においても復興をなしとげた八〇年代ごろまで、日本の教育はまさしく産業化社会の要求にマッチし、規格化、均質化などの工業化社会のエトス（理念、価値観）にも同調していたと述べる。それが今や教育の分野で問題山積というのは、教育のシステムが時代と社会の変化に追随していないということではないかという。脱工業化から情報化という流れがどれほどのものか、情報化社会のエトスが如何なるものかはまだ判然とはしない。情報社会のインフラストラクチャー（構造基盤）を造る通信網、そこでのデバイス（装置、器具）にしても、これらは依然としてすべて工業製品であり、工業は今後とも決定的役割を果たし続けるであろう。しかし、地方分権、差異化、分散、総合化、多様化という話は、以前の工業化社会のエトスとは明らかに異なっていると述べる。

次に氏は日本の教育制度での工学の、理学に対する優位ということに触れている。理学系と工学系の学生数比は一対八、発展途上国では工学系が多くなるのは自然だが、中国でも一対四、アメリカでは一対一で、日本の比率は世界でも極めて珍しいと述べる。それは長い間、日本が実用的な世界では優れているが、純粋研究は外国に任せて、それを産業に利用することばかりを追いかけてきたからという批判の遠因かもしれない。それは時によれば「日本ただ乗り論」になった。

日本人の科学的創造性の有無はよく議論の対象になった話であった。ここで、必ず引き合いに出されるノーベル賞受賞者の数が出ている。九七年までの統計で、アメリカ一八四、イギリス六八、ドイツ六一、フランス二六、日本五。氏はノーベル賞が創造性の尺度になるのか、と言えば、明確にノーと答えると述べている。競争的環境の激化の中で、そうした環境に馴染み、うまく自己宣伝に利用できる人間の方が、はるかに有利であり、そういう環境は正にアメリカで形成されているからだという。ただ日本が有用性の高い知識を大切にする反面、純粋に好奇心に駆られた、一見役に立たない研究にあまり力を入れて来なかったことは事実だろうという。

現在、理工学教育、特に理学教育が危機に瀕していると述べる。日本ではこのところ、物理学や数学の授業が成り立たないと嘆く教授で一杯である、補習授業をする大学が増えている。高校入学の頃は理工系に進もうとしていた生徒達が、三年生になって、大学生活を先輩達に聞くと、理工系では午後は学生実験で占められているのに、一日に一こま程度の講義を聴けばあとの時間は遊びだ、アルバイトだ、デートだ、と自由に使える人文・社会系とはまるで違うことに気づく。苦労して理工系に進むのは損ではないか。しかも将来のキャリアからいっても、日本の中・大企業の社長や重役の大部分は、人文・社会系の出身である。このようなことから生徒や学生が志望を考えるとしても非難は出来ないであろうと述べている。

本当に問題なのは、九一年に始まった大学における一般教育の自由化であるという。かっては人文・社会系の学生も自然科学系の科目を少なくとも三科目はとらなければならないと定められていたし、当然理工系の学生も人文・社会系の学科目について、同じような義務が課せられていた。それが文部省の自由化政策で、一般教育は各大学の自主性に任されることになり、今までの慣行は殆ど撤退という形をとってしまった。学生も関係のない科目をとらされる不満があったであろうし、教師達も特に理工系では、はやく専門を学生に叩き込みたいという思いを強く持っている。また大学でも、入学試験の際に受験生を確保するために受験科目を減らしてきた。では、このような一見不必要な他領域の学問を学ばなければならないその根拠をどこに求めたらいいのか、氏はここで、再び、前著「科学者とは何か」で最後に述べたこと、自然科学と人文・社会科学の総合化という時代の要請を繰り返し強調するのである。大学人であり続けた氏は、教育についていろいろの身近の問題を列記しているが、解決案は何も示していない。現実に向かい合っていることに対しては人間はなかなか適切な対策を考えるのが困難であるということであろう。

以上本書は新書版で二〇〇ページにも満たない小冊子ではあるが、現在の科学技術分野で起こっている問題についてまことに手際のよい解説がなされているとともに、村上氏の科学研究に対する極めて倫理的な姿勢というものが浮かび上がってくる。研究者が自らの活動に夢中になることは当然であるが、それと共にその存在自体が、社会的に、人間全体の中でどういう意味を持ち、何を考えなければいけないかが問われていて、静かにおのれを省みることが必要であるということであろう。

科学、技術と人間、社会との関係は、他にもいろいろな人々によって論じられている。『専門家集団の思想と行動』(岩波書店)では、佐藤文隆氏が「制度としての科学」として科学者の多面性に触れた総論をのべ、藤永茂氏は「科学者のエートス」と題してマートンやトーマス・クーンの科学社会学の進展を詳説している。ここでは村上氏は「ノーベル賞の功罪」と題した文を寄せている。巨大科学の例としてアメリカのSSC計画の提案から中止にいたる道程は平田光司・高岩義信氏によって論じられている。このように現在の自然科学というのは、時代の経過とともに大きな変容をみせ、かつて湯川秀樹氏が体現していたような科学者像とは、総体として大変異なる次元になったということをしみじみ思う。

1　直角三角形で成立する三平方の定理(ピタゴラスの定理)で有名なピタゴラス(BC五七〇年頃—BC四九六年)のことで、ピュタゴラスは村上氏の表記に従った。彼は一種のカルト的教団の教祖ともいうべき存在であったという。哲学、数学、音楽などでの研究で能力を発揮し、教団で敬われた。音楽では純正率の音階(別の言葉で言えば平均律音階)を発見した。即ち一オクターブの差は一対二、ドレミファソラシドは簡単な分数比で表されることを示し、これは現在の音階の振動数の比と殆ど変わらない。
2　ギリシャの医学の大成者といわれる。医者集団コス派の総帥。「ヒポクラテスの誓い」は医者としての倫理綱領とも言うべき内容で、一六世紀初頭、ドイツの大学医学部で医学教育に採用された。今も世界の多くの大学の医学部の卒業式で誓われているという。
3　ここは村上氏の記述はいくつか間違っている。デビッド・ボルティモアがノーベル生理・医学賞を受賞されたのは一九七五年である。一九八六年に起った捏造告発事件により、国立衛生研究所（NIH）の調査や保険社会福祉省（HHS）・科学公正局の勧告で村上氏が書いたような経緯を経たが、（ボルティモアは勤めていたロックフェラー大学を解任され、訴えられた研究者はその後一〇年間研究助成を得られないという決定がなされた。）その後、一九九六年、HHS 上訴委員会が再調査した結果、すべて不正はなかったとして全ての処分は取り消された。ここで、捏造があると訴えた人も訴えられた人も共に女性であって嫉妬が原因だった。
4　シラードに関しては、全く別の見方もある。彼は名誉欲が強く、自己宣伝欲のかたまりであった、ということを言う人もいる。
5　**Super conducting Super Collider**　超伝導超大型衝突加速器。一九八〇年代に計画され、リング周長が約八七キロメートル、二〇TeV の陽子ビームを衝突させる目的で、テキサス州ダラス郊外に建設が進められていた。

坂本多加雄『知識人 大正・昭和精神史断章』

はじめに

まえがきに述べたように私が自ら本書を書いてみようかと思った動機となった本である。坂本氏は、一九五〇年生まれ、東大法学部政治学教室で近代政治思想史を専攻、博士課程を修了し、その後学習院大学へ移りいくつかの注目すべき本を書いた。やがて教授となって前途有望と目されていたのであるが、二〇〇二年、がんで五二歳で世を去った。「新しい歴史教育をつくる会」の理事で世話役に奔走して無理をしたのだろうか、優秀な人は早くなくなる。自らを振り返り凡庸なる者は長く生きているのか、と慰めともつかない思いに誘われる。この本は一九九六年の出版であり、氏はその後も幾多の論文、評論を書いているが、(『坂本多加雄選集Ⅰ・Ⅱ』として二〇〇五年、藤原書店より出版、但し『知識人』を例外として単行本は除かれている。)特に本書は総計三六〇ページの、彼としてはもっとも大部の本であり、内容からみても自らの勉学に基づいた研究、日本近代政治思想史をその時点で総ざらいした渾身の力作として世に問うた書であったというべきだろう。

序章 「知識人」という問題

近代日本で知識人という言葉が生まれたのは大正期後半らしい。知識人を簡単に定義すると、知識・思想を担う人といえるが、氏はこれをより深く考察する。知識・思想というものは、通常の人々が日々営んでいる現実の生活から何がしか距離を置いたもの、すなわち、それを超越するとか、そこから遊離したものという意味合いを感じさせる。これは当の知識人自身が意識するものでもあるという。吉本隆明氏の言葉を引用し、大衆が自己の生活の範囲でしか自分の考えを動かさないのに対し、知識人は生活次元から飛び出し、抽象的なことを考えることができ、自分と直接かかわりのない問題についてものごとを考え発展させていくことができる者、別の表現では「余計なことを考えることができる能力の持ち主」とも説明される。

坂本多加雄氏

一方、知識・思想と現実との距離をどう評価するかで、知識人に相異なる二つの立場が生まれることになった。一つは、そのような能力から知識人は庶民とか大衆に思想を伝達し啓蒙的役割を果たすべき存在だという立場である。もう一方は、知識人の知識・思想は「知識人でないもの」の日常にかかわらないだけに本来、その意義が希薄で曖昧なものであるという立場である。しかもこれは、それぞれ別々の人達が存在するというより、多くの知識人の心中において並存していて、彼らの心情に微妙な翳りを与えていた。一方で彼ら自身の優越感や彼らへの社会的尊敬の念の根拠となりながら、他方で、彼らの現実生活からの遊離が、そういう知識・思想の有効性への懐疑を呼び起こし、知識人への批判や知識人自身のコンプレックスを形作ることになったのである、と書かれている。

なぜ、明治末期以降からこのような知識・思想というものの意識が切実になったのか。まず考慮しなければならないのが、近代日本の社会において、知識・思想と呼ばれるものの多くが西欧伝来のものであり、それだけにもともとの日本人の一般的生活条件やそれにまつわる多くの人の意識とどこか遊離する側面があった。これに気づいた言を残したのが柳田国男氏で、彼は「私は学校では外国の本で経済学を教えられた人間であるが、今日に至るまでも実は本と自分の生活がはなはだになって繋ぎ合わされぬのに困って居る。そういう風な教育が若しや今でも事件の多い農村の生活を支配しているのではないか」と昭和初期に書いた。それで彼は当時の多数を占めていた農山村の人々の生活を事実として支えている習慣や生活の知恵といったものの探求、すなわち民俗学の探求に着手したのであった。彼は正しくインテリと平民を区別し、前者の知識に懐疑を投げかけ、自らの試みを「平民の過去」の探求と捉えた。

しかし、文明開化から、おおむね日露戦争が終了する頃まで、西欧的社会を建設することを重要な課題とした日本は、政治、経済、社会、教育など、全てに亘って、西欧伝来の知識は有用であり、そういう知識を所有した人々は、自己の存在意義に疑問を持つことはなかった。松田道雄氏の本では明治期のこのような人々を、「志士型インテリゲンチア」とか「実学型インテリゲンチア」といった言葉で呼んでいるという。「知識階級」の訳語である「インテリゲンチア」の元はロシア語であって、本来は高度な知識を所有しながらそのような知識を生かす場所を持たず、社会的には「余計者」とみなされる人々といった意味合いを持ち、これは当時のロシアの社会が、進んだ西欧社会と比べて、日本と相似た状況に置かれていたことを示している。

こうした明治期に近代的社会の建設が進み、日露戦争の勝利によって国際的地位がひとまず安定すると、知識人足り得る人々、高等教育に与ることのできた青年達の関心が、政治、法律、経済といった領域から、宗教、哲学、芸術の領域に移行していく現象となってあらわれた。多くの青年は自らを取り巻く政治的社会的な事柄よりは「人生の意義とはそもそも何か」といった自己の内面に関心を向けるようになっていった。日露戦争前年、明治三五年に起こった一高生、「人生不可解」の言葉を残し華厳の滝への投身自殺をした藤村操はその典型である。

やがて明治末期以来の日本の社会の一応の制度的完成による私的公的レベルでの目的喪失、停滞感を反映して、人々の日常生活の描写を試みたのが、「自然主義の文学」であり、それは「ありのままの描写」によってある種の文学的感動を求めるものであった。そこでは知識・思想といったものに対する深刻な懐疑が根底にある。一方このような現実主義を克服しようと、理想主義的感覚に立ったのが「白樺派」の文学であり、また西洋に由来する哲学や芸術に触れ自らの内面の世界を「教養」という観念で充実させようとする「大正期教養派」の試みがあった。日本は限られた時間内とはいえ、「ゆとり」、「遊び」、「余暇」の価値を感受する時期を迎えたのであるという。その余裕から知識・思想に接することが可能になった人々（多くが学習院出身者であった白樺派や旧制高校文化を形成した「大正期教養派」）が知識階級を形成するようになったのであった。氏は彼らはそれまでの天下国家的関心を離れて、個人の内面に独自の意義を探求し、日常世界から解放された次元に永遠を求め、そこに超俗的な自負の念の根拠をおいたと洞察している。

しかし、当時も圧倒的多数の人々は貧乏であり、生活に追われていて、彼等はこれらの一部の人達の「教養」とか「自己実現」、「豊かな人間性の確立」という言葉で表現されるものとは無縁であった。経済的理由から知識・思想に与ることのできない多数の人々―そのような民衆、大衆の存在は、大正期後半の米騒動などの社会不安、労働争議、小作争議の頻発による社会問題の深刻化と、ロシア革命の成功による、我国へのマルクス主義の本格的流入によって、従来以上に社会の表面に登場することになった。これに鋭敏に反応したのは高等教育機関に属し、教養の理念のもとで学生生活を送りつつあった若い青年達であった。多数の人の貧困の原因が、彼らを含む少数の特権階級の搾取にあるとするマルクス主義の理論にふれて、自らの教養の立場そのものに対して、より一層のうしろめたい気持ちを抱くようになったのである、と書かれている。

知識階級という言葉があらわれたのは正にこの時期で、マルクス主義が社会を階級という観念で区別することからの影響であった。ただ知識階級というのは他の資本家階級とか労働者階級という言葉に比べて、その性格が甚だ曖昧であった点がある。経済的生産手段の所有、非所有ということではないので、例えば知識階級は彼らの出身基盤や職業に着目して「小ブルジョアジー」（プチブル）といったような規定がなされたりした。意識の上でマルクス主義の歴史発展に沿う動きをしようとしても「無産階級」でない彼等はそのままでは革命の主体たり得なかった。ここでこのような「知識階級の政治的実践」はいかにあるべきか、という問題が起こってくる。このように知識階級、知識人が彼らが知識人であるがゆえに直面しなければならなかった問題にどう取り組んでいったかを見ようと思うと述べている。

以上が序章の要約であるが、以下、氏は第一章から第八章、および終章に到るまで各々の主題に即して考察の対象とした知識人といえる人々をとりあげてその特質、時代の流れを記述する。それは非常に幅広く、その考察は深く、読んでいて実に興味ある分析がなされているが、三六〇ページの本文において、登場人物の数も多く非常に論旨が多岐に亘っており、私がこれを逐次追って考察を記述するよりもまず全体の鳥瞰図を得る為に、ここでは各章での内容の象徴となる言葉とそこで主として取り上げられた人々の氏名（一部、題目を含む）だけをまずは列記してみる。坂本氏がいかに多くの知識人を対象に考察を進めたかが、よく解る。その後で、その中で印象的であった記述をまとめてみようと思う。

第一章　「不死」と「永遠」

文章と事業、文学の目的についての考察

山路愛山、北村透谷、小田切秀雄の解釈、内村鑑三

第二章　「理想」と「現実」

自然主義と、大正教養派について

徳田秋声、永井荷風、田山花袋、長谷川天渓、阿部次郎、倉田百三、武者小路実篤、和辻哲郎、

西田幾多郎、唐木順三の批判

第三章　「民衆」と「政治」

民衆運動および民本主義とデモクラシー

幸徳秋水、権田保之助、ベルグソンの哲学、片上天弦、大杉栄、亀井勝一郎、加藤一夫、吉野作造、南原繁　山川均

第四章　「歴史」と「自由」
社会主義をめぐる思想、運動、政治と文化をめぐる論争
大杉栄、山川均、大山郁夫、平林初之輔、有島武郎、河上肇、宮本顕治、小林多喜二、青野季吉、蔵原惟人、亀井勝一郎、三木清

第五章　「思想」と「思想以前」
転向、思想と文学、思想と生活
佐野学、鍋山貞親、亀井勝一郎、シェストフ「悲劇の哲学」、中野重治、正宗白鳥、小林秀雄、トルストイの家出、河井栄治郎、高山岩男、和辻哲郎

第六章　「平和」と「民主主義」
敗戦と戦後民主主義の構築
大塚久雄、丸山眞男、日米講和条約と平和問題談話会、南原繁

第七章　「知識人」と「大衆」
大衆運動における知識人の役割と行動
清水幾太郎、反安保闘争、吉本隆明、大学紛争、鶴見俊輔、ベトナム反戦運動

第八章　「思想」と「言葉」
言葉と事物、文体と思想および行動、二元論での探求
山路愛山、小林秀雄、江藤淳、福田恆存

終章　「知識人」の終焉？
「知識人と大衆」から「専門家と大衆」へ、思想離れ、思想から情報へ　新たな可能性
司馬遼太郎、堺屋太一、立花隆、大宅壮一、長谷川如是閑、渡辺昇一

本書は知識人が物事を感じたり考えたりする際、そうした感情や思考そのものを根底から支えて、その性格を規定するような観念や言葉の諸相を探る試みである、と氏はまえがきに書いている。だから、各章の題目もそこでの主題を総括するような言葉が選ばれている。このように、第一章から第八章まで、明治後半より大正を通し昭和五十年代までの多くの知識人といってよい人々の政治に対する思索、社会との格闘の模様を記述しているのである。

第一章で坂本氏は一九八八年に出版した最初の単行本が『山路愛山』であったこともあり、史論家ともいうべき愛山に関しての問題提起から筆を起こしている。山路愛山は旧幕臣の生まれ、父は上野で彰義隊、後に函館で政府軍と戦う。その後失意の父は家事を省みず、愛山は幼少時から家事を支えたという。キリスト教に入信し、徳富蘇峰の知遇を得て国民新聞記者として健筆を揮った。坂本氏は明治二〇年代の半ばに彼によって書かれた、「文章即ち事業なり。文士筆を揮（ふる）ふ猶（なお）英雄剣を揮ふが如し」という言葉から話を始める。文士は筆によって事業をなすものだという言であるが、これを「文学は事業を目的とせざるなり」として猛烈に批判したのが北村透谷であった。これが明治文学史上有名な「人生相渉論争」であった。（ちなみに私が本当の意味も判らず、何となく題名に引かれて透谷の『人生に相渉る（あいわたる）とは何の謂（いい）ぞ』を読んだのは高校一年の時であったので懐かしかった。）透谷は文学を社会への効用で判断するのは反動思想であり、純文学の理念に反するものだ、と抵抗したのであった。私は両者に文章、文学の対象のすれ違いがあったと思うので、この論争自体に深入りする気は起こらないが、坂本氏はこの論争が後の知識人論の問題の先駆的な形をとっているとして分析的な詳述をしている。愛山にとって至高の文章は史学であり現

世の事業を尊び、透谷にとっては内部生命を語り永遠への思いを綴ることであった。後者は後の「教養派」に連なる。小田切秀雄は戦後、この両者を明治国家の体制側の論理と、これへの抵抗の論理を体現するものだとして、階級的考えで論じている。

興味あるのは内村鑑三で、彼は日本とロシアの対立が激しくなって、愛山が自ら帝国主義者を自任するに至った時期、彼に対して、「平和主義」の見地から批判を加えたという。しかるにその文学観については、全く彼の考えに同調した。文学は我々の心に抱いて居ることを後世に伝える道具であって、それが文学の実用であり、思想の遺物ともなる、思想のこの世の中に実行されるものが事業だ、と主張した。愛山同様に頼山陽を称揚し、逆に『源氏物語』を後世への害物とみなし、「アノ様な文学は根コソギに絶やしたい」という言葉が『後世への最大遺物』に書かれていると書いてある。私もこの本は若いときに読んで感激したものだった。しかしこんなところは全く気づかないか忘れてしまっていたことなので、意外な感じであったが、古い文庫本を取り出してみると確かに載っている。私は源氏物語は円地文子の現代語訳を一応通して読んだけれども内村の感覚はよく解る。あれほど多くの人、特に年配の女性が大好きな源氏物語は、どう考えても全く好きになれなかったからである。

第二章は、自然主義の誕生を一般化して述べればとして、エリートを志望しながらその志を得ることができなかった人々のなかに、自らの閉塞的な心境を投影し得るような対象として、改めて凡々たる庶民の日常の生活が登場してきた、という事実と関わっているように思われる、と述べている。秋声の主人公の倦怠感の表出ある文章や花袋の「露骨なる描写」の主張を例として記述し、一方このような断片化した刹那を充実させる方途はなにか、といえば瞬間の快楽に身を任すことで、徳富蘇峰が呼んだ「耽溺青年」を体現したのが永井荷風であったと説明する。

一方、国家の安定性が増し社会の制度化が進み、高等教育機関にいながら、容易で急速な立身出世というようなことがほとんど考えられなくなり、天下国家というリアリティーが希薄化していったエリート予備軍は蘇峰のいう「煩悶青年」というような傾向が強くなっていく。これらが「大正期教養派」を生み、西欧文化特にドイツのカント、ゲーテ、ニーチェなどの影響を受けながら超社会的態度から内面的自我の確立へ向かう。阿部次郎の『三太郎の日記』は青年の間でベストセラーになり、人格主義という主張にもなった。彼や和辻、倉田などによっても内部生命という言葉が愛好され、これは西田幾多郎のいう純粋経験と近い概念であると指摘されている。

しかし、このような教養主義は戦後、唐木順三によって厳しく批判され、今日では、否定的あるいは冷笑的な態度で臨まれるのが通例となっているという。唐木は「読書などによって教養を豊富にする、教養につとめることによって、内面生活、自己の中心を確立し得るであろうか」と述べ、教養を、行のない修養と批判し、教養で倫理的なものが確立されるのか、と問題を提起した。いわゆる岩波文化との関連とか、ディレッタンティズム（道楽趣味）としての批判などが種々議論されている。この章は批評家の言を交えているが、主人公は殆ど文学関係者であることが特徴的である。

第三章では大正期、盛んになってきた民衆運動にたいする知識人達の対応を記述する。明治三八年日露戦争処理のポーツマス講和条約に反対して日比谷公園に集まった群衆の騒乱事件をはじめとして、大正時代前半には民衆の示威運動が盛んになり、吉野作造、大山郁夫、徳富蘇峰、幸徳秋水などがそのエネルギーに感嘆の声をあげている様子から記述が始められている。続く彼らの思考のスタートは実は甚だ感性的なものであったことがわかるのだが、社会思想と称するものは元来そういうものかもしれない。この点は自然科学とは著しい違いを覚える。これらの運動はそれまでの知識人の人格主義のような個人の確立とか、文化主義ともいえる思想、理想の無力を一層印象づけるものとなった。権田保之助は民衆運動の白熱化、実際生活問題の切実さを強調し、思想家によらない民衆文化の成立を期待した。ベルグソンの「生の哲学」の移入はこのような民衆のエネルギーこそ社会の再生をもたらす主体となるという考えに結びついた。片山天弦や加藤一夫、また平林初之輔の言などが引用され解説されている。幸徳秋水はやがて平民社を結社し、労働者による直接行動を説くようになるのであるが、同じ流れで民衆に同化しようとした知識人が大杉栄であった。一方函館屈指の富豪であった裕福な家庭に育ち、多勢の貧しきものに対する憐憫、憧憬と自らの孤立に悩んだのが亀井勝一郎であった。しかし、坂本氏は知識階級の同化といってもそれは具体的に何をさすのか、知識階級はどう行動すべきかについては、判然としないし、無産階級に属さないものがはたして同化できるものかという疑問もあったとする。

一方、この大衆のエネルギーを革命への流れではなく、国家秩序への活力と見て、これを善導することによってデモクラシーを実現するという吉野作造を代表とする考え方があった。明治以来の自由民権運動の流れでもある彼の民本主義は、少数の賢者が政治をおこなうのであるが、大衆はこの少数者の人格を判断し、それを選出する政治体制を指す。これは阿部次郎のような人格主義の主張を政治の場に適用したともいえる。しかも、それを前提とした客観的な政治制度を提案したわけである。

これに関係して、その主張は昭和時代で時代はずれるのだが、政治をそれ自体「文化」に属する営みとして把握しようとしたのが南原繁であるとして彼に数ページをあてている。彼は政治を「権謀術数の技術および手段」であると共に「倫理的または哲学的叡智の業」でもあるとし、政治を規定する理念を「正義」に求めた。そしてそれを、広義の文化的作業として認めるべきである、と主張した。「政治は、学問・芸術・道徳等、他の文化の発展を保障し、促進すべき社会的諸条件をつくる」ということを目的にすると規定している。また彼は文化創造を行う為には前提として生存の権利の確立が必要であり共同体社会主義を提唱した。マルクス主義にたいしては、それがもっぱら人間の物質的生存の問題に関心を集中し、その意味で自然を脱却できないと批判し、それに比し、共同体社会主義は文化の立場に立つという。彼は大正期の人格主義や教養から出発しながら、その非政治的ないし反政治的傾向への批判から政治の独自の文化価値を主張した。また彼らのコスモポリタンな思考と個人から出発する人間観に対する批判から、人類と個人の間に民族というカテゴリーを設定し、人間の社会性を確認しようとしたと述べられている。普通はそれほど、深く論じられる人ではないのだが、大学では南原・丸山の学問的流れの中にあった坂本氏だったので、特にとりあげたのだろう。

しかし、民本主義を批判し、そもそも政治という観念事態を忌避していたのが多くの社会主義者であった。明治政府の度重なる弾圧などによって、彼らは体制を通しての社会主義の実現には期待がかけられないことを知っていた。ドイツの社会民主党が最大政党であるにも拘らず社会主義の実現に成功していなかったのに比し、ロシア革命の成功が圧倒的実在感を持って彼らを支配した。後にコミンテルンの指示のもとで、日本共産党の結成（大正一一年）に至った山川均の考えの変遷、対民衆の考え方、民主集中制が独裁政権となっていったソヴィエトの進行をみての動揺、それに対する大杉栄などの強い反発、職業革命家の役割、前衛党という立場、ボルシェビキ派の山川とアナーキズム派といわれた大杉との論争などが記述されている。

第四章では、日本に流れ込んだマルクス主義の思想にたいする多くの知識人の多種多様なる反応、政治的実践に関する激しい論争が記述されている。歴史の段階を経て不可避的にプロレタリア革命に進行するとするマルクスの思想は、それまでの「非合理的」な「生の哲学」やそれにまつわる諸観念に変わって「合理的」な「社会科学」とそれを中心とする観念群が登場してきたのであると述べられている。特にマルクス主義が「世界を解釈するのではなくて世界を変革することを自己の必然的任務とした」ということが、知識人にとって実践の問題として深刻な苦悩を呼び、自己の役割についての思考の葛藤を生起した。宮本顕治はインテリゲンチァの立場を「理論上プロレタリア階級の勝利の必然性を漠然と信じながらも、彼等を取り巻く旧世代の環境や、昨日の心理的イデオロギーのために、実践においては不安な動揺を繰り返している。かくて彼等は、プロレタリアートの戦闘的同盟者ではないが、反動的ブルジョア・イデオローグと区別する意味において、プロレタリアートの同伴者である」という的確な表現をした。社会科学者だけでなく有島武郎や小林多喜二などの悲劇、特に後者の代表作『党生活者』についての引用は、生活の全ての瞬間をも党員としての使命に捧げる人の息苦しさで生々しい。

本書のなかでこの章は五九ページを費やし他と比べて最も長い章であり、著者がかなりのエネルギーを使って当時の左翼系知識人の情況を分析しようとした努力のあとが見られる。いろいろ書けばきりのないのであるが、考えようによっては、大学人であった坂本氏にとって当時の知識人的人物というのは、マルクス思想に対して真剣に対処することが、知識人の証しであったという程のものであったのだろう。しかし、ソ連が崩壊し共産主義に一片の夢も抱き得ない今となっては、人間の全存在をその歴史の必然性という魔力で支配した共産主義というものは、当事者、推進者は至高の社会科学を追っていたつもりであったろうが、歴史的な結果としては一種の科学によって理論武装された宗教であったという感じが強い。「ヨーロッパに幽霊が出る、―共産主義という幽霊である。」という『共産党宣言』の書き出しは正にその象徴だという思いがする。少なくともそれに帰依した人々の生態は間違いなく宗教的であったと思う。それに振り回された当時の最高級の知識人、言論人といえども、誠実であればあるほどにその外来の宗教に翻弄された気の毒な人々だったのではないか、という感がする。もっともこのような感想は歴史が進んだあとの今だからこそ言えるというものではあるのだが。

この章の最後で、政治への実践と文化の問題に悩む亀井勝一郎氏のあとに、氏は「永遠の原理」から出発しながら、それを放棄せず、納得する形でマルクス主義的世界観を受けいれる道を示した人として三木清について二〇ページに亘って記述している。単独の人についての文章としては、本書で最も長いと思われる。坂本氏は三木の思考の変遷を大正の末期ドイツ・フランスへ留学してハイデガーの哲学やパスカルの思索に深く影響された人として彼の著作の文章から考察する。そしてそれと彼のマルクス理解の内容を詳説し、歴史学的方法を考えるのであるが、私は哲学の思弁的文章というのは苦手でその意味を殆ど理解できなかった。世界―内―存在とか、彼のいう「基礎経験」とはロゴスによって支配されている「日常経験」とは区別されるもので、むしろ「ロゴスを指導し、要求し、支配する経験」であるとか、基礎経験に対し言葉による理解を自覚的に及ぼそうとする時そこに「アントロポロギー（人間学）」が生まれ、「基礎経験」と「アントロポロギー」とは弁証法的な関係に立つとか、ロゴス的なものとパトス的なものとが「行為」によって媒介的に統合される、というような文章が続くと、よくもこんなことばかり考える人種がいるものだという思いがした。現実に三木清の考えが社会的影響力をもったのだろうか。坂本氏は本当にこれに意味を持たせることが必要と思ったのであろうか、私にとって不可解な一節であった。

第五章は、大正一五年政府が治安維持法を制定、共産党が国際的背景を持った反体制政党であったことから、過酷な弾圧が開始されたなかで、昭和八年、服役中の元共産党幹部、佐野学と鍋山貞親の転向声明がまず記述されている。日本共産党のコミンテルン追随路線を批判し、「世界社会主義」より各国は「一国社会主義の建設」を目指すべきで、日本の場合、皇室を民族の中心として考える伝統があるゆえにコミンテルンが君主制廃止を掲げたのは誤りであった、という主張であった。これは服役ないし拘留中の党員に非常な衝撃を与え、以後共産主義を放棄する者が続出したとある。一つは「階級」とは区別された「民族」への着目であり、もう一つは思想と行動の関係である。ここで後者の典型として共産主義運動に参画した亀井勝一郎の長期未決勾留による健康の損ないから、転向に到る苦悩が彼の文「我が精神の遍歴」から引用されている。「僕は自分の行為と思想について責任を負うことが出来ず、しかも生存を欲したものである。・・・・いま明瞭に想起されることは、死の危機に瀕したとき、人間はどこまで堕ちて行くものかといふことだけだ。」と。坂本氏は良心的な誠実さで自己の赤裸々な弱さを告白している亀井に知識人としての大いなるシンパシーを感じているようで、三、四、五章などあちらこちらで彼の文章を使っている。

ここで、当時非常に話題になった書物としてレフ・シェストフ『悲劇の哲学』が述べられる。これを坂本氏はドフトエフスキーの『地下室の日記（手記）』の主人公の言葉、「世界なんか破滅したって、僕がいつもお茶を飲めれば、それでいいのさ」という意味を解き明かした点にあったと解説する。これは単に個人のエゴイズムであるが、普遍的な原理とか人類全体の幸福の実現を説くような人道的社会思想が、一人の個人の実存にとって、真に切実な意味をもつことがあるのかという問題を提起した。シェストフは言う。「悲劇の哲学が始まるのは此処からである。希望は永久に消え失せた。然も生きてゆかねばならず、生命は未だ長い。・・「物自体の」の世界が我々の前に開けたのだ。・・・(近代思想、文化の伝統、）諸君はそこに諸君が期待しているもの、如何なる形であれ「美」と呼び得るものに出遭うことはないであろう。」と。シェストフは理想を否定しながら、凡俗にまみれることのない生き方は何かの問題を提示したという。ここでも坂本氏はそれに惹かれた一人として亀井の述懐を述べる。「理想が虚構なりや否やは、それこそ理論の問題でなく実践の問題であろう。実践によって人は自己の確信を証明する以外に道はない。一切の約束や宣言は無意味である。」と。こうしたなかで彼は最後に「汝の遭遇したあらゆる運命を全身的に生き、変転して遂にかの「普遍人」に到れ」というかっての愛読書ゲーテの世界に光明を見出したという。

また知識階級以外の人々がどのような感覚で知識階級の思想・知識をとらえていたか、それに臨んで知識人がどう対応するかの問題においても、自らの体験を書いている亀井の話を引用していて、演説会で質問されて狼狽し「あなたの中にある小市民的根性を清算すべきです」というような党の常套言葉を叫んでしまった後で、自分が彼等の心を圧殺したと自覚する亀井の文章が出ている。また転向文学の傑作といわれる中野重治の『村の家』も引用されている。そこには、転向して郷里の村に帰った主人公が、父から「人間を捨ててどうなるんや。お前がつかまったと聞いたときにや、お父つあんらは、死んでくるものとしていっさい処理してきた」と説教され、「自分は仕事仲間にたいしては責任を感じてきたが、父親にたいしてそれと同質のものを感じていなかった自分の姿は見るに耐えなかった」という文章が載せられている。転向に関してのいいわけばかりを父に繰り返している自分、ここには「思想」に殉じるなどということが、総体としての「人間」の生のあり方を抜きにしたとき、果たしてどれほどの意味があるのかという問いかけがなされていると解説されている。中野重治に関しては『豪傑』と『東京帝国大学生』の二編の詩が出ている。

続いて、シェストフの文章を何度も読んだ結果の感想を表出した自然文学の長老であった正宗白鳥、そして同じく全く違った立場でシェストフを見た小林秀雄の両文学批評家の反応が引用されている。また有名な晩年のトルストイの家出についてのこの両者の解釈も解説されている。これらは両者の個性が出ていてまことに面白いのだが、やや個別的なので、今は省きたい。

日本はその間、中国大陸への軍事進出を本格化させ、五族協和を称えた関東軍の石原莞爾の考えなどによって満州国を作ったりしていったわけだが、国内では、日本共産党が壊滅し、マルクス主義からの批判をする余地はなかった。わずかに議会政治の伝統に復帰すべきだとして軍部の自粛を求めた斉藤隆夫の粛軍演説とか、年来のマルクス批判者であった河合栄治郎のように自由主義の理想の立場から、軍部の政治的進出を批判するような動きがあったに留まった。こうした立場からの批判も封殺されていく中で、氏は日本の侵略戦争を批判する論理は、「民族的使命感の一支柱である「生命線」論の実感的な強さに対抗できるだけ強くなかった」と書いた竹内好氏の言を引用している。

一方で、三木清は近衛文麿のシンクタンク的存在であった昭和研究会の討議をもとにして「新日本の思想原理」のなかで日本は支那事変を契機に「東亜共同体」の建設を開始し、それは新たな原理による世界の統一の第一歩であるとした。それを三木はゲマインシャフト（共同社会）とゲゼルシャフト（利益社会）の二語を使って説明しているのが出ているのだが、もし坂本氏の記述が正しいのであればの話しなのだが、こういう抽象言語空間で理屈をこねまわした結果、実際的には現実に妥協する結論を出してくるというのは、今でもおうおうにしてペダンチックな学者の論にありがちなことで、私は全く評価する気にはならない。（注1）

それはともかくとしてそれ以上に具体的に日本の世界史的立場を考察したのが高山岩男を代表とする「京都学派」であった。彼らは西田幾多郎門下で、西田哲学、ランケ、ヘーゲルなどに依拠しつつ「構想力」という概念から、日本の過去を再構成し、そこから日本の「世界史的使命」を論じたという。彼等はそれまでヨーロッパが一元的に支配してきた「世界」から日本は「東亜世界」という別個の世界を形成することを歴史的使命とする、という見解に至った。これはある種の多元的世界像ともいえる。特に彼らが、日本の神話の中心的テーマが「国産みの物語」であり、それが「常に日本の歴史を貫通する永遠の始原」であると強調し、それを日本の「道義的生命力（ランケのいうモラリッシュ・エネルギーの訳）」としたという。坂本氏は、もっとも彼らが提示しようとした世界像が具体的にいかなるものであるかについては不明確なところがあり、このような提示が単なる日本の対外進出の合理化にすぎないのではないかという批判には否定し得ないものがあったと述べているが、戦後の脱植民地化の中で、政治、経済力が格段に異なる国々がいずれも法的には平等な主権国家として存立するような世界が成立するに及んで、そのような国際関係のあり方を規定するものが原理的にはどのようなものであるかは、依然として不分明な状態にあるので、彼らの模索は、当時の政治的関心に規定された課題とは言い切れない面をもっているのである、と微妙な表現をしている。私はこういう風に神話を持ち出したとなると、単なる偏狭な右翼主義者の側面が出ていて、彼らの論に全く同意できないが、日本の文化、日本の伝統に基づく固有の世界における貢献とは何か、という観点は今後とも考え得る重要な問題だと思う。

この章の最後にハイデガーの『存在と時間』に影響されながらも、その時間に対して「空間性」を重視した観点から国民性を考察し、『風土』を著した和辻哲郎について述べている。私も和辻氏の本は『日本精神史研究』や『風土』を読んだ。共に氏の類稀な鋭い直観力と豊かな文章力に感心した。『風土』は中年になって一年半のドイツ留学の際の旅行での各地の観察、体験に基づいて、彼が書いた代表作とされている。彼は「大正期教養派」を構成した一人であったが、次第に個人重視の立場から離れて人間存在の社会性の意味を哲学的に解明しようと試みた。彼は人間は孤立しては有り得ず、人間相互間のあり方が実在を決定するという風に考えた大著『倫理学』を著した。それは個はその死をもって閉じるというようなハイデガーの考えを否定し、彼のいう「間柄」は周囲の人々、夫婦、親子、という風に存在し、人倫というのはそういう間柄にとっての問題である、それは地縁共同体から友人共同体、文化共同体に広がっていく、その一つの組織として国家を考えるというような共同体観につながった。そしてこれらは明らかに「大正期教養派」の「永遠」の観念の内にあったものの自覚化のひとつであったと述べている。

第六章以降は敗戦後の状態からの知識人の動きについてとなる。角川文庫発刊の辞に角川源義は「敗戦で私達は第一歩から踏み出すべく新しい文化の創造を志す」という趣旨の言葉を書いた。坂本氏はこれを受けて、はたして敗戦はゼロからの出発なのかという問いかけから文章を起こしている。これは括弧つきで臨まなければならない、なぜならば戦後が文字通りの意味でそこに新たな構築が開始されたわけではないからである、上記の辞を冠した文庫本のシリーズは、実際には明治期以来の様々の文学や思想に関する著作であるという事実によって示されているように、と述べる。思想や文化は過去の遺産を全く無視して、ゼロからの出発をすることはありえない、こうして戦前からの思想的連続性において戦後の動きを記述し始める。以上はあたりまえのことながら、なかなかうまい書き出しである。

氏の学問的同僚である御厨貴（みくりやたかし）氏の指摘、戦後改革と称されているものの多く、婦人参政権、地方自治の推進、労働組合法の制定などが、実は一九二〇年代の政党政治のもとで準備されてきたものである、という内容が参照されている。また、戦後強力に復活してきた知識人は戦前からも含めて日本共産党に直接関係する知識人やその他の確信的なマルクス主義者であった。あるいは、マルクス主義的な見地からの現状批判には共感しながら、その政治的実践の徹底や党派としての共産党の活動に完全に同調することには抵抗を覚えるような「同伴者」的な系譜に立つ人達が圧倒的に多かった、と書かれている。

戦後の中心的課題は「戦争」の否定としての「平和」であり、「軍国主義」の否定としての「民主主義」であり、さらに過度に強調された「国家」の否定としての「世界」と「個人」であった。特に戦時期において非合法の共産党だけが、愛国的狂熱の中で、インターナショナリズムと反戦の旗を守り抜いたことから、圧倒的声望を得た。これに比べて「大正期教養派」の流れを含めて、多くの知識人は、戦争に対して有効な抵抗ができなかったという「悔恨」があり、丸山眞男のいう「悔恨共同体」としての一体感によって結ばれて活動を開始したとある。

「近代」の実現、そこにはさまざまなる見解の相違があり、それを次の段階である社会主義社会への過程と見るマルクス主義にたいして、それの是非は別にして当面は平和と民主主義に立つブルジョア社会の実現としての「近代」を目指すという人達もいた。後者の代表として氏は敗戦のすぐ翌年に日本の「近代的人間類型」の創出を提唱した大塚久雄について述べる。ウェーバーの研究で知られる大塚は日本の民衆においてはいまだに「近代人に特有な内面的自発性」、「市民社会特有の公平の特性」、「近代科学成立の基盤たる合理性」、「民衆への愛と尊敬、民衆の日常経済生活を顧慮する社会的関心」などをすべて見出すことができず、「およそ近代的・民主的でない」とし、それからの脱却を説いて「勤労民衆の社会的地位の向上」、「農民層の社会的解放」、それによる「内面的品位の自覚」を促す教育の必要性を訴えた、とある。そしてこのような課題を近代的な政治制度、政治意識の成熟の観点から展開したのが丸山眞男であった。そして彼が示した日本の軍国主義、ファシズムを構成した人々の精神の矮小性、天皇を頂点とする「無責任の体系」を解説している。大塚にしろ丸山にしろ、テーマは異なっても自己の内面に自律の根拠を有する近代的な人間像の確立ということが、その根本的な課題となっていたと指摘している。もっともこういう言葉、概念は華麗であるけれども、私は年をとっていくと、本当に人の心、意識というのはこんな雰囲気に収斂していくものかは多分に疑問に思う。西欧が近代人の諸特性において本当に優れているのか、それが実現されているのか、現在、この二人が日本の人々の意識を眺めたとしたら、果たして何と言うかな、などとあらぬことを考えたりする。なんだか彼等は概念的な架空の理想を追っかけていたのではないか、という気分さえするのである。

東京大学法学部の政治学専攻である坂本氏が大学院の研究室に進んだ時、丸山氏は肝炎を病んで五七歳で辞職して自宅療養に入り既に大学には居なかった。しかし、氏を囲む研究会などに出席し、丸山の強い影響の下に勉学を続けたであろう。この章で、彼はあれこれ丸山の考えに他との比較も含めて約一五ページを費やしている。丸山が政治という営みをいかに捉えていたかである。荻生徂徠の研究以来の倫理に対する政治の優位性によって倫理そのものの維持も保障されること。続いて学問や芸術に対する政治的思惟の微妙な関係、即ち人間の価値は本来的に政治的人間ではない、即ち学問や芸術の価値基準の上に立って政治的選択をする、だから本来的に政治の優位は認めない、しかし、認識として学問や芸術が政治と別に存在しているわけではない。政治が優位しているからこそ、まさに芸術の自律を主張しなければならない、というような捉え方である。丸山は戦前の若い頃からマルクス主義の洗礼を受けていた為に、社会は対立し抗争し反発する諸階層の弁証法的な統一であるという認識を持ち、政治優位の戦時期の体験を通して、彼が逆に「教養派」の前提に復帰するという道程をとったと解説している。その点、政治という営みは「文化」に属する積極性を持つという南原のストレートな主張と違った、アンビヴァレントな（反対感情が両立する）態度があるという。だから政治とは適切な距離をおくことが必要であるということにもなる。

一方、歴史と理念の緊張関係、彼の市民社会への期待、政治をいわば手段の地位に置きながら、丸山は現実の政治に対してはリアルな視点に立つこと、それへの積極的関与を説いた。六〇年安保の際は「事実に対する原理の、権力にたいする権利の、存在理由のための『たたかい』を」という文を残しているという。彼の二律背反的な考え方は、マルクス主義や日本共産党に対する態度に典型的に表れている。彼はマルクス主義に、その核心部分において同調しがたいものを感じていたにも拘らず、ファシズムをもたらした日本の風土を前提にするかぎり、日本の未成熟な民主主義を促進する機能において、日本共産党の存在を評価、許容したという点であり、ここにプラグマティストとしての立場が見られる。他にもいろいろあるが、私も本書の第二章で不十分ながら、丸山については取り上げたので詳述は控える。歴史の必然を強調する唯物史観にたいして主体性の論議がなされ、彼が内面的自我というような言葉を使っているのを見て、坂本氏は大正期の価値意識を継承していて、三木清の基礎体験との類似を述べているが、そこを除いては私は坂本氏の理解に殆ど違和感がなかった。丸山については、坂本氏はその後に九六年（この年、八月に丸山は死去している）から九九年にかけて別に五編の評論を個別に書いていて、これ等は前述の『坂本多加雄選集Ⅰ』に「丸山眞男と知識人」という形で集録されている。（注2）

次に氏は講和条約締結が日程にのぼってきた一九四九年から五〇年に三回の声明を発した「平和問題談話会」についての記述をしている。これに参画した知識人の幅は広く、清水幾太郎が主導的な役割をしたが、安倍能成、和辻哲郎、丸山真男、川島武宜、都留重人、桑原武夫、大内兵衛などの名が上げられている。この声明は、憲法第九条に画期的意義を認め、社会主義圏をも対象とする「全面講和」と日本の国際社会における中立を主張するものだった。氏は今日から眺めると、この声明が当時の国際政治の現実の展開を顧慮したものというより、ひとつの「理想」とそれに基づく希望的予測に立って発せられたものであったのは明らかであると述べる。それは朝鮮戦争が勃発した直後に出された三回目の声明における「すでに二つの世界が将来も決定的に対立するか、両者が戦争に訴えずに調整される可能性を信ずるかの選択にほかならない」という言葉にも示されている。すなわち「自由民主主義対共産主義」というイデオロギー対立図式を考えるよりも、終戦直後の「ファシズム対民主主義」の延長として将来をとらえたとみるべきで、民主主義が実現すれば、各国間の恒久平和は自ずから招来するという歴史観であり、これは一八世紀ヨーロッパの啓蒙主義に由来するものであったと解説している。

このような歴史観は既に大正期にあり、教養派の人達はその文化主義において、カントの「永遠平和論」（訳書『永遠平和の為に』には常備軍の撤廃が主張されているのは有名である）などのドイツ観念論に由来する「理想主義」の立場をかなりの人が共有していた。この立場で全面講和論を主張したのが、時の東大総長、南原繁であった。彼だけでなく平和問題談話会の人々が主張した非武装国家日本とか国家間の連合による恒久平和の樹立という「理想主義」的姿勢と、米ソを始めとする世界の諸国家の現実の行動形態との間には余りに大きな開きがあったと述べられている。

多分このような文化主義は日本の軍国主義的支配のもとで、国内政治のあまりの「非文化的」な側面を直接体験した反動から、民主主義の国々である連合国によって構成された国際社会の方が、政治的にも、より「文化」的な性格を持っているという印象を多くの知識人に与えたのであろう。戦後日本の国際連合への過度の期待や、およそ国際という言葉を冠するものについて、何か文化的イメージを抱くという傾向は、戦後の知識人たちのこのような傾向に由来すると言ってよいとまことに適切な指摘をしている。また思想や知識が政治を動かすのではなく、むしろ、それらが政治に動員されるという現象は、二〇世紀の国際政治全般において顕著に見られるもので、国際社会における政治という営みをどのように捉えるべきか、この問題は戦後思想がその後の時代に残した大きな宿題であった、との言葉で章を終えている。

それにしても、実際、日本は吉田茂首相のリーダーシップでアメリカとの単独講和に踏み切り、ここで書かれた知識人の目指すところは切り捨てられたのである。政治は完全に政治家と官僚の実行に任され、学者、知識人は現実にはなすすべがなかった。講和条約当時、政府の方針、具体的にはそれを強力にサポートした知識人は居なかったのであろうか。私も専門的にその頃の政治の動向を勉強したこともないのでよく解らないのだが。そうだとすれば、現実政治における学者、知識人の無力と限界が際立ってしまった時期だという言い方もできる。

第七章では、清水幾太郎、吉本隆明、鶴見俊輔という三人について非常に個別的な取り扱いで、彼等の思想と行動を述べている。

六〇年安保条約反対闘争でもっとも明確なオピニオン・リーダーと目された学者が清水幾太郎氏だった。私の中では「オピニオン・リーダー」という言葉はまず彼の為に作られたという程の印象であった。私の大学入学の年で、今となっては完全に過去の思い出にしか過ぎないが現実の政治の生なましい姿に初めて身を接した体験は忘れがたい。坂本氏は清水が東京下町の底辺層の人々が居住する地域で、没落した旧幕臣の家に育ち、教養派の旧制高校文化に親しみを持てず、ただ田山花袋の作品『生』から大きな衝撃を受けたという彼自らの叙述に注目する。東大社会学教室で社会学的な家族研究に失望し、外国から直輸入した思想によるアカデミズムの学問的研究に懐疑的になったとき、息苦しい薄暗い生活を語った自然主義文学に真実を見出したという。そして関東大震災での被災の直接体験により、苦しみあえぐ人の群れの中で自然の一部に過ぎない人間の生態、理性をかなぐり捨てたエネルギーともいうべき自然的欲求を感得した。彼は人間が合理的な制御力に容易に従わない、ある契機を介して噴出するエネルギーに化するということに強い魅惑を感じていた。これが安保闘争で、彼が日本の議会政治の現状打破の為のエネルギー動員を叫び、「今こそ国会へ」という文章に表出されているという。清水が戦後社会の代表的知識人たりえたのは、無論彼の蓄積された社会科学の学識によるところが大きいが、戦後のリーダーとしての活躍は、やはりこうした彼自身の震災時の体験抜きには語れないものだったと述べている。

五三年の内灘の米軍試射場設置反対運動、六〇年の安保反対闘争で現実の運動に関わる際の清水にはこうした「自然の生命」の主体にたいする親近の念があり、後者において終始全学連主流派の学生達のラディカリズムに共感を寄せ続けたことに表れている。そして反安保の闘争を、反米やもっぱら党派の勢力拡大の一環として位置づけて、群集のエネルギーの高揚をかえって危惧した反安保改定阻止国民会議や共産党の動きにたいして彼は反発した。また自民党の強硬採決の後、知識人を中心として「民主主義の擁護」というテーマに転換された動きは、彼にとってはもりあがったエネルギーをいたずらに無害なものへと解消する試みに過ぎなかった。清水は自然成立で「負けてしまった口惜しさ」に涙しながら、丸山眞男や鶴見和子などと首相官邸に強硬採決の抗議に出向いた時、首相側の面会拒否の対応にあい、座り込みを主張したが、丸山はそんなことは自分の趣味に合わないし、「民主主義に反すると思う」と述べたという。ここには、政治というものが、丸山においては、自主独立で自立心に富んだ個人による日常性に立脚した合理的討議のイメージであったのに対し、清水においては生物的な「暗い自発性」という非合理性に浸された人間像に対応し、勝利と敗北を伴う非日常的な闘争のイメージであった、と両者の対照性を記述している。そして清水はこうした動きに「知識人」に対する不信感をますます強めていったという。私は学者としての丸山氏を尊敬するが、一方この時の清水氏の心情には大いに惹かれる面もある。

坂本氏は彼の行動は大杉栄が民衆に同化することを目指したものと類似していると指摘しているが、清水も内灘闘争で、村長から、村の利害というより反米闘争に利用していると批判された経緯を述べ、村民を啓蒙しようとした知識人に対する反省を、清水自身がその後書き記しているという。ただ、進歩的文化人の代表格であった彼が安保闘争の敗北後、実践活動から長く遠ざかっていたのだが、昭和五〇年代中頃、急激な右旋廻ともいうべき一連の評論を発表した。これらは天皇制擁護、教育勅語の再評価、核武装を含む軍事増強論といったもので、このことから彼は非難され全く信用できないオポチュニスト、あるいは風見鶏と見做されるに至った。『ビルマの竪琴』を書いた竹山道雄氏が、「思想を変えることは有り得る。しかし、認識が変わったのなら自己批判をし、お詫びをして、その上で新しい主張をすべきである」と書いていたのを思い出す。もっとも私の尊敬する恩師、炯眼の木村道之助先生は既に安保騒動の時点で「私は彼を信用しないね。ああいう時流に乗って心変わりする奴は」と言っていた。既に安保以前の古くからの彼の言質を知っておられたということであろう。坂本氏が少なくとも五〇年代の彼を知らない筈はないのだが、それは、彼個人の生涯の問題であって、ある時期、影響力のあった思想の働きを分析するという意図を持った本書では、敢えて全く触れられていない。

吉本隆明氏は私にとって疎遠に過ぎてしまった人で、一時期、特に大学紛争の時に信奉者を持ったようであるが、彼の主張もよく解らず解ろうとも思わなかった。何となく彼の抽象的議論は、私にとって興味が湧かなかったからである。坂本氏は、吉本が大衆と知識人の区別は実体的なものではないとし、彼が体験した戦中から戦後の動きの内に、国家の否定という課題は、大衆の意識のなかに存在する言語化されていないものから言語をえながら上昇していくべきものと考えたということや、国家が幻想に過ぎないという彼の「共同幻想論」についての考えに到る契機などを分析している。また彼の個人幻想の「相対性」、「関係の絶対性」、「対幻想」と和辻哲郎の「人倫」の体系との共通点、相違点などの議論を展開している。たぶん坂本氏は私より八歳ほど若く大学紛争時に学部学生であった世代だと思うので、当時の吉本氏などの主張により興味があったのだろうと思う。

鶴見俊輔氏は、戦前から戦中にかけてアメリカに滞在し、アメリカのプラグマティズムの発想法を吸収して戦後の混乱した思想状況に臨んだ。思想というものが単独の言葉、あるいはその連続で表現されるが、言葉そのものに着目してその使用法や現実の効果を探求することで、思想の意味に迫ろうとしたという。特にスローガン的なものがその意味を正確に確認されずに、その言葉の醸し出す雰囲気で対社会への効果をもたらしているとした。戦時中は特に権力者によって自分の立場や仕事の上にかぶせて使われた「八紘一宇」「国体護持」などが典型で、このような事態を、彼は「言葉のお守り的使用法」と呼んだ。戦後の「民主」「自由」「デモクラシー」といった言葉も同様だというのだ。このような使用法が日本で衰えない理由が「封建制」「貧困」「天皇制」といった社会条件にあるとして、終戦直後の昭和二一年彼は「漢字制限」「かな文字化」「ローマ字化」「漢字言葉の制限」などを提唱したという。

彼が特に注目したのが、日本の哲学用語が日常生活の言語からかけ離れ、明治以後、学生、知識人には大きな影響を及ぼしたが、「思想以外のものが思想を条件づける事情を決して考慮しまいとして考え進んでいく」ような傾向を生んだのである、と書かれている。これは「教養主義」の人間観への批判を孕むものであり、日常生活の中にやはり「哲学」が潜んでいるのではないかという意識、たとえば「いろはかるた」のなかに庶民の知恵を見出した。鶴見は、民衆の毎日の会話の中に思考の断片が潜んでいること、そこに従来の哲学や学問一般の言葉の専門性や硬直性を克服する可能性を探求し、それを「日本の折衷主義」と呼んだという。これは、硬直した一貫性に固執するマルクス主義への批判を伴い、思想以前の領域に新たな思考法を探る試みであった。坂本氏は、こうした思考は柳田國男の民俗学、大宅壮一の『無思想宣言』、長谷川如是閑、司馬遼太郎などの立場、すなわち抽象的観念の体系である思想を嫌悪し、日常の生活の知恵としての常識を重視する立場と通底するものがあった、と述べている。

氏は特に吉本と鶴見の対談を引用し、吉本が「何よりも抽象力を駆使すること」を知識の課題としたのに対し、「私はどんな思想でも対象をまるごとはつかめない立場です」とある種の「あいまいさ」を是認しているという。

鶴見の活動で思い出すのは小田実氏などと共に結成した「べ平連」（「ベトナムに平和を」市民連合）の反戦運動である。吉本がそれを「社会主義国家群に対する同伴運動」だと批判したのに対し、鶴見はその点を認めながら「日本の人民がいいと思っていない戦争を日本の国家が支持している」という点に運動の根拠を認めたとある。坂本氏はこの「日本人民がベトナム戦争に反対している」という認識そのものが、べ平連の活動を伝えるマスコミの報道の結果ではないか、当時の新聞報道に即してみる限り、日本国民の多くがベトナム戦争に反対しているような観があった、しかし、選挙というような現実の政治行動の上でその意志を表明するほどの切実な関心を注いでいたかは疑問である、と記している。鶴見によれば、『思想』という言葉を知識だけでなく、感覚と行動とをつつむ大きな区画としてとらえる」必要がある、とする。そういう風に見てきたとき、坂本氏はあらためて、鶴見の行動を支えていたのは丸山が呼んだ「悔恨共同体」の心情であったし、多くの知識人を捉えた実践活動に関わらないことに対するある種の「後ろめたい」心情であったことが分ると述べている。

六章、七章は、まだ十分に月日が経っていないからか、問題が複雑ということか、やや息切れが感じられ、ページ数も少ない。多分、取り上げるべき人達はもっと多数存在するような気がする。

第八章は趣向をかえて、時の流れとはやや独立に、思想と言葉の関係について深く考察している。

一般に「思想」というと「・・・主義」と呼ばれるような、西欧の抽象的な用語の翻訳語による観念の体系であると見做されてきた。またそのような「思想」に通暁している人を「知識人」と呼んだのが近代の趨勢であった。前章の鶴見のような立場もあるが、吉本が批判したように、「思想」というのは「現実」とある距離をおきながらの緊張関係において「思想」たり得るのではないか、と問題を設定する。

氏は、このことは戦前においてすでに小林秀雄において鋭く意識されていた、として彼の考えを展開するのである。

彼は作家や批評家が独自の「文体」を通して行う、現実から自立した言語秩序の構築を「思想」の営みと主張したとある。例によって小林の文章は、神経をとがらせて読まなければならない面倒くささに満ちているが、彼自身の「現実」に対して日常の「言葉」がそれに容易に一致しないという体験を通して、「事物」に吸収されているはずの「言葉」が独自の地位を主張し、彼は「言葉」と格闘することになる。氏はそれは一見すると「文章すなわち事業なり」、「文学は思想の表皮なり」といった山路愛山とも通ずるようにも思われるが、ただし両者の考えていた「思想」や「文学」の中身も、時代背景もあまりに違っていたと説明を行う。

坂本氏は、明治時代、没落した旧幕臣の家に生まれた愛山は、「実学的インテリゲンチァ」が縦横の活躍をし、次々に新しい言葉が眼前に展開する文明開化の記憶がまだ失われず、昨日文章によって記された政治的意見を今日直ちに武力で実現を図ろうとする士族の民権派の壮士たちの面影も残る時代であった。愛山のいう事業とは、壮士のような直接政治的な事業ではなく精神界の事業を意味したのではあったが、彼の「敗者の運命」ゆえに当初から大きなハンディを抱えて出発しなければならなかった人物の「時代の陰影」が反映している。にもかかわらず愛山は「言葉」と「事物」の幸福な対応が考えられていた時代の人物であった、と雄弁な言辞で表現されている。

一方、小林の「文学者にとって書くといふ事が切実な実行だからであります」という発言は大戦勃発前年の昭和十五年であり、自然主義において「事物」と「言葉」を密に対応させるべく努力した時代から、マルクス主義の流入、知識階級という言葉の成立などを通って、軍国主義の真っ盛り、批判者に対する弾圧の嵐のなかであった。私も「現実」に対する「言葉」を見失うというのは、そういう時代であったからこそ、ことさら小林が修辞の世界で苦悶していたのかもしれないと思ったりする。もっとも彼の文章は時代と関係なく常に難渋なことが彼の矜持であるようなところがあるとも思うのであるが。

彼が「伝統のない思想は常に観念的である。伝統を忘れた言葉は常に空言である」という言葉で表現した中身を、坂本氏は、「言葉」の世界に真に生きるとは、言葉の担う「長い人間の歴史」を生きることに他ならない。「文学者」の「実行」とは自らの内に「歴史」を実現することに他ならないのであると書いているが、何か小林の文章が乗り移ったような表現である。私はそうでないとは思わないが、単なる一種の格好をつけた修辞表現で、意味のある文章とはとても思わない。

次に、戦後、愛山のような「文章事業論」の意味を復活させ、文章を記すことが「行動」であると自覚的に追及していった一人が江藤淳であったとして、彼の「文体の確立」の主張を詳説している。彼は自然主義を始めとする近代日本文学は、社会的現実があたかも自然と等価で、自然の巨大さに対する人間の行動が無意味だということから、行動することが罪であるような認識があった。身の回りの状況にしがみつき、それを手ばなすまいとするような、自由に対する欲求を失った人々の態度が定着して、言葉や行動のもたらすものに対する不信感がある。新しい文学はこれを打破し、行動者の生きた内面を経過する生きた時間を表現するような「文体」を確立しなければならない、と書いた。

この昭和三四年の「作家は行動する」というエッセイで江藤は小林を批判してもいるという。「人間世界では、どんな正確な論理的表現も、厳密に言えば畢竟文体の問題に過ぎない」という小林の文章を捉え、あらゆる思想は「文体の問題に過ぎない」という小林からは、初めから「行動」は断念され、時間は停滞し、当然「歴史」の概念は出てこないと。江藤は、従来の文学状況を、社会の根底に胎動する「原始のエネルギー」と「文学作品」の「疎隔」と表現した。これは当時の社会が、反安保運動ただならぬ時期であり、清水幾太郎のような論者と相通ずるものがあると書かれている。そして江藤は当時の名のある文学者の「文体」を検討していくのだが、最終的に模範としたのは明治期の福沢諭吉や内村鑑三であった。しかるに昭和三七年の評論『小林秀雄』において彼は小林の評価を改めることになる、という。ここにはまた小林の文章と、江藤の小林的な文章が延々と引用されているのだが、それを書くのはやめて、私の解釈を含めた結論だけを述べる。要は彼も安保改定反対運動の敗北を通じて、知識人の限界を痛感し、戦前の小林の境遇、胸中が初めて共感をもって受け止められるようになったということであると思う。ただ、これを「歴史は歴史といふ言葉に支えられた世界であって、歴史といふ存在が、それを支えているのではない」とか「想像力とは何もいない世界、虚無に関する能力である。その意味で過去も未来も虚無である」、「人は未来を作りえない」というような言辞を吐いた小林は、苦しい言論封殺の時代だからこそ、このような表現に至ったのであって、人は誰でも時代の子ということを彼が身をもって体現していると考えるべきだと思う。

安保闘争の終了に際して江藤に去来したのは、多くの知識人に真の意味での「思想」的な言辞がないという思いであった、という。彼は丸山真男が説いた「復初の説」を取り上げ、(実は私はその演説を直接聞いたと、第二章で書いた。)「敗戦による新憲法の制定という政治的なものに『道徳』なり『思想』を見出すことが正しいのか。戦いが思想を破壊するのである。あるいは人間を虚脱させるのである。それが十五年間続いている。憲法に『ものの本性』をも求めるというのは歴史をつくろうとしているはずの『思想』家が実は歴史を拒否し、歴史からおりているからではないか」という彼の文章が引用されている。戦後の思想は空白であり、憲法のようなその時点での政治的産物に過ぎないもののなかに「思想」を見出したつもりで、それに固執し続けてきた、というのである。ここでの「思想」と彼が勝手に考えるものが何であるか。私は彼が言葉に酔ってしまう修辞家にありがちな陥穽に落ちこんでいると思う。以後江藤は自ら「思想」を築き上げなければならないという努力の中で、次第に保守派の論客とみなされていき、日本の伝統回帰、ついには自らの家系、出自である海軍への讃歌にまで到るのであるが、この件に関する私の否定的意見は本書の第七章で述べたのでここではこれ以上触れない。

福田恆存は、文芸評論からスタートし、イギリス文学の翻訳家、劇作家、劇団主催などで活躍する一方、文明評論あるいは政治評論でも一時期、話題を投じたことで知られる。私は彼の論考は全く読んだことがなかったが、坂本氏は昭和二九年の「平和論の進め方についての疑問」他のいくつかの発表をもとに彼の考えを解説している。当時は内灘闘争、砂川闘争などが起こりつつあったが、この中で彼は当時の平和運動を批判して、基地周辺地域の治安維持、騒音解決という具体的な問題に端を発しながら、それを日米間の軍事関係の否定とか、平和運動が拡大していくことのみに利用し、彼等は具体的問題には実は関心がないのだ。自国の利益を考えると、日本のような小国は、どうしても強大な国家と協力しなければならず、対等な協力など到底できるものではないが、それを認めたうえで、日本はアメリカと協力すべきだ、と説いた。彼は理想と現実の二元論で、平和というものは有り得ないことを認めた絶対平和の理念の上で、ものごとを相対的に見る現地解決主義を唱えるというようなところに思考の特徴があるという。ややこしい彼の抽象論はともかくとして、この論で一躍、彼はいたずらに逆説を弄ぶ保守反動の思想家というレッテルを貼られたとのことである。

政治はもともと利害とか便宜、能率といった次元のもので、道徳とか理想という問題が関与する余地はない、それぞれの領域が違うという彼の二元論は、終戦後まもない彼の三〇歳代半ばの論文、『一匹と九九匹とは』で最初に書かれた。これは政治と文学の峻別を説く内容で注目されたという。聖書ルカ伝で、イエスが百匹の羊のうち九九匹を措いて一匹の迷える羊を探しだそうとする羊飼いを例にあげ、「政治」とは、この九九匹を救うことを目指し、「文学」は残りの一匹の救済に関わるものであるとする。またこれは集団としてだけでなく、どんな人も、自らの内に「一匹」を抱え込んでいるということも指している。即ち、政治では解決できない、個人の欲求や関心を持っているということを指摘したと解説されている。福田の二元論は、政治と文学、そして社会と個人の相互肯定の二元論になるとして、彼の考えがいろいろ説明されているが、それはここでは省くとして結局、「アメリカを筆頭とする自由主義諸国は本質的には個人倫理の延長に社会や政治を考へてゐる国であり、ソ連は国家目的、社会目的、階級目的を、個人倫理の上においている。私は躊躇なく、自由主義諸国に共感をおぼえる。なぜなら、生活程度がどうのこうのといふことは二の次です。いひかへれば相対の世界に対立する絶対の世界、そして両者の竝存を認める生きかた、それが人間の生きかただとおもふ」という彼の言葉を（福田は旧かな論者でもあった。）載せている。坂本氏は冷戦が終了した今日では社会主義の政治の実態は誰の目にも明らかになっている。その点で福田の議論に示された先見性は疑う余地がないと述べている。

絶対者という西欧に起源する観念の導入は大塚久雄や丸山真男の近代主義の論者と共通だが、彼等は西欧近代、世俗化した西欧をモデルにしていたのに対し、福田はキリスト教という西欧精神の基盤そのものに焦点を当てていたところが異なっていた。日本にはそういう絶対者としての神の観念は存在しない、ということが彼の切実な認識でもあったという。絶対者を求めるということは彼の演劇論においても表れているということが最後に述べられている。

この章の内容、個別レベルの話だと、他にもいろいろの人達がいると思うが、これは坂本氏がたまたま興味を持ち個人的に研究し考察した人を対象にした、ということだろう。

終章の副題は、「知識人」の終焉？　と疑問形となっている。

昭和四〇年代前半からの大学紛争はそれまで大学が有していた社会的権威を大きく揺るがした。東京大学総長の卒業訓示が新聞に書かれることもなくなった。これは大学のアカデミズムが、人生や社会の理想やあり方を示すような役割を期待されなくなったことを意味する、という書き出しである。（因みにこの頃坂本氏は大学に入学している。私は大学院生でその大学紛争の思い出は第五章に書いた。）

大学は諸々の学問分野の専門的な「知識」の探求や教育という役割に特化し、本来のアカデミズムの名に相応する場となった。そして社会の高学歴化とともに、「知識」の大衆化も進み、「知識人」と「大衆」の区別でなく「専門家」と「大衆」といった区別の方が有意義となろうとしている。この本では「知識」と「思想」というのが不分明な扱いであったのは「知識人」が両方を担っているというのが自明であったからであるという。価値中立的な知的活動の所産である「知識」に対し、「思想」というと特定の価値観による人生や社会のあり方を体系的に解き明かすものということであるが、今日「思想」の情況はどうであろうか、「知識人」と呼び得るような「思想」の担い手は存在するのであろうか、というのが本章の主題である。

氏は人々の知的関心の大きな変化を表している例として、司馬遼太郎の数多くの文学、堺屋太一の『油断』、立花隆の『田中角栄研究』を挙げている。司馬氏の歴史小説はそれまで歴史発展の法則の必然のいわば傀儡として人間が描かれてきたような近代日本で「自由」な人間が縦横に活躍するような「物語」を回復したもの、堺屋氏のシミュレーション小説は、政治がそれまでのように、革命とか人間解放とかといった抽象概念でなく、まさにモノの供給とかいう即物的な「経済」の課題に関わるものであることを知らしめた。立花氏のノンフィクションはそれまでの民主化、近代化といった規範的な観点から論じられてきた政治構造を、詳細で具体的な資料収集・調査に基づいた「事実」そのものとして描き出すものであった。（もっとも立花氏は、その著『文明の逆説』において、「あんな男に二年間もかかずらわって、いささか時間を損したのではないだろうかと悔やまれてもいる」、とも述べていて、その後は文明論とともに、主として科学、技術の世界の解説にその旺盛な活動を続けている。）以上三氏に共通しているのはいずれもある種の「思想離れ」と呼べるような態度で貫かれているということだと指摘している。

もともと日本には自然主義の系譜を引く「思想」への嫌悪や不信の伝統があるとされ、大宅壮一の『無思想人宣言』、長谷川如是閑の『私の常識哲学』などが解説されている。私もこの両書を読んでみたが、大宅氏の、「思想は帽子のようなものでいろいろな種類がある。知識人のアクセサリーのようなものだ」、という在野精神は小気味よく、（確かに、彼らの思想は殆ど外国の本の読書、勉強による知識であって、生活の実感から自らが作り上げたものではない。）、如是閑氏の、「日常の行動規範こそが哲学のもとである」という発想は極めてリアルで親しみやすい。氏がドイツの観念論的思考よりもイギリスの経験的発想を高く評価しているのは、笠信太郎氏の名著『ものの見方について』と同じ流れだなと思わせた。（共に朝日新聞で活躍し、「天声人語」の筆者になったり、論説委員を長く務めた。）

私が和辻哲郎の『風土』を読んだ時、ヘーゲルやニーチェ、ハイデガーなどのドイツ哲学に深く影響された大正期教養派の考え方は、いたずらに哲学的体系化を求めるためであろうか、特に最初の「風土の基礎理論」の箇所などは理解に難渋した。単なる印象、あるいは社会学の本と考えれば素直に読めても、それを抽象化した文章は全く説得性がないと感じさせられた。ただ、風土と国民性を具体的に記述した箇所は文学的であって、詩人的才能をもった学者の直観力に溢れた魅力的なものではある。ただ一方で記述は甚だ感性的、独断的で、安倍能成氏が刊行直後「立論の材料が主観的に限られるとともに、その見方も確実な断案に達するために主観的局限を免れない」と評したそうだが、全く同感だった。私は大学入学後、カントの『純粋理性批判』と『実践理性批判』を購入したのだが、ともに数ページ読んで読む気を失った。その後、私の高校の山本校長が、一高、東大時代にこれらをドイツ語原書で読んだと話を聞いたのだが、「そういう時代もあったのだ」とひとしきり感慨をもった。ドイツ哲学は徒に頑なで第一よく解らないし、肌に合わなかった。長谷川如是閑や笠信太郎が共にバートランド・ラッセルなどを深く評価していたが、その意味で、比較すれば私もイギリス的経験論の方に深い共感を覚える。

坂本氏は、このように昭和五〇年代前後からは「思想」に変わって民衆の「常識」の立場が大きく浮上してきたという印象がある、このようなジャンルが広く読まれてきたことは、一言で言えば、「思想」に変わって「事物」そのものが示す価値が増大していったことを意味すると述べる。これは「知識人」の権威の失墜と見合った現象であり、社会の繁栄に伴い日常生活の現状そのものが肯定的な見地からとらえられるようになった結果でもある。この間にも西欧の「思想」というような学問的・知的所産の紹介、例えば「ポストモダン」の諸思潮などが流入したが、マルクス主義のような性急な政治的実践を要請してくるものではなかった為、より専門性を強めたアカデミズムの世界で学問上の知識として受け入れられるに留まった。これは日本初の豊かな社会の到来のなかで、「ゆとり」の出てきた文明の成熟ともいえる。普遍的抽象的な観念や理念に代って、各社会領域の人物や事実についての具体的で詳細な報告が尊ばれるようになった。そして「情報化」といった言葉も広く流布するようになり、コンピューターの普及も人々が個別に情報に接近する手段を拡げていった。

私もここのところは坂本氏の鋭敏な感覚がよく表れていると思う。戦後、いわゆる進歩的インテリの間ではマルクス主義とはいかないまでも社会主義というのは圧倒的な影響力を持った。貧しい人々を眺める人達の正義感は、必然的に平等を至高の目的とする社会主義というものに注がれ、その体制の実現が進歩的人間にとって未来の目標になった時代が確かにあった。「保守」対「革新」の対決。雑誌「世界」を読むことがインテリの象徴であった時代。もっとも日本国民の重心は常に逆で、総選挙ではいつも革新側は三〇%前後に留まり、自民党政治がずっと続いたのである。自民党がうまく社会主義をとりこんだ側面もある。ある意味で坂本氏がアカデミズムの世界にいる人間の偏った感覚にずっといて、大衆の平衡感覚とは離れていたのかもしれない。あるいは大衆の選挙における行動は、政治学的世界よりも身の回りや地域の利益誘導に引きずられているので、政治学として問題にするには貧しすぎるから話題にしようがない、ということだったのかもしれない。しかし、二〇世紀の壮大な実験でもあった社会主義諸国の失敗は、このように特定の人々によって唱導されたイデオロギーというものの限界を明らかにした。知識を求める人々も「・・・イズム」、「・・・主義」といったものには信頼を失い、イデオロギーには全く食傷したといえると思う。確かにその後もこのような言葉、例えば構造主義、認知主義、マネタリズム、実証主義、国際協調主義、グローバリズムなどという言葉が現われたが、それぞれは、おおむね特定のジャンルでの有効性に留まり、人間の全存在を支配するといったような受け止め方はされていない。(例外はイスラムでの原理主義だが、日本人にとっては他国の事である)

これは、人文・社会科学がようやく自然科学の認識の態度に近づいたのかもしれない。自然科学の諸説というものはそれぞれ対象が個別であるか、あるいはどんな普遍的法則でもやがてそれは乗り越えていかれるものであるということが暗黙の前提であり、自然科学の研究者は、自分の仕事や考えにより、相手を支配しようというような野望は持たないのが普通である。人文・社会学系統の研究は元来、人間の活動が興味の対象であり、それだけ人間くさいというか、自分の主張が、想定する相手や社会に心理的にも実態的にも影響を与えることに生き甲斐を見出すようなところがある。

他のところでも述べたが、ノーバート・ウィーナーが「私はどんな固定された教義にも魅惑を感じない」といった醒めた認識が人々にも広がってきたというのが今日の姿なのだと思う。これはむしろもともとの大衆、庶民が社会を支配しようなどとは考えずに周辺に対して謙虚にものごとに対処してきた、生きる知恵としての態度に近いかもしれない。

坂本氏はそれを「常識」という言葉で表わした。（私の感じでは、この言葉ではあと一つぴったりしないところもあるのだが。）今日、むしろ問題は「思想」に代わるべき「常識」それ自体が実は曖昧なものになりつつあるのではないか、と指摘している。もともと「常識」とは、明示的に言語化された抽象的なルールや原則として存在しているものでなく、世間一般の人々の具体的な判断において示されるものである。しかし、それがマルクス主義のような大きな思想が影響力を失うと、果たして、明確な生活の指針が何であるか判然としなくなってきた。「常識」というものも人々の長年の生活による体験から形成されてきたものであるが、そうした暗黙裡の判断基準の存在を我々はどこまで自明なものとして実感しているだろうか、と疑問を提出している。「そんなことは常識だ」と我々が言うとき、即座に処理できるような問題が意外に少ないことに気がつくのではないか、という。

人々の判断や見解の一致を求める過程は普通「討議を経て」という形で行われる。これはそれで異存はないが、問題はその先で、それに加わる人々の判断は何によって形成されているのであろうか。ここで再び「思想」が登場するのであろうか、それとも「常識」であろうか。どちらにしてもそれを「言葉」によって明示していく必要がある。その「言葉」がまた意味をめぐって必ずしも一致しないということは今まで幾多の例があり、これを明確化していく努力が「理性による討議」には要請されることになる。

氏は仮に事物と一体化した言葉の意味の体系が確認されたとしても、そこに安住することは不可能である。なぜならば、社会は常に変動しており、新たな状況に主体的に取り組むことを可能にするような、意味の世界の革新は不可欠だからである。また、「伝統」の確認は「伝統」の創造を意味する。そしてそこに新たな「思想」の可能性があるのではなかろうか、と述べている。

司馬遼太郎は「思想」に対する嫌悪を表明していた。それにも関わらず、彼の小説は思想を体現して生きる者の生涯を卓抜に描き切るものであった。彼が保ち続けたものは、抽象的な観念の体系としての「思想」ではなく、それに挺身する人々の精神の姿勢や人生への構えにたいする独特の共感であった。すなわち「思想」を支える「思想以前」のものへの共感であったと書いている。それは「物語」を通しての私達の伝統―本来の「思想」の回復のなかに、新たな知の営みの可能性があるのではないかというのである。私も司馬氏の「日本人を考える」という対談集の中の梅棹忠夫氏との話で、氏が「これから先、思想というものがいらなくなった文明の段階にきている、とみてよろしいんじゃないか。・・・思想なんてものは、もう役に立たん時代ですな」と述べているのを読んだことを思い出す。

坂本氏は最後に、新しい「知識人」の可能性はいまだ明確な姿をみせていない。そもそも「知識人」を想定すべきかどうかも問題である。二〇世紀の長い「知識人」の物語を終えて、今直面しているのは、新しい知のあり方の可能性を探求し実現していくことではないか、という文章で全文を終えている。

このように坂本氏の鋭敏な感覚は、その広い読書による該博な知識に裏付けられて、まことに読み応えのある本であった。『坂本多加雄選集』には雑誌「中央公論」や「歴史と人物」の編集長を務めた彼より二〇歳年長の粕谷一希氏の短い序文がでている。坂本氏は彼の家に集まって行った読書会のリーダーで本当の本好きで特に神保町の古本屋めぐりが大好きであったという。粕谷氏は彼が「通史を書きたい」と口癖のように語っていて、公正な通史の必要を痛感していたと述べる。彼がそこから教科書問題にコミットしていき「新しい歴史教科書を作る会」に情熱を傾けていった。粕谷氏は党派性と商売にからんだ世界に彼が介入するのは反対であったが、彼は新しい国家学を求めていたという。坂本氏がなぜ国家主義者の団体とも言われる人達の運動に加わって熱中したのか。これは彼の著作を読む限りではちょっと理解しにくいのだが、調べると確かに彼は二〇〇一年からの扶桑社の歴史書執筆者の一員になっている。

この問題は別として、彼の著書、論文を読む限りにおいて、社会への包括的理解の道に進みつつあった坂本氏が早世したのは実に残念であるとの思いがする。最初の著作『山路愛山』に次いで、粕谷氏の手引きで創文社から出版した『市場・道徳・秩序』がその年のサントリー学芸賞を獲得し、その後同書は日経・経済図書文化賞にも選ばれた。一九九一年、彼が四一歳の時である。これは明治思想界の大物、諭吉、蘇峰、兆民、秋水などを素材にし、九〇年代前後に問題とされた市場主義の経済思想を広く道徳や社会秩序との関連で考察したものという。単行本の為、私の持っている『坂本多加雄選集』には載っていないが、それに関する説明として翌年「文化会議」で行われた「市場・道徳・秩序」補遺がⅡ巻に載っているので彼の意図したことは理解できる。

また、大阪大学を経て国際日本文化研究センターにいる労働経済学の猪木武徳氏によれば、坂本氏の一番の得意の分野は、彼の福沢諭吉と市場社会論であろうという。前者は「福沢諭吉の『文明』と『痩せ我慢』」として同じ選集Ⅰに五編が載っている。このように、坂本氏の興味の範囲は、政治学のみならず、経済、社会、文芸、歴史と非常に広い範囲に及んでいたことが解る。

1　これは思想のあり方という観点から見た批判に過ぎない。当初マルクス主義哲学者として出発し、あの権力による大弾圧の時代、終戦まじかに共産主義者を一晩かくまったというだけで治安維持法違反で刑務所に送られ、病気で昭和二十年九月に獄死した三木清の過酷な運命は同情に余りある。いつ司直に捕らえられたり、いつ過激派に殺されるかもしれぬ時代において、人間の総体的行動を後から安易に判断することは慎まなければならないことであろう。

2　「丸山眞男と「日本政治思想史」という学問」、「丸山眞男の二面性―「戦後知識人」と「学問研究者」」、「丸山眞男をどう捉えるか」、「知識人は再生するか」、「戦後知識人」とは何か」の五編。

それを読むと氏は「戦後民主主義の旗手」と呼ばれたりした言論人あるいは思想家としての丸山氏と、政治思想史の学問研究者、日本政治思想史の確立に多大な貢献をした専門家としての丸山氏があり、両者は分かちがたく結びついているものの、その評価、批判は、分けて考えることが可能ではないか。教養主義と都市文化の中で育ち、マルキシズムとの緊張関係、戦時の国家主義との対決、敗戦による解放、戦後民主主義運動といった彼の生涯の困難に満ちた時代背景を見据えつつ、注意深く行われるべきであろう。彼の言論人としての全面講和論や安保条約阻止といった日本の対外政策に関わるものについては、やはり批判的な見地からの検討が必要であろうとし、彼が終生の課題とした「近代化精神の確立」ということは、今日の知的状況の中では如何にも時代遅れの感があるとも述べている。しかし、彼の自己相対化とバランス感覚を積極的に継承することが、政治思想史の研究に対する彼の遺産ではないかと書いている。

日下公人

『どんどん変わる日本』、

『すぐに未来予測ができるようになる六二の法則』

はじめに

日下公人氏の本を最初に読んだのは、私がアメリカ・インディアナ大学での三年間の原子核物理学の実験研究生活を終えて帰国後直ぐ、たまたま目にふれて読んだ『八〇年代日本の読み方』であるからもう二五年以上前になる。その時以来、何冊か読んで、どの本を選ぼうか迷ったのであるが、ここでは表記の二冊にした。思考の非常に柔軟な人で、分野も異なるのでいつの時も非常に新鮮であった。

氏は一九三〇年生まれ、東京大学経済学部出身で、長期信用銀行（現新生銀行）で取締役になるまで長年勤めていた。同年令で同じ経済学部出身の元長期信用銀行総合研究所理事長で『路地裏の経済学』を書いて有名になった竹内宏氏が常に日本経済を論じていたのに比べ、より社会学的視点で、実にたくさんの本を書いている。

例えば**『個性を以て貴しとす』**である。この本はもともと平成元年に出版されているのだが、私は平成五年の文庫本で読んだ。題名を見ただけで、「ははん、これからは日本は追いつけ、追い越せの時代を了えて、独創性を要求される。その為には、従来の集団主義を越えて、個人の個性が必要とされるということなのだな」、と大凡の内容を想像する。いうまでもなく聖徳太子の「和を以て貴しとす」とは逆の意味を持つのだから。

最初の「個性の淵源」の章が意味深い。個性というものは、何で生まれるのかという考察である。単純には人々の物事に対する好き嫌いは、その人の無意識下の幼時体験に原因を持つことが多いということが例で示されている。勿論、生まれつきの性格もあるのだが、更に幼年、少年、青年時代と進むにつれ、様々の体験が積み重なり、その人の個性、ライフスタイルを形成する。軽い意味のものは「その人の持ち味」と呼ばれ、重い意味のものは「人格」と呼ばれる。その中間が「個性」かもしれないと述べている。

日下公人氏

社会的には個性は少数派に属する概念ともいえるが今は多様化と先端化の波がきている。もし周りがついてくれれば個性化は先端化の初期段階ともいえるが、ついてくるかどうかは前以てわからない。個性化をためらう理由はここにあり、人は孤立を恐れる。集団としていえば日本という国の状態はもう先端化を恐れる状態ではないのではないかという。

人間の脳の重量が急速に増加する時期が二回あり、一回は五、六歳で急に言葉を覚える時、二回目が十歳頃からで前頭葉や側頭葉が発達し因果関係などを理解し理論的思考ができるようになる時であり、この時は既に何らかの個性が形成されはじめている。自分はいったいなんだろうかと悩むのはこのあとで十代後半であろう。そしてこの迷いは学校そして社会へ出ても何度も繰り返される。氏は個性はみんな持ちたいのであると述べる。なぜなら個性豊かな人は仲間に好かれ、友達もたくさんでき、社会的にも伸びていくように見えるから。

次に個々のサラリーマンが持つべき個性について考えよう、として島崎敏樹著『感情の世界』を推薦している。その本によると個性にも周辺的個性と本源的個性がある。「周辺我」とは社会的、表面的なもので、「本我」とはそれらをすべて取り除いたあとに残る自分の姿のことである。前者は、地位、収入、出身、容姿、親戚、知人などで、後者がセンス、賢明さ、勇気、洞察力、包容力など身についた能力や品性であると説明される。人間の初対面の印象などは両方を合計したものだが、縁談で見合いのときなどは周辺我である「条件」がまず問題になったりする。長いつきあいでは「本我」のほうが重要なのだが、人間は外的条件を格好よく見せる（辺幅を飾る、と言っている）のは楽しいことで、どうもこれは人間の本能であるらしいと。政治家が外国の大学から名誉学位をもらって喜ぶとか、教授がテレビに出たがるとか、社長が政府審議会の委員になりたがるとか、本職の外だからいっそう楽しいのだろうと書かれている。だから「本我」だけで個性を考えるのが本当だとまでは考えすぎないほうがよいだろう、と締めくくっている。ここら辺が氏の微妙なバランス感覚だな、といつも感心する。

あとは「サラリーマンたるもの、人生を渡っていくにはこういう点に注意しなさいよ」という親切な提言集となっている。氏の経験から割り出した、特に民間人向けのいわばサラリーマン・ノウハウになっている。個性をみがき、周囲との関係にも注意しつつ、自己を十分に主張せよ、といったところであろうか。もう一度読み返したのだが、もう自分自身も経験をつみ組織社会となかば離れた現在の私にとっては、それほどのインパクトはなくなっていた。

最後の方で第一三章「老後は立派に生きてはならない」というところがちょっと気にはなった。それで何を言っているのかと要約すれば、しごくごもっともである。即ち、老後というのを定年後あるいは六〇歳以降（人によって大きな相違があるが）とすると、ここでいう立派さというのは世間一般で言われる「立派さ」で、それを求めて自分を縛ったり、窮屈な思いをしたりするな、という意味である。自分の個性を発揮して豊かな人生を生きろ、周囲を意識せず、自らの経済力と行動力の範囲で、自発的に生きろ、というのである。正に今まで培った個人の個性を大切にして生きる。例として、趣味型、ボランティア型、ビジネス型（発展国に行って海外で働くなど）に分けて、親切に解説している。

以上のように氏の本は読んでいて、なるほどと頭の中が新鮮な概念で整理されるし、常に気持ちの暖かさを感じ、いつもさわやかな気持ちになる。氏の豊かな人格がもたらすものであろう。何かで氏が「現代における奴隷というのは見れば直ぐ判る、といった人がいる。それは何かというと今日の社会の奴隷は皆ネクタイをしているというわけだ」と朗らかに笑っているのを読んで実に楽しいユーモアと精神的余裕を感じたことがある。

『どんどん変わる日本』

この本は小渕恵三政権が発足（一九九八年七月）した後の同年一〇月に出版されている。自民党、社会党、新党さきがけの三者連合を基盤としてできた社会党の村山首相の辞任のあと、同じ連合による自民党の橋本龍太郎内閣が発足し、六大改革を提言した。橋本政権は約二年半でつぶれ、小渕政権がこれを引き継ぐということだったのであるが、日下氏はこの時点での社会の前途に大いに期待している。

この間の事情を略記すると、九六年一月からの橋本内閣は一〇月の小選挙区制による総選挙で議席を増やし、内閣改造の時点で橋本内閣は「火だるまになっても六つの改革を行う」と発表した。年末から第二党の新進党の解体などもあり、政権は順調だったのだが、その翌年つまずきをみせた。一つは九七年四月、消費税を三％から五％にあげたため、深刻な不況ムードに拍車をかけ、人気が下がった。しかし、それより決定的だったのは人事の失敗である。九七年九月の第二次改造内閣でロッキード事件灰色高官といわれた佐藤孝行氏の入閣（総務庁長官）で批判を浴び、発足後一〇日余りで慌てて他の人に変えたのだが支持率は急落し、その後も回復せず、九八年七月の参議院選挙で惨敗して退陣、小渕政権になったのであった。このように政治は政策の問題だけではないので政権の変転は常であるが、問題とすべきは世の中の流れであろう。

第一部　どんどん変わる日本

第一章　二〇〇万人失業のすすめ

いきなり刺激的な表題なので、こんなこと言っていいのだろうか、反論喧しいことになるのではないかと、怪訝な気持ちになる。この時は日本の長期不況の真っ只中、デフレの真っ最中であった。日本の個人貯蓄は一二〇〇兆円に達し、そのうち預貯金が六〇〇兆円、資金はどんどん外国に投資されていく。目先の利く人は外国の職を求めて移動する、あるいは外資系の会社に移る、ということも起ってきた。このまま行けばアメリカは三％成長、日本は〇％、どうしたらいいのか、との問いに、氏は日本も三％成長を目指すしかないという。この為の手段としては、マクロ的に言えばいくつかあるが、労働力人口の三％増加、しかしこれは少子化傾向でだめ、皆が消費を三％増加すること、これも不景気でおよそ期待薄、そうすると生産性を三％あげなければならない。一番簡単なのが人件費を三％切ればよいということになる。しかし、労働が変わらず給料を減らすというのでは、日本はよくならない。だから残された解決策はただ一つ。三％の人をクビにして、新しい職場を作りそこに移動する必要があり、それが毎年二〇〇万人であるというのである。

こんな事をいうと、「生首をとる気か」「血を流すのか」「弱者切捨てか」という反論がすぐに聞こえそうであると氏も言っているのだが、日本経済が救われる道はそれしかないと主張している。今は失業率が四％、これを七％にし、二年後に四％に戻れば日本は素晴らしい活力のある国になるだろうという。金融とゼネコンと農業と公務員から二〇〇万人を取ってきて、マルチメディア、ハイテク、老人介護あるいはサービス産業でもどんどん新しいことをすればいい、シリコンバレーを見習え、と勇ましい。会社を救ってはいけない、生活を救え、ということで、六大改革を見ていると、だいたいそんな風に進んでいると述べている。

まあ、私は本気で氏がそんなことが可能であると思って書いたとは思われない。この本でもこの部分だけは、現役を終えてしまった気楽さが言わせているようで、どうかなと思うし、事態はその後、倒産による中小経営者の自殺などが急増したことなどや、企業は派遣、パートなどの非正規職員の増加による人件費の軽減化による手段をとったりして現在も大きな問題化しているのである。ここでは、労働構造の変化、転職を恐れるな、という気持ちの促進くらいにとっておくべきだと思った。

第二章　九七年六月で変わった日本

日本は現在、この一年間でどんどん変わっていて、そのターニング・ポイントが九七年の六月、財政構造改革会議で方策を取りまとめ、閣議決定をした時であるという。金融ビッグバン（注1）の法律、財政改革法、それが九八年度予算、公共事業費七・八％の削減となった。高齢者増加による福祉予算の増額も認めないことになり、防衛予算も同様だった。六大改革というのは、財政、行政、金融制度、経済構造、社会保障、教育の六つの改革を指す。氏に言わせれば、六大改革が進むのは世界的視点から見た時の必然であると述べる。

イギリスは戦後、社会福祉国家として出発しそれに習う国が続出し、日本も失業保険、健康保険、年金制度、教育の国家助成など大いにイギリス化を進めてきた。しかし、二〇年前イギリスはサッチャーに変わり、アメリカもレーガンになり、自由化と小さな政府へと政策転換をし始めた。それはよかった面もあるが、今度は失業の増加やポンド、ドルの下落や貧富の差の拡大と治安の悪化を伴った。その頃、日本は上昇一路であったのだが、バブルが終わってみると、長期不況になり、その原因を考えると、大きな政府、多すぎる規制と保護、横並びの経営者、甘える社員等々で、結局自由化が必要だと少しずつ考えてきた。そしてイギリスやアメリカが調整不況を乗り切ってドイツもその流れとなって、日本もついに自由化に乗り出したということだという。EUが赤字国債の発行を国内総生産の三％以下と決め、各国もそれを達成した事に、日本政府も衝撃を受け、この目標に参加することを決意した。

氏はこの一年間で日本はどんどん変わった、と幾つかの例を述べる。インドネシアのスハルト退陣の暴動にたいし、邦人救出のため自衛隊を派遣した。それに対して全然反対がない。ボスニア・ヘルツェゴビナ、カンボジャへ出した時は凄い反対があった。（注2）憲法違反とも誰も言わない。昔、若者の血を流すなと言った人達はどこへいったのであろうか、と書く。経済で言えば、山一證券、北海道拓殖銀行、三洋証券、日産生命などが潰れた。三塚大蔵大臣が「そういうことはさせない」といったが潰れたので辞任した。役人に聞くと「若い人に守る意欲がない。もうこれから天下りさせてくれそうもないと思っている」という。業界保護をしても天下りさせてくれないのでは、意欲がわかないということで、業界保護行政が消えてゆく。これは行政改革がじわじわと効いてきた証拠で大変な変化であるという。業界もお役所に陳情に行っていたようなやり方では続かない。「わが社が得をするには、役所を揺さぶるのが一番簡単だから」といっていた会社も態度を変えつつあるという。エージェント化を求められている公務員や特殊法人の職員が椅子にしがみついて改革反対と叫んでいるのと正反対の日本が姿を現してきた。

氏は世論を形成するのに大きな影響を持つマスコミに対して強い不満を持っている。マスコミの特徴として、第一にいつも暗い情報ばかり流し暗い質問をすること、それが賢い質問だと思っているから困るという。例えば何か事件があると、「こんなことをやったのは誰だ」と騒ぐ。大事なのは必要な対策なのに、それから逃げて原因探しのほうへ気持ちがいくのは無能な人の常であると手厳しい。第二に責任逃れもあるが、原因をたくさん言われるのを嫌って、なるべく一つに絞ろうとする。これは実は頭がついてゆかないからだが、往々マスコミは「首相はリーダーシップを発揮せよ」の一本槍で、それは実は独裁者待望でもあるのだが、それに気づいていない。「国民はこうしよう」と書けば明るいと思うのだが、そういう明るい答えは賢い答えでないと思う人が多いらしい。原因はいつも不景気や外国や天候や政府のせいになり、それを外部に発見できる人が歓迎される。そのうえマスコミは自分が国民より一段賢くありたいと思っているから、そのためにも人が反論しにくい「暗く賢い意見」のほうをとりあげる。

六大改革もスタートして一年間、マスコミは改革が急テンポで進んでいることを、きちんと国民に教えず、「まだ足りない」と批判ばかり言っていたから、国民も改革の進展に気づいていない人の割合が多かった。要は官庁やマスコミの話を鵜呑みにしてはいけない、自分の目で見、頭で考えなければいけないというのだが、我々一般人は氏の様に経済界に広い顔や交際があるわけでないから、なかなか、本当の実態を知ることは難しいともいえる。

実際は人々の意識も随分変わり、今までの常識がどんどん崩れていっている。官僚は優秀、上品という信頼、公共料金が民間料金より安いという思い込み、大企業は潰れない、土地はけっして値下がりしないという信仰など、それらを破る事例が次々に出てきた。郵便預金もあまり大丈夫でない、郵便事業民営化も進みそうである、病院の診療代としての自己負担金の実施により、高齢者の外来が激減し、本当の病人にとって待ち時間が短くなって財政改革歓迎の声が上がっている、福祉予算の切り詰めが福祉の増進になっている、というような意外な事例も書かれている。

改革の嵐が吹き荒れ、倒産が多くて暗いというのがマスコミの論調だが、それはそれとして、氏は四〇年ぶりで青空を見る思いがする、という。冷たい風が吹いてきた。素晴らしい。いい加減な草木の繁茂は吹き倒されたほうがいい。潰れる会社は潰れてよい。それが資本主義のルールであり、また新たな芽が生える。その間は生活保護だけはきちんとすればよいというのだ。日本政府も税金の自然増収はもうないのに、昔と同じく赤字国債の発行に頼って続けているのはおかしい。国民の郵便預金が国債を買い財政投融資の資金となって公共事業を続け、公務員に給料を払い続けているがこれが行き詰まる先、いずれ消費税一〇%の時は近いという。それがいやな国民ならば六大改革を応援し成功させることが唯一の道であると強調している。すなわち日本の非効率部門を縮小し、それが抱えている人材、建物、土地、資金、技術を効率部門に対して放出し、全体を投資効率の良い国とすることである。時代遅れになった組織は解体し、新しい部門を立ち上げる。これは禁酒・禁煙の苦しみに似ていて、禁断症状は苦しいが、その先は強い日本が誕生する喜びが待っている。そのために今は苦しくとも頑張らなければならない、と説くのである。（二〇〇七年の今も赤字国債は続き、消費税アップは政権維持のため封印されてきてはいる。）

第三章　六大改革の成功か、消費税一〇%か

中央省庁改革法で、二二省庁が一三省庁に減り、局長ポストが一二八から九〇くらいになり、課長ポストの約一二〇

〇も一〇〇〇以下に削減される。もっとも審議官、参事官は除くとなっているので、抜け道はあるが、という。それでもかなりの人が外国の会社に引き抜かれたりして新たに活躍の場を得るだろうと予想している。接待禁止も凄く、逮捕者が出てくると官官、官民、民民の接待も激減し、高級マグロがその筋で売れなくなった為、回転寿司のネタがよくなって大はやりであると、面白い話も書かれている。変化はいつもチャンスであると説く。

マスコミには出ない変化を述べようといって、第一に小選挙区制の効用は、その地区のもともとの候補者の地盤だけでなく多方面の住民の支持をとりつけないといけなくなり、族議員だけではいられなくなった。その分、議員の意識改革が進んだ。第二に、連座制の強化によって政治にカネがかからなくなった。族議員の抵抗力が減ったので、いずれの分野も減る予算がつくれた。薬害エイズや証券スキャンダルでの検察庁の大量の段ボール箱の押収を見て、スネに傷を持つ人は動けなくなり、特にベテラン議員がおとなしくなった、と観察している。責任追及の嵐が吹き続けるなら、この改革は進むだろうと。住民訴訟とか株主代表訴訟もそれを楯にとって官庁に抵抗することが出来る。経営に失敗した役員は退職金や慰労金を返済させられるようになった。当局の指示に従うだけの経営者はいまや無能として罰せられるのであって従順さと誠心誠意だけでは生きてゆけない日本となり、個人に対する責任追及が厳しくなりつつある。

もう一つは内閣法改正により、首相がリーダーシップをとれるようになる。閣議における首相の発議権の明記と、多数決制の採用であるという。それまでは議題は前日の次官会議で決められていて、首相や大臣のそれに関係すること以外の発言は不規則発言で野次と同じことになっていた。もし、この改正がなされれば、政は官を支配できるようになるから画期的であるが、官庁の抵抗は強力だからどうなるか、これは小渕内閣に期待すると述べている。(調べてみると、首相の発議権は九九年七月の法律改正でそのようになっているが、多数決の語は文面にない。実効的に行えばよいということなのだろう。実際には小泉内閣で、強い首相の像はよく言及された。)

今、日本は橋本改革をしたから不景気であると述べ、だから景気刺激策をとれという人がいるが、これは迎え酒で、よくない。もう一年たったがもう一年我慢せよ、そうしたらよい日本になるからと言っている。改革には痛みが伴う。今の不景気は「希望のある不景気」であると。二年、これはサッチャー、レーガンの時もそうで、二年目で不景気は底をついてその後は上昇したのだからと氏は言っているのだが、・・・。GDPマイナス一％というが、新聞に載っているのはマイナス一〇％、二〇％の暗い会社の話ばかりである。平均マイナス一％なのだから、反対のプラス二〇％の会社もある筈だという。首になった人が他の会社に移り、給料が下がった人もいるだろうけれど、上がった人もいるに違いない。マイナスの会社が土地、建物、機械、人材を売る。それは可哀想だが、しかしそれをプラスの会社が買うのである。このようにして能率のよい日本全体ができてゆく。国民も悪い。首相叩き、政府叩きを続けているのは愚かであって、国民も自ら発信し、行動をして欲しい。ここで、氏は具体的に、首相に「改革を応援しています」という激励の手紙を書いてほしいと提案をしている。

第二部　第四章　ビジネスマンの生き方もどんどん変わる

どんどん変わる人生

最先端情報は行動すればわかる、として氏は盛り場での様子とか、地方業者との話しなどをよく引用している。不景気になって、人材派遣会社は大はやりで労働市場は流動化している。若い女性社長もたくさん出てきた。技能には会社だけで通用する特殊スキルと一般スキルがあるが、この両者を考えないといけないし、前者は突然の肩叩きには無力であることを銘記すべきだと説く。予測だけで儲かるのは学者と評論家だけでビジネスマンにとって大切なことは予測したら次には行動しなければならない。命令待ちがサラリーマンで、ビジネスマンなら自分で会社を動かして欲しいと。

意識改革としては、「総論を使うな。無視せよ。各論の達人となれ」ともいう。先行き不透明といわれているが、それだからこそチャンスと思わなければならないと。各論を現実からつくること、そのように行動する人が成功する。行動する人はもう「不安だ」とは言わない。これからマイナス成長が二〇年続いても昔に戻るだけではないか。氏の結婚した当時はラジオ（？）も冷蔵庫もなかった。月に三本のビールが飲めたら贅沢であったし、それでも前途に希望を持って生きていた、という。

第五章　日本経済、新結合のすすめ

新結合というのはシュンペーターが勧めたことであるという。日本では移り変わることをマイナスで考えすぎるとして、移ってうまくいった人の例をいくつか述べている。実力のある人は実績給や歩合給のアメリカ会社に移っている。ゴールドマン・サックスはこの一年間で、日本支社の人数を二倍にし、一五〇〇人のうち日本人が九八％とか、山一證券にいた人がロンドンに移り、年間三六億円の給料をもらっているとか、メリル・リンチに移ったとかである。フォードから二代、アメリカ人がマツダの社長になって、この程累積赤字を一掃し、黒字となって復配するようになった。このように氏は経済のみならず、社会を立て直すには人の入れ替えが一番いいという。

日本でも昭和二年の恐慌のとき高橋是清は七二歳で三度目の大蔵大臣となり、その不安を抑えてしまった。現代では日本財団の会長となった曽野綾子氏が好例で、情報公開により、信用度をあげて成功しているという。要は、自分の収入は自分の力で大丈夫、どこにも気兼ねなく率直にものが言える人がよい。不良債権も関係責任者は全員クビにして信用を回復するのが必要であると。

かき混ぜて新結合を作る。そういう大入れ替えをアメリカは年中やる国で、それが今の日米間の経済格差の重大な理由である。しかし、新結合は人間関係の変更につながるから、多くの人は踏み切れない。氏はロシアで給料不払いで逼塞している優秀な人を日本に呼ぼうとし、日本の会社にも紹介したが会うのさえ嫌がるという状態で、進まなかった経験を述べている。その人達はみんなアメリカがさらって生き生きとしているという。

第六章　米国ニュー・エコノミー、じつはこれが核心

日本で参考になるのはやはり七年間好景気が続いているアメリカ経済であるとし、米国のニューエコノミーについて

解説している。ここで氏はその理由として、統計を見ても情報産業の売り上げ高が非常に伸びてはいるが、それ以外にもいくつか思いつくとし、日本からの資金流入、アジアからの人材や安い物資の流入、そしてアメリカでのホワイトカラーの革命があるという。ホワイトカラーが失業、もしくは給料が下がった。これはパソコンの導入による。自分の家で働くから通勤しなくてもよいという人が今や四三〇〇万人もいる。昼でも夜でも働ける社会になっていて、これは大変な生産性向上になっている。これは日本で未だやっていないことで、人事処遇を大事にして下からの押し上げに期待する日本は変化が遅く、若くても勉強し能力を持つ人による上からの命令で動くアメリカは変化が早い。日本もそれをしなければ負けてしまうと、氏は九四年に『人事破壊』という本を書いてベストセラーになったのだが、日本の大企業は読むだけで何もしなかったという。今や赤字になって、道理の力でなく赤字の力によって動き出した、それでもいい、問題は実行であると書く。

「ビジネスウィーク」に出ている統計で、アメリカの一人当たりの消費の増加を見ると、自動車、食糧、衣料、耐久消費財は、平均合計〇・九%、それが家庭電話サービス、エンターテイメント・レクリエーションサービス、CATV、新しい金融サービス、ホームコンピューター関係で、一二・五%になっている。だから全体で人間もお金もどんどんそちらに移っている。これが産業、消費構造のシフトであるが、日本は新陳代謝、構造転換、新結合が進んでいないと嘆いている。

氏はここで、ビジネスにおける「評価」の世界に日本も飛び込んでいく決心をしなければならないと説く。金融危機は実はほとんどが「信用問題」である。日本人はいつも点をつけられる立場でものを考える。模範優等生の悲しさである。氏はいくつかの本の賞の選考委員の経験からも、結果の当落はたまたまということが多いので、そんな結果を気にせず頑張ればいいのだという。そういう世界に生きている人がニューヨーク、ロンドンにはたくさんいて、日本の銀行を揺さぶって儲けようと企む。その一つがアメリカの、金融機関に対する格付け機関という仕掛けで、それの上げ下げで、評判を作り、それによる市場の変化でまた次の格付けを考えるというような悪巧みのニューエコノミーの世界があるのだという。いわば虚業で食べる先進国の人達がいるということで、「評価が実力と乖離している」などと批判したところでどうなるものでもないという。アメリカは軍事力のような実体で支えられているのは事実だが、ある時は虚の部分で暗躍しているのだと指摘する。話題のデリバティブもまあ、大衆を騙すような話で、考えた人は頭のよい数学者だが、動機は不純で、どんな商品にすれば誰が騙されて買うか、次に損が出たとき何年隠せるかであるといったものであると書く。それに引っかかったのがヤクルトで、一〇〇〇億円の大損失を蒙った。日本人は製造業に対する信仰が強くて、確かに素晴らしいから尊敬もするが、それとサービス業を合計して強いかどうかが国力なのであって、ホワイトカラーやサービス業は世界で一番だらしがないとまで極言している。他にも国際決済銀行の自己資本比率の規制に大蔵省が追随し、その命令に業界が従うなどの体質（銀行の貸し渋りに結びついたという解説がなされている）とか、評判の作り方、虚業での闘い方、上手な略奪の仕方など、戦わなければ食い物にされてしまうものがいろいろあると警告し、このような世界を日本はよくよく勉強しなければいけない、実はこのニューエコノミーの中でこれがもっとも重要なのだと述べている。

第三部　どんどん変わる常識

第七章　「お金」の常識もどんどん変わる

日本人は日本の銀行にお金を預ける。こんな国民は世界でも珍しい。たいていは外国の銀行に預けるという。私もこんな方面は全く不案内なので、本当かなと思うのだが、氏は十年前に書いたのに誰も何も感じなかったようだ。それ以上に日銀券が使われなくなる日だって想定しておくべきだという。また九八年三月の橋本二兆円減税、これに八月もう一度二兆円減税となって標準世帯で一三万円の減税となった。これを皆が使えば合計四兆円だから一番いい景気対策になるのだが、問題は果たして国民が使うかということだ。減税反対論者は「使わないで貯金をしてしまうから景気刺激の効果はない」と言っていた。一三万円の消費があれば未来産業へのヒントも得られると、氏は使うべきだとあちらこちらの機会に言ったらしい。郵便局も安全だなどというのもとんでもない話で、すでに四割は不良債権として空洞化しているので、いつか政府が預金の四割カットと宣言する日が来るかもしれない。考えてみればこれは皆使い残りなのだから、それが起こってもそれ程の問題にはならない。だから起こったっていいのだ。そのくらいお金に対する常識も変わったってよいのだと主張している。

第八章　デフレ的生活の方法教えます

個人の人生目標や人生設計など、本来他人が干渉すべきことではないのだが、なぜか日本では人生の選択や個人の精神領域まで踏み込んだ議論が平気で行われる。思うに、日本ではそれらに個人差があまりないという認識が社会的に成立しているからで、それを論じて何らかの結論を読者に提供することに大きな需要があるだろうとマスコミは考え、読者もそれに答えるのだろう。これはテレビで毎日繰り返されていることで、それを見た人は人並みを目指し、ますます個人差を考えない人間になっていく。それでいいのだろうか、と考えてしまうと述べている。

氏はこの面でもインフレとデフレでは全ての考え方が逆転するという仮説が成り立つような気がするという。インフレでは経済活動が盛んなので、「損か得か」という経済精神が入ってくるが、デフレではだんだん経済に関する関心を失い、精神的価値を考えるようになる。そして人生設計でもより個人差が出てくるので、一般的結論の妥当性の範囲は狭くなる。だからデフレと個人生活についてというのは難問だが、現在はデフレなので敢えて挑戦してみようというのがまえおきである。

一般的法則として、一、インフレの時は借金をしていた方がトクである。デフレのときは借金は早く返済しよう。二、デフレの時は換金資産は持たないように。持っているものは売却する。三、利用する資産は別で、できれば巧く利用せよ。四、人材はインフレでは量的拡大が望めるが、デフレの時は能力の総点検が必要。貨幣による清算は早く済ませること。

これらを個人生活に当てはめると、一、マイホームは売却して、安い貸家を探してどんどん転居する。二、自動車もレンタルかリースにしてマイカーは持たない。三、最小限のもので生活を賄う。四、図書館の利用など、できるだけ公共施設を利用する。五、老後の処遇より現在のキャッシュ。恩を売るなど将来的行動に期待しない。六、友人の拡大の為の交際など費用のかかることは抑制する。七、教育費の投入など将来的なものは最小限に。娘は看護婦に、息子は植木屋に。（これは間違いなく冗談）八、いつでも資産は現金化できるようにしておく。昨年は家庭用金庫がよく売れた。金融商品はハイリスクであることを銘記せよ。九、カネの運用は、余る時間を十分使って研究せよ、となる。これらの考え方は一応良く解る。

氏の親切さは更に丁寧で、貨幣的損得に徹した人だったらの行動を描き出す。マイホームを持たず、できればワンルームマンションに住んで、スポーツと入浴はヘルスセンター。夕食はコンビニの弁当、買い物は宅配便、掃除洗濯は人材派遣業。会社はいつでも辞められるようにして、できればインフレで好景気の国に脱出してそこで楽しく遊ぶ。デフレで苦しみ、投売りの資産や趣味の品物は購入しておいて、値上がりを待つ余裕ができればもっと良い。人間関係を考えると、結婚はしないのが一番良い。友人も持たないのが費用最小ですむ。老後の医療費や介護費だけはデフレと無関係にこれからますます猛烈なインフレであるから、それについては今から準備しておく。それは、外国に脱出を考えて、外国での友人をもったり、外国語を訓練しておいたり、そこでの収入能力、例えば日本の文化を教えたりする能力を養っておくことなどである。面白い例は、手話を練習する人が増えていることで、手話は国際交流の手段として最高である。昼間はそのような文化の習得のために学校に通い、夜はインターネットで世界の情勢を把握する。ベッドに入って寝入る前のしばらくは自分の資産運用を総点検してどう行動するかを考える。生活はシンプルに、夜は利回りを考えて寝るがそのとき安眠できるひとが幸福な人であると。この漫画チックなスケッチ、最後のオチが素晴らしい。なんと上質なユーモアセンスであろうか。実に感心する。

それはそれとしてこの本では資産運用をいかにするかという話がたくさん出ている。私が自らを省みると、そのような論理を考えるのは面白いが、我が家は考えるほどの資産もなく、今までの人生はほどほどの生活費と子供四人の教育費に収入のほとんど大部分を使ってしまい、あまればとりあえず預金しておくことしか考えなかった。この点、正に氏の批判の的でもある典型的日本人で完全な劣等生であった。私自身がこの方面に能力もセンスもなく、金儲けには無関心、無縁の種族なので、惜しいことだが著者のここでの知恵は全く役立てる気にならなかったわけである。

第九章　官僚、教育、地方も変わる

天下り禁止が徐々に官僚社会を変えている。(もっとも、今でも天下りの数は多く、新聞は毎年批判記事を載せている。官僚の固定ピラミッド構造が変わらない限り、私は少なくなっても決してなくならないと思っているが) 大蔵省(現財務省)も金融監督庁ができたので、陳情がてらの挨拶に来る数が減ったし、接待も減った。官僚にとって楽しくないので大学に移ったり、アメリカの会社へと辞める例も出始めている。気の利いた学生は高級官僚を目指さなくなった。実際、東大生の志望の第一位は外資系で、それから次が司法試験であると書いてある。接待くらいで舞い上がるのは本当のエリートではないので、氏は真のエリートが増えてほしいという。とくに経済など世界とのつながりが良く見えるような能力を鍛えるべく勉強して欲しいと。超低金利が長く続いている日本に対し、国際投機資本が何を企ててくるのか、とか、アメリカの国債を支えている日本がどのように強い外交を展開すべきか、今や大国・日本のエリートは世界的な大仕事をすることが可能なのだと、激励もしている。

今、評論家は忙しい。評論家になってテレビに出たがる人が多い。これを氏は世の風潮の一つの現れであるが、人々の淋しさの行き着くところではないかという。考えてみると、昔は大所帯の家庭があり、町や村の地域社会もあり、相互扶助や話し合いがあった。氏の書いているままに記すと、それが今や民主主義の行き過ぎか、人と人とのつながりが薄れ、自分の立っている場所がない。地位がない。義務がないのは助かるが認められないのは心細い。みんな淋しい。テレビに出る人はいいなあ、みんなに認められていいなあ、という時代になっていると。

これを氏は、戦後五十年、それまでの世の中が権威といわれたものを叩き過ぎたのであるという。先生、父親、総理大臣、大蔵省、警察、軍人、国家、その他ありとあらゆるものを叩いた。マスコミはいい格好をしたが、日本社会はメタメタである。何でも叩けばいいという常識もやがて変化がくるだろう。テレビ、新聞は新しい権威になりかけているが、大衆迎合的言論ばかりでは、やがてそれらもインターネット、地価情報ネットワークに信用を奪われる気がすると述べている。

教育は子供の数の減少がなんといっても決定的である。大学も一歩一歩全員入学に近づいている。この時点で、四年生大学五八六校、短大五九五校、不人気大学は定員割れからやがて吸収、または倒産に向かう。（多分一〇〇校くらいと予想している。）建学の理念ではなく赤字の恐怖から大学も必死で改革を進める。一方大学よりも専門学校のほうが短期で技術が身につくということで、人気が出ているという。氏が属している多摩大学の文部省（現文部科学省）にたいする独立独歩の対応のエピソードなどが語られている。教育界も内部からどんどん変わっている。確かに国立大学も独立行政法人になり、経営も一部民間型への変化が顕著である。キャンパス内にも、コンビニエンスストアなどが入り、私立校のようにホテル、式場なども現れるかもしれない。

地方財政も、交付税の変化、地方分権推進委員会の勧告などで、その試案を見た氏は素晴らしいと述べる。もっともその後自民党の利権に敏感な族議員や、権限を手放したくない官僚の抵抗は頑強のようで、分権を推進しようとする改革派知事というのがここ数年全国的に何人も現れたが、前途は多難のようでもある。しかし、長くかかっても全体の流れはその方向になるのだろう。氏は岡山県の新知事に頼まれて審議会委員を務めたようだが、そこで提案したことが全部採用されているので、感激した経験などが語られている。

第十章　行動しよう、貢献しよう

行動すれば状況が変わる、ということを氏はなんども強調してきたが、最後の章ということで、ここでは氏が会長をしている「国際研究奨学財団」の目的と活動についての紹介をしている。ワシントンにある「ウィルソン・センター」のように国際的交流のサロンをめざし、情報発信と情報創造が同時にできるような場所を提供したいということだという。またアジアからの奨学生を積極的に支援したいという。（現在は「東京財団」と名称が変わっていて、日下氏は現在はほぼ十年務めた会長を退任している。）

この本は一九九八年末に何気なく買った本であった。題名の『どんどん変わる日本』と副題の「こんなに明日が見えてきた」という名前につられたのである。一〇月の出版後二ヶ月だから評判も知らず殆ど衝動買いである。その時は私は科学技術庁に付属した研究所で働いていて、本庁が文部省と一緒になって文部科学省になるということ以外、あまり深く考えなかったし、そんなに周りがどんどん変わるだろうかと思っていたものだった。しかし、今読むと、その後首相が小渕氏から森氏となり、特に小泉首相になった二〇〇六年までの政治、経済の動きは確かに大きな変化だし、ここで、展開した日下氏の幾多の所論（首相の決定権の増大、郵政民営化の可能性、金融改革など）がどんどん実現していっているのを見るにつけ、氏の広角な先見性に感心する。勿論、氏の予想で当たらなかったこともある。例えば、不景気がこの後二年で回復するだろうというのは、もっとずっと長くかかったことなどが典型である。それはそうであっても悲観論に陥ることなく常に変化を前向きに捉えようとする氏の健康な精神は、すがすがしい。

本著は一つ一つを緻密にじっくりと論じてはいないし、その意味では典型的な時局評論であり、氏から見れば、「書き散らした一冊」というようなものの一つかもしれない。しかし、氏の裏にある該博な学問的知識、広い人間関係での積極的な交流による情況把握、鋭い観察眼等に基づいて書かれているので、読んでいて楽しく生き生きとしてくる。考えのダイナミック・レンジが広いのでそんな考え方もあるのかと目を覚まさせられることも多い。一見、文章が雑に感じたりするのだが、中身が多様で豊富なので、理解するには結構忙しく頭を働かせなければならない。これは私自身、新らしもの好き、変化を求めることの好きな性格だからかもしれないが、読んでいて元気が出てくるのである。

『すぐに未来予測ができるようになる六二の法則』

私は普通いわゆるハウツーものはあまり読んだことがない。ものごとはそんなに簡単、手軽にはいかないという気持ちが強く、読書には便利性をあまり期待しないからだ。以前、かなり世界的に評判になったスティーブン・コヴィーの『七つの習慣』を読んだ時も「相手との関係はwin・winでいかねばならない」というような言葉だけは覚えたが、当たり前のことしか言っていないな、というのが印象だった。この日下氏の本は題名から見るとそのようなハウツーものかなとも当初思ったのだが、ともかく買ってみた。それはこの本が最初に、ロジャースのイノベーター理論を解説してあったのを偶々目にしたからだった。有名なその理論を私は最初どの本で知ったのか思い出せないのだが、もう十数年前だと思う。その時は経済的観点から一九六〇年代に提起されたものであることなどよく知らなくて、結果、的確な人間の性格分類になっていることに感心して以来、ものごとを考えるときにいつもよく頭に去来した。とくに組織体の構成員の行動を考える時にいつも参考になった。この理論をさわりだけ説明すると次の如くである。

スタンフォード大学のエベレット・ロジャースが消費者の商品購入に対する態度を、新しい商品に対する購入の早い順から一、イノベーター（革新的採用者二・五％）二、アーリー・アダプター（初期少数採用者一三・五％）、三、アーリー・マジョリティー（初期多数採用者三四％）、四、レイト・マジョリティー（後期多数採用者三四％）、五、ラガード（採用遅滞者一六％）に分類した。彼はこの五つのタイプの分布が釣鐘型カーブになり、一と二の割合を足した一六％のラインがS字型カーブである累積度数分布曲線の急激上昇に一致するので、商品普及のポイントになることを指摘した。

もちろん私は会社経営者でもなく、商品販売にも関係はないが、この人間の分類は、パーセントはともかくとしてだいたいの社会の人々の性向を非常によく表していると思った。すなわちイノベーターというのは世の中に先んじて新しいものに興味がある人で、研究でいえば極端には天才（あるいは馬鹿かもしれない）である。二は別名オピニオン・リーダーとも呼ばれるが、世に言うエリート意識を多分に持っている人で、国内外のフロントをいつも見ていて、研究指導者として周囲を牽引しようと目指して頑張る。三は世の中である種のことがかなり話題になっているということを知り、それの範囲で、その研究をこつこつ進める。四は大勢が動いていることを知ってそれに従ってあるいはつられて行動する。五は伝統主義者で、新しいことには興味を示さず科学技術には無縁な層、確立した過去のことが大好きであって、古くからの信用度の高いものしか利用しない、文化的にはいわばレトロ趣味の人ということになる。

これは科学や技術の研究における分類の一解釈だが、社会科学などにおいてもそうで、一は世の流行などとは無縁の世界で自らの孤独に強い人で、本当に新しいことを生み出すのはこの僅かの人達かもしれない、二の人と言うのが弁の立つ学者、高級官僚、評論家、であって、世論を引っ張ることに生きがいを感じて言論界の雄になることもある。一時期マスコミなどでもとりあげられて花となるが、流行が去るとはたしてどれだけの人が存在意義を残せるかは問題とはなる。三は、おおむね勤勉なまじめな人で世の動向を気にするが、自分が社会的に派手な存在になるとは、思っていない。四は、知的な意味では社会の全体に興味があるわけではなくおおむね個人生活を追っているのでその意味ではさほど重要さをもたない、しかし三と四がいわゆる大衆の重心を構成している。五は、四と違ってむしろ自分の立場が確立しているので思想的には保守、場合により反動の立場になる。このように勝手に敷衍して考えると、世の人々の性格や動き方はだいたい理解できるなと思ってきたのである。

実際にこの本を読み進めると、中身は日下氏が長年、思考をしてきた時の、キーポイントとなるような方法を思い浮かべて列挙したという内容である。私から見て興味をそそられたものを選択して書いてみることにする。前著で述べられた事項の再掲といったものも多いのでそれらはここでは除く。

一、まずは上記のイノベーター理論であるが、それぞれの種族が好む言葉を一が「挑戦」「創造」「個性」、二は「社会的尊敬」、三は「コンセンサス」、四が「慎重熟慮」、五が「伝統」と書いてある。一と五は共通性があり、どちらも信念の人であり群れの外にいて自分の好きなことをする。それだけにラガードがなにかの拍子にイノベーターになったりすることもある。通常イノベーターは未来と、ラガードは過去と対話している。共に「事物への関心」が「評判への関心」より強い。その逆が言える三と四をまとめてフォロワーともいっているようだ。だいたい、今までに私が抱いてきたこの理論にたいする理解はそんなに間違っていなかった。氏はこの話の一番大事なところは、それまで経済学は人間の行動を「安ければ買う、良ければ買う」というふうに単純化してきたが、この説は人間の行動は「人が買えば買う、人が買えば買わない」というように社会的非一様性を持つことを指摘した点だと解説している。

二、氏はアイデアや発見を得るには演繹法ではダメで帰納法で考えよ、（注3）という。日本の教育はすべて過去の整理に基づいた演繹法で行われているので、多くの人は演繹法になれていて、これは効率的だが、あらかじめ答えの用意されていないこと、正解のわからない問題には役にたたない。帰納法は材料を集めそれを煮つめて法則らしきものをだして理屈をくっつける。これはかなり感覚的作業になるし、積み上げられた努力、思考の上で思いつくのがひらめきとか直感力ということになり、それがアイデアになる。それが正しいかどうか、あくまでも当初は仮説にすぎない。帰納法は無駄も多く、その過程である程度の「非まじめさ」が必須である。私も特にこの最後の点が大切な気がする。

三、知らないものを理解するには二つの方法があり、「アナロジー」と「アナリシス」があると述べる。芸術は総合だが、自然科学は分析で、中間の社会科学が困るという。昔はアナロジー優先の社会だったが、科学時代は、「アナリシス」で行くところまで行こうということになった。これを一世紀続けてきたが、それだけではどうも巧くいかないことがわかってきた。「アナロジー」は人間の持つ直感力ともいえる。社会科学はアナロジーを多用していて、「景気の波は今が底です」、「デフレの圧力が心配です」「波及効果は二・三倍です」というような例が書かれていて、経済は水モノと考えて流体のように捉えられていることが判るという。（自然科学でも、実は最初はアナロジーから出発することが多い。天体活動から原子模型が、原子模型から原子核模型が、という風に、イメージは常に直感からという流れは枚挙にいとまがないのであるが）

四、文化産業の発展には四つの条件が必要である。一、文化的飢餓感の存在、二、文化的向上心の存在、三、「賃金による労働刺激効果の発生」、これは解りづらい表現だが、言い換えれば世の文化への経済的余裕とそれに向かう労働意欲の存在、四、消費の満足の追及と書かれている。戦後の日本は、憧れの西洋文化（特にアメリカ）があり、高度成長があり、モーレツ社員があり、この四条件はすべて存在していた。そしてそれはほぼ完全に充足された。充足されすぎて所得は貯金に回り、産業は頭打ちになり、低成長が定着してしまった。これから日本の進む道は明白で、新しい魅力的な文化を自ら創造することである。日本の今までの実績はカラオケとコンピューターゲームとマンガ、アニメくらいしかない。これから世界最高水準の生活をつくってみせるという大きな仕事が目の前に広がっている。（このような明るい前向きの姿勢が日下氏の真骨頂と言えるであろう）

五、サロンのすすめ　サロンの要素のなかで最も必要なことは、知的情報であり、知的刺激、知的興奮である。話題が固定することを避けるため常に新鮮なゲスト・スピーカーを用意することが必要である。シンポジウムという言葉のギリシャ語のもともとの意味は「一緒に酒を飲む」ということだそうだ。一緒に酒を飲むと連想が湧き、発言が活発になる。自分も驚くような閃きが出てくる。これは私も長い経験上まったく同感である。（氏はこの為に、前著で紹介した東京財団の活動をしてきた）

六、いつの時代でもそうなのだが、ソフトが具体化されたものがハードで、順番はソフトが先である。何が一番儲かる商売かといえば知的所有権にかかわるものである。これからのソフト化社会は工夫、改良、発明、文化創造が高利益で、「知識、情報の価値が非常に高い産業社会」だという。（堺屋太一氏のいわゆる「知価社会」と同意である）特に氏はこれからの高付加価値成長産業は文化産業とサービス産業と言っている。ここには「遊び」の発想も求められている。

七、日本はこれから天才優遇の国づくりをしないといけない。天才といって語弊があるなら「活力ある人材」とか「リスクを敢えてとる企業家」と言い換えてよい。この一％の人を敵視するのではなく、皆で応援し、お互いに繁栄し共生するシステムを作るべきである。その点、一人の主役を徹底的にスターにして、ショーを盛り上げている宝塚歌劇を見習うべきだと面白いことを言っている。

八、世界最高の所得と貯金を持った日本人は（本当だろうか？）これから何をするのだろうか。生活必需品はもう既に揃っている。海外旅行も普及している現在、これから文化に関しては「同時生産、同時消費」を喜ぶようになる、花火のような瞬間の喜びが受ける時代であるという。個人で生産し個人で消費する。ＳＯＨＯ（small office home office）の時代、子供の時から個室を持ち、食事も一人で食べることが出来る。過去に例のなかった社会の到来である。個人でも集団でもどちらでも選べる多選択社会の実現である。もっともこんな記述を読んでいると、ここまで楽天的になって良いものだろうか、という思いもしてくるが。

九、製品のマーケット理論は山のようにあるが、情報の経済学というのは未だ何もない。委託調査費の算定などその値段のつけ方というのは、基準も無く、価格の説明原理がない。会議費、旅費以外は作業に使った担当者の労働時間単価の累積など一種の能力の信用においてなされるしかないところがあり、評価に製品の出来栄えは反映しにくい。シンクタンクの人にとって悩みの種となっている。

十、人の役に立とうとか、恩返ししようという気があまりない日本人なので、これから人に貢献するビジネスをすれば必ず成功する。最初は貢献するつもりが、生き甲斐になっていき、思いがけず儲けになっていく、そんな時代がきた。経済成長を追及する産業ばかりが能でない。非貨幣的幸福というものもある。むしろこれからはそちらの方が重要である。

十一、明るさは成功への道。日下氏は、職場が明るいところは「遊び心」のある人がいる、と述べているが、私はなによりも、明るく振舞うことが重要であるというのは、人生を通して非常に重要だと感じている。暗い人の周りには人は集まらない。やるべきことは必死で頑張るというベースの上で、人間同士において、ゆとり、自分を笑い飛ばせるユーモア、というようなことが、人生を非常に豊かにすると思う。

十二、物事にたいする絶対評価の目を養うには、体験を積むことが一番である。本物と出会う機会を増やすことで、本物か偽者かを見極める目を養う。上から見下ろして何段下かはよくわかるが、下から見上げて何段上かはよくわからない。

十三、これから日本で活躍の中心はベンチャービジネスであるが、その成功の見込みの良し悪しの判断は何でするべきか。これにはその動機が適切かどうか、英明さ、に続いて度胸という。これは失敗や危険を恐れないことであるが、それが知識と知恵と見通しに裏付けられている必要があり、賢さと度胸と自信は、こんがらがって渾然一体としている。更に加えるに、継続性をもたらす情緒の安定と言っている。私も人生は「賭け」の要素がかかせない。「賭け」のない人生は空しい。「賭け」があるからこそ面白いというのは、体験上つくづく思う。私のような研究者の人生など比較的冒険の要素は少ない方であろうが、それでも何回かの「賭け」の時があり、もし、あの時、別の選択をしていたら、全く異なる人生となっていた筈という思いがある。

十四、ソフト化とは「固定観念を捨てる」ことで、一生懸命考えることで生まれる。それが出来ると周りの人が古い感覚のままで居るのが目に映り、自分が自由になっているのが判る。もう一つの定義は「人より先、先端分野へ出ること」だという。それにはマドル・スルー（泥んこになってもがいて進む）を経る覚悟が必要である。当然打率は下がる。「当たり」がなければ会社は倒産してしまうがそれが自由主義経済である。しかし、マドル・スルーをやった人の喜び、達成感は大きく経験と自信が得られる。氏は失敗したとき、共に働いたフランス人に「失敗したが、これはグッド・トライだった。何かあったらまた一緒にやろう」と言われたという。「グッド・トライ」、いい言葉である。

十五、「差」か「平等」か。人間は差が激しい時代が長く続くと、平等が欲しくなる。平等が長く続くと、残念ながら差が欲しくなる。社会を活性化しようと思えば、平等の時代と差の時代が交代に来る必要がある。このように変化するところに意味がある。

十六、氏は日本の特徴をザッと見て、以下のことを言う。一、日本列島は大変恵まれている。気候、風土、それから外国の圧力がかかりにくいこと。二、日本人は何でも仕上げが上手で、採集経済社会、農業社会、工業社会とこれまで三度も世界最高（日下氏の何という明るさであろう！）のものを作ってきた。三、ただし仕上げに凝って新しいものへの挑戦をしないから、転換期にはいつも一歩遅れる。四、日本は仕上げで勝とうとし、事実勝てる。五、外国は延長戦上の戦いでは負けるので、新機軸を出す。それが成功すると、日本は遅れに気づき慌てる。歴史上、日本はどうもこういうことを繰り返してきたようだと述べる。今、一旦、工業社会の仕上げで勝った日本に対し、アメリカは九〇年代、金融、情報、通信で新製品を出し、日米経済逆転が起きてしまっている。

十七、国が商売で勝つ法則とは何か。それは国の持っている特質で勝負することである。中国は人、オーストラリアは土地、日本は技術、アメリカは英語による国際機関。（この点、日本で英語教育をいくらやってもアメリカ人の亜流になり金を巻き上げられるだけだと注意している。）世界の目で見て日本にふんだんにあるものは何か、まず貯蓄、教養、それから大都会。一〇〇〇万都市が連続的に新幹線で繋がっているような国は他にない。気候の変化、強い好奇心。これは未来産業にとって大切な条件である。衛生がよい。非常なる美的感覚による製品の仕上げの好さ。結局外国人は日本のものを買う。日本の製品はこれからのスタンダード・クオリティーになる。と以上、意気軒昂に書いている。

十八、特に日本は高齢者社会の先陣を切っていて、高齢者向け商品、介護などの個人サービスを一生懸命考えている。アメリカは「老」に対する哲学、老人を遇する文化がない。日本は中国からの影響で老の尊敬や老の完成といった観念がしっかりある。シルバー向け余暇活動も伝統的にたくさんある。盆栽、俳句、水墨画、長唄、詩吟、碁、将棋、茶道、書道等に加えて最近は旅行、登山、着物文化などがあげられる。将来、世界で敬老思想が力を得るとき、それなら日本に学べとなる。高齢者が欲しいのは個人サービスで、心遣い、思いやりという点では日本人は世界でも最高である。この分野で日本が世界をリードしていくのは間違いないであろうと述べる。なんだか、日下氏は躁病状態になっているほどの感がするが、その予測に期待したくもなってしまう。

十九、締めくくりとして今後の七大潮流を予測している。氏によればこれは大衆消費社会、中流社会、大都市化、平和（国家より民族、軍事より経済）、少子高齢化、東洋風への思想革命、多民族共存と人種平等、の七つであるという。そしてこのいずれにおいても先端を走っているのが日本とアメリカである。氏の文章を以下そのまま載せれば、「しかし、アメリカはこの潮流に逆行する動きもあって、その点アメリカは友邦国の信頼を失いつつある。その結果、多少だが孤立化の兆しもある。世界を広く考えれば、日本の人気の方がだんだん高くなると思う。日本よ、何か言ってくれ！と世界は期待している。日本はその声に押されて、やがて世界全体を見て発言するようになるから、『一言でいってください』と問われれば、その答えは『二一世紀、世界は日本化する』ということになるのである」と。その声に押されて、というのが如何にも今の自信の無い日本外交の態度を言いえて妙と思うが、これが氏の将来への期待であろう。

このように、日下氏の言が、とびきり明るいのは、前書の出版の一九九八年、この本が出版された二〇〇二年、日本経済は不景気のどん底で、倒産続出、電車への飛び込み自殺が頻発していた時期で、少しでも世の人を元気づけようと意識的に彼が心がけたのかもしれないと思ったりする。もっとも、日本社会全体では、格差拡大が問題になりつつも、豊かさが増し海外旅行者の数はうなぎ登りに増えていった時期でもあった。

末尾にある編集者の推薦文によると、日下氏との長年の付き合いの中で彼がメモした日下氏の知恵をもとにして執筆を依頼したとある。私は、この本はあまり題名が良くないと思う。もう少し別の名前の方が良かった。未来予測の的確さということで定評がある日下氏ということで、売れる為にこんな題名を考えたようだが、冗長だしやや誇大広告の感を免れ得ない。未来予測とか法則というのも題名として使うにはあまりに安易である。しかしそれは別にして、中身は常日頃他でも彼が主張していることが多く含まれ、直感的で説得性があり、氏の楽天的資質が横溢した軽快なエッセイ集で面白かった。世の中は実際にはこの程度の論理で動くので、しかつめらしい複雑な理論など無用なのかな、という気分にもなった。

本を読むとき、それをすべて信ずる必要もないし、いろいろ考えて自分で判断すればよい。本はその材料を提供してくれるし、いろいろ考える方法を提示してくれる。コミュニケーションの手段はいろいろあるが、多分、これ以上密度が高く深さのある知識、情報の伝達手段はないであろう。ある程度の努力と忍耐が必要なこともあるが、日下氏は捉われない自由で伸び伸びとした心で対応していくという姿勢を、身をもって体現していると思う。

日下氏の本は他にも『新しい「幸福」への一二章—経済と人生哲学の接点から』、『これからの一〇年　日本経済、谷いている。

底からの出発』など、時の情況をみつめて常に前向きに生きることを読者に訴える明るさと優しさに満ちた本を多数書

1　この言葉はイギリスで一九八六年に金融改革が始まった時に使われ始め、証券取引の手数料の自由化などでロンドン市場に資金が集まり出し、市場が大いに活性化した。日本では、投資家・資金調達者の選択肢の拡大、仲介者サービスの向上と競争の促進、市場の整備、公正・透明な取引のルールの整備の四視点の下で、先物取引などの証券デリバティブの全面解禁、持株会社制度の導入、株式売買手数料の自由化、証券会社の免許制から登録制への移行などをめざし、金融制度の改革をするとされた。とくに、この実現のために金融機関の不良債権問題を早急に行うことが要請され、金融システムの安定性確保が緊要とされた。当時の大蔵省の方針を読むと、二一世紀を迎える二〇〇一年には、ニューヨーク、ロンドン並の国際金融市場となって再生することを目指す、とされている。

2　自衛隊が一九九二年の国連の国際平和協力法に基づいて実際に派遣された実績は、この本が書かれる以前は、九二年のカンボジヤ、九三年のモザンビーク、九四年のルワンダである。停戦監視、施設の修理、給油、給水、輸送調整、医療、防疫、物資の輸送活動等である。ボスニアヘルツェゴビナには派遣されてない。九八年以降は、ホンジュラスでの医療、東ティモールへの援助物資輸送、施設の補修、トルコおよびインドの地震災害への緊急援助、アフガニスタン、イラクと続いている。

3　演繹法は経験に頼らず論理の規則に従い結論を導く方法。帰納法は個々の具体的事実から一般的な法則を導き出す方法。

出版社　発行年

一、宗教とはなにか　バートランド・ラッセル　大竹勝訳　荒地出版社　五九年

二、現代政治の思想と行動　丸山眞男　未来社　上　五六年
下　五七年

三、現代科学と人間　湯川秀樹　岩波書店　六一年
人間にとって科学とはなにか　湯川秀樹・梅棹忠夫　中公新書　六七年

四、新しい産業国家　ジョン・ガルブレイス　都留重人監訳　河出書房　六八年

五、自立の思想　高橋和巳　文和書房　七一年

六、逆転の発想　糸川英夫　プレジデント社　七四年
続　逆転の発想　糸川英夫　プレジデント社　七六年
続続　逆転の発想　糸川英夫　プレジデント社　七八年

七、アメリカと私　江藤淳　講談社　六九年

八、ザ・ジャパニーズ―日本人―　エドウィン・ライシャワー　国弘正雄訳　文芸春秋　七九年

九、落日燃ゆ　城山三郎　新潮社　七四年

十、　フランス革命の指導者　桑原武夫編　朝日選書　七八年

十一、　ぐうたら随筆　遠藤周作　角川文庫その他　七一年～八四年

十二、　第三の波　アルビン・トフラー　徳山二郎監修　日本放送協会　八〇年

十三、　日本人の思想体験　勝部真長　角川選書　七九年

十四、　豊かさとはなにか　飯田経夫　講談社現代新書　八〇年
ゆとりとはなにか　飯田経夫　講談社現代新書　八二年
豊かさのあとに　飯田経夫　講談社現代新書　八四年

十五、　五大技術革命が日本を変える　牧野　昇　PHP研究所　八二年
「強い日本」の読み方　牧野　昇　新潮文庫　八四年

十六、　柔らかい個人主義の誕生　山崎正和　中央公論社　八四年

十七、　文科的理科の時代　藤井康男　福武書店　八六年

十八、　知価革命　堺屋太一　PHP研究所　八五年
危機を活かす　堺屋太一　講談社　九三年

十九、　変革期の人間像　永井路子　吉川弘文館　九〇年
二十、　人物列伝幕末維新史　綱淵謙錠　講談社　八八年
二一、　科学者とは何か　村上陽一郎　新潮選書　九四年
科学の現在を問う　村上陽一郎　講談社現代新書　〇〇年
二二、　知識人　大正・昭和精神史断章　坂本多加雄　読売新聞社　九六年
二三、　どんどん変わる日本　日下公人　PHP研究所　九八年
すぐに未来予測ができるようになる六二の法則　日下公人　PHP研究所　〇二年

参考書籍

まえがき

知識人　大正・昭和精神史断章　坂本多加雄　読売新聞社

徒然草　吉田兼好　今泉忠義編　角川文庫

夢酔独言　勝　小吉　勝部真長編　平凡社

自叙伝　河上　肇　世界評論社

君主論　マキアヴェッリ　黒田正利訳　岩波文庫

懺悔録　ジャン・ジャック・ルソー　石川戯庵訳　岩波文庫

詩と真実抄　ヨハン・ヴォルフガング・ゲーテ　高橋健二訳　新潮文庫

ユートピア　トーマス・モーア　平井正穂訳　岩波文庫

月世界へ行く　ジュール・ヴェルヌ　江口清訳　東京創元社

海底二万海里　ジュール・ヴェルヌ　清水正和訳　福音館書店

一、

森林禅　山本光　農林出版

無門関　慧開　岩波文庫

Autobiography、　John Stuart Mill　北星堂

Conquest of Happiness　Bertrand Russell　南雲堂

幸福論　バートランド・ラッセル　安藤貞雄訳　岩波文庫

現代に生きる信条　バートランド・ラッセル他　村松仙太郎・山川学而訳　荒地出版社

私は信じる　バートランド・ラッセル他　中野好夫他訳　現代教養文庫

ソクラテスの弁明・クリトン　プラトン　久保　勉訳　岩波文庫

ソクラテス　田中美知太郎　岩波新書

コモン・センス　トーマス・ペイン　小松春雄訳　岩波文庫

二、

余は如何にして基督信徒となりし乎	内村鑑三	岩波文庫
我が生活と思想より	アルベルト・シュバイツァー　竹山道雄訳	白水社
シュバイツァー著作集	アルベルト・シュバイツァー　国松孝二訳	白水社
ラッセル自叙伝	バートランド・ラッセル　日高一輝訳	理想社
プリンキピア・マテマティカ序論	アルベルト・ホワイトヘッド	
	バートランド・ラッセル　岡本賢吾他訳	哲学書房
西洋哲学史	バートランド・ラッセル　市井三郎訳	みすず書房
共産党宣言	カール・マルクス　フリードリッヒ・エンゲルス	
	大内兵衛・向坂逸郎訳	岩波文庫
自叙伝	河上　肇	世界評論社
空想より科学へ	フリードリッヒ・エンゲルス　大内兵衛訳	岩波文庫
帝国主義	ウラジミール・レーニン　宇高基輔訳	岩波文庫
実践論・矛盾論	毛沢東　選集翻訳委員会訳	大月書店
ボルシェビキ革命	エドワード・カー　原田三郎他訳	みすず書房
日本の思想	丸山眞男	岩波新書
昭和時代	中島健蔵	岩波新書
男子の本懐	城山三郎	新潮文庫
落日燃ゆ	城山三郎	新潮社
米内光政	阿川弘之	新潮文庫
山本五十六	阿川弘之	新潮文庫
井上成美	阿川弘之	新潮文庫
資本主義経済の歩み	レオ・ヒューバーマン　小林良正・雪山慶正訳	岩波新書

信仰・理性・文明　ハロルド・ラスキ　中野好夫訳　岩波現代叢書
社会主義　ポール・スウィージー　野々村一雄訳　岩波現代叢書
歴史としての現代　ポール・スウィージー　都留重人訳　岩波現代叢書
新しい社会　エドワード・カー　清水幾太郎訳　岩波新書
職業としての学問　マックス・ウェーバー　尾高邦雄訳　岩波文庫
職業としての政治　マックス・ウェーバー　脇圭平訳　岩波文庫
日本政治思想史研究　丸山眞男　東京大学出版会
三酔人経綸問答　中江兆民　岩波文庫
自立の思想　高橋和巳　文和書房
丸山眞男の世界　みすず編集部編　みすず書房
近代への責任思考のパトス―福沢・丸山・ヴェーバー・トクヴィル
樋口辰雄　お茶の水書房
科学と社会　ノーバート・ウィーナー　世界の名著六六巻
現代の科学2　湯川秀樹・井上健編　中央公論社

三、物理学はいかに創られたか　アルバート・アインシュタイン
レオポルト・インフェルト　石原純訳　岩波新書
宇宙線の話　朝永振一郎　岩波新書
科学史と新ヒューマニズム　ジョージ・サートン　島恒雄訳　岩波新書
旅人　湯川秀樹　角川文庫

四、不確実性の時代　ジョン・ガルブレイス　都留重人監訳　TBSブリタニカ
日本経済入門　長洲一二　光文社

五、

資本主義・社会主義・民主主義　ヨーゼフ・シュンペーター
中山伊知郎・東畑精一訳　東洋経済新報社
価値と資本　ジョン・ヒックス　安井琢磨・熊谷尚夫訳　岩波書店
ゆたかな社会　ジョン・ガルブレイス　鈴木哲太郎訳　岩波書店
経済学と公共目的　ジョン・ガルブレイス　久我豊雄訳　河出書房新社
経済学　入門的分析　ポール・サミュエルソン　都留重人訳　岩波書店
経済学入門　都留重人　講談社学術文庫
高橋和巳短編集　高橋和巳　太田代志朗解説　阿部出版
高橋和巳の思い出　高橋たか子　構想社

六、

ひよわな花・日本　ズビグネフ・ブレジンスキー　大朏人一訳　サイマル出版会
脱工業化社会の到来　ダニエル・ベル　田忠夫訳　ダイヤモンド社
未来の衝撃　アルビン・トフラー　徳山二郎訳　中央公論社
生きがいの周辺　加藤秀俊　文芸春秋
マンボウ交友録　北杜夫　新潮文庫
日本人材論　会田雄次　講談社文庫
戦後日本をダメにした学者、文化人　細川隆元　山手書房
日本はこうなる　糸川英夫　講談社

七、

アメリカ感情旅行　安岡章太郎　岩波新書
ああアメリカ・傷だらけの巨象　板坂元　講談社
病み上がりのアメリカ　山崎正和　産経新聞社

アメリカと日本　江崎玲於奈　読売新聞社
小林秀雄　江藤淳　講談社
海は甦える　江藤淳　文芸春秋
坂の上の雲　司馬遼太郎　文芸春秋
文学と私・戦後と私　江藤淳　新潮文庫
昭和の宰相たち　江藤淳　文芸春秋
日米戦争は終わっていない、日本よ、何処へいくのか、日本よ、亡びるのか、
保守とは何か、国家とはなにか　江藤淳　文芸春秋
妻と私　江藤淳　文春文庫
夏目漱石　江藤淳　講談社
文章読本　向井敏　文春文庫

八、

代表的日本人　内村鑑三　鈴木俊郎訳　岩波文庫
武士道　新渡戸稲造　矢内原忠雄訳　岩波文庫
ものの見方について　笠信太郎　河出書房
タテ社会の人間関係　中根千枝　講談社
日本人の人生観　山本七平　講談社学術文庫
甘えの構造　土居健郎　弘文堂
菊と刀　ルース・ベネディクト　長谷川松治訳　社会思想社
超大国日本の挑戦　ハーマン・カーン　坂本二郎訳　ダイヤモンド社
ジャパン・アズ・ナンバーワン　エズラ・ヴォーゲル　木本彰子訳　TBSブリタニカ
Japan past and present（日本の過去と現在）エドウィン・ライシャワー　**Tuttle**社
ライシャワーの日本史　エドウィン・ライシャワー　国弘正雄訳　文芸春秋

ライシャワー自伝　エドウィン・ライシャワー　徳岡孝夫訳　文芸春秋

九、城山三郎さまざまの著作
役員室午後三時、小説日本銀行、真昼のワンマン・オフィス、官僚たちの夏、男子の本懐、雄気堂々、粗にして野だが卑ではない、もう君には頼まない、静かなタフネス十の人生、男の生き方四〇選、人間学対談、軽やかなヒーロー達
毎日が日曜日、今日は再び来たらず、男たちの好日、　以上　新潮文庫、角川文庫、
文春文庫、光文社、講談社他

広田弘毅　広田弘毅伝記刊行会編　広田弘毅伝記刊行会
きけわだつみの声　日本戦没学生手記編集委員会編　東京大学出版会
城山三郎昭和の戦争文学　全六巻　城山三郎　角川書店

十、三銃士　アレクサンドル・デュマ　朝倉剛訳　福音館書店
日本人とフランス人　牪添要一　光文社
ギリシャ・ローマ神話　トマス・ブルフィンチ　大久保博訳　角川文庫
フランス革命の研究　桑原武夫編　岩波書店
ジョゼフ・フーシェ　シュテファン・ツワイク　高橋禎二・秋山英夫訳　岩波文庫
第二芸術　桑原武夫　講談社文庫
一日一言　桑原武夫編　岩波新書

十一、遠藤周作さまざまの著作
白い人、海と毒薬、沈黙、キリストの誕生、深い河、聖書のなかの女性たち、侍、

ほんとうの私を求めて、自分つくり、おバカさん、
ぐうたら人間学、ぐうたら好奇学、ぐうたら社会学、ぐうたら会話集、勇気ある言葉、
狐狸庵VSマンボウ（共著）、　以上　角川文庫、集英社文庫、講談社文庫他
女性に関する十二章　伊藤　整　中公文庫
夫の宿題　遠藤順子　PHP研究所
再会　遠藤順子　PHP研究所
折々の詩　大岡　信　岩波新書
北杜夫さまざまの著作
どくとるマンボウ航海記、マンボウ周遊券、楡家の人々、マンボウ交友録　新潮文庫他
佐藤愛子さまざまの著作
戦いすんで日が暮れて、こんな考え方もある、愛子の小さな冒険、さて男性諸君、
女はおんな、私のなかの男たち、人生って何なんだ、　以上　角川文庫、集英社文庫
講談社、中央公論社他
年々歳々　遠藤周作　PHP研究所
プレイバック　レイモンド・チャンドラー　清水俊二訳　ハヤカワ・ミステリー文庫

十二、

未来の衝撃　アルビン・トフラー　徳山二郎訳　中公文庫
脱工業化社会の到来　ダニエル・ベル　内田忠夫他訳　ダイヤモンド社
偶然と必然　ジャック・モノー　渡辺格・村上光彦訳　みすず書房
存在から発展へ　イリヤ・プリゴジン　小出昭一郎・安孫子誠也訳　みすず書房
プロテスタンティズムの倫理と資本主義の精神　マックス・ウェーバー　大塚久雄訳　岩波文庫
一九八四年　ジョージ・オーウェル　新庄哲夫訳　ハヤカワ文庫
動物農場　ジョージ・オーウェル　高畠文夫訳　角川文庫

富の未来　アルビン・トフラー　ハイジ・トフラー
山岡洋一訳　講談社

十三、

日本精神史研究　和辻哲郎　岩波文庫
日本人の意識構造　会田雄次　講談社現代新書
日本人とはなにか　加藤周一　講談社学術文庫
日本人を考える　司馬遼太郎対談集　文春文庫
氷川清話　勝海舟　勝部真長編　角川文庫
夢酔独言　勝小吉　勝部真長編　平凡社ライブラリー
青春論　坂口安吾　日本文学全集内　集英社
五輪書　宮本武蔵　渡辺一郎校注　岩波文庫
山岡鉄舟の武士道　勝部真長編　角川ソフィア文庫
青春の和辻哲郎　勝部真長　中公新書
文明論之概略　福沢諭吉　日本の名著　中央公論社
風土　和辻哲郎　岩波文庫
プロテスタンティズムの倫理と資本主義の精神　マックス・ウェーバー　大塚久雄訳　岩波文庫
西周全集　大久保利謙編　宗高書房
西周伝　森鴎外　鴎外全集内　岩波書店
三酔人経綸問答　中江兆民　岩波文庫
中江兆民　飛鳥井雅道　吉川弘文館
福地桜痴　柳田　泉　吉川弘文館
アーロン収容所　会田雄次　中公文庫

葉隠聞書　山本常朝　奈良本辰也・駒敏郎訳
日本の名著　一七　中央公論社

十四、

ゼロ・サム社会　レスター・サロー　岸本重陳訳　TBSブリタニカ
豊かさとは何か　暉峻淑子　岩波新書
豊かな社会の貧しさ　宇沢弘文　岩波書店
豊かさのゆくえ二一世紀の日本　佐和隆光　岩波ジュニア新書
経済学の終わり　飯田経夫　PHP新書
人間にとって経済とは何か　飯田経夫　PHP新書
日本は悪くない―悪いのはアメリカだ　下村治　日本映像出版

十六、

プロテスタンティズムの倫理と資本主義の精神　マックス・ウェーバー　大塚久雄訳　岩波文庫
孤独な群衆　デイヴィッド・リースマン　加藤秀俊訳　みすず書房
脱工業化社会の到来　ダニエル・ベル　内田忠夫訳　ダイヤモンド社
米国現代史（オンリー・イエスタデイ―アメリカ二〇年代の訳）　フレデリック・アレン　福田実訳　改造社
アメリカ時代の終わり　アンドルー・ハッカー　北野利信訳　評論社
「いき」の構造　九鬼周造　岩波文庫
自殺論　エミール・デュルケイム　宮島喬訳　中公文庫
大衆の反逆　オルテガ・イ・ガセット　神吉敬三　角川文庫

十七、

二つの文化と科学革命　チャールス・スノー　松井巻之助訳　みすず書房
遊び心のある人ほどいい仕事ができる　藤井康男　大和出版

創造的遊び人間のすすめ　藤井康男　PHP文庫
二一世紀の曖昧論　藤井康男　佼成出版社
チップス先生さようなら　ジェームズ・ヒルトン　菊池重三郎訳　新潮文庫
社会生物学　エドワード・ウィルソン　伊藤嘉昭編　思索社
精神の起源について　チャールス・ラムズデン　エドワード・ウィルソン
松本亮三訳　思索社
ファウスと　ヨハン・ヴォルフガング・ゲーテ　相良守峯訳　岩波文庫

十八、

脱工業化社会の到来　ダニエル・ベル　内田忠夫他訳　ダイヤモンド社
第三の波　アルビン・トフラー　徳山二郎監修　日本放送協会
堺屋太一さまざまの著作
油断、団塊の世代、新規の世界・転機の日本、日本人への警告、世紀末の風景、巨いなる企て、
豊臣秀長—ある補佐役の生涯、峠の群像、秀吉、明日を読む、明日を診る、明日を想う、
あるべき明日、未来への助走、平成三十年、救国十二の提言、団塊の世代黄金の十年が始まる、
団塊世代次の仕事　以上　実業之日本社、朝日新聞社、ＰＨＰ研究所他

十九、

源義経　村上元三　朝日新聞社
父子鷹　子母沢寛　嶋中書店
北条政子　永井路子　講談社
新平家物語　吉川英治　講談社
平家物語　石母田正　岩波新書
正法眼蔵随聞記　懐奘編　和辻哲郎校訂　岩波文庫
楠木正成　植村清二　中公文庫

歴史をさわがせた女たち（日本編）　永井路子　文春文庫
歴史をさわがせた女たち（外国編）　永井路子　文春文庫
歴史をさわがせた女たち（庶民編）　永井路子　文春文庫
永井路子さまざまの著作
美貌の女帝、波のかたみ　清盛の妻、王者の妻、朱なる十字架、流星　お市の方、
一豊の妻、悪霊列伝　以上　角川文庫、講談社文庫、ＰＨＰ文庫他

二十、

斬　綱淵謙錠　文春文庫
殺　綱淵謙錠　文芸春秋
乱　綱淵謙錠　中央公論社
幕臣列伝　綱淵謙錠　中央公論社
徳川家臣団　綱淵謙錠　講談社
小栗上野介の生涯　坂本藤良　講談社
氷川清話　勝海舟　勝部真長編　角川文庫
勝海舟　村上元三　学研
勝海舟伝　勝部真長　角川文庫
父子鷹　子母沢寛　嶋中書店
島津斉彬言行録　島津斉彬　岩波茂雄校訂　岩波文庫
勝海舟全集　勝海舟　勁草書房
西郷隆盛　海音寺潮五郎　角川文庫
明治六年政変の研究　毛利敏彦　有斐閣
明治六年政変　毛利敏彦　中公新書
竜馬がゆく　司馬遼太郎　文春文庫

代表的日本人　内村鑑三　鈴木敏郎訳　岩波文庫
福翁自伝　福沢諭吉　岩波文庫
徳川家康　山岡荘八　講談社文庫
続徳川家臣団　綱淵謙錠　講談社

二一、

科学革命の世紀　丹羽小弥太　平凡社
発見への道　ラルフ・ラップ　八木勇訳　岩波書店
原子力と原子時代　カール・ワイツゼッカー　富山小太郎、栗田賢三訳　岩波新書
平和のための科学　丹羽小弥太・林克也・岸田純之助編集　筑摩書房
科学者の社会的責任　唐木順三　筑摩書房
ご冗談でしょう、ファインマンさん　リチャード・ファインマン　大貫昌子訳　岩波書店
二重らせん　ジェームス・ワトソン　中村桂子・江上不二夫訳　講談社文庫
沈黙の春　レーチェル・カーソン　青樹簗一訳　新潮文庫
専門家集団の思想と行動　岩波講座　科学技術と人間・二　岩波書店

二二、

坂本多加雄選集Ⅰ・Ⅱ　杉原志啓編　藤原書店
日本の知識人の思想　松田道雄　筑摩書房
山路愛山　坂本多加雄　吉川弘文館
人生に相渉るとは何の謂ぞ　北村透谷　現代日本文学大系六内　筑摩書房
後世への最大遺物　内村鑑三　岩波文庫
源氏物語　円地文子　集英社
三太郎の日記　阿部次郎　角川選書
蟹工船・党生活者　小林多喜二　新潮文庫

共産党宣言　カール・マルクス　フリードリッヒ・エンゲルス　大内兵衛・向坂逸郎訳　岩波文庫
悲劇の哲学　レフ・シェストフ　近田友一訳　現代思潮社
地下室の手記　フョードル・ドストエフスキー　江川卓訳　新潮文庫
我が精神の遍歴　亀井勝一郎　講談社
村の家　中野重治　中野重治全集二巻内　筑摩書房
風土　和辻哲郎　岩波文庫
倫理学　和辻哲郎　岩波文庫
永遠平和の為に　イマヌエル・カント　高坂正顕訳　岩波文庫
福田恒存全集　福田恒存　文芸春秋
油断　堺屋太一　日本経済新聞社
田中角栄研究　立花隆　講談社
文明の逆説　立花隆　講談社文庫
無思想人宣言　大宅壮一全集第六巻内　大宅壮一　蒼洋社
私の常識哲学　長谷川如是閑　講談社学術文庫
ものの見方について　笠信太郎　角川文庫
純粋理性批判　イマヌエル・カント　天野貞祐訳　岩波文庫
実践理性批判　イマヌエル・カント　波多野精一・宮本和吉訳　岩波文庫
本人を考える　司馬遼太郎対談集　司馬遼太郎　文春文庫
市場・道徳・秩序　坂本多加雄　創文社

一三、

八〇年代日本の読み方　日下公人　祥伝社
個性を以て尊しとす　日下公人　新潮文庫

感情の世界　島崎敏樹　岩波新書
人事破壊　日下公人　PHP研究所
七つの習慣　スティーヴン・コヴィー　ジェームス・スキナー・川西茂訳　キング・ペアー出版
新しい「幸福」への十二章　日下公人　PHP研究所
これからの一〇年　日本経済、谷底からの出発　日下公人　PHP研究所

あとがき

新平家物語　吉川英治　朝日新聞社
チボー家の人々　マルタン・デュ・ガール　山内義雄訳　白水社
竜馬がゆく　司馬遼太郎　文春文庫
坂の上の雲　司馬遼太郎　文芸春秋社
福翁自伝　福沢諭吉　岩波文庫
現代に生きる信条　バートランド・ラッセル他　村松仙太郎・山川学而訳　荒地出版社
岩波講座　現代思想　科学と科学者　湯川秀樹他　岩波書店
ガン回廊の朝　柳田邦男　講談社
ガン回廊の炎　柳田邦男　講談社
ガン五十人の勇気　柳田邦男　文春文庫
人間の証明　森村誠一　角川書店
ジャン・クリストフ　ロマン・ローラン　豊島与志雄訳　新潮社

あとがき

若い時代、あるいは中年の頃、つい最近の実年時代、それぞれ自分の興味に応じていろいろの本を読んできた。私は、専門が文筆業のような職業ではなかったし、昔の人のように、日記を丹念に書くような勤勉さはもちあわせなかった。ただ、ふと思いついて中学校の頃から、読んだ本のリストは「読書録」として大学ノートに書く習慣が今も続いている。中身の感想など、書くのは大変だしその気もなかったが、これは心覚えに一行書くだけでよい。専門の物理学等の教科書などは「読む」という意味合いが違うので、一切入ってなくて、それ以外の書籍である。職業的に読むといえば、当然のことながら、専門分野の原子核物理学や加速器工学、放射線生物学、医学物理学などの英語の論文を読むのに人生の大半をつぎこんだから、この読書録のリストは数がしれている。ざっと見ると、一千冊くらいであって、年間平均二十冊程度ということになる。よく蔵書一万冊以上というような人がいるが、文系の多読な人の十分の一あるいはそれ以下ということであろう。これは、職業柄止むを得ない自然の成り行きである。時間が限られているから、それだけに選ぶには、かなり考えた結果であったという場合もあるが、だいたいはその時々の興味本位である。年を経るに従って死ぬまでにやはり読むべき本は読んでおこうと、というような気分で選んだ時もある。

今回、この羅列された題名の中で、どれを採りあげようか、というのが、一つの迷いでもあり、楽しみでもあった。いろいろな本が一〇代の頃から、六〇歳半ばを通過した現在まで並んでいる。実際は、物語の楽しみでとか、興味本位でとか、人が薦めたからとか、新聞の書評に誘われたからとか、ちょっと覗いてみたら面白そうだと感じたからとか、単に気分転換の為にとか、読むときの動機は、実にさまざまである。若い時は読み出したら筋書きが面白くて面白くて、ということで読みきった小説というのが一番多いかもしれない。私の場合、このような長編小説といえば、十代の頃の吉川英治の『新平家物語』とか、マルタン・デュ・ガールの『チボー家の人々』、中年になっての司馬遼太郎の『竜馬がゆく』とか『坂の上の雲』、のような作品群などで、中篇、短編もあげればきりがないが、コナン・ドイルの「シャーロック・ホームズ」物、松本清張の「社会推理小説」の数々、などがこれにあたる。明治、大正、戦前の昭和に亘る漱石、鴎外をはじめとする数々の文豪の作品、愛唱した詩の類、時をおいて何回も読んだ『福翁自伝』、外国でいえば、ゲーテ、ドフトエフスキー、ロマン・ローラン、ヘミングウェー、カフカなどの有名な文学、彼等に関する批評論。老子、孫子、のような解説書つきの中国の古典、歎異抄、臨済録などの古い宗教書。複数の人の評論が並記され合作された、例えば『現代に生きる信条』とか、『講座、現代思想』というような本。他にも読み流したような多数の本があり、リストを眺めるとどの本も何らかの意味で、すなわち素晴らしいと感激したものから、少なくとも私にとっては無意味という印象のものも含めて、それぞれ読んだ価値はあったとの思いがある。参考書籍として示した本も九割がた読んでいる。

本を書くにあたってこの中で何を選択するか、まず、再読する気になるものが最優先である。この先、生きる時間は限られている。そうなるとどうしても密度の高いものを選ぶことになる。今の心境で再読する気持ちになったもの、多分以前に読んだ時はそれなりの強い印象が残ってはいるが、未消化であった感がありもう一度理解しなおしたい、という気になったもの、あの時の自分自身の生活、感覚がまざまざと脳裏によみがえるというようなもの、そのような本をそれぞれ選んでみた。とりわけ重要視したのは、今後の自分にとって心の支えになりそうなものである。そしてまえがきに述べたように、できるだけ、同時代に生きた、あるいは生まれた作品に限るという条件をつけた。

今翻って再読そして精読してみると、あらためて知ることばかりで、当時いったいどれだけの内容を理解していたのだろうか、と考えると甚だ頼りない。書いた人が伝えようとした中身の半分も咀嚼（そしゃく）していなかったのではないかと思う。やはり自分の専門の職業に直接関係しないと、忙しさにまぎれて読み流していたに過ぎなかったのだろう。だから過去に読んだというのは、今回、選択にあたっての拠り所を与えただけで、新たに読むのと殆ど変わらない状況だった。感想を記すためにまずは著書の要約をしようとすると、いやおうなしに選択的にではあっても二、三度読み直さざるを得ない場所も出てくる。すると著者がいかに真剣な思いで文章を紡いでいたかと改めて思う。これはささやかながらも自分で書いてみるとよく解る。ただ読むのと、自ら書いてみるのとは実に天地の差があるのである。読むのは自分の中で閉じている。ああ、あの本もこの本も読んだ、というのは好奇心が果たされたという軽い一応の自己満足となる。読後、生活観が変わるというようなことは稀であり、翌日から、また自分の仕事に戻るわけでその限りにおいてはどうと言うほどのことではない。

　本を読むのは、著者の頭脳を借りてその働きに乗っかっているだけで、本当には何も考えていないのである、というような文章を見た記憶があるが、かなり真実をついている。自分にとって新しい文章は刺激的であり、面白いからついつい読み進む。終わると漠然とした印象が残る。それが記憶の中のあちらこちらに散漫にのこっているに過ぎない。しかし考えてみると、人の考えの形成というのは、自分自身の個人的なさまざまの経験とともに、このような印象の積み重ねが、ベースとなっていくわけである。

　今回、他人の書いたものを読み、自分の思いを記述するという作業をする段階で、初めて自分で考えながら読む作業をしているな、と感じた。書くとなって読者を想定すると、たとえそれが身近の数人の友人くらいしかいそうになくても、他人の目がいやおうなしに気になってくるし、文章を残すと思えば読者の多寡は全く別問題であって、自分自身の満足感の為に一語一句をゆるがせにできない気持ちに襲われる。自分の考えを書いて過不足のない表現になった時、初めてある種の達成感が得られる。

昔の湯川秀樹博士の正月新聞の随筆に、「人生には『むだ』がつきものである。私のこの随筆など『むだ』の最たるものであるかも知れない。しかし人間は年がら年中、ぎりぎり決着の所で生きてゆくわけにはゆかない。適度の『むだ』があってはじめて人生にゆとりができる。それどころか『むだ』の中にはむしろ必要なもの、不可避なものさえある。一口に『文化』といわれるもののなかには、どうしてもある程度の『むだ』がまじってくる。そして一番困るのは、そのなかのどれが果たして不必要な『むだ』であるか、判定が容易でないことである。」という文章があった。

今、この本を眺めると、あちらこちらと、その時の衝動につられていろいろの本を読んで、結局、その知識や経験が世の中の何の役に立ったかと思うと、殆ど役に立ってはいない。教養は深まったけれど、自らの職業には何のたしにもならなかったし、周囲に貢献したわけでもない。もっともそんなつもりで読んだ本なんてもともと殆ど無いから当然で、本来社会にとっては「むだ」のような気もするが一方個人としての心の支えの助けにはなっていたのだろう。もっと専門に集中すべきだったのか、とか、目的の定まらない好奇心にかられた人生の「むだ」の羅列かな、とか、いろいろ感ずるのだが、人生は結果的に一通りにしか生きられない。これが自分の性格なのだろうと思うしか仕方がない。高校三年になったころ、ある先生に「君は文科に進むのか、理科にすすむのか。どうする気なのかい」と問われて、何とも答えられなかった迷いを思い出す。受験を前にして両方というわけに行かないので当時は自然科学の発展が目覚しく思われたことと、学校で学ぶことなしに独学では進めそうもなかったことでとりあえず理科に進んだのだが、迷わず選択を早くから決めている友人を見ながら、自分は特徴のない男なんだ、と情けない思いもした。一旦研究生活をやりだすといろいろな意味で止めるわけにはいかなくなって退職年齢まで、ずっと自然科学の専門にへばりついた人生となった。今、自分なりに不十分ながらもこの本を書いて、ようやく胸のつかえがなくなったような気分がする。自分の専門でないことだから、学ぶことばかりで、教えるようなことは何もない。ただ、自分がこんな人生を歩んだのだな、という個人的充足感を求めて書いたような本になった。

執筆中に柳田邦男氏が『もう一度読みたかった本』という本を平凡社から出版された。氏は大変優れたドキュメンタリー作家であり、私も四〇代後半から勤めた放射線医学総合研究所でがん治療装置の研究、開発、建設に携わった関係もあって、氏の『ガン回廊の朝』、『ガン回廊の炎』また『ガン五十人の勇気』を熱読したものであった。ところが、書評の解説では、氏の再読したものは、井上靖『あすなろ物語』からトーマス・マン『トニオ・クレーゲル』、島崎藤村『千曲川のスケッチ』、アルベール・カミュ『異邦人』、アーネスト・ヘミングウェイ『老人と海』、ニコライ・ゴーゴリ『外套』等々、若き日に出会った名作二四篇だと書いてある。氏の場合は、もう一度読みたかった本は、むしろ青春の夢を揺すられたともいうべき文学書が対象であったようだ。自分が渾身の力をこめたドキュメンタリーの分野ではないところに、私は人の気持ちの微妙さを思う。

『人間の証明』などの作品で知られる小説家、森村誠一氏の言によると、読書と一口にいっても、三種類あって、自己形成のための教養書、娯楽のための本、職業に関する本があり、後二者は人生第二期の現役時代以後が多い。第一期の学生時代に終生の書に出会えた者は幸福であるという。氏は一般に余生といわれる第三期に改めて読み返し、当時、理解できなかった文言が新たな意味を持って立ち上がってきたと、述べている。氏にとっては『ジャン・クリストフ』がそのような書であるということである。鮮烈な印象を受けた本というのは、個人個人で全く異なる。読んだときの読者の状況やタイミングもあるし、第一に個人の感性は一人一人皆異なるからだ。

私は、独身の頃は、憧れがあったのだろう、多くの恋愛小説もよんだし、血沸き肉躍る冒険小説も、歴史小説も興味につられて私なりに随分読んだ。柳田氏のあげた本の大半、森村氏のあげた本もその時はそれなりの感激、あるいは感慨もあった。しかし、中年になると、いわゆるフィクションには強烈な魅力を感じなくなった。もっと現実の世界が興味の中心となり、小説は勿論多かれ少なかれ現実に即して書かれたに違いはないのだが、程度の差はあっても所詮作家の感性の世界である、という気持ちが強くなり、読んでいても小説作りにはこういうテクニックはなるほどうまいものだ、などというような読み方となったり、自分の人生は別物だし、いまさら他人の夢を追っかけてもどうしようもない、もうかなり人生は過ぎているのだからと考えて、無条件に没入してしまうような読み方をしなくなった。だから、もう一度読みたくなった本は（それらは必ずしもその時感動した本というわけではない）、ここにあげたように、純然たる小説とは、程遠いものばかりになった。一方、若き日に読んで、感動した本の印象は未熟なりにそのままとっておきたい、というような気分もあった。私は芸術の創造的素質が本質的に無い人間なのだろう。作家である両氏のことを考えると、人は本当にさまざまだな、との感慨を持つのである。だから人間、社会というのは豊穣なのであって、本当に個人個人みな異なる感性、異なる人生観をもって生きているのである。

こんな再読、自分なりの精読を終えてみると、快い疲労感を覚える。そして、人間の持つ、目くるめくような多様性にあらためて驚嘆の想いがする。たぶんどの章も、それぞれの専門家からみれば甚だ不十分な理解なのであろうが、これは素人の限界であって、やむを得ない。しかし、普通人はそのような理解で人生を渉っていくのである。それでいったい今後どうなるのかなと考えてみると、これがまたよくわからない。最後にとりあげた本の題名のごとく、日本も世界も今後どんどん変化していき、社会も人々の意識も長いあいだには現在予測のつかないほどに大きく変わっていくに違いない。日本もこれから憲法問題、格差問題、教育問題、高齢化社会などいろいろな問題が議論されるであろうし、目を世界に転ずると解決していかなければならない問題は無数にある。特に人口問題、南北問題、民族問題、環境問題は深刻である。それらに対して微力な自分が何をできるか。これから考えなければいけないことであろうが、今に至るまでの立場、能力を考えると大変である。社会的には与えられた条件の中で今までの経験を活かして公的にできることを続け、個人としては、たぶん生きている限りまた好きなその場その場の読書を続けるのかな、という気もする。読んでいるだけでは社会にとって仕方がないからそれが活きるようにという側面もある。一方、もう自分の能力はしれているのだから、何人かの著者も言っているように今後は無理をしないで、好きなことをすればいいかとか、いろいろな考えが去来する。読書にしても、現在、日本で一日約二〇〇冊―三〇〇冊の新刊書籍が出版されているというような状況で、何を対象にするのか、今後自らの限られた時間の中で、選択は注意深くしたいし、それはまた楽しいことでもあろう。少なくとも新しく知ることの喜びをもとめる人間の好奇心は本当に限りがないと真底思うのである。

最後に、全文を二回に亘って読み通し、誤字、脱字等を指摘、解りやすく適切な表現に向かって妻園子が努力してくれたことを書き添える。また出版にあたって、前著「自然科学の鑑賞」と同じく、著者では気づかない多くの修正を施し、適切な指摘をして頂いた丸善プラネット社の方々に深く感謝の意を表したい。

二〇〇八年二月

曽我文宣

追記

この本が脱稿に近づいた二〇〇七年三月、牧野昇氏が八六歳をもって逝去された。日本の工学技術者を絶えず叱咤激励されてきた氏の大きな功績を思い、ここに慎んでご冥福を祈りたい。たまたまであるが、氏は私の卒業した東京都渋谷区立山谷小学校を戦前に卒業し、戦後復興の数十年後において設立された同窓会の初代会長であった。

没後、氏が東大工学部の卒業直前に膿胸を患い死線をさまよい、それにより就職を断念し大学院に進んだことを知った。東大講師を続けながらＭＴマグネットを東京計器製作所（現トキメック）で量産し、戦後初の対米輸出となる。しかし、文芸春秋で書いた「科学技術の進歩は軍事に負う部分が大きい」という文章を、都留重人氏に朝日新聞紙上で「軍事を礼賛している」と曲解され、東大から辞職勧告を受けて教授の道を絶たれたという。それから東京計器で作業服で働き、営業にも走り回ったが、次世代の磁石に押されて、会社は生産を止め、三菱製鋼に移ったとある。十八年間赤字であった三菱製鋼を一年で黒字にした氏は実力を認められ、生え抜きを牛蒡抜きにして取締役になったが、それが嫉妬をよび、三菱総研に転出させられる。五年間赤字続きで三菱の上層部に頭を下げて回ったそうである。このようないろいろな辛い経験を乗り越えたからこそ、後年の氏の楽天的ともいえる気質が涵養されたのだと思うと、あらためて氏の偉大さが偲ばれる。

またひきつづいて同じ二〇〇七年三月に城山三郎氏が七九歳をもって亡くなられた。氏の青年時の戦時体験は特攻隊志願と言う命をかけた本気なものであった。その真剣な姿勢は戦後の社会への切り込み、人生への闘いを挑んだ人々を描いた作品においてもことごとく表れているように思う。氏の本でいつも男の美学を思い、生きる元気を頂いていた一人として、同じくご冥福を深く祈りたいと思う。

著者略歴

曽我文宣　そがふみのり

1942年生まれ。1964年東京大学工学部原子力工学科卒、大学院を経て東京大学原子核研究所入所、専門は原子核物理学の実験的研究及び加速器物理工学研究。理学博士。アメリカ・インディアナ大学に3年、フランス・サクレー研究所に2年間客員研究員として滞在。

1990年科学技術庁放射線医学総合研究所に移る。主として重粒子がん治療用装置の建設、運用に携わる。同研究所での分野は医学物理学及び放射線生物物理学。1995年同所企画室長、1998年医用重粒子物理工学研究部長、この間、数年間に亘り千葉大学大学院客員教授、東京大学大学院併任教授。2002年、定年退職。

現在、医用原子力技術研究振興財団　主席研究員、NPO国際総合研究機構　副理事長

著書　『自然科学の鑑賞—好奇心に駆られた研究者の知的探索』2005年　丸善プラネット社

志気
——人生・社会に向かう思索の読書を辿る

二〇〇八年三月三〇日　初版発行

著者　曽我　文宣　©2008

発行所　丸善プラネット株式会社
〒一〇三—八二四四
東京都中央区日本橋三—九—二
電話（〇三）—三二七四—〇六〇九
http://planet.maruzen.co.jp/

発売所　丸善株式会社出版事業部
〒一〇三—八二四四
東京都中央区日本橋三—九—二
電話（〇三）—三二七二—〇五二一
http://pub.maruzen.co.jp/

印刷　富士美術印刷株式会社
製本　株式会社　星共社
ISBN 978-4-901689-90-8 C0095